Texte détérioré — reliure défectueuse

NF Z 43-120-11

RERUM BRITANNICARUM MEDII ÆVI SCRIPTORES

OR

CHRONICLES AND MEMORIALS OF GREAT BRITAIN AND IRELAND

DURING

THE MIDDLE AGES.

THE CHRONICLES AND MEMORIALS

OF

GREAT BRITAIN AND IRELAND
DURING THE MIDDLE AGES.

PUBLISHED BY THE AUTHORITY OF HER MAJESTY'S TREASURY, UNDER THE DIRECTION OF THE MASTER OF THE ROLLS.

On the 26th of January 1857, the Master of the Rolls submitted to the Treasury a proposal for the publication of materials for the History of this Country from the Invasion of the Romans to the reign of Henry VIII.

The Master of the Rolls suggested that these materials should be selected for publication under competent editors without reference to periodical or chronological arrangement, without mutilation or abridgment, preference being given, in the first instance, to such materials as were most scarce and valuable.

He proposed that each chronicle or historical document to be edited should be treated in the same way as if the editor were engaged on an Editio Princeps; and for this purpose the most correct text should be formed from an accurate collation of the best MSS.

To render the work more generally useful, the Master of the Rolls suggested that the editor should give an account of the MSS. employed by him, of their age and their peculiarities; that he should add to the work a brief account of the life and times of the author, and any remarks necessary to explain the chronology; but no other note or comment was to be allowed, except what might be necessary to establish the correctness of the text.

The works to be published in octavo, separately, as they were finished; the whole responsibility of the task resting upon the editors, who were to be chosen by the Master of the Rolls with the sanction of the Treasury.

The Lords of Her Majesty's Treasury, after a careful consideration of the subject, expressed their opinion in a Treasury Minute, dated February 9, 1857, that the plan recommended by the Master of the Rolls " was well calculated for the accomplishment of this important national object, in an effectual and satisfactory manner, within a reasonable time, and provided proper attention be paid to economy, in making the detailed arrangements, without unnecessary expense."

They expressed their approbation of the proposal that each Chronicle and historical document should be edited in such a manner as to represent with all possible correctness the text of each writer, derived from a collation of the best MSS., and that no notes should be added, except such as were illustrative of the various readings. They suggested, however, that the preface to each work should contain, in addition to the particulars proposed by the Master of the Rolls, a biographical account of the author, so far as authentic materials existed for that purpose, and an estimate of his historical credibility and value.

Rolls House,
  December 1857.

ADÆ MURIMUTH

CONTINUATIO CHRONICARUM.

ROBERTUS DE AVESBURY

DE GESTIS MIRABILIBUS

REGIS EDWARDI TERTII.

EDITED BY

EDWARD MAUNDE THOMPSON,

HON. LL.D. ST. ANDREWS; HON. D.C.L. DURHAM; F.S.A.
PRINCIPAL LIBRARIAN OF THE BRITISH MUSEUM.

PUBLISHED BY THE AUTHORITY OF THE LORDS COMMISSIONERS OF HER MAJESTY'S
TREASURY, UNDER THE DIRECTION OF THE MASTER OF THE ROLLS.

LONDON:
PRINTED FOR HER MAJESTY'S STATIONERY OFFICE,
BY EYRE AND SPOTTISWOODE,
PRINTERS TO THE QUEEN'S MOST EXCELLENT MAJESTY.

And to be purchased, either directly or through any Bookseller, from
EYRE AND SPOTTISWOODE, EAST HARDING STREET, FLEET STREET, E.C.; or
ADAM AND CHARLES BLACK, 6, NORTH BRIDGE, EDINBURGH; or
HODGES, FIGGIS, & Co., 104, GRAFTON STREET, DUBLIN.

1889.

Printed by
EYRE and SPOTTISWOODE, Her Majesty's Printers,
For Her Majesty's Stationery Office.

INTRODUCTION.

INTRODUCTION.

ALL that can be traced of the life of Adam Murimuth has been already investigated by the Bishop of Oxford and described in his Introduction to the *Chronicles of the Reigns of Edward I. and Edward II.* (vol. i., pp. lx. sqq) in this Series. In following the path thus made smooth for me, I have little more to do than to mark the confirmation which the Bishop's suggestions regarding the period of our writer's life receive from the complete chronicle now first printed in this volume.

<small>Life of Murimuth.</small>

Murimuth was born between Michaelmas, 1274, and Michaelmas, 1275. The year of his death was 1347. Under nine successive years in his chronicle, from 1338 to 1346, he gives his own age, and, although some confusion is caused by an omission and repetition by the carelessness of the scribe, the numbers come right in the end. At Michaelmas 1338 (p. 87) he states that he was in his 64th year; in 1339 (p. 102), in his 65th year. Under 1340 and the four following years (pp. 116, 122, 128, 147, 159) the reckoning is wrong, being written as his 67th to 71st, instead of his 66th to 70th, years; but under 1345 (p. 176) the true order is restored, and he appears as in his 71st year; and finally in 1346 (p. 218) as in his 72nd year.

The last event recorded in his chronicle took place at the beginning of 1347; and in that year the rectory of Wraysbury in Buckinghamshire which he held was given to his successor, John de Melton, who was instituted on the 26th of June. These facts seem to afford pretty conclusive proof that Murimuth died in the first half of 1347, in the course, if not after the completion, of his 72nd year.

Adam appears to have belonged to a family of the name of Murimuth, which was settled at Fifield in Oxfordshire. He was no doubt educated at Oxford; and it is as proctor for his university in a suit at the court of Rome against the Black Friars, in 1311, that he first appears before us. He was at this period a doctor of civil law and in his 36th or 37th year. In the middle of the next year, as he himself records (p. 18), he was again despatched to Avignon to represent archbishop Winchelsey in his quarrel with bishop Langton of Coventry, who had appealed to the pope against the sentence of excommunication passed on him by his metropolitan. "That he was employed by Reynolds " at Avignon in 1313 seems improbable; it is more " likely that as agent of the chapter of Canterbury he " would be advocating the confirmation of Cobham's " election." [1]

Early in 1314 he was once more sent to the papal court as one of the king's envoys on behalf of John de Sandale, nominated dean of St. Paul's.[2] He was probably also about this time appointed to the rectory of Hayes in Middlesex, as in November of the same year he had the king's protection in that living.[3] It does not appear whether he returned to England after the last-mentioned mission; at all events, at the close of 1316 he is still found at Avignon, being addressed, along with others, in royal letters which announced the despatch of other envoys to the pope.[4]

In the same year, 1316, he received a pension from the prior and convent of Canterbury for faithful counsel given; and he continued to act as their proctor down to the year 1318.[5]

---

[1] *Chron. Edw. I. II.*, vol. i., p. lxii.
[2] *Fœdera*, ii. 243.
[3] Newcourt, *Repertorium*, i. 640.
[4] *Fœdera*, ii. 305.
[5] See the references in *Chron. Edw. I. II.*, vol. i., p. lxii.

On the 6th of August, 1317, the king, addressing the pope on the matter of differences between the provinces of Canterbury and York, refers him for information to John de Ros and Adam Murimuth, " clericos nostros in " sacrosanctâ curiâ Romanâ moram facientes."[1] In 1319 Murimuth was back in England and " represented " the chapter of Canterbury in the parliament at " York."[2] In the same year he returned again to Avignon, to obtain the pope's assent to a grant from the clergy to the crown.[3]

On the 1st of April, 1320, he was collated to the prebend of Bullinghope in Hereford cathedral, " probably " by the gift of bishop Orleton, with whom he had been " associated at Avignon,"[4] but resigned it in the following February.[5] "In 1321 and 1322 he was acting as " official and vicar general of Stephen Gravesend, bishop " of London."[6]

In 1323 Adam, styled " canonicus Herefordiæ," was despatched on a mission to Robert of Naples, respecting Edward's claims against him as to lands in Provence and Forcalquier;[7] and again, later in the year, he was appointed to oppose the Scottish envoys who were suing at the papal court for the removal of the interdict passed upon their country,[8] superseding, as the king's envoy, John Stratford, bishop of Winchester,[9] who had given offence to his master by securing his own promotion to that see by papal provision.

" In 1325 he obtained what was apparently his first " preferment at St. Paul's, being made prebendary of " Eald-street by bishop Gravesend, on the 16th of May ; " he was high in favour with archbishop Reynolds, and " was acting as his vicar general the same year, in

---

[1] *Fœdera*, ii. 339.
[2] *Chron. Edw. I. II.*, vol. i., p. lxiii.
[3] See below, p. 30.
[4] *Chron. Edw. I. II.*, vol. i., p. xiii.
[5] Le Neve, *Fasti*, i. 496.
[6] *Chron. Edw. I. II.*, vol. i., p. lxiii.
[7] *Fœdera*, ii. 531.
[8] See below, p. 41.
[9] *Fœdera*, ii. 532.

" the August of which he had letters of protection as
" intending to accompany the king on his expedition to
" France. It would seem clear from this that he was
" in high favour with the court party, and it was pro-
" bably this which obtained for him the chantorship
" of Exeter, which he held in 1328 and probably
" received from the unfortunate bishop Stapleton shortly
" before the revolution of which he was the first
" victim."[1]

Early in the same year, 1328, he had exchanged his prebend of Eald-street for that of Neasdon, to which he was collated on the 2nd of February.[2] The fact that he was on this occasion styled Adam Murimuth *senior* proves that there was also a second person of his name, with whom he has been confounded. This second Adam held the prebend of Harleston in the church of St. Paul's,[3] and was also a prebendary of Exeter. He died in 1370. The elder Murimuth, our chronicler, had been connected with the church of Exeter at least as early as 1327. " In 1327 he was one
" of the deputation sent by the chapter to the king to
" report the death of James Berkeley, the short-lived
" bishop, who had been consecrated three months before.
" In 1328 he was confirmed by the king in the posses-
" sion of the precentorship; and in 1337 he exchanged
" that office for the rectory of Wyrardisbury, in the
" diocese of Lincoln, a place now known as Wraysbury,
" in Buckinghamshire. In 1338, on the 5th of June,
" he had from the chapter, on the grounds of his deserts
" as residentiary, a lease of the manor of Barnes for his
" life and tenure of his canonry. The identity of the
" canon of St. Paul's with the precentor of Exeter is
" proved by the fact that in 1335 an Adam Murimuth
" bearing both those titles was also commissary of the
" archbishop of Canterbury."[4]

---

[1] *Chron. Edw. I. II.*, vol. i., p. lxiii.
[2] Newcourt, *Repertorium*, i. 184.
[3] Newcourt, i. 152.
[4] *Chron. Edw. I. II.*, vol. i., p. lxv.

The only other record we have of Murimuth appears under the year 1334, in connection with the pension which he held from the prior and convent of Christ Church, Canterbury. On the 9th of July the convent declined to make payment, on the ground that Adam had been promoted, in which event the pension, by the original agreement, was to determine. What this promotion was, does not appear; but it has been suggested that it was to the appointment of official of the diocese of Canterbury. However this may be, Murimuth succeeded in persuading the prior that he was still entitled to his pension, payment of which was accordingly resumed.[1]

From the above narrative it will be seen that the last leading event in Murimuth's life was his acceptance of the rectory of Wraysbury in exchange for the precentorship of Exeter in 1337. He probably passed most, if not all, of the remainder of his days, between this new living and St. Paul's. The termination of the first edition of his chronicle, as will presently be described, in the same year, and the commencement in 1338 of his practice of annually recording his age would also indicate a change in his way of life at this period. In his days a sexagenarian was regarded as a man well stricken in years, and we may imagine that it was with a certain pride that year after year the old chronicler could still write down the reckoning of his life even beyond the allotted three score years and ten. It may even have been the gratification of this little personal vanity that led him to keep on adding to his chronicle down to the very year of his death.

The "Continuatio Chronicarum," as Murimuth entitles his work, covers, in its full extent, a period of forty-four years, from 1303 to the beginning of 1347. In his preface (which, it may be noted, seems never to have

Murimuth's chronicle.

---

[1] *Literæ Cantuarienses* (Rolls Series), ii. 59, 70.

received final revision) the writer briefly explains that in his examination of other chronicles he had found that they did not proceed beyond the year 1302, excepting those at Westminster which were carried on to 1305. Starting therefore with the year 1303, he drew his material for that and the two following years from the Westminster chronicles; and thence, from after 1305, when, as he says, he was of an age to use his own observation and to chronicle events, in Biblical phrase, "ex "libro dierum meorum,"[1] all that he records is "ex "visu et auditu mei temporis." He also announces his departure from the usual practice of dating the commencement of the year either from Christmas or from Lady-day, and his very absurd adoption of Michaelmas as the beginning of his chronicular year.

<small>Its inconvenient chronology.</small>

This new arrangement brought him into trouble almost at the outset. His first year, 1303, he rightly styles the 31st year of Edward I. His year 1304 he begins with Michaelmas 1303, thus anticipating by three months, and he places it in the 32nd regnal year, which, however, did not commence till the 20th November. His year 1305 begins with Michaelmas 1304, and is styled the 33rd regnal year; and it is carried on to Michaelmas 1306, thus really embracing two years. When, therefore, he begins his year 1306, he is nine months in arrear; but from this point he becomes consistent, and always dates his year from the Michaelmas of the actual year. It is scarcely necessary to add that the confusion in the papal years is as bad as in the regnal years. And this perverse chronological craze answered no purpose whatever. Murimuth's system was soon found to be inconvenient, as is evident from the not infrequent interpolation of the true year in different MSS.

---

[1] It seems that Murimuth uses the phrase only in a figurative sense; and that we must not look for an actual existent "liber" of contemporary history.

The early part of the work, containing the history of the years 1303 to 1337, the portion which was apparently published before he took up the living of Wraysbury, as already described, is particularly meagre in its information. We should naturally suppose that one, who had for many years led an active public life and had even had a share in some of the principal events of his day, would have been more communicative in his account of them. The chronicle in its present form was evidently begun after the year 1325, when Murimuth became canon of St. Paul's; and was probably made up, for the earlier years, from scanty notes and from personal recollection. During his years of diplomatic service, Murimuth would have had little leisure for literary work, and must have been content to jot down events in a condensed form; and he himself implies as much when, in his preface, he uses the words "facta " præcipua ponderavi et ea scripsi breviter meo modo." Brief as this portion is, however, it has the value of a contemporary work; and, as such, it appears, if we may judge from the MSS. that have survived, to have been held in some estimation both in Murimuth's own church of St. Paul's, and elsewhere. The *Annales Paulini* which have been printed in the *Chronicles of the Reigns of Edward I. and Edward II.* show in parts, particularly between the years 1332 and 1337, a close connection with Murimuth's work, and are, I venture to think, indebted for material to a copy of this early portion, or first edition, of his chronicle, such as has survived in some of our MSS.

Meagre character of the early portion of the work.

With the later portion of the work the case is different. When compiling it, Murimuth had ample leisure, and, though he never errs on the side of great fulness of detail, his account of current events becomes far more interesting; and in the last years the chronicle is of particular value for the history of the campaigns in

Improvement in the later portion.

France and of the different negotiations in connection with them. Murimuth's position in the church of St. Paul's gave him access to documents and private information of which he has here freely availed himself.

<small>Previous editions.</small>

The chronicle was first edited by Anthony Hall, together with the continuation of the annals of Nicholas Trivet and the "Speculum Coenobitarum" of John Boston, in a volume which he published at Oxford in 1722. He made use of the MS. 304 in Queen's College (described below) as the basis of his text, collating the copy in Magdalen MS. 53 (see below) and another MS. which was in possession of the earl of Cardigan. This edition, however, gave only the first version of the chronicle, brought down to Michaelmas 1337; but was supplemented by a continuation to 1380, also found in the Queen's MS. This continuation, as it is in no way the work of Murimuth, we need not stay to examine.

In 1846 a new edition was attempted by Mr. Thomas Hog for the English Historical Society. Making use of the various MSS. of Murimuth in the British Museum, Mr. Hog compiled from them a text to the year 1346; at the end of which he reprinted the continuation to 1380 already published by Hall. But, although he had thus under his hands the material for a perfect edition of the chronicle, by some strange oversight he neglected to make full use of the one MS. which contains the text in its most complete form. He appears to have been content to collate the Harley MS. 3836 only as far as the place in the year 1337 where Hall's text ends, although in his preface he recognizes the value of the MS. and its extent.

<small>Description of the MSS. of Murimuth's chronicle.</small>

The text of the present edition is based upon the Harley MS., collated with the other MSS., which I now proceed to describe, prefixing to each the letter or abbreviation by which they are indicated in the foot-notes:—

H.—Harley MS. 3836, in the British Museum, is a small square octavo of 69 leaves. Vellum. It contains the full text of the chronicle in its latest version, ending at the beginning of the year 1347; roughly and carelessly written on badly prepared and coarse material, some of the leaves being formed of remnants of skins, the ink faded more or less throughout the volume, and the earlier pages injured by damp in the lower margins; of the latter part of the 14th century.

Contemporary titles are written in the margins, and a few later notes have been added.

The text was evidently transcribed from a MS. of which only a portion survives in the Additional MS. 32,167. The proof of this is found in certain clerical errors, e.g.:—The passage "beneficia . . . . . . sup-"portan[tes]" (see p. 138 below), which fills a line in the Add. MS., is omitted, and the previous word "pin-"guiora" has the terminating "tes" tacked on to it; again, "pro pace . . . . prosapia" (p. 180), an exact line in the original, is also omitted.

The MS. belonged to lord William Howard of Naworth "Belted Will," third son of Thomas, 4th duke of Norfolk, *ob.* 1640.

A.—Additional MS. 32,167, in the British Museum, is an octavo fragment of 47 leaves. Vellum. It contains the text from the middle of the year 1333 to the campaign of 1346 (pp. 68–203). Seventeen leaves are wanting from the beginning and a few from the end. The writing is legible, and has remained in good order; of the latter part of the 14th century.

There are contemporary marginal titles.

At the foot of the first page is written the name of Ra: Bosvile, probably that of sir Ralph Bosvile, or

Bosville, of Brabourne in Kent, who was living in the first half of the 17th century.

Ar.—Arundel MS. 18, in the College of Arms, is a small folio of 17 leaves, bound up with a number of other MSS. Vellum. It contains the continuation of Trivet, as published by Hall, with some variations; and Murimuth's chronicle from 1303 to 1337. The text is well written, though not very correctly, in a hand of the middle of the 14th century.

Q.—MS. 304, in Queen's College, Oxford, is a folio volume of 187 leaves. Vellum. It contains the chronicle of Peter de Ickham, Boston's "Speculum Cœnobitarum," the Annals of Trivet, and Murimuth's chronicle to 1337 (f. 151 b) with a continuation to 1380, and some other pieces. It is well written, with ornamental initials and borders; and belonged to John Merylynch, a monk of Glastonbury, in the reign of Henry VI.

As already noticed, this MS. was used by Hall.

C.—Cotton MS. Claudius E. viii., in the British Museum, is a large folio of 267 leaves. Vellum. It contains the "Flores Historiarum" of Matthew of Westminster, followed by Murimuth's chronicle (ff. 237–257) to the year 1341 (see p. 121 below), and various documents, some of which are printed in the Appendix in this volume, with some other pieces. The text of Murimuth is divided into chapters with titles. The volume was written for Henry Sponsor, bishop of Norwich [1370–1406], whose arms are introduced into some of the illuminated initials, which, together with many handsome borders, adorn the chief pages. The date of the MS. is about A.D. 1400.

M.—MS. 53, in Magdalen College, Oxford, is a broad octavo of 165 leaves. Vellum. It consists of several works of various dates from the 12th to the 15th century, among them being Lives of Saints, a chronicle of Durham, Hemingburgh's chronicle, and other pieces, including a copy of Murimuth's chronicle (pp. 82-136) to the year 1341, divided into chapters with titles, as in C., and many of the documents also which appear in C., although not quite in the same order. The date of this MS. of Murimuth is the first quarter of the 15th century.

R.—Royal MS. 13 A. xviii., in the British Museum, is a large octavo of 211 leaves. Vellum. It consists of various historical and other works bound together, among them being a copy of Henry of Huntingdon's "Historia Anglorum," of the 14th century. The chronicle of Murimuth (ff. 117-135) is carried down to the year 1343; and is written in a good hand, not much later than the middle of the 14th century.

All the different works in the MS., with the exception of the last, which was added later, appear to have been put together in the 15th century, the leaves having then been numbered in one series. The first tract, "Ivonis Carnotensis Epistolæ," of the 15th century, is marked "de dono reverendi magistri fratris Roberti " Yvori, conventus Londoniensis."

N.—Cotton MS. Nero D. x., in the British Museum, is a large folio of 198 leaves, consisting of various works indiscriminately bound together. The leaves numbered 105-137, of vellum, form a portion of a historical MS. which has lost both the beginning and end. This fragment now begins with the year 1287, two lines of writing which gave the conclusion of the events of 1286 having been erased; and the following title has been written at the head of the page in the time of sir Robert Cotton: "Cronica Nicholai Trevit, " ordinis Predicatorum, ab anno Christi MCCLXXXVII. " ad annum MCCCXXIII. Continuatio per Adamum de

" Merimouth ad annum MCCCXLVII." This title is founded on a memorandum which appears in the body of the text in the middle of the year 1323, preceded by the rubric " Tractatus magistri Adæ " de Merymouth," thus:— " Memorandum quod ab " hoc loco assumitur transcriptum de tractatu ma- " gistri Adæ de Merymouth, quem idem ipse com- " posuit de gestis Anglorum et aliis contentis post " cessationem fratris Nicholai Trivett, theologi de " ordine Predicatorum et precedentis tractatus auc- " toris. Sed notandum quod ipse magister Adam non " observat datam Nativitatis Domini aut coronationis " regis temporibus usitatis. Ad festum sancti Michaelis " incipit et terminat datam anni auctor predictus."

The former part of the text however is a compilation from Trivet and Matthew of Westminster; and the rest, which bears the name of Murimuth, while it follows the ordinary version down to the siege of Tournay in 1340 (see p. 114 below), from thence begins to differ, and has some considerable variations which are shown in the Appendix. It also incorporates many documents relating to papal provisions and diplomatic affairs; and is brought down to the campaign of 1346 in the south of France, closing with lists of prisoners, places captured, etc. It may be noticed that the compiler is very bitter against the Scots.

It is probable that several leaves are lost from the beginning; and that a single leaf is wanting at the end. The date of the writing is probably not much later than the middle of the 14th century, and, if a later marginal memorandum on f. 134 *b* of a great storm of wind in 1361–2 was entered contemporaneously with that event, the text must have been written before that year.

At the foot of the last page is written the name " Johannes de London.," of the 14th century, which may be that of an owner.

O.—Cotton MS. Otho C. ii., in the British Museum, is one of the volumes which were partially destroyed in the fire of 1731, and now consists of 138 leaves and fragments of vellum, all more or less damaged. It contains the "Flores Historiarum" of Matthew of Westminster, continued by a chronicle which partly agrees with the text of Trivet and seems to have been one of the MSS. used by Walsingham in the compilation of his "Historia Anglicana." Then follows (ff. 90-107) the chronicle of Murimuth, corresponding in some degree with the text of N., but not so full and wanting the documents. After the account of the battle of Neville's Cross, the text falls in with the ordinary continuation, as printed by Hall and Hog. The latter part of the volume is occupied by documents of the years 1339-1341; and by the anonymous chronicle of the end of the reign of Edward III., as printed in the *Chronicon Angliæ* in this Series. The date of the MS. is of the latter part of the 14th century.

This copy of Murimuth has been partially used in the present edition for collation with N., and to supply a small part of the text in the Appendix.

In addition to the above, I have also made slight use of the Harley MS. 1729, in the British Museum, containing an imperfect copy of Higden's "Polychronicon," of the 15th century, into which is incorporated Murimuth's chronicle from the beginning of Edward III.'s reign to 1339. After this year there is a gap, the text proceeding immediately with the text of Higden from 1353. The enlargement of the personal history of bishop Grandison of Exeter and other local details which occur in this MS. were no doubt additions originally made to some copy of Murimuth's chronicle at Exeter, his connection with the cathedral church of that place accounting for its presence there.

Hearne has printed the portion relating to the reign of Edward III. at the end of his edition of Hemingford

(Oxon. 1731) with the title " Anonymi Historia Edwardi " Tertii antehoc inedita."[1]

<small>The various revisions of Murimuth's chronicle.</small>

From the evidence of the MSS. just described the chronicle appears to have passed through at least three editions or revisions. The first ended with Murimuth's year 1336 (Michaelmas, 1337; p. 79), the point at which the text of the MSS. Ar. and Q. comes to an end. The second edition, the commencement of which is marked by the writer's new practice of annually quoting his age, extended to the middle of the year 1341 (p. 121), where the text of MSS. C. and M. abruptly break off. The third edition was in progress down to the day of Murimuth's death in 1347, as shown in the MSS. H. and A. It is also possible that the MS. R., which ends in 1343 (p. 140), may be an example of yet another edition.

<small>Avesbury's chronicle.</small>

Of Robert of Avesbury we unfortunately know nothing more than can be gathered from the title of his work, wherein he describes himself as registrar of the court of the archbishop of Canterbury. His chronicle of the "mirabilia gesta" of Edward the Third is a military history of the reign to the year 1356. With the exception of some account of the quarrel between the king and archbishop Stratford and the publication of the documents connected therewith, and of the protest

---

[1] As Murimuth's name appears in connection with the compilation of English history of the 15th century, found in the Cotton MS. Cleopatra A. xvi. and partly copied from a MS. in Chetham's Library, Manchester, it is necessary to notice it, although it contains only an epitome of part of Murimuth's chronicle. It extends from 1109 to 1367; the first part, to the middle of 1325, being attributed to Robert of Reading, a monk of Westminster. From thence to 1345 it is said to be the work of Murimuth: "Ab anno igitur graciæ " MCCCXXV. hucusque magister " Adam Mirimouth, quondam legis " peritus ac ecclesiæ sancti Pauli " Londoniensis cononicus, premissa " cionicavit." The rest bears the name of John de R., monk of Westminster.

of the parliament of 1343 against papal provisions, no notice is taken of ecclesiastical affairs; nor does the civil history of the country fare better. Expeditions, negotiations, and treaties form the material in which Avesbury delights; and his information with regard to them is of no inconsiderable value, not so much from his own contributions as from the correspondence and documents which he embodies in his text. Holding a public position, he had access to some of the material of which Murimuth also makes use; and dealing as they do, in part at least, with the same period of English history, it seemed appropriate to bring the two chronicles together into one volume.

Avesbury's chronicle has hitherto been printed only once, by Thomas Hearne, at Oxford, in 1720. Hearne's edition, like the rest of his work, was executed with care, but has become very scarce. He made use of the only three extant MSS., which I have also again collated for the present edition. They are as follows:— *Previous edition. Description of the MSS.*

H.—Harley MS. 200, in the British Museum, is a small octavo of 205 leaves. Vellum. It contains: "Cronikes de tout Engleterre," a copy of the French Brute chronicle to the year 1332 (ff. 1–76), and Avesbury's chronicle (ff. 76 b–146), both written in the same hand of the beginning of the 15th century. With these is bound a copy of Ailred of Rievaulx's Life of Edward the Confessor, in Latin, of the end of the 12th century. A leaf from an illuminated French MS. of the latter part of the 15th century is inserted as a decoration at the beginning of the volume.

The chronicle of Avesbury is imperfect at the end by the loss of one leaf. Then, after some blank leaves, follow lists of French killed and prisoners at the battle of Poitiers, etc. (f. 137), which, from their disconnected position, appear to be additions, not due to the hand of

Avesbury; and, at the end, on spare fly-leaves are written the following:—

1. Descent of Arthur from Joseph of Arimathea, etc. f. 138.
2. On tribulation. *French.* f. 139.
3. "Versus de regimine regis." f. 139 *b.*
4. "Mulier præfertur homini." *ibid.*
5. "De prima pestilencia versus." *ibid.*
6. "De civitate Romana versus." *ibid.*
7. "De episcopis" versus. f. 140.
8. "Versus de papa Benedicto xi^{mo}." *ibid.*
9. "Versus de fortuna." *ibid.*
10. "Versus de amore." f. 140 *b.*
11. "Victores bellorum." *ibid.*
12. "Visio sancti Thomæ martyris, Cantuariensis archiepiscopi, de regibus Angliæ." *ibid.*
13. "Plausus Angliæ." *ibid.*
14. "Verba illustris regis Angliæ, Edwardi tercii " a conquæstu," et "Johannis regis Franciæ." *ibid.*
15. "Allegacio cujusdam presbiteri": verses on marriage. f. 141.
16. "Etates patrum antiquorum." f. 141 *b.*
17. Note of various epochs. *Latin.* *ibid.*
18. Note of the numbers of churches, towns, etc., in England. *Latin.* f. 142 *b.*
19. Pedigree illustrating Edward III.'s claim to the crown of France. f. 143 *b.*
20. Historical prophecy, in verse. *Latin.* f. 144.
21. Verses: "Sunt tres stultitiæ," etc. f. 144 *b.*

These additions are either written by, or contemporaneously with, the scribe of the chronicle. At the end are:—

22. Prognostications depending on weather on St. Paul's day, in *Latin* verse; the writing touched over by a late hand. f. 144 *b.*

INTRODUCTION. xxv

Nearly all the pieces are printed by Hearne, under the head of "Minutiæ," at the end of his edition of Avesbury.

The name of John Tyson, 15th century, is written on f. 138. The volume belonged, in 1626, to Sir Simonds D'Ewes.

D.—Douce MS. 128, in the Bodleian Library, is a large octavo of 258 leaves. Vellum. The first part of the volume is occupied by a treatise " de prima creatura " (ff. 1-31), and the pseudo-Aristotelian " Libellus de " secretis secretorum " (ff. 32-59), both written in the 14th century. Then follow the French Brute chronicle (ff. 60-163), as in the Harley MS., and Avesbury's chronicle (ff. 164-250). Immediately at the end, without any interval, are copied the lists of French killed and prisoners at Poitiers, etc., and most of the other small pieces which are found on the fly-leaves in the Harley MS., but in a different order, thus: 2-9, 1, 1014, 20 , 15-18 ; then a recipe "to staunche bledyng atte þe nose"; 19 ; and finally a hymn in English. Articles 21 and 22 are not copied. The writing of all this latter part of the volume (ff. 60-258) is in a bold large hand of the first quarter of the 15th century.

The name of John Stephynson is written in a hand of the 15th or 16th century at the beginning of the MS. It afterwards belonged to archbishop Parker; then to William Lambarde in 1573-4, and to Thomas Lambarde in 1659. Later, it passed to Roger Twysden, and from him, with the rest of his MSS., to sir Thomas Saunders Sebright, 4th bart. of Beechwood, Herts, whose grandson, sir John Saunders Sebright, 7th bart., included it in the sale of his library in April, 1807. It was numbered lot 1130 of that sale, and was purchased by Francis Douce for 2l. 5s.

T.—The MS. numbered R. v. 32, in the library of Trinity College, Cambridge, is a small folio of 106 leaves.

Vellum. It contains the French Brute chronicle (ff. 1–58), as in the Harley MS., and Avesbury's chronicle (ff. 59–104), followed by the lists of the French killed and prisoners at Poitiers, etc., and some of the small pieces found on the fly-leaves in the Harley MS., viz., Nos. 2–9 [after which some leaves are lost], 19, 16, 17. The writing is a good medium-sized hand of the first half of the 15th century, perhaps about 1430.

The MS. bears on its covers the arms of archbishop Whitgift [*ob.* 1604], sometime Master of Trinity.[1]

From the fact that both D. and T. have certain clerical errors in common it is evident that they were both copied from the same original. But the text of D. is more carelessly written and has more variations in the spellings of names than T. The Harley MS. is certainly the archetype from which the other two MSS. were derived, as the additions on its fly-leaves form a corporate part of their text; but it is probable that there was an intermediate MS., copied directly from H., from which D. and T. were transcribed.

I will now proceed to survey the historical information supplied by the two chronicles printed in this volume.

Review of the first portion of Murimuth's chronicle. It has already been noticed how meagre is the early part, or first edition, of Murimuth's work. The first event which is treated with less than scanty brevity is the restoration of archbishop Winchelsey in 1308; and, next, the fateful career of Gaveston naturally attracts some attention. Of the manner of his death our chronicle has a curious version, according to which, after being made prisoner by the earl of Warwick and brought to Warwick castle, he was dismissed to go whither he would, and, on leaving the town, was set upon at Gaversike (or Blacklow hill), a mile north of Warwick, and beheaded. This differs from other accounts and seems to have been written for the purpose of explaining why Gaveston was removed outside the walls for execution. The *Annales Londonienses*[1] report that this step was taken in order to place the prisoner beyond the earl's jurisdiction, and describe the refusal of the latter to allow the body to be brought into the town afterwards. Among the great historical events of the time, the battle of Bannockburn is dismissed in a single sentence; Edward's campaign against the rebel barons in 1321 and 1322, culminating in his victory at Boroughbridge and his vengeance on his enemies, is treated at better length; and queen Isabella's invasion and the king's abdication and subsequent murder receive comparatively a full notice, without, however, adding anything material to other accounts. One small point may be noticed as an indication that Murimuth gave some attention to details in revising his work for later editions. In the MSS. of the earlier types, Gournay, the murderer of Edward II., is said to have been captured at Marseilles, whereas it is known that he was first taken at Burgos, and, after an escape, again at Naples. Murimuth became aware of his error and altered his "apud Marciliam" into "in partibus "transmarinis"; but he still remains the authority for the false statement that Gournay was beheaded at sea, in order to screen certain great persons who might have been accused by him. Gournay died at Bayonne on his way to England, and his body was brought home, the ship arriving at Berwick, which Edward III. was then besieging, early in July 1333. It is, however, not impossible that Gournay's body was actually beheaded and gibbeted, and that hence Murimuth derived his story. The brief account of the execution of Edmund of Woodstock, earl of Kent, on the charge of conspiracy to restore his brother, king Edward, supposed to be still living, is supplemented by the French text of the

---

[1] *Chron. Edw. I. II.*, vol. i., p. 207.

curious confession attributed to Kent, which is found in one of the MSS. (p. 253).¹

Murimuth's notices of ecclesiastical affairs.

But while Murimuth is thus niggard in his information on matters of the general history of the country in this earlier part of his chronicle, he observes with some exactness the changes which take place by promotions in the Church and the relations of the court of Rome with England. As regards the former, he speaks his mind with freedom on the choice of certain prelates: and as to the conduct of the pope, he is loud in his complaints of the encroachments which had been continually attempted upon the king's rights, and of the levies which were made upon the long-suffering "good " asses," the English.

As a review of the general history contained in the later part of the chronicle will be more conveniently made in conjunction with an examination and comparison of Avesbury's work, as far as it covers the same period, the ecclesiastical side of Murimuth's chronicle may be here briefly surveyed. And, firstly, as to various appointments, a carping spirit manifests itself so frequently in our author's remarks that one is tempted to regard him rather as an ill-natured or disappointed man, whose words must not be taken too literally.

Abuses in episcopal elections.

In 1313 the bishopric of Worcester was conferred upon Walter Maidstone, " viro utique diffamato in Anglia de in-" honesta conversatione et vita, et papæ ex inhonesta " familiaritate secreto." In 1317 Louis de Beaumont became, by papal provision, bishop of Durham, a Frenchman of noble birth, but of scanty learning and lame, "sicut " sunt multi Francigenæ," whom the pope would perhaps have rejected, had he seen him.² Henry Burghersh was,

---

¹ A Latin version appears in the *Historia Anglicana* of Walsingham, ii. 351.

² Compare Robert de Graystane's account of him: "Facie " venustus, sed debilis pedibus, " quia utroque pede claudicans; " dapsilis nimis, ita ut a multis " diceretur prodigus; ad habendum " cupidus, sed de modo adquirendi

in 1320, made bishop of Lincoln by his uncle's influence, who spent more than 15,000*l.* of public money with no return but this promotion of his nephew, who, after all, showed anything but gratitude to his king. Robert Wyville, who in 1330 became bishop of Salisbury, was, like de Beaumont, illiterate and ill-favoured withal, and again, like the other, would hardly have attained to such high rank had the pope first set eyes on him. And three years later the chapter of Canterbury had perforce to make a virtue of necessity in electing John Stratford, a man in favour with both king and pope. But the most interesting instance of these personal remarks is that in which Richard Bury, bishop of Durham, who died in 1345, is represented as one who got promotion by the interest of great people and by the "ambitionis vitium," who, thus forced to live beyond his means, died in abject poverty and, posing as a great scholar though scantly furnished with learning, managed to get together by gift, loan or purchase his more than five great cart-loads of books. His successor too comes in for a bad word. The chapter of Durham had to elect Thomas Hatfield with more unanimity than cheerfulness, and sang Te Deum with the voice of mourning.

Bribery in such promotions is also charged. Rigaud Asser was made bishop of Winchester in 1320, " causâ " pecunialiter cognitâ. " In 1329 Ralph of Shrewsbury, on election to the see of Bath, found it necessary to

" minus curans. . . . Castus " erat, sed laicus; Latinum non " intelligens, sed cum difficultate " pronuncians. Unde cum in con- " secratione sua profiteri debuit, " quamvis per multos dies ante in- " structorem habuisset, legere nes- " civit; et cum auriculantibus aliis " cum difficultate ad illud verbum " *Metropoliticæ* pervenisset et diu " anhelans pronunciare non posset,

" dixit in Gallico, *Seyt pur dite.* " Stupebant omnes circumstantes, " dolentes talem in Episcopum " consecrandum. Et cum semel " celebraret Ordines, nec illud " verbum *in ænigmate* proferre pos- " set, dixit circumstantibus, *Par* " *Seynt Lowis, il ne fu pas curtays* " *qui cest parole icy escril.*"— Raine, *Hist. Dunelm. Scriptores Tres,* p. 118.

purchase the pope's consent "non sine magna pecuniæ "quantitate"; and William Edingdon, in 1346, received consecration "auctoritate literarum apostolicarum forsitan "redemptarum."

Other events concerning the Church.
A few other notices of internal ecclesiastical matters may also be referred to. In 1333 Edward refused to acquiesce at once in the translation by papal authority of Adam Orleton from Worcester to Winchester. Orleton was accused by common report of turning to his own account the position which he held of ambassador at the French court, and of making favour with Philip of Valois to influence the pope. In his anger Edward seized the temporalities of Winchester and only restored them on the petition of the prelates in parliament. Ill-fortune to his see also attended Orleton's death in 1345: the chapter of Winchester proceeded, in the face of the withdrawal of their licence, to elect John Devenesche to the vacancy, with the result of bringing down upon themselves a severe fine of two thousand pounds. In 1331 took place the quarrel between archbishop Mepham and bishop Grandison of Exeter, when the latter resisted the claim of the archbishop to visit his diocese; and there was a similar struggle in 1343, when archbishop Stratford's assertion of his right to visit the diocese of Norwich ended in the excommunication of the bishop and prior and the suspension of the chapter. And in 1344 William Bateman, though duly elected by the chapter, preferred to take the bishopric of Norwich by papal provision, and stirred Murimuth's anger by his mean conduct in claiming fees as a papal envoy: "sic semper oneratur ecclesia Angli-"cana."

Papal encroachments.
But Murimuth succeeds best in securing our sympathy in his indignation at the exactions and encroachments of the pope, especially in the matter of provisions. The docility of his countrymen in bearing these foreign burdens is especially the object of his

scorn. As in 1317, in the matter of First Fruits, the English "sicut boni asini" put up with whatever is laid upon their backs. When, in 1337, cardinal envoys arrived to mediate for peace between England and Scotland, they were allowed double their rightful fees through the apathy of the prelates, creatures of the papal court, who dared not interfere to protect the clergy from such exactions. Our chronicler fully enters into the proceedings against provisons in the parliament of 1343, and has a curious account of the audience which the English envoy, sir John Shoreditch, had with the pope on presenting the letters of remonstrance.[1] But of how little avail was such remonstrance he mournfully complains, for, "propter literas credentiarum "dominorum et dominarum, non absque vituperio in"constantiæ, deluduntur, et multa eis contraria con"ceduntur, et per dissimulationem sortiuntur effectum, "in magnum præjudicium regis et regni"; and, after describing a fresh instance of papal interference, he exclaims: "Præmissa scripsi, ut ex eis colligi possit "quanta est inconstantia, desidia et periculosa tole"rantia Anglicorum et cupiditas Romanorum."[2] Indeed, nothing else could be expected when the king himself invited the exercise of this papal encroachment in order to serve his own friends. Thus was managed the appointment of Thomas Hatfield to Durham in 1345. And, again, Thomas Lisle, the pope's nominee for the see of Ely, receives the temporalities, "procurantibus "secretariis regis, non absque promissionum et munerum "interventu." Finally, after remarking on the failure to fill the vacancy in the see of Winchester, because the pope was waiting for the highest bidder, Murimuth delivers us a rapid view of these exactions from the English "tanquam a barbaris," traced back to the time of Clement V. in 1313, whose various methods are

---

[1] A fuller account appears in the Appendix, pp. 229, 230.

[2] Page 158.

described, and whose successor, John XXII., proved still more industrious in the art of extortion. Benedict XII., though he did not impose new burdens, was exact in requiring the full measure of his predecessors. And thus it comes about that the money which passes out of the country to enrich the pope and foreigners, even enemies, exceeds the king's own revenue. And so may be applied to the English the words of Scripture, slightly altered: "Ye suffer wise men gladly, seeing ye your-" selves are fools." The prelates owe their own advancement to the pope, and dare not open their lips and offend their patron; the king too and nobles, albeit they have ordained remedies against these wrongs, go contrary to their own enactments.

Review of the history of Edward III.'s reign, as told in the two chronicles.

Avesbury's chronicle, as already observed, is almost purely a military history. He begins with a slight sketch of the reign of Edward the Second and of the early years of his son, the wars with Scotland giving him occasion to explain the position of that country towards England, and the suzerainty of the latter kingdom; and he closes this part of his work with the text of the abortive treaty between the English king and Atholl's party in 1335. The next event which he records is Edward's expedition to Brabant in 1338, at which point the thread of Murimuth's narrative may also be resumed.

Preparations for war with France.

In 1337 Edward had received supplies from both clergy and laity, and was making his final preparations for war with France, his design being to attack his enemy from the side of Flanders and thus to retaliate upon Philip by the same methods which the latter had employed against himself in fomenting troubles on his borders. The first blow of the campaign was struck at the close of the year, when the garrison placed by Philip's ally, Louis of Flanders, in the island of Cadzand at the mouth of the Scheldt, was driven out by an English squadron. Murimuth describes this operation merely as an act of vengeance by sir Walter Manny for the wanton murder of two English sailors; but it was a regularly organized expedition in aid of Edward's allies, the Flemish burghers in revolt against count Louis. The intervention of papal envoys who soon afterwards arrived in London was of no avail in averting war. Parliament, which met in February of the new year, granted to the king half the wool of the realm, which, says Murimuth, was exacted from an unwilling people; and on the 16th of July, 1338, Edward embarked for Antwerp. Of his negotiations and movements abroad during the next twelve months but little is said. His meeting with his fickle ally, Louis of Bavaria, at Coblentz at the end of August and beginning of September, when he was installed vicar of the empire, is converted by Murimuth into two separate interviews, the first of which, supposed to have taken place at Cologne, had no real existence. Edward set out from Antwerp on the 16th of August and returned thither towards the end of September. To meet the great expenses in which he had become involved, a further subsidy on wool was granted, " ad gravissimum onus po- " puli," in the parliament which met at Northampton at the end of July; the clergy, too, made a grant of another tenth, but resisted any additional tax on wool.

Expedition to Flanders in 1338.

Meanwhile Philip was not inactive. His fleet put to sea and, taking advantage of Edward's absence from England, burned and sacked Southampton, besides surprising five large English ships in the port of Sluys, in the autumn of 1338; and in the following spring insulted the coasts from Harwich to Bristol.

Attacks by the French fleet.

At length Edward, getting together his Flemish allies with infinite trouble and hard pressed for money, determined to advance into France. On the 16th of July, 1339, he issued his manifesto in the form of a letter addressed to the college of cardinals, and after

Invasion of France and campaign of 1339.

some further delays he moved forward. The details of the campaign have been preserved to us in Edward's own letter to his son, which is given by Avesbury. He broke up from Valenciennes on the eve of St. Matthew, the 20th of September, and the same day entered Cambresis, which was wasted for a whole week, cattle and corn being all destroyed. On Saturday, the 25th, he arrived at Marcoing and crossed the border of France proper, still burning and destroying; and there he had news of the approach of Philip, who was then at Peronne on the Somme. But, though so near, the two armies did not come into collision. Philip reached Saint-Quentin; and Edward advanced slowly southward, passing the Oise, as he himself narrates, on the 16th of October, and took up his quarters at Origny-Sainte-Benoite, a little to the east of Saint-Quentin. But here his allies began to show a disposition to withdraw from him, pleading shortness of provisions, an excuse which Edward seems to have considered valid, seeing that they had come with scant rations, " by reason that they " thought that our said cousin should have given us " speedy battle." On the 17th (which Edward has wrongly called the 18th) came a challenge, addressed by Etienne de la Baume, the master of the French crossbowmen, to Hugh of Geneva, for a pitched battle; but Edward, continuing his march eastward, appears to have disregarded the defiance until, on Wednesday the 20th, there came confirmatory letters from the king of Bohemia and the duke of Lorraine. He then prepared for battle, apparently in front of Flamengerie, while Philip moved out to Buironfosse; so that only some three miles separated the two armies. But the battle was not fought. Edward kept his position, as he states, till the following Saturday, the 23rd of October, and then withdrew, in the evening, towards Avesnes, a few miles northward, sending word to Philip that he would await him there on the next day. But on Monday, the

25th, it was rumoured that the French had retired and that, breaking up in panic, they had even lost a large body of men in the marshes. Edward then returned to Antwerp.

His first action at the beginning of the new year was formally to assume the title and arms of the king of France, and on the 8th of February, 1340, he issued a proclamation to the French, the text of which appears in Avesbury. Immediately afterwards he returned to England to meet his parliament, and succeeded in obtaining a further substantial aid; and early in June he was again ready to sail for Flanders.

At this point Avesbury tells the curious story of the king's petulant quarrel with archbishop Stratford, when the latter cautioned him to sail with a sufficient force to oppose to the French fleet which was prepared to bar his passage. Fortunately, however, he listened to reason, collected a numerous fleet, and sailed on the 23rd of June. The next day, Saturday the 24th, he won the important naval battle of Sluys. Murimuth describes the fight in some detail, and mentions in particular the recapture of two of the large ships taken by the French two years before. It may also be noticed that Avesbury states, as a remarkable fact, that on the next day there were rumours rife in London of Edward's victory. Then followed the siege of Tournay, with its accompanying operations against neighbouring places; Edward's personal challenge to Philip, and the latter's reply; and finally the nine months' truce, signed, much to the English king's dissatisfaction, on the 25th of September.

Campaign of 1340.

Battle of Sluys.

Exasperated at this humiliating termination of the campaign, Edward hastened back to England and vented his wrath upon the chief officials whom he considered answerable for neglect in supplying him with means for prosecuting the war, dismissing many

Disgrace of officials.

and imprisoning some of them. His great quarrel with archbishop Stratford which now took place was partly due to the same cause; but a reconciliation was effected in the course of the year. Murimuth notices, but somewhat confusedly, the attempt made by the parliament which met in April, 1341, to obtain the enforcement of the charters and their observance by the officers of state, who should be appointed by, and be answerable to, parliament; further, that Stratford's answers to the charges brought against him were to be reported to parliament.

<small>Campaign in Scotland.</small> Meanwhile Edward did not neglect to make preparations for renewing the war with France on the expiration of the truce, but its prolongation was effected for another year, and the fleet of transports which had been gathering was dispersed. The king had now leisure to turn his attention to Scotland, where his partisans were being worsted and where rumours of the return of David Bruce required his presence. The result was a short and fruitless campaign at the end of the year 1341, which was happily brought to a close by a truce, afterwards extended.

<small>Expeditions to Brittany.</small> The disputed succession to the duchy of Brittany, which followed on the death of John III. in April, 1341, gave Edward the opportunity of operating against France from the opposite side to that where he had so utterly failed. Early, apparently, in 1342 sir Walter Manny was sent to the relief of Hennebon; and on the 14th of August an expedition was despatched under command of the earl of Northampton, Edward himself preparing to follow on the return of the transports <small>Northampton's campaign in 1342.</small> which conveyed Northampton's troops. Murimuth's account of the latter's campaign is to the effect that he made a descent on Brest which was being closely invested both by sea and land, and drove off the besieging forces with severe loss. In their retreat the

enemy also abandoned a stronghold, called by Murimuth Goule Foreste,[1] which was at once garrisoned by the English. This place may be identified with La Forêt between Brest and Landerneau, and seems to be quite different from the Goi-la-Forêt which was captured, according to Froissart, about the same time by sir Walter Manny, and which was probably near Hennebon.

Northampton next advanced on Morlaix, which he attempted to capture by assault, but was beaten off with loss. He had better fortune in a battle which immediately followed with Charles of Blois who had hastened to the relief of the town. The French were totally defeated on the 30th of September with severe loss, and among the prisoners was Geoffroi de Charny. Murimuth describes this battle twice over, the first account (p. 127) being fuller and evidently intended to supersede the other (p. 128). Northampton's subsequent movements are not given; and, indeed, his share in the events of the campaign are involved in some obscurity. His victory at Morlaix has been elsewhere assigned to Robert of Artois,[2] who, there is reason to believe, was present with him and probably held an independent command. Baker of Swynebroke describes it as one of the hardest fought actions of Edward's reign. But, although victorious, Northampton was forced to retreat and no doubt fell back on Brest, where the king landed at the end of October, having sailed from Portsmouth on the 23rd of the month. The letter which Edward wrote to his son on the 5th of December, as given by Avesbury, does not enter into the details of the early part of his operations beyond noticing the capture of the three towns of Ploërmel, Malestroit, and Redon, in the course of a great raid. Other accounts

<small>Edward's campaign.</small>

---

[1] Goule Foreste, or Goi-la-Forêt, seems to be a corruption of Coët-la-Forêt. Coët is the Breton word for forest. See Lettenhove's *Froissart*. xxiv. 240.

[2] Morice, *Hist. de Bretagne*, i. 260.

state that he first sat down before Vannes, but, making no progress, left a portion of his troops to mask that place and made attempts successively against Rennes and Nantes, finally returning to Vannes and regularly prosecuting the siege. In this letter, however, he announces that he has taken up his position before the latter city, the capture of which was all-important for the security of the districts brought under his authority; and that Northampton and others had been sent against Nantes. But the papal envoys were now at hand, at Malestroit, the nearest place where Edward would allow them to approach him, endeavouring to bring about a cessation of hostilities. In this they were at length successful. On the 19th of January, 1343, the truce of Malestroit was signed, the English army broke up, and Edward, driven and delayed by storms, at length returned to London on the 5th of March.

Truce of Malestroit.

Peace negotiations.

On the events of the next two years Avesbury is silent. Murimuth devotes nearly all the rest of his history of 1343 to the negotiations for peace and the proceedings against papal provisions. As regards the former, the envoys who were nominated in the king's letter of the 24th of May (p. 136) to be sent to argue the English cause before the pope, were replaced by others of lower rank, among whom was Andrew Offord. The negotiations of which he rendered an account to the council in the following November were suspended to await the arrival of other envoys from England with fuller instructions. The light esteem in which the pope's court was held among the English at this time, owing to his partiality for their enemies the French and the irritation caused by his ecclesiastical encroachments, is reflected in the curious account of a tournament at Smithfield, in which he and twelve cardinals are introduced as taking a part in the proceedings—a form of mumming which one would rather look for at a later period of history.

At the beginning of 1344 Edward also held on a magnificent scale a great tournament at Windsor, which Murimuth describes in more than ordinary detail. It was opened with a festival, which was attended by a great number of ladies, on Sunday the 18th of January,[1] and the jousting lasted through the three following days. On Thursday, the 22nd, Edward founded the Round Table, the first celebration of which was appointed for the following Whitsun-day, 23rd May. In the text printed in the Appendix (p. 231) a more florid description of the festivities is given, but the date is fixed as from the 8th to the 12th of February. *Foundation of the Round Table.*

Turning to the more serious business of convocation and parliament, Murimuth records the grant of supplies to the king, on the understanding of certain concessions, but adds the significant words: "Licet ex parte "domini regis multæ libertates et bonæ conditiones "clero et populo promittantur, regales tamen promis- "siones hujusmodi servare non curant, sed, illis præ- "termissis, totum quod conceditur plene levatur." Edward was in fact again preparing to renew the war. Philip was threatening Guienne, and his troops were acting in Brittany. Corn and other necessaries for a campaign were accumulated at the ports, and preparations were carried on from the beginning of the year through the summer, in constant expectation of Edward's passage beyond seas. But, adds Murimuth, the voyage was ever delayed, and yet the provisions were not restored to those on whom they were levied. *Preparations for renewal of the war.*

In spite, however, of these warlike preparations, negotiations for the establishment of peace were not suspended. Derby and Arundel were despatched, according to Murimuth, early in the year, on a secret mission. Their destination was in fact Guienne; and they also had instructions to proceed to Spain. Arun- *Continued negotiations.*

---

[1] Erroneously called xiii., instead of xv., kal. Feb.

del appears to have visited the latter country, but not so Derby, who is reported to have returned home from Gascony and the papal court early in July, "sed quæ nova "idem comes de curia reportavit communiter ignoratur, "sed creditur quod placentia non fuerunt" (p. 158). A council was held on the 11th of August, and other envoys, including John Offord, were despatched to Avignon. In October letters were received from Offord, upon which another council was held and additional envoys were sent out. Other messages were exchanged, and in the next year, 1345, two papal envoys arrived and had audience of the king, early in Lent, at Teynham. But this mission appears to have principally concerned the dispute about papal provisions. The negotiations for peace at Avignon were broken off by the sudden departure, at the end of Lent, of the English envoys, who took alarm at the expedition which was being equipped in France, ostensibly to aid Luis de la Cerda in the conquest of his new kingdom, the Fortunate Isles, but in reality, as they suspected, for the invasion of another Fortunate isle, namely England.[1]

Expeditions to Guienne, Brittany, and Flanders, in 1345. Edward's mind was now made up for action. Stafford was sent out to Guienne in command of an expedition, which was followed by another under Derby. John de Montfort had meanwhile escaped from prison and had come to England and done homage to the English king. Northampton was despatched to Brittany in support of

---

[1] It may be noticed that the description which Murimuth gives us of the Canaries, or Fortunate Isles, may have been derived, in part at least, from some account of the Portuguese expedition thither in 1341. Particulars were communicated in letters written to Florence by certain Florentine merchants established at Seville, and afterwards published by the poet Boccaccio. See *History of the Conquest of the Canaries*, ed. R. H. Major (Hakluyt Society), 1872, p. xiii.

Camden, *Britannia* (ed. Gough, 1789), vol. i., pref., p. iii., refers to Murimuth's account of Luis de la Cerda's appointment, but erroneously attributes it to Avesbury.

his cause, and arrived there before midsummer. The king himself gathered an army and fleet at Sandwich, and, after publishing, on the 14th of June, his declaration against Philip as the breaker of the truce,[1] sailed for Flanders at the beginning of July. But the unexpected murder of van Artevelde dashed his hopes of success in that quarter, and he returned to England on the 26th of the same month.

Then followed on the part of pope Clement a last effort to avert war. But his long letter was not calculated to smooth the way. As Murimuth pertinently observes: "Ex præfatis literis colligeres evidenter quod papa regem Franciæ ab omni culpa nititur excusare et regi Angliæ impingere omnem culpam; ex quo partialem ad partem unam quam plus diligit se demonstrat." The archbishop of Ravenna next appeared as papal envoy, but had to await Edward's return from the north, whither he had gone to survey the defences of the border. The audience which at length he had at the end of the year was of no avail. Edward would listen to no further delays; his adversary had broken the truce and he could only vindicate his rights by force of arms. Nor could two other cardinal envoys who offered mediation at the beginning of the new year even obtain a safe-conduct. Military preparations were pushed on and levies raised, and the army was finally gathered at Portsmouth at the beginning of July, 1346, ready for embarkation.

Intervention of the pope.

Meanwhile, before the close of the last year, news had come of successes gained by Northampton in Brittany and by Derby in Guienne. Murimuth refers to a severe defeat of Charles of Blois by the former; but other histories speak only of the capture of certain towns as

Campaign in Brittany.

---

[1] Originally the passage beginning "Quibus primis," at the foot of p. 169, no doubt followed immediately after this document; the order for prayers for the king's success and its prefatory paragraph, p. 168, being a subsequent interpolation.

xlii   INTRODUCTION.

the extent of Northampton's exploits. A certain vagueness seems to attach to most of the accounts of the military operations of the English in Brittany at this period.

Derby's campaign in Guienne, 1345-6. The narrative of Derby's campaigns rests upon more solid foundations. The expedition under his command sailed early in July, 1345. One of our MSS. (p. 243) places the date fairly correctly as near the Nativity of St. John the Baptist, 24th June; but Avesbury is altogether wrong (p. 355), in naming Michaelmas as the time. Landing presumably at Bordeaux,[1] Derby advanced up the Dordogne and captured Bergerac on the 24th of August, making several important prisoners whose names are recorded by two of our MSS. (pp. 249, 251). Thence he appears to have scoured the country, chiefly between the Dordogne and the Isle rivers, and even further north beyond the Dronne. Murimuth states that he made himself master of more than sixty castles and walled towns. Avesbury specially mentions Pellegrue,[2] Lalinde, Montagrier, Saint-Louis, Saint-Astier, and L'Isle, and adds that forty-six other places were captured. The first of these places lies to the south-west of Bergerac, and Lalinde lies to the east. Derby, then, must have secured the towns along the valley of the Dordogne before turning northwards. The valley of the Isle river then being entered, Saint-Louis and Saint-Astier would have fallen into his power as he advanced up the stream. L'Isle and Montagrier, which lies beyond the Dronne, would have been his next prizes; and then he would have attempted the great city of Périgueux, where we know he failed. But at the same time he appears to have got possession of Auberoche, a town

---

[1] The campaigns of 1345 and 1346 in Guienne form the subject of a work by M. Bertrandy, *Étude sur les Chroniques de Froissart; Guerre de Guienne, 1345-1346,* Bordeaux, 1870.

[2] One of the MSS. (p. 249) mentions Pictavia, probably an error for Pellegrue, and makes the capture of these places to follow the battle of Auberoche.

lying further eastward, on the Isle. His next movements are uncertain, nor for the present purpose need they be considered. Our chroniclers come at once to the siege of Auberoche by the French under Louis de Poitiers, comte de Valentinois (whom both Murimuth and Avesbury divide into two persons, apparently confusing the family name of Poitiers with an imaginary title of Ponte Acuto or Pontagu), and Bertrand, comte de L'Isle-Jourdain. Here Derby, or rather, as he should now be called, Lancaster (to which title he had succeeded on the 22nd of September), came upon them on the 21st of October; and a great battle was fought, which ended in the total defeat of the French, the death of Valentinois (erroneously numbered among the prisoners), and the capture of L'Isle-Jourdain. Lists of the principal prisoners appear in two of the MSS. (pp. 249, 251).

Lancaster's conquests during the rest of the year 1345 and early in 1346 are not followed in our chronicles, excepting that his capture of Aiguillon is briefly noticed in one place (p. 249). This important city, as well as La Réole, was in his hands before the end of the year, and his operations then extended along the course of the Lot and the lower Garonne. In one MS. (p. 251) we have a list of places captured by him in the course of his expeditions, much confused and not always easily identified, but, as far as can be done, referred to by their correct names in the Index.

In the meantime a French army under the duke of Normandy was in motion but advanced at a leisurely pace. It was not till the early part of April, 1346, that it sat down before Aiguillon, and the siege commenced [1] which lasted till the 20th of August, when it was raised on the arrival of the news of Edward's invasion of the north.

French siege of Aiguillon.

---

[1] See the names of the principal French leaders on p. 250.

Edward's campaign in Normandy, 1346.

The English fleet which assembled at Portsmouth for this service numbered, according to Murimuth, seven hundred and fifty sail. Avesbury more loosely puts it at about a thousand, all told. The total of men-at-arms was upwards of five thousand, of archers and foot soldiers sixty thousand, and of mariners twenty thousand. The expedition, after gathering off the Isle of Wight, put to sea on Tuesday the 11th of July, with the intention of sailing down channel; but the wind proved contrary. Yet it was an auspicious gale, "bonus " spiritus," says Avesbury, which bore the English king to the Norman coast, the " terra hereditatis suæ," on the following day. The place of embarkation was Saint-Vaast de la Hougue in the Cotentin. For the details of the English march across the north of the country and of the battle of Crécy, to the day when Edward sat down before Calais, we have the valuable series of letters preserved by our two chroniclers in their texts. First, there is the letter of Bartholomew de Burghersh (the elder) addressed to archbishop Stratford (p. 200) and that of Thomas Bradwardin, the chancellor of St. Paul's, written to his friends in London (p. 201), both dated from La Hougue. A second letter from Burghersh (p. 202) and one from Michael Northburgh, the king's confessor and afterwards bishop of London, which appears in the original French in Avesbury (p. 358) and in a Latin version in Murimuth (p. 212), carry on the narrative of the march as far as Caen; and thence the English progress to Poissy, Crécy, and Calais is found in the letter which Richard Wynkeley, also the king's confessor, wrote to the Friars Preachers of London, as given by Murimuth (p. 215) and imperfectly by Avesbury (p. 362); and from Poissy to Crécy, in a second letter from Northburgh (p. 367). Taking these letters for our guides, it appears that the English army, after landing, rested at La Hougue or in its neighbourhood till the following Tuesday, the 18th, meanwhile, on the 14th, occupying and burning the town of Barfleur and destroying some shipping. The first march was to Valognes, a short stage south-west; and on the following day, the 19th, the army advanced southward to the river Douve, where the bridge was found broken. Repairing this, Edward crossed the stream next day and occupied Carentan, a town which Northburgh compares in size to Leicester. On the 21st the king was quartered with his host in the small country towns along the course of a river "qe feust mal a passer," the Vire, the bridge over which had also to be repaired before the army could cross on Saturday, the 22nd, and occupy Saint-Lo, a city greater than Lincoln. The next day the march was resumed, its course being marked by a broad track of pillaged and wasted country, until, on the following Wednesday, the 26th, Edward arrived before Caen, the first place where he encountered resistance. The city was at once assaulted, and, after some stubborn fighting, the French were driven out, many being slain and a large number made prisoners, amongst whom were the constable Raoul de Brienne, comte d'Eu, and the grand chamberlain, Jean de Melun, sire de Tancarville. Meanwhile, after the departure of the army, the fleet had attacked and burned Cherbourg, and then sailing eastward had harried the Norman coast as far as Ouistreham at the mouth of the Orne, destroying all shipping that came in its way. *Capture of Caen.*

In the sack of Caen a document was discovered which Edward at once turned to good account for arousing the patriotic feelings of his subjects against their French enemies. This was the agreement, made as far back as the year 1338, by which the Normans undertook to give their aid to the king of France in his proposed invasion and conquest of England. Both Murimuth and Avesbury quote the text; and one MS. of the former chronicler adds the ordinances to be observed by the French fleet. The earl of Huntingdon, who was invalided home in charge of prisoners, brought the document to England; and it was publicly read by archbishop Stratford in St. Paul's churchyard on the 12th of August.

On the fall of Caen, the neighbouring city of Bayeux sent in its submission to the invaders, and after a rest of five days Edward, leaving the former place, which, to quote Wynkeley's words, was stripped to the bare walls, resumed his march, and was met at Lisieux, on the 2nd of August, by the two cardinal envoys, Étienne Aubert and Annibale Ceccano, archbishop of Naples, who attempted negotiations for peace, but without success. Advancing towards Rouen, Edward found that place occupied in force and the bridge broken. Striking the Seine therefore at Elbeuf, he marched up-stream on the left bank, the enemy watching his movements from the other side and breaking down the bridges as he proceeded, in order to prevent his passage across the river. At length he came to a halt at Poissy, according to Northburgh on the eve of the Assumption of the Virgin (Monday, 14th August), but really a day earlier. Here again a broken bridge confronted him, the head of which was held by a force stated by Wynkeley to have consisted of a thousand horse and two thousand foot soldiers, gathered, as Northburgh relates, from the country around and from the distant city of Amiens. Repairing the bridge in a temporary fashion and sending across his archers, Edward succeeded in driving off the defenders with a loss estimated variously at five hundred or a thousand men. Other skirmishes also took place during the halt at Poissy with French troops from Paris; but finally Edward crossed the river on the 16th of August and marched north in the direction of his own territory of Ponthieu. Northburgh reports the capture of Poix (20th August) and two skirmishes by the earl of Suffolk and the earl of Northampton, the second taking place near Grandvilliers to rescue some of the troops which had been worsted by the king of Bohemia's men.

On the day of St. Bartholomew (Thursday, 24th August) the English army reached the Somme and prepared to effect a passage near Saint-Valery. To oppose them, there was posted on the opposite bank a strong body of the enemy: Wynkeley says a thousand horse and five thousand foot, or more; Northburgh, five hundred horse and three thousand foot. In spite of this opposition and inflicting upon the enemy a loss of more than two thousand men, the English forced the passage; both of our writers remarking on the facility with which the fording was accomplished, but neither mentioning the employment of any native guide. The same day Le Crotoy was taken by a detachment under Hugh Despenser, and the army encamped in the forest of Crécy; the French army which had been in pursuit not daring to cross the river in rear of their enemy, but retiring up the stream to gain the bridge of Abbeville. The next day, Friday, was passed quietly in the same position; but on Saturday, the 26th of August, took place the decisive battle which was to end so disastrously for the French.

Unfortunately neither of our eye-witnesses of the contest enters very fully into particulars. Wynkeley, in the first place, merely recounts that the number of the French host amounted to twelve thousand men-at-arms and sixty thousand foot, and that the king of France led the first line and was opposed by the prince of Wales. Northburgh is a little more graphic in his account of the scouts descrying the advancing enemy, who came on in four great "battles" and commenced the action a little before the hour of vespers. Both writers remark on the stubbornness of the fight: Wynkeley mentions two attacks by the French, followed by a third as a supreme effort. The description of the battle as given in one of the MSS. (p. 246) in the main agrees with Wynkeley's report, stating that the French king led the first line (in this particular differing from other accounts which

Battle of Crécy.

usually place him in command of the rear-guard) but dividing the French host into seven lines. As to the actual plan of attack, the English, posted as they were on the high ground between Crécy and Wadicourt, would have been able to form a fairly accurate idea, and Wynkeley's statement that there were three great onslaughts is also borne out by Knyghton; but he makes no reference to the fighting which went on in a desultory manner throughout the night. Northburgh, however, mentions the defeat of the fresh French troops which arrived on the field early on the morrow.

<small>Losses of the French.</small> The severe losses of the French form a prominent topic in the letters. Wynkeley does not venture to give actual numbers: the flower of the French soldiery had fallen. Northburgh, on the other hand, is precise: not reckoning the commons and foot-soldiers, fifteen hundred and forty-two men-at-arms were slain; and, in addition, he counts the French loss in the renewed conflict in the morning at two thousand men, presumably all told. One MS. (p. 248) states that more than two thousand knights and squires fell. For purpose of comparison, it may be added that Baker of Swynebroke, who had at his command some special sources of information, calculates the French loss at upwards of four thousand knights and men of rank, without counting common soldiers; and, according to Froissart, whose testimony in such matters is, however, not altogether trustworthy, the numbers were about thirteen hundred great people and knights and fifteen or sixteen thousand common troops. But while the French suffered so severely, the English, if we are to believe the various accounts, escaped almost untouched. Froissart says that they lost only three knights and twenty archers; Wynkeley puts the figures even lower: only two knights and one squire, besides a few Welshmen who wantonly exposed themselves. However, it is not necessary to scrutinize such statements. When it is borne in mind that the English were posted in an

advantageous position and that they fought a strictly defensive battle, in which the volleys of their archers did so much to break the force of the attacks before the enemy could come to close quarters, it is no matter for surprise if the English loss was extremely small.

With regard to the special list of persons of rank who fell on the French side, it is not very easy to correct the errors which appear therein—some evidently the result of imperfect information gathered by the officers appointed to examine the bodies on the field; some the blunders of copyists. We have three varying copies of this list before us, one in each of the two letters, and the third in an independent MS. (p. 248). The names which they supply are: Jean de Luxembourg, king of Bohemia; Raoul, duke of Lorraine; Charles, comte d'Alençon; Louis de Châtillon, comte de Blois; Louis de Crécy, comte de Flandre; Jean IV., comte de Harcourt; John of Hainault, sire (called comte) de Beaumont; Louis II., comte de Sancerre, who appears, most probably through a clerical error—a long s being copied as a round large n,—as Noverre in the Appendix, and as Nauvers in Northburgh's letter; Henri de Montfaucon, comte de Montbéliard; [Jean de Nanteuil?,] grand prior of the Hospitallers of France; Thibaut de Moreuil; Jean (?) de Cayeu, misnamed Guyes by Northburgh; and Robert de Wavrin, seigneur de Saint-Venant, called in the Appendix, Seynard.

In addition, Wynkeley gives the name of James, king of Majorca, as probably slain, who however escaped; all three sources name Jean V. de Harcourt, son of the comte de Harcourt, comte d'Aumale, who was only wounded, and Guillaume de Melun, archbishop of Sens, who was certainly not slain. Wynkeley also adds another archbishop, name unknown, whom the Appendix calls bishop, and Northburgh, archbishop, of Nîmes; and they no doubt refer to Bernard Le Brun, bishop of Noyon, who was taken prisoner. The Appendix and Northburgh further include the count of Savoy, although Amadeus VI., who then bore that title, certainly did not fall; and also Peter Ursini, count of Rosenberg, high chamberlain of Bohemia, whom the Appendix curiously styles "maximus Franciæ præter "regem," and who was probably only wounded and died afterwards. Lastly, the Appendix names a dominus de Tirwann, and Northburgh a seigneur de Trouard, who cannot be identified, but who may have been one of the family of Thouars.[1]

Edward's march northward from the field of Crécy met with no further opposition; he sat down before Calais on the 4th of September (Avesbury dates his arrival on the 3rd of the month), and prosecuted the siege until the surrender of the town early in August[2] of the following year.

Lancaster's campaign, 1346.
Meanwhile the movements of the earl of Lancaster in Aquitaine were attracting notice. As stated above, we have no record of his actions in the latter part of 1345 and the first half of 1346. But his own letter, preserved by Avesbury, affords us a brief survey of his autumn campaign in the latter year. Setting out from La Réole on the 12th of August, he moved towards Bergerac, gathering to his standard such of the Gascon nobles and soldiers as were not employed in garrison. By this time both he and his immediate adversary, the duke of Normandy, then engaged in the siege of Aiguillon, had received news of Edward's landing in Normandy. When, therefore, the French leader proposed a truce, Lancaster declined negotiations; and the duke of Normandy, despairing of reducing the place, abandoned the siege on the 20th of the month and marched away in haste, deserting his camp. Lancaster then marched south towards Agenais, halting first at Ville Réal; here and in neighbouring towns he estab-

---

[1] Compare the list given by Baker of Swynebroke, pp. 85, 262.

[2] Baker of Swynebroke dates the surrender on the 4th.

lished garrisons, and then advanced to Tonneins and afterwards to Aiguillon, which places he likewise put in a proper state of defence. He then returned to La Réole, where he remained eight days. Having then made arrangements for the safety of the country, he set out on the 12th of September for Saintogne, occupying on the same day the town of Sauveterre, and after an eight days' march reaching Châteauneuf on the Charente. Here he found the bridge broken, and was unable to effect the passage of the river until the following day, the 21st, when news was brought him that sir Walter Manny, who had a safe-conduct from the French to pass through the country to join Edward in the north, had been attacked, and that, though he himself had escaped, nearly all his followers had been made prisoners and were in durance at Saint-Jean-d'Angély. Without a moment's delay, Lancaster marched on that place, stormed it, set the prisoners at liberty, received the submission of the inhabitants, and, after remaining in the place eight days and leaving a garrison, he continued his march northwards, his destination being Poitiers. On his way he took Lusignan by assault, apparently on the 3rd of October,[1] left a garrison there, and on the next day stormed the city of Poitiers, wherein "all were taken or slain." After this great success, he returned to Saint-Jean-d'Angély, and thence to Bordeaux, where he arrived about the beginning of November. Avesbury states that he was again in London on the festival of St. Hilary, 13th January, 1347.

The invasion of England by the Scots and the battle of Neville's Cross form the last incidents, briefly told, of Murimuth's chronicle. He makes some curious mistakes in the names of the killed and prisoners, calling Robert, steward of Scotland, the earl of Roos, and counting among the captives the earl of Strathern, who was slain.

[1] Bertrandy, *Étude*, p. 379.

Avesbury, whose account of the battle is likewise dismissed in few words, mentions also the assault and capture of the small castle of Liddel, in Cumberland, and the death of sir Walter Selby, whose cruel slaughter in cold blood seems to have made a deep impression on the writers of the time.

Siege of Calais.

We now follow the rest of Avesbury's narrative. After giving the text of letters between pope Clement VI. and Edward, on an attempt made by the former to bring about a peace, and after touching on the relations between Flanders and France, he turns to the siege of Calais, which had been in progress since the beginning of September in the previous year. The stronghold was closely invested both by land and sea, and the garrison was in a starving condition, when, on the 25th of June, the French made an effort to break through the English blockading fleet and to victual the town. This attempt was frustrated by an unexpected movement of an English squadron, which surprised the enemy off Boulogne and Crotoy. Thereupon the garrison, in their turn, tried to communicate with their friends outside, and sent out two boats at early dawn, to steal through the English lines. But the boats were sighted and chased, and one was driven ashore; whereupon, in his extremity, her Genoese captain bound to an axe and cast into the sea a letter of which he was the bearer from Jean de Vienne, the captain of Calais, to the French king. By this letter, which was recovered at low water, the English king learned the straits to which the town was reduced. All victuals were exhausted; horses, dogs, cats were all devoured; and nothing remained but human flesh to subsist on. And so the defenders were resolved, if succour did not come, to sally out and fight for life or death in the open field. Edward sent on the letter to the French king. The garrison did not make the promised sally, and still managed to subsist; and Philip, who had been making preparations to relieve the town, at length began to move forward from his headquarters at Hesdin. It was to protect his right flank from any possible attack by the Flemings that he had previously despatched the duke of Normandy against them, a movement which brought on the battle of Cassel, in which the Flemings, with the aid of a body of English archers, maintained their ground. Avesbury, it may be noticed, dates this battle as early as the 8th of June. The French army under Philip at last drew near to Calais on the 27th of July; and we have a narrative of the next events in Edward's own letter to archbishop Stratford. After some skirmishing Philip pitched his camp on high ground, separated from the English lines by marshy land which was traversed by a causeway held by the earl of Lancaster. The two cardinals, Annibale Ceccano and Etienne Aubert, had accompanied the relieving army and now attempted mediation. Negotiations were opened, but after four days no result was arrived at; and then followed a challenge to battle from the French. But again this came to nothing, the terms of combat could not be arranged; and on Thursday, the 2nd of August, Philip suddenly retreated, leaving his camp in flames. Calais immediately surrendered, Avesbury says on the 3rd, but actually on the 4th, of August; and on the 28th of September a truce to last till midsummer following was concluded by the persistent efforts of the two cardinals.

While the siege of Calais was in progress, a great success attended the English arms in Brittany. On the 20th of June, 1347, sir Thomas Dagworth totally defeated and made prisoner Charles of Blois while investing the fortress of La Roche-Derien. Dagworth, whose own report of the affair, addressed to the chancellor, Offord, is quoted by Avesbury, found his enemy strongly intrenched behind ditches, the surrounding country being cleared of all cover which might favour an *Defeat and capture of Charles of Blois.*

approach. Attacking, before daybreak, the far superior forces of the French with his scanty body of three hundred men-at-arms and four hundred archers, he was aided by the efforts of the garrison, which sallied forth and fell on the enemy in rear, and gained a complete victory, between six and seven hundred men-at-arms falling on the French side. Three years afterwards the conquered were avenged on the victor. In 1350 Dagworth fell into an ambush near Auray and was slain.

The Black Death.

After the truce of 1347 Avesbury passes at once to a short notice of the Black Death which visited England about the beginning of August, 1348, first appearing on the Dorsetshire coast. London was attacked by this fearful plague about the feast of All Saints (1st November), according to Avesbury,[1] and was wasted by its ravages until the following Whitsuntide. Its progress northwards finally ceased about Michaelmas, 1349. It may be noticed that our chronicler's record of the burial of two hundred bodies, between the Purification and Easter, in the new burial-ground in Smithfield—that is, apparently, the ground purchased by sir Walter Manny and afterwards the site of the Charterhouse—contrasts very modestly with Stow's assertion that fifty thousand persons were interred in the course of the year in that spot. The account of the plague is naturally followed by a notice of a visit to England by the Flagellants—a sect recalled into activity by the terror inspired by this dreadful epidemic.

French attempt to recapture Calais.

But Avesbury is more in his element when telling of fighting; and de Charny's attempt on Calais affords him material for a more congenial narrative. Yet his account is not so full as that of Baker of Swynebroke. The actual time of the attempt was in the night between the last day of the old year and New-year's

---

[1] Baker of Swynebroke dates its outbreak in London rather earlier, viz., at Michaelmas.

day, 1350. Avesbury places it a little too late, on the morrow of the Circumcision, 2nd January. He is probably too laudatory of the virtues of the Genoese, as he calls Americo di Pavia, when he says that he was unwilling to betray the king of England whose bread he had eaten. Americo seems rather to have been a weak traitor without the redeeming quality of courage, anxious to profit by a bribe, and only discovering the plot when he found his own neck in danger. The arrangement of a false wall, whereby the English ambush was concealed which fell upon the entrapped French troops, is minutely described by Baker, but is inadequately suggested by Avesbury's words, "caute juxta quandam materiem latitantes." Edward's courage in attacking the enemy in the open was conspicuous and has been done justice by the historians. But that the French lost heart when they discovered that the English king in person, though with a slender following, was their opponent, seems an exaggeration. It is not improbable that a noble prisoner may have sought to make favour to himself by some such flattering story as Avesbury reports.

Edward's love of personal adventure found another opportunity in the course of the same year in inflicting punishment upon the Castilian fleet for a piratical attack upon English merchant ships trading from Bordeaux. The battle of "Les Espagnols sur mer" was fought off Winchelsea and resulted in the defeat of the enemy and the capture of four and twenty of his ships. Avesbury's account of it is brief, and compares poorly with Baker's vivid description. In the next year the quarrel was ended by a twenty-years' peace, signed on the 1st of August, 1351. *Defeat of the Spaniards at sea.*

Although the truce between England and France was still in force, fighting went on independently both in Aquitaine and Brittany. In Aquitaine, Avesbury notices the battle fought near Saintes on the 8th of *Battle of Saintes.*

April. This action was brought on in an attempt by an Anglo-Gascon force to relieve the town of Saint-Jean-d'Angély to which the French had laid siege. The enemy were defeated, but the victory was not sufficiently decisive to force the besiegers to relinquish their hold of the place, which at length fell on the 7th of September, 1351.

The curious story of the surprise of Guines castle, at the beginning of 1352, by an English adventurer, which is told very fully by Baker, is dismissed in a few sentences by Avesbury, who passes on to the defeat of the French at Mauron, in Brittany, by Dagworth's successor, sir Walter Bentley, on the 4th of August. From Bentley's own despatch, addressed to the chancellor, bishop Thoresby, of Worcester, it appears that the English captain had, on his arrival in Brittany, commenced operations by placing Ploërmel and Fougères in a state of defence, when he was suddenly surprised by the enemy in far superior numbers at Mauron, near the former town. The battle was fought on open ground and resulted disastrously for the French, whose leader, the marshal Gui de Nesle, sire d'Offemont, fell together with many others. Bentley is more eager to tell of the slain than of the movements of the conflict. Baker of Swynebroke enters more into detail: that the enemy fought with their backs to a hill, that many knights of the newly-founded order of the Star were left dead upon the field, and that Bentley himself was severely wounded and that in his anger he beheaded thirty of his own archers who had shown cowardice before the enemy.

<small>Defeat of the French at Mauron.</small>

<small>Negotiations with Charles of Blois.</small>

In the following year, 1353, serious efforts were made for the ransom of Charles of Blois, still a prisoner in England. Envoys were despatched to this country, and it was finally arranged that Charles's eldest son, John, should espouse Margaret, the infant daughter of the English king, and that Charles himself should visit Brittany on parole, in order to raise a sufficient sum for his ransom, leaving his two sons (and, adds Avesbury, his daughter) as hostages. Charles set out after Easter and remained in Brittany till about Michaelmas. It was at the period of his return, according to our chronicler, that the treacherous massacre of an English garrison in an island off the Breton coast caused negotiations to be abruptly broken off. But by other accounts it appears that the island in question, which was no doubt the isle of Tristan near the bay of Douarnenez, was taken by Charles in person soon after his arrival in the country.[1] The negotiations, however, appear to have been protracted longer than Avesbury implies; for on the 20th of November an order was issued for publication of a truce to last till the following February, and Charles of Blois was again in Brittany in the course of the year 1354. Avesbury's story that sir Walter Bentley suffered imprisonment in the Tower for more than a year for refusing to surrender certain strongholds in Brittany to the partisans of Charles of Blois is supported by the mission to that country, on the 18th of July, 1353, of an officer to remonstrate with those captains who refused to obey the king's new lieutenant, sir John Avenel, appointed in April.[2] He must, however, have been released before July, 1354, as at that date the king made a grant in his favour.[3]

In 1354, by the efforts of Clement VI., negotiations for peace were again opened in the spring, the former truce having expired; and on the 6th of April a further truce was concluded for a year, on the understanding that both sides should send envoys to treat for a permanent settlement in presence of the pope. Towards the close of the year the meeting took place at Avignon; but the envoys entirely failed to arrive at an agreement. All that was done was to prolong the

Peace negotiations.

---

[1] Morice, *Hist. de Bretagne*, i. 283.
[2] *Fœdera*, III. i. 261.
[3] *Fœdera*, III. i. 282.

truce to midsummer, which, it may be noticed, Avesbury assumes to have been the period originally arranged for. At this point our chronicler interrupts the thread of public affairs to describe the great three days' riot between the townsmen and scholars of Oxford, which originated in a tavern brawl on the feast of St. Scholastica, 10th February, 1355. But then he turns to the preparations for the important campaign of that year. Rejecting the renewed advances of the papal envoys for mediation, Edward determined in a council held at Westminster after Easter that the prince of Wales should attack from the south. The expedition under his command accordingly sailed from Plymouth early in September, and landed at Bordeaux before the end of the month. Another, planned to aid Charles the Bad, king of Navarre, was got ready under the duke of Lancaster, and sailed down the Thames on the 10th of July, but failed, from contrary winds, to make any progress, and after the lapse of more than a month was still creeping along the south coast. The news which shortly afterwards arrived that Charles had patched up his quarrel with the French king caused its final abandonment. Meanwhile Edward was also preparing for an invasion of the north of France in person. His troops gathered at Sandwich and were transported to Calais, whence, on the 2nd of November, an advance was made in the direction of Saint-Omer, where king John was quartered. But it was not in accordance with French policy to hazard a battle; and, retiring before the invaders, John retreated to Hesdin, wasting the country as he went. The English, unable to obtain provisions, were compelled to withdraw, and re-entered Calais after only a nine-days' absence. Some idle negotiations followed, to bring on a battle on a stated day; but, as had happened on former occasions, such schemes led to nothing, and Edward returned to England where the surprise of

Berwick by the Scots on the 6th of November required his presence.

Contemporaneously with these events, the prince of Wales had made his great raid across the south of France, from Bordeaux to Narbonne and back. The prince's own account of this march appears in his letter written to the bishop of Winchester on Christmas day, and is supplemented by sir John Wingfield's letter to the same prelate. But the fullest information is to be found in the chronicle of Baker of Swynebroke who has incorporated an exact itinerary supplied by someone who was actually present with the invading force. Leaving Bordeaux on the 5th of October, the English prince marched almost due south into Armagnac "by " reason that the count of Armagnac was leader of the " wars of our adversary and his lieutenant in all the " land of Languedoc, and had more oppressed and " destroyed the liegemen of our most honoured lord " and father the king and his land than any other " in those parts." Thence into Astarac; and so, marching eastward, he reached the town of Samatan on the 25th of the month. Advancing thence upon Toulouse, he found that city too strong to be attempted, and, turning in a south-easterly direction, came to Avignonet on the 30th, and to Castelnaudary on the 31st of October, and to Carcassonne on the 3rd of November. In the latter city he remained till the 6th, when, burning the "bourg" but failing to make himself master of the citadel, he marched away to Narbonne, where he arrived on the 8th. Here the same thing happened as at Carcassonne. The citadel was held in force and could not be taken, but the city itself was burnt. At this place two envoys from the pope demanded an interview but were refused, "for we would enter into no treaty, until " we should know the will of our much honoured " lord and father the king, and specially by reason

Raid of the Black Prince in the south of France, Oct.-Dec. 1355.

"that we had news that our lord was passed the sea "with his power." Narbonne was evacuated on the 10th of November, the enemy having gathered in rear of the English and it being necessary to meet or evade them. The prince's letter is silent as to the first part of his return march. His route lay at the beginning on a more northern line than that by which he had approached Narbonne, but on the third day he struck down to the south-west, and, crossing his former route, entered the valley of the upper Aude, where he destroyed the great city of Limoux and other places, and then turned in a north-westerly direction towards Toulouse, the enemy retreating before him all the while. He did not, however, approach so near to that city as on his advance, but crossed the Garonne high up the stream, at Carbonne, on the 18th of November. Near this place was fought a slight skirmish with the enemy who were now threatening the rear, but who were repulsed and drew away towards Lombez on the other side of the Save, breaking down the rivers as they crossed over. The English passed the river lower down and, following up their retreating foes, came up with them near Gimont on the 22nd. Some fighting took place, and the prince drew out his forces in expectation of a general battle; but the enemy still refused the contest. Hereupon the English marched on without further molestation into their own dominions, reaching La Réole on the 2nd, and the prince finally returning to Bordeaux on the 9th, of December.

Wingfield's letter gives some further particulars. The only person of note who perished in the expedition was John, lord L'Isle of Rougemont, who was mortally wounded by a quarrel (in the attack on Estang) on the third day after entering hostile country, 13th October. He mentions the destruction of Plaisance (19th October); Samatan is as great as Norwich; Carcassonne greater, stronger, and fairer than York.

The destruction and loss to the French wrought in this raid he reckons as equal to the war-service of half the kingdom.

There is nothing in the letters to show whence Avesbury could have drawn his account of panic at Montpellier and Avignon, and, what is of more importance, his story of the severe defeat of the pope's forces under command of his marshal who was made prisoner. This fable may possibly have arisen out of the presence and detention of the pope's sergeant-at-arms with the English force, as described by Wingfield; although it seems difficult to believe that so much could have grown out of so trifling an incident.

Sir Richard Stafford and sir William Burton were the bearers of these despatches; which are followed by another letter from Wingfield to Stafford, written from Libourne in the following January. In this the writer announces the capture of five important towns and seventeen castles, and is full of general activity on the English side. To these successes Avesbury adds a note of others which immediately followed.

As we have seen, Edward returned from Calais on the report of the surprise of Berwick by the Scots on the 6th of November, 1355. But, though they had gained possession of the town, the castle still remained in the hands of the English garrison. After holding a parliament in London, Edward advanced into the north and appeared before the captured town on the 13th of January, 1356. Sir Walter Manny had preceded him, and with a body of men from the forest of Dean was already undermining the walls, to find a passage into the place. The Scots surrendered on the 24th. This exploit was followed by Edward Bruce's abandonment of his crown, and by Edward's immediate invasion of Scotland and his fruitless campaign which ended in the loss of his victualling ships and his consequent retirement into England.

<small>Re-capture of Berwick.</small>

lxii   INTRODUCTION.

Lancaster's brief campaign in Normandy, 1356.

Avesbury briefly records the capture of the city of Périgueux for the English by the captal de Buch; the revolt at Arras against the levy of the gabelle; and Edward's refusal to send envoys, at the pope's request, for further peace negotiations: and then proceeds to the account of the treacherous seizure of the king of Navarre and the comte de Harcourt and the consequent expedition of the duke of Lancaster into Normandy in aid of Philippe of Navarre and Godefroi de Harcourt.

Sending over before him the main part of his force, the duke landed at La Hougue on the 18th of June, 1356, and four days later, starting from Montebourg, he set out on a long raid, of which Avesbury supplies the itinerary. His route lay first to the south as far as Torigni; thence eastward through Evrecy, Argences, and Lisieux to Pont-Audemer, where he arrived on the 29th of June, the enemy who were besieging it fleeing at his approach. He then again struck south through Conches and Breteuil, which he relieved, to Verneuil, which he took by assault after a stubborn resistance. Departing thence on the 8th of July, he began the return march, moving westward to Laigle. Here the French army threatened his line of retreat and challenged him to battle; but, refusing to halt, he made a forced march on the next day to Argentan, and, on the 10th, a still longer march to Torigni; and at length, after a slight skirmish, arrived again at Montebourg on the 13th.

Lists of French losses at the battle of Poitiers.

With this expedition Avesbury's chronicle practically ends. Whether the lists, with which it concludes, of the French killed and prisoners at the battle of Poitiers and of prisoners at the previous skirmish at La Chaboterie and at the still earlier assault of Romorantin are a part of it, or, as seems more probable, are merely additions, is immaterial. Such lists are generally, from the nature of things, inexact and confused: blunders are made in the transcription of foreign names, and a single person may occasionally be entered twice over, under his family name and under his title.¹ Such inaccuracies have been corrected, as far as possible, in the Index.

Before concluding, a word must be said regarding two documents which are printed in the Appendix to Murimuth. The one (p. 271) is of value as supplying the original French text of the letter addressed by the earl of Lancaster to Edward II. in 1317, the Latin version of which was printed in his *Chronicles of the reigns of Edward I. and Edward II.* by the Bishop of Oxford, who had in vain sought for the original. The other (f. 263) is a very curious letter, purporting to be written to the king of England by some person who was present at the great defeat of the Moors at Tarifa in 1340, and embodying a translation of a proclamation by the Khalif of a holy war against Christendom. One MS. attributes it to the earl of Warwick, but there is no means of proving that he was in Spain at that time. As might be expected, the Arabic text of the Khalif's proclamation was misunderstood and mistranslated in many passages; but these corruptions have been rectified, I venture to think, successfully, by the kind assistance of Professor de Goeje of Leyden.

Documents in the Appendix.

British Museum,
18 June, 1889.

E. M. T.

---

[1] By arrangement of type, I have indicated Geoffroi de Charny and the sire de Mathas (which names appear in the MSS. as of two persons) to be one and the same man, as de Charny is called "dominus de Matas" by Baker of Swynebroke, and the two names are in juxtaposition elsewhere.

CORRIGENDA.

pp. 25, 40, 136, 229, side notes. *For* Rome, *read* the pope.
p. 30, l. 8. *For* annualem, *read* annualem.
„ 44, l 21. *Delete the full stop at the end of the line and let the sentence run on.*
„ 46, last line. *For* Dunelmensis, *read* Dublinensis, *and delete the footnote.*
„ 101, note ³. *Add the words:* the text should be "Philippi secundogeniti."
pp. 121, 222, side notes. *For* de la Brette, *read* d'Albret.
p. 143, side note. *For* Additional envoys, *read* Envoys of secondary rank.
„ 155, l. 6 from end. *For* miles, *read* Miles.
„ 165, indented note. *For* facta, *read* fracta.
„ 171, l. 26. *For* acommodato, *read* accommodato.
„ 202, l. 6. *For* J[ohannis], *read* T[homæ].
„ 216, l. 7. *For* potuit, *read* patuit.
„ 248, l. 23. *For* Cayu, *read* Cayu.
„ 249, l. 1. *Delete comma after* Lisle.
„ 342, l. 29. *For* Loyat, *read* Lohéac.
„ 348, l. 8. *Annotate* Bretaigne; "*sic* for Bourgogne."
„ 351, l. 11 from end. *For* Brittany, *read* Burgundy.
„ 369, l. 11. *Insert comma after* frere.
„ 371, l. 21. *Insert comma after* brother.
„ 374, side note. *For* 1 Oct., *read* 3 Oct.
„ 375, l. 12. *For* Chaumont, *read* Caumont.

ADÆ MURIMUTH
CONTINUATIO CHRONICARUM.

ADÆ MURIMUTH
CONTINUATIO CHRONICARUM.

[*Incipit Continuatio Chronicarum Regum Angliæ, cum interpositione quorundam casuum contingentium in curia Romana et regno Franciæ, sicut eidem scribenti suis temporibus occurrebant.*[1]]

Incipit prologus. Quoniam,[2] ut[3] scribitur per antiquos,
"Res audita perit, litera scripta manet,"
et expedit generationes singulas cogitare et antiquorum facta præcipua memorari,[4] ego Adam Murymuth,[5] canonicus Londoniensis, animadvertens[6] factorum memorabilium antiquorum paucos esse scriptores, quoniam in ecclesiis cathedralibus regularibus seu collegiatis chronicas non inveni de gestis summorum pontificum, regum,[7] et præcipue Angliæ, clare scriptas, nisi usque ad annum Domini millesimum CCCII.m—et illas in ecclesia Exoniensi[8] dumtaxat inveni—et in ecclesia Westmonasterii inveni[9] chronicas[10] usque ad annum Domini millesimum CCCV.m, ex quibus assumpsi illud quod mihi utile videbatur, nolens mortuos diffamare—Et ab anno Domini M°CCC°mo°vto., quo[11] ego tantæ eram ætatis quod facta præcipua ponderavi et ea scripsi

---

[1] This title is found in R. Ar. Q. C. M.; not in H.
[2] *Quoniam*], Quia, R.
[3] *ut*] om. H.
[4] *memorari*] memorare, M.
[5] *Murymuth*] Murimouth, R.; Murymouth, Ar.; Murymuth, Q.; Mirimouth, C.; Myrimouth, M.
[6] *animadvertens*] advertens, Q.
[7] *regum*] nec inserted before regum by a corrector, H.
[8] *Exoniensi*] Oxoniensi, R.
[9] *inveni*] om. Ar. Q. C. M.
[10] *chronicas*] chronicatas, Q.
[11] *quo*] ex quo, C.

breviter meo modo ex libro dierum meorum, scripsi ulterius ea quæ mihi videbantur utilia ad scribendum, nec personas nimium commendando, nec earum memoriam, ut quidam faciunt, diffamando, sed facta vera scribendo, ut opus uniuscujusque ipsum,[1] prout meruit, possit sibi afferre laudis præconium vel famæ suæ, si quam meruit, læsionem. Et notandum quod chronicæ, quæ sequuntur, semper incipiunt a festo sancti Michaelis, non habita ratione mutationis[2] datæ annorum Domini, quæ secundum consuetudinem curiæ Romanæ mutatur[3] in festo Nativitatis Domini, sed secundum consuetudinem Angliæ mutatur[4] in Annunciatione beatæ Mariæ, nec habita consideratione ad tempus quo mutatur annus regis. In chronicis igitur[5] apud Westmonasterium inveni quædam,[6] quæ immediate[7] sequuntur per tres annos; residuum vero ex visu et auditu mei temporis ipse scripsi.

[*Castrum de Strivelin redditur.*[8] *Papa Bonifacius capitur, rege Franciæ procurante.*[9]]

A.D. 1303.

English campaign in Scotland.

Siege and capture of Stirling castle by the Scots (A.D. 1299).

Anno[10] Domini millesimo CCC^{mo}III°., Bonifacii papæ octavi anno viij°., regni vero[11] nobilis regis Edwardi de Wyntonia, filii regis Henrici, xxxj.°, quia Scoti interfecerunt et male tractaverunt custodes et ministros quos ipse præfecit[12] custodiæ regni et castrorum Scociæ, cum exercitu Scociam circa Pentecosten intravit, et optenta victoria rediit. Et statim postea Scoti obsederunt castrum de Strivelyn, in quo fuerunt

---

[1] *ipsum*] ipsi, Q.

[2] *ratione mutationis*] mutatione, Q.; r. ad mutationes, C. M.

[3] *mutatur*] mutantur, M.; and so in the next place.

[4] *mutatur*] quæ mutatur, H.

[5] *igitur*] om. C. M.

[6] *quædam*] om. C. M.

[7] *immediate*] in medietate, H.

[8] *redditur*] capitur, M.

[9] The titles of chapters are found in C. and M. only. They have therefore been placed between brackets.

[10] *Anno*] Anno igitur,R.Ar.Q.C.M.

[11] *anno . . . vero*] anno pontificatus viii°, et regni, M.

[12] *præfecit*] fecit, M.

ad custodiam xl. homines tantum, qui castrum tenuerunt[1] viriliter, quamdiu victualia habuerunt, in tantum quod equos, canes, coria, mures, et ratos[2] comederunt; sed, propter famem, salvis vita et membris, castrum finaliter reddiderunt. Postea rex Angliæ obsedit castrum de Bryhyn,[3] et optinuit post xx. dies.

Edward takes Brechin castle.

Hoc anno, circa festum Trinitatis,[4] facta pace inter reges Angliæ et Franciæ, reddita est Vasconia regi Angliæ, [quæ exstitit contra][5] pactum licitum diutius, ut præfertur,[6] occupata [a] Francis.[7]

Peace with France and restoration of Gascony to England.

[His temporibus rex][5] Franciæ multos conflictus habuit cum Flandrensibus, [sed semper sine][5] victoria remeavit.

French war with Flanders.

Hoc anno moritur Ricardus de Gravesende, episcopus Londoniensis, et electus est concorditer R[adulphus] de Baldok per capitulum;[8] sed P. de Dene, et J. de Sancto Claro, per archiepiscopum Robertum suis canonicatibus prius juste privati ibidem, quia[9] ad electionem admissi non fuerant, appellarunt. Et sic fuit negotium ad Romanam curiam devolutum.

f. 1 b.

A.D. 1303-4. *Death of the bp. of London.*

Hoc anno, in vigilia Nativitatis beatæ Mariæ, captus est Bonifacius papa in Campania, civitate Agnaniæ,[10] de qua exstitit oriundus, procurante rege Franciæ per suos nuncios Willelmum de Negaretto[11] et Willelmum de Plasiano, et consentientibus ipsius papæ familiaribus et vicinis; et thesaurus ecclesiæ deprædatus.[12]

Captio Bonifacii papæ.

A.D. 1303. *Capture of pope Boniface VIII., 7 Sept.*

---

[1] *tenuerunt*] custodierunt, Q.

[2] *et ratos*] et porcos, H. R.; inter se, C. M.

[3] *Bryhyn*] Brihin, R. Ar. C.; Brihyn, M.

[4] *Trinitatis*] Nativitatis, Q.

[5] The words within brackets are lost in H. from injury to the MS.

[6] *præfertur*] præscribitur, Ar. Q. C. M.

[7] *a Francis*] in manibus Francorum, Q.; om. R. C. M.

[8] Richard Gravesend died 9 Dec. 1303. Ralph Baldock was elected 23 Feb. 1304.

[9] *ibidem quia*] ibidemque, Q.

[10] *Agnaniæ*] altered into Andegavie, H.

[11] *Negaretto*] Nogareto, R. C.; Negareto, Ar.; Nargareto, Q.; Longareto, M.

[12] *deprædatus*] d. est, Q

[*Obit papa Bonifacius. Rex E[dwardus] obsedit castrum de Strevelin, et optinuit.*]

A.D. 1303.
His death,
11 Oct.

AnnoDomini millesimo ccc^{mo}iv^{to}., Bonifacii octavi anno ix°. adhuc durante, regni vero dicti regis Edwardi xxxij°.,[1] a festo sancti Michaelis inchoando, v°. idus Octobris[2]

Obitus Bonifacii papæ.

obiit Romæ Bonifacius papa octavus, et sepultus fuit Romæ in ecclesia sancti Petri ibidem,[3] in curioso sepulcro et nobili, quod superstes fieri fecit ibidem pontificatus sui anno nono.

Election of Benedict XI.

Cui successit Benedictus papa undecimus, natione Lumbardus, de civitate Trivisina,[4] qui xj° kalendas

Electio Benedicti papæ XI.

Novembris Romæ fuit electus, et die Dominica sequenti coronatus; qui prius fuit de ordine Prædicatorum, in quo habuit multos gradus honoris, et postea cardinalis Ostiensis,[5] et finaliter pater

Excommunication of Boniface's enemies.

patrum. Hic papa excommunicavit et excommunicatos[6] denunciavit omnes qui captioni Bonifacii consenserunt, et quosdam nominatim, scilicet Willelmum de Negareto[7] et Scharram de Columpna;[8] Petrum tamen et Jacobum de Columpna[8] restituit ad cardinalatus honorem, sed nullos eis titulos assignavit, quos prius Bonifacius papa privavit cardinalatus honore.[9] Item

A.D. 1304

restituit regem Franciæ ad privilegia quæ habuit prius a sede apostolica, quibus papa Bonifacius ipsum sicut filium ingratum privavit; et ipsum regem, non peten-

---

[1] *xxxij°*] xxxiij°, M.
[2] *id. Oct.*] om. M.
[3] *ibidem*] om. H.
[4] *Trivisina*] Trivitina, Q.
[5] *Ostiensis*] Hostiensis, R. Ar. Q. C.; Hofeensis, M.
[6] *excommunicatos*] exc. esse, M.
[7] *Negareto*] Nogareto, R. Q. C.; Longareto, M.

[8] *Columpna*] Calumpna, Ar. Q.
[9] Here C. has the following: "Hoc anno dominus Robertus de Wynchelse, archiepiscopus Cantuariensis, xj. kalendas Marcii, visitavit dominum episcopum Norwycensem demum captum."

tem, a sententia,[1] excommunicationum,[2] ex præmissis A.D. 1304.
vel aliis causis vinctum,[3] absolvit in
hebdomada Pentecostes. Et postea, nonis
Julii, in Perusio obiit, et ante altare Prædicatorum[4]
est sepultus ibidem.

Obitus Benedicti papæ XI.

Death of Benedict XI., 7 July.

Hoc anno rex Edwardus se transtulit in Scociam ad[5] castrum de Stryvelyn, quod custodiebat Willelmus Olifard,[6] viriliter obsessurus; et, postquam per nonaginta dies ipsos impugnando fortiter obsedisset, ipsi præ inopia et timore in festo sanctæ Margaretæ exiverunt discalceati, funes in collis habentes, et[7] misericordiam postulantes. Quos rex suscepit ad misericordiam, et ad diversa castra in Anglia misit carceribus mancipandos, neminem occidendo.[8] Positis deinde custodibus per totam Scociam, rediit in Angliam, hiematurus[9] in ea, sicut inferius apparebit.

Obsessio castri de Stryvelyn.

Edward reduces Stirling castle.

Redditio castri de Stryvelyn.

[*Justiciarii de traylbaston. Obiit papa Benedictus. Robertus de Bruys primo guerram movit contra dominum suum,[10] Edwardum regem.*]

Anno Domini millesimo cccmovo., Benedicti papæ XI. primo, regni vero dicti regis Edwardi xxxiij°., tenuit

f. 2.

The king keeps Christmas at Lincoln.

---

[1] *sententia*] sententiis, R. Ar. Q. C.

[2] *excommunicationum*] excommunicationis, M.

[3] *ex præmissis . . . vinctum*] "quibus" preceded "ex," but is cancelled, and again restored by dots under the line; "vinctum" over an erasure, H. Quibus ex præmissis vel aliis causis ligatus erat invitum, R. Ar. Q. C.; quibuscumque expressis vel aliis causis ligatus erat, M.

[4] *Prædicatorum*] cancelled, but restored, H.

[5] *ad*] om. H. R. Ar. Q.

[6] *Olifard*] Cliffard, H.

[7] *et*] placed before funes in R. Ar. Q. C. M.; corr. H.

[8] *neminem occidendo*] om. H.

[9] *hiematurus in ea*] irremeaturus, Q.

[10] *suum*] om. M.

8 ADÆ MURIMUTH

A.D. 1305.
Justices of trailbaston.

rex Edwardus Natale apud Lincolniam nobile et solempne. Et ordinavit justiciarios de traylebastoun post per totam Angliam, ad castigandum malefactores; per quos fuerunt multi puniti et regis ærarium valde ditatum.[1]

Traylebaston per totam Angliam.

Election of Clement V.

Hoc anno, quinto die mensis Junii,[2] cardinales, qui post mortem[3] Benedicti papæ[4] Perusii[5] inclusi fuerunt, quia de ipsis[6] vel aliquo Ytallico non poterant concordare, elegerunt in papam Bertrandum de Gortro,[7] archiepiscopum Burdegalensem, in vigilia Pentecostes; qui prius fuit episcopus Convenarum, postea archiepiscopus Burdegalensis factus per papam ad procurationem fratris sui germani, Albanensis[8] episcopi cardinalis.

Primus annus Clementis papæ V.

Execution of William Wallace.

Hoc anno fuit tractus,[9] suspensus, et decapitatus W[illelmus] Waleys apud Londonias, qui prius contra Anglicos in[10] Scocia et partibus finitimis multa facinora perpetravit.

Suspensio Willelmi Waleys.

Episcopal confirmations.

Hoc anno papa fecit Antonium de Bek, episcopum Dunelmensem,[11] patriarcham Ierosolomitanum, et archiepiscopum Eboracensem W[illelmum] de Grenefelde confirmavit, et etiam Radulphum de Baldok episcopum Londoniensem similiter; et consecratos in Angliam redire permisit.

Antonius de Bec factus est patriarcha Ierosolomitanus.

A.D. 1306.
John Comyn slain by Robert Bruce.

Hoc anno, circa festum Purificationis beatæ Mariæ,[12] Robertus le Bruys, volens regnare in Scocia, fecit unam convocationem majorum Scociæ in ecclesia Fratrum Minorum apud Doun-

Incipit regnum R. le Bruys.

---

[1] *ærarium, ditatum*] corrected words, H.
[2] *Junii*] Julii, H.
[3] *post mortem*] a morte, R. Q. C. M.
[4] *papæ*] added, H.; om. R. Ar. Q. C. M.
[5] *Perusii*] Parisius, M.
[6] *ipsis*] seipsis, Q. C. M.
[7] *Gortro*] Gorto, R.; Gotto, Ar. Q C. M.
[8] *Albanensis*] Abbanensis, H. Q
[9] *tractus*] detractus, Ar.; distractus, Q.
[10] *in*] etiam, R. Ar. M.; et etiam, C.
[11] *Dunelmensem*] Duloñ, Q.
[12] *beatæ Mariæ*] om. R. Ar. Q. C. M.

fres; ubi in eadem ecclesia interfecit dominum J[ohannem] Comyn, quia sibi noluit consentire, malum processum turpi principio inchoando, quod rei¹ exitus postea comprobavit. Postea vero, ad festum Pentecostes, rex Edwardus fecit filium suum Edwardum, dictum de Carnervan,² militem apud Westmonasterium, et alios fere centum; ubi dedit filio suo prædicto ducatum Aquitaniæ;³ et vovit ad signum crucis⁴ quod mortem dicti J[ohannis] Comyn vindicaret, et quod Scociam de manibus R[oberti] le Bruys recuperaret. Et idem votum quasi omnes unanimiter cum ipso voverunt, ad quod faciendum in anno proximo se pararunt.

Edwardus de Caernarvan factus est miles. — Edward of Caernarvon knighted.

Hoc anno fuit Robertus de Wynchelse,⁵ archiepiscopus Cantuariensis, ad Romanam curiam personaliter evocatus, et a temporalium et spiritualium administratione suspensus, procurante domino rege prædicto.

Robertus de Wynchelse factus est archiepiscopus Cantuariensis. — Archbp. Winchelsey suspended.

Item, hoc anno fecit idem dominus rex quendam⁶ Petrum de Gaveston⁷ Vasconem⁸ abjurare regnum Angliæ, quia dedit malum consilium filio suo, qui ipsum Petrum inordinata affectione dilexit.

Petrus de Gaveston abjuravit regnum Angliæ. — Piers Gaveston forbidden the kingdom.

[*Obiit rex Edwardus. P. de Gaverstone reconciliatur. Dominus W. de Langeton, episcopus Coventriensis, incarceratur.*]

Anno Domini millesimo cccᵐᵒ. sexto, papæ Clementis quinti⁹ anno primo, regni vero dicti¹⁰ regis Edwardi xxxiiijᵗᵒ. et ultimo, a festo sancti Michaelis

Edward advances towards Scotland.

---

¹ *rei*] added, H.; om. R. Ar. Q. C. M.

² *Carnervan*] Caruarevan, R. Ar.

³ *Aquitaniæ*] blank in Ar.; Cornubiæ, Q.

⁴ *crucis*] added, H.; om. R. Ar. Q. C. M.

⁵ *de Wynchelse*] om. Ar. Q.

⁶ *quendam*] om. H.

⁷ *Gaveston*] Gavastone; Ganstone, M.; and so in other places, Ar. Q.

⁸ *Vasconem*] om. R. Q. C.

⁹ *quinti*] om. R.; the papal year, om. Ar. Q. C. M.

¹⁰ *dicti*] domini, R.

incipiendo, dominus rex Angliæ cum suis accessit ad marchiam Scociæ. Ibi morabatur per totam hiemem apud Lanrecost et prope,[1] ubi in festo Translationis sancti Thomæ martyris [2] ab hac luce migravit, anno ætatis suæ lxix., regni vero sui xxxv. Hic Edwardus fuit strenuus in armis per totam vitam suam in omni statu, sicut et [3] ex superioribus chronicis evidenter apparet,[4] adeo quod totam Angliam de manu Simonis de Monte forti, comitum, et baronum eidem Symoni adhærentium, qui etiam regem Henricum patrem suum et se ipsum tenuit in carcere, adquisivit, sicut superius in chronicis [5] continetur; item, totam Walliam de manu Lewlini [6] et David fratris ejus; item, Aquietaniam [7] de manu regis Franciæ; item, Scociam sibi [8] sæpius subjugavit, sicut superiora gesta testantur; sed, capta Scocia proditiose per R[obertum] le Bruys, ut supra proximo capitulo continetur, ipse ibidem,[9] ut præscribitur, inter exercitum jacens suum in lecto mortis, ex magnanimitate [10] cordis mandavit et jussit corpus suum ibi remanere non sepultum, sed deferri in exercitu, quousque tota Scocia esset finaliter adquisita. Sed [11] hoc mandatum non potuit effectui demandari, sed [12] fuit corpus [13] delatum in Angliam, et sepultum apud Westmonasterium, anno proxime sequenti, circa festum sancti Andreæ, xxviij^{to}. die Octobris; de quo scripsit quidam versificator sic:

"Dum viguit, rex, et valuit tua [14] magna potestas,
Fraus latuit, pax magna fuit, regnavit honestas."

---

[1] *et prope*] om. R. Ar. Q. C. M.
[2] anno Domini mccc. septimo, C.
[3] *et*] om. R. Ar. Q. C. M.
[4] *apparet*] added, H.; colligitur evidenter, R. Ar. Q. C. M.
[5] *in chronicis*] om. R. Ar. Q. C. M.
[6] *Lewlini*] Lewellini, R.
[7] *Aquietaniam*] Aquitanniam, R. Ar. Q. C.
[8] *sibi*] om. H.
[9] *ibidem*] idem, H. R.
[10] *magnanimitate*] magna gravitate, M.
[11] *Sed*] Sed quia, Ar. Q. C.
[12] *sed*] om. R. Ar. Q. C. M.
[13] *corpus*] corp. ejus, Ar. Q.; corp. suum, M.
[14] *tua*] sua, Q.

Cui successit Edwardus de Carnervan,[1] filius suus, statim post mortem ejusdem.[2] Qui revocavit Petrum de Gaverstone ab exilio[3] suo, et dedit sibi comitatum Cornubiæ, et dedit sibi filiam sororis suæ, videlicet filiam comitis Gloucestriæ, in uxorem; et ipsius Petri consilio regebatur, spretis consiliis aliorum nobilium, et eorum præcipue quorum consilio pater suus præ ceteris utebatur.

Initium regni Edwardi de Caernarvan.
Revocatio Petri de Gaverstone.

A.D. 1307. Accession of Edward II. Recall of Gaveston.

Et dominum Willelmum de Langetone, episcopum Coventriensem,[4] qui fuit thesaurarius Angliæ tempore patris sui, fecit carceri mancipari per duos fratres J. et R.[5] de Feltone, qui eum ad Eboracum duxerunt; qui fratres postea mala morte finierunt. Cujus facti occasione papa Bonifacius fecit constitutionem specialem contra omnes qui in episcopos manus injicerent[6] violentas, quocumque colore quæsito.

Imprisonment of the bp. of Coventry.

Item, indignati nobiles[7] contra dictum Petrum multa machinabantur, sicut exitus[8] postea comprobavit. Item, comes Sabaudiæ, qui fuit consanguineus et consiliarius patris sui, una cum domino Othone de Grandissono licentiam perpetuam de Anglia receperunt.

Hostility to Gaveston.

f. 3.

Hoc anno, rege[9] Angliæ vacante solatiis et non armis, Robertus le Bruys fere omnia castra et fortalicia Scociæ adquisivit, et custodes deputatos ibidem per patrem regis[10] amovit.

Robertus Bruis fere totam Scociam adquisivit.

Successes of Robert Bruce.

[*Rex duxit uxorem. Petrus de Gaverstone exulatur.*]

Anno Domini millesimo cccmoviito., papæ Clementis vti.[11] anno secundo,[12] inchoando a festo sancti Michaelis,

---

[1] *Carnervan*] Carnarvan, R.
[2] *statim . . . ejusdem*] qui statim . . . ejusdem patris sui, Q.
[3] *exilio*] auxilio, H.
[4] *episcop. Covent.*] om. Ar. Q.
[5] *R.*] K. in H.
[6] *injicerent*] injecerunt, H. M.; injecerint, Q.
[7] *nobiles*] multi nobiles, M.
[8] *exitus*] ex. rei, C. M.
[9] *rege*] regno, M.
[10] *regis*] regem, R. M.
[11] *vti*] om. R.
[12] The papal year om. Ar. Q. C. M.

12 ADÆ MURIMUTH

AD. 1308. Edwardus prædictus de Carnervan,[1] anno regni sui
Edward marries Isabella of France. primo, duxit Isabellam, filiam regis Phi-
E. rex Angliæ duxit Isabellam filiam P. regis Franciæ. lippi Franciæ, in uxorem [2] apud Bononiam
supra mare, xxij.⁰ die Januarii; et apud
Their coronation. Westmonasterium, die Dominica in Quinquagesima,[3]
scilicet [4] xxv⁰. die Februarii, tam ipse quam ipsa regina
fuerunt coronati per episcopum Wyntoniensem Henricum, ex commissione domini Roberti archiepiscopi
Cantuariensis. Et dictæ coronationi interfuerunt Karolus, frater reginæ, qui postea fuit rex Franciæ, dux
Britanniæ, H[enricus] comes Luceburgiæ, qui postea fuit
imperator, et [5] Petrus de Gavestone, qui nobiliter apparuit [6] omnes transcendens, invidiam et odium omnium
incurrebat. Item, Lodowycus, frater regis Franciæ, fuit
ibidem.

Gaveston banished, and sent to Ireland. Postea vero per prælatos, comites, et nobiles fuit in
Exulatio Petri de Gavestone secunda. uno parliamento ordinatum quod idem [7]
P[etrus] de G[avestone], propter suum
malum consilium regi datum,[8] exularet de regno
Angliæ. Quem rex duxit usque ad Bristolliam, et
misit eum in Hiberniam, et totam utilitatem terræ
Hyberniæ assignavit eidem; ubi regaliter vixit,[9] et
fuit bene dilectus, erat enim dapsilis et largus in
muneribus dandis, et honoribus et terris sibi adhæren-
Edward summons archbp. Winchelsey (A.D. 1307). tibus procurandis. Hoc anno etiam misit rex unum
Liberatio archiepiscopi Roberti. nuncium papæ pro liberatione archiepiscopi Roberti, quem pater suus prius pro-
curavit personaliter vocari ad sedem apostolicam
et a temporalium et spiritualium administratione
suspendi.

---

[1] *Carnervan*] Carnarvan, R.

[2] *in uxorem*] om. Ar. Q. C. M.

[3] *Quinquagesima*] Quadragesima, H.

[4] *scilicet*] om. R.Ar.Q.C.M.; the
MSS. also have xx.⁰ instead of xxv⁰.

[5] *et*] sed, R. Q. C. M.

[6] *qui . . . apparuit*] in nobili
apparatu, Ar. Q. C. M.

[7] *idem*] dominus, R.; dictus,
Ar. Q. C. M.

[8] *propter . . . datum*] om. R. Ar.
Q. C.

[9] *vixit*] vivebat, Q.

[R[obertus] archiepiscopus rediit de curia Romana. Oritur crimen contra Templariorum ordinem.[1]]

Anno Domini millesimo CCC^{mo}VIII°., papæ Clementis v^{ti}.[2] anno tertio,[3] et ipsius regis Edwardi secundo, rediit de curia Romana R[obertus] Cantuariensis archiepiscopus, plene restitutus. Mandavit enim papa domino W[illelmo] Testa, qui fuit in ejus absentia administrator temporalium et spiritualium archiepiscopatus Cantuariensis, quod sibi redderet omnes fructus, redditus, et proventus dicti archiepiscopatus, medio tempore perceptos; qui illud mandatum fideliter adimplevit. Ita quod idem archiepiscopus postea fuit ditior quam unquam prius suis temporibus exsistebat; et sic cessit sibi ad utilitatem quod fuit ordinatum ad noxam, quoniam sine causa[4] exstitit[5] fatigatus. Et dominus Robertus de Berewasch[6] et magister Philippus Martel, qui fuerunt missi ad curiam contra eum, ibidem subito exspirarunt; unde verificata fuit una propositio qua consuevit dominus[7] archiepiscopus consolari: "Nihil nocebit adversitas, ubi nulla iniquitas dominatur."

De factis[8] armorum nihil fuit factum hoc anno, propter latens odium quod fuit inter regem et[9] nobiles propter P[etrum][10] prædictum; sed multa parliamenta fuerunt inutiliter celebrata, quia[11] nullum sortiebantur effectum ex causa prædicta. Hoc anno oritur illud[12] lamentabile crimen hæresis contra totum ordinem Templariorum, de[13] quo inferius plus dicetur.

A.D. 1308. His restoration.

Hatred of Gaveston.

f. 35. Charges against the Templars.

---

[1] *Temp. ord.*] Templarios et eorum ordinem, M.
[2] *v^{ti}*] om. R.
[3] The papal year om. Q. C. M.
[4] *causa*] communi, Ar.; communi jure, Q.
[5] *exstitit*] fuit, C. M.
[6] *Berewasch*] Bourwach, R.; Bourwasch, Ar.; Burwash, Q.; Burwasch, C.; Burghasch, M.
[7] *dominus*] dictus, R. Ar. Q. C.
[8] *factis*] facto, H.; om. armorum, Ar. Q.
[9] *regem et*] om. R. Ar. Q. C. M.
[10] *Petrum*] P. de G., C. M.
[11] *fuerunt . . . quia*] inut. celebrantur, quæ, Ar. Q.; fuerunt . . . quæ, C. M.
[12] *illud*] aliud, C. M.
[13] *de*] et de, H. R.

[*De revocatione domini P. de Gaverstone, et electione H[enrici] imperatoris.*]

A.D. 1309.
Return of Gaveston.

Anno Domini millesimo CCC^{mo}IX°., papæ Clementis anno iiij°.[1], et ipsius regis Edwardi tertio, rediit dictus P[etrus] de Gaverstone[2] de Hibernia, et fuit secretus regi et rector ipsius ut prius;[3] quod factum omnes fere prælati et nobiles regni moleste ferebant, et præcipue dictus Robertus archiepiscopus, qui etiam male ferebat nec voluit in aliquo parliamento de aliquo negotio tractare, pro eo quod dominus[4] rex episcopum Coventriensem apud Eboracum tenebat in carcere, quia exilium dicti Petri de Gaverstone, tempore patris[5] sui, ut asseruit, procuravit. Qui quidem Coventriensis episcopus[6] postea fuit ingratus dicto archiepiscopo, sicut ex inferioribus apparebit.[7]

Election of the emperor Henry VII. (A.D. 1308; crowned A.D. 1312).

Hoc anno fuit electus H[enricus], comes Lucenborhiæ prædictus, in imperatorem concorditer, qui fuit vir nobilis et prudens in opere et sermone, et xxvj[8] die Julii[9] per Clementem papam[10] confirmatus.

[*Concilium provinciale contra Templarios celebratur. Quædam ordinationes super statum regni conduntur.*]

A.D. 1311.
Proceedings against the Templars.

Anno Domini millesimo CCC^{mo}X.°, papæ Clementis anno v^{to}.,[1] et ipsius regis Edwardi quarto, ad mandatum papæ,[11] factum fuit concilium provinciale[12] Londoniis[13] contra Templarios super hæresi et aliis articulis turpibus et nefandis ; quod concilium duravit

---

[1] The papal year om. Ar. Q. C. M.
[2] *Gaverstone*] Garverstone, H.
[3] *ut prius*] om. H.
[4] *dominus*] dictus, M.
[5] *patris*] om. R.
[6] *Cov. ep.*] om. Ar. Q. ; ep. om. R. C.
[7] *apparebit*] patebit, M.
[8] *xxvi.*] xxvii., C. M.
[9] *Julii*] Junii, M.
[10] *papam*] papam v., C. M.
[11] *ad mand. papæ*] om. Ar. Q. C. M.
[12] *provinciale*] principale, Q.
[13] *Londoniis*] Lugdon, M.

a mense Maii usque ad mensem Junii.¹ In quo concilio Templarii capti et accusati fatebantur famam, sed non factum, nisi unus vel duo ribaldi in omni statu. Omnes tamen finaliter fatebantur non posse ² de sibi impositis se purgare, et ideo adjudicati fuerunt per concilium perpetuæ pœnitentiæ, ita quod singuli in singulis monasteriis possessionatis detruderentur pro ³ perpetua pœnitentia peragenda; qui postea in monasteriis hujusmodi bene per omnia se habebant.

A.D. 1311.

Hoc anno dominus rex, timens invidiam et odium majorum regni Angliæ pro dicto P[etro] de Gaverstone, posuit eum in castro de Bamborh⁴ pro sua securitate, asserens prælatis, comitibus, et baronibus et magnis regni, se posuisse eum ibidem, ut placeret eisdem.

Measures for Gaveston's safety.

Hoc anno factæ fuerunt ordinationes super statu regis⁵ et regimine⁶ regni Angliæ per prælatos, comites, et barones Angliæ, ad hoc electos, quæ fuerunt sententia excommunicationis vallatæ, nunquam tamen servatæ fuerunt; quas dominus rex nec approbavit nec servavit, licet⁷ eas fecerit⁸ suo sigillo communiri, et ad singulas cathedrales ecclesias et comitatus pro perpetua rei memoria mandari fecisset.⁹

Issue of reforming ordinances.

[*De concilio Viennensi et dampnatione ordinis Templariorum, et de morte P. de Gaveston.*]

Anno Domini millesimo CCCᵐᵒXIᵒ., papæ Clementis anno vjᵒ.,¹⁰ et ipsius regis Edwardi quinto, fuit magna contentio inter regem Angliæ et nobiles regni,¹¹ propter

A.D. 1312. Dissensions on account of Gaveston.

---

¹ *Junii*] Julii, H.
² *posse*] om. M.
³ *pro*] om. C.
⁴ *Bamborh*] Bamborgh, Ar.; Bambrok, Q.; Baumburgh, M.
⁵ *regis*] om. R. Q. C. M.
⁶ *regimine*] regine, H. M.
⁷ *licet*] sed, M.
⁸ *fecerit*] om. Ar. Q. C. M.
⁹ At this place C. has the following:—

"Mᵒcccᵐᵒlxviᵗᵒ.

"Mens, cor cur cupiunt, lex Christi vera jocunda
Prima cunctorum præsagia dat futurorum.
Draco draconem albus rubeum superabit,
Anglorum nomen tollet, Bruti renovabit."

¹⁰ The papal year om. Ar. Q. C. M.
¹¹ *regni*] terræ, M.

A.D. 1312. dictum P[etrum] de Gaverstone, et maximus timor
gwerræ generalis; qui Petrus fuit postmodum captus
f. 4. et incarceratus, et finaliter interfectus, sicut inferius
plenius continetur.

Council at Vienne.

Item, hoc anno papa Clemens quintus celebravit concilium Viennense, quod incepit primo die mensis Octobris et duravit usque ad Pentecosten. In quo concilio dampnavit ordinem Templariorum, rege Franciæ Philippo, dicto le Bel, præsente et illud procurante;

Condemnation of the Templars.

speravit enim facere[1] unum de filiis suis regem Ierusalem, et quod omnes terræ et possessiones Templariorum fuissent eidem filio suo concessæ. Quo proposito frustratus exstitit satis juste; nam papa terras et possessiones Templariorum[2] postmodum dedit Hospitalariis. Pro quibus in Anglia liberandis misit papa[3] in fine[4] dicti[5] concilii cardinalem Albanensem de ordine Cisterciensi, et episcopum Pictaviensem, rudem, rusticum, et ignarum, qui fuit postmodum cardinalis episcopus Albanensis indignus; quibus cardinalibus[6] restiterunt comites et nobiles Angliæ, quorum progenitores Templarios terris et possessionibus dotaverunt, et, dampnato ordine, possessiones hujusmodi occuparunt. Ita quod dicti nuncii papæ, infecto negotio pro quo venerant, redierunt; sed prælatos et clerum procurationibus, evictionibus, et aliis plurimis gravaminibus vexaverunt, et sic impinguati, dilatati, et ingrassati curiam intraverunt.

Decretals of Clement v.

In dicto concilio Viennensi papa Clemens fecit multas decretales super multis dubiis; sed non fuerunt suo tempore publicatæ nec effectui mancipatæ, sed tempore successoris sui, sicut inferius apparebit.

---

[1] *facere*] fecisse, C. M.
[2] *Templariorum*] om. R. Ar. Q. C. M.
[3] *papa*] om. M.
[4] *fine*] finem, H.
[5] *dicti*] om. H.
[6] *cardinalibus*] om. R. Ar. Q. C. M. The envoys were Arnaud de Nouveau, cardinal of St. Prisca (not Albanensis), and Arnaud d'Aux, bp. of Poitiers, created cardinal and bp. of Albano, 23 Dec. 1312.

In dicto concilio præfatus rex Franciæ Philippus multas petitiones proposuit et fecit. Inter quas fecit præcipuas et arduas, videlicet ut ossa Bonifacii papæ octavi, sicut hæretici, comburerentur; item, quod ipse rex[1] et successores sui vocem trium cardinalium haberent in omni electione papæ: et in utraque defecit. Sed voluisset[2] fecisse unum de filiis suis regem Ierosolomitanum, et quod haberet omnes redditus et proventus Templariorum.[3] Et hac occasione ipse prius multos Templarios in regno suo, et præcipue magistrum Johannem[4] magnum ordinis et alios multos procuravit comburi, et totum ordinem procuravit[5] et fecit in concilio prædicto dampnari; sed propositum suum de eorum reditibus non habebat, quia postmodum fuerunt Hospitalariis assignati, non sine magnæ pecuniæ interventu.

A.D. 1312. Petitions and designs of Philip of France.

Hoc anno, circa festum sancti Johannis baptistæ, voluit rex P[etrum] de Gaverstone sibi adduci per dominum Adomarum de Valence, comitem Penbrokiæ,[6] securitatis causa; et, cum essent apud Danyntone[7] juxta Bannebury, idem comes dimisit eum in nocte, et ivit prope ad unum locum ex causa. Et in crastino in aurora venit Guido, comes Warewykiæ,[8] cum comitiva mediocri et hutesio, et ipsum Petrum evigilavit et ad castrum suum de Warewyk[8] secum duxit; et, habita postmodum deliberatione cum majoribus regni, et præcipue cum Thoma comite Lancastriæ, finaliter dimisit eum de carcere, ire quo vellet. Et, quando exivit villam de Warewyk[8] usque ad locum qui dicitur, quasi prophetice, Gaveressich,[9] invenit ibi multos

Capture and death of Gaveston.

---

[1] *rex*].rex Philippus, Ar. Q. C. M.
[2] *voluisset*] et voluit, Q. M.; voluit, corr. C.
[3] *Templariorum*] temporalium, R.
[4] *Johannem*] om. R. Ar. Q. C. M.
[5] *comburi . . . procuravit*] om. Ar. Q.

[6] *Penbrokiæ*] Penebrochiæ, R. C.
[7] *Danyntone*] Danintoue, Ar.; Darinton, Q.; Danintone, C.; Dadintone, M.
[8] *Warewyk*] Warrewik, Warewik, R.; Warwik, C.
[9] *Gaveressich*] Gavessich, Ar. Q.; Gaversiche, M.

A.D. 1312. homines[1] facientes hutesium super eum vocibus et cornibus, sicut super inimicum regis et regni legitime utlagatum[2] sive exulatum; et finaliter ipsum, sicut talem, xix. die mensis Junii decapitaverunt.

Decapitatio P. de Gaverstone.

Cujus caput quidam frater Prædicatorum[3] portavit in capucio suo,[4] et post corpus fratres ejusdem ordinis quæsiverunt et apud Oxoniam cum solempnibus vigiliis per annum et amplius tenuerunt.[5] Sed finaliter sepultus fuit apud Langeley, ubi idem rex solempnem conventum Prædicatorum pro anima ipsius statuit;[6] ibi[7] magnum numerum fratrum studentium constituens, eis de ærario suo Londoniis congruam exhibuit[8] sustentationem.

The bp. of Coventry excommunicated by archbishop Winchelsey.

Hoc anno, ante Pentecosten,[9] archiepiscopus Robertus excommunicavit Walterum episcopum Coventriensem, quia noluit in provinciali concilio respondere super eo quod ipse fuit juratus servare[10] dictas ordinationes, sed post et contra eas adhæsit concilio regis et fecit dictum P[etrum] de Gaverstone reconciliari et ordinationes infirmari;[11] sed hoc fuit ante mortem dicti Petri. Unde episcopus idem ad sedem apostolicam appellavit, et personaliter ipsam adivit; et Adam Murimuth,[12] clericus dicti archiepiscopi,[13] contra eum per archiepiscopum destinatus,[14] circa festum sancti Barnabæ.

Death of the emperor Henry VII.

Hoc anno mortuus fuit H[enricus] imperator, veneno[15] exstinctus, ut dicebatur, in quodam castro juxta[16]

---

[1] *homines*] om. R.
[2] *utlagatum*] utlagium, H.; vulgatum, Q.
[3] *Prædicatorum*] Prædicator, R. C.
[4] *in capucio suo*] in cap. suo domino regi, Q.
[5] *per annum . . . tenuerunt*] servaverunt, M.
[6] *statuit*] constituit et statuit, M.
[7] *ibi*] et ibi, Q.
[8] *exhibuit*] exhibere, C. M.

[9] *ante Pentecosten*] om. R. Ar. Q. C. M.
[10] *servare*] observare, M.
[11] *infirmari*] infringi, Ar. Q. C. M.
[12] *Murimuth*] Murimouth, R. C.; Murymouth, Ar.; Mirimouth, M.
[13] *clericus dicti archiepiscopi*] om. R. Ar. Q. C. M.
[14] *destinatus*] d. fuit, Q.
[15] *veneno*] in venio, H.; om. Ar. Q.; de veneno, C. M.
[16] *juxta*] prope, R. Ar. Q. C. M.

civitatem Brixiensem,[1] in festo Assumptionis beatæ Mariæ. *A.D. 1312.*

[*Obiit R[obertus] de Wynchelse, archiepiscopus Cantuariensis. Edwardus, filius regis primogenitus, nascitur.*]

Anno Domini millesimo CCC^{mo}XII°., papæ Clementis vij .,[2] regni ipsius Edwardi[3] vj°., requievit rex dissimulans, sed moleste gerens mortem P[etri] de Gaverstone, et de vindicta cogitans, cui postmodum non pepercit, opportunitate captata.

Hoc anno, xij. die mensis Maii, anno Domini M°CCC^{mo}XIII°., obiit archiepiscopus Robertus de Wynchelse ;[4] et fuit concorditer electus magister Thomas de Cobham, exsistens in Francia pro regni negotiis. Et tamen rex rogavit papam Clementem pro domino [5] Waltero Reginaldi,[6] episcopo Wygorniensi, ut ipsum transferret [7] ad ecclesiam Cantuariensem; quod et factum fuit primo die Octobris in anno sequenti, scilicet anno Domini M° CCC^{mo}XIII°., et [8] statim dedit episcopatum Wygorniensem domino Waltero de Manestone,[9] viro utique diffamato in Anglia de inhonesta conversatione et vita, et papæ ex inhonesta familiaritate secreto,[10] qui modico tempore postmodum in episcopatu [11] duravit. Et postea papa Johannes

Obitus archiepiscopi Roberti. *A.D. 1313. Death of archbp. Winchelsey.*

Walter Reynolds translated from Worcester to Canterbury.

---

[1] *Brixiensem*] Pisanam, Ar. Q. C. M.

[2] The papal year, om. Ar. Q. C. M.

[3] *ipsius Edwardi*] sui, R. Ar. Q.; et ipsius regis Edwardi, C. M.

[4] *de Wynchelse*] om. Ar. Q. C. M.

[5] *domino*] dicto, C.

[6] *Reginaldi*] Reginaldo, R. C.; Renaud, Ar.

[7] *ut ipsum transferret*] domino ferret, R.

[8] *et*] om. H. Q. The date, om. Ar. Q. C. M.

[9] *Manestone*] Maydenestone, R. Ar. Q. C.; Maidenstone, M.

[10] *et papæ . . . secreto*] om. Ar. Q. C. M.

[11] *in episcopatu*] om. Ar. Q. C. M.

20 ADÆ MURIMUTH

A.D. 1313. dedit ipsum episcopatum Wygorniensem¹ dicto magistro T[homæ] de Cobham, qui propter² verecundiam voluntariæ repulsionis suæ ab ecclesia Cantuariensi diu in Romana³ curia morabatur, sicut inferius apparebit.

A.D. 1312.
Birth of Edward III., 13 Nov.
f. 5.

Hic nascitur E. tertius a conquæstu.

Hoc anno Domini M°CCC^{mo}XII., scilicet⁴ xiij. die Novembris, Isabella regina peperit regi filium apud Windelesore,⁵ quem fecit baptizari per cardinalem Albanensem Arnaldum, et vocari Edwardum; qui postea regnavit, sicut inferius describetur, et vocatus est Edwardus tertius a conquæstu.⁶

[*Publicatio constitutionum Viennensium. Bellum de Strevelin commissum est.*]

A.D. 1313. Anno Domini M°CCC^{mo}XIII°., papæ Clementis viij°.,⁷ et ipsius regis vij°., primo die mensis Octobris, fuit provisum ecclesiæ Cantuariensi de Waltero episcopo Wygorniensi, etc., et Wygorniensi de Waltero de Maynestone,⁸ sicut prius in proximo tactum est.⁹ Et xvj.

A.D. 1314.
Robert of Sicily appointed vicar of the Empire.

die Martii papa fecit¹⁰ Robertum,¹¹ regem Ciciliæ, vicarium imperii, vacantis per mortem nobilis militis Henrici de Lucemburgh.

Battle of Bannockburn, June 24.

Bellum Strivelyn.

Hoc anno Domini M°CCC^{mo}XIIII°.,¹² mutato tamen, in festo Nativitatis sancti Johannis baptistæ, fuit magnum proelium prope Strivelyn inter regem Angliæ et exercitum suum¹³ et Scotos;¹⁴

---

¹ *Wygorniensem*] om. Ar. Q.C.M.
² *propter*] post, R. Ar. Q.; post propter, C. M.
³ *Romana*] om. Ar. Q. C. M.
⁴ *scilicet*] om. H.
⁵ *Windelesore*] Wyndesore, R.M.
⁶ Instead of this paragraph Ar. and Q. have: "Hoc anno, xiij. die No- "vembris, nascitur Edwardus primo- "genitus regis apud Windelesore." It is misplaced a little lower in the text in C., which omits the year and the words "Albanensem" and "et vocatus . . conquæstu." M. also follows the arrangement of C.

⁷ The papal year, om. Ar. Q. C. M.
⁸ *Maynestone*] Maydenestone, R.
⁹ *Wygorn. . . . tactum est*] W. etc., sicut prius in proximo capitulo tactum est, Ar. Q. C.; W. etc., M.
¹⁰ *papa fecit*] papa publicavit constitutiones concilii Viennensis, quo die fecit, Q. C. M.
¹¹ *Robertum*] om. R.
¹² The year, om. Ar. Q. C. M.
¹³ *exercitum suum*] exerc. regis Scociæ, R. de Brus, C.; ex. reg. Sc. R. le Bruis, M.
¹⁴ *et Scotos*] om. R. Ar. Q.

CONTINUATIO CHRONICARUM. 21

in quo fuit occisus comes Gloucestriæ, Gilbertus, et multi alii de parte regis, et comes Herefordiæ captus, et multi alii nobiles, et rex Angliæ et alii vix evaserunt. A.D. 1314.

Remansit igitur rex cum suis circa partes Eboraci, et in Eboraco tenuit parliamentum, quod incepit quarta feria post Assumptionem beatæ Mariæ et duravit usque [1] ad festum sancti Michaelis, et ultra; in quo parliamento parum notabile fuit factum, nisi quod uxor domini [2] R[oberti] le Bruys et episcopus Glascuensis, qui diu prius in Anglia tenebantur, et Donaldus de Mar [3] fuerunt redditi pro comite Herefordiæ; sed [4] omnes alii captivi se propria pecunia redemerunt. Parliament at York. Release of Scottish prisoners.

Hoc anno mutato, scilicet anno Domini M°CCC^{mo}XIIII°.,[5] xx. die Aprilis, vacavit curia Romana per mortem Clementis papæ quinti, pontificatus sui anno ix°.,[6] apud Rokka Majorem, prope Avinoniam, ubi fuit [7] in itinere versus Vasconiam; et fuerunt cardinales inclusi in palatio episcopi Carpentatorensis,[8] qui postea evaserunt et se ad partes varias transtulerunt.[9] Death of Clement V. 20 Apr. Moritur papa Clemens quintus.

---

[1] *usque*] om. R.
[2] *domini*] om. R.
[3] *Mar*] Marl, H. R. C.; Mare, C.
[4] *sed*] sed et, Ar. Q.
[5] The year, om. Ar. Q. C. M.
[6] The year of pontificate, om. Q. C. M.
[7] *fuit*] om. R.
[8] *Carpentatorensis*] Carpentatorium, H.; Carpentacöiem, C.
[9] Here Ar. and Q. have the paragraph relating to the birth of Edward III., "Hoc anno . . . descri-"bitur," as above, p. 20. C. has the following :—

"Iste Clemens papa concessit unum annum et xl. dies veniæ omnibus confessis, etc., illud Evangelium audientibus, 'In principio erat 'verbum,' et in fine ter, verbis, 'Et Verbum caro factum est,' etc., devote inclinantibus et terram vel quid aliud osculantibus."

[*Obiit Philippus, rex Franciæ. Regina Navariæ propter adulterium suffocatur.*]

A.D. 1314.
Death of Philip IV. of France, and accession of Louis X.

Anno Domini millesimo CCC^{mo}XIIII°., apostolica sede vacante,¹ semper in ² festo sancti Michaelis incipiendo, et ipsius regis Edwardi de Carnervan³ viij°.,⁴ circa festum sancti Nicholai, fuit mortuus rex Franciæ, Philippus, dictus le Bel, et successit sibi Lodowycus filius suus, qui fuit prius rex Navvarræ; qui ducebatur consilio Karoli avunculi sui. Cujus consilio cito post Pascha suspensus fuit Ingeramus de Maremy,⁵ qui fuit principalis consiliarius Philippi, patris ipsius regis Lodowyci. Item regina Navvarræ, uxor ipsius domini⁶ Lodowyci et filia comitis Burgundiæ, propter adulterium sibi impositum cum domino Philippo Daune, fuit suffocata.⁷ Qui quidem Lodowycus, eodem anno, postmodum⁸ duxit in uxorem filiam regis Hungariæ, Clemenciam nomine et re, ut dicebatur.

A.D 1315.
Events in France.

Dissensions between the king and nobles.

Hoc anno pauca notabilia in Anglia fuerunt facta, propter latens odium, et quandoque patens, quod fuit inter regem Angliæ et nobiles regni sui,⁹ et præcipue contra¹⁰ comitem Lancastriæ et comitem Warewykiæ¹¹ et adhærentes eisdem.

Chapter of the Friars Preachers at London.

Hoc anno fuit celebratum capitulum generale fratrum Prædicatorum Londoniis; in quo unus de ordine, per appellationes affixas in ostio ecclesiæ sancti Pauli, totum ordinem plurimum diffamavit.

---

¹ *apost. . . . vacante*] om. Ar. Q. C. M.
² *in*] a, R. Q. C.
³ *Carnervan*] Carnarvan, R.
⁴ *Anno . . . viij.*] A.D. MCCCXIIII. et ipsius r. E. viij., M.
⁵ *Maremy*] Marny, Ar.; Mareny R. Q.
⁶ *domini*] om. Ar. Q.; dicti, C. M.
⁷ *suffocata*] suffocatus, H.
⁸ *postmodum*] postea, M.
⁹ *sui*] om. Ar. Q. C. M.
¹⁰ *contra*] inter, Ar. Q.
¹¹ *Warewykiæ*] de Warewyk, R. Ar. M.; de Warwyk, Q.

[*De electione papæ Johannis xxii., et de caristia magna ac mortalitate.*]

Anno Domini M°CCC°ᵐXV°., apostolica sede vacante,[1] et ipsius regis Edwardi ix°., incipiendo semper annum in festo sancti Michaelis et finiendo[2] in eodem festo, ipso anno finito,[3] vacavit curia Romana, cardinalibus in locis diversis,[4] scilicet Ytallicis in Valencia, aliis Avinioni[5] et Auraciciæ,[6] morantibus, ut est dictum. Sed reges Angliæ et Franciæ miserunt solempnes nuncios cardinalibus, ut de summo pontifice universali ecclesiæ providerent; qui finaliter, ad procurationem domini Philippi, fratris regis Franciæ et comitis Pictaviæ, in Passione Domini Lugdunum intrarunt.[7] Et in[8] mense Junii idem comes, audiens de infirmitate regis Franciæ fratris sui, mandavit[9] omnibus cardinalibus quod in domo Prædicatorum Lugduni se congregarent, ut ipse[10] posset ab eis simul recipere licentiam eundi ad partes suas; quibus adunatis ibidem, ipse, recepta licentia, mandavit ne quis eorum de claustro fratrum exiret, quousque ecclesiæ Romanæ fuisset de papa provisum. Et constituit comitem Foresii et alios nobiles illarum partium ad custodiam eorundem, assignans eis certum numerum servitorum, videlicet cuilibet cardinali unum clericum et duos domicellos et unum suum medicum,[11] si egerent.

Eodem mense Junii mortuus est dominus rex Franciæ Ludowycus, relicta uxore sua prægnante; quæ cito postea peperit filium, qui vix viij. diebus vixerat.

A.D. 1315.
t. & l.

A.D. 1316.
Delay in the election of a pope.

Death of Louis X. and accession of Philip V.

---

[1] *apost. . . . vacante*] om. Ar. Q. C. M.
[2] *finiendo*] finiendi, H.
[3] *incipiendo . . . finito*] om. M.
[4] *diversis*] om. Ar. Q. C.
[5] *Avinioni*] Avinitoni, H.
[6] *scilicet . . . Auraciciæ*] om. Ar. Q. C. M.
[7] *intrarunt*] intraverit, H. R.
[8] *in*] om. R.
[9] *mandavit*] manda, H.
[10] *ipse*] om. H.
[11] *suum medicum*] suum modicum, Ar.; servum modicum, Q.

24 ADÆ MURIMUTH

A.D. 1316.
Election of pope John XXII., 7 Aug.

Quo partu mortuo, successit dominus [1] Philippus, comes Pictaviæ, fratri suo.[2] Et cito postea, scilicet vij. die Augusti, electus fuit Jacobus de Huse[3] cardinalis, episcopus Portuensis, in papam in loco prædicto, qui se *Electio papæ Johannis XXII.* fecit nominari Johannem XXII.; qui fuit natione Caturensis,[4] postea cancellarius regis Ciciliæ, post episcopus Foriuliensis, postea Avinoniensis et auditor palatii, et postea vicecancellarius, ac postmodum cardinalis Portuensis, et postea finaliter papa, ut est dictum. Et quinto die mensis Septembris[5] fuit coronatus in ecclesia Lugduni, præsente dicto rege Franciæ Philippo et frenum suum super[6] pedes ducente a dicto loco coronationis usque ad domum prædictorum fratrum[7] Prædicatorum; quo die nulli permissum[8] fuit equitare, nisi vestibus sacris indutis.[9] Qui quidem papa fecit dicto regi multas gratias, in recompensationem laborum et expensarum quos et quas prius sustinuit pro dicto negotio ecclesiæ quod promovit. Et cito postea se transtulit papa[10] per Rodanum versus Avinonam,[11] quam ij. die Octobris intravit; ubi se tenuit cum curia multis annis, immo usque ad mortem,[12] sicut inferius apparebit.

Deaths of the earl of Warwick and the bp. of Winchester.

Hoc anno mortuus est in Anglia comes Warewykiæ,[13] Guido de Bello campo; item, episcopus Wyntoniensis, Henricus, et electus est ibidem J[ohannes] de Sendale,[14] thesaurarius regis, mense Julii.

Plague and dearth.

Item, hoc anno fuit magna mortalitas et sterilitas *Sterilitas in Anglia.* in Anglia, ita quod quarterium frumenti valuit xxx. solidos et amplius.[15]

---

[1] *dominus*] dictus, Ar. Q. C.
[2] *fratri suo*] frater suus, C.
[3] *de Huse*] om. Ar. Q. C. M.
[4] *Caturensis*] Caterensis, Q.
[5] *Septembris*] Decembris, H.
[6] *super*] om. H. R. Ar. Q.
[7] *prædictorum fratrum*] om. Ar. Q. C. M.
[8] *nulli permissum*] nullum provisum, H.
[9] *indutis*] indutus, H. M.
[10] *se papa*] om. Ar. Q. C. M.
[11] *Avinonam*] Avinionem, R. Ar.; Avynionem, Q. C.
[12] *immo .... mortem*] om. Ar. Q. C. M.
[13] *Warewykiæ*] Warwikiæ, R.
[14] *Sendale*] Sandale, R. Ar. Q. C.
[15] *amplius*] ultra, R. Ar. Q. C. M.

Hoc anno Scoti hostiliter Hiberniam intraverunt; qui finaliter, interfecto Edwardo le Bruys, qui fecit se regem Hiberniæ nominari, et multis aliis cum eo interfectis, relicta Hibernia abierunt.[1]

Hoc anno mortuus fuit magister W[illelmus] de Grenefelde, archiepiscopus Eboracensis, et electus fuit dominus[2] W[illelmus] de Meltone, qui venit ad curiam, sede apostolica[3] vacante.[4]

[*Mittuntur nuncii ex parte regis Angliæ ad dominum papam. Episcopatus Tholosanus dividitur in quinque. Papa reservavit primos fructus.*]

Anno Domini millesimo CCC^{mo}XVI.º, et ipsius regis Edwardi decimo, et papæ Johannis XXII. primo, idem papa intravit Avinonam[5] ij^o. die Octobris, ubi fecit in forma pauperum tres gratias successive et alias speciales gratias[6] infinitas. Providit etiam ecclesiæ Dunelmensi de domino Lodowyco de Bello monte, qui, licet fuit nobilis genere, fuit tamen mediocriter literatus et claudus utroque pede, sicut sunt multi Francigenæ; quem si papa vidisset, forsitan non creasset. Item ecclesiæ Wygorniensi, vacanti per mortem Walteri de Maydenestone,[7] providit de magistro Thoma de Cobham, cujus electionem ad ecclesiam Cantuariensem respuit, ut præmittitur, papa Clemens. Item ecclesiæ Herefordiensi, vacanti per mortem magistri R[icardi] de Swynisfeld,[8] providit de magistro A[damo] de Orletone, ix^o kalendas Maii, anno Domini M^oCCC^{mo}XVII°.[9]

Hoc anno, parum ante Quadragesimam, misit rex Angliæ solempnes nuncios ad curiam, scilicet comitem

---

[1] This paragraph om. in C.
[2] *Will. . . . . dominus*] om. M.
[3] *apostolica*] om. R. Ar. Q. C.
[4] *vacante*] om. H.
[5] *Avinonam*] Avinionem, R.Ar.; Avynionem, Q. C.
[6] *gratias*] generales gratias, M.
[7] *Maydenestone*] Maydestone, R. Ar. C.; Madenistone, Q.
[8] *Swinisfeld*] Swynysfeld, R. C.; Suynysfelde, Q.; Swynfflet, M.
[9] The year om. Ar. Q. C.

A.D. 1317. de Penbroke et episcopos Elyensem et Norwycensem, dominum Bartholomæum de Badlismere,[1] Antonium[2] de Pisano, et magistrum W[illelmum] de Birstone,[3] archidiaconum[4] Gloucestriensem, per quos misit papæ jocalia solempnia et vasa aurea valde multa; quibus nunciis papa fecit gratias multas speciales, similiter multis magistris nominatis per universitatem Parisiensem et Oxoniensem[5] gratias multas fecit. Sed comes de Penbroke in redeundo incaute fuit captus per unum domicellum, cui sibi servienti prius in Anglia non reddidit[6] mercedem, ut dixit, et ductus fuit idem comes de Burgundia in Alemaniam, quousque fuit plene redemptus.

The earl of Pembroke taken prisoner.

Papal confirmations.

Item, hoc anno, circa Quadragesimam, confirmavit papa Alexandrum Dublinensem[7] electum; item, Willelmum de Curtlyngtone[8] in abbatem Westmonasteriensem; item, Willelmum de Chiristone[9] in abbatem de Evesham.[10] Item, Dominica secunda Septembris, scilicet anno Domini M°CCC^{mo}XVII°.,[11] mutata tamen Incarnatione,[12] fuit consecratus W[illelmus][13] de Meltone, Eboracensis electus.

Consecration of archbp. Melton.

Execution of Hugh, bp. of Cahors.

Hoc anno Hugo Geraldi, qui fuit referandarius Clementis papæ et episcopus Caturcensis,[14] cui impositum fuit quod in mortem Johannis papæ fuerat machinatus, quasi in principio[15] anni millesimi CCC^{mo}XVI.,[11] perpetuo carceri mancipatus, sed postmodum, mense Augusti, anno Domini[16] M°CCC^{mo}XVII°.[11] fuit degradatus,

---

[1] *Badlismere*] Baldesmore, H.; Batlismere, Ar.; Badlismore, Q.; Badelesmere, M.

[2] *Antonium*] Antoninum, R.

[3] *Birstone*] Bristone, R.; Bustone, Ar. Q.; Berstone, C. M.

[4] *archidiaconum*] archiepiscopum, H.

[5] *Oxoniensem*] word erased, R.

[6] *reddidit*] reddit, Ar.; reddiderat, Q.

[7] *Dublinensem*] Dubberlinensem, Q. C.

[8] *Curtlyngtone*] Curlyntone, H.; Curtlyntone, Ar. Q. C. M.

[9] *Chiristone*] Chinstone, Q.

[10] *Evesham*] Hevisham, C.

[11] The year om. Ar. Q. C. M.

[12] *Incarnatione*] data Incarnationis, M.

[13] *Willelmus*] dominus Willelmus, Ar. Q.

[14] *Caturcensis*] Caturiensis, R.; Canturcerensis, C.

[15] *in principio*] quamvis in p., Q.

[16] *Domini*] om. R.

et, tonsus capite, veste stragulata indutus, traditus curiæ seculari, videlicet mareschallo papæ, qui ipsum trahens de palatio papæ ad pedes equorum per totam civitatem, postremo fuit in campo igne crematus.

Hoc anno misit papa in Angliam duos cardinales, videlicet Gauncelinum¹ Johannis et Lucam de Flisco,² pro pace reformanda inter regem Angliæ et R[obertum] le Bruys; qui, habito colloquio cum rege Angliæ,³ in eundo⁴ versus Scociam, in episcopatu Dunelmensi, fuerunt deprædati per dominum Gilbertum de Midlintone⁵ militem, qui propterea fuit postea suspensus et divisus per quatuor quarteria. Et per suos schaveldarios marchiæ inter Angliam et Scociam nec voluit R[obertus] le Bruys permittere quod ipsi cardinales regnum Scociæ intrarent; propter quod iidem cardinales dictum R[obertum] et sibi adhærentes excommunicaverunt, et totum regnum Scociæ⁶ supposuerunt ecclesiastico interdicto.⁷ Et redeuntes postmodum per Angliam versus curiam, tam a rege quam a comitibus et prælatis plura in duplo quam amiserant receperunt. Item, dictus Gacellinus,⁸ tam ex collatione papæ⁹ quam aliorum prælatorum, illo anno beneficia valentia plus quam mille libras annuatim, non sine cupiditate¹⁰ et ambitionis spiritu, acquisivit, videlicet ecclesias de Pagham et Holyngborne, de Linnynynge,¹¹ de patronatu archiepiscopi Cantuariensis; item, ecclesiam de Hakeneye juxta Londonias; item, præbendam de Driffelde,¹² in ecclesia Eboracensi, quæ dicitur valere D. marcas.¹³

A.D. 1317.

Cardinals sent to arrange peace between England and Scotland. They are robbed.

f. 66.

Interdict on Scotland.

Benefices conferred on cardinal Gaucelin d'Euse.

---

¹ *Gauncelinum*] Gancelinum, R. Ar. Q. C.; Cancellinum, M.

² Gaucelin d'Euse and Ludovico Fieschi.

³ *Angliæ*] om. H.

⁴ *eundo*] eundum, H.

⁵ *Midlintone*] Middlyntone, R.; Midlyntone, Ar.; Mydlyntone, C.; Mideltone, M.

⁶ *Scociæ*] om. H.

⁷ *eccl. interdicto*] ecclesiastica interdictione, Ar. Q. C.

⁸ *Gacellinus*] Ganucelinus, R. Ar. Q.

⁹ *quam a comitibus . . . . papæ*] om. C. M.

¹⁰ *cupiditate*] cupiditatis, Ar. Q. C. M.

¹¹ *Linnynynge*] Lymnnynge, R. Ar.; Lyminge, Q.; Lymnynge, C.; Lynninge, M.

¹² *Driffelde*] Dryffeld, Q.

¹³ *D. marcas*] c. marcas, Ar. Q.

28 ADÆ MURIMUTH

A.D. 1317. Item, postmodum impetravit ecclesiam de Stebenhuthe¹ juxta Londonias, vacantem per consecrationem magistri Stephani de Segrave,² cui papa providit de archiepiscopatu Armacano.

Partition of French sees.

Item, hoc anno, mense Julii, anno Domini M°CCC™°XVII.,³ divisit⁴ papa episcopatum Tholosanum in quinque episcopatus, et fecit ecclesiam Tholosanam⁵ archiepiscopalem, cui providit de fratre⁶ comitis Convenarum;⁷ et totum hoc fecit in odium episcopi Tholosani, qui fuit nepos Clementis papæ. Sed, ne videretur ex odio hoc fecisse, divisit⁴ etiam duos alios episcopatus in partibus illis, videlicet Narbornensem et Clarmontensem.⁸

Reservation of first fruits.

Hoc anno papa reservavit primos fructus per quadriennium, quasi per totum mundum; sed in Alemannia sibi nullus parere curavit. Anglici vero, sicut boni asini, quicquid eis imponitur tolerantes, in his et aliis⁹ quantumcumque gravibus paruerunt.¹⁰

[*Constitutio super pluralitate facta. R[obertus] le Bruys castrum Berwici cum villa acquisivit.*]

Papal constitution against pluralities.

Anno Domini millesimo CCC™°XVII°., et ipsius Johannis papæ anno secundo,¹¹ et dicti regis Edwardi xj°., fecit papa unam constitutionem, quæ incipit "Execrabilis," per quam cassavit omnes dispensationes super pluralitate beneficiorum curatorum, per quoscumque

---

¹ *Stebenhuthe*] Stebbenhuthe, R. Q. C.
² *Segrave*] Seygrave, R. Ar. Q. C.
³ The year om. Ar. Q. C. M.
⁴ *divisit*] dimisit, C.
⁵ *Tholosanam*] Tholosanem, H.
⁶ *de fratre*] fratri, R. Ar. Q. C.; fratrem, M.
⁷ *Convenarum*] Provenarum, H.
⁸ In C. here follows the paragraph on the invasion of Ireland by Edward Bruce (*see* p. 25); after which is this entry:— "Eodem anno statutum est editum per J. episcopum Norwycensem de non ministrando panem non consecratum die Paschæ."
⁹ *aliis*] om. R.
¹⁰ *paruerunt*] pervertuntur, R.
¹¹ The papal year om. M.

præcedessores concessas. Cujus constitutionis occasio[1] A.D. 1317.
fuit venalitas hujusmodi beneficiorum tempore Clementis, qui tales dispensationes, non habito respectu ad personarum merita sed tantum ad quantitatem pecuniæ, concessit easdem. Quidam[2] tamen aliter interpretantes dixerunt ipsum illud fecisse, ut multa beneficia sic vacarent, nam parum antea, ut præmittitur, primos fructus quorumcumque beneficiorum, ubicumque vacantium,[3] reservavit, et quia collationes[4] beneficiorum, sic vacantium, collationi suæ propriæ reservavit et contulit, exceptis beneficiis quæ fuerunt de patronatu laicorum.

Hoc anno, sicut et primo, stetit in palatio episcopi Avinoniensis, quod mirabili opere ampliavit, et multa notabilia fecit. In Anglia vero pauca notabilia contigerunt. A.D. 1318. The pope at Avignon. f. 7.

Hoc anno R[obertus] le Bruys castrum et villam de Berewyk viriliter adquisivit, neminem occidendo qui noluit obedire. Bruce retakes Berwick.

Hoc anno, in mense Augusti, rex et comes Lancastriæ prope Leycestriam, in quadam planitie, sunt concordati, et invicem cum multis amplexibus osculati; sed vera pax non fuit, sicut inferius apparebit. Reconciliation of Edward and the earl of Lancaster.

[*Rex petiit subsidium a clero. Idem rex obsedit castrum de Berwico, cum villa; et interim Scoti ingressi sunt Angliam.*]

Anno Domini millesimo CCC^{mo}XVIII°., et ipsius Johannis papæ iij°., ipsius vero regis Edwardi xij°., stetit papa Avinoniæ, ut prius, pauca faciens notabilia, nisi provisiones ecclesiarum cathedralium. Hoc anno, parum ante Pentecosten, venit Robertus, rex Ciciliæ, ad curiam; cujus adventum papa præstolatus fuerat valde diu. A.D. 1319. Visit of Robert of Naples to the pope.

---

[1] *occasio*] occasione, H. Q.
[2] *Quidam*] om. C. M.
[3] ut præmittitur repeated, H. R.
[4] *ubicumque . . . . . collationes*] vacantium et collationes, M.

A.D. 1319.
Edward requires a subsidy from the clergy.

Hoc anno, cito post Pascha, in quodam parliamento Londoniis petiit[1] rex subsidium a clero contra Scotos, qui fuerunt regno Angliæ et ecclesiæ Romanæ rebelles; quod noluerunt concedere prælati, irrequisita licentia sedis apostolicæ. Pro qua licentia optinenda miserunt ad curiam dicti prælati magistrum Adam Murimuth,[2] sumptibus tamen regis; quibus papa dedit licentiam concedendi regi decimam unam annualem citra festum sancti Johannis.

Edward lays siege to Berwick.

Raid into England by the Scots.

Hoc anno fuit rex in Scocia in autumpno, et dedit insultum castro de Berewyk et ipsum per aliquod tempus obsedit. Et, dum ipse fuit ibi, Scoti intraverunt Angliam, usque ad Eboracum deprædantes et comburentes, ita quod rex rediit sine victoria, et Scoti cum[3] captis prædis et aliquibus prisonis[4] et W. de Ayrminne,[5] clerico regis,[6] in Scociam redierunt.

Death of the bishop of Winchester.

Hoc anno vacavit ecclesia Wyntoniensis, per mortem domini Johannis de Sendale, in autumpno, mense Septembris.[7]

A.D. 1318.
Edward Bruce defeated and slain in Ireland.

Item, hoc anno E[dwardus], frater Roberti[8] le Bruys, cum magno exercitu intravit Hyberniam, faciens se regem ibidem, connivente comite Ultoniæ, ut dicebatur; sed finaliter fuit interfectus in bello, et fere totus exercitus ejus, per dominum J[ohannem] de Birmingham[9] et alios adhærentes eidem.[10]

---

[1] *petiit*] petit, H.
[2] *Murimuth*] Murimouth, R.; Murymouth, Ar. C.; Murymuth, Q.; Mirimouth, M.
[3] *cum*] in, H. C.; om. Ar. Q.
[4] *prisonis*] prisonibus, H.; personis, Ar. Q. C.; captis prædis animalibus et prisonis, M.
[5] *W. de Ayrminne*] W. de Ayrmyne, R.; W. Arminne, Ar.; Warinie, Q.; Deyrmyn, C.; W. Dairemynne, M.
[6] *clerico regis*] om. Ar. Q. C. M.
[7] *in aut. . . . . Sept.*] om. M.

[8] *fr. Roberti*] om. Ar. Q. M.
[9] *Birmingham*] Byrmyngham, R. M.; Burmingham, Q.; Byrmuygham, C.
[10] *alios . . . eidem*] alios Anglicos adh. eid. regi Anglorum Edwardo, Q.; al. Anglicos adh. eidem, Ar. C. The whole paragraph is placed in C. at the end of the year 1317. M. adds:—" Eodem anno statutum est " per J. episcopum Norwycensem " de non ministrando panem non " consecratum."

[*Cassatur electio Lincolniensis magistri A. de Bek. Decimæ regi conceduntur. Pastores versus Terram Sanctam proficiscuntur.*]

Anno Domini millesimo cccmoxix⁰., et ipsius J[ohannis] papæ iiij⁽ᵗᵒ⁾., ipsius vero regis E[dwardi] xiij⁰., papa exsistens Avinoniæ, ut prius, canonizavit[1] beatum Thomam de Cantilupo, quondam episcopum Herefordiensem, x. kalendas Aprilis.[2] Item, mense Maii, spreta electione concordi de magistro Antonio de Bek, cancellario Lincolniensi, providit ecclesiæ Lincolniensi, vacanti per mortem domini Johannis Daldreby,[3] de domino Henrico de Borowasch,[4] nepote domini Bartholomæi de Badelesmere,[5] qui fuit tunc nuncius regis ad papam pro negotiis arduis et diversis; et plus quam xv. millia librarum expendit[6] ibidem[7] de pecunia regis, sed nihil regi utile procuravit,[8] nisi promotionem dicti[9] domini Henrici, quem rex postmodum invenit ingratum.

Canonizatio sancti Thomæ Herefordiensis.

A.D. 1320.
Canonization of Thomas Cantilupe, bp. of Hereford.

H. Burwash made bp. of Lincoln.

Hoc anno papa providit domino Rigaudo de Asserio, nuncio suo in Anglia, de episcopatu Wyntoniensi; de quo rex male contentabatur, sed, causa pecunialiter cognita,[10] ipsum dimisit in pace.

Rigaud Asser made bp. of Winchester.

Hoc anno multi pastores pecudum et quidam alii ac mulieres de Anglia et aliis[11] partibus mundi collegerunt se, volentes adquirere Terram Sanctam et inimicos Christi interficere, ut dicebant; et, quia non potuerunt magnum mare per-

Pastores fatui.

Crusade of the Pastoureaux.

---

[1] *canonizavit*] præconizavit, Ar. Q. M.; præconizavit .... canonizandum, C.

[2] *Aprilis*] Octobris, H.

[3] *Daldreby*] Baldreby, H.; Daldrebi, Ar.; Daldreb, Q.; Daldred, C.; de Aldreldi, M.

[4] *Borowasch*] Borwassch, R.; Borwasse, Ar. Q.; Burwasse, C.; Burghasse, M.

[5] *Badelesmere*] Baldesmere, H.

[6] *expendit*] expendidit, H. R. Ar.

[7] *ibidem*] om. Q. C.

[8] *procuravit*] provocavit, R.

[9] *dicti*] om. C.

[10] *causa ..... cognita*] causa pecuniæ aliter commita est, Ar.; causa ..... commixta est, Q.; causa .... conjuncta, C.

[11] *aliis*] om. H. R.

A.D. 1320.
f. 7 b.
transire, multos Judæos in partibus Tholosanis et Aquietaniæ occiderunt, asserentes eos fidei inimicos. Ob quam causam multi eorum capitalem sententiam subierunt, et alii, frustrati suo proposito, redierunt; et sic

"Vertitur in nihilum, quod fuit ante nihil."

The pope grants a tenth.

Hoc anno concessit regi Angliæ dominus papa decimam ecclesiasticorum bonorum per [1] unum annum, ut prius.[2]

Edward visits the French king and does homage.

Anno isto, mense Junii, dominus rex Angliæ venit Ambianis obviam regi Franciæ, Philippo, fratri uxoris suæ,[3] et recepit ab eo[4] ducatum Aquitaniæ[5] et comitatum Pontiviæ, quos rex ille[6] in sua novitate, propter non factum homagium, occupavit.[7]

[*Quidam leprosi in partibus transmarinis proposuerunt toxicare*[8] *totam Christianitatem. Dictus*[9] *Hugo Despenser cum filio exulatur.*]

A.D. 1321.
Conspiracy of lepers.

Anno Domini millesimo cccmoxx., et ipsius Johannis papæ v^{to}., ipsius vero[10] regis Edwardi xiiij°., fuerunt diffamati leprosi quasi per totam Christianitatem, quod ipsi[11] deberent iniisse[12] fœdus cum Saracenis ad intoxicandum Christianos ubique terrarum; et sic in multis locis[13] fecerunt, ponendo venenum in fontibus, puteis, doliis et aliis locis. Super quo fuerunt multi in[14] Provincia et Francia convicti et combusti; et Judæi[15] detenti et incarcerati, propter auxilium et consensum eis præstitum, ut dicebatur.[16]

---

[1] *per*] om. R.
[2] *ut prius*] om. H.
[3] *Philippo . . . suæ*] om. R. Ar. Q. C. M.
[4] *eo*] om. H.
[5] *Aquitaniæ*] om. R. C.
[6] *ducatum . . . . ille*] duc. sive com. P. quem rex Franciæ, Q.
[7] *quos occupavit*] quem occupavit, C.; quem computavit, M.
[8] *toxicare*] toxicasse, M.
[9] *Dictus*] Dominus, M.
[10] *vero*] om. H.
[11] *ipsi*] ipse, C.
[12] *iniisse*] vnisse, H.
[13] *locis*] om. R. C. M.; partibus, Ar. Q.
[14] *in*] de, Ar. Q.
[15] *Judæi*] quidam, M.
[16] *dicebatur*] publice dic., Ar. Q. C. M.

CONTINUATIO CHRONICARUM.

Hoc anno fecit papa viij. cardinales, omnes de partibus suis et Francia.   *A.D. 1321. Creation of cardinals.*

Hoc anno, in odium[1] domini Hugonis le Despenser, filii,[2] qui duxit regem ad nutum nec permisit regem alicui esse utilem nisi sibi, nec permisit aliquem nobilem de regno cum rege colloquium optinere nisi raro, ipsomet Hugone verba audiente et responsionem ad libitum suum dante, insurrexerunt comites et[3] barones Angliæ, et omnia bona dicti Hugonis et patris sui ac eis adhærentium in Wallia et in marchia occuparunt et in Anglia devastarunt. Et fuerunt capitanei baronum comes Herefordiæ et duo R. de Mortuo mari, R[ogerus] de Amory,[4] B. de Badelesmere,[5] H. Tyes,[6] Mauricius de Berkeleye, et multi alii, manifeste; comes vero Lancastriæ consensit eis[7] expresse, et comes de Pembroke[8] occulte. Dictus tamen Hugo quandoque trans mare, quandoque in mari, de ordinatione regis navigio latitavit.[9] Ac demum in parliamento apud Westmonasterium, ad festum Assumptionis celebrato, fuerunt exulati dicti domini Hugones absentes, contra voluntatem regis; tamen contradicere non audebat. Cui sententiæ[10] paruit pater; filius vero non, sed semper latitavit in mari, et quousque esset parliamentum solutum. Et postmodum rex ivit ad eum et duxit eum per mare ad Herewych,[11] ubi ordinaverunt quomodo possent de baronibus vindicari. Et hoc fuit parum ante festum sancti Michaelis.

Rising against the Despensers.

Dispensatores rittantur.

They are exiled.

Exilium Dispensatorum.

Edward joins the younger Despenser.

---

[1] *odium*] eodem, H.
[2] *filii*] filii regis camerarii, C. M.
[3] *et*] om. H. R. Ar. Q. C.
[4] *Amory*] Amori, R. C.; L. de Amori, Q.; Damori, M.
[5] *Badelesmere*] Baldesmere, H.; Batelesmere, Ar.; Badlesmere, C.; and so in other places.
[6] *Tyes*] Tyeis, Ar.
[7] *eis*] om. Ar. Q.
[8] *Pembroke*] Pembroch, R.; Penbroke, Ar. Q.; Penebroke, C.
[9] *navigio latitavit*] om. Ar. Q.; nav. citavit, C.
[10] *celebrato . . . . sententiæ*] om. H.
[11] *Herewych*] Berewyk, Ar.

[*Castrum de Ledes obsessum est. H. et H. Despenser reconciliantur. Guerra inter regem et barones mota est. Comes Lancastriæ decapitatur.*]

A.D. 1321.
The queen refused admission to Leeds castle.

Anno Domini millesimo ccc^{mo}xxi^o., dicti Johannis papæ vj.º, et ipsius regis Edwardi xv^o., circa festum sancti Michaelis, domina regina Isabella ex ordinatione domini regis venit ad castrum de Ledes in Cancia, quod tunc tenuit dominus Bartholomæus de Badelesmere;[1] in quo tamen ipse non fuit, sed fuit uxor sua cum filiis et aliis ad castri custodiam deputatis.[2]

Edward lays siege to the castle.
Obsidium de Ledes.

Et ipsa regina petivit ad pernoctandum ingressum, qui sibi fuit denegatus aperte. Unde dominus rex fecit dictum castrum per omnes populares[3] vicinos ibidem, et per Quinque Portus, ac per nonnullos de Londoniis et Essexia obsideri.

f. 8.
Mediation of the barons refused.

Qua obsidione durante, venerunt comites et barones apud Kyngestone, in vigilia apostolorum Simonis et Judæ, magna comitiva suffulti, et miserunt ad regem dominum archiepiscopum Cantuariensem et episcopum Londoniensem et comitem Penebrokiæ,[4] ad mitigandam iram ipsius et ad rogandum quod obsidionem amoveret usque ad parliamentum, ita quod, habito parliamento, castrum redderetur eidem. Quorum requisitioni rex adquiescere non curavit, ac ipsi comites et barones ad partes suas vecorditer redierunt; ita quod finaliter redditum fuit castrum ad gratiam regis, cum personis exsistentibus in eodem. Quo facto,

Surrender and punishment of the defenders.

xij. fortiores, qui castrum tenuerunt, statim suspensi fuerunt ibidem,[5] videlicet Walterus Colpepir et alii; sed uxorem et sororem domini Bartholomæi de Badelesmere[6] et dominum B[artholomæum] de Burwassch,[7] cum qui-

---

[1] *Badelesmere*] Baldesmere, H.; Batelesmere, Ar.; Badlesmere, C.; and so in other places.

[2] *deputatis*] deputati, H. R. Ar. Q. C.

[3] *populares*] popularios, H.

[4] *Penebrokiæ*] Penebrochiæ, and so in other places, R.

[5] *ibidem*] om. H.

[6] *Badelesmere*] Baldesmere, H.; om. M.

[7] *B. de Burwassh*] B. Borwassch, R. Ar.; Borwasch, Q; B. de Burwasch, C.; B. de Burghassbe, M.

busdam aliis, misit ad turrim Londoniarum. Et circa Adventum Domini rex direxit se versus marchiam Walliæ¹ cum exercitu magno. Et circa x. diem Decembris archiepiscopus vocavit concilium Londoniis, ad quod pauci venerunt propter horrorem et viarum discrimina et temporis brevitatem; in quo fuit declaratum per paucos prælatos præsentes quod processus exilii dominorum² H. et H. Despenser fuit erroneus, et rex cum concilio suo pronunciarunt illud exilium non tenere, et eos restituerunt. Et fuit rex in festo Nativitatis Domini Cirencestriæ,³ et noluit ire⁴ Gloucestriam, quia villa tenebatur per quosdam barones; sed, illa via dimissa, ivit per Wygorniam et partes illas versus Salopiam,⁵ et destinavit quosdam ad parandum iter⁶ suum per Brigenorth.⁷ Quibus occurrit pars alia et cepit castrum et quosdam occidit aliosque⁸ fugavit; et extunc rex utlagavit omnes qui ibi fuerunt et plures, et fecit terras eorum per totam Angliam seysiri. Et postea venit Salopiam per aliam viam; ubi venerunt duo Rogeri de Mortuo mari⁹ ad pacem suam, per mediationem fraudulentam comitum Penbrokiæ, Mareschalli, Richemoundiæ, et Warenniæ, qui multa eis¹⁰ promiserant, sub qua forma nescitur. Et postea quidam alii, scilicet Mauricius de Berkeleye, H[ugo] Daudeleye¹¹ pater, magister Resus, se reddiderunt domino regi. Et rex misit illos de Mortuo mari ad turrim Londoniarum,

---

¹ *Walliæ*] om. R. Ar. Q. C. M.
² *dominorum*] duorum, Q.
³ *Cirencestriæ*] Cicestriæ, R. M.; Cestriæ, Q.; Circestriæ, C.
⁴ *ire*] om. R.
⁵ *Salopiam*] Salop̄s, H. R. C.
⁶ *iter*] versus iter, H.; viam suam, Ar. Q.
⁷ *Brigenorth*] Briggenorth, R. C. M.; Bruggenorth, Ar. Q.
⁸ *aliosque*] aliquosque, Ar. Q. C. M.
⁹ *Mortuo mari*] M.; avunculus et nepos, C. M.
¹⁰ *eis*] om. Ar. Q. C. M.
¹¹ *Daudeleye*] de Daudeleye, H.; de Audeleye, Ar.; de Hauley, Q.

Berkeleye ad Walingfordiam,[1] Resum ad Dovoriam. Sed comes Herefordiæ, Gilbertus Talbot, R[ogerus] de Amori, et omnes alii de parte sua, transtulerunt se versus partes boreales ad comitem Lancastriæ, qui dicitur eos suscepisse. Dominus vero rex collegit magnum exercitum versus partes boreales circa principium Quadragesimæ, et ibi habuit conflictum talem qualem cum comitibus Lancastriæ et[2] Herefordiæ apud Burtonam super Trentam,[3] et comites cum suis complicibus fugerunt; et apud Boroubrig[4] obviaverunt[5] eis multi de partibus Humberlandiæ,[6] quorum dux fuit dominus Andreas de Arkeleye,[7] ubi in conflictu gravi comes Herefordiæ fuit occisus, xvj. die Martii, comes Lancastriæ et xvj. barones capti. Et die Lunæ, xxij. die,[8] ante Passionem[9] comes Lancastriæ decollatus[10] in dominio suo apud Pontem fractum, et vj. barones tracti et suspensi. Item, apud Eboracum tracti et suspensi fuerunt[11] R[ogerus] de Cliffard[12] et J[ohannes] de Moubray[13] et quidam alii. Item, Londoniis dominus H[enricus] Tyes;[14] et apud Cantuariam, B. de Badelesmere;[15] apud Gloucestriam, J[ohannes] Giffard; apud Bristolliam, H[enricus] de Wylyntone[16] et quidam alii. Et factum fuit parliamentum apud Eboracum, sicut inferius continetur.

---

[1] *Walingfordiam*] Wallyngfordiam, R.

[2] *et*] om. H. R. Ar. Q.; erased, C.

[3] *apud .... Trentam*] om. M.

[4] *Boroubrig*] Borebrigge, R. C.; Bourbrigge, Ar.; Burbriggus, Q.; Burghbrigge, M.

[5] *obviaverunt*] ubi obvias, H. R.

[6] *Humberlandiæ*] Homberlond, Q.; Northomberland, C.; Northumberlond, M.

[7] *Arkeleye*] Harkeleye, R. Ar. Q. C.; Herkley, M.

[8] *die*] om. H.; die Martii, Ar. Q. C. M.

[9] *Passionem*] Pass. Domini, C. M.

[10] *decollatus*] om. H.; dec. est C.

[11] *fuerunt*] om. R.

[12] *Cliffard*] Clifford, R. Ar. Q. C.

[13] *Moubray*] Mombray, R. C.; Moumbra, Ar.; Moubrey, Q.

[14] *Tyes*] Tyeys, H.; Tycis, Ar.

[15] *Badelesmere*] Baldesmere, H. C.; Batelesmere, Ar.; Baldelesmere, Q.

[16] *Wylyntone*] Wiltone, R.; Wylintone, Ar.; Wilintone, Q.; Welyntone, C. M.

Hoc anno, in hieme, obiit episcopus de Coventria, Walterus de Langedone; et provisum fuit ad preces regis domino Rogero de Northburgh,[1] clerico regis, per papam, virtute reservationis quæ dicitur "Facta."

A.D. 1322. Episcopal succession in the see of Coventry.

Et hoc anno, circa Pentecosten, dominus papa fecit gratiam in forma communi generalem pro pauperibus.

Papal grace.

Hoc anno, in tertia septimana[2] post Pascha, anno Domini M°CCC^{mo}XXII°., factum fuit parliamentum Eboraci, in quo multa facta fuerunt. In quo factus fuit comes Wyntoniæ dominus H. Dispensator pater, cui dedit castrum et honorem de Tynbeth[3] in Wallia,[4] quod fuit comitis[5] Lincolniæ.

Parliament at York.

Pater Dispensatorum fit comes Wyntoniæ.

The elder Despenser made earl of Winchester.

Et ad festum sancti Jacobi congregavit dominus rex magnum exercitum et intravit Scociam; sed Scoti, destruentes omnia quæ possent[6] prodesse ad victum Anglicorum, retraxerunt se ultra mare Scoticum, ita quod rex rediit, nihil acto quod meruit scribi, et remisit exercitum suum ad partes suas. Quo intellecto, venerunt[7] Scoti et invenerunt regem in quodam loco forestæ de Blakemore; et irruentes[8] in regem et suos gravem insultum dederunt, ita quod rex cum suis secretioribus vix evasit. Et capti fuerunt per Scotos comes Richemundiæ et dominus de Sulliaco,[9] nuncius regis Franciæ, et multi alii. Unde Scoti, per totam patriam deprædantes et comburentes usque ad Eboracum, multa[10] mala fecerunt in villa[11] de Ripouns,[12] et multos alios clericos colle-

Invasion of Scotland.

The Scots defeat Edward.

Capitur comes Richemundiæ.

They ravage the north of England.

---

[1] *Northburgh*] Northbrugh, R.
[2] *septimana*] ebdomade, M.
[3] *Tynbeth*] Tynbeh, R.; Donyngtone, Ar.; Doningtone, Q.; Tuneby, C.; Tymby, M.
[4] *in Wallia*] om. C.
[5] *comitis*] M. comitis, H.; de comitatu, R. Ar. Q. C. M.
[6] *ad festum . . . . quæ possent*] om. R.
[7] *venerunt*] intervenerunt, M.
[8] *irruentes*] insilientes, Q.
[9] *Sulliaco*] Sullyaco, R.; Silliaco, Ar.; Sylliaco, Q.; Syllyaco, C.; Cilliaco, M.
[10] *multa*] et multa, R. Ar. M.; permulta, Q.
[11] *in villa*] villam, Ar. Q. C.; usque ad villam, M.
[12] *Ripouns*] Ripome, H.; Ryponus, C.; Ripon, M.

A.D. 1322. giatæ ecclesiæ et etiam laicos occidentes. Sed in villa de Beverleye[1] neminem occiderunt, quia cccc. libris[2] se[3] burgenses et canonici redemerunt. Et sic Scoti propter instantem hiemem redierunt.

Andrew Harcla made earl of Carlisle.

Hoc anno fecit dominus rex Angliæ dominum Andream de Herkeleye comitem Karlioli, et quasdam terras in marchia Scociæ sibi dedit.

Death of Philip V. of France; and accession of Charles IV.

Moritur Philippus rex Franciæ secundus.

Hoc anno mortuus fuit rex Franciæ Philippus, filius Philippi, cui successit in regno Karolus[4] frater ejus, qui fuit prius comes Marchiæ juxta Vasconiam. In Anglia[5] vero, ut præmittitur, heredes[6] et uxores omnium interfectorum et incarceratorum[7] incarcerabantur, et extra possessiones tenebantur, et uxores indotatæ manentes extra terras sibi propria successione debitas tenebantur, tempore dicti regis.[8]

[*Dominus Andreas de Herkele*[9] *capitur et decollatur. Rex citatur per regem Franciæ ad faciendum homagium. Magister J[ohannes] de Stratforde efficitur episcopus Wyntoniensis.*[10]]

A.D. 1323.
Treason and execution of the earl of Carlisle.

Anno Domini millesimo cccmo xxiio., dicti Johannis papæ vijo., dicti vero regis E[dwardi] xvjo., circa festum

---

[1] *Beverleye*] Beverlaco, R. Q. C. M.

[2] *cccc. libris*] per cccc. libras, Ar. Q.

[3] *se*] om. H.

[4] *Karolus*] Karlolus, H.

[5] *Anglia*] qua, R.

[6] *In Anglia ...... heredes*] Heredes etiam, C.

[7] *Marchia ..... incarceratorum*] Marchiæ Vasconiensis. Heredes etiam et ux. omn. interf., ut præmisi, [et] carceratorum, Ar. Q.; M. juxta V. Heredes etiam et ux. omn., ut præmittitur, interf. et incarc., C. M.

[8] Here C. has the following:— "Hoc anno Johannes episcopus Norwycensis inhibuit, sub pœna excommunicationis, ne rosa in ecclesia sua Norwycensi de cetero daretur in die sanctæ Trinitatis."

[9] *Herkele*] Harkley, M.

[10] *Magister ... Wyuton.*] om. M.

Purificationis, dominus Andreas de Arkeleye,[1] comes de Karliolo factus noviter, ut est scriptum, sub colore pacis faciendæ, fingens[2] se velle ducere sororem Roberti le Bruys in uxorem; unde rex Angliæ, ipsum reputans proditorem, fecit eum capi, et per dominum Antonium de Lucy,[3] qui fuit specialissimus eidem comiti et de quo plenissime confidebat. Qui comes postea fuit in eadem villa, iij. die Martii, suspensus in quatuor quarteriis diversis;[4] cujus caput missum[5] Londonias, et quatuor quarteria per quatuor partes Angliæ.

Captio Arkeley.

Item, hoc[6] anno captus fuit Robertus Aquarius,[7] et in festo sancti Stephani Wynchestriæ in carcere exspiravit.

Death of Robert le Ewer.

Eodem[9] anno, in mense Junii, inita fuit treuga cum Scotis, per annos xiij. duratura.

Truce with Scotland.

Hoc anno vacavit ecclesia Wyntoniensis per mortem domini Rigaudi de Assero[10] in curia, cui providit papa de magistro Johanne de Stretford, in curia tunc præsenti, per regem contra Scotos ad ipsam curiam destinato; de quo rex fuit offensus, pro eo quod ipse[11] scripsit ipsi[12] magistro Johanni, quod ipse procuraret dictum episcopatum conferri magistro Roberto de Baldok, cancellario suo; sed forte literæ ad curiam[13] nimis tarde venerunt.

Episcopal succession at Winchester.

Hoc anno, circa gulam Augusti, venerunt ad regem Angliæ, apud Pykeringe,[14] nuncii regis Franciæ Karoli,

Edward summoned to do homage for Aquitaine.

---

[1] *Arkeleye*] Harkeleye, R.; Harkley, M.; Herkeleye, Ar. Q.; Harkele, C.

[2] *fingens*] finxit, Q.

[3] *Lucy*] Lusey, H. C.

[4] *suspensus .... diversis*] decapitatus, suspensus, et in quatuor quarteria divisus est, Ar. Q.; dec. susp., in quat. quar. divisus, C. N.

[5] *missum*] missum fuit, Q.; missum erat, M.

[6] *hoc*] in hoc, H.

[7] *Aquarius*] Aquarrus, Q.

[8] *in*] qui in, H. R.; Wyntoniæ in, Q. M.

[9] Here N. begins.

[10] *Assero*] Asserio, N. C. M.

[11] *ipse*] om. H. Q.

[12] *ipsi*] ipso, H. R.; om. Ar. Q.

[13] *sed .... curiam*] sed literæ, N.; forte, om. R. Q. C. M.

[14] *Pykeringe*] Pikeryngge, N.; Pykerynge, R. Ar.; Pikerynge, Q.; Pekerynge, C.; Pikeringe, M.

videlicet dominus Beoville et dominus Andreas de Florencia, ad citandum et monendum[1] eum quod[2] veniret infra certum tempus ad faciendum homagium suum ipsi Karolo, novo regi Franciæ, pro ducatu Aquitaniæ; et licet H[ugo] Dispensator filius et[3] R[obertus] de Baldock procurassent ipsos nuncios quod ipsi non notificarent regi illam causam sui adventus, ipsi tamen in[4] recessu suo monuerunt eum, quasi consulendo, quod ipse veniret, sicut fuit eis injunctum quod facerent et monerent.[5] Super qua monitione sive citatione dictus dominus Andreas de Florencia, qui fuit notarius, fecit publicum instrumentum, virtute cujus rex Franciæ fecit processum contra regem Angliæ,[6] et terras multas Vasconiæ seysiri, sicut inferius apparebit, et totum in pœnam contumaciæ regis Angliæ, qui fuit informatus per malos consiliarios[7] quod ipsum præfata citatio seu monitio non artabat.

Hoc anno, circa gulam Augusti, dominus Rogerus de Mortuo mari[8] evasit de turri Londoniarum, ubi in carcere tenebatur, et transivit in Franciam per cautelam.

Hoc anno episcopus Glascuensis et Thomas Rondulf, comes Moravviæ, missi[9] per R[obertum] le Bruys et totum regnum Scociæ, venerunt[10] ad curiam Romanam, pro habenda relaxatione excommunicationum et interdicti sententiarum, in regnum et regnicolas Scociæ per cardinales, auctoritate papæ, ut præmittitur,[11] prolatarum; sed curiam non intraverunt ante festum sancti Michaelis. Et quia magister J[ohannes] de Streteford, qui fuit in curia pro rege, promotus[12] ad episcopatum

---

[1] *et monendum*] om. N.
[2] *quod*] qui, H.
[3] *et*] om. H. R. Ar. Q. C.
[4] *in*] om. H.
[5] *quod . . . . monerent*] om. N.; monuerunt, Ar. Q.
[6] *Angliæ*] om. H. R. Ar. Q. C. M.
[7] *consiliarios*] consiliatores, Q.
[8] *R. de Mortuo mari*] junior added, N.
[9] *missi*] missi sunt, Q.; fuerunt missi, M.
[10] *venerunt*] om. H. R. Ar. Q. C. M.
[11] *præmittitur*] præmisi, Ar. Q.
[12] *qui . . . . promotus*] qui fuit promotus in curia, M.

Wyntoniensem, revertebatur in Angliam, dominus rex misit, contra comitem Moravviæ et episcopum Glascuensem, unum simplicem clericum, scilicet A[damum] Murimuth,[1] ad curiam, ad impediendum propositum Scotorum et ad resistendum eisdem.[2] Qui similiter, circa festum sancti Michaelis, curiam Romanam intravit, et mense Octobris locutus fuit cum papa, offerens,[3] ex parte regis Angliæ, se velle probare Scotorum manifestam et notoriam offensam, non solum contra regem et regnum Angliæ sed etiam contra apostolicam sedem contractam, ita quod, ante satisfactionem, non possent dictæ censuræ relaxari de jure.

[*Excommunicatur dux Bavariæ, novus imperator. Edmundus*[4] *comes Canciæ mittitur in Wasconiam. Rex petit subsidium.*]

Anno Domini millesimo cccmoXXIII°., pontificatus Johannis papæ viij°, dicti vero regis E[dwardi] xvij°.,[5] cito post festum sancti Michaelis, intraverunt curiam[6] episcopus Glascuensis et comes Moravviæ, et locuti fuerunt cum papa et cum[7] cardinalibus; ducente eos domino de Suliaco, qui se fecit quasi[8] mediatorem inter Anglicos et Scotos.[9] Intravit etiam statim[10] post eos dictus clericus regis Angliæ, offerens se probaturum notorias et manifestas offensas, sicut superius dictum est. Et sic factum fuit, ex utroque latere, quod Scoti, infecto negotio suo, redierunt.

Hoc anno citavit papa ducem Bavariæ, in imperatorem electum, ut infra certum terminum veniret ad

---

[1] The name om. in N. Ar. Q. C. M.; A. Murymouth, R.
[2] *eisdem*] eidem, N. R. Q. C. M.
[3] *offerens*] offerens se, II.
[4] *Edmundus*] Eodem, C.; om. M.
[5] *dicti . . . xvij°*] om. N.
[6] *curiam*] om. H.
[7] *cum*] om. H.
[8] *quasi*] om. N.
[9] *Anglicos et Scotos*] Angliam et Scociam, Ar. Q.
[10] *statim*] om. N.

curiam et de electione et¹ de jure suo doceret;² et, quia non venit in termino,³ excommunicavit eum, et postmodum pronunciavit eum nullum jus habere in imperio vel ad illud,⁴ et, si quod habuit, privavit eundem, scilicet xviij.⁵ die Julii.

Circa hoc tempus rex Franciæ misit dominum Karolum de Valoys, patruum suum, in Vasconiam cum magno exercitu, ad invadendum possessionem totius ducatus Aquitaniæ, pro eo quod rex Angliæ non venit ad faciendum homagium suum⁶ pro ducatu et comitatu⁷ Pontivii, quem seysivit; ad quod faciendum fuit vocatus, sicut est superius expressum. Cui domino Karolo venit⁸ obviam Edmundus de Wodestok, frater regis Angliæ et comes Canciæ, cum multis nobilibus de Anglia in Vasconiam postea destinatis;⁹ et in quantum potuerunt¹⁰ resistebant. Sed finaliter,¹¹ postquam dictus Karolus, nullo resistente, totam Agennam¹² et illas partes equitaverat et seysivit usque ad villam de Regula, in qua fuit dictus comes Canciæ tenens villam ad tempus,¹³ fuit treuga inita inter eos usque ad certum tempus, infra quod possent de pace tractare, et, reddita illa villa, utraque pars ad propria remeavit.

Hoc anno, in Quadragesima,¹⁴ tenuit rex Angliæ parliamentum Londoniis; in quo fecit inquiri contra Adam episcopum de Herefordia ex officio, per legales viros¹⁵ de comitatu Herefordiæ, super eo quod adhæsit illis de Mortuo mari et aliis inimicis regis, ut dicebatur,

---

¹ *et*] ecclesiam, Q.
² *doceret*] diceret, N.
³ *termino*] t. præfixo, Q.
⁴ *illud*] aliud, Q.
⁵ *xviij.*] xvij., R. Ar. Q. C. M.
⁶ *suum*] om. H.
⁷ *comitatu*] om. H.
⁸ *venit*] dedit, N.
⁹ *postea destinatis*] destinatus, N.; propterea destinati, Q.; postea destinati, Ar. C. M.
¹⁰ *potuerunt*] poterant, Q.
¹¹ *finaliter*] om. Q.
¹² *Agennam*] Angoniam, N.; Augennam, C.
¹³ *tempus*] sed finaliter, repeated, H. N. R. Ar. C. M.
¹⁴ *in Quadragesima*] om. Q.
¹⁵ *viros*] homines, N.

eisdem inimicis[1] accommodando[2] homines, equos et arma. Et licet ille[3] episcopus noluit[4] respondere, inquisitione faciente[5] contra eum, rex mandavit omnia temporalia sua seysiri et teneri, sicut illius qui fuit proditor regis.[6]

A.D. 1324.

In hoc parliamento, ad petitionem prælatorum, concessit rex quod corpora nobilium pendentium in patibulis tradi possent ecclesiasticæ sepulturæ. In hoc parliamento petiit rex subsidium a clero et populo pro liberatione et redemptione domini Johannis de Britania ; sed[7] defecit.

Bodies of executed nobles delivered for burial.

Subsidy demanded.

[*Isabella regina mare transivit. Rex dedit E[dwardo] filio suo primogenito ducatum Aquitaniæ et Pontivii. Idem E[dwardus][8] filius mare transiit.*]

Anno Domini millesimo CCC^{mo}XXIIII°., pontificatus J[ohannis] papæ ix^o., dicti vero regis Edwardi xviij^o., regina Angliæ Isabella transivit mare, pro pace facienda inter fratrem suum regem Franciæ et maritum suum regem Angliæ; quæ in Francia postea[9] morabatur per totam Quadragesimam et æstatem, et rex[10] in Cancia, ita quod cursus[11] haberi posset facilius nunciorum. Unde finaliter exstitit concordatum quod rex Angliæ daret Edwardo filio suo primogenito ducatum Aquitaniæ et comitatum Pontivii, et rex Franciæ reciperet homagium ipsius filii et redderet sibi[12] statim comitatum Pontivii et terras in Aquitania de quibus fuit placitatum,[13] et de aliis equitatis per Karolum avunculum suum faceret sibi justitiæ complementum. Super

A.D. 1325.
The queen goes to France.
f. 10.

Agreement that the king's son do homage for Aquitaine and Ponthieu.

---

[1] *inimicis*] amicus, M. ; eidem inimicus, Ar.

[2] *ut . . . . accom.*] et dicebant quod idem episcopus favebat illis, acc. eis, Q.

[3] *ille*] ipse, N. R. Ar. Q. C. M.

[4] *noluit*] noluerat, N. R. Ar. C. M.; non voluerat, Q.

[5] *inq. fac.*] de inq. facta, M.

[6] *regis*] ejus, N.

[7] *sed*] et, R.

[8] *Edwardus*] om. M.

[9] *postea*] propterea, C. M.

[10] *rex*] rex Angliæ, vir suus, Q.

[11] *cursus*] concursus, H.

[12] *sibi*] om. H.

[13] *placitatum*] N. ; patienia, H. R. C. ; privatus, Q.; pacifica, M.

quibus omnibus misit rex Franciæ suas literas patentes in Angliam, et alias literas de conductu salvo, tam pro filio quam pro rege Angliæ, si ipse mallet in propria persona venire. Super qua optione fuerunt multi magni tractatus [1] apud Langedoniam et apud Dovoriam, multis consulentibus quod rex in propria persona transiret; sed pater et filius Despenser, qui nec audebant mare transire nec, rege transeunte, in Anglia remanere, propter odium communitatis regni [2] et nobilium [3] qui perfecto odio oderant illos, dederunt consilium, et prævaluerunt,[4] ut filius regis transiret; cujus transitus in caput ipsorum, sicut patebit ex [5] sequentibus, redundavit. Unde dominus [6] rex Angliæ fecit cartam [7] filio suo prædicto de dictis ducatu et comitatu, habendis et tenendis sibi et heredibus suis regibus Angliæ, et, si contingeret ipsum mori in vita patris sui, terræ redirent ad ipsum patrem; ita etiam quod rex Franciæ non posset dictum filium regis maritare nec tutorem aut [8] curatorem sibi dare. Quæ ordinatio fuit facta Dovoriæ per cartam regis, ex consensu [9] prælatorum et aliorum nobilium regni præsentium tunc ibidem.

In crastino Nativitatis [10] beatæ Mariæ, anno Domini etc. xxv°,[11] et die Jovis sequente, idem Edwardus filius regis mare transivit, et cum eo W[alterus] episcopus Exoniensis et alii in numero competenti; et circa festum sancti Mathæi [12] fecit homagium avunculo suo, regi Franciæ, sub quibusdam protestationibus, cui etiam e contrario exstitit [13] protestatum.

---

[1] *tractatus*] tractati, H.
[2] *comm. regni*] comitis, Ar.; comitum, Q.; regni, om. C.
[3] *odium . . . . nobilium*] odium magnatum, N.
[4] *et prævaluerunt*] quod prævaluit, N.
[5] *ex*] in, N.
[6] *dominus*] om. H.; dictus, M.
[7] *cartam*] cartam suam, N.
[8] *aut*] ac, N.; nec, M.
[9] *per . . . . consensu*] per consensum, N.
[10] *Nativ.*] Assumptionis, M.
[11] *etc. xxv°*] supradicto, Q.; mcccxxv., C.; date om. M.
[12] *Mathæi*] Michaelis, N.; Math. apostoli, M.
[13] *cui exstitit*] fuit, N. Ar. Q. C. M.

CONTINUATIO CHRONICARUM.   45

Hoc anno papa providit ecclesiæ Norwycensi de domino W[illelmo] de Ayrminne,[1] ad preces ipsius [2] reginæ Angliæ, quia fuit nuncius illo anno sæpe inter regem Angliæ et reginam.[3] Item, providit magistro J[ohanni] Roos [4] de episcopatu Karliolensi.[5]

A.D. 1325. Episcopal appointments.

Hoc anno [6] Guelfi, transeuntes [7] de Florencia ad Lucam sumptibus et [8] de mandato papæ, per Gibellinos capti fuerant, et multi interfecti [9] ac ceteri in fugam conversi.[10]

Quarrels of the Guelphs and Ghibellines.

[*Isabella regina rediit in Angliam cum filio suo E[dwardo] et J[ohanne] de Hanonia, cum magno comitatu.*]

Anno Domini millesimo CCC^{mo}XXV°., pontificatus Johannis papæ x^o., dicti vero regis Edwardi xix., statim post festum sancti Michaelis, voluit rex Angliæ quod domina regina Angliæ et [11] filius suus prædictus, facto homagio, ut præmittitur, cito redirent.[12] Sed,[13] remissa magna familia utriusque in Angliam, ibidem per totum illum annum remanserunt, ut dicebatur, inviti,[14] et [15] aliis asserentibus quod voluntarie, propter nimiam familiaritatem contractam inter dictam [16] reginam et

f. 10 b. Edward summons the queen and his son to return to England.

They refuse.

A.D. 1326.

---

[1] *Ayrminne*] Ayrmeyne, N.; Ayerminne, Ar.; Hermynne, Q.; Acrmyne, C.

[2] *ipsius*] Isabellæ, N. Ar. Q. C. M.

[3] *quia . . . . reginam*] om. N.

[4] *Roos*] de Ros, Q. C. M.

[5] Here C. has the following:—"Item hoc anno obiit Johannes "episcopus Norwycensis pridie "nonas Julii. Circa idem tempus "obiit quædam mulier in Norfolchia, "nomine Joneta, quæ non comedit "nec bibit per xxxj. annos." M. begins the paragraph thus:—"Hoc "anno obiit J. episcopus Norwic. "pridie nonas Julii, cui episcopatui "providit papa de Willelmo Daire-"myne"; and it has the passage on the fasting woman.

[6] *Hoc anno*] om. H. R.

[7] *transeuntes*] venientes, N.; reginentes, Ar. Q.; om. C.

[8] *sumptibus et*] om. N.

[9] *et multi interfecti*] om. H.

[10] This paragraph om. M.

[11] *quod . . . . et*] om. N.

[12] *redirent*] rediret, N.

[13] *Sed*] Sed ipsi, Q.

[14] *inviti*] invicti, H.

[15] *et*] om. Ar. Q. M.

[16] *dictam*] dominam, M.

A.D. 1326.

The bp. of Exeter returns.

The queen goes to Hainault.

She lands in England with her followers.

Ingressus reginæ Isabellæ in Angliam.

Her partisans.

dominum R[ogerum] de Mortuo mari, sine quo et aliis nobilibus de Anglia profugatis [1] noluit dicta regina redire,[2] et maxime in odium illorum Dispensatorum, qui anno præcedenti procuraverunt familiam reginæ ab ipsa removeri; quod propositum[3] reginæ displicuit, ut[4] exitus negotii postmodum comprobavit. Quod percipiens W[alterus] episcopus Exoniensis de comitiva dictæ reginæ in Angliam[5] clam recessit.[6]

In fine vero ejusdem anni dicta domina regina versus Hanoniam se transtulit, et comiti Hanoniæ et consilio ipsius[7] adhæsit. Ipsaque, cum filio suo prædicto et comite Canciæ, Rogero de Mortuo mari, et aliis[8] hominibus[9] de Anglia profugatis, fultique[10] comitiva domini Johannis, fratris comitis[11] Hanoniæ, et aliis multis stipendiariis, tam de Alemannia quam de Hanonia,[12] die Veneris[13] proxima ante festum sancti Michaelis, anno Domini M°CCC°XXVI°.,[14] apud Orewelle in portu de Herewych Angliam intraverunt, et ibi[15] in terra comitis Mariscalli apud Waltoniam[16] applicuerunt. Et statim idem comes Mariscallus et comes Leycestriæ et alii barones et milites illarum partium adhæserunt eisdem; et ita fecerunt prælati fere omnes, et præcipue Lincolniensis, Herefordiensis, Dunelmensis,[17] Elyensis, qui

---

[1] *Anglia profugatis*] regno fugatis, M.

[2] *remanserunt .... redire*] remanserunt, quia, ut dicebatur, nolebat sine Rogero de Mortuo mari et aliis nobilibus de Anglia profugatis redire, N.; redire, om. H.

[3] *propositum*] om. N.

[4] *displicuit ut*] om. H. R. Ar. Q. C. M.

[5] *in Angliam*] Angliam, N.; om. Ar. Q.

[6] Here C. repeats the substance of the two sentences printed on p. 45, note 5.

[7] *et comiti . . . ipsius*] et comitis Hanoniæ consilio, N.

[8] *aliis*] om. R.

[9] *hominibus*] nobilibus hominibus, N.

[10] *fultique*] fultaque, N.

[11] *comitis*] ejusdem com., Ar. Q.

[12] *Hanonia*] Anonia, H.

[13] *Veneris*] Mercurii, C.

[14] The year om. N. R. Ar. Q. C. M.

[15] *Angliam . . . . ibi*] om. N.

[16] *apud Waltoniam*] om. N. R. Q. C. M.

[17] *Dunelmensis*] om. N.; Dublinensis, H. R. Ar. C. M.

cum eadem regina magnum exercitum congregarunt.[1] A.D. 1326.
Alii vero, et præcipue W[alterus] de Cantuaria et alii,[2] sibi pecuniam ministrarunt.

[*Rex capitur cum suis privatis. H. et Hugo Despenser suspenduntur. Comes Arundelliæ decollatur. Rex deponitur. Filius suus regnat pro eo. Episcopus Exoniensis decapitatur.*]

Anno Domini millesimo ccc^{mo}xxvi°., pontificatus J[ohannis] papæ xj°., dicti vero regis E[dwardi] xx°. et ultimo, idem dominus rex, percipiens quod regina et filius suus applicuerunt et quod tota communitas regni [3] adhæsit eisdem, cum duobus Dispensatoribus et Roberto Baldok et paucis aliis secretariis [4] suis, se transtulit versus marchiam Walliæ,[5] et venit Gloucestriam et postmodum ad Strogoyl; et dimisit dominum Hugonem Despenser patrem ad custodiam villæ et castri Bristolliæ, et posuit se in aquam [6] cum domino H[ugone] Despenser filio, R[oberto] Baldok, et aliis valde paucis, sicut inferius continetur. Regina vero cum filio et exercitu suo insequebatur per Oxoniam, ubi episcopus Herefordiensis prædicavit, præsente regina et filio suo, de adventu eorum et ejus causa, videlicet ad auferendum malum regimen de regno; item, per Gloucestriam, in quo loco multum crevit exercitus reginæ [7] per adventum dominorum de Percy et de Wake et aliorum de partibus borealibus et de marchia.

Movements of the king.

The queen's army advances through Oxford to Gloucester.

---

[1] *congregarunt*] congregavit, H. R.

[2] *W. . . . . alii*] W. Cantuariensis archiepiscopus, N.; W. Cant., R. Q. C. M.

[3] *regni*] om. H.

[4] *et Roberto . . . . secretariis*] om. Ar.

[5] *Walliæ*] om. N. R. Ar. Q. C. M.

[6] *aquam*] mare, N.

[7] *item . . . . . reginæ*] Postea, procedentibus illis versus Gloucestriam, multum eorum crevit exercitus, N.; reginæ, om. R. Q.

Et, dum fuit Gloucestriæ, communitas vulgi civitatis[1] Londoniarum mandavit reginæ caput bonæ memoriæ Walteri Exoniensis episcopi, quod ipsi quinto decimo die Octobris amputarunt,[2] una cum aliis quibusdam quos dixerunt regi et Dispensatoribus adhærentes.[3] Et eodem die xv. Octobris[4] occuparunt Londonienses bona dicti episcopi et magistri R[oberti] Baldok et aliorum, quos dixerunt regi adhærere. Et intrantes turrim Londoniarum omnes incarceratos liberarunt; et ita fuerunt omnes incarcerati quasi per totam Angliam liberati, et omnes banniti et fugitivi reversi. Londonienses vero omnes ministros regis in turri[5] Londoniarum amoverunt, et novos constituerunt[6] sub nomine domini J[ohannis] de Eltham, filii regis, quem custodem civitatis et turris Londoniarum[7] nominaverunt; ipsi tamen multas rapinas et alias insolentias facere non cessarunt.

Regina vero de Gloucestria transivit per Berkeley, ubi restituit castrum, prius a domino H[ugone] Despenser filio detentum,[8] domino Thomæ de Berkeleye, qui fuit heres domini Mauricii de Berkeleye defuncti parum ante apud Walingfordiam in carcere, cum omnibus pertinentiis et rebus mobilibus ad honorem de Berkeleye pertinentibus quibuscumque.[9] Ac pergens regina[10] postmodum cum exercitu suo obsidebat villam et castrum de Bristollia, quod fuit cito redditum reginæ et filio suo una cum villa;[11] et in crastino ad-

---

[1] *communitas vulgi civitatis*] lost by decay, H.

[2] *amputarunt*] Londoniis in Chepe amputarunt, N.

[3] *quibusdam . . . . adhærentes*] quibusdam regi et Dispenser adhærentibus, N.

[4] *.xv. Octobris*] om. N. R. Ar. Q. C. M.

[5] *turri*] turrim, C. M.

[6] *constituerunt*] construxerunt, Q.

[7] *turris Lond.*] terræ, Ar. Q.; turrim, C.; turris, R. M.

[8] *detentum*] om. H. R.

[9] *transivit . . . . quibuscumque*] transiens per Berkeleye, restituit castrum domino Thomæ de Berkeleye, a domino Hugone Dispenser filio prius detentum, N.

[10] *regina*] om. R. Ar. Q. C. M.

[11] *una cum villa*] om. M.

CONTINUATIO CHRONICARUM. 49

ventus ipsius, ad clamorem vulgi, fuit dominus H[ugo] *A.D. 1326.*
Dispensator pater¹ tractus ibidem et sus- *The elder Despenser executed.*
pensus extra villam super communi furca
latronum.

Suspenditur pater Dispensator.

Rex autem semper latitabat cum paucis in aqua *The king takes refuge in Wales.*
Sabrinæ, volens, si potuisset, ad partes transivisse re-
motas,² sed propter ventum contrarium non valebat;
unde applicuit in Glomorgan,³ et se transtulit usque
ad abbatiam et castrum de Neth, et ibi, confisus de⁴
promissione Wallensium,⁵ latitavit.

Regina vero, cum exercitu suo, se transtulit versus *The queen at Hereford.*
Herefordiam ; ubi morabatur fere per mensem cum
stipendiariis suis et aliis, paucis exceptis.⁶ Et de loco
illo misit in Walliam comitem Lancastriæ, dominum
W[illelmum] la Zouche, et magistrum Resum ap⁷ Howel,
qui fuit prius de carcere Londoniarum liberatus,⁸ quia in
illis partibus erant noti, cum paucis marchiensibus, quia
ipsi⁹ tres habuerunt terras et dominia in Wallia prope
locum ubi rex, ut præmittitur, latitabat. Unde ipsi,
adjutorio Wallensium,¹⁰ de quibus rex et sui¹¹ confide-
bant, ipsum regem et dominum H[ugo- *Capture of the king*
nem] le Despenser filium et R[obertum] *and his followers.*
de Baldok et Simonem de Redynges ceperunt, non
sine pecuniæ interventu, de aliis regis familiaribus
non curantes ; et regem comitis Lancastriæ, consanguinei
sui, custodiæ liberarunt, qui duxit regem per Mone-
moutham et Ledebury et alia loca¹² usque ad castrum

Capitur rex et alii apud Neth.

---

¹ *pater*] om. Q.
² *remotas*] ultramarinas, M.
³ *Glomorgan*] Glamorgan, Q. Ar. C. M.
⁴ *de*] in, Q. ; om. R. Ar. C. M.
⁵ *de promissione Wallensium*] de Wallensibus, N.
⁶ *et aliis . . . . . exceptis*] om. N.
⁷ *ap*] apud, H. ; up, R. Ar. C. ; upherkel, Q.

⁸ *qui . . . . liberatus*] om. N.
⁹ *cum . . . . ipsi*] et ipsi, N.
¹⁰ *habuerunt . . . . Wallensium*] om. H.
¹¹ *quibus . . . . sui*] rex et sui, om. N. ; rex, om. R. ; in quibus et ipsi, Ar. Q. ; quibus et sui, C. ; quibus ipsi et sui, M.
¹² *per . . . . loca*] om. N. ; et alia loca, om. Q.

suum de Kenelworth, ubi per hiemem totam mansit. Dominum vero H[ugonem] Dispenser filium, R[obertum] de Baldok, et Simonem de Redynges ad reginam, quæ fuit Herefordiæ, conduxerunt.¹ Sed ante eorum adventum fuerunt decollati Herefordiæ² comes de Arundel, Johannes Daniel, et Thomas³ de Michedeure, per procurationem domini R[ogeri] de Mortuo mari, qui perfecto odio oderat illos et cujus consilium regina per omnia sequebatur.

Postea vero, apud Herefordiam, dominus⁴ H[ugo] Dispenser filius sine responsione fuit morti adjudicatus, tractus, suspensus, decollatus, et in quatuor partes divisus;⁵ cujus caput fuit missum ad⁶ pontem Londoniarum, et quatuor quarteria ad quatuor partes Angliæ. Fuit etiam Simon de Redynges⁷ tractus et suspensus. Sed Robertus de Baldok, post multas contumelias, fuit carceri episcopi Herefordiensis liberatus, ubi mansit usque ad festum Purificationis tunc proximum⁸ vel circiter; et tunc episcopus⁹ Herefordiensis fecit eum duci Londonias ad eum. Ubi Londonienses ipsum de custodia episcopi conniventis¹⁰ rapuerunt, et apud Newgate eum¹¹ incarceraverunt et inhumaniter tractaverunt adeo quod postmodum, circa festum Ascensionis Domini, obiit in tormentis.

Regina vero, expeditis præmissis, se transtulit, cum filio suo,¹² domino R[ogero] de Mortuo mari et aliis, versus partes Londoniarum, ubi cito post Epiphaniam fecit unum parliamentum teneri, in quo fuit ordina-

---

¹ *conduxerunt*] deduxerunt, N.; conduxit, M.
² *Herefordiæ*] om. Ar. Q.
³ *Thomas*] Robertus, M.
⁴ *dominus*] om. H.
⁵ *partes divisus*] partibus diversis, H. R.; partes divisus, N.; om. Ar.; partes separatus, Q.; partibus divisus, C. M.
⁶ *ad*] apud, H. R.
⁷ *Redynges*] Radyngis, Q.; Radynges, C.
⁸ *tunc proximum*] om. R. Ar. Q. C, M.
⁹ *ubi mansit . . . . episcopus*] post aliquantum tempus episcopus, N.
¹⁰ *conniventis*] om. N.
¹¹ *eum*] om. H. R. Ar. Q.
¹² *cum filio suo*] om. M.

tum, ex parte totius regni, quod tres episcopi, duo comites, duo abbates, quatuor barones, de quolibet comitatu Angliæ duo[1] milites, item de Londoniis et aliis civitatibus et magnis villis, et præcipue de portubus,[2] de qualibet certus numerus personarum, mitterentur ad regem apud Kenelworth, et sibi dicerent et eum[3] requirerent diligenter quod renunciaret dignitati regiæ et coronæ, et quod permitteret filium suum primogenitum regnare pro eo; alioquin ipsi redderent sibi homagia sua et alium eligerent sibi regem.[4] Quibus auditis,[5] ipse cum fletu et ejulatu respondit quod ipse multum doluit de [6] eo quod sic demeruit erga populum sui regni;[7] sed ex quo aliter esse non potuit, dixit quod placuit sibi quod filius suus fuit toti populo sic acceptus quod ipse sibi succederet, regnaturus pro eo. Nuncii vero, ad parliamentum Londoniis[8] redeuntes, et responsionem regis plene, et plenius quam facta fuit,[9] retulerunt. Qua[10] responsione accepta,[11] tota communitas regni ipsum Edwardum juvenem, tertium a conquæstu,[12] in regem promptissime admiserunt, et prima die Februarii, anno Domini M°CCC^{mo}[x]xvj°.,[13] coronari fecerunt apud Westmonasterium per archiepiscopum Walterum.[14] Quo die iij. filii domini R[ogeri] de Mortuo mari, et multi alii, milites facti fuerunt.

A.D. 1327.

The king called upon to abdicate in favour of his son.

Coronatio regis E[dwardi] tertii a conquæstu.

Coronation of Edward III.

---

[1] *duo*] tres, Ar. Q.
[2] *portubus*] quinque port., C. M.
[3] *eum*] om. R. Ar. Q. C. M.
[4] *regem*] in regem, C. M.
[5] *Quibus auditis*] Quibus auditis, ix° kal. Febr., N.
[6] *de*] pro, C.
[7] *sui regni*] suum, M.
[8] *Londoniis*] om. H.; Londoniarum, Ar.
[9] *responsionem . . . . . facta fuit*] responsiones . . . . dictæ fuerunt, Q.
[10] *Qua*] Quia, H.
[11] *accepta*] recepta, R. Ar. Q. C.
[12] *tertium a conquæstu*] om. R.Ar. Q. C. M.
[13] The year om. Ar. Q. C. M.
[14] *Qua responsione . . . . . Walterum*] Quam responsionem tota regni communitas gratam habuit et acceptam. Edwardus igitur juvenis, de consensu regis Edwardi, patris sui, in custodia detenti, in regem promptissime a tota communitate regni est admissus; et primo die Februarii, anno ætatis suæ xiiij°, apud Westmonasterium, a Waltero Cantuariensi archiepiscopo coronatur, N.

Item, dos assignata fuit reginæ talis et tanta quod regi filio suo regni pars tertia vix remansit.

Hoc anno, in vigilia sancti Nicholai, fuit magister Jacobus de Berkeleye concorditer in episcopum Exoniensem[1] electus, et Dominica mediæ Quadragesimæ est Cantuariæ[2] consecratus.

Postea, quia videbatur aliquibus quod dominus Edwardus pater regis apud Kenelworth fuit nimis delicate tractatus, ordinabatur quod dominus Thomas de Berkeley et dominus J[ohannes] Mautravers custodiam ipsius haberent; unde, circa Ramos[3] palmarum, fuit usque Berkeley deductus secrete. Et, quia timuerunt aliquorum adventum ad ipsum liberandum, de loco prædicto fuit deductus de nocte ad loca diversa, videlicet ad Corf[4] et aliqua alia loca secreta; sed finaliter reduxerunt eum ad Berkeley, ita quod vix sciri potuit ubi fuit.[5] Sed semper dominus de Berkeley habuit custodiam uno mense, qui erga eum humaniter se habebat; et dominus J. Mautravers alio mense, qui erga eum[6] aliter se habebat.[7] Regina vero misit sibi[8] indumenta delicata et literas blandientes, sed ipsum videre nolebat, fingens quod regni communitas non permisit.[9] Expensas autem habuit, videlicet[10] c. marcas pro[11] mense. Et sic apud Berkeley et alibi, non quo volebat sed quo voluit dominus[12] J[ohannes] Mautravers, taliter qualiter victitavit usque ad tempus inferius annotandum.[13]

---

[1] *Exoniensem*] om. Ar. Q.
[2] *Cantuariæ*] om. R.
[3] *circa Ramos*] circa Dominicam in ramis, N.
[4] *Corf*] Crof, H.; Cor, C.
[5] *deductus . . . . ubi fuit*] deductus ad castrum de Corfe et alia loca diversa secrete, sed finaliter reductus est ad Berkeleye, ita quod vix scire potuit ubi fuit, N.
[6] *humaniter . . . . eum*] om. H.
[7] *et dominus . . . . habebat*] om. Q.
[8] *sibi*] om. R.
[9] *permisit*] permitteret, M.
[10] *videlicet*] om. H.
[11] *pro*] de pro, H.; per mensem, Ar. Q.
[12] *dominus*] dictus, Ar. Q. C. M.
[13] *et sic . . . . annotandum*] om. N.

Novus autem rex juvenis, cum matre sua et stipendiariis suis alienigenis, congregans magnum exercitum, versus Scociam se transtulit; cum quo venerunt plures[1] voluntarie quam inviti. Sed apud Eboracum fuit gravis conflictus inter Anglicos et Hanonienses; sed Anglici deteriorem partem habebant, quia vindictam sumere non audebant, prohibiti per regales.[2] Facta tamen[3] pace, se versus Scociam transtulerunt, ubi fuit exercitus Scotorum apud Stannop park.[4]

Stannop park.

Et, licet exercitus regis Angliæ fuisset[5] in triplo major et fortior, Scoti tamen, per proditionem quorundam magnorum[6] Anglicorum,[7] sine læsione fugerunt; et rex juvenis in Angliam[8] est cum dolore et sine honore[9] reversus, et remisit Hanonienses et stipendiarios ditatos[10] ad partes suas.

Isto anno, in festo sancti Johannis baptistæ, est Jacobus episcopus Exoniensis mortuus apud Petresheghes[11] in sua diœcesi. Et licet J[ohannes] de Godeleye, decanus Wellensis, conconditer postmodum fuisset[12] electus, tamen providit ecclesiæ Exoniensi papa de domino J[ohanne] de Grandissono, qui in festo sancti Lucæ, anno Domini M°CCC^{mo}XXVII.,[13] fuit in curia consecratus.

Postea, x. kalendas Octobris, anno Domini etc. XXVII.,[14] fuit mortuus Edwardus rex[15] Angliæ in castro de Berkeleye, in quo, ut præmittitur, fuit carceri mancipatus seu detentus invitus.[16] Et licet multi abbates, priores, milites, bur-

Mors E[dwardi] de Carnervan.

---

[1] *plures*] multi tam, M.

[2] *quia vindictam . . . . regales*] om. N. Ar. Q. C. M.

[3] *tamen*] tandem, N.

[4] *Stannop park*] Stannepark, Ar. Q.

[5] *fuisset*] fuit, R.

[6] *magnorum*] magnatum, Q.

[7] *Anglicorum*] om. R. Ar. Q. C. M.

[8] *in Anglia*] Angliæ, Ar. Q.; Angl., C. M.

[9] *et sine honore*] om. M.

[10] *ditatos*] suos, N. M.; om. R. Ar. Q. C.

[11] *Petresheghes*] Petrisheghes, Ar.; Petrishegs, Q.

[12] *fuisset*] fuit, H.

[13] The year om. N. R. Ar. Q. C. M.

[14] *anno . . . . xxvii.*] anno sequenti, M.

[15] *rex*] quondam rex, N.

[16] *fuit . . . . invitus*] detentus erat invitus, N.

A.D. 1327. genses de Bristollia et Gloucestria¹ ad videndum corpus suum integrum fuissent vocati, et tale² superficialiter conspexissent,³ dictum tamen fuit vulgariter quod per ordinationem dominorum J[ohannis] Mautravers et T[homæ] de Gorneye fuit per cautelam occisus. Propter quod ipsi duo et quidam alii fugerunt. Sed dominus⁴ T[homas] de Gorney fuit postea⁵ per triennium notus, et captus in partibus transmarinis,⁶ et remissus versus Angliam, pœnam pro demeritis recepturus; sed in mari fuit decapitatus, sub quodam colore,⁷ ne forte magnates⁸ et magnos prælatos et alios de Anglia de consensu et conniventia mortis regiæ⁹ accusaret. Sed dominus J[ohannes] Mautravers se transtulit in Alemanniam et alia loca;¹⁰ et ibi mansit, et usque ad datam præsentium adhuc manet.¹¹

Flight of his murderers.
Capture and death of Gorney.

f. 12 b.
Death of Charles of Valois (16 Dec. 1325);

Moritur Karolus de Valoys.

Hoc anno fuit mortuus dominus Karolus de Valoys, patruus regis Franciæ, qui, ut prædictum est, in Vasconia contra fratrem¹² regis Angliæ equitavit; qui Karolus in vita sua Anglicos habuit semper exosos. Item, hoc anno fuit mortuus R[obertus] le Bruys, relicto filio suo David vij. vel viij. annorum, quem Scoti receperunt pro rege.¹³ Item, mortuus fuit comes Moraviæ, T[homas] Rondulf, qui fuit maximus dux Scotorum.¹⁴

of Robert Bruce (9 July, 1329);

Moritur R. le Bruys.

and of the earl of Moray (20 July, 1332).

---

¹ *abbates . . . . Gloucestria*] prælati et alii de partibus illis, N.

² *tale*] clam, Q.; taliter, M.

³ *conspexissent*] conspexerunt, M.

⁴ *dominus*] dictus, Ar. Q.

⁵ *fuit postea*] om. H.

⁶ *in partibus transmarinis*] apud Marsiliam, ad procurationem cujusdam dominæ de Anglia, N ; apud Marciliam, Ar. Q. C. M.

⁷ *sub quodam colore*] om. N.

⁸ *magnates*] magnas, H. R. Ar. om. M.

⁹ *et . . . regiæ*] om. N. M.; mort. reg., om. Ar. Q. C.

¹⁰ *et alia loca*] om. Ar. Q. C. M.

¹¹ *et ibi . . . manet*] et ibi mansit, expectans gratiam, N.; et ibi adhuc manet, M.

¹² *fratrem*] dominum Edmundum de Wodestoke, fratrem, N.

¹³ *relicto . . . pro rege*] cui successit David, filius ejus, adulter et omni iniquitate et malitia repletus, septem vel octo annorum, quem falsissimi Scoti pro rege receperunt, N.

¹⁴ *qui . . . Scotorum*] om. Ar. Q. C. M.; qui . . . Scotorum, id est miserorum, N.

[*Karolus rex Franciæ obiit.*¹ *Rex Angliæ duxit uxorem. Pax inter Anglicos et Scotos capitur. Walterus archiepiscopus Cantuariensis obiit.*¹]

Anno Domini millesimo CCC^{mo}XXVII., dicti vero J[ohannis] papæ xij°., et regis Edwardi tertii a conquæstu primo—et nota quod hoc verbum, "a conquæstu," a Nota verbum "a conquæstu." quibusdam mundi sapientibus est inventum ad denotandum tertium² Edwardum, eo quod duo ejusdem nominis eum præcesserant post Willelmum conquæstorem, scilicet avus suus et pater; quorum primus vocabatur E[dwardus] de Wyntonia, secundus de Carnervan, a locis in quibus nati fuerunt. Item, notandum quod Willelmus rex improprie potest dici conquæstor, quia ipse fuit nepos et verus heres beati Edwardi; dici tamen consuevit conquæstor quia, non per judicium sed per potentiam, devicit Haraldum et jus suum virtute propria adquisivit. Anno igitur prædicto³ papa fecit consecrari dominum J[ohannem] de Grandissono in episcopum Exoniensem, in festo sancti Lucæ evangelistæ; cujus promotio fuit in die Cinerum postea Exoniæ publicata, et in octavis Assumptionis⁴ sequentis⁵ Exoniam intravit.⁶

A.D. 1327.

Consecration of John Grandison, bp. of Exeter.

---

¹ These two titles om. M.
² *tertium*] certum, H. R.
³ *et nota . . . prædicto*] om. Ar. Q. C. M.'; in the margin, R.
⁴ *Assumptionis*] Ascensionis, H.
⁵ *sequentis*] om. R. Ar. Q. C.
⁶ *papa fecit . . . . intravit*] Instead of this brief passage, Harl. MS. 1729 has the following:—
" Anno igitur prædicto papa fecit
" consecrari dominum Johannem
" de Grandissono in episcopum
" Exoniensem, in festo sancti Lucæ
" evangelistæ; qui in Romana curia
" per aliquod tempus tardavit, pro
" diminuenda quadam immoderata
" obligatione per prædecessorem
" suum Jacobum in camera papæ
" pro servitio communi nominato.
" Quod servitium multas ecclesias
" in servitutem diabolicam redegit, ut pæne simoniacam hæresim,
" salva gratia Romanæ curiæ,
" sapere videatur. Cujus promotio
" fuit in die Cinerum postea
" Exoniæ publicata; et in octava
" die Assumptionis, ob devotionem
" glorificationis seu resurrectionis
" beatæ Virginis, quæ per octava-
" rum significatur numerum, fecit
" se in ecclesia Exoniensi intronizari, accepto in sermone the-

A.D. 1328. Death of Charles IV. of France, and accession of Philip of Valois.

Hoc anno mortuus fuit Karolus rex Franciæ, tertius frater, qui post mortem Philippi fratris[1] sui regnavit. Cui successit in regno, per intrusionem et fraudem,[2] Philippus, filius domini Karoli de Valoys,[3] qui Anglicos nunquam dilexit.

Marriage of the king with Philippa of Hainault.

Item, hoc anno juvenis rex Angliæ supradictus duxit filiam[4] comitis Hanoniæ in uxorem, quæ fuit etiam filia sororis domini Philippi,[5] juvenis regis Franciæ; licet nec[6] illa[7] affinitas nec aliqua alia cum Francigenis unquam contracta Angliæ valuisset.

Parliament at Northampton. A marriage arranged between David Bruce and the king's sister.

Hoc anno tenuit juvenis rex Angliæ parliamentum Northamptoniæ, in quindena Paschæ; ubi facta fuit turpis pax inter Anglicos et Scotos, ita quod David, filius R[oberti] le Bruys, duceret[8] sororem regis Angliæ[9] in uxorem et haberet regnum in pace;[10] quod et postea factum fuit.[11]

David Bruys duxit sororem regis Angliæ.

"mate: 'Tenuisti manum dexteram meam, et in voluntate tua deduxisti me, et cum gloria suscepisti me,' de beata Virgine exponendo. Constituitque postea ut eadem dies celeberrima in ipsa ecclesia haberetur; similiterque ut in capella ejusdem Virginis tam matutinæ quam vesperæ et aliæ horæ de eadem quotidie cantarentur, cuilibet feriæ per hebdomadam officium juxta beatæ Mariæ festa distinguendo, et in singulis anni temporibus officium proprium ordinando. Fundavit etiam idem Johannes episcopus novum collegium canonicorum et clericorum sæcularium apud Otry sanctæ Mariæ, ejusdem diœceseos, in honore Virginis gloriosæ.

"Anno pontificatus sui decimo, in fine, acquisivit etiam a Rothomagensibus idem dominium cum ecclesia, quod per ccc^m fere annos capitulo Rothomagensi fuerat appropriatum, a sancto Edwardo rege et confessore datum.

"Fuit autem idem Johannes filius domini Willelmi de Grandissono, fratris domini Othonis, nominatissimi militis, orti in Burgundia imperiali. Cujus mater erat neptis sancti Thomæ Herefordiensis. Soror ejusdem, Katherina, conjugata fuit domino Willelmo de Monte acuto, comiti Sarisburiæ, regi acceptissimo."

[1] *fratris*] patris, R. Q. C. M.

[2] *per . . . . fraudem*] om. N. R. Ar. Q. C. M.

[3] *K. de V.*] K de V., avunculi dicti Karoli regis Franciæ, C. M.

[4] *filiam*] Philippam filiam, N.

[5] *Philippi*] om. Ar. Q. C. M.

[6] *nec*] om. Ar. Q. C. M.

[7] *nec illa*] om. R.

[8] *duceret*] duxit, Ar. Q. C.

[9] *Angliæ*] om. Ar. Q. C. M.

[10] *et haberet . . . . pace*] om. Ar. Q. C. M.

[11] *R. le Bruys . . . factum fuit*] Roberti de Brus, vir adulter et omni iniquitate et malitia repletus, duxit

Et rex Angliæ juvenis[1] infra ætatem exsistens fecit Scotis cartas, cujus tenoris et continentiæ communiter ignoratur;[2] dicitur tamen quod albæ[3] cartæ fuerunt,[4] et totum per ordinationem reginæ matris[5] et R[ogeri] de Mortuo mari et Jacobi Douglas, qui fuit strenuus miles et cautus in guerra pro Scocia; qui Jacobus,[6] post nuptias inter dictum puerum David le Bruys et sororem regis[7] apud Berewyk celebratas, adivit fronterium Hispaniæ, versus Granatam, contra infideles, et ibi mortuus est.

A.D. 1328. Favourable terms granted to the Scots.

End of sir James Douglas's career.

Rex autem juvenis Angliæ, post dictum parliamentum Northamptoniæ, cito post festum sanctæ Trinitatis, se transtulit versus Herefordiam, ubi fuerunt solempnes nuptiæ inter filias R[ogeri] de Mortuo mari et quosdam nobiles, videlicet filium comitis Mariscalli, et heredem domini J[ohannis] de Hastynges, etc. Item, fuerunt ibi hastiludia solempnia, quibus interfuit regina mater.

The king present at Hereford at the marriages of Mortimer's daughters. f. 13.

Item, hoc anno, mense Novembris, obiit Walterus Cantuariensis archiepiscopus; cui successit per electionem canonicam magister Simon de Mepham,[8] qui fuit magister in theologia et canonicus Cicestriensis, in[9] Cancia oriundus. Hoc anno mortuus fuit magister Thomas de Cobham,[10] episcopus Wygorniensis; cui successit per provisionem papæ Adam episcopus Herefordiensis, tunc præsens in curia pro

Obitus W. archiepiscopi.

A.D. 1327. Death of Walter Reynolds, archbp. of Canterbury, 16th Nov. 1327. Succession of Simon Mepham.

Episcopal changes at Worcester and Hereford.

Johannam de la Tour, sororem regis Angliæ, in uxorem, mulierem formosam et omnium oculis gratiosam et valde amabilem et splendidissimis parentibus in sæculo procreatam, qui semper eam habuit exosam et despective et iniquissime tractavit cum ea, N.

[1] *juvenis*] j. cum matre, Ar. Q. M.
[2] *cujus . . . . ignoratur*] quarum tenores communiter ignorantur, N.
[3] *albæ*] an erased word, R.

[4] *dicitur . . . fuerunt*] om. Ar. Q. C.
[5] *matris*] om. Ar. Q. C. M.
[6] *Jacobus*] om. N. R. Ar. Q. C. M.
[7] *sororem regis*] sororem regis Angliæ, mulierem elegantissimæ formæ, N.
[8] *Mepham*] Mepam, H.
[9] *in*] de, R. C.
[10] *Cobham*] Cobeham, R. Ar. Q. C.

A.D. 1327. negotiis regis Angliæ. Et statim papa providit ecclesiæ Herefordiensi de magistro Thoma de Churletone,[1] in curia tunc præsente, qui in festo sancti Lucæ fuit consecratus ibidem, cum dicto episcopo Exoniensi.[2]

[*Rex tres comites fecit. Rex mare transivit. Concilium celebratur.*[3] *Barones regi concordantur.*]

A.D. 1328. Parliament at Salisbury. Creation of earls.

Anno Domini millesimo CCC^{mo}XXVIII°., dicti vero J[ohannis] papæ xiij^o., et ipsius regis E[dwardi][4] secundo, post quindenam sancti Michaelis, tenuit rex parliamentum Sarisburiæ; in quo fecit tres comites, scilicet dominum J[ohannem] de Eltham, fratrem suum, comitem Cornubiæ, et dominum R[ogerum] de Mortuo mari comitem marchiæ Walliæ, et Pincernam Hiberniæ comitem de Ormound.[5] Ad quod parliamentum comes Lancastriæ, dominus de Wake, et alii quidam nobiles non venerunt, licet prope venerant armati; de quo rex fuit offensus. Qui tamen postmodum in æstate se gratiæ regis, procurante Simone[6] archiepiscopo, submiserunt.[7]

The earl of Lancaster and others refuse to attend the parliament.

They submit.

A.D. 1329. The king goes to France and does homage for Aquitaine and Ponthieu.

Eodem anno, circa festum Ascensionis, rex Angliæ transivit mare, fratre suo, comite Cornubiæ, custode in regno relicto, et fecit homagium suum Philippo de Valoys,[8] regi Franciæ intruso,[9] pro toto ducatu Aquitaniæ et comitatu Pontivii,[10] sub quibusdam protestationibus; quod homagium rex Franciæ recepit sub aliis protestationibus, videlicet quod non admisit homagium pro terris quas pater suus Karolus, ut

---

[1] *Churletone*] Cherletone, Q.; Charletone, C.
[2] *qui . . . . Exoniensi*] om. R. Ar. Q. C. M.
[3] *Concilium celebratur*] om. M.
[4] *Edwardi*] E. tertii a conquæstu, C. M.
[5] *Ormound*] Ormond, R.
[6] *Simone*] om. Ar. Q. C. M.
[7] Here C. has the following:—
" Eodem anno obiit dominus W.
" de Norwyco, die sancti Vincentii
" martyris."
[8] *Philippo de Valoys*] om. N. R. Ar. Q.; Karolo, C.; de V., om. M.
[9] *intruso*] om. N. R. Ar. Q.C.M.
[10] *Pontivii*] Pontiviæ, R. C.

præmittitur, equitavit, quousque esset sibi satisfactum de dampnis et expensis et ceteris.

Eodem anno, die Veneris proxima,¹ post Purificationem beatæ Mariæ,² Simon, archiepiscopus Cantuariensis, tenuit concilium provinciale Londoniis, in quo ordinavit aliqua, licet modicum ponderanda: scilicet quod in die Parascevæ et in commemoratione Omnium Animarum³ ab omni servili opere cessaretur. Item, ipse et omnes episcopi præsentes⁴ excommunicarunt et excommunicatos denunciarunt omnes illos qui Walterum de Stapeldone, Exoniensem episcopum, interfecerunt seu in eum⁵ manus violentas quomodolibet injecerunt, et omnes qui eis opem, assensum, vel consilium præbuerunt. Item, archiepiscopus statuit, de consensu concilii, quod festum Conceptionis beatæ Mariæ solempniter celebretur;⁶ et quædam alia.⁷

A.D. 1329. Provincial council at London. Excommunication of the murderers of Walter Stapleton, bp. of Exeter.

[*Comes Canciæ decollatur. Episcopus Sarisburiensis et Bathoniensis obierunt. Papa primos fructus sibi reservavit.*]

Anno Domini millesimo CCC^{mo}xxix°., dicti vero J[o-hannis] papæ xiiij., et ipsius regis E[dwardi] tertio, hoc anno circa mediam Quadragesimam tenuit rex parliamentum Wyntoniæ, ubi, procurante regina et R[ogero] de Mortuo mari, fuit comes⁸ Canciæ, patruus regis,

A.D. 1330. The earl of Kent charged with treason and beheaded.

---

¹ *proxima*] om. R. Ar. Q. C. M.
² *die . . . . Mariæ*] die Veneris post festum Conversionis sancti Pauli, N.
³ *Omn. Anim.*] animarum, Ar.; animarum fidelium, M.
⁴ *præsentes*] præsentes, pontificalibus induti, stantes coram majori altari ecclesiæ sancti Pauli, N.
⁵ *in eum*] om. C.
⁶ This sentence is placed higher in the text of N.
⁷ *et . . . alia*] om. N.R.Ar. Q.C.

Here C. and M. have the following:—"Eodem anno Petrus de "Corbario, de ordine Fratrum "Minorum, de consilio et aux-"ilio Lodowyci ducis Bavariæ, "in civitate Roma in papam se "fecit coronari. Deinde idem P. "antipapa eundem L. in regem "Romanorum, contra statutum "ecclesiæ, coronavit. Iste anti-"papa cardinales et alios officia-"rios, quos verus papa solebat ha-"bere, creavit."

⁸ *comes*] om. R.

accusatus,¹ et fuerunt multi alii accusati de eo quod quidam confingentes² patrem regis vivum, et quod conspiraverant eum liberare et ad statum regni reducere, licet hoc totum falsum et phantasma fuisset,³ sicut rei exitus postmodum comprobavit. Tamen dictus comes, propter quasdam confessiones suas et⁴ quasdam literas secum inventas, licet⁵ nullæ illarum confessionum vel literarum, etsi veræ essent, deberent causam tribuere mortis suæ, fuit decollatus ibidem. Alii vero accusati dimissi fuerant sub manucaptione, ut episcopus⁶ Londoniensis; alii vero carceri mancipati, ut Robertus de Tantone⁷ et quidam alii. Dictus tamen comes eo minus⁸ a populo conquerebatur,⁹ quod¹⁰ malam habuit familiam, res popularium eundo per patriam auctoritate propria occupantes et parum vel nihil solventes eisdem.¹¹

Hoc anno, circa mediam Quadragesimam,¹² vacavit ecclesia de Sarisburia¹³ per mortem magistri Rogeri de Mortivaus; cui ecclesiæ papa providit de Roberto de Wyville, qui scripsit speciales literas reginæ, viro utique competenter¹⁴ illiterato et minime personato, quem si papa vidisset, nunquam eum, ut creditur, ad

---

¹ *accusatus*] supplied from M.
² *confingentes*] fingebant, Q.
³ *fuisset*] om. Ar.; esset, Q.
⁴ *conf. suas et*] om. M.
⁵ *licet*] sed, Q.
⁶ *episcopus*] S. episcopus, C. M.
⁷ *Tantone*] Tauntone, R. C.
⁸ *minus*] unus, H.
⁹ *conquerebatur*] querebatur, Ar. Q.
¹⁰ *quod*] quandam, R.
¹¹ *fuit comes . . . . eisdem*] fuit comes Kanciæ, patruus regis, videlicet dominus Edmundus de Wodestoke decapitatus, et alii quidem accusati, ut episcopus Londoniensis, Willelmus de la Souche, Robertus de Tontone, et quidam alii, eo quod, confingentes patrem regis vivere, conspiraverant eum liberasse et ad statum regni reduxisse. licet hoc falsum fuisset; et propter quasdam confessiones et literas cum dicto comite inventas, quæ, etsi veræ essent, non deberent fuisse causa mortis suæ. Modicum tamen plangebatur eo quod habebat familiam malam et rapacem, N. After the word "eisdem" C. gives the earl of Kent's confession, which will be found in the Appendix.
¹² *circa . . . Quadrag.*] om. M.
¹³ *de Sarisburia*] Sarisburiensis, R. Ar. Q. C.
¹⁴ *competenter*] om. Ar. Q.

tantum apicem promovisset.¹ Hoc anno mortuus fuit J[ohannes] episcopus Bathoniensis; et, licet magister Radulphus de Salopia fuisset concorditer electus, confirmatus, et consecratus per Simonem Cantuariensem archiepiscopum, postea tamen de ² curia Romana se redemit, ut rata essent facta de ipso, non sine magna pecuniæ quantitate.

<small>A.D. 1329. Episcopal succession in the see of Bath.</small>

Item, hoc anno papa fecit graves processus iterato contra ducem Bavariæ, electum imperatorem, et contra sibi adhærentes; et, pro sustinenda guerra contra eum, omnes fructus ³ beneficiorum vacantium per quadriennium reservavit,⁴ qui in primorum fructuum, decimarum, episcopatuum, et aliorum beneficiorum reservationibus, et promotione personarum illiteratarum et sibi ignotarum, ad preces principum et aliarum de patria sua, ut de ⁵ aliis taceamus, suam gloriam maculavit.⁶

<small>A.D. 1330. The pope's proceedings against Louis of Bavaria.</small>

[*Capitur R[ogerus] de Mortuo mari et suspenditur. Papa concessit regi decimas. Causæ mortis R[ogeri] de Mortuo mari.*]

Anno Domini millesimo cccᵐᵒxxxᵒ., dicti vero J[ohannis] papæ xv., et ipsius regis Edwardi tertii a conquæstu quarto, die Veneris proxima post festum sancti Lucæ fuit parliamentum apud Notingham; ubi <small>Captio R. de Mortimer.</small> fuit captus de nocte, in camera reginæ matris, dominus R[ogerus] de Mortuo

<small>Parliament at Nottingham.</small>

<small>Roger Mortimer arrested.</small>

---

¹ *Hoc anno .... promovisset*]. Circa idem tempus vacavit ecclesia Salisburiensis per mortem Rogeri de Mortefaus; cui ecclesiæ papa providit de Roberto de Wifile, N.

² *de*] in Ar. Q.

³ *fructus*] primos fructus, N.

⁴ Here C. has the following :—
" Hoc anno, xv. die Junii, regina
" Phelippa peperit filium suum
" primogenitum apud Wodestok,
" et vocatur Edwardus"; and M.

the following :—" Eodem anno
" papa antipapa, xv. die Augusti,
" conversus est ad fidem catho-
" licam, et fecit confessionem suam
" coram domino papa J. et cardi-
" nalibus in pleno consistorio ; et
" papa ipsum absolvebat," with the note of the birth of the prince in nearly the same words as C.

⁵ *ut de*] unde, R.

⁶ *qui in primorum .... maculavit*] om. Ar. Q. C. M.

A.D. 1330. mari, comes Marchiæ, per dominum W[illelmum] de Monte acuto et alios, ipso rege præsente; ubi fuit occisus dominus H[ugo] de Turpyntone, et quidam resistentes. Et statim fuit missus idem[1] comes ad turrim Londoniarum, usque ad parliamentum, quod fuit parum[2] ante festum sancti Andreæ; in quo parliamento apud Westmonasterium, in vigilia sancti Andreæ, fuit idem comes judicatus ad mortem per pares suos.[3] Non tamen venit coram eis, nec habuit responsionem; nec mirum, quoniam, a morte comitis Lancastriæ usque ad mortem istius comitis, omnes nobiles ad mortem traditi sine responsione et convictione legitima voluntarie[4] perierunt, ut[5] patet ex præcedentibus, ut versificaretur illa civilis sapientia,[6] quod quisque juris in alterum statuit, etc., usus exstitit eo jure, et eadem mensura, qua aliis mensi fuerant,[7] erat remensum eisdem.[8] Et eadem vigilia sancti Andreæ fuit dictus comes Marchiæ suspensus apud Elmes[9] super communi furca latronum;[10] ubi pendebat per biduum, et postea fuit Londoniis apud Fratres Minores sepultus, sed per multa tempora postea translatus ad Wyggemore.[11]

He is condemned in the parliament at London.

Reason why he was condemned unheard.

f. 14.

Suspenditur R. de Mortuo mari.

His execution, 20 Nov.

---

[1] *idem*] dominus, R.C.M.; dictus, Ar. Q.

[2] *parum*] om. H.

[3] *per pares suos*] After these words follow in N. the reasons for the execution of Roger Mortimer.

[4] *sine . . . . voluntarie*] om. M.; voluntarie, om. N.

[5] *ut*] et ut, Ar. Q. C.

[6] *ut vers. . . . . sapientia*] om. Ar. Q. C.

[7] *mensi fuerant*] mensum fuerat, H. M.

[8] *ut patet . . . . eisdem*] om. N.

[9] *Elmes*] Elmis, Ar. Q.; Elmys, C.

[10] *latronum*] latrocinii, H.

[11] *fuit dictus . . . . Wyggemore*] comes Marchiæ, dictus Rogerus, in eadem tunica nigra quam fecit sibi fieri post mortem regis defuncti, tractus est ad caudas equorum, super communi pelle bovina, de turri Londoniarum usque ad ulmos de Tybourne, et ibidem suspensus et sepultus; sed per multa tempora post translatur apud Wyggemore. Et cito postea dominus Simon de Berford, qui fuit secretus cum dicto comite et regina, idem subiit judicium, N. Here C. has the following:—"Eodem anno papa antipapa, xxv^{to} "die Augusti, conversus est," etc., as in M. See p. 61, note 4.

Hoc anno concessit papa decimas regi Angliæ omnium bonorum ecclesiasticorum in Anglia per quadriennium, medietate sibi retenta.

A.D. 1331. Papal taxes on church goods.

Item, hoc anno,¹ cito post Pascha, anno etc. XXXI. dominus² rex Angliæ, cum J[ohanne] de Stretford,³ episcopo Wyntoniensi, et domino W[illelmo] de Monte acuto et aliis paucis admodum, transivit mare, sicut mercator, cum mantellis⁴ et sine hernesiis, ita quod vix habuit secum quindecim equites, et fecit proclamari Londoniis quod ivit⁵ in peregrinationem et non ex alia causa, licet communiter diceretur quod ivit ad regem Franciæ, prout postea claruit evidenter;⁶ et fecit custodem regni dominum J[ohannem] de Eltham, fratrem suum. Et rediit rex ante finem mensis Aprilis; in cujus reditu fuit turniamentum apud Dortefordiam.⁷

Transitus regis latens.

The king leaves England on a secret journey to France.

Tournament at Dartford.

Hoc anno, parum ante festum sancti Michaelis, fecit dominus rex pulcherrima hastiludia Londoniis, in Chepe; ubi regina juvenis,⁸ cum multis dominabus, cecidit de quadam machina, sine læsione tamen corporum suorum: de quo plurimi mirabantur.

Tournament in Cheapside. Accident to the queen.

Causæ⁹ vero mortis dicti comitis Marchiæ, scilicet Rogeri de Mortuo mari,¹⁰ quæ imponebantur eidem, infrascriptæ fuerunt. Prima, quia dicebatur quod ipse¹¹ fuit consentiens quod pater regis in castro de Berkeleye fuerat suffocatus; ex qua causa dominus J[ohannes] Mau-

A.D. 1330. Charges against Roger Mortimer.

---

¹ *anno*] anno Domini MCCCXXXI., Q.; the year om. M.

² *dominus*] dictus, R. Ar. Q. C.

³ *J. de Stretford*] om. R. Ar. Q. C. M.

⁴ *mantellis*] nauticis, N.; nautis, C.

⁵ *ivit*] transivit M.

⁶ *licet . . . . evidenter*] om. N. Ar. Q. C. M.

⁷ *Dortefordiam*] Dortefordiam, R. Q.

⁸ *juvenis*] juvencula, Q.

⁹ The text of N., in continuation of the sentence above ending "per pares suos," is :—" propter causas "subscriptas. Prima causa fuit "quod dicebatur," etc.

¹⁰ *sc. . . . Mortuo mari*] om. Ar. Q. C. M.

¹¹ *ipse*] om. H.

A.D. 1330. travers et dominus Thomas de Gorney [1] senior, qui fuerunt deputati custodiæ dicti patris regis ibidem, et quidam alii se retraxerunt [2] ad partes transmarinas; et propterea dominus Simon de Berford [3] fuit suspensus.[4] Secunda causa imposita fuit, quod ipse impedivit honorem regis et regni apud Stannop [5] park, ubi Scoti fugerunt, qui capi et interfici faciliter potuissent,[6] si ipse, qui fuit major de consilio regis, Anglicos cum Scotis tunc congredi permisisset.[7] Item, quod ipse recepit xx. millia librarum a Scotis, et [8] illos tunc permisit evadere; et turpem pacem postmodum inter Scotos et regem juvenem fieri procuravit, et super hoc cartam regis [9] eisdem fieri;[10] et etiam illud vile matrimonium contractum inter sororem [11] regis Angliæ et David, filium R[oberti] le Bruys, fieri consuluit et fieri [12] procuravit. Item, quod male consumpsit totam pecuniam inventam in thesauris regis et dominorum H[ugonis] Dispenser et omnia bona regni,[13] postquam Angliam cum regina [14] intravit, ita quod ipse et regina abundabant et dominus rex fuit semper [15] egenus. Item, quod appropriavit sibi custodias et maritagia pinguia per totam Angliam, et quod fuit malus consiliarius regis et reginæ matris et nimis secretus cum ea, ut de aliis taceamus ad præsens.[16]

---

[1] *Gorney*] Gurnay, N.

[2] *retraxerunt*] extraxerunt, Q.

[3] *Berford*] Bereford, R. Ar. Q. C.

[4] *et propterea . . . . suspensus*] om. N.

[5] *Stannop*] Stanhope, N.; Stannok, R.; Stane, Ar.; Stanne, Q.

[6] *potuissent*] potuerunt, Ar. Q.

[7] *qui capi . . . . permisisset*] qui faciliter superari potuissent; sed ipse, qui fuit major de consilio regis, Anglicos cum Scotis tunc congredi non permisit, N.; qui . . . . potuerunt . . . . fecisset, Ar. Q.; qui . . . . fecisset, C. M.

[8] *et*] om. R. Ar. Q. C. M.

[9] *regis*] regis Angliæ, R.

[10] *fieri*] fecit fieri, N. Ar. Q. C. M.

[11] *sororem*] Johannam de la Tour, sororem, N.

[12] *fieri*] om. Ar. Q. C.

[13] *regni*] om. N.

[14] *regina*] r. et filio suo, N.; cum, om. Ar. Q. C.

[15] *semper*] om. Ar. Q. C. M.

[16] *ad præsens*] om. Ar. Q. C. M.

[*Concilium provinciale congregatur. Subsidium regi a populo concessum est. Dominus E[dwardus] de Baillol fecit expeditionem in Scociam.*]

Anno Domini millesimo CCC^{mo}XXXI°., dicti vero J[ohannis] papæ xvj., et ipsius regis E[dwardi] tertii a conquæstu quinto, tenuit dominus rex[1] Angliæ solempniter[2] Natale apud Welliam usque Epiphaniam, ubi fiebant multa mirabilia sumptuosa. Archiepiscopus vero Cantuariensis, tunc visitans diœcesim Bathoniensem, tunc tenuit[3] Natale apud Wyvelscombe;[4] qui postmodum mandavit se velle inchoare visitationem suam in ecclesia Exoniensi[5] die Lunæ proxima post festum Ascensionis Domini; quod ne fieret Exoniensis episcopus appellavit. Qua appellatione non obstante, dicto die Lunæ[6] accessit idem archiepiscopus ad civitatem[7] Exoniæ; sed non fuit sibi permissum ecclesiam neque clausum intrare, armata multitudine resistente.[8]

---

[1] *rex*] om. H.
[2] *solempniter*] solempne, H.
[3] *tenuit*] venit, H.
[4] *Wyvelescombe*] Weveliscumbe, R.; Wyvelescombe, Ar.; Wyvescombe, Q.; Wevilliscumbe, C.; Weviliscumbe, M.
[5] *Exoniensi*] E., et postmodum in civitate Exoniæ, Ar. Q. C. M.
[6] *Lunæ*] om. H.
[7] *civitatem*] claustrum, Q.
[8] *die Lunæ . . . . . resistente*] Harl. MS. 1729 has the following fuller account:— "Conceperat " autem prius, ut dicebatur, in- " dignationem contra Johannem de " Grandissono, episcopum Exoni- " ensem, unde comminabatur con- " tra cum et ejus clericos gravia " attemptare. Sed idem episcopus " Johannes Exoniensis præveniens " accessit Romanam ecclesiam, " impetrans privilegium, ne ipse " aut sui possent quibuscumque " censuris archiepiscopi alligari. " Unde archiepiscopus magis pro- " vocabatur, et contra privilegium " ejusdem ficte appellavit; sed " tamen non prosequebatur, quia " dictus Johannes episcopus Ex- " oniensis causam ipsam in curia " defendendo inhibitionem optinuit " ex causa potissime ordinis diœce- " sum visitandarum non observati. " Et tamen postmodum venit ad " visitandum archiepiscopus in " civitate Exoniæ, die Lunæ prox- " ima post festum Ascensionis Do- " mini; quod ne fieret, Exoniensis " episcopus appellaverat. Qua ap- " pellatione non obstante, dicto die " Lunæ accessit idem archiepisco- " pus ad civitatem Exoniæ; sed " non fuit sibi permissum ecclesiam " neque clausum intrare. Unde " inanis recessit; et episcopus " suam appellationem usque ad in- " hibitionem est, ut dicitur, prose- " cutus."

A.D. 1332.
Provincial council at London.

Hoc anno, circa festum Nativitatis beatæ Mariæ, fuit concilium provinciale Londoniis congregatum, sed, propter discordiam inter archiepiscopum et suos suffraganeos, sine effectu aliquo terminatum.

Grant of subsidies.

Item, parliamentum tunc ibidem fuit sine aliqua utili expeditione finitum;[1] rex tamen habuit quintamdecimam a populo, et decimam a civibus et burgensibus, sibi per unum annum concessam.[2]

Expedition of Edward Balliol into Scotland.

Hoc anno, circa festum sancti Laurencii, venit in Angliam dominus Edwardus le Baillol,[3] dicens se jus habere in[4] regno Scociæ; cui adhæserunt dominus Henricus de Bello monte, comes de Assels,[5] Ricardus Talbot,[6] et multi alii nobiles, asserentes se jus habere ad terras et possessiones in dicto regno, vel ratione juris hereditarii vel ratione uxorum suarum, volentes ingredi Scociam per regnum Angliæ. Sed rex Angliæ, contemplatione sororis suæ,[7] nuptæ David filio R[oberti] le Bruys,[8] ipsos per terram suam Scociam non permisit intrare. Unde ipsi in Anglia intraverunt mare, et postmodum per mare ingressi sunt Scociam, circa festum sancti Laurencii, juxta abbatiam de Donnefermelyn,[9] ubi statim in litore maris resistentiam habuerant; sed pedites Anglici, pauci numero, citius ad terram applicantes, omnes Scotos qui ibi fuerant fugaverant, et plures interfecerunt, antequam viri armati ad terram poterant applicare. Postea vero, infra paucos dies, habuerunt conflictum prope abbatiam, ubi duo millia Anglorum[10] vicerunt

Victory over the Scots. *Strages Scotorum per paucos Anglicos.*

quadraginta millia Scotorum, præ multitudine et pressura se ipsos etiam oppri-

---

[1] *fuit finitum*] finitur, Ar.Q.C.M.

[2] *Hoc anno . . . . concessam.*] These paragraphs are placed at the end of the year in N.

[3] *le Baillol*] le Baillof, H.; de Baillol, R.; de Bayllol, Ar. Q. C.; Balioll, M.

[4] *in*] om. C.

[5] *Assels*] Athels, M.

[6] After Talbot, " Fulco filius " Warini, H. Ferrers," in N.

[7] *sororis suæ*] sororis suæ pulcherrimæ, N.

[8] *D. fil. R. le B.*] David de Bruys, et propter pacem factam prius cum dictis miseris, scilicet Scotis, ut superius dictum est, N.

[9] *Donnefermelyn*] Donfermelyn, Ar.; Denfermolin, Q.; Donfermelyn, C.; Donfrenyll, M.

[10] *Anglorum*] Anglicorum, R. C.

mentium; de quibus Scotis¹ quinque comites et alii multi interfecti et oppressi fuerunt. Et hoc totum non sua virtute sed gratia divina ipsi Anglici factum esse dixerunt, et Deum propterea laudaverunt.

[*Commissum est bellum apud Berwicum,² et villa cum castro reddita regi Angliæ.*]

Anno Domini millesimo CCC^{mo}XXXII°., dicti vero J[ohannis] papæ xvij., et ipsius regis E[dwardi] tertii a conquæstu sexto, continuata fuit guerra in Scocia, ut præmittitur, inchoata per dictum E[dwardum] Baillol³ et alios nobiles supradictos; et, circa festum sancti Johannis baptistæ, multi alii nobiles de Anglia et viri bellicosi ad eos voluntarie sumptibus propriis accesserunt, et villam et castrum de Berewyk obsederunt.

Rex autem Angliæ, considerans multa vituperia sibi et antecessoribus suis per Scotos illata, et quod concordia facta inter ipsum et Scotos⁴ fuit inita⁵ per proditionem,⁶ et ipso in minori ætate notorie constituto et in custodia matris suæ exsistente, quæ⁷ consilio domini R[ogeri] de Mortuo mari proditoris sui per omnia regebatur, contra consilium matris suæ, collecta multitudine farmatorum, ad Berewyk viriliter et potenter accessit, et ibi aliquamdiu permansit. Ubi tenentes castrum et villam habuerunt cum eo multos dolosos tractatus, ut ab extra⁸ adjutorium exspectarent, sicut exitus declaravit. In vigilia⁹ enim sanctæ Mar-

---

¹ *Scotis*] miseris, scilicet Scotis, N.

² *Berwicum*] Beuerwyk super Twedam, M.

³ *Baillol*] Baillof, H.; Bayllol, C. Ar. Q.; Balioll, M.

⁴ *Scotos*] miseros, scilicet Scotos, N.

⁵ *inita*] multa, H.

⁶ *per proditionem*] absque communi consilio regni sui et per proditionem, N.

⁷ *quæ*] pro, H.; qui, M.

⁸ *extra*] extraneis, Q.

⁹ *In vigilia*] Nam die Lunæ, in festo, N.; In festo, R. Ar. Q. C. M.

garetæ virginis, anno Domini M°CCC™°XXXIII°., venerunt Scoti in magna multitudine, de tota Scocia congregati, volentes obsidionem removere, si possent; quibus rex Angliæ cum¹ suo exercitu peditando, et ipso rege exercitum² præcedente et omnes bono vultu et audaci animo confortante,³ ita viriliter se habebat quod post aliqualem numerum occisorum, dum manu ad manum pugnaverunt, universi⁴ Scoti sunt⁵ in fugam conversi; quos dominus rex et suus exercitus occidendo et fugando per quinque milliaria sequebantur, ita quod vix evaserunt aliqui magni, nisi pedites et agrestes. Numerus vero occisorum et fugatorum per æstimationem se extendebat ad iiij^{xx} x.⁶ millia. Et cito postea reversus est rex ad eos quos dimisit circa obsidionem castri et villæ de Berewyk, quod castrum et quæ villa cito⁷ reddebantur eidem. Et sic⁸ dicebatur publice quod guerra in Scocia⁹ fuit finaliter finita et¹⁰ terminata, quia nullus remansit de natione illa, qui posset, sciret, aut vellet homines ad prœlium congregare aut regere congregatos. Non tamen fuit verum, sicut inferius apparebit.¹¹

Facta igitur voluntate regis de his qui fuerunt in villa et castro, et relicta custodia nomine suo in ipsis,¹² quia dixit illam suam esse jure¹³ hereditario et ex conquæstu antecessorum suorum, dimisit Edwardum le

---

¹ *cum*] om. Ar. Q.

² *peditando . . . . exercitum*] om. R.

³ *venerunt Scoti . . . . confortante*] venerunt Scoti in magna multitudine, volentes obsidionem removere; quibus rex Angliæ cum suo exercitu peditando, bono vultu et audaci animo suos confortans, ad tres leucas de Berewyk, apud Hontonemore occurrens, N.

⁴ Here Add. MS. 32,167 (A.) begins

⁵ *sunt*] om. H. A.

⁶ *iiij^{xx}x.*] lx., N. R. Ar. Q. M.

⁷ *cito*] die Martis in crastino sanctæ Margaretæ, N.

⁸ *sic*] om. R.

⁹ *in Scocia*] inter Scotos, M.

¹⁰ *finita et*] om. Ar. Q. C. M.

¹¹ *Et sic . . . . apparebit*] om. N.; *Non . . . . apparebit*, om. Ar. Q. C. M.

¹² *in ipsis*] in ipsius defensionem, Q.

¹³ *illam . . . . jure*] illa sua esse de jure, Ar. Q.; illa sua esse jure, C. M.

Balioll,[1] cum aliis nobilibus qui secum erant, ad custodiam totius regni Scociæ; et ipsemet[2] rex Angliæ cum modica familia loca devota Angliæ, ad quæ sua devotio eum duxit, peregre est profectus.[3]

The king goes on pilgrimage.

Prælati vero totius regni Scociæ in Franciam fugerunt, et aliqui ad summum pontificem accesserunt, conquerentes regi Franciæ et summo pontifici de eorum infortunio,[4] adjutorium et remedium requirentes; sed hucusque[5] suo[6] desiderio sunt frustrati.

The Scottish prelates appeal for help abroad.

Hoc anno, parum ante festum sancti Michaelis, vacavit ecclesia Dunelmensis[7] per mortem domini Ludowyci de Bello monte; de cujus successore infra proximo anno patet.[8]

Death of Louis de Beaumont, bp. of Durham.

[*Simon archiepiscopus Cantuariensis obiit. Papa providit ecclesiæ Dunelmensi de domino Ricardo de Bery. Subsidium concessum est regi a clero et populo. Rex promisit se iturum in Terram Sanctam.*]

Anno Domino millesimo CCC^{mo}XXXIII°., dicti vero J[ohannis] papæ xviij., et ipsius regis E[dwardi] tertii a conquæstu vij°., circa festum sancti Kalixti papæ, vacavit ecclesia Cantuariensis per mortem magistri Simonis de Mepham, qui septimo kalendas Novembris Cantuariæ est sepultus.[9] Cujus[10] loco capitulum Cantuariense magistrum J[ohannem] de Stretford, Wyntoniensem episcopum, postulaverunt, faciendo[11] de necessitate virtutem; sciverant enim quod dominus rex scripsit summo

Death of archbp. Mepham, 12 Oct. Succession of John Stratford.

Promotio J. de Stratteford ad ecclesiam Cantuariensem;

---

[1] *Balioll*]Baillol, A. C.; Bayillol, R.; Bayllol, Ar. Q.
[2] *ipsemet*] ipse videlicet, Ar.
[3] *Facta . . . . profectus.*] This paragraph is abbreviated in N.
[4] *infortunio*] fortunio, R.
[5] *hucusque*] hujusmodi, Q.
[6] *suo*] om. R.
[7] *Dunelmensis*] Dunelmiæ, R. C.
[8] *Prælati . . . . patet*] om. N.
[9] *qui . . . . sepultus*] om. N.
[10] *cujus*] in cujus, C. M.
[11] *post. fac.*] om. C.

A.D. 1333. pontifici,[1] et ipse fuit bene in gratia papæ.[2] Cui papa providit de dicto archiepiscopatu primo die Decembris, non virtute postulationis capituli Cantuariensis, sed proprio suo motu.[3]

Bp. Orleton translated from Worcester to Winchester.

Eodem anno, primo die Decembris,[4] transtulit papa *et Adæ ad Wyntoniensem;* magistrum Adam de Orltone[5] de ecclesia Wygorniensi ad ecclesiam Wyntoniensem, ad preces regis Franciæ. Cujus translationem dominus rex Angliæ non habebat acceptam, imponens sibi quod tunc ipse fuit nuncius ipsius[6] regis Angliæ ad regem Franciæ, et quod ipse plus placuit regi Franciæ quam regi Angliæ, nec ejus negotia sed sua propria procuravit,[7] et quod idem rex Franciæ scripsit papæ pro ipso ad Wyntoniensem ecclesiam transferendo. Item,

The king, offended, seizes the temporalities.

ex eo rex Angliæ fuit eo[8] magis offensus quod[9] ipse pro alio, scilicet pro domino Simone de Monte acuto,[10] domino papæ scripsit pro episcopatu eodem; sibique visum fuerat quod preces suæ pro episcopatibus et dignitatibus in Anglia citius audiri deberent[11] quam preces regis Franciæ supradicti. Ideoque retinuit dominus rex temporalia episcopatus Wyntoniensis in manibus suis usque ad diem Veneris proximum[12] post Exaltationem sanctæ Crucis; quo die archiepiscopus et ceteri episcopi in parliamento Londoniis rogaverunt pro ipso, ita quod, causa cognita,[13] mandavit sua temporalia sibi reddi.[14]

---

[1] *rex . . . . pontifici*] rex papæ scripsit pro ipso, Ar. Q.

[2] *papæ*] summi pontificis, Ar. Q.

[3] *sciverant . . . . motu*] quia, ad supplicationem regis Angliæ, papa providit eidem de dicto archiepiscopatu, N.

[4] *Eodem . . . Decembris*] Eisdem anno et die, N.

[5] *Orltone*] Orletone, A. R. Ar. Q. C. M.

[6] *ipsius*] om. H. A.

[7] *Angliæ . . . . procuravit*] Angliæ . . . . utiliter procuravit, R.; Angliæ negotia utiliter procuravit, Ar.; Angliæ et negotia ipsius inutiliter procuravit, Q.; Ang. neg. utilia proc., C.; Ang. neg. et utilia proc., M.

[8] *eo*] om. R. Ar. Q.

[9] *quod*] quia, Ar. Q.

[10] *scilicet . . . Monte acuto*] om. Ar. Q. C. M.

[11] *deberent*] debent, H. A. C. M.

[12] *proximum*] om. R. Ar. Q. C.

[13] *causa cognita*] om. Ar. Q. C.

[14] The account of Adam Orleton's promotion is given in a shorter form in N.

Hoc anno, cito post festum sancti Michaelis, capitulum Dunelmense elegit unum monachum ejusdem ecclesiæ, nomine Ricardum Bury,[1] qui cito postmodum per archiepiscopum Eboracensem fuerat confirmatus, et ante festum Nativitatis[2] Domini in ecclesia Eboraci solempniter consecratus; non obstante fama per totam Angliam volante quod[3] papa ipsum episcopatum domino Ricardo de Bury, clerico dicti domini regis, ad preces ipsius domini regis reservavit et contulit;[4] quam famam rei exitus postmodum comprobavit.[5] Nam idem dominus Ricardus, cito post festum Nativitatis Domini, optentis literis apostolicis super sua provisione ad ecclesiam Dunelmensem,[6] se fecit auctoritate apostolica in monasterio de Charteseye per dominum Wyntoniensem episcopum, tunc electum Cantuariensem,[7] consecrari, et a domino rege sibi optinuit temporalia ipsius episcopatus integre liberari, quod prius dicto monacho facere denegavit. Quo viso et intellecto, idem monachus electus et consecratus ad claustrum, sine episcopatu episcopus, est[8] reversus, et cito postea exspiravit.

Hoc anno dominus E[dwardus] de Baillol,[9] rex Scociæ, tenuit parliamentum cito post festum sancti Michaelis; ad quod venerant nobiles regni Angliæ, terras et possessiones ibidem habentes, et, finito parliamento, sunt in pace reversi.[10]

Hoc anno tenuit rex[11] Angliæ Natale Domini apud

---

[1] The name om. N.; de Bury, R. Ar. Q. C. M. The name is wrong. It should be Robert de Graystanes.

[2] *Nativitatis*] Natalis, R.

[3] *quod*] idem, C.

[4] *reservavit et contulit*] providit, N. M.; om. R. Ar. Q. C.

[5] *quam . . . . comprobavit*] om. N.

[6] *ad ecclesiam Dunelm.*] om. N. R. Ar. Q. C. M.

[7] *tunc . . . . Cant.*] om. Ar. Q. C. M.

[8] *est*] om. R.

[9] *Baillol*] Bayllol, R. Ar. Q. C.; Balioll, M.

[10] *et finito . . . . reversi*] om. N.

[11] *rex*] dominus rex, Ar. Q.

A.D. 1333. Walingfordiam, cum regina prægnante, et, finito festo,¹ dimisit eam apud Wodestok ad pariendum. Et ipse,
A.D. 1334. Parliament at York. post Purificationem beatæ Mariæ, transtulit se versus Eboracum, ad tenendum parliamentum ibidem, quod² die Lunæ in secunda hebdomada Quadragesimæ inchoavit. Ad quod parliamentum vocatus fuit E[dwardus] rex Scociæ, sed non venit propter insidias inimicorum suorum in insulis juxta Scociam latitantium;³
Edward Balliol summoned to do homage. propter quod misit excusatores solempnes, scilicet dominos H[enricum] de Bello monte et W[illelmum] de Monte acuto et quosdam alios milites seu barones.⁴

The king receives the homage of Balliol and of the duke of Brittany. Hoc anno, circa festum sancti Johannis, rex Angliæ recepit homagium Edwardi le Baillol, regis Scociæ, apud Novum Castrum super Tyna; et cito postea recepit homagium ducis Britanniæ pro comitatu Richemundiæ.⁵ Et postmodum vocavit prælatos et magnates quod infra vj. dies post Translationem sancti Thomæ
Council at Nottingham. venirent ad eum apud Notingham pro consilio et aliis tractatibus habendis ibidem. Et tunc ordinavit⁶ par-
Parliament and convocation at London. liamentum Londoniis, et⁷ archiepiscopus convocavit clerum ibidem ad Sanctum Paulum, die Lunæ post Exaltationem⁸ sanctæ Crucis. Et, quia nova venerunt ad parliamentum quod Scoti omnes insurrexerunt et ceperunt dominum Ricardum Talebot⁹ et vj. alios milites et multos pedites occiderunt, rex promisit se
Rising in Scotland. iturum versus Scociam, pro Scotorum malitia refre-

---

¹ *finito festo*] finitis festis, R. Ar. Q. C. M.

² *quod*] quo, H.

³ *latitantium*] latitantibus, R. Ar. Q. C. M.

⁴ *Hoc anno . . . . barones*]. In a shorter form in N.; seu barones, om. M.

⁵ *Richemundiæ*] followed in N. by "qui quidem comes postmodum "magnum sustinuit dampnum per "regem Franciæ, qui sibi imposuit "fecisse quasdam confœderationes "cum rege Angliæ eidem regi "Franciæ præjudiciales."

⁶ *ordinavit*] tenuit, Ar. Q.

⁷ *Et postmodum . . . . Londoniis et*] om. N.

⁸ *Exaltationem*] festum Exaltationis, Ar. Q.

⁹ *Talebot*] Talbot, A.

nanda. Populus concessit sibi¹ xvᵐ denarium de tempo- A.D. 1334.
ralibus et de civitatibus et burgis² decimum denarium, Subsidies.
et clerus concessit unam decimam.

In dicto parliamento dominus rex concessit³ quod A crusade
iret in Terram Sanctam propriis sumptibus, sed tem- proposed.
pus certum inchoandi itineris⁴ non expressit; sed
ordinavit mittere archiepiscopum Cantuariensem ad
papam et ad regem Franciæ, ut possent de tempore
concordare, ita quod illi duo reges possent, cum suis
potentiis, simul arripere dictum iter; de quo nihil
postea factum fuit.⁵

[*Rex transtulit se versus Scociam. Inundatio aquarum
multa mala fecit. Papa J[ohannes] obiit. Rex
duxit exercitum suum versus Scociam.*⁶]

Anno Domini millesimo CCCᵐᵒXXXIIIIᵒ., dicti papæ
Johannis xixᵒ., regis vero E[dwardi] tertii a conquæstu viijᵒ., incipiendo annum in festo sancti
Michaelis et continuando usque ad finem ejusdem
anni, in festo sancti Dyonisii, Johannes archiepiscopus prædictus intravit ecclesiam suam⁷ Cantuariæ, ubi⁸ The archbp.
solempne convivium more solito celebravit, et in festo terbury, and
apostolorum Simonis et Judæ transivit mare versus mission to
regem Franciæ,⁹ cum aliis nunciis, sicut fuerat prius¹⁰ France.
ordinatum.¹¹

Hoc anno, cito post festum sancti Michaelis, rex se The king
transtulit versus marchiam Scociæ, et in illis finibus the march
of Scotland.

---

¹ *sibi*] om. H. A.
² *burgis*] burgensibus, Ar. Q. M.
³ *concessit*] consensit, Ar. Q. C. M.
⁴ *itineris*] iter, R. Ar. Q. C. M.
⁵ *de quo . . . . fuit*] om. Ar. Q. C. M.

⁶ The last title om. M.
⁷ *suam*] om. Ar. Q.
⁸ *ubi*] om. R. Ar. Q. C.; et, M.
⁹ *versus . . . . Franciæ*] versus Franc., M.
¹⁰ *prius*] om. H.
¹¹ This paragraph shorter in N.

hiemavit. Et,¹ audito quod comes de Assels² fuit proditiose conversus ad Scotos et quod dominus H[enricus] de Bello monte fuit in quodam castro obsessus a Scotis, Scociam intravit et obsidionem fecit amoveri; et tenuit festum Nativitatis³ Domini⁴ apud Rokesburgh.⁵

Hoc anno, circa festum sancti Martini, dominus E[dwardus] le Boun fuit submersus in marchia Scociæ, dum voluit liberare domicellum suum fugantem prædam animalium, ita quod neuter evasit.

Item, hoc anno, in nocte sancti Clementis, per nimiam inundationem maris per totum regnum Angliæ et maxime in Tamisia fuerunt rupti muri maritimi, et animalia infinita submersa; et terræ fructiferæ in salsuginem sunt conversæ, adeo quod ad fertilitatem solitam per multa tempora non sperantur posse redire.⁶

Item, hoc anno, iiij^{to} die Decembris, obiit Johannes papa XXII^{us} in palatio suo Avinoniæ,⁷ et in ecclesia beatæ Mariæ palatio⁸ contigua est sepultus, in qua ipse fuit episcopus ante cardinalatus honorem.⁹ Vacavit sedes apostolica diebus xv, quia xx. die ejusdem mensis Decembris fuit electus in papam Jacobus,¹⁰ tituli¹¹ sanctæ Priscæ presbyter cardinalis; qui fuit monachus ordinis Cisterciensis¹² et magister in theologia, in¹³ comitatu Fuxensi juxta partes Tholosanas oriundus.¹⁴ Et die Dominica post Epiphaniam tunc

---

¹ *se transtulit . . . hiemavit. Et*] om. N.
² *Assels*] Asceles, R.; Ascelles, C.; Asseles, Ar. Q.; Athels, M.
³ *festum Nat.*] Natale, M.
⁴ *Domini*] om. R. Ar. Q.
⁵ *Rokesburgh*] Rokesborh, R.; Rokisborch, Q.; Rokesburch, C.
⁶ *adeo . . . . redire*] om. N.; reddere, R.; speratur, Ar. Q.
⁷ *Avinoniæ*] Avinionis, R. Ar. C. M.; and so in other places.
⁸ *palatio*] eidem pal„Ar. Q. C. M.
⁹ *in palatio . . . . honorem*] om. N.
¹⁰ *Jacobus*] frater Jac. Ar. Q. C. M.
¹¹ *tituli*] tertius, H. A. R.
¹² *Cisterciensis*] Ciscesterñ, H. A.
¹³ *in*] de, R. Ar. Q. C. M.
¹⁴ *in comitatu . . . . oriundus*] et vocatus Benedictus duodecimus, N.

sequentem fuit coronatus apud fratres Prædicatores Avinoniæ.

Archiepiscopus Cantuariensis rediit circa Epiphaniam, et statim post Purificationem suas ecclesiam, civitatem, et diœcesim Cantuariensem visitavit. Et cito post Epiphaniam rex Franciæ misit nuncios regi Angliæ, scilicet episcopum Abricensem[1] et quendam baronem, pro pace Scotorum; qui usque ad diem Lunæ mediæ Quadragesimæ in Anglia exspectarunt, et tunc apud Notyngham[2] concessæ fuerunt treugæ usque ad festum sancti Johannis[3] proxime[4] tunc futurum, ut[5] interim fieret parliamentum super illis et aliis tangentibus statum regni. In quo parliamento, apud Eboracum celebrato, exstitit ordinatum quod rex et comites et barones cum suis exercitibus irent in Scociam et mare Scotorum[6] pertransirent; quod cito postea fuit factum. Sed Scoti, campestre bellum exspectare nolentes, finxerunt se velle pacem habere, et postmodum, circa festum sancti Michaelis, multi venerunt ad pacem, et præcipue comes de Arcelle,[7] sed alii noluerunt; ita quod postmodum captus[8] comes de Moref[9] apud Endeborgh[10] et in Anglia carceri mancipatus, et dominus Ricardus Talbot pro ij. millibus marcarum redemptus. Comes vero de Arcelle,[7] volens ostendere se vere reversum,[11] equitavit contra Scotos ad obsidionem unius castri, et subito, cum

A.D. 1335.

Return of the archbp. of Canterbury.

The king of France sends envoys for peace with Scotland.

Parliament at York.

Negotiations with the Scots.

Death of the earl of Atholl.

---

[1] *Abricensem*] Abbricensem, H. A.

[2] *Scotorum .... Notyngham*] falsissimorum Scotorum, ad quorum nunciorum instantiam, die Lunæ in medio Quadragesimæ, apud Notyngham, N.

[3] *Johannis*] Joh. baptistæ, Q.

[4] *proxime*] om. Ar. Q.

[5] *ut*] et, H. A. R.; et interim fiebat, N.

[6] *Scotorum*] Scoticum, Ar. Q. C. M.

[7] *Arcelle*] Dasseles Arsele, Ar.; Asseles, Q.; Athels, M.

[8] *captus*] captus fuit, R. Ar. Q. C. M.

[9] *Moref*] Morref, R. C. M.; Morrif, Ar.; Mores, N.

[10] *Endeborgh*] Edeneburgh, N.; Edneborh, R. C.; Eneborgh, Ar.; Eduebroh, Q.; Edenburgh, M.

[11] *reversum*] ad regem Anglorum conversum, reversus, Q.; reversus, Ar. C. M.

A.D. 1335. paucis equitans, incidit in hostes, magna multitudine constipatos; et, nolens se reddere, sed pugnare, cum xiij. personis mediocribus est occisus,¹ post festum sancti Michaelis.² Rex autem semper in marchia³ Scociæ morabatur; a qua adhuc nuncii papæ et regis Franciæ nullatenus recesserunt, sed, ut aliquam pacem vel treugam longam⁴ nobis inutilem facerent, exspectarunt.⁵

The king remains on the Scottish march.

[*Treugæ Scotis conceduntur. Decima a clero et a populo quintadecima conceduntur.*⁶ *Rex apud villam sancti Johannis cum paucis se transtulit.*]

Anno Domini millesimo ccc^{mo}xxxv°., domini papæ Benedicti XII.⁷ anno primo, regis vero E[dwardi] tertii a conquæstu anno nono, incipiendo annum a festo sancti Michaelis et continuando usque ad idem festum anno revoluto, rege prædicto in marchia Scociæ contra suos inimicos continue remanente, et mediantibus nunciis papæ et regis Franciæ, multi tractatus pacis inutiles habebantur; et multæ treugæ ex parte Scotorum subdole agentium concessæ fuerunt, sed nihil efficaciter expeditum, quia, illis pendentibus, interfecerunt comitem de Arcelle,⁸ sicut supra proximo capitulo est expressum.⁹ Rex autem non permisit Johannem archiepiscopum¹⁰ Cantuariensem ab ipso longe distare.

Abortive negotiations with the Scots.

---

¹ David of Strathbogie, earl of Atholl, was slain in the forest of Kilblain on his way to besiege the castle of Kildrummy, 30 Nov. 1335.

² The text of N. has some slight variations in the above transactions in Scotland. Post festum S. Mich., om. M.

³ *marchia*] illa marchia, Ar. Q. C. M.

⁴ *treugam longam*] longam treugam, A. R. Q. C.

⁵ *Rex autem . . . . expectarunt*] om. N.

⁶ This title om. M.

⁷ *xij.*] xxij., H. A.

⁸ *Arcelle*] Arsele, Ar.; Arseles, Q.; Athels, M.

⁹ *sicut . . . expressum*] ut supra, M.

¹⁰ *archiepiscopum*] episcopum, H. A.

Hoc anno[1] habuit rex decimam a burgensibus, quindecimam ab aliis,[2] decimam a clero.

Item,[3] circa Pentecosten habuit parliamentum Northamptoniæ, ubi dimisit prælatos et alios tractare. Et ipse secrete equitavit versus Scociam, cum paucis admodum, usque ad Berewyk; et ibidem,[4] assumptis paucis secum armatis, equitavit ad villam sancti Johannis, ubi invenit suos, qui de suo[5] stupebant et admirabantur[6] adventu;[7] et ibi[8] dictam villam fecit muniri fossatis et muris. Et suos comites misit cum rege Scociæ per patriam, si possent invenire Scotos resistentes; sed nulli audebant eos exspectare, sed per montes, paludes,[9] et nemora latitabant.

[*Rex se transtulit versus Scociam. Dominus J[ohannes] de Eltham, frater regis, obiit. Rex capi fecit pecuniam in subsidium Terræ Sanctæ collectam. Rex fecit filium suum ducem Cornubiæ et sex comites novos.*[10]]

Anno Domini millesimo CCC^{mo}XXXVI°., papæ Benedicti XII. anno secundo, regis vero E[dwardi] tertii a conquæstu decimo,[11] incipiendo annum a festo sancti Michaelis et continuando usque ad idem festum anno revoluto, tenuit idem rex parliamentum Londoniis in Quadragesima; et apud Eltham tenuit Pascha. Et post Pascha misit versus Scociam comites tres juvenes, videlicet, filium comitis Lancastriæ,[12] Warewykiæ, et Arundelliæ, et multos alios nobiles. Et ipse tenuit

---

[1] *Hoc anno*] Hoc anno 1336, C.
[2] *aliis*] forinsecis, N.
[3] *Item*] Et, Ar. Q. C. M.
[4] *ibidem*] idem, R.; inde, C. M.
[5] *suo*] eo, Q.
[6] *admirabantur*] mirabantur, R.
[7] *adventu*] eventu, Ar. Q. C.
[8] *ibi*] ubi, H.; om. Ar. Q.
[9] *paludes*] pallidos, H. A.
[10] The second and fourth titles om. M.
[11] *decimo*] anno decimo, R. C.
[12] *filium comitis Lancastriæ*] comitem Derby, N.; Lancastriæ, R. Ar. Q. C.

Pentecosten apud Wodestoke. Et postea se transtulit versus Scociam,[1] ubi castra munivit et fecit bonum quod potuit; sed Scoti nunquam voluerunt bellum exspectare campestre, sed fugientes semper, paludes,[2] nemora, et loca abscondita petierunt.[3]

Hoc anno, mense [4] Octobris, mortuus est J[ohannes] de Eltham, comes Cornubiæ, frater ejus,[5] in Scocia sine bello.

Item, hoc anno dominus rex in singulis ecclesiis cathedralibus fecit capi totam pecuniam collectam et repositam in subsidium Terræ Sanctæ.

Item, hoc anno papa revocavit sexannalem decimam, concessam in subsidium Terræ Sanctæ, pro eo quod rex Franciæ versus Terram Sanctam nimis distulit iter suum, et voluit quod solutum redderetur;[6] sed in Anglia nihil fuit redditum, quia fuit per clerum [7] regi concessum.[8]

Hoc anno, circa festum Epiphaniæ, rex et archiepiscopus venerunt de partibus borealibus Londonias pro sepultura J[ohannis] de Eltham, comitis Cornubiæ, qui apud Westmonasterium est sepultus. Et tunc convocavit rex parliamentum suum ad diem [9] Lunæ post festum sancti Mathiæ apostoli.[10] In quo parliamento [11] fecit filium suum primogenitum ducem Cornubiæ, et [12] vj. comites, videlicet,[13] dominum Henricum de

---

[1] *Scociam*] miserrimam patriam, scilicet Scociam, N.

[2] *paludes*] pallidos, H. A.

[3] *sed fugientes . . . . petierunt*] om. N.

[4] *mense*] in mense, R. Ar. Q. C. M.

[5] *ejus*] regis Angliæ, Ar. Q.

[6] *quod sol. redd.*] quod redderet, M.

[7] *clerum*] cleri, H.

[8] These two sentences placed at the end of the year in N.

[9] *ad diem*] die, M.

[10] *Hoc anno . . . . apostoli*] om. N.

[11] *In quo parliamento*] Hoc parliamento, id est Dominica secunda Quadragesimæ, N.

[12] *ducem Cornubiæ et*] ducem Cornubiæ, quia Johannes de Eltham, frater regis, obiit in Scocia sine bello mense Octobris præcedente; pro cujus sepultura rex et archiepiscopus Cantuariensis venerunt de partibus borealibus usque Londonias, circa festum Epiphaniæ. Fecit etiam in dicta Dominica, N.

[13] *vj. . . videl.*] om. Ar. Q. C. M.

Lancastria filium comitem Derbeyæ,[1] dominum Willelmum de Boun comitem Northamptoniæ, et dominum Willelmum de Monte acuto comitem Sarisburiæ, dominum H[ugonem] Daudle[2] comitem Gloucestriæ, dominum Willelmum Clynton[3] comitem Huntingdoniæ, dominum Robertum Dufford comitem Suthfolkiæ.[4] Et isti facti fuerunt Dominica secunda Quadragesimæ apud Westmonasterium; ubi[5] etiam fecit xxiiij^{or} milites. Item, in eodem parliamento statutum fuit quod nulla lana crescens in Anglia regnum exiret, sed[6] ex ea fierent panni in Anglia; et quod omnes operatores pannorum, undecumque[7] venientes, reciperentur; et quod loca opportuna[8] assignarentur eisdem, cum multis libertatibus et privilegiis; et quod haberent vadia regis, quousque possent commode sua[9] arte lucrari. Item, statutum fuit quod nullus uteretur panno extra Angliam operato et imposterum deferendo, rege, regina et eorum liberis dumtaxat exceptis; item, quod nullus[10] uteretur pellura transmarina, nisi haberet in reditibus c. libras.[11] Quorum statutorum nullus sequebatur effectus, nec ea aliquis servare curavit; immo circa præmissa error posterior pejor fuit priore.[12]

A.D. 1337.

Laws concerning export of wool and woollen manufactures.

Sumptuary laws.

[*Decima triennalis a clero regi conceditur, a communitate triennale subsidium. Episcopus Lincolniensis et alii magnates mare transierunt cum lanis versus Brabanciam.*]

Anno Domini millesimo CCC^{mo}XXXVII, dicti[13] Benedicti papæ XII. anno tertio, regni regis E[dwardi] tertii

---

[1] *Derbeyæ*] Derbiæ, A. R. Ar. C.
[2] *Daudle*] Daudele, N. R. C. M.; de Audele, Ar. Q.
[3] *Clynton*] de Clynton, N. R. Ar. Q. C.
[4] *Suthfolkiæ*] Suffolch, R. C. M.; Suthfolchiæ, Ar. Q. C.
[5] *et isti . . . . ubi*] om. N.
[6] *sed*] sed quod, Ar. Q. C.
[7] *undecumque*] undique, H. A.;
uudecumque in Angliam, Ar. Q. C ;
undique in Angliam, M.
[8] *opportuna*] comportuna, H.
[9] *sua*] de sua, R. Ar. Q. C.
[10] *uteretur . . . . nullus*] om. H. A.
[11] Here ends the text of Ar. and Q.
[12] *immo . . . priore*]om. R. C. M.
[13] *dicti*] om. R. C.

A.D. 1337. a conquæstu xj., incipiendo a festo sancti Michaelis,
rex habuit parliamentum Londoniis, et archiepiscopus
eodem tempore convocationem cleri Londoniis, cito
post festum sancti Michaelis. Ubi fuit concessa regi
per clerum decima triennalis; item, communitas regni
concessit sibi triennalem decimam de burgis[1] et civitatibus, item quintumdecimum denarium de forinsecis,
in subsidium guerræ imminentis contra regem Franciæ
et ad solvendum Theutonicis, Brabanciis,[2] et aliis, cum
quibusdam sibi confœderatis in marchia Alemaniæ
contra regem Franciæ.[3] Propter quod ipse rex fecit
capere ad manum suam omnes lanas regni sui, alicujus
quantitatis, sub certa forma inter mercatores conventa,
pro modico pretio, ab invitis. Et cum illis[4] lanis, quæ
ad numerum triginta millium[5] saccorum se extendebant,[6]
misit in Brabanciam[7] episcopum Lincolniensem, comitem
Northamptoniæ, et multos armatos et architenentes et
Wallenses, cum navium magna classe; quæ naves
fuerunt per totam æstatem præcedentem et per[8]
autumpnum[9] in Tamisia et aliis portubus detentæ, ad
magnum dampnum totius regni, quia tota utilitas mercatorum et nautarum et omnium mercimoniorum ve-
hendorum et reportandorum per mare fuit[10] illo anno
nequiter impedita.[11]

Et dominus Walterus de Mauney juxta Flandriam
exercuit magnam sævitiam, et interfecit omnes quos
invenit in quadam insula, quæ vocatur Kagent,[12] et
cepit fratrem naturalem comitis Flandriæ. Et hoc fecit,
quia interfecerunt duos Anglicos qui applicuerunt ad

---

[1] *burgis*] burgo, H. A.; burgen-sibus, M.
[2] *Brabanciis*] Barbanciis, H.
[3] *et ad solvendum .... Franciæ*] om. N. M.
[4] *ab invitis. Et cum illis*] cum aliis, N.
[5] *millium*] milia, H.
[6] *extendebant*]extendebat,H.A.R.
[7] *Brabanciam*] Darbanciam, H.
[8] *per*] om. C.
[9] *et per autumpnum*] om. N.
[10] *fuit*] om. H. A. R.
[11] *totius regni .... impedita*] regni, mercatorum, et nautarum, N.
[12] *Kagent*] om. R.; Cagent, C. M.

terram illius insulæ pro aqua¹ dulci quærenda.² Sed dominus rex fratrem dicti comitis cito remisit, pulchris muneribus, equis, et jocalibus honoratum.

Hoc anno, circa festum sancti Andreæ, venerunt Londonias duo cardinales, missi per papam pro pace inter reges Angliæ et Franciæ reformanda, videlicet, dominus Petrus Ispanus, tituli sanctæ Praxedis presbyter, et dominus Bertrandus de Monte Favencio,³ beatæ Mariæ in Aquirio⁴ diaconus, cardinales.⁵ Quibus archiepiscopus Cantuariensis, Wyntoniensis, Elyensis, Cicestriensis, et Coventriensis,⁶ episcopi, et communitas Londoniensis dederunt⁷ obviam parum citra Schuteresholde;⁸ et dux Cornubiæ, cum comite Warenniæ, et multi alii nobiles per unum milliare extra Londonias.⁹ Sed rex obviavit eis in ostio minoris aulæ suæ Westmonasterii, et introduxit¹⁰ in cameram pictam, ubi negotium pro quo venerant exponebant. Quibus auditis, dominus rex commisit¹¹ convocari parliamentum suum ad crastinum Purificationis sequentis, ad tractandum et consulendum super hujusmodi negotio et¹² ad deliberandum super bona responsione danda eisdem. Sed ipsemet tenuit Natale Domini apud Guldefordiam, et infra viij. dies¹³ versus Scociam arripuit iter suum. Qui quidem cardinales habebant potestatem recipiendi procurationem tantam, quantam unus cardinalis, qui plus receperat, recipere¹⁴ consuevit; nec

A.D. 1337
The count of Flanders' brother set free.

Arrival of cardinals, sent to mediate for peace.

Audience at Westminster.

Parliament summoned.

The king keeps Christmas at Guildford, and sets out for Scotland. Exactions of the cardinals.

---

¹ *aqua*] qua, H.
² This passage is rather differently worded in N.
³ Pedro Gomez de Barroso, *ob.* 1348, and Bertrand de Montfavez, *ob.* 1342.
⁴ *Aquirio*] Aquiro, R. C. M.
⁵ *videlicet . . . . cardinales*] om. N.
⁶ *Coventriensis*] Conventriensis, and so elsewhere, H.
⁷ *dederunt*] venerunt, C. M.

⁸ *Schuteresholde*] Schetereseld, N.; Schutaresholde, R. C. M.
⁹ *Lond.*] Lond. venerunt obviam, M.
¹⁰ *introd.*] introd. eos, M.
¹¹ *commisit*] misit, H. A. R.; jussit, C. M.
¹² *et consulendum . . . . negotio et*] om. N.
¹³ *dies*] om. H. A.
¹⁴ *recipere*] vel, inserted before this word in R.

A.D. 1337.
f. 18.

fuit inventum in aliquibus scripturis[1] quod duo umquam receperunt nisi iiij[or] [2] denarios de marca, et sic illi duo non deberent recipere nisi portionem unius, videlicet, ij. denarios tantum. Sed ipsi, more solito[3] cupiditatis Romanæ, primo voluerunt de marca viij. denarios habuisse; sed finaliter de marca iiij.[4] denarios habuerunt, propter inertiam prælatorum, omnium fere per sedem apostolicam[5] creatorum, non audentium contradicere vel clerum ab injuriis et oppressionibus defensare.[6]

A.D. 1338.
Graunt of wool to the king.

Item, in quodam[7] parliamento post Purificationem, anno regni suo xij., Londoniis celebrato, fuit regi concessum per laicos quod haberet medietatem lanæ per totum regnum in æstate futura, quam et recepit[8] ab invitis laicis et clericis,[9] quibus nihil solvit; et tamen clerici non fuerunt ad[10] hoc vocati, exceptis paucis prælatis qui clerum ab injuriis defendere non curarunt.[11]

---

[1] *scripturis*] om. R.
[2] *iiij*[or]] iij. R.
[3] *solito*] solitæ, R. C.
[4] *iiij.*] iij., R.
[5] *apostolicam*] om. R.
[6] *Qui quidem cardinales .... oppressionibus defensare*] om. N.
[7] *quodam*] eodem, N.
[8] *recepit*] ceperit, C. M.
[9] *ab invitis .... clericis*] ab invitis levavitque a clericis, N.
[10] *ad*] ab, H.
[11] In place of this paragraph, Harley MS. 1729 has the following:—
"Non longe prius fuerat regi con-
"cessum per laicos quod haberet
"pro mediocri pretio medietatem
"lanæ eorum per totum regnum
"in æstate futura; quam etiam
"recipit a nolentibus laicis, qui-
"bus tamen nihil solvit. Et, licet
"cleri ad hoc non fuerunt vocati,
"exceptis paucis prælatis qui
"clerum ab injuriis defendere non
"curarunt, tamen rex a clero lanas
"exegit et pro magna parte postea
"vi extorsit.
"Item, in dicto parliamento per
"regem, ut præmittitur, decreto,
"tractatum fuit de transitu regis
"ad partes transmarinas. Omnes
"vero majores et seniores non con-
"senserunt quod rex in persona
"propria transfretaret, sed expres-
"sius dissenserunt. In casu quo
"vellet modis omnibus transfre-
"tare, consuluerunt quod in terram
"suam propriam, scilicet Vasconi-
"am, se conferret. Sed rex quo-
"rundam consilio, nescitur quo-
"rum hominum aut mulierum,
"contrarium attemptavit; de quo
"quid contigit inferius apparebit.
"Item, hoc anno, circa festum
"Nativitatis beatæ Mariæ, apparuit
"stella cometa per xv. noctes et
"amplius; quæ futuram guerram
"maximam, secundum astrologos,
"designabat."

Item, hoc anno,[1] die Sabbati in festo Translationis sancti Benedicti abbatis, anno Domini M⁰CCC^{mo}XXXVII.,[2] dicti duo cardinales intrarunt mare apud Doveriam, et eodem die circa horam nonam applicuerunt apud Wytsond,[3] et Johannes archiepiscopus et R[icardus] Dunelmensis episcopus cum eis, ad tractandum de pace cum rege Franciæ, si posset fieri bono modo.

A.D. 1338. The cardinals depart to treat with the king of France.

Et die Jovis tunc sequente, videlicet xvij. kalendas Augusti, secundum alios die præcedenti, videlicet, idus Julii,[4] dominus rex et regina prægnans et duæ filiæ regis, cum magna classe quingentarum navium, intrarunt mare apud Gypeswych;[5] de cujus[6] transitu quidam versificator composuit istos versus:

The king embarks for Flanders, 16 July.

id est: anno Domini M⁰ trecentesimo tricesimo octavo

M. simplex, c. ter, x. triplex, v. semel, i. ter,

Edwardus tertius a conquæstu intravit mare;

Belliger E. ter[7] rex trans mare sumpsit iter;

id est: anno a nativitate ipsius[8] vicesimo vj⁰[9] et anno regni sui xij⁰.,

Ortus vigeno sexto, regni duodeno,

decimo quinto die[10] Julii ingressus mare;[11] et die sequenti intrat mare, scilicet xvij. kalendas Augusti, secundum aliquos.[12]

x.v. lux Julii fit sibi navigii.[13]

Qui versus tamen significant quod, anno Domini M⁰CCCXXXVIII, E[dwardus] rex Angliæ tertius a conquæstu, anno a nativitate sua xxvj. et anno

---

[1] *hoc anno*] hoc anno 1338, C.

[2] *mcccxxxvij.*] MCCCXXXVIII., C.; om. M.

[3] *Wytsond*] Whitsand, N.; Whytsond, R.; Whitsond, C.; Quitsand, M.

[4] *secundum . . . . Julii*] om. C. M.

[5] *Gypeswych*] Gipeswicum, N.; Gypeswich, R.; Gypeswych, M.

[6] *cujus*] quibus, R.; quo, M.

[7] *ter*] om. H. A.; rex, E. ter, R. C.

[8] *ipsius*] sua, C. M.

[9] *vj⁰*] vij., H. A.; om. M.

[10] *die*] dies, H. A.; dies mensis, R.; die mensis, C.

[11] *ingressus mare*] parabatur sibi navigium, C. M.; the following explanatory words also om. C. M.

[12] *xvij. kal. . . . . aliquos*] xvij. kal. Julii secundum alios, R.

[13] The verses and interlined explanation are mingled in confusion in H.; the first three only appear in N. at the end of the year. In R. the sign for "id est" is repeated before several of the explanatory words; and that for "scilicet" in M.

regni sui xij°., xv. die mensis Julii, intravit mare[1] versus Brabanciam;[2] et applicuerunt apud Andewerpiam,[3] ubi fuerunt prima facie cum honore recepti.[4] Et sibi dederunt obviam ibi[5] dux Brabanciæ, comites Hanoniæ, de Geldre,[6] et de Juliers,[7] et alii magnates partium illarum, parati ad suum servitium, ut dixerunt, dum tamen conventio facta servaretur eisdem, videlicet quod solveretur eis magna quantitas pecuniæ pro expensis,[8] ad quod regis ærarium non suffecit.

Post[9] rex accessit ad Coloniam,[10] ad quam descendit dux Bavariæ,[11] rex Alemanniæ, in imperatorem electus,[12] locuturus cum eo; et, habito cum ipso aliquali tractatu, rediit[13] ad Brabanciam[14] et in villa de Andwerpia[15] remansit ad tempus. Et post locutus est[16] idem rex cum duce Bavariæ,[11] in imperatorem electo, apud Con-

---

[1] *de cujus transitu . . . intravit mare*] om. N.

[2] *Qui versus . . . . Brabanciam*] om. R. C. M.

[3] *Andewerpiam*] Andwerp, N.; Andwarp, R. C.; Andeswarp, M.

[4] *recepti*] precepti, H.

[5] *ibi*] ibidem, R. C. M.

[6] *Geldre*] Gerle, H. A. N. R.; Gilre, C.; Gelre, M.

[7] *Juliers*] Gilyers, N.; Julers, R. C. M.

[8] *servitium . . . . expensis*] servitium, dum tantum conventio facta servaretur eisdem, videlicet magna quantitas pecuniæ, N.

[9] *Post*] Post hoc, C.; Post hæc, M.

[10] *Coloniam*] Convalenciam, H. A.

[11] *Bavariæ*] Bavorie, H. A. R. C.

[12] *in imp. electus*] qui dixit se imp., C. M.

[13] *rediit*] red. rex, C.

[14] *Brabanciam*] Barbanciam, and so in other places, H.

[15] *Andwerpia*] Andwarp, R. C.; Andeswarp, M.

[16] *Et post locutus est, etc.*]. The following occurs in N.:—"Et post " locutus est idem rex cum duce " Bavariæ, in imperatorem electo, " apud Confluenciam prope Colo- " niam, et, facta inter eos confœ- " deratione xv° die mensis Sep- " tembris, anno supradicto, facta " fuit sedes quædam imperialis in " quadam communi placia extra " domum, in prædicta villa Con- " fluenciæ. Et contra horam diei " tertiam venit imperator et sedit " in sede prædicta, prout moris est " imperatoribus in summis judiciis " exercendis, tunicula revestitus, " stolam contra collum ejus, fano- " nem in brachio ejus dextro, dia- " dema et coronam in capite ejus, " et sceptrum habens in manu; " domino de Cuyke gladium nudum " retro imperatorem in manu te- " nente; et juxta illum, illa vice, " rege Angliæ sedente, quem idem

fluenciam[1] prope Coloniam, et, facta inter eos quadam confœderatione, rediit rex[2] ad Malines in Brabancia. Cardinales vero et archiepiscopus Cantuariensis et Dunelmensis remanserunt in civitate Atrebatensi.[3]

A.D. 1338.

Hoc anno, in quodam concilio sive parliamento, tento apud Northamptoniam per ducem Cornubiæ, custodem Angliæ,[4] et prælatos multos[5] et barones, concessa fuit lana domino regi per eos qui fuerunt præsentes, ad gravissimum onus populi; sed, quia clerus regni ad illud concilium non fuit[6] vocatus ordinatum fuit quod vocaretur. Unde, facta convocatione Londoniis ad primum diem mensis Octobris, anno Domini M°CCC^{mo}XXXVIII., clerus concessit regi unam decimam pro anno tertio tunc sequente, ultra duas decimas prius promissas;[7] et quod decima anni tunc præsentis solveretur terminis citerioribus[8] quam prius fuerat ordinatum. Solutionem vero lanarum expresse negaverunt; quas tamen laici solverunt ad gravissimum onus ipsorum, quia ad duplum quintædecimæ prius solutæ per eos.[9]

Parliament at Northampton; grant of wool.

Convocation at London. Money grant by the clergy.

" imperator, communi assensu archiepiscoporum, episcoporum, ducum, principum, marchionum, comitum, baronum, dominorum, et aliorum procerum ac populorum innumerabilium ibidem assistentium, constituit vicarium suum, et sententiando pronunciavit quod omnes subjecti imperio, cujuscumque status aut conditionis exstiterint, qui quovis modo procedunt in auxilium seu favorem inimicorum majestatis imperialis, tam de vita quam de membro, terris et tenementis et rebus quibuscumque amodo sint forisfacti. Item, quod omnes domini dicto imperio subjecti, cum singulis sibi cohærentibus, cum eodem domino imperatore aut cum suo vicario vel ipsius locum tenente, tam extra quam infra

" metas imperii, in manu forti hujusmodi inimicos persequi et debellare, necnon eorum injurias et errores punire debeant et vindicare. Quo facto rediit rex ad Malynes," etc.; est, om. R.; fuit, C. M.

[1] *apud Confluenciam*] om. R. C. M.

[2] *rex*] om. C.

[3] *Atrubatensi*] Atturnatensi, H. A.; Attornacensi, N.; Attravatensi, R.; Attrabatensi, C. M.

[4] *Angliæ*] regni, C.

[5] *prælatos multos*] præfatos milites, R.

[6] *non fuit*] om. R.

[7] *promissas*] concessas, N.

[8] *citerioribus*] certioribus, H. A.; citioribus, M.

[9] Harley MS. 1729 here has the following:—" Et attende diligenter

A.D. 1338.
Episcopal succession at London.

Item, hoc anno, parum ante Pascha, videlicet vj. idus Aprilis, anno Domini M°CCC°m°XXXVIII.,[1] Stephanus episcopus Londoniensis ab hac luce migravit; et eodem anno,[2] circa festum Inventionis sanctae Crucis, electus fuit concorditer R[icardus] de Bynteworth, qui circa festum Ascensionis apud Ottefordiam fuit per archiepiscopum confirmatus, et circa festum sancti Johannis apud Lambhuth[3] per Cicestriensem episcopum consecratus.[4]

"quam mirabiliter, vel potius miserabiliter, ista extorsio lanarum excogitata fuerit et perfecta. Nam in priori parliamento, in Quadragesima, Londoniis, cum de modo succurrendi regi tractaretur, conclusum fuit per majores praelatos laterales regi quod nulla alia via foret, nisi haberentur lanae quas debebant; jam de elapso anno in numero sexaginta millium saccorum superesse, eo quod transire non permittebantur, ad hoc scilicet, quod panni fierent in Anglia. Et stapulae certae assignabantur, et ut [*i.e.*, ut et] Flandrenses et alii mercatores magis inde regi submitterentur.

"Unde, ne forte tumultus fieret in populo, ordinatum fuit isto modo: ut illi, qui lanas ultra unum saccum haberent, medietate sibi ipsis retenta, aliam medietatem praeteriti anni dumtaxat regi, sub bona securitate, usque ad xxx^a millia tantum saccorum, commodarent; et sic ab omni alia exactione interim cessaretur. Sed ecce! totum in contrarium est perversum; nam et pro medietate totalis, pro securitate severitas, pro praeteritis tam praesentes quam futurae pariter successerunt. Qui siquidem nec lanas, immo nec unquam ovem aut pellem vel vellus, habuerant, petras lanae, quam nunquam totonderant, emere et reddere, ab ancilla ad molam stante usque ad mingentem parietem, sunt coacti. Qui autem lanas habebant, ipsas integras dare, non fenerare, sine aliqua parte etiam sibi retenta vel securitate recepta; quin immo potius plures lanas, ad exactorum judicium vel magis libitum, superaddere compellebantur.

"Et quod magis aggravabat praedicta, cum moneta terrae exhausta et extra regnum quasi totaliter portata fuisset, et praeter haec blada vel animalia, propter pretii vilitatem, ad modicum vel nihil se extenderent, tamen pecunia pro lanis ab eis qui neutrum habere poterant exigebatur. Ad ultimum, super omnium populorum dolorem vulnera addiderunt regii exactores, qui etiam pro se ipsis in omni villa et villula et parochia, ultra praedicta fisco applicanda, cum revera vix inde dotem rex habiturus esset, portionem suam pecunialiter non mediocriter emulserunt; et heu! sic non duplici sed decupli contritione sunt attriti."

[1] The date om. R. C.

[2] *eodem anno*] om. R. C. M.

[3] *Lambhuth*] Lamheth, R. C.; Lambheth, M.

[4] *Item, hoc anno .... consecratus*] Hoc anno, parum ante Pascha, obiit Stephanus episcopus Londoniensis, cui successit Ricardus de Byntworthe, N.

[*Galeæ regis Franciæ Southhamtonam deprædarunt. Item, de adventu earum secundo.*]

Anno Domini M°CCC^{mo}XXXVIII., Benedicti papæ XII. quarto, regni regis E[dwardi] tertii a conquæstu xij., ætatis scribentis lxiiij.,[1] incipiendo a festo sancti Michaelis, galeæ regis Franciæ ceperunt v. majores naves regis Angliæ stantes in portu de Scluse, fere tamen vacuas, dum nautæ fuerunt in villa,[2] et eas ad partes Normanniæ perduxerunt. Et die Lunæ post festum sancti Michaelis venerunt subito l. galeæ, plenæ hominibus armatis, quasi hora nona,[3] apud Suthamptonam, et illo die villam deprædaverunt,[4] et quicquid poterant ad galeas et naves suas portaverunt; et per totam illam noctem in eadem villa manserunt, fugatis et interfectis omnibus qui in villa fuerunt. Et in crastino, percipientes quod se patria congregavit, posuerunt ignem in quinque locis ejusdem villæ[5] et ad galeas redierunt.[6]

Hoc anno, per totam hiemem, rex Angliæ perendinavit apud Andwerpiam et locis vicinis; ubi regina Angliæ peperit filium sibi, quem fecerunt vocari Leonellem.[7]

Et per totam istam hiemem congregabatur[8] lana per

---

[1] The age of the writer om. N. M.

[2] *dum . . . . villa*] om. N.

[3] *quasi hora nona*] om. N.

[4] *deprædaverunt*] repredaverunt, H.

[5] *villæ*] om. C.

[6] *et illo die . . . . redierunt*] In a shorter form in N.

[7] *Leonellem*] Leonem, N. R. C. M. At this place Harl. MS. 1729 has the following : — "Moritur Thomas Hemynale, episcopus Wigorniensis, qui fuit monachus Northwicensis et electus in episcopum Northwicensem. Et eligitur frater Wolstanus, prior Wigorniensis et de eadem civitate oriundus, qui bis antea in episcopum ejusdem ecclesiæ electus fuit; qui, post varia impedimenta injuriosa, per Cicestriensem episcopum, vicarium generalem archiepiscopi Cantuariensis, in partibus transmarinis cum rege exsistentis, confirmatus, et die Dominica in Ramis Palmarum Cantuariæ consecratus, die Paschæ sedem suam Wigorniæ intravit."

[8] *congregabatur*] congregabitur, H.

totum regnum Angliæ, domino regi trans mare mittenda. Et congregatæ fuerunt multæ naves, lanis onustæ, apud Herewych, ubi diu steterunt propter ventum contrarium quem habebant; et, quia galeas timuerunt, plures naves exspectarunt,[1] ut possent secure transire.[2]

Item, hoc anno rex noster suscepit vicariatum imperii a Lodowyco Bavaro; super quo papa scripsit regi literas redargutionis et comminationis[3] satis dure conceptas, de data idibus Novembris, pontificatus sui anno iiij^{to}.

Item, hoc anno, in jejunio Quatuor Temporum ante Natale,[4] papa fecit sex cardinales, videlicet, quinque de regno Franciæ et unum solum de Ytalia.[5]

Item, hoc anno, in vigilia Annunciationis,[6] venerunt xj. galeæ ad Herewych, et dederunt insultum ibidem et posuerunt ignem in tribus locis; sed non multum nocuit ignis propter ventum qui contrarius fuit eis. Et patria cito occurrebat eis viriliter resistendo; et sic recesserunt, modico dampno dato.[7]

Item, hoc anno, a principio Octobris usque ad principium mensis Decembris, ceciderunt tot pluviæ quæ reddiderunt terram quasi totam aquosam, quod Anglici, ut deberent, non poterant seminare. Et a principio mensis Decembris[8] venit gelu durissimum, quod totam terram sic aquosam adeo congelavit, quod tota terra quasi glacies videbatur. Quod gelu duravit[9] xij. septi-

---

[1] *exspectarunt*] exspectarent, H.
[2] *congregabatur .... transire*] congregabatur lana, de qua multæ naves onustæ apud Herewych diu steterunt, exspectantes plures naves, quia galeas timuerunt, et propter ventum contrarium, N.
[3] *comminationis*] exhortationis, C. M.
[4] *ante Natale*] om. C. M.
[5] *Ytalia*] Ytallia, A.; Itallia, R. C. M.
[6] *in vigilia Annunciationis*] om. N.
[7] *propter .... dato*] propter ventum contrarium et propter resistentiam, N.; et patria .... dato, om. C. M.
[8] *ceciderunt .... Decembris*] om. M.
[9] *quod totam . . . duravit*] om. N.

manas, adeo quod omnia semina hiemalia quasi mortificata fuerunt, ita quod in Marcio, Aprili, et Mayo quasi nulla apparuerunt,[1] et maxime in vallibus pinguibus et aliis bonis terris. Et tamen omnia genera bladorum,[2] in pretio modico habebantur, non propter copiam bladorum sed propter monetæ defectum.[3]

Item, hoc anno ante Pentecosten venerunt piratæ regis Franciæ in galeyis et spinaciis prope Hamptonam, et, quia patriam ibi bene paratam ad resistendum eisdem viderunt, se protinus retraxerunt. Et, quia ibi non audebant applicare nec in Insula Vecta,[4] quæ fuit bene munita, se transtulerunt ad alia loca, quasi campestria, et multa mala quasi latrunculi commiserunt;[5] et postea, in festo Corporis Christi, apud Hastynges quædam tuguria piscatorum combusserunt et aliquos homines occiderunt. Item, contra insulam Taneti se multotiens ostenderunt, et contra Doveriam, et etiam contra Folkstonam; sed ibidem multa mala non fecerunt, nisi contra pauperes piscatores, quia patria semper parata fuerat contra eos.[6] In[7] portubus Devoniæ et Cornubiæ et versus partes Bristolliæ nonnullas naves ceperunt et combusserunt, quas solitarias[8] invenerunt,[9] et quoscumque nautas et alios, quos in ipsis invenerant, occiderunt. Et feria tertia, quarta, et quinta hebdomadis[10] Pentecostes, apud Plumouth[11] in

---

[1] *ita quod in Marcio . . . . apparuerunt*] ita quod pauca blada in æstate apparuerunt, N.

[2] *bladorum*] blad. procul, C. M.

[3] *defectum*] C. and M. have further:—"et hoc usque ad autump-"num; sed, adveniente autumpno, "frumenta, quæ metebantur in "multis partibus, non sufficiebant "ad semen, et ideo blada incepe-"rant esse cara."

[4] *Vecta*] Vecia, H. A. M.

[5] *Item, hoc anno . . . . commiserunt*] Item, hoc anno, piratæ regis Franciæ, in æstate circueuntes per costeram maris Angliæ et per loca campestria, multa mala commiserunt, N.

[6] *Item contra insulam . . . . contra eos*] om. N.

[7] *In*] Sed in, R. C. M.

[8] *solitarias*] solitaria, H.

[9] *et comb. . . . . invenerunt*] om. M.

[10] *hebdomadis*] ebdomada, H. A.

[11] *Plumouth*] Plommouthe, N.; Plymmouth, R.; Plymouth, C. M.

Devonia iidem piratæ vel alii applicuerunt, et villam pro majori parte combusserunt. Quibus dedit obviam dominus Hugo de Courtenay,[1] comes Devoniæ, fere octogenarius; et alii milites de patria,[2] cum patria, cum ipsis conflictum habebant et aliquos de suis primo perdiderunt, sed finaliter, resumptis viribus, omnes piratas, quos super terram invenerant, interfecerunt et in mari fugarunt, ita quod submersi fuerunt usque ad numerum quingentorum, secundum æstimationem[3] eorum qui fuerunt ibidem.[4]

Ante festum sancti Michaelis rediit archiepiscopus de Brabancia.[5]

Item, hoc anno rex Angliæ morabatur in Brabancia et locis vicinis, exspectans adjutorium Theutonicorum et aliorum confœderatorum suorum et etiam pecuniam de Anglia destinandam; et etiam mutuum[6] mercatorum

---

[1] *Courtenay*] Curtenay, A.; Courtneye, N.; Cortenay, R.

[2] *de patria*] om. N. R. C. M.

[3] *Et feria . . . . æstimationem*] In a shorter form in N.

[4] *In portubus Devoniæ . . . . fuerunt ibidem*] Harl. MS. 1729 has the following version:—"Sed "in portubus Devoniæ, in ebdo- "mada Pentecostes sequente, feria "quarta, venerunt piratæ cum "galeis et spinaceis xviij. ad por- "tum de Plimmouth in Devonia, "et ibidem vij. naves de Bristollia "et locis aliis remotis, necnon alias "naves ejusdem portus, [? combus- "serunt]. Ad quas illi de villa "statim accesserunt, ad reprimen- "dum sævitiam hujusmodi pira- "tarum. Et, habito inter nostrates "et eos conflictu bene longo, in illo "occisi erant de villa sexaginta et "plures et alii de nostratibus et de "locis remotis xxix., ex parte vero "illorum quingenti ad minus, "secundum æstimationem, exceptis "vulneratis et multitudine copiosa "qui postea in partibus aliis deces- "serunt. Dicti etiam piratæ, feria "sexta, ad villam se resumptis "viribus conferentes, omnes naves "nostras combusserunt; ingres- "sique terram quasdam domos de "villa concremarunt. Et eadem "die dominus Hugo Courtenay "senior, comes Devoniæ, propter "laborem præcedentem et senec- "tutem suam, recessit vicecomiti "Devoniæ cum aliis militibus et "patria ibidem dimissis. Illi vero "piratæ, se Dominica sequenti con- "flictum facere promittentes, ea- "dem Dominica, in festo Trinitatis, "bello campestri non exspectato, "vecorditer conferentes se ad por- "tum de Hamtona, ubi duas naves "statim postea combusserunt." Here is inserted Edward's letter "Amabilium" to the cardinals, N.

[5] *Ante . . . . Brabancia*] om. C. M.

[6] *mutuum*] nuncium, C. M.

tanto tempore exspectavit, quod tempora apta ad bellum, ut videbatur sapientibus, pro illo anno lapsa fuerunt. Finaliter tamen assumpta sibi audacia, virtute propria et aliorum paucorum, dixit se velle temptare et regnum Franciæ debellare, ut, si forsan rex Franciæ sibi occurreret,[1] ipsum vinceret vel moreretur honeste; quod videntes sui confœderati consenserant[2] ipsum sequi, ut sequitur statim infra.[3]

A.D. 1339.

He determines to invade France.

Hoc anno misit rex Angliæ papæ et cardinalibus literam infrascriptam quæ incipit:[4]

The king's letter to the college of cardinals vindicating his claim to the crown of France.

Copia literæ regis Angliæ missæ cardinalibus ad colorem juris sui regno Franciæ.

"Amabilium Deo patrum[5] sacrosanctæ Romanæ ecclesiæ cardi"nalium collegio venerando[6] Edwardus, Dei "gratia rex Angliæ et dominus Hiberniæ et "dux Aquitaniæ,[7] salutem et sinceræ dilec"tionis affectum. Sanctissimo patri, domino " summo pontifici, post debita reverentiæ munera, scripsimus " in hæc verba:—' Jus naturæ primævum, pariter animalia " ' cuncta docens, contra violentas injurias licentiam defen-
" ' sionis indulsit, statuens universaliter jure factum quod " ' quisque, vim injuriamque propulsans, suam fecerit ad " ' tutelam.[8] Sane, cum dudum animosa guerrarum pericula, " ' injuriosa dampnorum discrimina, nobis mota fuerint et " ' illata, quæ, toti mundo notoria, ex nostra etiam intimatione " ' frequenti apostolicæ sedi facta satis pro constanti sup-
" ' ponitur[9] beatitudini vestræ nota, nos,[10] cor habentes paci-
" ' ficum, novit Deus, pro vitandis illis et pacifice subdu-
" ' cendis, obtulimus nos voluntarie pro sequenti,[11] et reverenter " ' ac humiliter forte nimis, amabiles vias pacis, non sine " ' nostrorum magno jurium periculo,[12] interesse, ut, neglecta[13] " ' prosecutione alia cujuslibet juris nostri, tempore illo justi " ' doloris, quo, propter accensam furoris soldani Babiloniæ[14]

---

[1] *occurreret*] concurreret, H. A.; occurret, C.

[2] *consenserant*] concesserant, R.

[3] *ut . . . . infra*] ut supra, N.; statim infra, om. C. M.

[4] The following letter is wanting in R. C. M.

[5] *patrum*] patrem, H.

[6] *venerando*] om. H. A.

[7] *et dominus . . . . Aquitaniæ*] etc., H. A.

[8] *tutelam*] cautelam, H. A.

[9] *supponitur*] supp. nomini tui, H. A.

[10] *nos*] nos quoque, N.

[11] *pro sequenti*] pro frequenti, H. A.

[12] *periculo*] om. H. A.; added in N.

[13] *neglecta*] negligencia, H. A.

[14] *soldani Babiloniæ*] solidani Babilonæ, H. A.

"'rabiem et crucis hostium aliorum ex causa jurati contra
"'eos passagii[1] et solempniter publicati, in partibus trans-
"'marinis peribant et pereunt Christiani et crescunt im-
"'maniter injuriæ Crucifixi, possemus, sicut debemus et
"'propensius anhelamus, intendere causæ Christi, quæ ne-
"'gligitur,[2] immo verius præpeditur, in magnam cujuslibet
"'Christicolæ regis maxime demerentis infamiam et igno-
"'miniæ magnæ notam. Sed nescimus quo veniat[3] peccato
"'quod, de pacificis oblatis humiliter, ex quibus surgere
"'debuit pacis amor, in eo, qui nos sola voluntate prosequi-
"'tur, majoris iracundiæ majorisque duritiæ[4] crevit tumor.[5]
"'Contra nos tamen illum non provocat, Deo et nostra con-
"'scientia teste nobis, aliquod factum nostrum vel attempta-
"'tum per nos aliquod contra eum; immo vident oculi
"'mundi, publici testes nostri, quomodo præfatus persecutor
"'noster, Franciæ regem se nominans, dampnosis injuriis
"'quot et quantis nos et jura nostra vulnerat et defalcat.
"'Ipsius quidem regni Franciæ, quod ad nos omni succes-
"'sorio jure legitime pertinere cognoscitur, est invasor et
"'illicitus occupator, regnum ipsum, quod debuit nobis
"'vocatis vel defensis legitime debito juris ordine petere,
"'non veritus occupare, cum, ubi essemus et quod persona
"'essemus[6] cujus principaliter interesset,[7] notorie certum
"'esset, et in regno ipso jus nostrum foret tam notorie quam
"'communi jure fundatum; supposito, sicut evidentia facti
"'notorii præsupponit, quod celebris recordationis Philippus,
"'olim rex Franciæ, pater claræ memoriæ Karoli, regis
"'Franciæ, immediate defuncti, et serenissimæ dominæ
"'Isabellæ, reginæ Angliæ, matris nostræ, maternus fuerat
"'avus noster, cum eidem Karolo, tempore mortis suæ, ex
"'descendentibus secum ab eodem Philippo masculus super-
"'stes[8] proximior nullus nobis fuerit, et persona feminæ
"'dicti regni, per jus in eodem regno servatum antiquitus,
"'non sit capax; quod jus regni præfati, favorem in viam
"'causæ finalis[9] attendens, ne regnum ipsum sub femina fragili
"'gubernatione labatur, et propter hoc personam mulieris ex-
"'cludens, non excludit personam masculi per sic[10] exclusam
"'feminam descendentis, ne[11] fiat juribus semper odibilis pro-

---

[1] *passagii*] passagiis, H. A.
[2] *negligitur*] necligenter, H. A.
[3] *quo veniat*] veniat quo, H. A.
[4] *duritiæ*] decurie, H. A.
[5] *tumor*] timor, H. A. N.
[6] *et . . . . essemus*] om. H. A.
[7] *interesset*] interesse, H.
[8] *superstes*] om. H. A.
[9] *causæ finalis*] finali rationi, H. A.
[10] *sic*] sc, H. A.
[11] *ne*] sue, H. A.

"'pagatio¹ odiorum, personæ videlicet ad personam, sexus ad A.D. 1339.
"'sexum, causæ ad causam, odii ad favorem, neve, contra
"'legum traditiones communes, femineum genus, ubi maxime
"'de odio agitur, concipiat masculinum. Ad hoc etiam per jus
"'memoratum a regno fragilitas muliebris excluditur, ut regno
"'salubrius consulatur,² et proximior masculus admittendus
"'alias ³ admittatur potissime ad jus illud,⁴ quod primordialiter
"'a matre sic exclusa non oritur, sed in nepotem propagatum
"'ab avo⁵ originaliter derivatur. Alioquin sequeretur et alia
"'iniquitatis absurditas per⁶ propagationem⁷ odibilem supra-
"'dictam, quod excluderetur collateralis convicinior, ut remotior
"'vocaretur, cum tamen, ipso jure gentium⁸ naturali, fratres et
"'sorores eorumque filii in successione mutua collateralibus aliis f. 20b.
"'alterius lineæ præferantur; et, unde dictum jus pro regni
"'favore ac odio feminæ inhabilitatis ad regnum exoritur,
"'tam juris quam descendentium per feminam masculorum
"'injuriarum occasio nasceretur. Nec est putanda memorati
"'juris intentio sic iniqua, ut matrem et filium ratione con-
"'traria⁹ simul dampnet. Immo contrario ejusdem juris judi-
"'cio, quo mater a successione repellitur, filio¹⁰ matris gradum
"'ingresso successio tunc differtur similitudine filii qui gradum
"'parentis¹¹ deficientis ingreditur, ut ad patrui successionem
"'cum patruis¹² etiam admittatur, ut sic merito tristis¹³ mater,
"'præfato rigore regia hereditate nudata, substitutione ta-
"'liter sibi¹⁴ facta, de filio gaudeat consolata, nec afflictionem
"'afflictioni accumulet, quod secunda consideratio¹⁵ legis
"'horret. Sic videmus etiam ubi onus¹⁶ afflictionis præamabile
"'non intulit lex, sed in lege casus, scilicet quæ¹⁷ consuetudi-
"'nariam legem dampnat bona concedentem alii¹⁸ naufra-
"'gorum;¹⁹ qua²⁰ ratione quod in expresso legali pro vitanda
"'afflictionis adjectione corrigitur, multo fortius in tacito²¹

¹ *propagatio*] prorogatio, N.
² *consulatur*] consolatur, H. A.
³ *alias*] alia, H.
⁴ *illud*] om. H. A.
⁵ *avo*] anno, H.
⁶ *per*] om. H. A.
⁷ *propagationem*] prorogationem, N.
⁸ *gentium*] genitum, H. A.
⁹ *contraria*] contrarium, H. A.
¹⁰ *filio*] filium, H. A.
¹¹ *ingresso . . . . . parentis*] om. H. A.
¹² *patruis*] patruus, H. A. N.
¹³ *tristis*] trifas, H. A.
¹⁴ *sibi*] ibi, H.
¹⁵ *secunda consideratio*] sancta desideratio, N.
¹⁶ *onus*] cujus, H. A.
¹⁷ *quæ*] sue, H. A.
¹⁸ *alii*] alii autem, H. A.
¹⁹ *naufragorum*] naufragatorum, H. A.
²⁰ *qua*] e qua, H.
²¹ *tacito*] tanto, H. A.

"'prohibetur. Legi ergo¹ regni Franciæ sufficiat plus quam
'plene, matri, non suo vitio sed naturæ facto² quæ feminam
'fecit illam, radices regias succidisse, quodque mater³ expresse
'per legem⁴ ipsam exheredationis propriæ quasi quoddam
'naufragium patiatur, absque eo quod ex legis præfatæ⁵
'consequenti tacito, omni⁶ jure contrario, cum filio exhere-
'ditato iterum naufragetur, et sine culpa pœna inveniatur
'augeri, cum autem, ubi culpa est, debeat emolliri.⁷ Aliter
'etiam, si, pro eo quod mater ex jure non admitteretur ad
'regnum, repelli jure filius intelligitur a regno, Judæorum
'regnum contra⁸ fidei fundamentum legitime non pervenis-
'set ad Jesum, qui tamen natus Dei mysterio, non viri
'consortio, ex femina, regali prole Davitica, Maria Virgine,
'ad regnum hujusmodi non admissa nec etiam admittenda,
'per certam fidei veritatem rex verus et legitimus exstitit
'Judæorum. Absit etiam quod Jesu, filii⁹ David, regalis
'successio legalis observantiæ sive nodi¹⁰ fuerit solutio seu
'fractura,¹¹ cum non venerit¹² legem solvere sed implere.
'Hoc autem excellentissimum legitimæ successionis exem-
'plum rationabiliter imponit silentium loquacitati con-
'trariæ juri nostro in regno Franciæ memorato, ne, quoad¹³
'legitimum gradum et ordinem succedendi, separentur in
'constitutione vel interpretatione juris quos quoad hoc
'parificat identitas rationis. Nedum autem debita nostri
'vocatio nostraque defensio, cum de tanto nostro agebatur
'præjudicio, fuit omissa, sed etiam nostri procuratores qui in
'Franciam inerant, ut pro nobis et nostro jure legitime
'comparerent, non solum fuerunt in judicio non admissi sed
'etiam¹⁴ mortis horribilis comminatione repulsi. Et sic
'nostrum æmulum memoratum factum duodecim parium
'Franciæ non excusat, qui,¹⁵ quoad nos, quibus ætatis tenellæ
'ratio¹⁶ tunc favebat, relictis partibus judicum, ex hoc
'functi partibus sunt prædonum. Quorum processum, fac-
'tum in nostrum præjudicium, ipso jure etiam nostra fecit
'invalidum minor ætas, quæ, quoad majorem etiam,¹⁷ effi-

¹ *ergo*] vero, H.
² *facto*] fati, H. A.
³ *mater*] jure, H.
⁴ *legem*] leges, H. A.
⁵ *præfatæ*] præfati, H. A.
⁶ *omni*] cum, H.
⁷ *emolliri*] demolliri, H. A.
⁸ *contra*] om. H.
⁹ *Jesu filii*] Jesus filius, H. A. N.
¹⁰ *nodi*] modi, H.
¹¹ *fractura*] factura, A.
¹² *cum non venerit*] item non venit, H. A.
¹³ *quoad*] quod ad, H. A.
¹⁴ *etiam*] om. H. A.
¹⁵ *qui*] om. H. A.
¹⁶ *ratio*] minoritas, N.
¹⁷ *etiam*] om. H. A.

"'cax non fuisset, taliter defensione sublata quæ competit
"'homini eo jure naturæ, quod tolli nequit[1] a principe nec a
"'jure. Notum etiam communiter est ubique qualiter in
"'Aquitaniæ nostro ducatu semper invaserit et colliserit[2]
"'jura nostra, terras nostras invadens et dissipans quas
"'capere potuit, aliis nostris[3] quas occupavit adjungens, et
"'jus sibi dicens ad libitum, Dei timore postposito, sibi
"'tenens. Scotis etiam, quos nostræ coronæ[4] subjecerunt
"'jura temporum antiquorum, sed per nequam rebellionis[5]
"'dementiam contra naturalem dominum calcitrare conanti-
"'bus, qui in nostros prædecessores et nos læsæ majestatis
"'criminis rei erant, ut contra nos injuriæ nihil omitteret,
"'ad nostras injurias fœdere se adjunxit, in tanto crimine
"'tanto nostræ injuriæ fovens eos, qui jure sanguinis et
"'naturæ nos debuit potius adjuvare. Cumque præmissa
"'omnia non implerent de nostris injuriis votum suum,
"'collectis undique viribus, quicquid potuit,[6] ut nos iræ
"'suæ torrens absorbeat, aggregavit, tollere nos de mundo
"'sollicitus, ad aliud[7] non intentus, forsitan ex intento
"'factoque suo contra nos nostrum contra se metitus
"'intentum, quod colligere vel metiri nequivit per alicujus
"'nostri actus judicium nondum[8] actum. Donum insuper
"'nobis[9] impensum divini muneris ægre ferens, æstimare[10]
"'visus est suam injuriam in Angliæ regno nostro nos
"'vivere super[11] terram, etsi, quantum[12] dabat Dominus pro-
"'spere,[13] saltem per omnia pacifice quoad eum, quodque ser-
"'viens nobis populus, vel verius cui servimus, nostris
"'temporibus Dei[14] dono fuerit gloriosus. Hæc autem non
"'statim audita vel cognita nos moverunt, sed illa sub dis-
"'simulatione transivimus, nulli parcentes oneri vel honori,
"'ut contra nos persecutio sua[15] injuriaque[16] quiesceret nos-
"'trumque[17] cum eo[18] pacificum tempus esset, donec propin-
"'quum nobis vidimus gladium, nostræ ac nostrorum neci
"'et[19] exterminio præparatum. Sed numquid[20] aliquis est qui

A.D. 1389.
f. 21.

[1] *nequit*] nequid, H. A.
[2] *colliserit*] colluserit, H. A.
[3] *nostris*] vestris, H. A.
[4] *coronæ*] om. H. A.
[5] *rebellionis*] debellionis, H. A.
[6] *quicquid potuit*] qui quicquid, H. A.
[7] *aliud*] idem, H. A.
[8] *nondum*] nedum, H. A.
[9] *nobis*] vobis, H. A.
[10] *æstimare*] extenuare, H. A.
[11] *vivere super*] viverent, H. A.
[12] *quantum*] quam, H. A.
[13] *prospere*] properse, H. A.
[14] *Dei*] de, H. A.
[15] *sua*] nostra, H. A.
[16] *injuriaque*] injuriamque, H. A.
[17] *que*] om. H. A.
[18] *eo*] ea, H. A.
[19] *neci et*] om. H. A.
[20] *numquid*] numquam, H. A.

"'credat quod animus¹ nobis cognitus principis² tantæ
'potentiæ et sic, ut præmittitur, occupatæ nobis fuerit
'negligendus, qui, suæ viribus voluntatis armatus, potentia³
'undique vocata vallatus, solum ut possit liberius pro sua
'voluntate nos persequi, juratam deserit causam Christi?
'Quid ergo pro suo jure suaque securitate non licuit regi,
'sui status suique populi periculum jam videnti, dicat qui
'noverit. Quid non liceat homini, de vitandis injuriis
'dampnisque certanti, illis præsertim quæ ad vitæ
'statusque radices securim ponere præparabant? Levisne
'timor dici poterit aut vanus, qui pro nobis, si potuit⁴ con-
'junctorum nobis illustrium fortiumque constantia corda
'concutere, multo⁵ fortius debuit etiam nos terrere, quos
'solos⁶ periculorum concepta molimina concernebant?
'Propter hoc igitur, natura⁷ dictante, facti tam nostri quam
'nostrorum jurium non voluntarii sed necessarii defen-
'sores, ac opportunis cautionibus attendentes,⁸ juxta rei
'militaris documenta probata illustrium antiquorum, quod
'potentiæ magnæ⁹ pericula conspirata periculosius exspec-
'tantur, in laboribus¹⁰ illis nuper currentibus ad nostræ
'lucis et salutis occasum consultius venimus in occursum,
'ne contra nos forte discriminose procederent, sed sui
'ortus præfocarentur¹¹ in loco, illorum freti consilio et
'auxilio nobis prælato, quos nobis consanguinitas et affinitas
'conjungebat et ad quos simul spectabat¹² nobiscum peri-
'culis nostræ destructionis occurrere illaque consiliis et
'auxiliis præcavere; ponentes¹³ tam¹⁴ in manu Dei, quam
'in manibus apostolicæ sedis vestræ, vel aliorum bonorum
'virorum communium, ponere quondam¹⁵ voluimus, justifica-
'tam, quam petimus,¹⁶ causam nostram, ut Ipse, rectum ex
'alto¹⁷ prospiciens, sententiam justam ferat et in sui gladii
'viribus exsequatur. Nec credimus, alme pater, quod arbi-
'ter quivis rectus vel etiam judex justus sic interpretetur aut
'torqueat factum nostrum, ut, quod pro nostrorum tuitione
'et assecutione jurium et in tanto discrimine nostram feci-

---

¹ *animus*] aliquid, H. A.
² *principis*] princeps, H. A.
³ *potentia*] potentiam, H.
⁴ *si potuit*] om. H. A.
⁵ *multo*] multi, H. A.
⁶ *solos*] om. H. A.
⁷ *natura*] jure naturæ, N.
⁸ *attendentes*] accedentes, H. A.
⁹ *magnæ*] magna, H. A.
¹⁰ *laboribus*] laribus, H. A.
¹¹ *præfocarentur*] provocarentur, H. A.
¹² *spectabat*] spectabant, H. A.
¹³ *ponentes*] potentes, H.
¹⁴ *tam*] ipsum, H. A.
¹⁵ *quondam*] per quondam, H. A.
¹⁶ *quam petimus*] quantum potuimus, N.
¹⁷ *alto*] alta, H. A.

"'mus ad defensam,¹ alterius, quam non intendimus, non² A.D. 1339.
"'agimus, nec agemus, putet injuriam vel offensam. Immo
"'credimus, quin potius certi sumus, quod facti nostri inten-
"'tio attendetur, et quod, ubi ac propter quod fiat, debita
"'consideratione librabitur et justi statera³ judicis appendetur,
"'ut, sicut sanctio legis docet, non factum ex dicto, sed dic-
"'tum pensetur ex facto. Non esset equidem juris præsumptio
"'nobilis, quod supponit factum ab homine fieri suo jure,
"'non benigna interpretatio vel civilis, qualem fieri semper
"'dictat censura legalis, si nostri juris usum notorium nos-
"'træque defensionis compendium dispendium⁴ offensionis
"'illicite quis⁵ diceret alienæ. Cesset ergo, quæsumus, omnis
"'conjectura in actibus nostris certisque, locum dumtaxat
"'sibi vendicat in non certis. Denique, dicet⁶ forsitan
"'accusator calumpniosus nostræ actionis interpres quod
"'suscepimus hominem contra quem processisse fertur eccle-
"'siam, vel hominis non parentis ecclesiæ vicariam. Non
"'dicet quod fratris et affinis vicibus fungimur, non ad juris⁷
"'habendum titulum, sed necessarium nobis potentiæ solum
"'usum, ut, necessario suffulti præsidio, ubi nunc sumus, nos⁸
"'a congestis⁹ in nostram ruinam periculis defendamus et
"'pro nostrorum jurium justa assecutione certemus. Non
"'dicet quod intendimus nos defendere et pro nostro jure
"'certare, nec ecclesiam impugnare vel ejus impugnationi
"'favere, pro cujus utique staremus honore, nullius habita
"'ratione periculi, sicut catholicam excellentiam regum
"'decet.¹⁰ Cum tamen, ut omnis juris series censet, intentio et
"'cujuslibet actionis finalis causa vel ratio sit principaliter
"'attendenda, et ex notitia voluntatis atque propositi surgat
"'distincta certaque cognitio operis accusati, solumque de
"'gestis hominum realis actio, non verbalis conceptio, pon-
"'deretur; non dicet quod facimus de materia ista scutum f. 22.
"'contra eum, qui nostro prominebat capiti mortis ictum,
"'quodque¹¹ fecerimus medici sapientis exemplo,¹² qui ma-
"'teriam morte plenam, currentem ad partes corporis ubi
"'vita se recipit, divertere¹³ facit ad membra in quibus

---

¹ *defensam*] offensam, H. A.
² *non*] om. H. A.
³ *justi statera*] justo statere, H. A.
⁴ *dispendium*] disp. nostræ, H. A.
⁵ *quis*] quos, H. A.
⁶ *dicet*] dicet non, H. A.
⁷ *juris*] juriis, H. A.
⁸ *nos*] nec, H. A.
⁹ *congestis*] comestis, H. A.
¹⁰ *decet*] docet, H. A.
¹¹ *ista . . . . quodque*] om. H. A.
¹² *exemplo*] exempla, H. A.
¹³ *divertere*] dimittere, H. A.

"'materia fore nequit suspecta, quæ ad proximum fuerat in-
"'teritum præparata. Sic loquitur, sancte pater, sic loqui-
"'tur qui in suis insidiis nos invenire quærebat incautos et
"'penitus imparatos.[1] Sed procul dubio cautius et tutius
"'fuit nobis, juxta militarem theoricam edocentem quod
"'motæ[2] guerræ periculum plus evitat qui eam a suæ ter-
"'ræ limite plus sequestrat,[3] contra notorium hostem nostrum
"'pro jure nostro nos congredi ex terris potentium potenti-
"'bus sociatos, quam in propria nostra solos. Non igitur apud
"'vestra viscera misericordiæ sanctitatis locum inveniat de-
"'trahentium informatio æmula vel sinistra facta de filio,
"'qui suorum hereditario jure majorum in vestrorum præ-
"'decessorum, vestra, et apostolicæ sedis, gratia et obedi-
"'entia semper inconcusse persistit et persistet. Immo, si
"'quævis de filio taliter facta suggestio pulsaverit vestræ
"'beatitudinis forsan aures, non prius a vestra digna-
"'tione sancta credulitas illi detur, quam auditus sit
"'filius qui tangetur, qui confidit et indesinenter intendit
"'ante sanctitatis vestræ judicium, omni[4] præsidens creaturæ,
"'quod negare hæresim est probare, justam dicere vel
"'justam facere quamlibet causam suam. Illud nempe[5] de-
"'mum dicimus, ad nostræ[6] intentionis majorisque devotionis
"'evidentiam, subjungentes quod, si sit aliquis[7] de nobis fœdere
"'naturæ conjunctus[8] nobisque ad nostram defensionem ad-
"'junctus,[9] qui per viam obedientiæ apostolicæ sedis non
"'ambulat sicut debet, dare intendimus, quam non parum
"'utiliter dare posse confidimus, operam indefessam,[10] ut, omni
"'dimisso devio, ad viam obedientiæ redeat omnemque[11]
"'faciat semitam suam rectam. Unum rursus, quod a multis
"'audivimus, petita venia cum reverentia, non tacemus, quod
"'alias[12] inauditum,[13] quanto consideratur[14] attentius, pungit
"'acutius mentem nostram; videlicet quod adversarii nostri
"'manus, notorie tunc, ut[15] prius, ad nostrum tantum labo-
"'rantis exitium, cum guerram faceret nemo sibi, nec

---

[1] *imparatos*] disparatos, H. A.; imperitos, N.

[2] *motæ*] morte, H. A.

[3] *plus sequestrat*] prosequestrat, N.

[4] *omni*] cum, H.

[5] *nempe*] om. H. A.

[6] *nostræ*] vestræ, H. A.

[7] *aliquis*] om. H.

[8] *conjunctus*] conjunctis, H. A.

[9] *adjunctus*] adjunctis, H. A.

[10] *indefessam*] indefensam, H. A.

[11] *omnemque*] communemque, N.

[12] *quod alias*] om. H. A.

[13] *inauditum*] inauditam, H. A.

[14] *quanto consideratur*] quam inconsideratur, H. A.

[15] *ut*] et, H. A.

"'ipse alii nisi nobis,¹ de Christi patrimonio sit armata.² A.D. 1339.
"'Quod certe³ reges Angliae, nostros praedecessores, illustres
"'Christi pugiles, fidei athletas, sanctae Romanae matris
"'ecclesiae amantissimos zelatores, ejusque mandatorum de-
"'votissimos servatores, vel nos etiam nec scimus nec credi-
"'mus meruisse. Et licet propter hoc dicatur a plurimis,
"'non a nobis, quod talis contra nos facta subventio, quoad nos,
"'actus patris vel matris non⁴ extitit, sed nutricis⁵ vel novercae, f. 22 b.
"'nihilominus tamen constanter asserimus quod sumus et
"'perseveranter erimus vestrae sanctitatis vestraeque sedis
"'devotus et humilis filius, non privignus. Ex quo non sine
"'ratione speramus quod nostra humilitas, facta major et
"'firmior per illud quod non meruit nocumentum, vestrae
"'paternae caritatis et gratiae invenire debeat exuberantius
"'incrementum, ut,⁶ quod nobis insontibus⁷ intulit quae prae-
"'cessit asperitas punctionis, sequens deleat⁸ et compenset
"'vestrae lenitas unctionis. Hunc autem nostrae justitiae
"'et contra nos injuriae sic multiplicatae processum prae-
"'eminentiae vestri⁹ sancti culminis intimamus, ut vestra
"'summa sanctaque mensura boni et aequi, cujus a Deo sibi
"'datae clavi competit aperire et claudere in terra positis
"'portas coeli, prout exigit plenitudo suae potestatis et prae-
"'cellentia sui fori, quantum fuerit rationis, favere debeat
"'nostro juri; parati semper, nedum a vestro sancto cunctis
"'praesidente judicio, immo a quolibet alio, de veritate con-
"'trarii, si quis eam noverit, humiliter informari. Et, qui
"'sponte rationi subjicimur, aliam datam nobis¹⁰ intelligi veri-
"'tatem¹¹ cum plena et humili gratitudine¹² complectemur.'
"Quia vero vos, patres conscripti,¹³ estis in partem solli-
"citudinis et consilii dicti domini summi pontificis condignis
"meritis evocati, sibique lateraliter, ad dandam plebi Christi
"salutis scientiam, assidetis, ista vestrae cupimus patere no-
"titiae, ut, cognita causae nostrae justitia, veritati¹⁴ possitis in-
"tendere,¹⁵ quod debetis. Ad quod circumspectionem vestram
"providam quae solet, sine personarum acceptione, jura singu-

---

¹ *nemo . . . . nobis*] et nemo sibi, nec ipse alia nisi unde vobis, H. A.
² *armata*] armatus, H. A.
³ *certe*] om. H. A.
⁴ *non*] nec, H. A.
⁵ *nutricis*] victrici, H. A. N.
⁶ *ut*] om. H.
⁷ *insontibus*] in frontibus, H. A.
⁸ *deleat*] debeat, H. N.
⁹ *vestri*] vestrae, H. A.
¹⁰ *nobis*] vobis, H. A.
¹¹ *veritatem*] veritatis, H. A.
¹² *gratitudine*] gratitudinis, H. A.
¹³ *conscripti*] constricti, H. A.
¹⁴ *veritati*] veritas, H. A.
¹⁵ *intendere*] impendere, N.

"lorum æquo¹ libramine ponderare, votivis precibus excitamus. Et, si forsan in facto nostro quicquam appareat cautelam exposcens consilii sanioris, a vobis super hoc cupimus salubriter informari, parati in agendis nostris singulis² cedere rationi. Datæ apud Andewerpiam, xvj. die Julii, anno regni nostri³ tertio decimo."

Philippus,⁴ filius sancti Lodowici, rex Francorum, genuit Philippum, dictum pulchrum, et Karolum de Valoys. Eidem Philippo, filio sancti Lodowici, successit in regno Philippus pulcher, ipsius primogenitus; qui decessit, relictis tribus filiis, videlicet Lodowyco,⁵ Philippo et Karolo, et una filia, videlicet domina Isabella, regina Angliæ, quæ, vivente patre suo, peperit dominum E[dwardum], nunc regem Angliæ. Philippo pulchro successit in regno Lodowicus, ipsius primogenitus, qui, vivente patre suo, de propria uxore sua, filia ducis Burgundiæ, suscitavit unam filiam, de qua, ipso vivente, nulla fuerat proles suscitata. Idem Lodowicus de secunda uxore sua, filia regis Hungariæ, suscitavit filium, Johannem videlicet, qui posthumus natus vixit per paucos dies, sed dum vixit habebatur pro rege. Eidem Johanni posthumo successit Philippus, secundo genitus Philippi pulchri, qui de uxore suscitavit duas filias, una copulata in matrimonio comiti Flandriæ, altera dolphino de Viennia; sed de ipsis, eo vivente, nulla fuerat proles suscitata. Mortuo Philippo, secundo genito Philippi pulchri, sine herede masculo de corpore suo procreato, successit eidem in regno Karolus, ultimo genitus Philippi pulchri. Quo regnante, factum fuerat statutum quod femina in regno Franciæ non succederet, sed masculus tantum, sicut etiam prius de consuetudine fuerat obtentum. Idem Karolus, ultimo genitus Philippi pulchri, sine herede masculo de corpore suo procreato decessit. Post cujus mortem Philippus, filius Karoli de Valoys prædicti, oc-

---

¹ *æquo*] eo, H. A.
² *singulis*] om. H. A.
³ *nostri*] om. H. A.
⁴ The following argument is omitted in N. R. C. M.
⁵ *Lodowyco*] Lodowico, A.

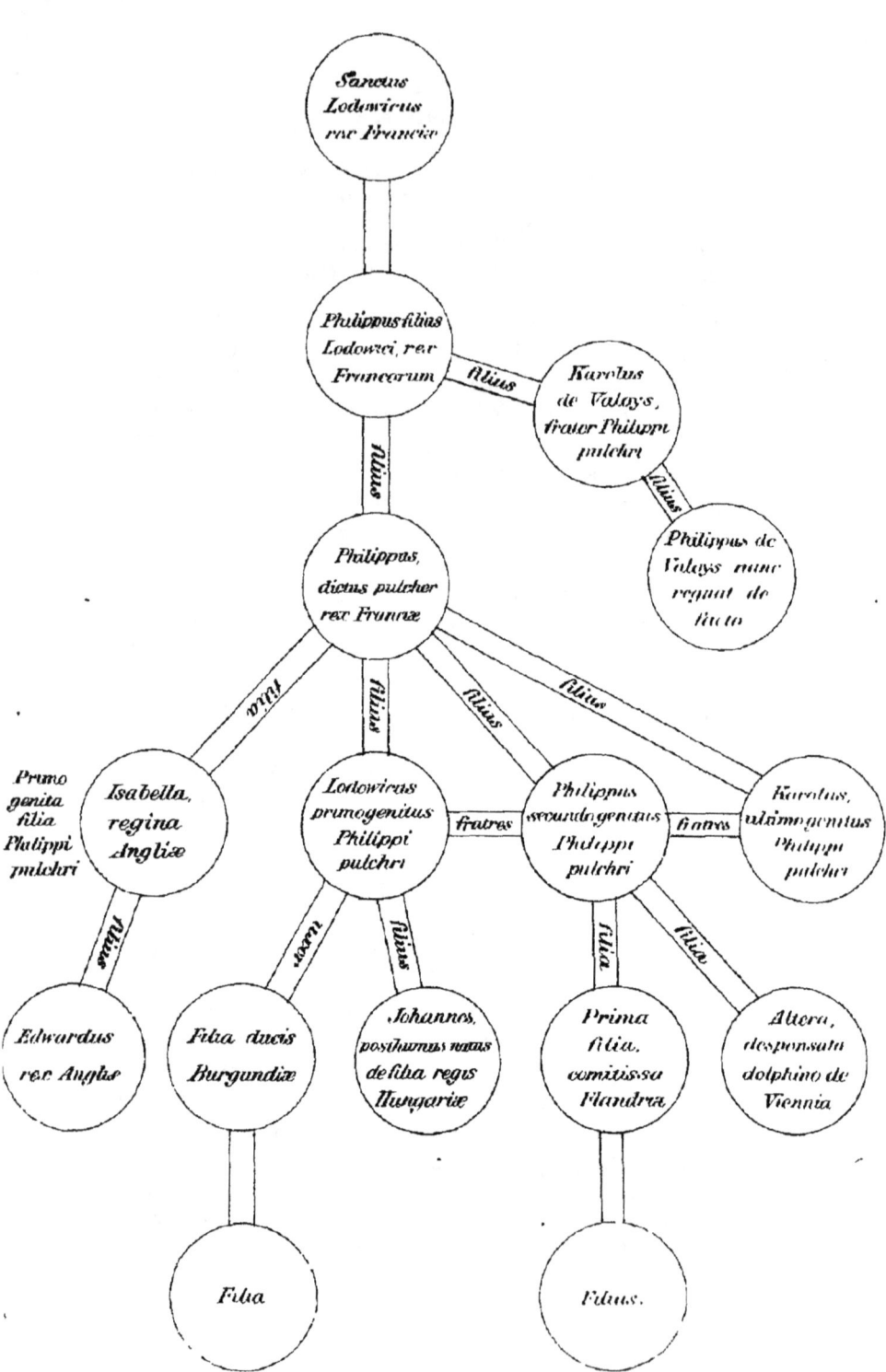

cupavit regnum Franciæ de facto. Cui dominus E[d- A.D. 1339. wardus] rex Angliæ, filius dominæ Isabellæ prædictæ, pro terris ducatus¹ Aquitaniæ fecit homagium in minori ætate; pubet tamen, et adhuc minor exsistens declaravit per literas suas authenticas illud homagium fore ligium. Nunc vero, infra tempus restitutionis in integrum exsistens, vivente adhuc matre sua, quæ juxta consuetudinem et statutum prædicta in dicto regno succedere non potest, dicit se verum heredem dicti Karoli, ultimo geniti Philippi pulchri, tamquam proximum masculum de genere suo, et petit regnum Franciæ tamquam sibi debitum hereditario jure.²

Objicitur tamen præfato Edwardo, regi Angliæ, de statuto et consuetudine prædictis; item, de homagio per ipsum facto, per quod videbatur juri suo, si quod eidem competebat, renunciasse, præsertim cum videatur continere vim sacramenti; item, objicitur eidem quod dicta filia Lodowici,³ primogeniti Philippi pulchri, videlicet comitissa Flandriæ, similiter⁴ habet filium, qui eidem Philippo esset proximior masculus in linea descendente; et sic, dato quod excludi deberet Philippus qui nunc regnat, rex Angliæ, qui est de linea collaterali, nihil juris in dicto regno Franciæ vendicare posset.

Objections to Edward's claim.

[*Rex Angliæ ingressus est patrias Cambracenses et Vermodenses, comburens et destruens cum exercitu suo per totum.*⁵ *Rex fecit confœderationem cum Flandrensibus. Item, sigillum novum et arma nova fecit.*]

Anno Domini millesimo CCC^{mo}XXXIX°, Benedicti pa- f 24. pæ XII. quinto,⁶ regni vero⁷ regis E[dwardi] tertii a

---

¹ *pro terris ducatus*] terris producatis, H.

² Here the MSS. have the pedigree, as shown on the accompanying lithograph.

³ *Lodowici*] Ludowyci, A.

⁴ *similiter*] quæ sim., H. A.

⁵ *Rex . . . . totum*] R. Angliæ transgressus est partes Cambreuses et Vermodenses, M.

⁶ The papal year om. C. M.

⁷ *vero*] om. H.

conquæstu xiij°, ætatis scribentis lxv°,[1] in vigilia sancti Mathæi,[2] idem rex Angliæ [3] regnum Franciæ cum xij. millibus armatorum intravit, comburens et destruens villas et castra circumquaque, per v. septimanas quotidie continuando dietas, sicut potuit exercitus laborare; ita quod, cito post festum sancti Michaelis,[4] totam patriam Cameracensem, Tornacensem, Vermondensem, et Tiracensem,[5] et Laudunensem,[6] exceptis castris et muratis[7] civitatibus, destruxerunt, fugientibus omnibus incolis præ timore, nec quisquam resistebat eisdem.[8] Et, licet rex Franciæ cum suo exercitu lateret in civitatibus fortissimis et in villa Sancti Quintini,[9] prope regem Angliæ et suum exercitum jacentem [10] in campis, nunquam tamen [11] ausus fuit civitates exire vel muros et insultum dare his qui jacebant in campis. Cumque dux Brabanciæ et sui, propter defectum victualium et propter hiemem, vellent omnimodo redire et fuissent in redeundo, rex Franciæ hoc animadvertens [12] movit se versus exercitum regis Angliæ; et hoc intelligens rex Angliæ exspectavit et ducem Brabanciæ revocavit. Et, acceptis literis magnorum de parte regis Franciæ quod rex Franciæ voluit omnino pugnare, rex Angliæ misit sibi quod ipse [13] voluit per triduum exspectare; et sic fecit, et etiam iiij^{to} die, et campum suum in [14] quo volebat pugnare elegit. Sed rex Franciæ, licet prope fuisset per ij. milliaria, nunquam tamen [11] eis voluit appropinquare; sed rediit, et, fractis pontibus et prostratis arboribus

---

[1] The age of the writer om. N. C. M.

[2] *Mathæi*] Mathiæ, H. A.

[3] *Angliæ*] om. C. M.

[4] *cito ... Michaelis*] om. C.M.

[5] *et Tirac.*] Siracensem, C. M.

[6] *et Laudunensem*] om. R.; et Caudinensem, N.

[7] *et muratis*] muratis et, R.; castris et muratis, om. C. M.

[8] *nec quisquam .... eisdem*] om. N.

[9] *et in villa S. Quintini*] om. N.

[10] *jacentem*] jacentes, R. C. M.

[11] *tamen*] om. C. M.

[12] *animadvertens*] advertens, N. R. C. M.

[13] *ipse*] ipsum, R. C. M.

[14] *in*] om. H.

ad impediendum iter regis Angliæ,[1] ne sequeretur eum, Parisius[2] est reversus. Quod intelligens rex Angliæ, de consilio confœderatorum suorum et propter defectum victualium,[3] rediit per Hanoniam in Brabanciam, ubi morabatur fere per totam hiemem, sicut prius. Et illo tempore contraxit[4] magnam amicitiam cum Flandrensibus, et fecerat[5] se nominari regem Franciæ et Angliæ, et mutavit sigilla sua, scilicet partim[6] de armis Franciæ et partim[6] de armis Angliæ. Et Flandriæ communitates obediebant sibi tanquam regi Franciæ, quia aliter non audebant, propter interdictum papæ quod fuit interpositum in totam Flandriam in casu in quo contra regem Franciæ rebellarent.

A.D. 1339. Edward returns to Flanders. He quarters the arms of France. Close alliance with the Flemings.

Hoc anno, in festo Conceptionis beatæ Mariæ, anno Domini millesimo CCC^{mo}XXX°IX°, regni regis E[dwardi] tertii a conquæstu xiij., moritur R[icardus] de Bynteworth, episcopus Londoniensis, et in crastino Conversionis sancti Pauli eligitur Radulphus de Streteford, Dominica prima Quadragesimæ Cantuariæ consecratus, et Dominica iij^a Quadragesimæ inthronizatus.

A.D. 1339. Death of Richard Bintworth, bp. of London, 8 Dec. f. 24 b. A.D. 1340. Election of Ralph Stratford, 26 Jan.

Hoc anno Domini M^{o}CCC^{mo}XL., mense Aprilis, moritur W[illelmus] de Meltone, archiepiscopus Eboracensis, et postea eliguntur duo in discordia, scilicet W[illelmus] la Zouche et W[illelmus] de Killesby.[7]

Death of William Melton, archbp. of York, 4 Apr.

Item, hoc anno, cito post festum sancti Hilarii, nautæ de Quinque Portubus, assumptis sibi multis parvis navibus et batellis bene munitis, applicuerunt Bononiæ juxta mare[8] in tempore nebuloso, et ibidem in villa inferiori xix. galeas et iiij. magnas naves et xx. parvas naviculas cum omnibus suis armamentis combus-

Sailors of the Cinque Ports destroy shipping and stores at Boulogne.

---

[1] *Angliæ*] om. H. A. M.
[2] *Parisius*] Parusius, H. A. ; P. est reversus, om. C. M.
[3] *et propter . . . . victualium*] om. N.
[4] *contraxit*] traxit, H. A. C. M.
[5] *fecerat*] fecit, C. M.
[6] *partim*] partem, R.
[7] Of these episcopal changes, that in the see of London is briefly recorded in this place, and that in the see of York, after the account of the parliament, N. They are altogether omitted in R. C. M.
[8] *mare*] om. H.

serunt, una cum domibus exsistentibus juxta mare; inter quas fuit[1] magna domus, plena remis, velis, et armis et arbalistis necessariis ad tot homines qui possent sufficere pro dictis xix. galeis armandis.[2] Ubi fuerunt ex utraque parte occisi,[3] sed plures de Bononia interfecti.

Hoc anno, in principio mensis Februarii, rediit rex in Angliam, regina prægnante in Gandavo dimissa, ubi peperit filium quem vocavit Johannem.[4] Et cito post habuit parliamentum Westmonasterii;[5] ubi laici concesserunt sibi nonum vellus lanæ, nonum agnum, et nonam garbam cujuscumque generis bladi. Sed prælati et clerus tunc nihil concesserunt, quia, ante adventum regis,[6] clerus concessit sibi unam novam decimam, una cum alia præconcessa currentem.[7]

[*Regis transfretatio in Flandriam. Bellum committitur in portu de Swyne inter Anglicos et Francos.*]

Item,[8] cito post Pascha, comites Sarisburiæ et Suthfolkiæ,[9] cum paucis armatis, voluerunt cepisse villam de Lyle in Flandria, quæ tenebatur per partem regis Franciæ; et ibi fuerunt circumvallati multitudine ar-

---

[1] *fuit*] una, C. M.

[2] *inter quas . . . . armandis*] et cum una magna domo plena remis, velis, et armis, et arbalistis, sufficientibus tot hominibus armandis quot xix. galeæ possent continere, N.

[3] *occisi*] om. C. M.

[4] *regina . . . . Johannem*] et regina Angliæ in partibus transmarinis, ubi traxit moram per magnum tempus: written over an erasure, N.; ubi . . . . Johannem, om R. C. M.

[5] *Westmonasterii*] apud Westmonasterium, R. C. M.

[6] *Sed . . . . regis*] Sed ante adventum suum, C. M.; regis, om. R.

[7] Here C. has the following:— "Eodem anno regina Philippa peperit regi filium mense Martii apud Gandavum, quem vocavit Johannem de Gaunt." M. has the same after the next sentence.

[8] *Item*] Anno Domini M.CCC^{mo}XL°, regni regis E. tertii a conquæstu xiiij., C. The whole of this paragraph is placed in the preceding chapter in M.

[9] *Suthfolkiæ*] Suffolchiæ, R. C.

matorum et,[1] propter eorum stultam audaciam, capti et captivi ad regem Franciæ destinati. Quos rex Franciæ voluit turpiter occidisse; sed, fretus consilio regis Boemiæ, tunc pepercit, et misit comitem Sarisburiæ ad castrum Montis Argii et alium comitem ad alium locum fortem, custodiendos in illis.[2]

A.D. 1340.

Rex vero noster E[dwardus] post præmissa tenuit[3] festum Pentecostes,[4] anno Domini M°CCC°mºXL°, regni vero sui xiiij°, apud Gypeswychum, supra passagium suum versus Flandriam, proponens transire[5] cum simplici comitatu; sed,[6] audito rumore quod rex Franciæ misit magnam classem navium Hispaniæ et quasi totum navigium regni Franciæ ad impediendum transitum regis Angliæ,[7] idem dominus rex exspectavit et convocare[8] fecit plures naves tam de Portubus quam aliunde, ita quod habuit circa cclx.[9] naves parvas et magnas.

The king keeps Whitsuntide at Ipswich, and sails for Flanders.

Et[10] die Jovis ante festum Nativitatis sancti Johannis baptistæ habuit ventum bonum, et incepit feliciter navigare.[11] Et die Veneris sequenti, scilicet in vigilia sancti Johannis, vidit[12] classem navium Franciæ

f. 25.

---

[1] *fuerunt . . . . et*] om. N.

[2] *pepercit . . . . illis*] pepercit eisdem et misit eos ad duo castra custodiendos, N.; et misit . . . . illis, om. C. M.

[3] *Rex . . . . tenuit*] Anno Domini M.CCCXL. et ipsius r. E. xiiij. tenuit idem rex post præmissa, M.

[4] *Pentecostes*] Pentecosten, R.

[5] *Rex vero . . . . transire*] Rex vero Angliæ post Pentecosten, anno regni sui xiiij°, apud Gipeswycum, proposuit transire, N. Item, hoc anno tenuit rex Angliæ post præmissa fest. Pent. apud . . . . . transire, C.

[6] *sed*] om. H.; erased in A.

[7] *Angliæ*] The rest of the sentence, om. C.

[8] *convocare*] convocavit, H.

[9] *cclx.*] ccxl., H. A.

[10] Here C. has the agreement with the Normans for the invasion of England and the ordinances of the French fleet; after which the text resumes as follows:—"Item do " minus rex, propter rumorem istius " classis Franciæ, exspectavit et " convocare fecit plures naves, tam " de portubus quam aliunde, ita " quod habuit circiter cclx. naves " parvas et magnas, et die Jovis," etc., as above.

[11] *Et die . . . . navigare*] om. N.

[12] *vidit*] cum aliquantulum navigasset, ita quod vidisset, N.

A.D. 1340. Battle of Sluys, 24 June.

in portu de la Swyne paratam et quasi castrorum acies[1] ordinatam; et per totam illam diem deliberavit quid esset consultius faciendum. Et in festo sancti Johannis baptistæ,[2] mane, classis Franciæ, se dividens in tres turmas, movit[3] se per spatium unius milliaris versus classem regis Angliæ. Quod percipiens rex Angliæ[4] dixit non esse ulterius exspectandum, sed se et suos ad arma paravit; ita quod[5] cito post horam nonam, quando habuit ventum et solem ad tergum et vim fluminis secum, divisit navigium suum similiter in tres turmas et Francis dedit insultum. Ubi fuit magnum prœlium navale commissum, propter fortitudinem et magnitudinem navium Hispaniæ[6] et[7] Franciæ ad prœlium paratarum. Tamen[8] Anglici Gallicos devicerunt et naves primæ cohortis intrarunt, videlicet unam maximam[9] navem vocatam Sanctus Dionisius et aliam vocatam Sanctus[10] Georgius et alias naves, videlicet Christofre, et Blakekoges,[11] quas Gallici primitus, ut supra scriptum est, in portu de Swyne dolose[12] ceperunt. Et in isto primo conflictu fuerunt comites Gloucestriæ,[13] Northamptoniæ, et Huntyngdoniæ, qui fuit dux et admirallus[14] navium de Quinque Portubus, et dominus R[obertus] de Morley, qui fuit admirallus[14] et dux navium borealium, scilicet de Yarnemouth,[15] Lynne,[16] et ceterarum navium borealium,[17] et multi alii nobiles. Victa igitur prima cohorte Gallicorum, licet cum magna diffi-

The first line of the French defeated.

Defeat of the second line.

---

[1] *acies*] aciem, N.
[2] *Baptistæ*] om. C. M.
[3] *mane . . . . movit*] cum mane . . movisset, N.
[4] *quod . . . . Angliæ*] om. N.
[5] *se . . . . quod*] om. N.
[6] *Hispaniæ*] Hispanei, H. A.
[7] *et*] om. H. A. R.
[8] *Ubi fuit . . . . Tamen*] Ubi fuit prœlium navale fortissimum. Tandem, N.; ubi fuit . . . . Finaliter tamen, C. M.
[9] *maximam*] magnam, C. M.
[10] *Sanctus . . Sanctus*] om. M.
[11] *Blakckoges*] Blakecoges, R.; Blake Cog, C.
[12] *intrarunt . . . . dolose*] om. N.
[13] *Gloucestriæ*] H. Daudele, Gloucestriæ, N.
[14] *admirallus*] admirabilis, H. A. N. R.
[15] *Yarnemouth*] Yarnemuth, R.; Jarnemuth, C.; Yhermouth, M.
[16] *Lynne*] Lenne, C. M.
[17] *scilicet . . . . borealium*] om. N.

cultate, dederunt insultum secundæ, quam facilius devicerunt,¹ quia multi se gratis submerserunt; et naves eorum ceperunt, quasi in crepusculo noctis.² Adveniente nocte, tam propter obscuritatem quam propter nimiam fatigationem, quiescere voluerunt usque mane.³ Sed naves tertiæ cohortis Gallicorum latenter⁴ fugere voluerunt; et fugerunt circa xxx. naves. Sed⁵ una magna navis illarum,⁶ quæ vocabatur James de Depe, voluit fugiendo cepisse quandam navem de Sandewyco, quæ fuit prioris ecclesiæ Christi Cantuariæ; sed ipsi se defenderunt, cum adjutorio comitis Huntyngdoniæ. Et duravit conflictus usque mane, scilicet in crastino sancti Johannis baptistæ,⁷ sed finaliter Anglici vicerunt Normannos et navem illorum ceperunt, in qua quadringentos homines et ultra interfectos et mortuos invenerunt.⁸

In crastino autem dicti festi sancti Johannis,⁹ intellecto quod¹⁰ dictæ xxx. naves in nocte totaliter¹¹ recesserunt, misit dominus rex xl. naves bene munitas ad insequendum eas; et illis xl. navibus præposuit Johannem Grabbe,¹² quem peritiorem in arte navali et cognitione portuum illarum partium¹³ reputavit. Quid tamen facerent,¹⁴ ignoratur.¹⁵

Postea rex applicuit in Flandria et, confirmata confœderatione inter ipsum et Flandrenses, remisit comites

---

¹ *devicerunt*] diviserunt, H.
² *et naves . . . . noctis*] om. N.
³ *usque mane*] om. N.
⁴ *latenter*] latentium, R.
⁵ *latenter . . . . . Sed*] quasi xxx., latenter fugerunt; quarum, N.
⁶ *illarum*] illorum, C.; eorum, M.
⁷ *baptistæ*] om. C. M.
⁸ *et duravit . . . . invenerunt*]. A few verbal variations in N. After this should follow (as it does in N.) the paragraph below giving the total losses in the battle.
⁹ *S. Joh.*] om. M.
¹⁰ *quod*] quia, R. C.
¹¹ *totaliter*] taliter, R. C. M.
¹² *Grabbe*] Crabbe, R. C. M.
¹³ *portuum illarum partium*] partium illarum, H. A.
¹⁴ *facerent*] fecerant, R. C. M.
¹⁵ *In crastino . . . . ignoratur*] om. N. Here M. has the ordinances of the French fleet.

Gloucestriæ, Arundelliæ, et Huntyngdoniæ in Angliam; et ipse, cum Flandrensibus et Brabanciis et paucis de Anglia, obsedit¹ civitatem Tornacensem.

Et dimisit² dominum Robertum de Artoys, quem³ diutius sustinuit in Anglia, cum magno exercitu Anglicorum et Flandrensium, ad recuperandum terras suas in partibus Attrabatensibus; qui cum exercitu illo obsedit⁴ villam de sancto Omero. Ubi in crastino sancti Jacobi habuit conflictum cum duce Burgundiæ et comite Flandriæ et cum tota potentia eorundem. Et incepit pugna hora tertia, et duravit usque ad horam vesperarum. Ita dominus R[obertus] de Artoys cum suis bis fuit in fugam conversus, quia illi de partibus suis propriis et de Ipre ipsum dereliquerunt;⁵ sed finaliter de consilio domini Thomæ de Ostred,⁶ quem rex Angliæ sibi cum multis aliis⁷ Anglicis et maxime architenentibus assignavit, suum exercitum recollegit et inimicos fortiter expugnavit, et prope noctem ante portas Sancti Omeri⁸ devicit eosdem. Ubi de parte Gallicorum fuerunt occisi xv. barones, lxxx. milites, populares, et magni equi, cum sagittis, quasi ad⁹ numerum infinitum,¹⁰ et, si dies permisisset, omnes interfecissent et villam cepissent. Illi vero qui evaserunt villam sancti Omeri⁸ intraverunt; et ita finalis victoria remansit cum dicto domino Roberto et suis, per adjutorium Dei et audaciam Anglicorum.¹¹

---

¹ *obsedit*] obsessit, H. A. N. R. C. M.

² *dimisit*] misit, N. R.

³ *quem*] qui, R.

⁴ *obsedit*] obsessit, H. A. N. R.

⁵ *quia . . . . dereliquerunt*] quia sui ipsum relinquerunt, N.

⁶ *de Ostred*] Outhred, N.; Ostred, R.

⁷ *aliis*] om. N. R.

⁸ *Omeri*] Omery, R.

⁹ *ad*] om. H. A.

¹⁰ *quasi . . . . infinitum*] ad magnum numerum, N.

¹¹ *Et dimisit . . . . Anglicorum*]. The whole paragraph is om. in C. M.; and the latter part, from " et " si dies permississet," in N.

Summa autem navium captarum de Gallicis ad ducentas et bargiarum ad xxx[ta] se[1] extendebat; summa[2] inimicorum[3] occisorum xxv. millia; summa[2] nostrorum occisorum circa iiij. millia,[4] inter quos fuerunt iiij. milites,[5] scilicet dominus Thomas de Mounthermer, consanguineus regis, dominus T[homas] de Latimer, filius, dominus Willelmus le Botiler de Northbourne.[6]

Rex autem Edwardus, exsistens in obsidione Tornacensi cum magno exercitu, scripsit Philippo de Valoys,

---

[1] *se*] om H. A. N.
[2] *summa*] Item summa, C. M.
[3] *inimicorum*] om. C. M.
[4] *xxv. millia . . . . iiij. millia*] circa iiij. millia de nostris, M. The loss of the French is given at the end of the paragraph.
[5] *summa autem . . . . milites*]. This is placed in N. immediately after the account of the battle of Sluys, above ; and the names of the knights are omitted. The whole passage is omitted in R.
[6] The paragraph om. R. At this point C. and M. omit Edward's challenge and Philip's answer; which, however, are afterwards given with other documents at the end of the chronicle in C. They here have the following :—
" Item, hoc anno, circa festum
" sancti Johannis, Scoti, treugam
" prius initam servare nolentes,
" Angliam in multitudine magna
" intraverunt, occidentes, comburentes, et quasi totam marchiam
" deprædantes. Et, cum capta
" præda redirent nec nobiles mar-
" chiones Angliæ illarum partium,
" quibus magna pecunia pro cus-
" todia illius marchiæ per dominum
" regem fuerat assignata, Scotis
" occurrere tunc curarent seu
" nimium protelarent, populares
" illius marchiæ, ipsis Scotis re-
" deuntibus occurrentes, prædam
" captam viriliter abstulerunt, mul-
" tos occiderunt, et plus quam octo-
" ginta de majoribus Scotorum
" ceperunt, et, quousque se redi-
" merent, carceribus manciparunt.
" De quo facto majores illius
" marchiæ minus rationabiliter fu-
" erant indignati.
" Item, circa festum sancti Petri
" ad vincula, venerunt piratæ
" Franciæ [om. M.], cum adjutorio
" Hispanorum, et insultum dede-
" runt apud Insulam Vectam et
" subito intraverunt. Quibus do-
" minus Petrus Russel, miles, cum
" quibusdam popularibus obviavit
" et expulit ipsos; sed ipse miles
" fuit occisus ibidem. Ipsi autem
" piratæ se ad partes Devoniæ
" transtulerunt, et villam de Ty-
" negmuthe episcopi Exoniensis
" combusserunt, et versus Suttonam
" et Plummouthe se transtulerunt;
" sed villæ de Suttona nihil omnino
" nocuerunt, sed quædam maneria
" campestria combusserunt, et quen-
" dam militem dominum J. cepe-
" runt et secum quo voluerunt ab-
" duxerunt."

qui se dicit regem **Franciæ**, epistolam Gallicam infrascriptam:[1]

"Philippe de Valoys, par longe temps avomus pursui par devers vous par messages et toutes autres voies qe nous saviomus resonables, a fin qe vous nous vousissez aver rendue[2] nostre dreit, heritage de Fraunce, liquel vous nous avetz longe temps detenue et a grant tort occupe. Et, pur ceo qe nous veomus bien qe vous estes en entente de perseverer en[3] vostre injuriouse detenue, saunz nous faire resoun de nostre demaunde,[4] sumus nous entrez en la terre de Flaundres, com seignur soverayn de icelle, et passez par my le pays. Et vous signifiomus qe, pris ovesqe[5] laide[6] nostre Seignur Jesu Crist et nostre droit, ovesqe le poair du dit pays[7] et ovesqe nos gentz et alliez, regardez le droit qe nous avomus al heritage qe vous nous detenez a vostre tort, nous nous troiomus[8] vers vous, pur mettre fin[9] sour nostre dreiturel chalange, si vous voilez aprocher. Et, pur ceo qe si grant poair de[10] gentz assemblez qe vient de nostre part et qe quidomus[11] qe vous amenez de vostre part ne se purreient mye longement tener ensemble saunz faire greff destruccoun au[12] poeple et au pais — la quele chose chescun boun Cristene deit eschieure, et especialment prince et autre[13] qe se deinent[14] governer de[10] gentz—si desiromus mult qe breff poynt se preist, et, pur eschieure mortalite des Cristiens, ensi com la querele est apparent a nous et a vous,[15] qe la discussion[16] de nostre chalange se fesist entre nos deux

---

[1] *Rex autem . . . . infrascriptam*] Rex autem Edwardus, exsistens in obsidione Tornacensi, scripsit Philippo de Valoys epistolam Gallicam, offerens disentionem juris regni Franciæ, quod pro sua justa hereditate exigebat, fieri per duellum ipsorum duorum, ad vitandum multi sanguinis effusionem, vel per utrumque cum centum militibus electis utriusque partis; et, si neutrum sibi placeret, quod ipse assignaret certum diem id fieri juxta civitatem Tornacensem per potestatem utriusque infra decem dies, N.

[2] *vousissez . . . . rendue*] rendissez, C.

[3] *perseverer en*] pursuie, C.

[4] *demaunde*] damage, C.

[5] *ovesqe*] od nous, C.

[6] *laide*] laide de dieu et, C.

[7] *et vous signifioms . . . . pays*] om. H. A. N.

[8] *troiomus*] otroioms, H.; troioums, N.; troions, R.; treons, C.

[9] *fin*] brief fyn, C.

[10] *de*] des, N. R. C.

[11] *quidomus*] bien quidoms, R.

[12] *au*] a, H.

[13] *prince et autre*] des princes et autres, C.

[14] *deinent*] tignent, R.; tenent, C.

[15] *est apparent . . . . vous*] parentre nous et vos, C.

[16] *discussion*] discussioun, A.

CONTINUATIO CHRONICARUM.

A.D. 1340.

"corps; a la quele chose nous nous offremus pur les causes
"susdites, coment[1] qe nous pensons[2] bien la grant noblesse
"de vostre corps, vostre sens aussi et avisement. Et, en cas
"qe vous ne vourroietz celle voie, adonqes fust mys nostre
"chalange pur affinier icelle par bataille[3] de vous mesmes
"ove cent persones de plus suffisauntz de vostre part et nous
"mesmes ove autres tauntz de nos gentz leges. Et, si vous
"ne voillietz lune voie[4] ne[5] lautro, qe vous nous assignez
"certayne journe devaunt la cite de Turneye pur combatire,
"poair countre poair, dedeins diz jours procheyns apres la
"date de ceste lettre. Et nos[6] offres desusditz volomus par tut
"le munde estre[7] conues qest nostre desire, ne mye par
"orguille ne sourquindance, mes qe par les causes[8] susdites,[9]
"a fin qe. la volunte nostre Seignur Jesu Crist monstre entre
"nous, repos puit[10] de pluis en pluis estre entre Cristiens, et
"qe par[11] ce le poair des enemys Dieux fuissent resistez et
"Cristiente enfraunche.[12] Et la voye sour ceo qe eslire
"vollez des offres susditez nous volez singnifier par le portour
"de cestes lettres et par les vostres, en bien fesaunt hastive
"deliverance. Done suz nostre grant seal a Chyn suz les
"champs de les Torney, le xxvij.[13] jour de moys de Juyl, lan
"nostre Seignur[14] mille ccc.xl."

["Philip of Valois, for long have we made suit before you by
"embassies and all other ways which we knew to be reasonable,
"to the end that you should be willing to have restored unto
"us our right, our heritage of France, which you have long
"kept back and most wrongfully occupied. And for that we see
"well that you are minded to continue in your wrongful with-
"holding, without doing us right in our demand, we have
"entered into the land of Flanders, as sovereign lord thereof,
"and have passed through the country. And we make known
"unto you that, by the help of our Lord Jesus Christ and our
"right, together with the power of the said land and with our

---

[1] *coment*] consent, H. A. N. R.
[2] *pensons*] puissoms, H. A. N. R.
[3] *bataille*] baitaille, H.
[4] *voillietz lune voie*] voiletz lun voye, A.
[5] *ne*] ou, H. A.
[6] *nos*] nous, H. R.
[7] *estre*] de estre, H. A.
[8] *qest . . . . causes*] et qe ceste nostre desir nest mie par orguil ne surquidrie mes pur les causes, C.
[9] *susdites*] dites, H.
[10] *a fin . . . . puit.*] Et qe la fyn qe la vertue Jesu Crist mettra par entre nous rette puit, C.
[11] *par*] om. H. A. N. R.
[12] From this point to the end of the letter om. in H.
[13] *xxvii.*] xxvi., C.
[14] *Seignur*] Seignur le Roy, A.

"people and allies, in regard to the right which we have in the
"heritage which you do wrongfully withhold from us, we are
"drawing nigh unto you to make an end of our rightful challenge,
"if you will come near. And for that so great a power of
"assembled men which come on our side and which we think
"you are leading on your side would never long be able to hold
"together without doing grievous hurt to the people and to the
"country—which thing every good Christian ought to eschew,
"and especially princes and others who think themselves
"worthy to rule nations—so do we greatly desire that despatch
"be made, and, for the avoiding the death of Christians,
"seeing that the quarrel is manifestly ours and yours. that the
"trial of our challenge be made between our two bodies; where-
"unto we offer ourself for the reason aforesaid, albeit that we con-
"sider well the great nobility of your person, your prudence
"also and discretion. And in case that you would not choose this
"way, then should our challenge be laid to make an end thereof
"by battle between yourself with one hundred of the fittest men
"of your side and ourself with so many others of our liegemen.
"And, if you will neither the one nor the other way, that you
"assign unto us a certain day before the city of Tournay to
"fight, power against power, within ten days next after the date
"of this letter. And as to our offers aforesaid we wish it to be
"known through all the world that this is our desire, not from
"pride nor presumption, but for the reasons abovesaid, to the
"end that, the will of our Lord Jesus Christ being shown
"between us, peace may grow more and more among Christians,
"and thereby the power of the enemies of God be resisted and
"Christendom set free. And the way, touching which of the
"offers aforesaid you choose, make you known unto us by the
"bearer of these letters and by your own, causing thereof a
"speedy delivery. Given under our great seal at Chin, in the
"fields near Tournay, the 27th day of the month of July, the
"year of our Lord 1340."]

Cui literæ Philippus de Valoys, occupans regnum Franciæ, sub sequenti tenore respondit:

"Philippe, par la grace de Dieux roi[1] de Fraunce, a Edward
"roy Dengleterre. Nous avomus vien[2] vos
"lettres apportes a nostre court, envoyes[3] de
"part vous a Philippe de Valoys, en quels lettres estoient[4]
"contenuz ascuns requestes qe vous feistes au dite Philippe
"de Valoys[5]. Et, pur ceo qe les dites lettres ne viengnent

---

[1] *roi*] roy, A.
[2] *vieu*] om. H. A. N.
[3] *envoyes*] envoies, A.
[4] *estoient*] estoioms, H. A. N.
[5] *Valoys*] Valois, A.

"pas a nous et qe les dites requestes ne estoient pas faites A.D. 1340.
" a nous, com apert clerment par le tenour de lettres,[1] nous
" ne vous en fesomus nulle respounse. Nient meyns, pur ceo
" qe nous avomus entenduz par les dites lettres, et autre-
" ment,[2] qe vous estis entres en nostre roialme[3] de Fraunce,
" enportaunt[4] grant damage a nous et a nostre realme et a
" nostre poeple, menuz[5] de volunte saunz nulle reson et
" noun regardaunt ceo qe homme lige doit garder[6] a soun
" seignur—qar vous estes entres en nostre homage lige, en
" nous reconisaunt, sicom resoun est, roi de Fraunce, et pro-
" mysse obeisaunce tiel com lem deit promettre a soun
" seingnur lige, si com il apert plus clerment par vos[7] lettres
" patentes seales de vostre grant seal, les qeux nous avomus
" par[8] devers nous et de qels vous devez avoir a taunt
" par devers vous—nostre entente si est, quant bien nous
" semblera, de vous getter hors de nostre roialme, a
" honour de nous et de nostre roialme[9] et au[10] profit de
" nostre poeple; et a[11] ceo faire avomus ferme esperaunce
" en Jesu Crist, dount tut puisaunce nous[12] vient. Kar,
" par vostre emprise, qest de volunte et noun resonable,
" ad este enpecchez le seint voiage doutre mier et grante
" quantite de gentz Cristiens mys a mort, le service divin
" apetisez,[13] et seint eglise en a meindre reverence. Et de
" ceo qe escrit avetz[14] qe vous entendez aver leide des
" Flemyngs, nous quidomus estre certayn qe les bones gentz
" et les comunes du pays se porterunt par tiel manere par
" devers nostre cosyn le counte de Flaundres, lur seignur
" sanz meine,[15] et nous lour seignur soverayn, qils garderunt
" lour honur[16] et lour loialte. Et qe ceo qils unt mespris
" jesqe a cy, ceo ad este par malveis conseil[17] de gentz qe
" ne regarderunt pas au[19] profit commune ne al honour de
" pays,[18] mes al profit de eux[19] taunt soulement. Done suz
" les champs prest la priorie seynt Andrew, suz le seal[20] de

[1] lettres] dites l., C.
[2] autrement] autrementz, A.
[3] roialme] roailme, A.
[4] enportaunt] portaunt, N.
[5] menuz] tout, C.
[6] a nostre poeple .... garder] om. H. A.
[7] vos] vous, H.
[8] les qeux .... par] les nous avoms de par, R.
[9] a honour .... roialme] supplied from C.
[10] au] a H.

[11] a] om. N.
[12] nous] vous, N.
[13] apetisez] apensez, H. A. N. R. Q.
[14] avetz] avez, A.
[15] meine] mene, A.; mower, C.
[16] honur] honure, A.
[17] conseil] counseil, A.
[18] pays] pais, A.
[19] eur] eaux, A.; lour mesmes, C.
[20] seal] seuil, A.

A.D. 1340. " nestre secret, en labsence du grant, le xxxme jour de Juyl,
" lan de¹ grace M.CCC.XL."

["Philip, by the grace of God king of France, to Edward king
" of England. We have seen your letters which were brought
" unto our court, sent from you to Philip of Valois, wherein are
" contained certain demands which you make of the said Philip
" of Valois. And for that the said letters came not unto us, and
" that the said demands were not made of us, as clearly ap-
" peareth by the tenour of the letters, we make unto you no
" answer. Nevertheless, inasmuch as we have heard, by means
" of the said letters and otherwise, that you have entered into
" our realm of France, bringing great harm to us and to our
" realm and to our people, led on by wilfulness and without
" reason and without regard to the faith that a liege man oweth
" to his lord—for you did enter into our liege homage, recog-
" nizing us, as is right, to be king of France, and did promise
" obedience such as one is bound to promise to his liege lord, as
" more clearly appeareth by your letters patent, sealed with
" your great seal, the which we have in our hands, and which
" you ought equally to have with you—therefore our intent is,
" when unto us it shall seem good, to cast you forth from our
" realm, to the honour of us and of our realm and to the profit
" of our people; and to do this we have steadfast hope in Jesus
" Christ, from whom all power cometh unto us. For by your
" undertaking, which is of wilfulness and not reasonable, hath
" been hindered the holy passage beyond sea, and great numbers
" of Christian people have been slain, the service of God
" minished, and holy Church had in less reverence. And as to
" what you have written that you think to have the help of the
" Flemings, we take it for certain that the good people and
" commons of the land will bear themselves in such manner
" towards our cousin the count of Flanders, their immediate
" lord, and us, their sovereign lord, that they will keep their
" honour and their loyalty. And that they have hitherto erred
" hath been from evil counsel of people who regarded not the
" common weal nor the honour of the country, but their own
" profit only. Given in the fields near the priory of St. Andrew,
" under our privy seal in default of our great seal, the 30th day
" of July, the year of grace 1340."]

f. 27.   Rege² igitur Edwardo apud Turney in obsidione,
ut præmittitur, exsistente nec recedere volente³—propter

---
¹ *de*] du, N. R.
² From this point the text of N. will be found in the Appendix.
³ *volente*] volentes, H.

quod scripsit Philippo de Valoys quod ipsum exspectaret ibidem, et Philippus prædictus respondit eidem[1] sicut scriptum est superius—comes[2] Hanoniæ cum suis et Anglicis et præcipue architenentibus villam sancti Amandi per xv.[3] milliaria distantem invasit,[4] ubi quinquaginta milites et alios quamplures[5] ceperunt et occiderunt, et quasi infinitas divitias invenerunt, et villam destruxerunt; et ita fecerunt toti patriæ circumquaque, et exercitui de victualibus abundantissime providerunt.

Et duravit obsidio Tornacensis civitatis usque ad festum sanctorum Cosmæ et Damianæ; quo die, post multos tractatus super treuga ineunda[6] per Gallicos procurata, consensum fuit in treugam, quæ[7] capta fuit ad petitionem Gallicorum usque ad festum sancti Johannis baptistæ proxime tunc futurum, ut posset interim de pace tractari. Et redditi fuerunt captivi hinc et inde, sub conventione jurata[8] redeundi ad dictum festum sancti Johannis baptistæ,[9] in casu in quo non fieret pax finalis. Et sic soluta fuit obsidio supradicta, et nobiles de Anglia aliqui redierunt. Fuerunt enim multi tractatus habiti[10] super treuga prædicta, quia, cum dictus dominus rex Angliæ remaneret apud Tornacensem in obsidione prædicta et[11] Philippus de Valoys cum toto exercitu suo ad quatuor leucas juxta eum exsisteret, sed ad removendum obsidionem accedere non auderet, sed per regem Boemiæ, qui fuit secum,[12] super treuga ineunda[13] et oblata fierent multi tractatus, finaliter dux Brabanciæ, comes Hanoniæ, marchio de Julers, et dux de Gerle,[14] et alii confœderati regis Angliæ consenserunt quod

[1] *et Philippus .... eidem*] om. H.
[2] *comes*] Item, comes, C. M.
[3] *xv.*] v., H.
[4] *invasit*] ceperunt, C.
[5] *quamplures*] quamplurimos, R C.
[6] *ineunda*] in eundo, H. A. R.
[7] *quæ*] qui, H. A.
[8] *jurata*] jurati, R.
[9] *baptistæ*] om. R.; s. J. b., om. C. M.
[10] *habiti*] om. H. A.
[11] *et*] om. H. A.
[12] *secum*] om. M.
[13] *super treuga ineunda*] semper treuga in eundo, H. A.; in enndo, R.
[14] *dux de Gerle*] comes de Gelre. R. C. M.

A.D. 1340.

The king unwillingly consents to the truce.

f. 27 b.

He suddenly returns to England, 30 Nov.

treuga honesta, licet inutilis, caperetur—inutilis, dico, regi Angliæ et suis, non dictis comitibus, quibus villæ et castra restituta¹ fuerunt, quas et quæ rex Franciæ antea diutius occupavit. Cui treugæ rex Angliæ diu distulit consentire, exspectans pecuniam de Anglia quæ non venit; et ideo, propter defectum pecuniæ et quia non habuit nisi paucos Anglicos secum, oportuit eum sequi voluntatem dictorum confœderatorum suorum et treugæ finaliter consentire. Quod et fecit invitus et etiam contra Flandrensium voluntatem; sed aliud facere non potuit illa vice. Ita quod, die sanctorum Cosmæ et Damiani, prædictam obsidionem amovit, et in festo sancti Michaelis fuit in Gandavo.²

Anno Domini millesimo CCC^{mo}XL°, Benedicti papæ XII anno vj°, regni regis E[dwardi] tertii a conquæstu xiiij°, ætatis vero scribentis lxvij.,³ in festo sancti Michaelis fuit idem dominus rex in Gandavo cum suis, exspectans confirmationem dictæ treugæ et etiam pecuniam de Anglia quæ non venit. Postea vero, cum omnes Anglici qui cum rege in Gandavo fuerunt crederent ipsum regem Angliæ festa Natalis⁴ Domini celebraturum ibidem, idem dominus rex cum paucis, scilicet viij. de suis, fingens se velle spatiari, equitavit secrete, nullis quasi familiaribus præmunitis, venit ad Selondiam,⁵ ubi posuit se in mari,⁶ in quo iij. diebus et noctibus navigavit, et in nocte sancti Andreæ, circa gallicantum, turrim Londoniarum per aquam intravit; et cum eo comes Northamptoniæ, dominus W[alterus] de Mauny, dominus Johannes Darsy filius, Johannes de Beuchamp,⁷ dominus Egidius de Beuchamp, milites,

---

¹ *restituta*] propterea restitutæ, C. M.

² *fuit in Gandavo*] fuit idem dominus rex in Gandavo cum suis, exspectans confirmationem dictæ treugæ et etiam pecuniam de Anglia qua non venit. And the next sentence om. C. M.

³ *ætatis . . . . lxvij.*] ætatis scribentis lxvj., R.

⁴ *Natalis*] Nativitatis, R. C.

⁵ *Selondiam*] solvend. H.

⁶ *mari*] mare, H. R.

⁷ *dom. W. de Mauny . . . . J. de Beuchamp*] dom. Nicholaus de Cantilupo, Johannes de Beuchampe, Reginaldus de Cobham, C. M.

dominus W[illelmus] de Killesby, dominus Philippus A.D. 1340.
de Weston, clerici, et alii valde pauci. Et statim in
gallicantu misit pro cancellario, thesaurario, et aliis[1]
justiciariis tunc præsentibus Londoniis. Et statim
episcopum Cicestrensem ab officio cancellariæ amovit, et He removes the chancellor and treasurer,
episcopum Coventriensem ab officio thesaurariæ;
quos voluit misisse in Flandriam et eos impig-
norasse ibidem, vel, si hoc nollent, in turri Londoniarum retinuisse invitos. Sed episcopus[2] Ci-
cestrensis exposuit sibi[3] periculum canonis quod[4] im-
minet incarcerantibus episcopos, et sic ipsos turrim
exire permisit. Justiciarios vero majores, videlicet and judges and others.
dominum J[ohannem] de Stonore, dominum Ricardum
de Wylugby,[5] dominum W[illelmum] de Schareshull,[6]
et præcipue dominum Nicholaum de la Beche, qui
prius fuit custos filii sui et[7] turris Londoniarum;
item, mercatores, dominum Johannem de Pulteneye,
Willelmum de la Pole;[8] et clericos cancellariæ majores,
scilicet[9] dominos Johannem de Sancto Paulo, Michaelem de Wathe, Henricum de Streteforde, Robertum f. 28.
de Chikewelle; et de scaccario dominum Johannem
de Thorpe et quamplures alios, fecit diversis carceribus mancipari.[10] Sed, quia illud voluntarie et ex
capite quodam colore iracundiæ factum fuerat, postmodum liberati fuerunt.

Item, in isto adventu regis fuit J[ohannes] archi- Archbp. Stratford accused.
episcopus per W[illelmum] Killesby verbotenus apud

---

[1] *aliis*] om. R. C. M.
[2] *episcopus*] om. H. A. R. C. M.
[3] *sibi*] sibi et suis, R. C. M.
[4] *quod*] om. R.
[5] *Wylugby*] Wylughby R.; Wileby, C.; Wighembi, M.
[6] *Schareshull*] Sharushull R.; Schereshull, C.
[7] *filii sui et*] om. R. C.
[8] *dom. . . . . Pole*} dominos J. de P., W. de la P., et Ricardum fratrem ejus, C.; dominum . . . . et Ric. fr. ejus, M.
[9] *scilicet*] videlicet, R. C. M.
[10] C. and M. continue the passage as follows:— " Et tenuit " Natale apud Guldeforde, et postea " habuit hastiludia apud Red- " ynge. Item, in festo Purifica- " tionis, apud Langele Puerorum, " fecit milites Vascones, et ibi " habuit hastiludia; deinde apud " Norwycum, ante portas prioratus, " scilicet xx. d'e Februarii." They omit the next sentences, "Sed quia " illud . . . . inferius apparebit."

Gildehalle¹ Londoniarum, et postea per literas regis, de ingratitudine et aliis publice diffamatus; de quibus in parliamento proxime tunc sequente se optulit excusare paratum, sicut inferius apparebit.

A.D. 1340.

A.D. 1341. Appointment of new officials.

Et cito post hujusmodi adventum suum amovit rex omnes vicecomites et alios ministros in suis publicis officiis constitutos, et alios etiam invitos subrogavit eisdem; et fecit quendam militem cancellarium Angliæ, videlicet dominum Robertum le Bourser,² et alium thesaurarium, scilicet primo dominum R[obertum] de Sadyngtone et postea dominum Robertum de Pervenke;³ et consilio juvenum utebatur, spreto consilio seniorum. Et ordinavit quod in quolibet comitatu sederent justiciarii et inquirerent super collectoribus decimæ, quindecimæ, et lanarum, et ministris aliis quibuscumque. Et in quolibet comitatu ordinavit unum magnum justiciarium, scilicet comitem vel magnum baronem, quibus alios mediocres associavit. Qui justiciarii tam rigide et voluntarie processerunt quod nullus impunitus evasit, sive bene gesserit regis negotia sive male, ita quod sine delectu⁴ omnes, etiam non indictati⁵ nec accusati, excessive se redemerunt,⁶ qui voluerunt carcerem evitare; nec permiserunt quod aliquis se purgaret. Et, quia Londonienses noluerunt permittere quod justiciarii super hujusmodi inquisitionibus in civitate sederent, contra libertates eorum, ordinavit rex justiciarios itineris⁷ in turri Londoniarum sedere et super factis Londoniensium inquirere; et, quia Londonienses noluerunt ibi⁸ respondere quousque libertates eorum⁹ allocarentur, nec super hujusmodi allocatione facienda potuerunt¹⁰ brevia regia

Enquiry into the collection of taxes.

Severity of the commissioners.

Resistance of the Londoners.

---

¹ *Gildehalle*] Gylhalle, R.
² *Bourser*] Burghcher, C. M.
³ *de Pervenke*] Parvynk, C.; Parvyng, M.
⁴ *delectu*] delicto, C. M.
⁵ *indictati*] indicati, R. M.
⁶ *redemerunt*] reddiderunt vel redemerunt, M.

⁷ *itineris*] iterum, H. A. R.; itinerantes, C. M.
⁸ *ibi*] sibi, C. M.
⁹ *eorum*] om. R.
¹⁰ *potuerunt*] poterunt, H. A. R.; non potuunt, C. M.

de cancellaria regis habere, factus fuit magnus tumul- A.D. 1341.
tus in turri per personas communitatis ignotas, adeo
quod justiciarii sedere ibidem se fixerunt usque
ad¹ Pascha. Et interim rex fuit propterea satis²
offensus, et nitebatur scire nomina et personas quæ
fecerant dictum tumultum; quorum nomina cum scire f. 28 b.
non posset, nisi quod vulgus esset³ mediocrium per- The king appeased.
sonarum vendicantium suas libertates, idem⁴ dominus
rex, anima⁵ sedatus, communitati Londoniensi remisit
offensam.⁶ Et postea dicti justiciarii itineris⁷ non
sederunt in turri Londoniarum, nec alibi, illo anno.⁸

[*Rex tenuit parliamentum suum Londoniis. De quibusdam statutis ibidem factis. Episcopus Lincolniensis et dominus Galfridus de Scrop obierunt.*]

Et in quindena Paschæ, mutato anno Domini atque Parliament petitions for observance of the charters, and for appointment of state officials by the peers.
regis, scilicet anno Domini M°CCC°XLI°, regis vero
decimo quinto, tenuit rex parliamentum Londoniis,⁹ in
quo prælati, comites, et majores, scilicet pares et communitas regni, concorditer multas bonas petitiones pro
communitate regni fecerunt, et maxime quod magna¹⁰
carta et carta¹¹ de foresta et aliæ libertates ecclesiæ
servarentur ad unguem; et quod venientes contra,
etiam¹² si essent officiarii regis,¹³ punirentur; et
quod majores officiarii regis eligerentur per pares
regni in parliamento: et quibus rex, juxta privatum
consilium suum, diutius contradixit. Et sic duravit

---

¹ *fixerunt usque ad*] finxerunt quousque post, C. M.
² *satis*] statim, C. M.
³ *esset*] extitit, C. M
⁴ *idem*] et idem, H.
⁵ *anima*] non, C. M.
⁶ *offensam*] suam off., C. M.
⁷ *itineris*] interim, R.
⁸ *in Turri . . . . anno*] om. C. M.

⁹ *Et quindena . . . . Londoniis*] Anno Domini MCCC°XLJ°, regni E. tertii a conquæstu xv°, tenuit idem rex parl. London. in quind. Pasch., C. M.
¹⁰ *magna*] om. R.
¹¹ *et carta*] om. M.
¹² *etiam*] cam, H. A.
¹³ *regis*] om. M.

parliamentum usque ad vigiliam Pentecostes.¹ Sed finaliter rex concessit majorem partem dictarum petitionum; sed de præfectione et electione officiariorum suorum non concessit. Voluit² tamen finaliter³ quod officiarii⁴ jurarent in parliamento quod in suis officiis omnibus justitiam exhiberent; et, si non facerent in quolibet parliamento, tertio die⁵ post principium parliamenti, sua officia resignarent et singulis de eisdem⁶ querelantibus responderent⁷ et judicio parium culpabiles⁸ punirentur. Super quibus et aliis factum fuerat⁹ statutum, sigillo regio consignatum. Et ex tunc prælatis et aliis data fuit licentia recedendi; sed assignati fuerunt episcopi Dunelmensis et Sarisburiensis, comites Sarisburiæ, Warewikiæ, et Northamptoniæ, ad audiendum excusationes archiepiscopi super sibi impositis et ad referendum regi¹⁰ in proximo parliamento. Et cum archiepiscopus offerret se paratum statim se immunem¹¹ ostendere et docere, dicti episcopi et comites asseruerunt sibi tunc vacare non posse; sicque remansit illud negotium in suspenso.

Hoc anno, circa festum Nativitatis Domini, anno Domini¹² xl°¹³ supradicto, obiit in Gandavo dominus Galfridus Scrope, principalis justiciarius et consiliarius regis Angliæ.¹⁴ Circa idem tempus obiit dominus¹⁵ Henricus episcopus Lincolniensis, principalis consiliarius regis ejusdem, in partibus¹⁶ transmarinis; et postmodum fuit electus concorditer magister Thomas de Bek, qui, propter rumorem reservationis factæ¹⁷ papæ de ecclesia

---

¹ *vig. Pent.*] Pentecosten, C. M.
² *voluit*] voluerit, H. A.
³ *finaliter*] om. H. A.
⁴ *officiarii*] om. C. M.
⁵ *die*] om. R.
⁶ *eisdem*] eis, C. M.
⁷ *responderent*] respondere, R.
⁸ *culpabiles*] om. C. M.
⁹ *fuerat*] fuit, R. C. M.
¹⁰ *regi*] domino nostro r., C.

¹¹ *immunem*] minime, H. A R.
¹² *anno Domini*] om. H.; the year om. C.
¹³ *xl°*] om. R.
¹⁴ *et . . . . Angliæ*] regis ejusdem, R.
¹⁵ *ob. dom.*] om. H.; ob. ibidem dom., C.
¹⁶ *in part.*] dum fuit in part., C. M.
¹⁷ *factæ*] factam, H. A. R.

Lincolniensi, apostolicam sedem adivit.¹ ubi fuit diu sine expeditione detentus, sicut inferius apparebit.

Hoc anno, circa festum Decollationis beati ² Johannis baptistæ, fuit prorogata treuga inter dictos reges usque ad festum Natalis sancti Johannis baptistæ proxime tunc sequens, non obstante quod rex Angliæ et quidam sui comites fecissent magnas provisiones navium et victualium versus partes transmarinas. Et statim licentiatæ fuerunt naves, ad faciendum mercationes³ et alia quæ viderint expedire; et vacavit rex venationibus et hastiludiis. Sed, audito quod David⁴ le Bruys de Francia venit in Scociam et collegit multitudinem armatorum præter eos quos secum adduxit, circa festum sancti Mathæi habuit⁵ rex concilium comitum multorum Londoniis, usque ad festum sancti Michaelis et parum ultra, quicquid in ea parte consultius foret faciendum. Quod factum fuit, infra, proximo anno apparebit.

Hoc anno⁶ miserunt Britones ad regem Angliæ pro auxilio optinendo contra Philippum de Valoys, qui post mortem ducis Britanniæ et comitis Richemundiæ⁷ noluit admittere verum⁸ heredem, sed alium subrogare; offerentes se velle a rege Angliæ tenere ducatum Britanniæ.⁹ Super quo fuit diu deliberatum, sed nihil factum hoc anno.

Hoc anno papa Benedictus nihil fecit notabile; sed electos Eboracensem et Lincolniensem tenuit in curia languentes et nullatenus expeditos.

Item, hoc anno venit dominus de la Brette ad regem, offerens se multa facturum in ducatu Aquitaniæ pro rege, dum tamen haberet pecuniam. Et quia illi¹⁰ de la Brettes¹¹ semper fuerunt incerti

---

¹ At this point the text of C. and M. ceases to correspond with that here printed. The rest consists of documents, etc. See the Appendix.
² *beati*] sancti, R.
³ *mercationes*] mercatores, H.
⁴ *David*] om. H.
⁵ *habuit*] om. H.
⁶ *anno*] om. R.
⁷ *Richemundiæ*] Richmundiæ, R.
⁸ *verum*] videlicet, R.
⁹ *Britanniæ*] om. R.
¹⁰ *illi*] om. R.
¹¹ *Brettes*] Brette, A. R.

amici et multotiens vacillantes, fuit super hoc diu deliberatum; sed finaliter habuit multas lanas, ex qua causa nescitur. Item, venit unus episcopus Vasco et quidam alii ad regem, pro adjutorio habendo ad tuendum ducatum et recuperandum ablata, quibus hoc anno non fuit plene responsum; et ideo exspectabant Londoniis usque in annum sequentem, quia sperabatur[1] adventus domini Oliveri de Hingham,[2] seneschalli Vasconiæ, qui bene se habebat ibidem; qui postea venit anno sequenti.

Anno Domini millesimo CCC^{mo}XLI°, pontificatus Benedicti papæ XII^{i} anno vij^{o}, regni[3] regis E[dwardi] tertii a conquæstu xv^{o}, ætatis vero[4] scribentis lxviij., in festo sancti Michaelis fuit dominus rex Angliæ Londoniis. Et cito postea, in crastino sancti Lucæ evangelistæ, habuit archiepiscopus Cantuariensis provinciale concilium in ecclesia Sancti Pauli Londoniis cum suffraganeis suis, videlicet Londoniensi, Cicestriensi, Sarisburiensi, Elyensi, Bathoniensi, Coventriensi, Menevensi, et Bangorensi, ceteris se excusantibus. Ad quod concilium abbates, priores, clerus, et capitula vocati non fuerant[5] præcise sed causative, videlicet si sua crederent interesse. In quo concilio multa tractata fuerant pro libertatis ecclesiasticæ conservatione et morum reformatione, quæ tunc non poterant terminari; sed usque ad aliud concilium, similiter convocandum, fuerant omnia prorogata. Quo concilio pendente, ad procurationem prælatorum et quorundam comitum, fuit quædam pax inter regem et archiepiscopum reformata, utinam ad honorem ecclesiæ Anglicanæ.

Hoc anno, circa Adventum Domini, audito rumore quod David le Bruys, qui diutinam moram traxit in

---

[1] *sperabatur*] speratur, H. A.
[2] *Hingham*] Hyngham, R.
[3] *regni*] regni vero, A. R.
[4] *vero*] om. R.
[5] *fuerant*] fuerunt, R.

Franciæ partibus, de consensu Philippi de Valoys [1] rediret in Scociam cum multitudine armatorum et teneret ibi Natale prope marchiam Angliæ, rex Angliæ,[2] cum comite Derbyæ [3] et aliis paucis armatis, se transtulit versus Scociam, et, audito quod David le Bruys [4] voluit tenere Natale apud Meuros, idem rex præveniens tenuit suum Natale ibidem, et per nuncios optulit se paratum pugnare cum Scotis; sed ipsi noluerunt pugnam aliquam exspectare, sed ultra mare Scoticum latitarunt. Rex tamen et sui quæsiverunt habere facere cum eisdem, et quærendo magnas hiemales angustias tolerarunt; multasque prædas [5] ceperunt et patriam vastarunt ubique. Sed quidam ex suis et ex[6] nostris habuerunt inter se [7] hastiludia ex consensu, licentia regis optenta, in quibus pauci [8] de suis et nostris a casu fortuito ceciderunt. Et finaliter fuit inita una treuga usque ad festum Pentecostes.

A.D. 1341.
The king advances into Scotland and keeps Christmas at Melrose.

He challenges the Scots.

A.D. 1342. Tournaments between the English and Scots.
A truce.

Et statim fuit proclamatum unum turniamentum apud Dunstaple, die Lunæ ante Quadragesimam tunc futuram. Et rex Angliæ est reversus circa festum Conversionis sancti Pauli, anno regni sui xvjº. Ad quod turniamentum venit quasi tota juventus armatorum Angliæ, sed alienigenæ nulli. In quo turniamento fuit rex, ad modum tamen simplicis militis; fuerunt etiam [9] comites omnes juvenes regni, videlicet Derbiæ,[10] Warewykiæ, Northamptoniæ, Penebrokiæ,[11] Oxoniæ, Suthfolkiæ [12]; sed abfuerunt comites Gloucestriæ, Arundeliæ, Devoniæ, et Warenniæ, et Huntyngdoniæ, quos ætas et infirmitas excusavit. Sed barones, tam de borea quam aliis partibus regni, interfuerunt, ita quod summa militum galeatorum ad ccl. milites et

Tournaments at Dunstaple,

in which the king and many nobles take part.

---

[1] *Valoys*] Valois, R.
[2] *rex Angliæ*] om. H.
[3] *Derbyæ*] Derbiæ, A.; Derbeyæ, R.
[4] *le Bruys*] om. H. A.
[5] *prædas*] prædictas, H.
[6] *ex*] om. R.
[7] *inter se*] om. H. A.
[8] *pauci*] om. R.
[9] *etiam*] et, R.
[10] *Derbiæ*] Derbeyæ, A. R.
[11] *Penebrokiæ*] Pembrokiæ, A.
[12] *Suthfolkiæ*] Suthfolchiæ, R.

amplius ascendebat. Sed ita tarde exiverunt in campum, quod nox obscura superveniens quasi totum negotium impedivit; ita quod vix x. equi fuerunt perditi vel lucrati. Postea vero rex, comites, et barones se transtulerunt Londonias, tractaturi quid forent in aestate facturi.

Item, in quindena Paschae habuit rex hastiludia apud Northamptonam, ubi multi nobiles fuerunt graviter laesi et aliqui mutilati, et perditi multi equi, et dominus J[ohannes] de Bello monte occisus.

Item, circa festum Ascensionis venit comes Hanoniae, frater reginae Philippae, in Angliam; propter[1] quem fiebant hastiludia apud Eltham, ubi idem comes in brachio laedebatur.

Item, hoc anno, xxiiij.[2] die Aprilis, anno Domini M°CCC^{mo}XLII°, pontificatus Benedicti papae XIIⁱ anno viij°, postquam idem papa ecclesiam rexerat annis vij., mensibus iiij., diebus v., obiit idem Benedictus papa in palatio suo Avinoniae, quod ipse magnis sumptibus dilatavit; et in ecclesia Avinoniae fuit sepultus. Et vacavit sedes apostolica diebus xiij., quia[3] sexto die mensis Maii sequentis fuit electus cardinalis Rothomagensis, qui fuit natione Lemovicensis, monachus ordinis sancti Benedicti, magister theologiae et praedicator solempnis et abbas Fescamensis in Normannia, ac postmodum archiepiscopus Rothomagensis et subsequenter cardinalis tituli sanctorum Nerei et Achillei, et demum dicto die vj. Maii concorditer electus in papam; qui se fecit nominari Clementem sextum, et in die Pentecostes sequentis solempniter coronari. Qui etiam xxvj. die mensis Junii tunc sequenti providit ecclesiae Eboracensi de magistro Willelmo la Zouche, in discordia electo, et ecclesiae Lincolniensi de magistro Thoma de Bek, prius concorditer electo,[4] sed propter reservationem praetensam, ut praemittitur, diutius impedito.

---

[1] *propter*] per, R.
[2] *xxiiij.*] xiiij., H. A
[3] *quia*] et quia, H.: qui, R.
[4] *et ecclesiae . . . . electo*] om.

Hoc anno dominus W[alterus] de Mauny, cum lx. armatis et ducentis sagittariis, de licentia regis in Britanniam transfretavit, in adjutorium comitissæ quæ habuit guerram contra Karolum de¹ Bloys et dominum de Lyouns; ubi tria castra adquisivit, et dictum dominum de Lyouns cum aliis quibusdam nobilibus cepit. Et, capta treuga cum dicto² Karolo usque ad festum Omnium Sanctorum, sub conditione si placeret regi Angliæ, circa festum Translationis sancti Thomæ idem dominus Walterus in Angliam rediit, et dictum³ dominum de Lyouns et captivos alios secum duxit. Et, quia treuga regi Angliæ non placuit, idem rex ordinavit mittere comitem Northamptoniæ, comitem Devoniæ, baronem de Stafforde, et dominum W[illelmum] de Killesby,⁴ cum quingentis armatis et mille sagittariis, in Britanniam, in adjutorium comitissæ prædictæ. Qui fuerunt parati apud Portesmouth⁵ cum classe boreali et australi, in vigilia sancti Laurencii, ventum prosperum exspectantes; et in vigilia Assumptionis sequentis navigare cœperunt.

Quo die Assumptionis rex Angliæ in turri Londoniarum fecit nuptias celebrari inter Leonellum, filium suum triennem, et filiam et heredem comitis Ultoniæ de Hibernia, decimum ætatis suæ annum agentem. Ad quas nuptias venerunt iij. fratres Prædicatores, missi per duos cardinales, scilicet per Petrum episcopum Penestrinum et Ambaldum,⁶ prope marchiam Flandriæ commorantes, ad habendum literas regias de conductu pro se et cc. equitaturis, ad transeundum mare et Angliæ regnum intrandum⁷ et ad tractandum cum rege de pace vel treuga. Et statim rex misit pro archiepiscopo, ad deliberandum cum eo de diversis et utrum essent hujusmodi literæ concedendæ. Et, habita de-

---

¹ *de*] le, R.
² *dicto*] domino, H. A.
³ *dictum*] om. R.
⁴ *Killesby*] Kellesby, R.
⁵ *Portesmouth*] Porthesmouth, A.; Portesmuth, R.
⁶ Pierre des Prez, bp. of Palestrina, *ob.* 1361; and Annibale Ceccano, archbp. of Naples, *ob.* 1350.
⁷ *intrandum*] intrare, R.

liberatione duorum dierum, respondit quod ipse rex voluit parcere ipsorum cardinalium[1] laboribus et expensis ac infra paucos dies in regno Franciæ habere colloquium cum eisdem, præsertim cum, diu ante adventum dictorum duorum[2] fratrum, ad transeundum in Franciam se parasset, quem transitum non potuit pro dictorum cardinalium exspectatione differre.

Post præmissa, circa octavas Assumptionis, venerunt nautæ et literæ, missæ domino regi per comitem Northamptoniæ et collegas ipsius, in quibus continebatur quod tota classis eorum, quæ continebat ducentas sexaginta naves præter naviculas, Dominica infra octavas Assumptionis venit prope litus Britanniæ, juxta castrum et villam vocatam Brast, ubi fuit dictum castrum et villa obsessum, tam per mare quam per terram, in quo fuit duchissa cum liberis suis: per mare videlicet per xiiij. galeas maximas et bene munitas, et per terram per comites de Bloys, Sabaudiæ. et de Foys, per majorem potentiam regni Franciæ obsessa. Sed, visa classe navium prædictarum et se undique involutos, iij. galeæ, antequam naves possent capere terram, fugæ præsidium petierunt. Et undecim galeæ, quarum tres fuerunt permaximæ, quoddam flumen aquæ recentis illius portus strictum et artum intraverunt, sed et, galeis dimissis, ad terram fugerunt; et tam ipsi quam obsidentes castrum et villam per terram, relicta obsidione, et quodam castro vocato Goule Foreste, una cum victualibus, dimisso vacuo, recesserunt. Nautæ vero Anglici insequentes dictas xj. galeas cum parvis naviculis et bargiis combusserunt. Sicque omnes Anglici ad terram applicuerunt, fueruntque cum gaudio et honore suscepti; ac discurrentes per patriam indiscrete neminem qui resisteret invenerunt. Postea vero, recolligentes se, ordinaverunt simul et discretius per patriam equitare; ac dominum de Say custodiæ dicti castri de Gule Foreste deputaverunt,

---

[1] *cardinalium*] om. R. [2] *duorum*] om. R.

et majorem partem navium in Angliam pro regis transitu remiserunt. Quorum nautæ præmissa omnia per ordinem retulerunt.

Postea vero dictus comes Northamptoniæ scripsit domino regi Angliæ quod, habito consilio ab his qui habuerunt notitiam patriæ, pro meliori exstitit concordatum quod ipsi se traherent versus castrum et villam quæ Mons Relix[1] vulgariter nuncupatur. Et ibidem insultum dederunt; ubi multi læsi fuerunt, et dominus Jacobus Lovel occisus. Et, exspectato adjutorio confœderatorum regis Angliæ, qui post quindenam venerunt, et audito rumore quod dominus Karolus de Bloys veniret festinanter ad removendam obsidionem villæ et castri prædictorum, et dictus[2] comes et sui exspectarunt ibidem usque ad diem Lunæ in crastino sancti Michaelis. Quo die dictus dominus Karolus venit cum potentia magna[3] sua trium millium armatorum et mille quingentorum Januencium et popularium sine numero æstimato; et appropinquaverunt prope comitem circa horam nonam. Et idem comes cum potentia sua se traxit versus eos, peditando maturo gressu, et elegit sibi locum, in quo, Deo juvante, pugnaret; et interfecit et captivavit ducentos armatos ad minus, ipse vero comes nullam notabilem personam amisit, nisi dominum Edwardum le Dispenser, qui fuit interfectus ibidem. Ita quod, Gallicis conversis in fugam, campus cum comite Northamptoniæ remansit.

A.D. 1342.

Northampton assaults Morlaix.

Battle with Charles of Blois. 30 Sept.

Defeat of the French.

Et post recessum dicti comitis et exercitus sui versus Britanniam, rex Angliæ cum magno exercitu armatorum et peditum se traxit versus Sandewich,[4] exspectans reversionem navium, tam ibi quam apud Wynchelse;[5] quod percipiens, rex Franciæ misit poten-

The king prepares to cross to Brittany.
f. 31 b.

---

[1] *Mons Relix*] i.e., Morlaix. The MSS. abbreviate "Mons.," as if for "Monsire."

[2] *dictus*] dominus, H.

[3] *magna*] om. R.

[4] *Sandewich*] Sandewych, A.; Sandwich, R.

[5] *Wynchelse*] Wynchelsee, A.; Winchelsee, R.

tiam suam per partes de Caleys et omnium portuum de Caleys usque ad marchiam Britanniæ minoris. Et quia naves Angliæ non venerunt ita cito sicut rex voluit, traxit moram in Cancia usque ad octavas sancti Michaelis, et ex tunc cum exercitu suo se traxit versus Portesmouth;[1] ad quem locum fecit venire omnes naves quas potuit habere, vento prospero exspectando. Ita quod, die Mercurii proximo post festum sancti Lucæ evangelistæ, habito vento prospero, navigare cœperunt[2] cum classe quadringentarum navium, ducens secum sex millia armatorum, cum ingenti[3] numero architenentium, videlicet xij. millia[4] præter nautas. Quando et ubi in Britannia applicuerunt et quid ibi fecerunt infra proximum capitulum plenius continetur.

[*Rex in Britanniam minorem redit et hiemat. Treuga ægre conceditur ex parte regis Angliæ.*]

Anno Domini millesimo CCC^{mo}XL^{mo}II°, pontificatus Clementis sexti anno primo, regni vero[5] regis E[dwardi] tertii a conquæstu xvj., ætatis scribentis lxix., circa festum sancti Michaelis, se traxit rex Angliæ de Cancia versus Portesmouth,[6] et ibi, die Mercurii proximo post festum sancti Lucæ evangelistæ, cum classe sua navigare cœpit, sicut supra proximo est expressum; et penultimo die Novembris[7] applicuit in Britannia minori prope Brast.

Sed, antequam idem dominus[8] rex intravit Britanniam, illi qui præcesserunt eum cum comite Northamptoniæ, videlicet dominus[9] Hugo Dispenser, dominus Ricardus Talbot,[10] cum suis collegis, habuerunt conflictum cum Gallicis apud Morleys;[11] ubi pauci Ang-

---

[1] *Portesmouth*] Portesmuth, R.
[2] *cœperunt*] om. H.
[3] *ingenti*] viginti, R.
[4] *videlicet xii. millia*] om. R.
[5] *vero*] om. H.
[6] *Portesmouth*] Portesmuth, R.
[7] An evident error for "Octobris."
[8] *dominus*] om. R.
[9] *dominus*] dictus, R.
[10] *Talbot*] Talebot, R.
[11] *Morleys*] Morleye, H.

lici, videlicet vix quingenti viri, multos Gallicos, videlicet lij. millia armatorum de nobilioribus militibus Franciæ, fugere coegerunt, et multos occiderunt et quosdam ceperunt. Inter quos captus fuit dominus Galfridus de Charny, qui reputabatur melior et sapientior miles de exercitu regis Franciæ; quem dominus Ricardus Talbot cepit et misit in marchiam Walliæ ad castrum Goderich.

Rex vero per totam hiemem equitavit per terram Britanniæ, per iiij. dietas in longitudine et duas in latitudine, non tamen comburendo nec occidendo, sed de his quæ ibi invenerant victitando; et postea fecit obsideri civitatem de Vanys. Comes vero Warewykiæ[1] et sui complices accesserunt ad civitatem de Nauntys,[2] ad explorandum quomodo melius posset obsideri; ubi fregerunt pontem, civitati contiguum,[3] ultra flumen Lygeris versus Pictaviam. Sed, dum hæc omnia agerentur, duo cardinales prædicti, inter duos exercitus equitantes, unam treugam finaliter procurarunt, quæ fuit cum difficultate ex parte regis Angliæ concessa, decimo nono die mensis[4] Januarii,[5] sub hac forma:

"Universis præsentes literas inspecturis nos, miseratione
"divina, Petrus Penestrinus, sanctæ Romanæ
"ecclesiæ vicecancellarius, et Ambaldus Tusculanus,[6] episcopi, apostolicæ[7] sedis nuncii,
"notum facimus per præsentes quod, nuper a sanctissimo patre,
"domino nostro, domino[8] Clemente, divina providentia[9] papa VI.,
"ad Franciæ et Angliæ regna, pro reformanda pace et concordia seu ineundis sufferentiis aut treugis inter serenissimos
"principes, Dei gratia dominos Philippum Franciæ ac Edwardum Angliæ reges illustres, qui, faciente satore zizaniæ,
"periculose[10] quamplurimum ad invicem diffidebant, ac alligatos ac confœderatos eorundem, specialiter destinati, ad
"dictum regnum[11] Franciæ personaliter accedentes, super

---

[1] *Warewykiæ*] Warewikiæ, R.
[2] *Nauntys*] Nauntes, R.
[3] *contiguum*] contiguam, H. A. R.
[4] *mensis*] om. R.
[5] *Januarii*] om. H. A.
[6] *Tusculanus*] Tusculanensis, H.
[7] *apostolicæ*] apostolici, H. R.
[8] *nostro, domino*] om. R.
[9] *providentia*] providit, H. A.
[10] *periculose*] periculo, R.
[11] *regnum*] om. R.

A.D. 1343.
"præmissis cum quolibet eorundem regum diversos tractatus
"habuimus. Et tandem magnifici principes, domini Odo Bur-
"gundiæ et Petrus Borbonosii,[1] duces, per[2] Franciæ, ac
"Henricus de Lancastria, Derbiæ, Willelmus de Bohun[3] de
"Northamptonia, Willelmus de Monte acuto Sarisburiæ, co-
"mites, et nobiles viri Radulphus de Stafforde, Bartholo-
"mæus de Bourgheresh,[4] Nicholaus de Cantilupo, Reginaldus
"de Cobham,[5] Walterus Mauny, Mauricius de Berkeleye, et
"magister Johannes de Ufforde, archidiaconus[6] Eliensis, per
"Angliæ, reges prædictos, ad infrascripta nobiscum tractanda
"et coram nobis firmanda et etiam in animas dictorum domi-
"norum[7] regum juramentis vallanda specialiter deputati, et

f. 32 b.
"super his ab eisdem regibus speciale mandatum habentes,
"per multos et diversos tractatus coram nobis, prout sequitur,
"concordarunt.

"Concordatum est quod, ob reverentiam Ecclesiæ, et[8] ad
"succurrendum malo statui Christianitatis, et subveniendum[9]
"indempnitati subjectorum dictorum regum Franciæ et An-
"gliæ, et propter honorem dominorum cardinalium tractan-
"tium pacem et concordiam inter dictos reges, quod super
"omnibus controversiis et dissensionibus mittantur aliqui de
"sanguine dictorum regum[10] et aliqui alii ad curiam Roma-
"nam, potestatem habentes concordandi,[11] firmandi, et roborandi
"super prædictis, secundum tractatum domini nostri papæ et
"tractatorum prædictorum. Poterunt autem partes rationes
"suas coram dicto domino papa dicere et proponere, non ad
"finem decisionis et ferendæ sententiæ sed melioris tractatus
"et pacis fiendæ.

"Item, quod prædicti mittendi sint in prædicta curia infra
"festum sancti Johannis baptistæ proxime futurum, et quod
"prædicta expediantur cum Dei adjutorio per dictum domi-
"num papam infra festum Nativitatis Domini, nisi de con-
"sensu nobilium prædictorum[12] fuerit terminus prorogatus;
"ita tamen quod, si dictus dominus papa impediretur vel non
"posset ponere concordiam inter reges prædictos, quod nihilo-
"minus treugæ durent et serventur usque ad tempus infra
"determinatum.

---

[1] *Borbonosii*] Brobonesii, R.
[2] *per*] om. R.
[3] *Bohun*] Bohoun, R.
[4] *Bourgheresh*] Bourghersh, R.
[5] *Cobham*] Cobeham, R.
[6] *archidiaconus*] archiepiscopus, H.
[7] *dominorum*] om. R.
[8] *et*] om. H.
[9] *subveniendum*] subeundum, R.
[10] *regum*] regum Angliæ et Franciæ, N.
[11] *mittantur . . . . concordandi*] om. H. A.
[12] *prædictorum*] om. H. A.

"Item, quod ex nunc, ut prædicta melius et plenius effectum
"habere possint,[1] concedantur treugæ usque ad festum sancti
"Michaelis mensis Septembris proxime futurum, et ab illo festo
"usque ad finem triennii continui proxime sequentis, per
"dictos reges Franciæ et Angliæ, regem Scociæ, comitem
"Hanoniæ, et alligatos dictorum[2] regum, videlicet ducem
"Brabanciæ et Guerlæ[3] necnon Juliacenses comites, dominum
"Johannem de Hanonia, et gentem Flandriæ, in omnibus
"terris regum, comitum, et alligatorum prædictorum, a tem-
"pore datæ præsentium treugarum per totum tempus præ-
"dictum servandæ.

"Item, quod rex Scociæ, comes Hanoniæ, et[4] alligati dictorum
"regum mittent suos nuncios ad curiam prædictam cum
"potestate consentiendi ac firmandi,[5] secundum tractatum
"fiendum coram dicto domino papa, in quantum eos tangit,
"infra diem prædictum beati[6] Johannis. Et si aliquis[7] eorum
"mittere noluerit, propter hoc non retardabitur negotium
"prædictum.[8]

"Item, quod dictæ treugæ serventur in Britannia inter reges
"prædictos et adhærentes eisdem, etiam si jus in ducatu se
"habere prætendant.

"Item, quod civitas Venetensis[9] recipiatur in manibus dic-
"torum dominorum cardinalium, tenenda nomine domini papæ
"per eos aut alterum ipsorum, uno decedente vel nolente[10]
"recipere; et hoc toto tempore dictarum treugarum. Et in
"fine[11] dictarum treugarum dicti cardinales inde faciant secun-
"dum suam voluntatem.

"Item, quod[12] pro absolutione Flammingorum[13] et amotione
"sententiarum quas incurrerunt dicti domini[14] cardinales
"sollicite laborare habeant quod debita et bona via reperiatur.

"Item, quod comes Flandriæ, tanquam dominus immediatus,
"non tamen tanquam superior, remaneat in Flandria, duran-
"tibus treugis, si tamen hoc sit de consensu populi Flandriæ.

"Item, quod comiti Montifortis serventur ea quæ sibi pro-
"missa fuerunt ante civitatem Nanatensem seu infra per
"dominum ducem Normanniæ, de quibus licite constabit.

---

[1] *possint*] possit, H. A.
[2] *dictorum*] om. R.
[3] *Guerlæ*] Guelre, R.
[4] *et*] placed before "comes" in H. A.
[5] *ac firmandi*] om. H.
[6] *beati*] sancti, R.
[7] *aliquis*] aliqui, H. A. R.
[8] *prædictum*] antedictum, R. N.
[9] *Venetensis*] Venecensis, H. A.; Venecensis, N.
[10] *nolente*] volente, H. A.
[11] *fine*] finem, H. A.
[12] *quod*] om. H. A.
[13] *Flammingorum*] Flammyugdo-rum, H. A. N.
[14] *domini*] om. R.

"Item, quod si aliqui in¹ Vasconia vel alibi, durantibus dictis treugis, moveant guerram interim vicino vel inimico suo alterius partis exsistenti, quod dicti reges se interponere non habeant per se vel per alium directe vel indirecte; et quod per² hoc treugæ prædictæ non frangantur. Et laborabunt bene, absque fraude et diligenter, reges prædicti quod subditi unius partis non faciant guerras, durantibus dictis³ treugis, subditis alterius partis in Vasconia vel Britannia.

"Item, quod nullus⁴ qui nunc sit⁵ in obedientia unius partis, pendentibus treugis, possit venire ad obedientiam alterius partis, cui non esset obediens tempore datæ dictarum treugarum.

"Item, quod nulli a partibus prædictis aliquid detur vel permittatur,⁶ ut guerram alteri moveat directe vel indirecte. durantibus treugis prædictis.

"Item, quod dictæ treugæ serventur in terra et in mari per partes prædictas.

"Item, quod dictæ treugæ firmentur per juramentum utriusque partis.⁷

"Item, quod dictæ treugæ publicabuntur ab utraque parte in exercitibus utriusque partis, statim in Britannia, et in Vasconia infra quindecim dies, et in Flandria infra quindecim dies,⁸ et in Anglia et in Scocia infra xlᵃ dies.

"Item, quod omnes incarcerati et capti hinc et inde et omnia bona capta, durante sufferentia per dictos dominos cardinales nuper facta, videlicet a die Dominico ante festum sancti Vincencii proxime futurum usque ad diem præsentem, extrahantur a carcere et libere dimittantur et reddantur, in quantum fuerit rationis.

"Item, quod, durantibus dictis treugis, nullæ novitates nec mesprisiæ fiant ab una parte contra aliam, in præjudicium dictarum treugarum et respectus.

"Item, quod dicti domini coadjutores, adjutores, et alligati eorum, quicumque sint,⁹ remanebunt in tali possessione et in tali seisina in qua sunt hodie de omnibus bonis, terris, et possessionibus quæ tenent et acquisierunt quoquo modo, dictis treugis durantibus.

---

¹ *in*] om. R.
² *per*] super, N.
³ *dictis*] prædictis, R
⁴ *nullus*] nullis, H. A.
⁵ *sit*] sunt, H. A.
⁶ *permittatur*] promittatur, R.
⁷ *per juramentum . . . . partis.*]

Instead of these words H. repeats " in terra etiam et mari per partes " prædictas," from the last sentence.

⁸ *et in Flandria . . . . dies*] om. H.

⁹ *sint*] sunt, H. A.

"Item, quod, dictis treugis durantibus, dicti domini adju- A.D. 1343.
"tores et coadjutores et alligati ipsorum, quicumque sint,
"poterunt ire secure de una patria ad aliam, et omnes mer-
"catores cum omnibus eorum mercaturis, et omnis maneries
"gentium, bonorum, et provisionum, tam per terram quam
"per mare et per aquam, ita libere sicut solebant venire et
"ire tempore prædecessorum dictorum regum, solvendo pe-
"dagia¹ et vinagia² quæ consueta sunt integre; exceptis ban-
"nitis de dictis regnis aut³ aliquo eorundem pro aliis causis
"quam pro guerra dictorum regum. Sed barones de Britannia
"et de ducatu Aquitaniæ et aliæ personæ de Vasconia et de
"dicto ducatu banniti vel alii comprehendantur in dictis
"treugis, et poterunt ire et venire de una patria ad aliam,
"durantibus dictis treugis.

"Item, quod die⁴ crastina dictæ treugæ sint proclamatæ
"in duobus exercitibus; et teneantur eas tenere et observare
"omnes præsentes et alias qui eas scire poterunt et debebunt.

"Item, quod, si per aliquem dictorum regum vel gentium
"alligatorum et coadjutorum ipsorum aliqua obsessio posita
"sit in Vasconia vel in ducatu Aquitaniæ aut in aliis insulis
"maris, in Gernesia, Geresia,⁵ vel alibi, ipsæ obsessiones levabun-
"tur quam cito dictæ treugæ pervenerint⁶ ad notitiam eorundem.
"Et quatuordecim personæ, videlicet vij. ex una parte et vij.
"ex alia dictorum regum, intrabunt villas, castra, seu fortellicia,
"ubi obsessiones erunt, et videbunt garnisiones tam gentium
"quam victualium quæ intus erunt; ad finem quod, die qua
"deficient istæ treugæ, dictæ villæ, castra, seu fortellicia,
"quæ essent obsessa, remanebunt et ponentur in tali numero
"et quantitate victualium et personarum sicut reperientur
"per dictas xiiij. personas, excepta dicta civitate Venetensi,⁷
"de qua⁸ servetur quod superius est expressum.

"Item, quod banniti et fugitivi de patria Flandriæ, qui
"fuerunt de parte regis Franciæ, non poterunt, dictis treugis
"durantibus, intrare nec venire in Flandriam. Et, si con-
"tingat quod aliquis⁹ ipsorum iret contra dictas treugas infra
"regnum Franciæ et ejus posse, fieret de eo justitia, et
"erunt forisfacta omnia bona sua quæ essent in Flandria.¹⁰

---

¹ *pedagia*] podagia, H. A.
² *vinagia*] vynagia, R.
³ *aut*] ut, H.
⁴ *die*] de, H.
⁵ *Gernesia, Geresia*] Gerneseya, Gereseya, R.
⁶ *ervenerint*] pervenerunt, H. A. N.

⁷ *Venetensi*] Venatensi, H. A.; Venecensi, N.
⁸ *qua*] om. R.
⁹ *aliquis*] aliqui, H. A. R.
¹⁰ *Item quod banniti .... in Flandria*] om. N.

"Item, quod debita quæ debentur in Attrebato dictis Ascrep-inois vel aliis in regno Franciæ non petantur nec de eis fiat executio, durantibus treugis prædictis.

"Item, quod omnia levata, qualiacumque sint,[1] facta ante dictas treugas tempore guerræ, remanebunt levata sine restitutione facienda,[2] dictis treugis durantibus.

"Item, quod in istis treugis comprehendantur Ispani, Chatalani, Provinciales, episcopus et capitulum Cameracenses et[3] villa Cameracensis, castrum de Cambresio et omnes Cambresii;[4] et similiter dominus de la Brete, vicecomes de Fronsaco, et dominus de Tynboun,[5] et dominus Johannes de Vernino,[6] et dominus de Reya.[7]

"Quæ quidem omnia et singula suprascripta tenenda et inviolabiliter observanda et de non veniendo aliquatenus contra ea vel eorum aliqua, domini Odo Burgundiæ et Petrus Borbonesii, duces, in dominorum Philippi Franciæ, Henricus de Lancastria, Willelmus de Boun;[8] Willelmus de Monte acuto, comites, Radulphus Stafforde,[9] Bartholomæus[10] de Borowasch,[11] Walterus de Mauny, supradicti, in Edwardi Angliæ, regum prædictorum, animas, tactis sacrosanctis evangeliis, præstiterunt, juxta mandatum ab eisdem dominis Franciæ et Angliæ regibus eis factum, corporaliter juramenta.

"In quorum omnium testimonium præsentes literas fieri fecimus sigillorum nostrorum appensione muniri. Actæ et datæ in prioratu beatæ Mariæ Magdalenæ de Malestricto, ordinis Benedicti, Venetensis[12] diœceseos, anno a Nativitate Domini M°CCC°M°XLIII°, indictione undecima, XIX° die mensis Januarii, pontificatus ejusdem domini[13] Clementis papæ VI. anno primo.

"Præsentibus venerandis in Christo patribus dominis Hugone archiepiscopo Bisuntino,[14] Johanne Belvacensi, Gilberto Ricchenensi,[15] Johanne Castrensi, Johanne Massiliensi, episcopis, Galfrido electo Lausanensi, et prædicto Johanne Eliensi

---

[1] *qualiacumque sint*] qualitercumque sunt, N.; qualicumque sint, R.

[2] *restitutione facienda*] faciendo restitutionem, N. R.

[3] *et*] om. N. R.

[4] *Cambresii*] Cambrasei, N.; Cambreseii, R.

[5] *Tynboun*] Teynboun, A. N.; Tyenbon, R.

[6] *Vernino*] Veruno, H.

[7] *Reya*] Roya, N. R.

[8] *de Boun*] de Bohun, N.; Bohun, R.

[9] *Radulphus Stafforde*] om. N.; Stafforde om. R.

[10] *Bartholomeus*] om. H.

[11] *Borowasch*] Borewasch, A.; Bourghersh, N.; Burghersh, R.

[12] *Venetensis*] Venecensis, N.

[13] *domini*] om. H. A. N.

[14] *Bisuntino*] Busintino, H. A.; Bisitinnino, N.

[15] *Ricchenensi*] Ruchenensi, H.; Richenensi, R.

" archidiacono; necnon nobilibus et magnificis viris, domino [1] A.D. 1343.
" Philippo de Burgundia, Boloniæ, Johanne de Cabilone,
" Autissiodorensi, Sacricæsaris,[2] Johanne Jovinaci,[3] Johanne de
" Castellione de Porcianis, comitibus; Milone de Noheriis et
" Ingeranno de Coxiaco, dominis; ac prædictis Nicholao de
" Cantilupo, Reginaldo de Cobham, Mauricio de Berkeleye,[4]
" et multis aliis baronibus et nobilibus ac aliorum multitudine
" copiosa."

Quibus[5] expeditis, multi de exercitu regis Angliæ, tam comites quam barones et alii equites et pedestres, per regnum Franciæ pacifice et quiete in Angliam redierunt. *The English army breaks up and returns home. f. 34 b.* Rex vero, cum paucis familiaribus respective per mare rediens,[6] perpessus fuit gravissimas et horribiles tempestates; adeo quod omnes naves classis suæ dispersæ fuerunt, ita quod invicem se videre non poterant nec juvare, sed se fortunæ pelagi committentes se[7] ad portus varios Angliæ direxerunt.[8] *The king's fleet driven by storms into various ports.* Ita quod duchissa Britanniæ cum filio suo et filia applicuerunt in[9] Devonia, et Exoniæ per totam Quadragesimam morabantur. *The duchess of Britanny lands in Devonshire.* Sed dominus Petrus de Vel[10] et dominus Henricus filius suus et[11] dominus Johannes de Reyny, milites, cum tota nave in qua fuerant, sunt submersi. *Loss of life.* Rex vero, post multa vota peregrinationum et aliorum operum pietatis, applicuit in portu de Waynemouth[12] in comitatu Dorsetiæ; et iij° nonas Marcii, anno regni sui xvij., venit Londonias, ubi invenit dominam reginam in turri. *The king lands at Weymouth.* Et tertio die postea fecit peregrinationem suam[13] ad Cantuariam peditando, et apud Gloucestriam et Walsingham,[14] cum mediocri familia equitando, usque ad Dominicam in Passione. *He goes on pilgrimage.* Et, expeditis peregrinationibus, rex ipse tenuit festum Pas-

---

[1] *domino*] om. H. A.
[2] *Sacricæsaris*] om. R.
[3] *Jovinaci*] Jonniaci, A.; Jovinacy, R.
[4] *Berkeleye*] Berkelee, N. R.
[5] *Quibus*] Omnibus, H.
[6] *per mare rediens*] om. H.
[7] *se*] sed, H. A. R.
[8] *direxerunt*] om. H. A.
[9] *in*] om. H.
[10] *Vel*] Veel, R.
[11] *et*] om. R.
[12] *Waynemouth*] Waymouth, R.
[13] *pereg. suam*] peregrinationes suas, R.
[14] *Walsingham*] W. et alia pia loca, R.

chale¹ apud Haverynge atte Bure,² cum regina et familia mediocri. Et in quindena Paschæ tenuit parliamentum apud Westmonasterium, quod duravit fere per mensem. In quo parliamento fecit filium suum primogenitum principem Walliæ. Et in eodem parliamento habebantur tractatus diversi, et præcipue de lanis et de. pretio³ certo statuendo super ipsis, secundum diversas partes regni apponendo pretium majus et minus; et de consuetudinibus solvendis pro lanis, videlicet tres marcas cum dimidio pro quolibet sacco extra Angliam transferendo.

Item, in eodem parliamento fuerunt deputati certi nuncii ad sedem apostolicam, destinandi ad tractandum de pace, prout in dicta treuga plenius continetur. De quorum nunciorum nominibus et potestate patet per transcriptum literæ destinatæ per eos, cujus tenor inferius continetur:

"Universis præsentes literas inspecturis Edwardus, Dei
"gratia rex Angliæ et Franciæ et dominus
"Hiberniæ, salutem. Noveritis quod, cum⁴
"ob reverentiam sanctissimi in Christo
"patris domini Clementis, divina providentia papæ sexti, et
"sedis apostolicæ, ac laboriosam instantiam reverendorum
"patrum, P[etri] Penestrensis et A[mbaldi] Tusculani,⁵
"episcoporum, ad nos nuper, dum eramus in Britannia,⁶ pro
"reformatione pacis inter nos et consanguineum nostrum
"Philippum de Valoys, per dominum summum pontificem
"specialiter transmissorum, quædam treuga inter nos et dictum
"Philippum sub certa forma inita sit et confirmata,⁷ et etiam
"inter alia concordatum quod citra festum Nativitatis sancti
"Johannis baptistæ proxime futurum mittantur ex utraque
"parte ad curiam Romanam solempnes nuncii cum potestate
"sufficienti ad tractandum coram dicto domino pontifice, non
"ut papa vel ut judice sed persona privata et amico communi,
"de pace et⁸ finali concordia inter nos et dictum Philippum

---

¹ *Paschale*] misplaced after Haverynge, H. A.

² *atte Bure*] om. H. A.

³ *pretio*] prædicto, H.

⁴ *cum*] om. R.

⁵ *Tusculani*] Tuskulanensis, H. A.

⁶ *Britannia*] Britanneam, H. A.; Britanniam, N. R.

⁷ *confirmata*] formata, R.

⁸ *et*] om. H. A. R.

" per Dei gratiam reformanda—Nos, volentes ea quæ in hac A.D. 1343.
" parte conducta fuerunt¹ ac præmissa, quatenus ad nos atti-
" net, observare, ac de fidelitate et circumspectione provida²
" venerandi in Christo patris J[ohannis] Exoniensis episcopi
" ac dilectorum et fidelium nostrorum Henrici de Lancastria,
" comitis Derbiæ, et Hugonis le Dispenser,³ domini Glamor-
" gan, consanguineorum nostrorum, et Radulphi de Staf-
" forde baronis, magistri Willelmi de Norwyco,⁴ decani
" Lincolniensis, Willelmi Trussel militis, et magistri Andreæ
" de Ufforde juris civilis professoris, plenam fiduciam optinen-
" tes, ipsos sex,⁵ quinque, quatuor, aut⁶ tres eorum, nuncios
" et procuratores nostros facimus et constituimus speciales,
" dantes et concedentes eisdem sex, quinque, quatuor et tribus
" eorum plenam potestatem et mandatum speciale ad trac-
" tandum coram dicto domino pontifice, non ut judice sed ut
" privata persona et amico communi, non in forma nec in figura
" judicii, sed⁷ extrajudicialiter et amicabiliter, cum procura-
" toribus partis adversæ super jure quod habemus vel habere
" poterimus ad regnum et coronam Franciæ; necnon super
" quibuscumque⁸ dominiis et dignitatibus, honoribus, posses-
" sionibus, terris, locis, et juribus, ad nos quocumque jure vel
" titulo et colore pertinentibus, de quibus inter nos et dictum
" Philippum dissensionis vel controversiæ materia est suborta,
" vel poterit suboriri; ac etiam super universis et singulis
" quæstionibus, querelis, controversiis, arestis, demandis, et
" delatis actionibus realibus, personalibus,⁹ atque mixtis, ac
" litibus et processibus, super his dependentibus, quæ mutuo
" competunt vel competere poterunt; necnon super omnibus
" dampnis et injuriis hinc inde, tam in terra quam in mari,
" datis et illatis, ac expensis et interesse quæ exigi poterunt
" hinc inde; et generaliter super omnibus dissensionibus et
" guerrarum commotionibus inter nos et ipsum Philippum sub-
" ortis; et tam super prædicto regno et jure nobis ad dictum
" regnum et coronam Franciæ competente, quam prædictis
" universis, concordandum,¹⁰ pacificandum, componendum,
" transigendum,¹¹ et pacem perpetuam et finalem concordiam
" ineundum, ea quæ sic contracta, concordata, peracta, com-
" posita, transacta, et inita fuerunt quacumque securitate fir-

---

¹ *fuerunt*] fuerint, R.
² *quatenus* . . . . *provida*] om. N.
³ *Dispenser*] Despenser, A.
⁴ *Norwyco*] Norwico, N. R.
⁵ *sex*] ex, H.
⁶ *aut*] et, H. A. N.
⁷ *sed*] om. H. A. N. R.

⁸ *quibuscumque*] quibusdam, N.R.
⁹ *Ac etiam* . . . *personalibus*] om. H. A.
¹⁰ *concordandum*] concordanter, H.
¹¹ *transigendum*] transfigendis, H. A.; transfigendum, N. R.

"mandum, ac securitatem quæ nobis fieri debeat in hac parte
"stipulandum et recipiendum; et omnia alia et singula faci-
"enda et exercenda quæ in præmissis et circa necessaria vel
"opportuna fuerint, etiam si mandatum exigant speciale; pro-
"mittentes pro nobis et heredibus nostris nos ratum et gratum
"habituros quicquid per prædictos nostros procuratores et
"nuncios, sex, quinque, quatuor, et tres eorum actum vel
"gestum fuerit in præmissis et quolibet præmissorum. In
"cujus rei testimonium has literas fieri fecimus patentes. Datæ
"apud Westmonasterium, xxiiij. die Maii, anno regni nostri
"Angliæ decimo septimo, regni vero nostri Franciæ quarto."

Item, in eodem parliamento fuit deposita gravis
querela, quomodo alienigenæ, virtute reservationum et
provisionum apostolicarum, optinent pinguiora beneficia
hujus regni, ad ea nullatenus accedentes nec eorum
onera supportantes,[1] sed thesaurum regni extenuantes
et extra regnum Angliæ cautius deducentes, in grave
præjudicium regis, regni et populi, et præcipue regiminis animarum. Quam querelam deposuerunt comites,
barones, milites, burgenses, et ceteri populares; archiepiscopis et[2] episcopis non audentibus adhærere dictæ
querelæ, immo recedere nitentibus; sed per præceptum
regis compulsi fuerant remanere. Super qua querela
summo pontifici dirigenda fuit concepta una litera in
Gallico, cujus tenor hic inferius continetur.

"A tres sentisme piere en Dieu, sire Clement, par divine
"purveaunce de seint eglise de[3] Rome et de
"universele eglise sovereyn eveske, les soens
"fitz humbles et devotes, prince, duces, countes,
"barones, chivalers, citezeins, burgeys, et tut la commune de
"roialme Dengleterre assembletz[4] an[5] parlement tenuz a West-
"moustier a la quinzime de Pasche proscheyn passe, devoutz
"beisers de ses[6] pees ove toutes[7] reverences et humbletez.
"Tres sentisime piere, seynt discressioun, governement et
"equite, qeux se meystrent en vous et diveient rengner en si
"seinte et si haute prelate, chyef de seint Eglise, et par qi tote

---

[1] *beneficia . . . . supportantes*] om. H.
[2] *archiepiscopis et*] om. H. A.
[3] *de*] du, H. A.
[4] *assembletz*] assemblez, A. R.
[5] *an*] a, H.
[6] *ses*] ces, H. A.
[7] *ove toutes*] od tutes, A.

" seinte eglise¹ et le poeple Dieu duvent, comme par solail, A.D. 1343.
" estre illuminez, nous doigne ferme espoire qe les joustes
" peticiouns, al honur de Jesu Crist et de sa seint Eglise, a
" vostre scintete par nous monstres, serunt graciousement par
" vous escutez, et touz errours et iniquites oustes et remuez,
" en fructuose esploit et remedie, par grace de Seint Espirit,
" qe vous ad a si haust estat eslu et² accepte, et³ par vous mys
" et graciousement ordeyne. Par qci, tres sentisme piere,⁴
" nous touz en pleyn deliberacoun, de commune assent, a vostre
" seintete vivement mostromus qe les nobles roys Dengleterre
" et nos progenitours et devauntiers et nous, solonc la grace
" de Seynt⁵ Espyrit⁶ et eux et nous divise et done, chescun⁷ a
" sa devocoun, ount et avomus ordeine et establi, foundy et doue
" dedeinz la roialme Dengleterre eglises, cathedraux, collegiaux, f. 36.
" abbeies, et priouries et autres diverses mesouns religious,
" et en eux ordeyne, et as prelatz et governours de dites lieus
" done, terres, possessiouns, patrimoignes,⁸ fraunchises, avowes,⁹
" et patronages de dingnites, provendres, offices, eglises, et
" autres plusours beneficez : a cel fyn et entendue, qe la cure
" et le governement de tieux beneficez fuissent a tieux donez,
" par qeux la service Dieu et la foye Cristiene fuissent¹⁰ hon-
" urez, encrucez, et enbeales, et le¹¹ hospitals et almoingnez
" faitz et tenuz, et les eglises et edifices honestement sauvez
" et gardez, devoutes priers en mesme lieux faites¹² pur les
" foundours, les povrez¹³ parochienz eidez et confortes ; par
" qeux ceux de qeux il deivent avoir la cure soient en lour
" propre langage en confessioun et en autre manere pleinement
" enformez et endoctrinez. Et par taunt, tres sentisme piere,
" qe vous ne poiez avoir notice des errours et defautes des
" persones et¹⁴ de lieux si lointeinz parties, si vous nient soietz
" enformes, nous, eiaunt pleyn¹⁵ conisaunce de errours et
" defautez et de condicouns des persones et de lieux¹⁶ susditz
" deins la dite roialme, si singnifimus a vostre seintete qe par
" diverses reservacouns, provisiouns, et collacouns, par vos
" predecessours, apostoiles de Rome, et par vous, tres sentisme

¹ *et par qi . . . . Eglise*] om. H. A. R.
² *et*] om. H. A. R.
³ *et*] om. H. A.
⁴ *piere*] om. H. A.
⁵ *seynt*] seint, A. ; seinte, R.
⁶ *Espyrit*] Espirit, A. R.
⁷ *chescun*] chesqun, A. R.
⁸ *patrimoignes*] patroinegz, H. ; patroinages, A. ; patroignez, R.
⁹ *avowes*] avouesons, N.
¹⁰ *fuissent*] om. R.
¹¹ *et le*] om. H. A. R.
¹² *faites*] faitez A.
¹³ *povrez*] om. R.
¹⁴ *et*] om. H. A.
¹⁵ *pleyn*] et certeine, added N.
¹⁶ *si lointeinz . . . . lieux*] om. R.

A.D. 1343.
"piere, en vostre temps, pluis largement qils ne soleient estre
"faites,¹ as diverses persones, ausy bien as estraunges et
"diverses nacouns et as asquns nos enemyes, nient ciaunt
"conisaunce de la langage ne de les condicouns de ceux de
"qeux le governement et la cure a eux deivent apurtiner, come
"as autres qe nient covenables, si avieignent les perils et les
"meschiefs qensuent: les almes de parochiens sunt en peril, le
"service de Dieux destrut, les almoingnes sustretz, les hos-
"pitales povres,² les eglises et edifices apurtinaunz eschetez.
"charite restreint, et la cure et le governement qe atient
"anenti,³ devocoun de poeple restreinte, les honestes persones
f. 36 b.
"de roialme desavauncez et plusours des escolers, et le tresour
"de roialme emperte, estraungez aloingne,⁴ countre lentente
"et devocoun de foundours. Les qeux errours, defautez et
"perils⁵ et esclaundres, tres sentisme pere, nous ne pomus ne
"devomus suffrer ne durer. Si requeromus humblement a
"vostre seintee qe, les errours,⁶ defautes, perils divers qeu
"purront avenere, par dreit discrecoun consideretz, vous plese
"tiels reservacouns, provisiouns, collacouns et tout repeller,
"qils ne soient desore faitz ordeiner, et remedie covenable
"mettre pur les maules qen purrount sourdre, snir, et descliner;
"et⁷ qe les benefices et edificez et droitures apurtenaunz soient,
"al honur de Dieux, par les persones de dite roialme curez,
"defendez, et governez. Et qil pleise a vostre seintee vostre
"entencoun sour ceste nostre requeste,⁸ saunz morouse delacoun,
"par vos seynte lettres a nous singnifier, entendaunz de⁹ certeyne
"qe pur rien ne lerromus qe nous ne ¹⁰ mettromus nos cures et
"travails de remedie aquerer et duwe correccoun en causes
"desusditz. En tesmoignaunce de queles choses, a cestes
"lettres overtez nous avomus mys¹¹ nos seals. Done en pleyn
"parlement a Westmoustier, le xviij. jour de Maii, lan de¹²
"grace mil ccc^{me}XLIII." ¹³

["To the most holy father in God, our lord Clement, by divine
"providence sovereign bishop of the holy church of Rome and
"of the Church universal, his humble and devoted sons, the
"princes, dukes, earls, barons, knights, citizens, burgesses, and
"all the commons of the kingdom of England, assembled in the

---

¹ *estre faites*] om. H. A. R.
² *povres*] periz, N.
³ *anenti*] om. H.
⁴ *estraungez aloingne*] om. N. R.
⁵ *et perils*] om. N.
⁶ *errours*] causes precedes this word in N.
⁷ *et*] om. H. A.
⁸ *requeste*] requeust, H.
⁹ *de*] pur, R
¹⁰ *ne*] om. H. A. N.
¹¹ *mys*] om. R.
¹² *de*] du, R.
¹³ Here ends R.

"parliament holden at Westminster in the quinzaine of Easter A.D. 1343.
"last past, devoutly kissing his feet with all reverence and
"humility. Most holy father, the holy discernment, govern-
"ment, and equity which are manifest in you and ought to reign
"in so holy and so high a prelate, head of holy Church, by
"whom all holy Church and the people of God ought, as by
"the sun, to be enlightened, give us sure hope that the just
"prayers, to the honour of Jesus Christ and of his holy Church,
"offered by us to your Holiness, will be graciously hearkened
"to by you, and all faults and wrongs be done away and re-
"moved, in fruitful accomplishment and remedy, by the grace
"of the Holy Ghost, who hath chosen and accepted you for such
"high estate, and by you applied and graciously ordained.
"Wherefore, most holy father, we all in full consultation, by
"common assent, do in lively manner set forth to your Holiness
"that the noble kings of England and our forefathers and pre-
"decessors and we, according to the grace of the Holy Ghost to
"them and to us devised and given, each one in his devotion,
"have ordained and stablished, founded and endowed within the
"kingdom of England cathedrals and collegiate churches, abbeys
"and priories and other divers religious houses, and in them
"have ordained, and to the prelates and governors of the said
"places have given, lands, possessions, patrimonies, franchises,
"advowsons, and patronages of dignities, prebends, offices,
"churches, and other many benefices: to this end and intent,
"that the cure and government of such benefices might be given
"to such as that by them the service of God and the Christian
"faith might be honoured, increased, and embellished, hospi-
"talities and alms given and maintained, churches and buildings
"honestly preserved and kept, devout prayers in the same places
"offered up for founders, poor parishioners aided and comforted,
"and that by them those, whose cure they should have, might
"in their own tongue in confession and otherwise be fully taught
"and instructed. And inasmuch, most holy father, as you can-
"not have notice of the faults and shortcomings of persons and
"places so far removed, if you be not informed thereof, we,
"having full knowledge of the faults and shortcomings and of
"the state of the persons and places aforesaid within the said
"realm, do make known to your Holiness that, by means of
"divers reservations, provisions, and collations [granted] by
"your predecessors, apostles of Rome, and by you, most holy
"father, in your time, more largely than they were wont to be,
"to divers persons, as well to foreign and divers nations and to
"some our enemies, not having knowledge of the tongue nor
"the condition of those whose government and cure should

"belong to them, as to others who are not fit, there come to pass
"dangers and mischiefs which are these: the souls of parish-
"ioners are imperilled, the service of God is destroyed, alms
"are withdrawn, hospitalities impoverished, churches and
"buildings thereto belonging fallen into decay, charity stinted,
"cure of souls and the government which belongeth thereto
"brought to naught, devotion of the people checked, honest
"persons of the realm unadvanced as well as many scholars,
"the treasure of the realm carried away, and strangers banished,
"contrary to the intent and pious will of founders. Which
"faults, shortcomings, dangers and scandals, most holy father,
"we cannot nor ought to suffer or endure. Therefore we
"humbly beg of your Holiness that, the faults, shortcomings,
"and divers perils which may thence come to pass being dis-
"creetly considered, it may please you both to recall such
"reservations, provisions, and collations, and to ordain that
"they be not henceforth made, and to apply fitting remedy for
"the evils which may thence arise, follow, and ensue; and
"that the benefices, buildings, and rights thereto belonging
"may, to the honour of God, by persons of the said realm be
"had in charge, defended, and governed. And may it please
"your Holiness to signify unto us by your holy letters your
"intention upon this our petition without captious delay, under-
"standing for certain that we shall not fail to apply our care
"and travail to get remedy and fitting correction in the matters
"aforesaid. In witness whereof, to these our letters patent we
"have set our seals. Given in full parliament at Westminster,
"on the 18th day of May, the year of grace, 1343."]

Proceedings against proctors acting for papal nominees to English benefices.

Et quia papa providit duobus cardinalibus,[1] nepotibus suis, uni videlicet de beneficiis vacaturis in Cantuariensi provincia usque ad mille marcas, et in provincia Eboracensi alteri de vacaturis beneficiis tantæ summæ, ac procuratores destinati per cardinales eosdem nonnulla beneficia, virtute hujus gratiæ, acceptarunt, fuerunt dicti procuratores coram cancellario regis et aliis justiciariis regisque concilio convocati, et ad responsionem positi quomodo et qua audacia et quibus literis de conductu Angliam intrarunt et tam prejudicialiter regi et regno temere acceptarunt. Qui respondebant quod auctoritate domini papæ et literarum

---

[1] The two cardinals were: Adhémar Robert, died 1352; and Gérard Domar, General of the Dominicans, died 1345.

ipsius, pro negociis dictorum cardinalium prosequendis, regnum intrarunt et beneficia, de quibus ut premittur, acceptarunt. Et, quia præfata responsio non fuit sufficiens reputata, fuerunt ipsi attachiati et custodiæ vicecomitis Londoniarum deputati. Sed finaliter fuit eis inhibitum ne talia de cetero attemptarent, et mandatum eisdem quod infra certum diem sub salvo conductu regnum exirent. Quod et factum fuit circa festum sancti Jacobi apostoli. Fuitque Londoniis publice proclamatum ne quis, nomine alicujus alienigenæ, quacumque auctoritate beneficium aliquod in regno Angliæ attemptaret.

Rex vero, volens contentis in prædicta treuga parere, misit ad sedem apostolicam nuncios mediocres, quia majores mittere non potuit superius nominatos, ad tractandum prout in dicta treuga continetur, videlicet dominum Johannem, filium domini Rogeri de Grey, qui de regio sanguine dicebatur, et magistros Robertum de Herward, archidiaconum[1] Tantoniæ, et Andream de Ufford; et statim post eos misit dominum Johannem de Schordich, militem, et cum eo literam infrascriptam:

"Sanctissimo in Christo patri ac[2] domino Clementi, divina providentia sacrosanctæ Romanæ ac universalis ecclesiæ summo pontifici, Edwardus, ejusdem[3] gratia rex Franciæ et Angliæ[4] et dominus Hiberniæ, devota pedum oscula beatorum. Pensata sedis apostolicæ clementia, quæ de fomento devotionis Christi fidelium et animarum salute solet esse summe sollicita, non quærens quæ sunt sua sed quæ sunt potius Jesu Christi, tenet probabiliter nostra fiducia quod vestra maturitas, in specula celsitudinis apostolicæ præclaritate meritorum et scientiæ divinitus jam erecta, ea, quæ[5] decus ecclesiæ et devotionem plebis attenuant ac animarum et rerum pericula comminantur, curabit[6] misericorditer reformare. In publicam autem non ambigimus notitiam pervenisse qualiter, ab[7] exordio nascentis ecclesiæ in regno

---

[1] *archidiaconum*] archiepiscopum, H.
[2] *patri ac*] om. N.
[3] *ejusdem*] Dei, N.
[4] *F. et A.*] A. et F., N.
[5] *quæ*] quæ sunt, N.
[6] *curabit*] curabiliter, N.
[7] *ab*] om. N.

"nostro Angliæ, progenitorum nostrorum regum [1] Angliæ et
"procerum [2] ac fidelium dicti regni digne recolenda prioritas,
"propter divini cultus augmentum, construxit ecclesias et
"ipsas amplis [3] dotavit [4] possessionibus et privilegiis communi-
"vit, ponens in eis ministros idoneos, qui fidem catholicam in
"subjectis sibi linguis et populis feliciter propagarunt; per
"quorum curam et solicitudinem vinea Domini Sabaoth [5]
"in cultu et fructu ibidem mirifice fecundavit:[6] sed, quod
"dolendum est, ipsius vineæ propagines degenerantur in la-
"bruscas, et exterminant illam apri de silva singularesque
"feræ [7] depascunt eam, dum per [8] impositiones et provisiones
"sedis apostolicæ, quæ solito gravius invalescunt, ipsius pe-
"culium, contra piam voluntatem et ordinationem donatorum,
"manus occupant indignorum et præsertim exterorum;[9] et
"ejus dignitates et beneficia conferuntur pinguia [10] personis
"alienigenis, plerumque nobis suspectis, qui non resident in
"dictis beneficiis et vultus commissorum eis pecorum non
"agnoscunt, linguam non intelligunt, sed, animarum cura
"neglecta, velut mercenarii solummodo temporalia lucra
"quærunt; et sic diminuitur Christi cultus, animarum cura
"negligitur, subtrahitur hospitalitas, ecclesiarum jura de-
"pereunt, ruunt ædificia clericorum [11] attenuatur devotio
"populi,[12] clerici dicti regni,[13] viri magnæ literaturæ et conver-
"sationis honestæ, qui curam et regimen possent sibi salu-
"briter vendicare et [14] peragere, et forent pro nostris et
"publicis consiliis opportuni, studium deserunt propter pro-
"motionis congruæ spem ablatam—quæ divinæ scimus non
"esse placita voluntati. Quin immo grave nostrum et fidelium
"nostrorum versatur præjudicium [15] et inæstimabile peri-
"culum, nisi super hoc citius et consultius caveamus:
"nam jus patronatus, quod nos et fideles nostri in talibus opti-
"nemus beneficiis, enervatur; curia nostra, in qua dumtaxat
"causæ [16] super jure patronatus dictorum beneficiorum tractari
"debent, deluditur; et sic jura coronæ nostræ [17] tam probrose
"quam dampnose dereunt, et regni thesaurus ad extraneos,

---

[1] *regum*] et regum, N.
[2] *procerum*] procerum Angliæ, N.
[3] *amplis*] amplius, N.
[4] *dotavit*] dotavis, A.
[5] *Sabaoth*] Sabathotz, H.; Sa-bahot, A.
[6] *fecundavit*] fecundant, N.
[7] *feræ*] feri, A. N.
[8] *per*] om. H. A.
[9] *exterorum*] exteriorum, H. A.
[10] *conf. ping.*] ping. conf., N.
[11] *clericorum*] om N.
[12] *populi*] altered to "plerique" by a later hand, H.
[13] *dicti regni*] om. N.
[14] *vendicare et*] an addition in H. only.
[15] *præjudicium*] "in" inserted before præjudicium, H.
[16] *causæ*] om. H. A.
[17] *nostræ*] nostræ regiæ, N.

"ne dicamus[1] nostros malivolos, asportatur, subtili forsitan
"conjectura ut, regni depresso sacerdotio et ejus exhausto
"thesauro, reddatur regnum[2] debilius in adversis. Quæ sin-
"gula et alia quæ ex præmissis sequuntur incommoda fuerunt[3]
"coram nobis, in parliamento nostro generali, per communi-
"tatem dicti[4] regni palam exposita, unanimi et ferventi peti-
"tione subjuncta,[5] ut prædictis dispendiis quæ dictæ com-
"munitati videntur intolerabilia celeriter occurramus. Nos
"autem, Anglicanæ depressionem ecclesiæ et exheredationem
"coronæ regiæ ac mala prædicta, quæ, dissimulata diutius,
"adjicerent verisimiliter graviora, patulo cernentes intuitu,
"ad vos, successorem apostolorum principis, qui ad pascendum
"non ad tondendum oves Dominicas, ac ad confirmandum
"et non ad[6] deprimendum fratres suos, mandatum a Christo
"suscepit, ista deferimus,[7] votivis affectibus supplicantes qua-
"tinus, præmissis debite[8] ponderatis, ac considerato quod
"de jure creandi sunt de vico populi magistratus, et, juxta
"dictum prophetæ, dandi sunt[9] de eodem loco populi vini-
"tores,[10] quod per beatos apostolos legitur esse factum, dum
"gentibus viros linguarum suarum habentes notitiam trans-
"miserunt, pensata etiam devotionis plenitudine, qua domus
"nostra regia et clerus et populus dicti regni præstiterunt
"hactenus in obedientiam dictæ sedis, propter quod non haberet
"paternus affectus[11] eis onera et gravamina cumulare, velitis,
"ut pater filiis thesaurizans, alleviare[12] dictarum impositionum
"et provisionum ac onerum, tam per sedem apostolicam in-
"valescentium,[13] gravitatem; permittentes ulterius ut patroni
"patronatus sui solatium non amittant, ecclesiæque cathedrales
"et aliæ dicti regni[14] liberas electiones et earum effectum[15]
"habeant. Quas quidem ecclesias dicti progenitores nostri
"dudum, in singulis vacationibus earundem, personis idoneis
"jure suo[16] regio libere conferebant, et postmodum, ad ro-
"gatum et ad[17] instantiam dictæ sedis, sub certis modis et

A.D. 1343.

f. 38.

[1] *ne dicamus*] altered to "quos judicamus," H.
[2] *regnum*] regimen, N.
[3] *fuerunt*] fuerunt nuper, N.
[4] *dicti*] altered to "totius," H.
[5] *subjuncta*] subinjuncta, H. A.
[6] *ad*] om. N.
[7] *deferimus*] altered to "referimus," H.
[8] *debite*] debitorum, N.
[9] *sunt*] sicut, A.; altered to "sicut," H.
[10] *vinitores*] unitores, H. A. N. "Dabo ei vinitores ejus ex eodem "loco," Os. ii. 15.
[11] *affectus*] effectus, H. A.
[12] *alleviare*] allienare, H.
[13] *invalescentium*] invalentium, N.
[14] *regni*] "ecclesiæ" added, H.
[15] *et earum effectum*] altered to "ad earum dignitates," H.
[16] *jure suo*] suo jure, N.
[17] *ad*] om. N.

A.D. 1343. "conditionibus concesserunt quod electiones fierent in dictis
"ecclesiis per capitula earundem; quæ concessio fuit per
"sedem ipsam ex certa scientia confirmata. Sed, contra formam
"concessionis et confirmationis prædictarum, dicta sedes, per
"reservationes et provisiones suas, dictis capitulis electiones
"adimit[1] supradictas et nobis jus et prærogativam, quæ juxta
"formam dictæ concessionis[2] nobis[3] competunt in hac parte;
"propter quod, juxta legem dicti regni nostri,[4] ex quo lex
"in concessione posita non observatur,[5] concessio resolvitur
"et res statum[6] revertitur in primævum. Super præmissis[7]
"itaque dignetur, quæsumus,[8] vestra benignitas, ad honorem
"Dei et salutem animarum, necnon ad tollendum scandala et
"præjudicia prælibata,[9] festinum et salubre temperamentum
"apponere, ut nos et nostri, qui personam vestram sanctissimam
"et sanctam Romanam ecclesiam revereri cupimus, ut debe-
"mus, cessantibus dictis malis intolerabilibus, in paternæ
"vestræ dilectionis dulcedine quiescamus, revirescatque nos-
"tra[10] devotio, per ostensam nobis piæ moderationis vestræ
"clementiam[11] recreata. Conservet vos Altissimus ad regi-
"men ecclesiæ suæ sanctæ per tempora prospera et longiora.
"Datæ apud Westmonasterium, xxvj. die Septembris, anno
"regni nostri Franciæ quarto, regni vero nostri Angliæ
"xvij°."[12]

Tournaments at Smithfield;

Hoc anno, cito post Nativitatem sancti Johannis baptistæ, fuerunt pulchra hastiludia in Smethfeld, ubi papa et duodecim cardinales per tres dies contra quoscumque tirocinium habuerunt. Sed comes Warewykiæ tam intus quam extra gratiam reportavit.

and other places.

Ac postea multa hastiludia fuerunt per diversas partes Angliæ, et præcipue Cantuariæ, Herefordiæ et aliis multis locis. Rex autem se dedit venationibus et aliis solatiis sibi placentibus usque post[13] festum sancti Michaelis sequentis.

---

[1] *adimit*] altered to "prohibuit," H.
[2] *concessionis*] final s erased, N.
[3] *nobis*] a blank in H.
[4] *nostri*] om. H. A.
[5] *observatur*] servatur, N.
[6] *res statum*] rei status, H. A.
[7] *præmissis*] præmissa, N.
[8] *quæsumus*] om. H. A.
[9] *prælibata*] illibata, N.
[10] *nostra*] vestra, N.
[11] *clementiam*] elemosinam, N.
[12] *Datæ .... xvij°*] Dat. apud Westm. anno Domini millesimo ccc°xliij°, regni nostri Angliæ xvj° et Franciæ... N.
[13] *post*] ad, H.

Anno Domini M°CCC°mo XL°III°., Clementis papæ sexti anno secundo, regni regis Edwardi tertii post conquæstum decimo septimo, ætatis scribentis septuagesimo, incipiendo annum a festo sancti Michaelis; post quod festum immediate dominus archiepiscopus Cantuariensis, volens visitare diœcesim Northwyncensem, præmunivit bene prius episcopum et capitulum, ut est moris. Sed ipsi, cum clero totius diœceseos, asserentes archiepiscopum ordinem statutum in canone non servare, ad sedem apostolicam apellarunt. Et, licet archiepiscopus assereret sibi indultum a sede prædicta quod ipse non tenetur præmissum ordinem observare et de hoc faceret per literas apostolicas plenam fidem, Norwycenses tamen, dicentes indultum hujusmodi per veri suppressionem et falsi suggestionem optentum, visitationem ipsius archiepiscopi subire pertinaciter recusarunt, ecclesiam ac monasterium et palatium episcopi per potentiam laicalem et firmitates alias munientes, et archiepiscopum nullatenus admittentes. Propter quod archiepiscopus excommunicavit episcopum et priorem, suspendit capitulum, et ecclesiam interdixit; quibus non obstantibus, episcopus fuit cum honore receptus, et similiter in toto dominio comitis Warenniæ fuit ad visitandum admissus.

Et cito post festum Omnium Sanctorum magister Andreas de Ufford, rediens de Romana curia, diversa nova portavit. Propter quæ rex, volens artum concilium congregare, vocavit archiepiscopum, qui venit[1] Londonias die Veneris ante festum sancti Clementis, dimissis clericis suis et familia in diœcesi Norwycensi. Et duravit dictum concilium regis apud Westmonasterium usque ad diem Veneris post festum sanctæ Katerinæ; quo die Veneris archiepiscopus versus Norwycensem diœcesim remeavit. In quo concilio magister Andreas de Offord, de curia Romana reversus, recitavit

A.D. 1343.

Archbp. Stratford's visitation of Norwich opposed.

He excommunicates the bp. and prior.

Return of Andrew Offord from Avignon.

Council at London, 21-28 Nov.

Offord's account of negotiations at the papal court.

---

[1] *venit*] om. H.

A.D. 1343.
f. 39.

totum processum habitum coram papa inter collegas suos et ipsum ex parte una et nuncios Philippi de Valoys ex altera, et quomodo ex parte regis Angliæ petebatur quod, ante omnem tractatum, liberaretur comes Montis fortis, sicut fuit promissum per cardinales in treuga Britanniæ, et quod sententiæ latæ per sedem apostolicam in Flandrenses adnullarentur, sicut fuit promissum pro parte Gallicorum in treuga Tornacensi. Ad quas petitiones papa et Gallici responderunt, licet insufficienter, volentes eas evadere et tractatum super principali statim intrare. Ad quod Anglici, per papam, sub certis protestationibus de non recedendo a petitionibus prædictis, inducti, licet inviti, quodammodo consenserunt. Et, cum peterent regnum Franciæ et coronam ipsius, nomine regis Angliæ, proximioris masculi de sanguine Karoli, ultimi[1] regis Franciæ, avunculi sui, papa, assumens partem Gallicorum, dixit:

The pope speaks against Edward's claim to the crown of France.

"Quomodo potest rex Angliæ petere regnum Franciæ, "cum ratione triplici sit exclusus—primo, quia alii "sunt superstites, dictum regem Karolum per masculinam lineam juris sanguinis attinentes; item, quia "mater regis Angliæ non est capax successionis in "regno Franciæ, licet sit soror dicti regis Karoli ex "utroque parente; tertio, quia rex Angliæ fecit "homagium Philippo de Valoys, tanquam regi Franciæ, "et illum[2] postmodum ligium per literas suas re- "cognovit?" Et cum nuncii Anglici offerrent se ad præmissa respondere paratos, papa noluit eos sufficienter audire, sed dixit eis quod tractarent de ducatu Aquitaniæ, propter quem tota guerra ortum habuit inter reges, et de matrimoniis inter dictorum regum

The negotiations suspended.

liberos copulandis. Ad quod dixerunt dicti nuncii se nullam potestatem habere nec esse aliqualiter informatos, petentes licentiam redeundi; quam licentiam papa noluit concedere, ne treuga videretur infringi, sed,

---

[1] *ultimi*] ultime, A. | [2] *illum*] illud, H. A.

retentis in curia domino J[ohanne] de Grey et quodam alio de sanguine Philippi de Valoys, quidam alii nuncii redierunt ad consulendum dictas partes super ulteriore prorogatione tractatus prædicti, et pro solempnioribus nunciis ad curiam transmittendis pro tractatu prædicto. Quo facto, rediit magister Andreas de Offord de curia et præmissa omnia in¹ dicto regis concilio recitavit; unde tractatum fuit ibidem de solempnioribus nunciis ad curiam destinandis.

A.D. 1343.

Other envoys of higher rank to be sent.

Cito postea intravit curiam dominus J[ohannes] de Schordich, miles, et præsentavit papæ dictas literas regias et etiam literas populi Gallice scriptas, quia prius non fuerunt præsentatæ. Cui papa præcepit exspectare responsum; sed ipse respondit quod literæ suæ non desiderabant verbalem sed realem responsionem habere. Et eodem die papa convocavit cardinales, et in eorum præsentia literas legi fecit; ex quarum lectura omnes dicebantur offensi. Dictus vero miles in crastino summo mane, non exspectato responso, versus Aquitaneam² festinavit.

Sir John of Shoreditch presents the letters from the king and parliament to the pope;

f. 39 b.

which are read before the cardinals.

Circa festum sancti Michaelis, anno prædicto, venerunt literæ apostolicæ, tam domino regi Angliæ quam consiliariis suis ab eadem sede directæ, super expulsione procuratorum dictorum cardinalium novorum querimoniam continentes; quas, licet eidem regi præsentare nullus auderet, fuerunt tamen comiti Derbiæ et quibusdam aliis de regis concilio liberatæ. Quarum literarum apostolicarum tenor est talis:

Letters arrive from the pope to the king and his council complaining of the proceedings against the papal proctors.

" Clemens, episcopus, servus servorum Dei, carissimo in
" Christo filio, Edwardo, regi Angliæ illustri,
" salutem et apostolicam benedictionem. Du-
" dum, post creationem novorum sacrosanctæ
" Romanæ ecclesiæ cardinalium, provida et ma-
" tura deliberatione prævia per nos³ facta,⁴ atten-
" dentes honoribus Dei et ecclesiæ sanctæ suæ ac utilitati rei-
" publicæ convenire, quod cardinales ipsi, qui super novorum

Letter to the king, 28 Aug.

Litera papæ querula de repulsione procuratorum.

---

¹ *in*] de, H. A.
² *Aquitaneam*] Acquitaneam, A.
³ *nos*] om, H. A.
⁴ *facta*] factam, H. A.

A.D. 1343. "cardinalium expediendis negotiis ad alveum apostolicæ sedis
"undique confluentibus nobiscum labores et onera¹ partiuntur,
"haberent congrue unde suis valerent necessitatibus, secundum
"status sui decentiam, providere, demum, excogitatis viis et
"modis licitis, quibus, absque minori ecclesiarum² et personarum
"ecclesiasticarum gravamine, hujusmodi provisio sequi posset
"de beneficiis ecclesiasticis, tunc in diversis regnis et parti-
"bus Christianitatis vacantibus et in antea vacaturis, usque
"ad certam summam, pro singulis eorundem novorum car-
"dinalium, et sub certis formis et limitationibus præfatis
"cardinalibus distinctis, eis, prout expedire vidimus, pro-
"vinciis gratias fecimus speciales. Cum autem duobus ex
"eis, de ducatu Aquitaniæ oriundis, videlicet dilectis filiis
"nostris Adamaro, tituli sanctæ Anastasiæ, et Geraldo,
"tituli sanctæ Sabinæ, presbyteris cardinalibus,³ de hujus-
"modi beneficiis in regno et terris tuis, fili carissime,
"exsistentibus, in forma, pro ipsis et aliis prædictis cardi-
f. 40. "nialibus cum magna deliberatione concilii ordinata, gratias
"hujusmodi providerimus faciendas, ipsique, pro eisdem pro-
"sequendis gratiis, certos procuratores et nuncios suos
"ecclesiasticos, viros scilicet prudentes et literatos, ad partes
"regni tui Angliæ destinarunt, ipsi procuratores et nuncii,
"postquam ad regnum pervenientes prædictum inceperunt
"ibidem dominorum suorum negotia prosequi supradicta, per
"gentes et officiales regios non solum impediti super eis,
"quinimmo captivati et tandem de dicto regno expulsi cum
"ignominia, sicut infestis nimis relatibus percepimus, ex-
"stiterunt. Profecto, fili dilectissime, si præmissa, quæ de
"procuratoribus prædictis præmittimus, veritate nituntur,
"attenta devotione sincera quam ad Deum et ad sacro-
"sanctam Romanam ecclesiam, matrem tuam, gerere dig-
"nosceris, sicut claræ memoriæ progenitores tui, reges
"Angliæ, gesserunt, dum in humanis agerent, ea de tua
"processisse conscientia faciliter credere non valemus.
"Certum est autem quod non solum in regno et terris tuis
"prædictis, immo quasi in⁴ omnibus regnis et partibus, tam
"propinquis, quam remotis, ubi catholicæ fidei viget cultus,
"aliis⁵ novis cardinalibus consimiles gratias fecimus, in quibus
"rebellionem aliquam, præter prædictam, quam, si vera sit,
"cum dolore cordis referimus, factam nullatenus audivimus
"usquequaque. Satis namque honoribus et commodis regiis
"credebamus et credimus expedire quod cardinales, et illi

---

¹ *onera*] incra, H.
² *ecclesiarum*] om, H. A.
³ See above, p. 142.
⁴ *in*] cum, H.
⁵ *aliis*] et aliis, H.

"maxime qui naturaliter afficiuntur ad honores et commoda
"tua regia, in regno et terris tuis beneficia optineant ecclesi-
"astica, quia ex hoc proculdubio libentius et ferventius ad
"promovendos profectus regios inducuntur,—et utinam illi,
"qui, nutriti de micis ejusdem ecclesiæ Romanæ et ad
"honores et status exaltati per eam,[1] impedimenta[2] et alia
"prædicta procurasse, non absque magnæ ingratitudinis
"vitio[3] et aliis suis periculis, verisimiliter existimantur,[4] ex
"quibus, præter hoc excommunicationis, et aliis pœnis et
"sententiis promulgatis adversus tales a canonibus se peri-
"culose nimium subjecerunt, quæ salutis, famæ, et honoris
"regii felicia respiciunt incrementa, fidelibus intenderent[5]
"studiis, et contrarium attemptando nequaquam lucra propria
"sub manu regia venarentur. Demum, regiam rogamus ex-
"cellentiam, et in Domino attentius exhortamur, quatinus,
"his quæ præmisimus, et aliis quæ in hac parte circum-
"spectioni regiæ possunt occurrere, diligenti præmeditatione
"intra pectoris regii claustra discussis, ea quæ contra dictos
"procuratores et quosdam alios præfati Ademari cardinalis,
"qui postmodum in eodem regno capti et detineri captive
"dicuntur, facta fuerunt, reparari et revocari decenter et
"benigne faciat; ipsosque procuratores, regio favore suf-
"fultos, circa prosequenda in eodem regno supradicta negotia
"plena securitate gaudere, pro divina et nostra dictæque
"sedis reverentia, faciat regia celsitudo, aures non accom-
"modando regias illis qui aliqua in Dei offensam, ecclesiæ
"prædictæ contumeliam, ac honoris, salutis, et famæ tui
"culminis læsionem possent quomodolibet redundare, ut
"Deum tibi semper propitium et sedem prædictam[6] super tuis
"opportunitatibus constituas promptiorem, rescripturus nobis,
"fili dilectissime, quæ tua regalis circumspectio circa hoc
"providerit ordinanda. Datæ apud villam novam Avinonensis
"diœceseos, v. kalendas Septembris, pontificatus nostri anno
"secundo."

"Clemens, episcopus, servus servorum Dei, dilectis filiis,
"consiliariis carissimi in Christo filii nostri, Edwardi, regis
"Angliæ illustris, salutem et apostolicam benedictionem. Per-
"tulit his diebus ad nos rumor displicibilis et infestivus
"quod, cum dilecti filii nostri Ademarus tituli sanctæ Anas-
"tasiæ et Geraldus tituli sanctæ Sabinæ, presbyteri cardinales,
"ad prosequendum gratias de beneficiis ecclesiasticis in par-
"tibus regni Angliæ consistentibus, per nos eis, sicut novis

---

[1] *per eam*] pro causa [cā], H. A.
[2] *impedimenta*] impedita, H.
[3] *vitio*] erased and altered to "nota," H.
[4] *existimantur*] extimatur, H. A.
[5] *intenderent*] intenderunt, H. A.
[6] *prædictam*] apostolicam, H.

"aliis cardinalibus in diversis aliis mundi partibus, dudum factas, procuratores suos ad partes dicti regni Angliæ destinassent, prædicti procuratores, viri literati et ecclesiastici, non solum impediti super prosecutione negotiorum hujusmodi, sed quibusdam, qui de micis ecclesiæ Romanæ nutriti et ad honores et status exaltati per eam, ut probabiliter existimatur,[1] procurantibus, ex quibus tam ipsi, quam alii qui hoc procurarunt aut perpetrarunt, excommunicationis et aliis poenis et sententiis adversus tales promulgatis a canonibus se periculose nimium subjecerunt, ignominiose capti et deinde de dicto regno expulsi fuerunt, aliis quibusdam procuratoribus præfati Ademari cardinalis captis postmodum et detentis captivis. Cum autem præmissa, quæ, si veritas suffragetur relatibus, in divinæ majestatis offensam et ecclesiæ Romanæ contumeliam dictorumque cardinalium opprobriosum præjudicium redundarunt, de conscientia carissimi in Christo filii nostri Edwardi, regis Angliæ illustris, attenta sincera devotione ipsius quam gerit ad Deum et sanctam Romanam ecclesiam, matrem suam, nequaquam processisse credamus, nec quomodolibet existimemus[2] quod ipse, cui super hoc scribimus, ea suis utique famæ, saluti, et honori obvia toleraret, prudentiam vestram rogamus et in Domino attentius exhortamur quatinus vos, quibus facta et negotia dicti regis per viam honestatis, rectitudinis et justitiæ dirigere,—contrariumque his, si contingeret, quod absit, vobis imputari valeret,—quæcumque[3] in hac parte indecenter et minus juste processerunt, revocari et reparari prudenter, celeriter, et provide procuretis; scituri quod de diversis aliis Christianitatis, tam propinquis, quam remotis, partibus, in quibus ceteris novis cardinalibus consimiles gratias fecimus, impedimentum aliquod notabile præstitum eis non audivimus vel suis procuratoribus, quos ad partes ipsas jamdudum propterea transmiserunt. Datæ apud villam novam Avinonensis diœceseos, v. kalendas Septembris, pontificatus nostri anno secundo."

Postea vero, tertio nonas Decembris, rediit magister Andreas de Offord versus curiam Romanam et Franciam, ad quærendum de utraque curia literas de conductu pro sex personis et familiis earundem, videlicet pro Derbyæ, Warewykiæ, Huntyngdoniæ, et Suthfolchiæ comitibus et domino Bartholomæo de Boroways, milite,

---

[1] *existimatur*] extimatur, H. A.
[2] *existimemus*] extimemus, H. A.
[3] *quæcumque*] quicumque, H. A.

et magistro Johanne de Offord, archidiacono Eliensi, mittendis ad curiam, circa Pascha, pro tractatu pacis habendo coram papa super guerris et controversiis motis inter reges prædictos. Sed utrum responsionem vel excusationem super contentis in dictis literis apostolicis reportavit præsens scriptor ignorat.

Sed, dictis literis apostolicis non obstantibus, dominus rex mandavit brevia sua per totum regnum suum sub infrascripto tenore, et ea fecit in singulis ecclesiis cathedralibus, comitatibus, et præcipue in Cantuariensi curia publicari:

"Edwardus, Dei gratia rex Angliæ et Franciæ et dominus
"Hiberniæ, archiepiscopis, episcopis, abbatibus,
"prioribus, decanis, archidiaconis, officialibus,
"præpositis, sacristis, prebendariis in ecclesiis
"cathedralibus et collegiatis,[1] advocatis, procuratoribus, ac
"notariis publicis, et aliis quibuscumque personis ecclesiasticis in quacumque dignitate vel officio constitutis, et omnibus
"aliis ad quos præsentes literæ pervenerint, salutem. Cum,
"ut[2] ex relatu plurium accepimus, quamplures procuratores
"cardinalium et aliorum, tam alienigenæ quam indigenæ,[3] ad
"acceptandum[4] beneficia ecclesiastica[5] in regno nostro Angliæ
"per bullas papales, nomine dictorum cardinalium et aliorum
"prædictorum constituti, ac etiam nonnulli alii provisores, tam alienigenæ quam indigenæ, de curia Romana,
"prætextu gratiarum sibi ab eadem curia[6] factarum, nos
"et jus nostrum regium[7] ac jura comitum, baronum,[8] procerum, et communitatis dicti regni nostri impugnare et
"pro viribus adnullare machinantes, prædictum regnum nostrum Angliæ sunt ingressi, et[9] bullas prædictas ac[10] alias
"literas et monitiones ad executiones earundem[11] faciendas
"vobis liberaverunt, et vos eo prætextu placita coram vobis
"tenere et varios processus ac alia, nobis et coronæ nostræ,
"comitibus,[12] baronibus, proceribus, et toti communitati ejusdem regni præjudicialia, in hac parte facere nitamini, in

Prohibitio regis contra provisores.

Proclamation against provisors, 20 Jan.

---

[1] *collegiatis*] collegiis, N.
[2] *ut*] om. H. N.
[3] *alien. quam indig.*] indig. quam alien., N.
[4] *acceptandum*] acceptanda, N.
[5] *ecclesiastica*] om. N.
[6] *ab eadem curia*] ad eandem curiam, N.
[7] *regium*] regnum, N.
[8] *baronum*] et baronum, N.
[9] *et*] per, N.
[10] *ac*] et, N.
[11] *earundem*] eorundem, N.
[12] *comitibus*] ac comitibus, N.

A.D. 1344.
" nostri contemptum et nostri ac coronæ nostræ dictorum-
" que¹ comitum, baronum, procerum, et communitatis² ex-
" heredationem et status ecclesiæ Anglicanæ depressionem
" manifestam, et contra Dei voluntatem ac piam dispositio-
" nem fundatorum beneficiorum eorundem, et contra formam
" provisionum, ordinationum,³ concordiarum, et consideratio-
" num, tam tempore celebris memoriæ domini E[dwardi]
" quondam regis Angliæ, avi nostri, in parliamento suo apud
" Karliolum, quam in ultimo parliamento nostro, apud West-
" monasterium, tentis,⁴ factarum—Nos, dictæ Anglicanæ ec-
" clesiæ⁵ ac nostri et coronæ nostræ et populi regni nostri
" jura, prout vinculo⁶ juramenti astringimur, illæsa⁷ observare,
" et impugnatores eorundem⁸ juxta suorum demerita ac
" formam et tenorem provisionum, ordinationum, concordi-
" arum, et considerationum⁹ prædictarum, dissimulatione qua-
" cumque postposita, castigare volentes et punire, prout decet,
" vobis et¹⁰ cuilibet vestrum¹¹ prohibemus, firmiter injungentes
" ne, prætextu bullarum, literarum,¹² seu monitionum ali-
" quarum, pro hujusmodi provisionibus¹³ a dicta curia Romana
" infra dictum regnum nostrum¹⁴ Angliæ jam delatarum,
" seu in posterum deferendarum, seu alia¹⁵ quacumque aucto-
" ritate, quicquam quod in¹⁶ nostri præjudicium, seu nostri,
" comitum, baronum, procerum, et communitatis prædictorum
" exheredationem, aut provisionum, ordinationum, concor-
" diarum, et considerationum prædictarum læsionem¹⁷ cedere
" possit, attemptetis seu faciatis aliqualiter attemptari. Et,
" si quid in contrarium per vos in hac parte fuerit attempta-
" tum, id sine cujuscumque difficultatis¹⁸ obice revocetis, ne
" materiam habeamus vos cum tanto rigore punire, quod
" punitio vestra aliis cedere possit in terrorem. Teste me ipso
" apud Westmonasterium, xx° die Januarii,¹⁹ anno regni nostri
" Angliæ xviij°, regni vero nostri Franciæ quinto."

f. 42.

---

¹ *dictorumque*] que after baronum, N.

² *communitatis*] c. nostræ, N.

³ *ordinationum*] ordinationem, N.

⁴ *tentis*] tento, N.

⁵ *Angl. eccl.*] eccl. Augl., N.

⁶ *vinculo*] vinculis, N.

⁷ *illæsa*] illis, H. A.

⁸ *impugnatores eorundem*] impugnantes eorum, N.

⁹ *considerationum*] considerationem, N.

¹⁰ *et*] altered to "ac," H.

¹¹ *cuilibet vestrum*] curiæ vestræ, H. A.

¹² *literarum*] om. N.

¹³ *provisionibus*] provisoribus, N.

¹⁴ *nostrum*] om. N.

¹⁵ *alia*] aliqua, N.

¹⁶ *in*] altered into "regni," H.

¹⁷ *seu . . . . læsionem*] om. N.

¹⁸ *difficultatis*] difficultate, N.

¹⁹ *xx° die Jan.*] xxx° die Februarii, N.

Hoc anno ordinavit dominus rex habere nobilissima hastiludia sive tirocinium in loco nativitatis suæ, videlicet in castro de Wyndesore,[1] die videlicet Januarii xix. et xiiij. kalendas Februarii, quæ competenti tempore præcedenti fecit tam in partibus transmarinis quam in Anglia publice proclamari. Ad quæ etiam fecit omnes dominas australium partium Angliæ et uxores burgensium Londoniensium per suas literas invitari. Congregatis igitur comitibus, baronibus, militibus, et quam plurimis dominabus die Dominica, videlicet xiij. kalendas Februarii, in castro prædicto, fecit rex solempne convivium, ita quod magna aula ipsius castri plena exstitit dominabus, nec fuit aliquis masculus inter eas, præter duos milites qui soli de Francia ad solempnitatem hujusmodi accesserunt. In quo convivio fuerunt duæ reginæ, ix. comitissæ, uxores baronum, militum, et burgensium, quæ non potuerunt faciliter numerari, quas rex ipse personaliter in locis suis secundum ordinem collocavit. Princeps vero Walliæ, dux Cornubiæ, comites, barones, et milites, una cum toto populo in tentorio et locis aliis comederunt, ubi fuerunt cibaria et omnia alia necessaria præparata et omnibus liberaliter et sine murmure liberata; et in sero[2] choreæ et tripudia diversa solempniter ordinata. Et tribus diebus sequentibus rex cum aliis decem et novem militibus tenuit hastiludia contra omnes ab extrinseco venientes; et idem dominus, non propter favorem regium, sed propter magnum laborem quem sustinuit et propter fortunam quam dicto triduo habuit, inter intrinsecos gratias reportavit. Extrinsecus vero dominus miles de Stapeltona primo die, dominus Philippus Despenser secundo die, dominus Johannes Blount tertio die, gratias reportarunt. Die vero Jovis sequente post hastiludia domicellorum, dominus rex fecit cœnam magnam in qua suam rotundam tabulam inchoavit, et juramenta quorumdam comitum et baronum et militum

---

[1] *Wyndesore*] Wyndeshore, A.   [2] *sero*] cero, H. A.

quos voluit esse de dicta tabula rotunda recepit sub certa forma ad dictam rotundam tabulam pertinente; et praefixit diem rotundae tabulae tenendae ibidem in festo Pentecostes proxime tunc futuro, et omnibus praesentibus dedit licentiam cum gratiarum actionibus ad propria remeandi. Ordinavit etiam postea quod ibidem fieret una nobilissima domus, in qua posset dicta rotunda tabula teneri in termino assignato; ad quam faciendam, caementarios[1] et carpentarios ceterosque artifices deputavit, et tam ligna quam lapides provideri praecepit, non parcendo laboribus vel expensis. A quo opere fuit postea ex certis causis cessatum.

Circa Quadragesima dominus rex, anno regni sui xviij., misit[2] comites Derbiae et Arundelliae ultra mare, ad quae loca et ob quas causas valde fuit incertum.

Ordinavit etiam quod archiepiscopus convocaret praelatos et clerum, pro arduis negotiis regnum tangentibus, quod essent Londoniis in ecclesia Sancti Pauli in crastino sanctae Trinitatis; et fecit convocari parliamentum suum apud Westmonasterium in octavis Trinitatis. In quibus convocatione et parliamento per quadraginta dies et amplius tractabatur de subsidio tam a clero quam a populo eidem domino regi praestando; ita quod clerus concessit decimam triennalem, ita quod ecclesia gauderet debita libertate. Laici vero concesserunt quindecimam biennalem sub certis conditionibus quas assignare non curo, quia, licet ex parte domini regis multae libertates et bonae conditiones clero et populo promittantur, regales tamen promissiones hujusmodi servare non curant, sed, illis praetermissis, totum quod conceditur plene levatur.

Hoc anno, cito post Nativitatem Domini, obiit Antonius episcopus Northwycensis, et cito postea prior et conventus Northwyci elegerunt concorditer magistrum W[illelmum] Bateman, decanum Lincolniensem,

---

[1] *caementarios*] sementarii, H. A. | [2] *misit*] misit idem rex, H. A.

in Romana curia tunc præsentem; sed, audito de morte dicti episcopi, procuravit se mitti per papam ad regem Angliæ et dictum episcopatum sibi conferri, quia maluit eum habere ex collatione papæ quam ex electione prædicta. Et, veniens circa Purificationem ad regem, qui tunc fuit Londoniis cum concilio suo, quibus se facturum erga papam multa promisit, et finaliter optinuit temporalia dicti episcopatus de manu regis, virtute provisionis papalis; et idem dominus rex misit eum ad archiepiscopum Cantuariensem apud Ortefordiam cum quibusdam militibus et clericis secretioribus sui concilii, cum quibus etiam misit custodem sui privati sigilli, ut ibidem fierent literæ regiæ de archiepiscopi et eorum consilio per dictum electum sedi apostolicæ remittendæ. Quibus factis, sub quo tenore nescitur, rediit ad curiam idem electus et se procuravit consecrari ibidem et procurationem peracti itineris limitari, videlicet, pro quolibet die ante consecrationem suam eundo in Angliam, stando ibidem, et ad curiam redeundo, iiij. florenos, et post consecrationem viij.; quorum executio[1] et exactio fuit commissa archiepiscopo et decano Sancti Pauli Londoniarum, qui taxarunt obolum de marca quorumlibet reddituum ecclesiasticarum parochiarum, quarum negotium dictus electus non gessit sed proprium commodum, ut præmittitur, expedivit. Et sic semper oneratur ecclesia Anglicana. Procuravit etiam idem episcopus Northwycensis quod papa contulit decanatum Lincolniensem, vacantem per consecrationem suam, magistro Johanni Dufford, archidiacono Eliensi, custodi privati sigilli, et statim unus cardinalis[2] impetravit archidiaconatum Eliensem sibi conferri. Et sic semper beneficia hujus regni ad alienigenas transferuntur. Procuravit etiam multas alias gratias fieri

A.D. 1344.

Archbp. Stratford and certain of the king's council appointed to draw up a letter from the king to the pope; which is sent by the hands of the new bishop.

His claim for fees for this service allowed.

f. 43 b.

He induces the pope to appoint John Offord to the deanery of Lincoln.

A cardinal obtains the archdeaconry of Ely.

---

[1] *executio*] ecucio, H. A.
[2] Cardinal Gaillard de la Mothe Pressage, bishop of Toulouse. John Tydd, however, appears to have held the archdeaconry for a short time after Offord.

virtute literarum credentiæ, quas creditur habuisse, contra intentionem et tenorem literarum regiarum et nobilium regni, ut præmittitur, transmissarum, quarum literarum tenores superius describuntur; sed propter literas credentiarum dominorum et dominarum, non absque vituperio inconstantiæ, deluduntur, et multa eis contraria conceduntur, et per dissimulationem sortiuntur effectum, in magnum præjudicium regis et regni.

Hoc eodem anno, parum ante Quadragesimam, obiit Thomas episcopus Herefordiensis, et die Lunæ prima Quadragesimæ fuit electus concorditer magister Johannes Trillek, qui cito postea fuit per Cantuariensem [archi]episcopum confirmatus. Quibus non obstantibus, papa dedit sibi episcopatum eundem, ad illum effectum quod posset habere commune servitium et privatum, sicut de aliis pluribus electis habebat, volens more solito aurum ab[1] Anglicis extorquere. Præmissa scripsi, ut ex eis colligi possit quanta est inconstantia, desidia et periculosa tolerantia Anglicorum et cupiditas Romanorum.

Hoc anno, a festo Nativitatis Domini et per totam Quadragesimam et æstatem, fecit rex fieri multas provisiones bladorum et aliorum victualium in omnibus partibus prope mare constitutis, proponens mare transire; quod tamen propositum de diebus in dies exstitit impeditum, sed provisiones non fuerunt restitutæ.

Item, hoc anno, cito post festum sancti Johannis baptistæ, rediit comes de Arundellia de peregrinatione sancti Jacobi, nullo alio per eum expedito negotio quod sciatur.

Item, circa Translationem sancti Thomæ martyris, rediit comes Derbiæ de Vasconia et de curia Romana; propter cujus adventum ordinavit rex habere totum concilium suum Londoniis in crastino sancti Laurencii tunc sequentis. Sed quæ nova idem comes de curia

---

[1] *ab*] sub, H.

reportavit communiter ignoratur; sed creditur quod placentia non fuerunt, et ideo statim post dictum concilium magister Johannes Dofford, clericus privati sigilli, dominus Nicholaus de Luca, et dominus Hugo de Neville, milites, fuerunt ad Romanam curiam destinati, ubi steterunt[1] usque ad mensem Octobris et ultra.

Rex vero per totum autumpnum vacavit venationibus et solatiis consuetis. Regina vero in autumpno peperit unam filiam[2] in quodam manerio episcopi Wyntoniensis, quod vocatur   [3], ubi jacuit in decubiis usque ad primam Dominicam mensis Octobris sequentis.

Die Lunæ post Nativitatem beatæ Mariæ virginis fuerunt nobilia hastiludia Herefordiæ, ubi nobiles de comitatu illo nobiliter se habebant, cum adjutorio comitis de Pembroke et juvenis[4] de Mortuo mari, contra tres comites, videlicet Warewykiæ, Arundelliæ, Suthfolkiæ,[5] baronem de Stafford et alios milites infinitos.

Anno Domini millesimo CCC^{mo}XL^oIIII^o, Clementis papæ sexti anno tertio, regni regis Edwardi tertii a conquæstu decimo octavo, ætatis scribentis septuagesimo primo, incipiendo annum ad festum sancti Michaelis, ut supra, circa principium mensis Octobris venerunt literæ Johannis de Offord in curia Romana exsistentis,[6] continentes diversas vias pacis tractatas et oblatas domino regi; super quibus dominus rex habuit secretum concilium cum archiepiscopo et quibusdam prælatis et comitibus valde paucis, et habito concilio remissi fuerunt nuncii mediocres ad curiam cum certa responsione, videlicet magister Johannes de Thoresby et dominus Radulphus Spigurnell. Sed quæ vel quales fuerunt dictæ viæ pacis oblatæ, vel quæ responsiones datæ fuerunt, sciri non potuit in communi;

---

[1] *steterunt*] fecerunt, H. A.; altered in A.
[2] Mary, who became the wife of John V., Duke of Brittany.
[3] Blank, H. A.
[4] *juvenis*] altered to "Simonis," H.
[5] *Suthfolkiæ*] Southfolkiæ, A.
[6] *exsistentis*] existentes, H. A.

et ideo præsumebatur quod non erant regi et regno utiles vel honestæ. Earum tamen occasione deliberatum fuit quod dominus rex in Anglia hiemaret, non obstantibus provisionibus et ordinationibus de transitu faciendo, ad magnum dampnum reipublicæ prius factis. Ex tunc dominus rex se dedit solatiis et aucupationibus versus partes Suthfolchiæ, ubi tenuit festum Omnium Sanctorum in manerio de Melford, juxta Sudebyry.

Post præmissa, tertio die Novembris, venit in Angliam de Romana curia quidam frater Carmelita, qui vocatur Johannes de Rippus, vir utique profanæ religionis, quia dicens[1] primo venit ad archiepiscopum et postea accessit ad regem. Quarum literarum occasione rex se movit versus archiepiscopum pro consilio ipsius habendo. Cui obviavit archiepiscopus in manerio episcopi Londoniensis quod vocatur Orsed,[2] ubi fuerunt tres comites cum rege tractantes cum archiepiscopo nocte dieque. Et cito postea, videlicet in vigilia Nativitatis Domini, venit quidam cursor papæ cum literis apostolicis ad habendum literas regias de conductu pro duobus nunciis papæ in Angliam destinandis, videlicet pro archiepiscopo Ravennatensi[3] et quodam alio episcopo eidem associato.[4] Unde super hoc rex voluit deliberare usque post Natale, et tunc super hoc et aliis cum concilio suo posset deliberationem habere. Et tenuit rex Natale solempne in palatio episcopi Northwycensis; ubi venit ad eum de curia Romana dominus Hugo de Neville, miles, quem nuper antea ad curiam dominus rex, ut præmittitur, destinavit, portans literas et alia multa nova. Quorum occasione rex ordinavit habere concilium Londoniis, cum prælatis,

---

[1] It is evident that part of the sentence is lost.

[2] Orsett, co. Essex.

[3] *Ravennatensi*] Ravamatensi, H. A.

[4] They were Nicolò Canali, archbishop of Ravenna, and Pedro Alfonso, ex-bishop of Astorga.

comitibus, proceribus, et aliis peritis, die Lunæ post A.D. 1345.
Epiphaniam proximo tunc sequente. Ad quod concilium venerunt dominus rex et archiepiscopus Cantuariensis et episcopus Cicestriensis et non plures prælati;
item, comites Derbiæ, Northamptoniæ, Huntyngdoniæ,
Arundelliæ, Suthfolkiæ, et Warewykiæ, et alii pauci
barones. In quo concilio fuit ordinatum quod mitterentur literæ de conductu sub certa forma dictis
archiepiscopo Ravennatensi[1] et collegæ ipsius, qui dicebantur esse apud Wytsond. Item, ordinatum fuit quod
concilium regis congregaretur Londoniis in principio
Quadragesimæ, ad audiendum ea quæ ambassiatores
papæ dicere voluerunt et exponere ex parte summi
pontificis coram rege, et quod interim nulli nuncii ad
sedem apostolicam mitterentur, licet prius fuissent aliqui ordinati versus curiam destinandi. Postmodum,
mutato consilio, direxit se rex versus Cantuariam,
ipsoque constituto in manerio archiepiscopi apud Tenham, prima hebdomada Quadragesimæ venerunt dicti
nuncii papæ et sibi literas apostolicas præsentarunt,
et, negotium pro quo venerant exponentes, rogabant
et hortabantur quod dominus rex permitteret, sicut
sui antecessores permiserunt, summum pontificem
episcopatus, dignitates, præbendas, et ecclesias collationi sedis apostolicæ reservare, conferre, et de eisdem
disponere, sicut fuerat hactenus consuetum, et quod
attemptata in contrarium revocaret, nec in præjudicium
sedis apostolicæ quicquam de cetero attemptaret, sicut
voluit jura sua per sedem apostolicam protegi et
defendi. Super quibus habita deliberatione cum paucis
qui fuerunt ibidem, fuit eisdem nunciis sub certa
forma responsum, videlicet quod dominus rex nescivit
aliqua in suo regno contra sedem apostolicam attemptata et, si quæ fuerint, faceret de eisdem inquiri et
ea debite reformari. De qua responsione non fuerunt

---

[1] *Ravennatensi*] Ravamatensi, H. A.

A.D. 1345.
which he repeats; and promises to consult the peers.

nuncii prædicti contenti, sed omni modo desiderant aliam responsionem ab ore regis habere. Unde in crastino idem dominus rex personaliter respondebat eisdem, a responsione eisdem data nullatenus discrepando, asserens se ibidem plenum concilium non habere, et promittens se velle cum paribus regni sui super præmissis et aliis tractatum habere, et postmodum domino papæ per nuncios proprios plenius respondere. Et cum dicti nuncii promitterent se velle exspectare in Anglia quousque idem rex posset eis plene et finaliter respondere, idem rex noluit concedere eis tantam moram, sed dedit eis licentiam rece-

He dismisses them with a caution that he will suffer no infringement of the rights of his crown.

dendi, rogans eis quod ipsi dicerent domino papæ quod ipse nihil in coronæ suæ præjudicium attemptaret et asserens se nolle permittere jura coronæ suæ in aliquo mutilari. Sicque post lautas refectiones cum rege et archiepiscopo ibi et alibi habitas redierunt; sed apud

They linger at Canterbury, receiving fees from the archbishop.

Cantuariam per aliqua tempora morabantur, quibus archiepiscopus procurationes diurnas persolvit, quas postmodum a clero suæ provinciæ proposuit exigere et levare. Quibus peractis, rex, archiepiscopus, et

The king returns to London and holds a secret council.

quinque comites Londonias redierunt, ubi, in quarta hebdomada Quadragesimæ, secretum concilium habuerunt.

A.D. 1344.
The pope creates Luis de la Cerda prince of the Canaries or Fortunate Isles.

Hoc anno dominus papa, xv° die mensis Novembris, creavit unum principem in consistorio publice tento, videlicet unum de ambassiatoribus regis Francie vocatum Loadwycum de Hispania, et nominavit ipsum principem Fortunæ sive Insularum Fortunatarum. Et in illo

f. 45 b.

die fecit magnam solempnitatem et tenuit magnum festum et solempne. Et in crastino idem princeps apud fratres Prædicatores fecit magnum festum, in quo

Description of the islands.

fuerunt etiam ambassiatores regis Angliæ. Et istæ insulæ dicuntur scriptæ in mapa mundi et bene novem vel decem, et vocantur Insulæ Fortunatæ et bene dictæ, quia in illis insulis sunt homines nullum ritum habentes nec Christianorum nec Saracenorum, sed bestialiter vivunt et incedunt nudi. Et blada ibi crescunt non seminata; et panem scindunt cum lapidibus, et cum talibus armis pugnant, quia ferrum non habetur[1] ibidem. Crescunt tamen arbores miræ longitudinis; multaque alia sunt ibi mirabilia, ut fertur.

Dicebatur etiam publice in curia quod princeps ille in æstate proxima versus illas insulas arripiet iter suum cùm magno exercitu et navigio; et in adjutorium ipsius tam papa quam rex Franciæ præparare faciunt[2] naves et galeas suis sumptibus valde multas. Ex quibus omnibus Anglici et regi Angliæ adhærentes assumunt verisimilem conjecturam quod, cum omnia præmissa fuerint præparata, idem princeps, cum adjutorio papæ et regis Franciæ, insulam[3] Britanniæ majoris invadet, prætendens eam unam de Fortunatis et apostolicæ sedi rebellem. Propter quam conjecturam ambassiatores regis Angliæ, videlicet episcopus Northwycensis et magister Johannes Offord, decanus Lincolniensis, videntes quod in tractatibus pacis coram papa habitis nihil penitus profecerunt, circa finem Quadragesimæ curiam Romanam quasi subito exiverunt et cito post Pascha Angliam intraverunt. Quos rex Franciæ retinuisset, si eorum transitum præscivisset; ad quod misit servientes suos ad arma qui, illis non inventis sed transvectis, finxerunt se venisse ad proclamandum per omnes portus maris quod nullus impediret ingressum vel egressum regni sui nec molestiam inferret aliquibus Anglicis per terram vel per mare, protestans se velle treugam factam in Britannia[4] omnino servare: et hoc totum ad cautelam et in deceptionem solitam Anglicorum, et ut rex Angliæ ex hoc confisus se non pararet ad guerram, et ut dictus princeps Fortunæ cum adjutorio papæ et regis Franciæ se possit interim reddere fortiorem.

Sed rex Angliæ, præsumens eorum versutiam et fraudem ex multis rerum præteritis argumentis, non

---

[1] *non habetur*] om. "non est" added, H.
[2] *faciunt*] fa., H.
[3] *insulam*] added, H.
[4] *Britannia*] Britanniam, H. A

destitit nec desistit contra præfatam præsumptam malitiam se parare; et ideo, cito post Pascha, anno regni sui decimo nono, misit baronem de Stafford in Vasconiam, qui in portu Bristolliæ intravit mare cum quatuordecim navibus, equis et hominibus onustis, qui cito postea Burdegaleum prospere est ingressus.

Item, ordinavit rex quod comes Northamptoniæ, cum adjutorio comitum Herefordiæ et Devoniæ, apud Porchestriam mare intraret cum classe non modica et armatorum et sagittariorum multitudine, Britanneam mox intrarent, et ducem Britanniæ secum ducerent, qui paulo ante Pascha de carcere Francorum evasit et in Angliam venit et, visitatis uxore et liberis factoque homagio regi Angliæ tam pro ducatu Britanniæ[1] quam pro comitatu Richemundiæ, in Britanneam rediit cum eisdem; et ante festum sancti Johannis baptistæ Britanneam intraverunt.

Ordinavit etiam idem rex quod comes Derbiæ et comes Penbrokiæ et multi alii nobiles apud Suthamptonam cum simili multitudine mare intrarent et Burdegaleum applicarent; ac ipsemet rex cum comitibus Warewykiæ, Suthfolkiæ, Huntyngdoniæ, Arundelliæ, baronibus, nobilibus, militibus, et armatorum quasi in inumerabili juventute et sagittariorum multitudine copiosa, essent in Sandwyco parati in festo sancti Johannis baptistæ. In quo festo idem rex cum regina, comitibus, et nobilibus multis, in navi quæ dicitur George cum lætitia magna prandebat, eo quod sufficientem, videlicet ducentarum et xl. navium, classem paratam habebat. Quo die fecit proclamari quod omnes equos habentes illos a patria remandarent et quod infra quartum diem omnes et singuli cum armis et victualibus parati ad navigandum exsisterent in navibus assignatis eisdem, ut sic in festo sancti Petri possent, si ventum haberent, pro-

---

[1] *Britanniæ*] om. H.

spere navigare; sed versus quas partes nullus scivit dicere veritatem. Verum, quia aliqui possent dicere et per malitiam suspicari quod idem rex intendebat treugas infringere supradictas, fecit fieri literas dominis cardinalibus qui ipsam treugam ceperant destinandas, pro ipsius excusatione et innocentia domino summo pontifici et adversariis suis ceterisque cardinalibus intimandas. Quarum literarum tenor est talis:

Litera regis super treuga Britanniæ facta per Philippum de Valoys.

"Omnibus ad quos præsentes literæ pervenerint salutem.
"In publicum non ambigimus notitiam deven-
"isse[1] qualiter, celebris memoriæ Karolo rege
"Franciæ, fratre[2] serenissimæ dominæ Isabellæ,
"reginæ Angliæ, matris nostræ, viam uni-
"versæ carnis ingresso, dictoque regno ad nos, ut ad proximum
"heredem masculum dicti regis tunc in humanis agentem,
"incommutabiliter devoluto, dominus Philippus de Valesio,
"filius avunculi dicti regis et sic ipsum in gradu remotiori
"consanguinitatis attingens, dictum regnum, dum eramus in
"annis minoribus constituti, sibi per potentiam, contra Deum
"et justitiam, usurpavit, et sic illud detinet occupatum, in-
"vadens ulterius, vastans et occupans terras nostras in ducatu
"nostro Aquitaniæ, et contra nos Scotis rebellibus nostris se
"adjungens, et alias ad nostri et nostrorum subversionem,[3]
"tam in terra quam in mari, laborans pro viribus et innitens:
"et licet nos, pro vitandis dampnis inæstimabilibus quæ
"timentur ex commotione guerræ inter nos et ipsum posse[4]
"verisimiliter pervenire, optulerimus præfato Philippo plures
"amabiles vias pacis, non sine magno nostrorum jurium detri-
"mento, ut sic contra blasphemos Christiani nominis in præfato
"passagio transmarino possemus, sicut cupimus, intendere
"guerræ Christi, quæ negligitur, proh dolor!, in ignominiam
"non modicam militiæ Christianæ: ipse tamen, vulpina calli-
"ditate diu sub incerto nos protrahens, nihil nobis facere
"voluit in effectu, sed, pendentibus semper simulatis tractati-
"bus, cumulavit peramplius mala malis. Propter quod, donum
"Dei, qui nobiscum in devolutione dicti regni suam mirificavit
"gratiam, nolentes negligere, sed volentes, ut convenit, circa recu-
"peranda et defendenda jura nostra hereditaria, sub spe cœlestis

---

[1] *devenisse*] advenisse, H.
[2] *fratre*] om. H.
[3] *subversionem*] submersionem, H. A.
[4] *posse*] posse fieri, H.

A.D. 1345. "auxilii et justitiæ nostræ fiducia, laborare, ex quo per oblatas
"vias pacificas proficere nequimus, impellente necessitate, vim
"armatam induimus, venientes Britanniam, pro reformandis
"illatis et propulsandis inferendis nobis per eum injuriis et
"juribus nostris hereditariis optinendis, volentes potius, ad
"succursum nobis adhærentium, sibi patenter occurrere quam
"comminata nobis pericula in laribus exspectare. Et, cum
"ibidem in expeditione guerræ nostræ ageremus, superve-
"nerunt reverendi patres, P[etrus] Penestrensis et A[mbal-
"dus] Tusculanus, episcopi cardinales, sanctissimi in Christo
"patris domini Clementis papæ sexti et sedis apostolicæ nuncii,
"de treugis cum præfato Philippo ad tempus, infra quod coram
"dicto domino summo pontifice tractari posset de pace finali,
"ineundis, ex parte ejusdem domini summi pontificis nos ro-
"gantes, adjicientesque quod præfatus dominus summus pon-
"tifex crederet invenire viam, per quam pax posset commode
"reformari. Et, sub spe pacis bonæ per sanctam mediationem
"suam faciendæ, specialiter ob ipsius domini summi pontificis
"dictæque sedis reverentiam, consensimus dictis treugis, et
"propter hoc nuncios[1] cum potestate sufficienti ad præsentiam
"suam destinare. Fueruntque treugæ sic initæ inter nos et
"dictum Philippum, ita quod servarentur ubique infra potes-
"tatem partium, et specialiter in ducatu Aquitaniæ, inter nos
"et ipsum Philippum et adhærentes nobis vel sibi, etiam si jus
"in dicto ducatu Aquitaniæ[2] se habere prætendant, et quod
"omnes coadjutores et alligati partium remanerent in tali pos-
"sessione rerum et bonorum qua fuerant tempore treugarum
"initarum, et sub aliis modis et conditionibus expressis plenius
"in eisdem. Et cum sic,[3] spe pacis arridente, sub dictarum
"treugarum fiducia redeuntes in Angliam, dimissis paucis
"ministris nostris in Britannia pro regimine dictarum partium
"et coadjutorum nostrorum ibidem, ordinassemus nuncios
"nostros ad dicti domini summi pontificis præsentiam pro
"tractatu pacis, prout condictum fuerat, transmittendos,[4] super-
"venerunt nobis nova certa, non leviter pungentia mentem nos-
"tram, de morte videlicet quorundam nobilium, nobis adhæren-
"tium, captorum in Britannia, et de speciali præcepto dicti
"Philippi Parisius ignominiosæ morti, contra formam dictarum
f. 47 b. "treugarum, tyrannice traditorum; necnon de strage et depopu-
"latione magna fidelium et locorum nostrorum in Britannia,
"Vasconia, et alibi, ac tractatibus subdolis et occultis cum

---

[1] *nuncios*] nuncios curavimus: a modern correction, H.
[2] *Aquitaniæ*] om. A.
[3] *sic*] om. H.
[4] *transmittendos*] transmittendum, H. A.

"alligatis et subditis nostris habitis, quos sic auferre a nobis A.D. 1345.
"et sibi attrahere nitebatur,¹ ac aliis de facili non nume-
"randis injuriis et flagitiis contra dictas treugas per² partem
"præfati Philippi, tam in terra quam in mari, factis et
"attemptatis; per quæ³ dictæ treugæ noscuntur per partem
"dicti Philippi notorie dissolutæ. Et licet, treuga per cul-
"pam dicti Philippi sic⁴ dissoluta, potuissemus, sicut adhuc
"de jure possumus, guerram contra eum statim licite re-
"sumpsisse,⁵ ad vitandum tamen guerrarum discrimina,
"volentes primitus experiri si possemus reformationem
"attemptatorum hujusmodi⁶ amabiliter optinere, misimus
"diversis vicibus diversos nuncios nostros ad ipsius domini
"summi pontificis præsentiam, tam ad tractandum de pace
"prædicta quam ad petendum reformationem attemptatorum
"prædictorum, statutos terminos ad sic tractandum pluries
"prorogando;⁷ reservata nobis semper libertate resumendi
"guerram per culpam præfati Philippi nobis, ut prædicitur,
"acquisita.⁸ Et quia jam elapsi sunt statuti termini ad trac-
"tandum, et nulla via pacis rationabilis adhuc nobis seu
"dictis nunciis nostris est aperta; nec idem Philippus
"attemptata prædicta in aliquo reformare curavit, licet per
"literas dicti domini summi pontificis, super hoc sibi
"missas, rogatus fuisset et monitus, sicut idem dominus
"summus pontifex per suas literas nobis scripsit; sed semper
"multiplicantur contra nos tyrannides,⁹ conspirationes, et
"alligantiæ, in subversionem nostram, per præfatum Philip-
"pum, contra formam dictarum treugarum, subdole machi-
"natæ,¹⁰ ut taceamus de excessibus per nuncium ipsius domini
"summi pontificis, pridem pro conservatione dictarum treu-
"garum missum in Britanniam, perpetratis, qui quod
"sedasse debuit dissidium propensius excitavit, non conserva-
"torem treugarum sed partem contra nos et nostros potius
"se extendens; super quo idem dominus summus pontifex,
"salva pace sua, remedium non adhibuit, licet super hoc
"fuisset, ut decuit,¹¹ requisitus; penes Deum et hominem f. 48.
"excusari¹² debemus, si illatas nobis vim et injuriam, cum
"aliud non reperiamus remedium, propulsemus, præsertim
"cum causam justissimam¹³ et mundo notissimam¹⁴ habeamus.

¹ *nitebatur*] nitebantur, H. A.
² *per*] contra, H. A.
³ *quæ*] quos, H. A.
⁴ *sic*] sit, H. A.
⁵ *resumpsisse*] præsumpsisse, H. A.
⁶ *hujusmodi*] om. H.
⁷ *prorogando*] prorogandum, H. A.
⁸ *acquisita*] exquisita, H. A.
⁹ *tyrannides*] tyranniles, H. A.
¹⁰ *machinatæ*] machinante, H.
¹¹ *decuit*] debuit, H. A.
¹² *excusari*] excusare, H. A.
¹³ *cum caus. just.*] in caus. justitiam, H.
¹⁴ *notissimam*] noticiam, H.

"Et ideo, reputantes, sicut sunt, treugas prædictas, ex causis
"prædictis quas scimus et pro loco et tempore probare
"velimus esse veras, inter nos et dictum Philippum et
"adhærentes sibi, maxime in dicto ducatu Aquitaniæ præ-
"tendentes se[1] jus habere, fore dissolutas, nosque ab[2]
"earum observatione liberos et exutos, præfatum Philippum,
"ut violatorem dictarum treugarum ac inimicum et perse-
"cutorem nostrum capitalem et regni nostri fraude occupa-
"torem injustum et aliorum nostrorum jurium temerarium
"invasorem, sicut impellit necessitas, diffidamus; protestantes
"nos nolle quicquam in offensam, quod absit, ipsius domini
"summi pontificis vel sedis apostolicæ, quas revereri in omni-
"bus cupimus, ut debemus, nec in alicujus injuriam attemp-
"tare, sed solum cum ordinato moderamine jura nostra pro-
"sequi et defendere nos et nostra. Est tamen semper intenti-
"onis nostræ pacem rationabilem amabiliter admittere, cum
"eam habere poterimus bono modo. Hæc autem, quæ propter
"defectum remedii facimus et inviti, dicto domino summo
"pontifici præfatisque cardinalibus, per quorum mediationem
"dictis treugis consensimus, significare duximus, per eos, ut
"personas medias, parti alteri ulterius intimanda. Et ne
"fama volatilis, fictis et detractoriis conducta relatibus, vos
"in hac parte aliud de nobis sentire faciat, vel[3] amicorum
"corda perturbet, puram et nudam facti veritatem vobis duxi-
"mus explicandam, universitati vestræ nostram recommen-
"dantes innocentiam et justitiæ veritatem. Datæ apud West-
"monasterium, xiiij. die Junii, anno regni nostri Angliæ
"decimo nono, regni vero nostri Franciæ sexto."

The king sets sail, 4 July.

Postea vero, quarto die mensis Julii, incepit rex
cum tota classe sua feliciter navigare. Et habuit in
comitiva, secundum æstimationem, numerum mlxxx.
hominum armatorum et millium peditum et sagittariorum. Et fecit scribi per totum regnum quod
fierent processiones et alia opera pietatis pro sua
expeditione felici sub infrascripto tenore:

Prayers ordered for his success.

"Edwardus, Dei gratia rex Angliæ et Franciæ et dominus
"Hiberniæ, venerabili in Christo patri R[a-

Literæ regis pro orationibus habendis.

"dulpho], eadem gratia episcopo Londoniensi,
"salutem. Cum sit militia vita hominis super
"terram, nimirum si militantes in hujus mundi[4] miseria in-
"certis agitentur eventibus, nunc prosperis nunc adversis;
"sed, licet omnipotens Dominus interdum quos diligit lacessiri

---

[1] *se*] sed, H.
[2] *ab*] om. H.
[3] *vel*] ut, H. A.
[4] *mundi*] om. H.

"permittat injuriis, facit tamen cum temptatione proventum,
"ut servus humilis ex persecutione in justitia proficiat et
"hostis iniquus in sua perversitate succumbat. Quantis
"autem nos et fideles nostri nostris temporibus guerrarum
"incommodis involuti fuerimus, licet causas justissimas et
"mundo notissimas foveamus, est publice satis notum. Sed
"cum pridem treugis inter nos et Philippum de Valesio,
"adversarium nostrum Franciæ, ad reverentiam et rogatum
"domini summi pontificis ad certum tempus captis in
"Britannia, dum interim speraretur pacis tranquillitas
"provenire, ecce! tranquillitatis applausus in subitam
"transiit tempestatem; nam idem Philippus multa con-
"tra formam dictarum treugarum attemptavit, per quæ
"dictæ treugæ per culpam suam noscuntur notorie dissolutæ
"et violatæ. Et, licet super reformandis attemptatis prædic-
"tis fuisset, ad nostri prosecutionem, per dictum dominum
"summum pontificem congrue requisitus, ea tamen non
"curavit in aliquo reformare, dedignans omnino viæ pacis
"rationabilis consentire; sed semper accumulat mala malis,
"in totalem nostri et nostrorum subversionem machinans pro
"viribus et innitens. Propter quod, impellente necessitate,
"nos, qui pondus incudis patienter diu portavimus, mallei
"officium assumere compellimur, non de terrena confisi po-
"tentia, sed sub divinæ miserationis et justitiæ causæ nostræ
"fiducia, nostrum et fidelium nostrorum ordinamus progres-
"sum, ad ipsius Philippi propulsandam malitiam et ad
"defendenda et recuperanda hereditaria jura nostra. Et
"quia, ad complacandam divinam misericordiam et ejus
"gratiam uberius consequendam, vestrarum et aliorum fide-
"lium orationum suffragia nobis confidimus admodum
"opportuna, devotionem vestram ex corde rogamus quatinus
"pro nobis ac felici nostro et fidelium nostrorum progressu,
"expeditione, et regressu divinam suppliciter interpelletis
"clementiam, et per vestras civitatem et diœcesim preces
"devotas effundi, missas celebrari, processiones fieri, et alia
"piæ placationis officia exerceri faciatis, ut Deus misericordi-
"arum, qui consolatur nos in omni tribulatione nostra, rorem
"suæ gratiæ super nos et nostros clementer infundat, et vias
"et actus nostros sic aspirando præveniat et adjuvando pro-
"sequatur, ut Sibi cedant ad laudis præconium, nobis ad
"expeditionem et meritum, et nostris fidelibus commodum
"et quietem. Datæ apud Westmonasterium, xv. die Junii,
"anno regni nostri Angliæ decimo nono, regni vero nostri
"Franciæ sexto."

Quibus primis ad sedem apostolicam, et per fratrem
J. Rippus, ut credebatur verisimiliter, liberatis, dominus

A.D. 1345.
The king arrives in Flanders.

Conference with van Artevelde.

Murder of van Artevelde.

Return of the expedition to Sandwich, 26 July.

A secret council at London.

Negotiations with Spain for a marriage.

Joanna of Woodstock the bride-elect.

rex cum classe trecentarum navium, iiij° die Julii, cœpit prospere navigare et versus Flandriam properare; ubi in portu de la Swyn remansit, mittens pro confœderatis in Flandria, ad tractandum cum eis quomodo posset de tota communitate Flandriæ esse securus et comitem sibi subdere vel comitatu privare. Et, cum de villis Brugeys[1] et Ypre crederet securitatem sufficientem habere, venit Jacobus Artefeld ad regem et cum eo tractavit, et voluntarie rediit ad Gandawum cum quingentis armatis pro securitate recipienda ibidem. Qui, septimo decimo die mensis Julii prædicti, veniens ad Gandawum, voluit cum suis armatis intrasse; sed armati non permittebantur intrare. Ipse vero solus, vicinorum suorum promissione confisus, intravit, et, dum sederet in mensa vicini sui, quidam[2] banniti per ipsum ipsum proditionaliter occiderunt. De quo dominus rex cum suis offensus plurimum et turbatus in Angliam rediit et apud Sandwycum applicuit in crastino sancti Jacobi; et dedit omnibus licentiam ad propria remeandi, quousque esset aliud ordinatum.

Ipsemet rex habuit secretum concilium Londoniis per octo dies; et, habita deliberatione, decrevit per totum autumpnum venationibus et solatiis indulgere.

Item, hoc anno, circa festum Purificationis, misit rex Anglie episcopum[3] Roffensem et dominum Willelmum le Trussell in Hispaniam, ad tractandum cum rege Castellæ de maritagio filii sui et heredis pro una de filiabus regis nostri; qui, responsione bona habita, redierunt. Et postea, circa festum sancti Bartholomæi, venerunt Londonias nuncii dicti regis Castellæ, ubi, duarum filiarum regis Angliæ inspectione habita diligenti, dominam Johannam de Wodestok, minorem regis filiam, elegerunt, dicentes eam magis congruere ætati sui sponsi futuri; et sic, receptis pulchris muneribus et grato responso, hilares redierunt.

---

[1] *Brugeys*] Burgoys, H.
[2] *quidam*] et quidam, H. A.
[3] *episcopum*] om. H. A.

Item, hoc anno, x. die mensis Julii, dominus Johannes de Schordich, doctor legum advocatus et miles, de concilio regis exsistens, per quatuor familiares suos in quadam domo sua juxta Ware fuit clandestine[1] suffocatus; ipsique quatuor familiares, suspecti et deprehensi, totum crimen fatebantur expresse, et decimo octavo die ejusdem mensis, videlicet in Dominica ante festum sanctæ Margaretæ, in Londoniis tracti, suspensi, et decollati fuerunt, et eorum capita super Neugate palis affixa.

Hoc anno, xiiij. die Maii, anno Domini M°CCCXLV^{to}, regni vero dicti regis E[dwardi] tertii a conquæstu decimo nono, obiit Ricardus de Bury, episcopus Dunelmensis, qui ipsum episcopatum et omnia sua beneficia prius habita per preces magnatum et ambitionis vitium adquisivit, et ideo toto tempore suo inopia laboravit et prodigus exstitit in expensis, unde dies suos in gravissima paupertate finivit. Eminente vero termino vitæ suæ, sui familiares omnia bona sua mobilia rapuerunt, adeo quod moriens unde corpus suum cooperire poterat non habebat, nisi supertunicam[2] unius garcionis in camera remanentis. Et, licet idem episcopus fuisset mediocriter literatus, volens tamen magnus clericus reputari, recollegit sibi librorum numerum infinitum, tam de dono quam ex acommodato a diversis monasteriis et ex empto, adeo quod quinque magnæ carectæ non sufficiebant pro ipsius vectura librorum.

Prior vero et capitulum ecclesiæ Dunelmensis cito postea, tam timore reservationis apostolicæ eis communicatæ quam magnatum precibus informati, dominum Thomam de Attefeld, clericum privati sigilli regis, magis concorditer quam hilariter elegerunt, et ideo Te Deum laudamus flebiliter cantaverunt. Qui[3] electionem suam procuravit celeriter confirmari et sibi episcopatus

---

[1] *clandestine*] clamstine, H. A.
[2] *supertunicam*] altered to "subtunicam," H.
[3] *qui*] om. H.

temporalia liberari; quibus optentis, gratiam sedis[1] apostolicæ, quam non sine precibus et muneribus speravit, exspectat.[2] Ac demum papa episcopatum asserens reservatum, volensque regi placere et commune servitium ac privatum more solito extorquere, eidem Thomæ contulit episcopatum eundem, concedens sibi gratiam specialem, ut posset a quocumque episcopo et in quocumque loco placeret sibi pro suo libito consecrari. Et die Dominica, quæ fuit dies septima mensis Augusti, in capella de Otteford ab archiepiscopo Cantuariensi munus consecrationis accepit.

Item, hoc anno, xx. die mensis Junii, subito obiit *Episcopus Eliensis* dominus Simon de Monte acuto, episcopus Eliensis, juvenis et fortis. Et in festo Translationis sancti Thomæ martyris sequente capitulum Eliense priorem suum in episcopum et pastorem elegit, qui, timens reservationem consuetam a pluribus procuratam, electionis suæ negotium fuit tepide prosecutus. Postea vero, xxix. die Julii, venerunt literæ apostolicæ archiepiscopo directæ, significantes eidem quod papa providit fratri Thomæ de Insula, pœnitentiario suo, de ordine Predicatorum Anglico, de episcopatu et ecclesia Elyensi, inhibens sibi ne quid in dictæ provisionis præjudicium attemptaret. Et post Nativitatem beatæ Mariæ venit in Angliam idem Thomas, episcopus Eliensis, cui archiepiscopus jurisdictionem spiritualem Elyensis diœceseos liberavit; et cito postea fuerunt sibi temporalia liberata per regem, procurantibus secretariis regis, non absque promissionum et munerum interventu.

Item, hoc anno, xviij. die mensis Julii, obiit dominus Adam de Orletone, Wyntoniensis episcopus, senex et plenus dierum, postquam ecclesias Herefordiensem, Wygorniensem et Wyntoniensem, ambitiose quæsitas,

---

[1] *sedis*] se, H. A.   [2] *exspectat*] exspectans, H. A.

viginti octo annis, duobus mensibus et amplius rex- erat successive.[1] Et cito postea prior et capitulum Wyntoniæ, virtute licentiæ Leonelli filii regis, per adventum ipsius regis in Angliam et per literas regias revocatæ, ad electionem in contemptum regium processerunt, et quendam monachum ejusdem monasterii, nomine Johannem de Veneys, concorditer elegerunt. Ex quo rex nimis offensus ipsos[2] pœna duarum millium librarum argenti punivit; quo non obstante, idem electus versus sedem apostolicam arripuit iter suum, propter reservationem apostolicam publice prædicatam.

Hoc anno tot ceciderunt pluviæ in autumpno quod pauca blada potuerunt in horreis sicca et matura reponi, et in vallibus et in locis uberrimis[3] plurima perierunt. Unde versificati fuerunt illi versus:

"Si pluat in festo Processi et Martiniani,
"Imber erit nimis et suffocatio grani.
"Martini festum translati si pluviam det,
"Quadraginta dies continuare solet."

Quæ quidem pluviæ tanto tempore duraverunt quod bonum et sanum tempus seminandi in hieme minime sperabatur.

Ecclesiæ Wyntoniensi papa non providit hucusque, exspectans preces magnorum et licitationes volentium plus offerre.

Ex præmissis chronicis et ex chronicis summorum pontificum evidenter apparet qua industria et quo ingenio sedes apostolica ordinavit aurum et divitias ab omnibus et præcipue ab Anglicis, tanquam a barbaris, extorquere, et maxime a promotionibus, tempore Clementis quinti. Qui Clemens fructus beneficiorum

---

[1] At the foot of the page in H. the following verses are written in a later hand:

"Trigamus est Adam, ductus cupidine quadam.
"Thomam neglexit; Wolstanum non bene rexit;
"Swithunum maluit. Cur? Quia plus valuit."

[2] *ipsos*] om. H.

[3] *uberrimis*] ultimis, H.

vacaturorum sibi per triennium reservavit. Item, diversis regibus plures concessit decimas, medietate apostolicæ sedi reservata. Item, excogitato novo extorsionis genere, dispensationes super retentione plurium dignitatum, personatuum, et aliorum beneficiorum curatorum, optentorum et optinendorum, sine acceptione personarum, indistincte concessit; sed nullus potuit literas hujusmodi dispensationum de manu thesaurarii papæ bullatas habere, nisi solveret valorem beneficiorum concessorum per triennium vel amplius, præter feodum thesaurarii, videlicet de centum florenis viginti,[1] et feodum prosenetarum[2] et expensas alias consuetas. Ex quibus nundinis Clementinis multi, et præcipue Anglici miseri et ambitiosi, depauperati fuerunt et spe fraudati, sicut inferius apparebit. Idem etiam Clemens reservationes episcopatuum fecit, et præcipue in regnis[3] Franciæ et Angliæ, ut privatum et commune servitium extorqueret; et omnia beneficia vacantia per promotiones suas et per mortem nunciorum et capellanorum suorum ubique decedentium collationi sedis apostolicæ reservavit. Post cujus obitum Johannes papa XXII^{us} [4] majori industria extorquendi pecuniam utebatur. In primordio enim suæ promotionis primos fructus beneficiorum vacaturorum sibi per triennium reservavit, et, ut plurima beneficia cito vacarent, prætendens dispensationes Clementis super pluralitate beneficiorum indiscrete concessas, eas penitus revocavit, statuens quod omnes hujusmodi plurales, uno beneficio retento, cetera dimitterent re et verbo, ac beneficia sic dimissa collationi sedis apostolicæ reservavit, sicut continetur in decretali, quæ "Execrablis" nuncupatur; sicque ambitiosi prædicti inopes et fuerunt. Idem etiam Johannes, reservationes episcopatuum et aliorum beneficiorum pinguium asserens esse factas, toto tempore

---

[1] *viginti*] et vig., H. A.
[2] Proseneta, or proxeneta: a broker.
[3] *regnis*] regnum, H. A.
[4] *xxii*] xii., H. A.

suo ecclesiis cathedralibus providit, et, ut plus lucri faceret, multas fecit translationes, ut de singulis translatis et promotis haberet [1] privatum servitium et commune. Conspiciens etiam aliquos clericos Anglicos bona beneficia et pingues præbendas habere, etiam in vita eorum omnia reservavit, sicut fecit de beneficiis et præbendis domini J[ohannis] de Sandale, magistri Gilberti de Mideltone, magistri R[adulphi] de Baldok, et aliorum multorum, pinguia cardinalibus et alienigenis, exilia Anglicis, conferendo. Benedictus etiam papa XII^{us}, licet in novis oneribus non fuerat ecclesiis onerosus, onera tamen prius imposita, ut præmittitur, continuare et firmare curavit, ac beneficia sibi reservata retinuit non collata et fructus eorum suæ cameræ applicavit. Clemens vero VI^{us} qualiter se habuit proximo supra patet. Ex quibus omnibus colligi potest quomodo sedes apostolica divitias regni Angliæ sibi nititur applicare, tam per se quam per alios, curiales et cardinales, in quorum manibus sunt meliora beneficia hujus regni quæ esset difficile numerare; in tantum quod [2] verisimile est quod divitiæ, quæ ad sedem apostolicam et alienigenas de Anglia transferuntur, ærarium regis Angliæ [3] annuum et consuetum excedunt. Ex quibus etiam divitiis inimici regis Angliæ pro magna parte, ut creditur, sustentantur. Unde regi et regno Angliæ dici potest ironice illud verbum ij. ad Corinthios xj.: "Libenter suffertis sapientes, cum "sitis ipsi insipientes. Sustinetis enim, si quis accipit, "si quis devorat, si quis extollitur, si quis in faciem "vos cædit," et cetera. Unde inter curiales sedis apostolicæ vertitur in proverbium quod Anglici sunt boni asini, omnia onera eis imposita et intolerabilia supportantes.[4] Contra [5] quæ per prælatos et episcopos non potest remedium ordinari, quia, cum ipsi quasi

A.D. 1343.

The English are "good asses."

---

[1] *haberet*] habere, H. A.
[2] *quod*] om. H.
[3] *Angliæ*] om. H.
[4] *supportantes*] altered to "quia supportant," H.
[5] *Contra*] Ad, H.

omnes per sedem apostolicam sint promoti, non audent sonare verbum per quod posset ipsa sedes offendi. Rex etiam et nobiles si ordinaverint et statuerint remedium contra inconvenientia supradicta, ipsi tamen per literas et preces pro familiaribus indignis effusas procurant contrarium impudenter, sicut superius est expressum, et in omni bono proposito tepescunt, sicut olim fecerunt tempore concilii Lugdinensis, sub Innocencio quarto celebrati.[1] Ad quod concilium fuerunt missi clerici et milites ex parte regis et regni Angliæ, propter remedia contra tributum et alia similia inconvenientia onera procuranda. Quibus papa Innocencius dedit lenem responsum, videlicet quod non vacavit concilio de talibus ordinare, propter magis ardua tunc tractanda; sicque, infecto negotio, nuncii redierunt. Sicque semper idem negotium dormitavit usque ad tempus istius papæ, quo non est promotum dictum negotium sed remotum, quin verius irritatum. De hoc invenire potest in chronicis Sancti Pauli supra, ubi agitur de dicto concilio Lugdunensi et de depositione Frederici imperatoris, videlicet anno Domini M°CC° quadragesimo quinto.

Anno Domini M°CCC°XLV°, pontificatus Clementis papæ sexti quarto, regni vero dicti regis E[dwardi] tertii a conquæstu decimo nono, ætatis scribentis lxxj., incipiendo annum a festo sancti Michaelis, infra quindecim dies ab ipso festo venit quidam simplex cursor papæ, portans quatuor literas apostolicas, quarum una magna fuit domino regi directa, et aliæ tres, archiepiscopo una, episcopo Dunelmensi secunda, et comiti Arundelliæ tertia, directæ fuerunt. In quibus scriptum fuit eis quod ipsi præsentes essent in præsentatione literarum regi directarum, et quod ipsum inducerent parere contentis in ipsis. Quarum occasione dominus rex concilium convocavit ad Westmonasterium ad diem

---

[1] *celebrati*] celebraturi, II.

Lunæ in festo sancti Michaelis in monte tumba.[1] Cui concilio interfuerunt dominus rex, archiepiscopus Cantuariensis, Norwycensis et Dunelmensis episcopi, comites de Warewykia, de Arundellia, de Huntyngdona, magister Johannes de Offord, decanus Lincolniensis, et alii clerici et milites de secreto concilio regis. Coram quibus fuerunt dictæ literæ apostolicæ, regi directæ, apertæ, lectæ, et transcriptæ, ut super contentis in ipsis plena deliberatio posset haberi. Qua deliberatione pendente, factus fuit dictus magister Johannes de Offord cancellarius regni Angliæ; sicque officium cancellariæ ad clericos, quod prius per milites fere per septennium regebatur. Quarum literarum, regi directarum, tenor est talis:

A.D. 1345.

Offord made chancellor.

f. 52.

"Clemens, episcopus, servus servorum Dei, carissimo in
" Christo filio Edwardo, regi Angliæ illustri, salutem et apos-
" tolicam benedictionem. Præsentatas pridem apostolatui
" nostro celsitudinis tuæ literas recepimus, quarum serie
" per nos intellecta, ipsæ nobis literæ admirationis, ne
" dicamus turbationis, materiam præbuerunt. Quæ quidem
" literæ effectualiter continebant quod, licet super dissensioni-
" bus et guerris, [inter te, fili carissime, ac carissimum in
" Christo filium nostrum, Philippum, regem Franciæ il-
" lustrem, suscitatis, tu. pro vitandis][2] dampnis et periculis
" procedentibus ex eisdem, plures vias pacis obtuleris regi
" prædicto, ut posses, sicut affectabas,[3] in passagio transmarino
" nostri obsequiis intendere Redemptoris, ipse te tamen per
" verba protrahens nihil voluit facere in effectu; sed, penden-
" tibus simulatis tractatibus, tibi procuraverat multa dampna,
" propter quod tu, volens jus tuum prosequi, ad partes Bri-
" tanniæ te conferre cum armata potentia, ut asseris, curavisti,
" ubi, te guerram contra regem faciente[4] prædictum, super-
" venerunt venerabiles fratres nostri, Petrus Penestrini et
" Ambaldus Tusculanus episcopi, apostolicæ sedis nuncii, per
" nos missi: quibus tractantibus et mediantibus inter te et
" regem eundem, initæ fuerunt invicem treugæ ac firmatæ,
" duraturæ usque ad certum tempus, infra quod coram nobis
" de pacis concordia mutua cum nunciis hinc inde destinandis

The pope's letter to the king, 21 July.

---

[1] This festival fell on a Sunday in 1345.

[2] *inter te . . . vitandis*] om. in H. A.; supplied from the text in Rymer's *Fœdera*.

[3] *affectabas*] aspectabas, H. A.

[4] *faciente*] Franciæ, H. A.

"interim tractaretur; ita quod treugæ ipsæ ubique infra
"potestatem partium, et specialiter in ducatu Britanniæ, inter
"te ac regem ipsum et utriusque vestrum adhærentes, etiam
"si jus in[1] eodem ducatu Britanniæ se habere prætenderent,[2]
"servarentur; quodque omnes coadjutores et alligati utriusque
"partis in tali possessione rerum et bonorum suorum, qua
"erant tempore quo initæ fuerunt treugæ, ipsis durantibus,
"remanerent; certis aliis modis et conditionibus appositis in
"eisdem treugis plenius et expressis. Et subjungitur præ-
"terea in eisdem quod, cum sic sub spe treugarum hujus-
"modi, pacis arridente[3] fiducia, tu, dimissis paucis aliquibus
"in Britannia, in Angliam rediisses, tuosque super tractatu
"pacis prædictæ nuncios ad nostram præsentiam destinasses,
"supervenerunt tibi nova non parum pungentia mentem
"tuam, videlicet de morte quorundam nobilium captorum in
"Britannia de mandato speciali dicti regis et ultimo sup-
"plicio Parisius traditorum, necnon de strage et depopulatione
"magna fidelium et subditorum tuorum in Britannia, Vas-
"conia, et locis aliis, tractatibusque[4] subdolis et occultis cum
"alligatis et subditis tuis[5] habitis, quos tibi auferre sibique
"nitebatur attrahere rex prædictus, et aliis injuriis et novi-
"tatibus per terram et mare[6] contra dictas treugas attemp-
"tatis; per quæ treugas ipsas per partem regis ejusdem re-
"putabas penitus dissolutas. Et quamvis, sic ipsis treugis dis-
"solutis, guerram potuisses per culpam partis alterius resump-
"sisse, ad vitanda tamen guerrarum ipsarum discrimina,
"si posses reformationem obtinere attemptatorum hujusmodi
"cupiens experiri, diversis vicibus diversos tuos nuncios,
"tam ad tractandum super pace prædicta quam ad petendum
"reformationem attemptatorum prædictorum, ad nostram
"destinasti præsentiam et[7] statutos super hoc terminos proro-
"gasti, resumendi guerram potestate tibi nihilominus reser-
"vata. Et quia jam[8] statuti elapsi sunt termini ad tractandum,
"et nulla via pacis rationabilis tibi vel eisdem nunciis fuit
"aperta, nec rex prædictus attemptata hujusmodi, licet per
"literas nostras requisitus pluries, revocare, sed multiplicare
"curavit injurias et offensas, ut taceres de multis excessibus
"per nuncium nostrum, ad dictas partes Britanniæ pro faciendis
"observari[9] prædictis treugis destinatum, partem contra te ac

---

[1] *in*] om. H. A.
[2] *prætenderent*] prætenderunt, H.
[3] *arridente*] arridentibus, H. A.
[4] *tractatibusque*] tractantibusque, H. A.
[5] *tuis*] om. H. A.
[6] *mare*] om. H.
[7] *et*] om. H. A.
[8] *jam*] tam, H. A.
[9] *observari*] observare, H. A.

" tuos assumendo, commissis, super quibus, ut dicebas, nos,
" licet requisiti, remedium minime curavimus adhibere, apud
" Deum et sanctam ecclesiam ac populum debes excusatus
" haberi, si hujusmodi vim et injuriam, cum aliud, ut pro-
" ponebas, non reperias remedium, præsertim cum causam
" justam te habere asseras, propulsare procuras. Quamobrem
" tu, reputans treugas prædictas ex causis præmissis, quas
" scis et loco ac tempore probare intendis,¹ si oportuerit, esse
" veras, per præfatum regem et adhærentes suos esse, maxime
" in dicto ducatu Britanniæ, dissolutas, dicendo, ut cum pace
" ac reverentia nostra loquaris, regem eundem tamquam
" violatorem treugarum ipsarum ac inimicum et persecutorem
" tuum capitalem et tuorum invasorem jurium, diffidabas ;
" protestando nihilominus te nolle in offensam nostram vel
" sedis apostolicæ, quos revereri cupis ut debes, nec in
" alicujus injuriam aliquid attemptare, sed solum cum or-
" dinato moderamine jura tua prosequi et defendere te ac
" tua. Ideoque apostolicæ rectitudini, quæ metitur singulis
" æqua libra, devotius et humilius quo poteras supplicabas ut,
" præmissis in examine debitæ considerationis adductis,² de te
" benigne sentire teque dignaremur habere super his excusatum
" Nam præmissa te facere asseris propter defectum remedii
" et invitus, ad pacem te offerens,³ cum eam⁴ habere poteris
" bono modo. Sane, fili dilectissime, novit Altissimus,
" qui scrutator est cordium et cognitor secretorum, quod,
" postquam ad summi apostolatus apicem divina miseratio
" nos provexit, ad concordiam inter te et eundem regem
" procurandam fideliter laboravimus, omni⁵ singulari affectione
" postposita, et nos laborare amplius optulimus et adhuc
" offerimus, non parcendo laboribus, aliisque negotiis præ-
" termissis, prout tuæ celsitudini per nostras tibi missas literas
" credimus esse notum. Postquam autem initæ fuerunt dictæ
" treugæ inter te dictumque regem, quæ nobis gaudium non
" modicum attulerunt, sperantes ex ipsis pacis reformationem
" perpetuam postmodum provenire, nostro frustrati sumus
" desiderio usquequaque, confidimus tamen⁶ in Domino quod
" illud quod nondum factum exstitit, donante Ejus gratia,
" poterit inposterum prosperari.⁷ Porro, quia⁸ illi qui dictas
" tuas nobis missas literas dictaverunt forsitan rei veritatem
" ignorabant, multa proposuerunt in eis et aliqua tacuerunt,

---

¹ *intendis*] intendit, II. A.
² *adductis*] auditis, II. A.
³ *te offerens*] om. II. A.
⁴ *eam*] om. II. A.
⁵ *omni*] cum omni, II. A.
⁶ *tamen*] om. II. A.
⁷ *prosperari*] prosperare, II. A.
⁸ *quia*] om. II. A.

"in quibus erraverunt notabiliter, factum taliter recitando.
"Novit enim tua sublimitas quod, licet tractatum et ordi-
"natum in eisdem treugis exstitisset ut, pro pace tractanda,
"solempnes nuncii, quorum essent aliqui de prosapia [1] regum
"generis, ad nostram præsentiam mitterentur hinc inde, præ-
"libatusque rex Franciæ suos nuncios solempnes, inter quos
"erant dilecti filii, nobiles viri, Petrus dux Borbonensis et
"Humbertus [2] Dalfinus Viennensis, de genere regio, et multi
"alii prælati et magnæ auctoritatis viri, prout ordinatum
"exstiterat, cum mandatis sufficientibus destinaret, qui se ad
"procedendum in tractatu pacis hujusmodi multum volun-
"tarios exhibebant, tu tamen, fili amantissime, quamvis ali-
"quos inter quos non erat aliquis de prosapia regali, nisi
"dilectus filius, nobilis vir, dumtaxat, Johannes de [3] Greliaco,
"miseris, idem tamen nobilis, sine aliis nunciis majoribus
"tam de genere tuo regio quam aliis, quos ad nostram præ-
"sentiam venturos dicebat, nec procedere nec exspectare
"voluit, sed [4] potius de curia Romana recessit, qui nec
"rediit nec alii de genere tuo prædicto tui postmo-
"dum nuncii advenerunt. Consideret igitur tua regalis pru-
"dentia, si per nos aut partem dicti regis aut tuam
"steterit quominus ad tractatum processum fuerit dictæ pacis.
"Rursus, super eo quod, propter captionem et punitionem
"illorum nobilium, in eisdem literis [5] asseruntur prædictæ
"treugæ violatæ, alias tuæ magnificentiæ scripsisse, et tuis
"nunciis dixisse, meminimus [6] quod præfatus rex ad invectivas
"literas nostras missas sibi super [7] hoc sic respondit: quod illi
"nobiles, violando illas treugas manifeste in partibus Britanniæ,
"ac homicidia, depopulationes, incendia, et alia horrenda ma-
"leficia committendo ibidem, flagrantibus hujusmodi et aliis
"criminibus, capti [8] propter præmissa et alia sua facinorosa sce-
"lera et deinde puniti, exigente justitia, exstiterunt; quodque
"dicti nobiles asserebant se non tecum sed [9] cum dilecto filio,
"nobili viro Johanne de Britannea, comite Montis fortis,
"confœderationes habere. Qui quidem comes, tunc exsistens
"Parisius, se etiam tecum colligatum nullis confœderatio-
"nibus asserebat.[10] Nec tuam excellentiam latere credimus
"quod, sicut pars tua conquerebatur de attemptatis per par-
"tem dicti regis, tam in prædictis Britanniæ [11] quam Vas-

---

[1] *pro pace . . . prosapia*] om. H.
[2] *Humbertus*] h'itus, H. A.
[3] *de*] om. H. A.
[4] *sed*] om. H. A.
[5] *literis*] treugis, H. A.
[6] *meminimus*] invenimus, H. A.
[7] *super*] per, H.
[8] *capti*] om. H. A.
[9] *sed*] om. H.
[10] *asserebat*] om. H. A.
[11] *Britanniæ*] Britannia, H. A.

"coniæ et aliis partibus, contra prædictas treugas, ita etiam,
" ex adverso, pars regis prædicti asserebat quamplurima per
" tuos et tuam partem attemptata fuisse in eisdem et aliis
" partibus et in mari etiam contra formam et tenorem treu-
" garum ipsarum, super attemptatis hujusmodi diversis arti-
" culis exhibitis hinc et inde. Directis autem per nos literis
" nostris regi prædicto super reparatione attemptatorum
" ipsorum pro parte tua traditorum, rex idem, super hoc
" respondendo, nobis per suas literas intimavit se velle obser-
" vare dictas treugas et facere attemptata quæcumque per
" partem suam, si qua essent, dum[1] tamen tu[2] idem de
" attemptatis per partem tuam fieri faceres, penitus revocari.
" Et nihilominus, literis[3] nostris super eo regi præfato direc-
" tis, quod ipse dilectum filium, nobilem virum Carolum de
" Blesis,[4] se asserentem ducem Britanniæ, juvare super his
" quæ per eum audiebamus in Britannia fieri dicebatur,
" per suas alias literas nobis sæpe respondit quod ipsi[5]
" Carolo nec in gente, nec in pecunia, nec in aliis qui-
" buscumque aliquale auxilium præbuerat aut juvamen; et
" hoc idem dilectus filius, nobilis vir Johannes, ejusdem
" regis primogenitus, dux Normanniæ, verbotenus constanter
" et frequenter asseruit, in nostra præsentia constitutus.
" Cumque nos etiam eidem Karolo super observatione treu-
" garum efficaciter scripsissemus, ipse ad nostram præsentiam
" se conferens subsequenter, præsentibus præfatis Penestrensi
" et[6] Tusculano episcopis, asseruit se nunquam treugas præ-
" dictas aliqualiter inivisse, nec fuerat super hoc requisitus,
" asserens quod, secundum verba in accipiendis treugis
" apposita, non debebat, nec poterat, in eis modo aliquo
" comprehendi, prout etiam tuis nunciis in curia exsistenti-
" bus, ante recessum ejusdem Caroli, duximus seriosius expli-
" candum. Demum, cum super[7] reformatione attemptatorum
" contra ipsas treugas, de quibus conquerebantur utriusque
" partis nuncii, exhibitis diversis articulis, ut præmittitur,
" hinc et inde, qualiter valeret utilius fieri, ageretur; quam-
" quam[8] nos id auctoritate apostolica, ex nostri officii debito,
" maxime cum religione juramenti firmatæ inter cetera fuerint
" ipsæ treugæ, facere[9] valeremus; tamen, propter multa vi-
" tanda scandala et certas causas alias expedientes, visum fuit
" quod voluntate ac consensu partium procederemus ad ea.

A.D. 1345.

f. 54.

---

[1] *dum*] cum, H. A.
[2] *tu*] om. H. A.
[3] *literis*] om. H. A.
[4] *Blesis*] Blefs, H. A.
[5] *ipsi*] ipse, H. A.
[6] *et*] om. H. A.
[7] *cum super*] insuper, H. A.
[8] *quamquam*] tamquam, H. A.
[9] *facere*] facile, H. A.

"Et licet per vos dictum fuerit dictis nunciis quod, attentis
"articulorum super attemptatis eisdem diversitatibus et invo-
"lutionibus ex illis procedentibus, quæ longam et diffusam
"indaginem exigebant, sic faciliter et utiliter ad tractatum¹
"pacis et reformationem attemptatorum ipsorum simul procedi
"poterat, sicut solum ad reformationem attemptatorum prædic-
"tam,² notæ tamen dictatæ fuerunt per ipsos tuos nuncios
"super literis opportunis per te ac regem prædictum conce-
"dendis nobisque mittendis, super revocatione attemptatorum
"hujusmodi per vos, ut præmittitur, facienda; quam notam
"eidem regi Franciæ misimus, qui literas secundum eam con-
"fectas et suo sigillo sigillatas prompte ac libere, absque
"præfinitione³ termini nobis misit. Tu vero, fili præcarissime,
"tuas nobis super hoc destinasti literas, sed adeo brevem ter-
"minum continentes quod, a tempore præsentationis earum
"computando, infra illum vix potuisset bene ac commode
"hujusmodi reformationis negotium inchoari. Ceterum, ad
"ea quæ de nuncio nostro misso in Britanniam, arguendo
"facta sua, prædictæ tuæ literæ subjungebant breviter respon-
"demus quod nos, displicenter audita⁴ nonnulla contra præ-
"dictas treugas in prædictis partibus Britanniæ attemptari,
"prædictum nuncium pro eis observari tenacius faciendis ad
"partes ipsas providimus destinandum, qui, sicut nobis sæpe
"relatum exstitit, se, quantum poterat cum justitia et reperiebat
"obedientiam, reddebat favoribilem parti tuæ; de quo dictus
"Karolus per literas et nuncios nobis graviter est conquestus.
"Si vero aliqua injusta vel injuriosa fecerit idem nuncius,
"ignoramus; sed statim, audita de ipso querela tuarum
"gentium, ipsum revocavimus, quamvis se per suas lite-
"ras multum super hoc excusaverit, et deinde rediens
"ad sedem apostolicam verbotenus se excusat; et, si nobis
"innotuissent⁵ aliqua de prædictis, ipsum correxissemus, et
"adhuc, si nobis de illis⁶ constaret, corrigeremus, justitia
"exigente. Sed de civitate Venetensi, quæ, secundum
"tenorem treugarum ipsarum, in manibus nunciorum nostro-
"rum⁷ prædictorum, nomine nostro et ecclesiæ Romanæ, re-
"mansit, et toto tempore treugarum eodem nomine teneri
"debuit et etiam gubernari, et de qua, in fine treugarum,
"suam poterant iidem nuncii facere voluntatem, quam illi de
"parte tua, expulsis de ipsa illis qui eam nostro et ecclesiæ
"Romanæ nomine tenebant et regebant, violenter et turpiter,

---

¹ *ad tractatum*] attractatum, H. A.
² *prædictam*] prædictæ, H. A.
³ *præfinitione*] resumcione, H. A.
⁴ *audita*] audito, H. A.
⁵ *innotuissent*] innotuisset, H. A.
⁶ *illis*] illo, H.A.
⁷ *nostrorum*] om. H. A.

" in nostrum et ejusdem ecclesiæ contemptum, veniendo con-
" tra treugas notorie occuparunt, mentionem eædem tuæ præ-
" dictæ literæ non fecerunt. Attendat autem tua regalis cir-
" cumspectio, si hoc debeamus et possimus sub dissimulatione
" conniventibus [1] oculis pertransire. Denique, dilecto filio
" nobili viro Henrico comite Derbiæ, causa devotionis suisque
" aliis opportunitatibus, ad sedem veniente apostolicam, ac a
" nobis lætanter et benigne recepto, super modis et viis qui-
" bus melius et utilius ac facilius posset attingi ad pacis re-
" formationem prædictæ cum ipso tractatus [2] habuimus famili-
" ariter et secrete. Et attendentes diligentius quod tu, fili
" dilectissime, quem Distributor gratiarum omnium multis
" virtutibus decoravit, ad prosequendum Dei negotium ad-
" versus hostes fidei Christianæ, inter ceteros principes
" catholicos orbis terræ, valde idoneus exsistebas, perpendimus
" et in tractatibus familiaribus et secretis hujusmodi revolvi-
" mus, nos et comes prædictus, quod per viam passagii ad
" liberandum de manibus infidelium Terram Sanctam ad
" defendendumque et dilatandum [3] in partibus transmarinis
" fidem catholicam, ad pacis reformationem prædictæ, via
" facilior et honorabilior videbatur, quodque contemplatione
" ipsius negotii transmarini, ob honorem divini nominis, multa,
" quæ alias essent difficilia, facilia, largiente Domino, red-
" derentur. His autem [4] et aliis multis utilibus inter nos et
" comitem supradictum, sub familiari et secreto tractatu
" hujusmodi, collocutis, idem comes, de Romana curia cum
" gratia nostræ benedictionis recedens et ad partes Angliæ
" tuamque præsentiam se conferens, præmissa per nos et
" ipsum tractata et prælocuta, ut præmittitur, tuæ celsitudini
" exposuit seriose, sicut nobis per suas literas et dilectum
" filium, Johannem de Rippis, ordinis beatæ Mariæ de Monte
" Carmelo, pœnitentiarium nostrum, tunc confessorem suum
" et nuncium, studuit intimare. Verum, quia idem nuncius
" se habere asseruit in mandatis, ut dilecto filio, Johanni de
" Offord, decano ecclesiæ Lincolniensis, tunc in curia Ro-
" mana exsistenti, aperiret præmissa, et super hoc tam tuas
" regias quam ipsius comitis literas directas [5] decano præ-
" sentasset prædicto, nos, eisdem decano et nuncio ad nostram
" præsentiam evocatis, et aliquali super prædictis [6] habita

---

[1] *conniventibus*] connicientibus, II. A.
[2] *tractatus*] tractantes, II. A.
[3] *de manibus . . . . dilatandum*] om. II.
[4] *autem*] om. H.
[5] *literas directas*] directas literas, II. A.
[6] *prædictis*] om. II.

"collatione cum eis, nobis et ipsis concorditer visum fuit quod,
"antequam appropinquaremus ad locum de quo nobis scrip-
"serat dictus comes, propter multas utilitates quas tibi per
"eundem nuncium explicari voluimus viva voce, honori nostro
"et commodo negotiorum hujusmodi expediens admodum
"videbatur nos de intentione partium, ne labor noster esset
"delusorius vel inanis, aliqua magis specifice praesentare.
"Quamobrem praefato comiti rescripsimus, ut de intentione
"tua super praedictis nos sub secreto certiores efficere procu-
"raret, quia parati eramus. sicut condixeramus cum ipso,
"efficaciter laborare. Postmodum autem dilecti filii, Johannes
"de Thoresby, canonicus Lincolniensis, et[1] nobilis vir Radul-
"phus Spigurnel, miles, tuae celsitudinis nuncii, ad nostram
"praesentiam cum literis tuis regiis de credentia venientes, et
"quae inter nos et dictum comitem perlocuta et tractata, sicut
"praemissum est, et tibi per eum plenius exposita fuerant
"pro parte regia, sub commissa sibi[2] credentia, recensentes,
"apud nos institerunt ut ad locum, de quo nobis praefatus
"comes scripserat, appropinquare vellemus. Quibus nos re-
"spondimus et tibi, fili carissime, duximus per literas nostras
"respondendum[3] quod in his quae inter nos et memoratum comi-
"tem collocuta et tractata fuerant, ut praefertur,[4] persistebamus
"et persistere intendebamus veraciter et constanter, ac circa re-
"formationem dictae pacis et promotionem negotiorum dicti pas-
"sagii, ad quae afficiebamur et afficimur plenis affectibus,[5] inter
"cetera ferventia[6] vota nostra, eramus laborare parati, etiam
"ad locum accedendo[7] praedictum, non parcendo maximis ex-
"inde secuturis laboribus et expensis. Sed, sicut cum praefato
"decano et Johanne Rippus condixeramus et comiti rescrip-
"seramus praedicto, hujusmodi appropinquatio nequaquam
"expediens videbatur. quousque de tua et regis praedicti es-
"semus intentionibus super his magis specifice informati.
"Quapropter tuam excellentiam rogandam duximus et hor-
"tandam, ut, attentis bonis ejusdem pacis inenarrabilibus et
"negotii dicti passagii commodis et honoribus, te nobis
"velles aperire sub secreto praedicto, quia nos procurare
"intendebamus, quantum bono modo possemus, quod rex prae-
"dictus se nobis super sua intentione similiter aperiret; ut, si
"videremus materiam ad viam pacis praedictae dispositam, tam
"ad appropinquationem praedictam quam ad alia quae per nos

---

[1] *et*] om. H. A.

[2] *sibi*] repeated after credentia, H. A.

[3] *respondendum*] respondendo, H. A.

[4] *praefertur*] om. H. A.

[5] *affectibus*] efectibus, H. A

[6] *ferventia*] frequentia, H. A.

[7] *accedendo*] attendendo, H. A.

"fieri possent in hac parte commodius, libenter, et placide nos
"disponere valeremus. Post recessum autem nunciorum
"tuorum prædictorum de curia, intellecto et nobis intimato [1]
"quod, facta tibi relatione de his quæ responderamus ipsis
"nunciis et perceptis per te quæ nostræ inde tibi et dicto
"comiti directæ literæ continebant, salubri et sano ductus
"consilio eundem comitem et dilectum filium, nobilem virum
"Bartholomæum de Burgasch, nuncios tuos idoneo [2] mandato
"suffultos, ac de intentione tua hujusmodi plenius informatos,
"ad nostram pro præmissis ordinaveras præsentiam destinare,
"nos, volentes veritatem et æquitatem in omnibus observare,
"præfato regi, cui antea nihil de præmissis per nos detectum
"fuerat, scripsimus super his sicut vidimus expedire; et nihilo-
"minus, ut secretius sibi aperirentur prædicta, venerabilem
"fratrem nostrum, Guidonem, episcopum Eduensem,[3] propterea
"providimus specialiter ad ejus præsentiam destinandum;
"a quo quidem rege responsum accepimus nobis gratum, vide-
"licet, quod mox, dum ipse audiret tuos prædictos nuncios,
"mare veniendo, ad eandem nostram præsentiam transmisisse,
"suos solempnes nuncios, sufficienti potestate munitos et de
"sua intentione plene instructos, ad eandem nostram præ-
"sentiam mittere non tardaret. Cumque, concessis per nos et
"regem præfatum literis de conductu securo pro tuis prædictis
"nunciis eorumque familiis et rebus, juxta formam quam alii
"tui nuncii qui tunc erant in curia dictaverunt, nunciorum
"tuorum prædictorum cum gaudio et ingenti desiderio præ-
"stolaremur adventum, supervenerunt rumores displicibiles,
"citharam [4] exultationis in luctum tristitiæ, proh dolor!, con-
"vertentes, scilicet quod prædicti non venirent [5] nuncii, nec
"illos nec [6] alios mittere intendebas; et nihilominus alii tui
"nuncii, qui tunc erant, ut præmittitur, in curia, recesserunt
"abinde. Ponderet igitur circumspectio regia, cogitet et re-
"cogitet diligenter, cui, si ad præmissa utique sancta, salubria,
"honorabilia, et valde utilia, processum non exstiterit, merito
"debeat imputari; et si, attentis [7] his quæ superius narrata
"sunt, veritate [8] utique fultis et subsistentibus, sicut tua
"providentia regia plene novit, treugæ prædictæ per par-
"tem regis ejusdem dici possint, prout in prædictis tuis
"literis scribitur, violatæ, nobisque impingi valeat quod
"negligentes vel remissi fuerimus super remediis appo-

---

[1] *intimato*] mutuato, H. A.
[2] *idoneos*] ydoneos, H. A.
[3] Gui de Chaume, bishop of Autun.
[4] *citharam*] etheram, H. A.
[5] *venirent*] venerunt, H. A.
[6] *nec*] vel, H. A.
[7] *attentis*] hactenus, H. A.
[8] *veritate*] iniciato, H. A.

"nendis; et si etiam tui consiliarii sano tibi consilio suascrint
"quod contra easdem treugas per te juratas sic inconsulte
"venires teque judicem faceres, per regem præfatum ruptas
"ipsas treugas in eisdem tuis literis asserendo, præsertim
"cum, sicut præmissum est,[1] utraque pars conquereretur et
"exhiberet articulos super attemptatis et reformatione eorum;
"et si nobis qui, licet insufficientibus meritis, locum tenentes
"in terris Regis pacifici et excelsi, prædicare, procurare,
"fovere, ac nutrire pacem debemus inter cunctos Christicolas,
"et guerras, dissensiones, ac odia tenemur, quantum possu-
"mus, extinguere ac de medio fidelium amovere, quique
"pro parte tua et dicti regis, sicut præmissum est, cordialiter
"et fideliter laboravimus et laborare intendimus, scribi de-
"buit diffidatio supradicta; et, nihilominus, si attendebant
"literarum compositores prædictarum, ponendo dictam diffi-
"dationem in[2] eis, quod nos, qui pacem evangelizare cupimus
"et debemus, et specialiter ad pacem prædictam cordialiter
"afficimur, ut præfertur, guerrarum et dissensionum exsistere-
"mus nuncii et præcones, quorum in hac parte cogitatus, si talis
"forsan fuerit, temerarius exstitit, proculdubio, præsumptuosus,
"dampnabilis, et inanis. O fili prædilectissime, utinam inter
"præcordia regia revolveres diligenter quanta tuæ salutis
"merita quantæque laudis præconium et honoris cumulum
"acquireres, et celebris memoriæ gloriam in tuo nomine
"poneres, si, reformata cum eodem rege pace rationabili, ad
"quam pura, justa, et[3] recta intentione dirigebamus et diri-
"gimus solicitudinis[4] nostræ studia, ut præfertur, ad prose-
"quendum Dei negotium, ad quod te Creator omnium aptum
"fecit, et nos, attentis universis circumstantiis, ut sæpe dixi-
"mus, non indigne reputamus valde idoneum, te, inclitæ
"memoriæ progenitorum tuorum regum Angliæ clara sequendo
"vestigia, disponeres cum effectu et exerceres adversus hostes
"fidei catholicæ vires tuas. Porro, acerbitate mentis et
"dolore cordis affligimur quod aliqui, qui forsan sua magis
"quærunt venari lucra propria quam intendere tuis honori-
"bus et saluti, te deviasse videntur ab hujusmodi proposito,
"et ad illa, quæ Deo displicent, tuisque commodis, honoribus,
"et saluti non convenerunt, proh dolor!, induxisse. Quantum
"autem acceptatum sit Deo negotium defensionis et dilatationis
"fidei orthodoxæ cœptum[5] in transmarinis partibus contra
"Turcos, claret stupendis miraculis quæ divinæ pietatis cle-

---

[1] *est*] om. H. A.
[2] *in*] om. H. A.
[3] *justa et*] et justa, H. A.
[4] *solicitudinis*] solicitudine, H. A.
[5] *cœptum*] septimi, H. A.

" mentia in diversis partibus pro dicto negotio, sicut[1] ad nos A.D. 1345.
" fidedigna, tam verbalis quam literalis, relatio pertulit, ope-
" ratur. Habet nempe ipsa relatio quod cruces fulgentes in
" plerisque apparuerunt partibus, ad quas concurrentes fideles
" multa sanitatis beneficia, illi videlicet qui gravabantur in-
" firmitatibus, reportarunt. Ex quibus intelligentes multi f. 57.
" nobiles et potentes se per hoc ad vindicandum crucifixi
" Redemptoris injurias invitari, multitudo eorum innumera-
" bilis, et specialiter de partibus Ytalliæ, nonnullis ex his
" videlicet commissa paricidia, fratricidia, et alia delicta
" gravia, pro reverentia Redemptoris in diversis locis sibi ad
" invicem remittentibus pacemque reformantibus, ad partes
" ultramarinas contra Thurcos prædictos cum armorum
" potentia se accinxerunt hactenus et accingunt. Nec quod
" ulterius eadem relatio ad nos lætantes perduxit præter-
" mittendum credimus vel silendum : quod, post felicem
" transitum bonæ memoriæ Henrici patriarchæ Constantino-
" politani, apostolicæ sedis legati, occisi ab infidelibus, supra
" turrim civitatis Smurnensis, quam, dum viveret, inhabita-
" bat patriarcha prædictus, et quæ Turris Patriarchæ vul-
" gariter dicitur, lux magna visa est pluries, ad prosecu-
" tionem operis Dei strenuam corda fidelium excitans et
" inflammans. Agere namque bella talia decet principes
" catholicos et devotos ; non ad effundendum redemptorum
" pretioso cruore Dominico sanguinem inhiare. Rogamus
" itaque celsitudinem tuam regiam et in Domino attentius [2]
" exhortamur, tibi nihilominus sub virtute juramenti præstiti
" super eisdem treugis injungentes, quatinus civitatem præ-
" dictam Venetensem in manibus nunciorum nostrorum [3]
" prædictorum, nomine nostro regendam,[4] in statu quo erat
" tempore occupationis et dejectionis illorum qui eodem
" nomine, ut præfertur, regebant eandem, reduci facias, te-
" nendam pro toto [5] tempore treugarum ipsarum,[6] et regendam
" modo et forma expressis in treugis supradictis ; et nihilo-
" minus ad observationem treugarum ipsarum, omissis
" hostilibus et bellicis aggressionibus et insultibus, redeas,
" easque pro toto tempore ipsarum, videlicet usque ad
" instans festum beati Michaelis et abinde usque ad unum
" annum continuum, pro parte tua observes inviolabiliter et
" facias observari ; cum per eundem regem idem velimus f. 57 b.
" fieri, et inde sibi scribamus per literas opportunas : pro
" certo sciturus, fili præcarissime, quod negligere nequibimus

---

[1] *sicut*] om. II. A.
[2] *attentius*] hactenus, II. A.
[3] *nostrorum*] om. II.
[4] *regendam*] regendo, H. A.
[5] *toto*] tuo, H. A.
[6] *ipsarum*] om. H.

"quominus,[1] attentis treugarum ipsarum utilitatibus et tam juramenti quam aliis firmitatibus quibus roboratæ fore noscuntur, contra fractores et violatores earum, prout rationis fuerit et[2] ad nostrum pertinebit[3] officium, procedamus. Postremo, precibus et exhortationibus eisdem affectu paterno adjicimus,[4] tuam excellentiam per Dei misericordiam obsecrantes, ut ad dictæ pacis tractatum redeas et pia mentis affectione intendas, tuos idoneos nuncios, plena potestate suffultos, pacisque prædictæ voluntarios ac ipsius zelatores[5] fideles et fervidos, ad nostram præsentiam propterea destinando, quia pro certo, sicut sæpe diximus, nos cum recta intentione, solum Deum habendo præ oculis, modos et vias, ad laudem Dei, commodum negotii fidei, ac utriusque partis honorem et utilitatem—non dirigendo, quoad hoc, affectum nostrum ad unam partem plus quam aliam, sed librando dumtaxat stateram veritatis et justitiæ—perquirere, tractare, ac prosequi studebimus, quantum cum Deo expedire videbimus, aliis postpositis negotiis et laboribus non vitatis; et super his[6] dicto regi[7] scribere intendimus ipsumque, pacis faciente Auctore, reperire cupimus super his benevolum et benignum. Sic te, fili carissime, super præmissis et eorum singulis quæsumus, habiturus quod Deum tibi constituas propitium et, assecuta pacis dulcedine, Redemptoris ejusdem obsequiis intendere valeas, sicut te votive appetere audivimus et nos etiam affectamus; exinde coronam regni perpetui, præter laudis humanæ præconium, feliciter percepturus. Rursus, fili amantissime, quia tuæ voluntatis propositum, utinam favorabile et benignum, scire super his affectamus, quæsumus ut de illo nos certiores efficere quantocius non postponas. Datæ Avinoniæ, xij. kalendas Augusti, pontificatus nostri anno quarto."

Utrum aut qualiter dictis literis sit responsum præsens scriptor ignorat; sed ex præfatis literis colligeres evidenter quod papa regem Franciæ ab omni culpa nititur excusare et regi Angliæ impingere omnem culpam; ex quo partialem[8] ad partem unam quam plus diligit se demonstrat.

Death of the count of Hainault. Ad dictum vero concilium venerunt diversa nova de partibus transmarinis, et primo de morte comitis Hanoniæ,

---

[1] *quominus*] quomodo, H. A.
[2] *roboratæ . . . . fuerit et*] om. H.
[3] *pertinebit*] pertinebat, H. A.
[4] *adjicimus*] adicibus, H. A.
[5] *zelatores*] zelantes, H. A.
[6] *his*] om. H.
[7] *regi*] om. H. A.
[8] *partialem*] passialem, H. A.

fratris reginæ Angliæ, qui fuit a Frisonibus interfectus, quorum dominium vendicabat, et fere totus exercitus suus submersus et miserabiliter dissipatus. Item, majores villæ Flandriæ miserunt nuncios regi Angliæ quod ipse mitteret eis aliquem capitaneum, qui reciperet redditus et proventus quos comes Flandriæ recipere consuevit, et eos conservaret pro defensione terræ contra comitem et potentiam Gallicanam. Item, de Britannia venerunt nova quod comites Northamptoniæ et Oxoniæ cum suis, licet paucis, habuerunt conflictum cum Carolo de Bloys et suis multis armatis, et Gallicos de campo fugarunt et eorum vecturas, sarcinas, et victualia occuparunt et ad sua fortalitia adduxerunt. Et parum ante fuit mortuus comes de Monte forti, qui se dixit ducem Britanniæ; post cujus mortem omnes Britones, qui sibi adhærebant, fecerunt homagium comiti Northamptoniæ, nomine regis Angliæ et filii et heredis dicti comitis in Anglia exsistentis. Item, de Vasconia venerunt nova prospera et jocunda, videlicet quod comites Derbiæ, Penebrokiæ,[1] barones Staffordiæ et Greystokiæ, et dominus Walterus de Mauny, cum Anglicis et Wasconibus adhærentibus ipsis, plus quam lx. castra et villas muratas in Aquitania potestati regis Angliæ subdiderunt, et præcipue nobilem villam et castrum de Bregrak,[2] ubi plus quam sexcentos armatos et infinitos pedites occiderunt, in qua equos, arma, et multas divitias habuerunt, et multos captivos nobiles abduxerunt. Sed duo comites qui dictam villam et castrum tenuerunt, per funes dimissi, fugam clandestinam inierunt.

Finito dicto concilio Londoniis et in eo modicis expeditis, dominus rex se transtulit versus partes boreales, ad roborandum marchiam Scociæ contra Scotos. Et circa festum sancti Martini venit in Angliam archiepiscopus Ravennatensis,[3] nuncius papæ, cum literis cre-

---

[1] *Penebrokiæ*] Penbroche, A.
[2] *Bregrak*] Bregrack, A.
[3] *Ravenuatensis*] Ravematensis, H. A. The archbishop was Nicoló Canali, a Venetian.

dentiæ regi directis. Qui cum nollet negotium pro quo venerat regis concilio intimare, ipso rege absente, missum fuit pro deliberatione regis habenda; qui statim rescripsit se nolle iter inceptum dimittere nec ex illa causa redire. Sicque remansit Londoniis nuncius supradictus.

Et circa festum sancti Andreæ venerunt de Vasconia bona nova, videlicet quod comes Derbiæ et complices sui supradicti, apud Albam Rockam habuerunt conflictum cum potentia regis Franciæ, ubi primo per sagittarios Anglicos plus quam mille pedites, bidowers nuncupati, et postmodum septingenti armati per sagittarios interfecti; et fuerunt capti tres comites, videlicet de Lyle, de Valentyns qui vocatur L[udovicus] Peyters, et de Ponte acuto, septem vicecomites, barones tres, et baronetti quatuordecim, inter quos erant seneschallus Clarmonteyn et seneschallus Tholosanus, affinis papæ, et alii multi quorum nomina ignorantur. Postea vero transierunt ad nundinas villæ de Moslak, et omnes equos repertos ibidem abduxerunt et mercatores ceperunt, et totam villam usque ad aream combusserunt.

Post præmissa rediit rex de partibus borealibus, et venit Londonias die Sabbati ante festum sancti Thomæ apostoli, videlicet xvj. kalendas Januarii, et in crastino dictus archiepiscopus Ravennatensis apud Westmonasterium tradidit domino regi apostolicas literas,[1] tantummodo continentes et exponentes[2] credentiam suam, coram rege, archiepiscopo Cantuariensi, episcopo Londoniensi, comitibus Arundelliæ et Suthfolkiæ, cancellario et thesaurario, ac ceteris de concilio regis. Ex parte papæ rogavit quod placeret regi treugas initas in Britannia per mediationem cardinalium usque ad instans festum sancti Michaelis facere observari, et quod mitteret literas de conductu pro duobus cardinalibus, scilicet Neapolitano et Claremontano, quos

---

[1] *literas*] credenciam, II. A. | [2] *exponentes*] exponens, II. A.

papa ordinavit ad ipsum mittere interim pro pace facienda vel treuga proroganda, et quod certum locum et terminum dictis cardinalibus assignaret. Deliberatione igitur unius diei super his habita, in vigilia sancti Thomæ apostoli, coram rege et dictis personis, fuit dicto archiepiscopo Ravennatensi per dominum B[artholomæum] de Burgwasche, militem, sub hac forma responsum : videlicet, quod adversarius dicti regis, qui regnum Franciæ injuste detinet, dictas treugas per captiones et occisiones confœderatorum regis Angliæ in Britannia et per alia facinora in terra et in mari notorie perpetrata taliter violavit, quod ipse rex ipsas treugas sic violatas nec voluit nec debuit observare, sicut domino papæ et cardinalibus qui dictis treugis interfuerunt per suas literas, in quibus dictum adversarium suum diffidavit, significare curavit; et ideo[1] ipsas treugas non decet ipsum de cetero observare. Quantum vero ad tractatum pacis vel treugarum et adventum cardinalium, non potuit locum vel terminum assignare, pro eo quod idem rex habet multos alligatos et confœderatos amicos, in diversis mundi partibus transmarinis præcipue constitutos, sine quorum consilio et consensu non potest nec vult de pace vel treuga tractare. Et quia ad jus, quod ad eum, divina clementia disponente, jure hereditario exstitit devolutum, non potuit nisi in manu forti quomodolibet pervenire, voluit et proposuit idem dominus rex Angliæ fortius quo poterit se parare et versus dictos suos alligatos et amicos dirigere gressus suos, cum ipsorum juvamine dictum jus suum de Dei gratia adepturus, et tunc, si placeret domino papæ aliquos cardinales vel alios mittere ad eum[2] ad tractandum de via rationabili, benigne reciperet et audiret eosdem et omni condescenderet[3] rationi seque devotum semper Deo et ecclesiæ exhiberet. Quibus dictis, dictus[4] archiepiscopus Rave-

---

[1] *ideo*] om. H.
[2] *eum*] eundem, H. A.
[3] *condescenderet*] conscenderet, H.A.
[4] *dictus*] dominus, H.

natensis quæsivit in quo loco fieri hæc deberent. Ad quod respondit dominus Bartholomæus prædictus, ex parte domini regis Angliæ, quod, cum dominus rex venerit, sic veniet quod toti Christianitati innotesceret ejus adventus, ita quod dominus papa tunc de loco non poterit probabiliter hæsitare; et, his dictis, archiepiscopus ad propria remeandi licentiam recepit.[1] Remansit tamen propter festa et propter procurationem quindecim florenorum, quos[2] recepit omni die.

Postea, in vigilia Natalis Domini, venerunt literæ apostolicæ de provisione ecclesiæ Wyntoniensis facta de domino Willelmo de Edyngdone, thesaurario regis Angliæ. Cujus consecratio, ex qua causa nescitur, fuit dilata usque ad quartam Dominicam post Pascha, quæ fuit quartadecima die Maii, anno Domini M°CCC°XLVI°; quo die archiepiscopus consecravit eum in capella sua de Ottefordia, auctoritate literarum apostolicarum forsitan redemptarum.

Post festum Purificationis dicti duo cardinales Neopolitanus et Clarmontanus, in civitate Attrabatensi moram facientes, miserunt literas et nuncios ad regem Angliæ et collaterales ipsius pro licentia et conductu in Angliam veniendi. Sed responsum fuit semper eisdem, sicut archiepiscopo Ravennatensi[3] prædicto.

Post præmissa, in Quadragesima, dominus rex Angliæ in singulis comitatibus fecit inquiri de valore terrarum et reddituum quorumcumque, ut de quolibet habente centum solidos in redditibus unum sagittarium haberet trans mare cum ipso, et de habente x. marcas unum hoblarium haberet, et de habente xx. marcas haberet unum hominem armatum; quod videbatur toti regno valde grave, et antea nunquam visum, et maxime ad transeundum extra regnum. Fecit etiam inquiri de omnibus personis et numero illarum quæ a xvj. annis usque ad lx. annos ætatem

---

[1] *recepit*] om. H. A.
[2] *quos*] quod, H. A.
[3] *Raven.*] Ravanensi, H. A.

habebant, quod essent parati pro defensione regni, si A.D. 1346.
contingeret alienigenas regnum intrare.¹

"Edward,² par la grace de Dieux roi Dengleterre et de
"Fraunce et seignur Dirlande, a viscounte de Deveneschyre
"salutz. Pur ceo qe par diverses pleyntes faites a nous
"avomus entendue qe la ley de nostre terre, qele nous
"sumus tenuz par serement de meintener, est meins bien
"garde et la execucoun de icelle destourbe plusours foithes
"par meintenaunz et procurement, si bien en court com en
"pais, par plusours maners; nous, mews grantement de con-
"science de ceste matere,³ et par cel cause desiraunz taunt
"pur pleisaunce Dieux et de eyse et de quiete de nos sub-
"ditz com pur salver nostre conscience et pur salver et
"garder nostre serement avantdite, de lassent de grantz et
"autres sagez de nostre counsaille, avomus ordeyne et
"comaunde expressement a touz nos justices, qils facent de-
"sore en avant owele ley et execucoun de dreit a touz nos
"subditz, riches et povres, saunz aver regarde a nully, saunz
"lesser de faire dreit pur nulles lettres ou maundementz qe
"lour porrunt vener de nous ou de nulle altre, ou par altres
"causes quecunqes; et, en cas qe ascuns lettres, brefs, ou
"maundementz vieugnent a les justices ou as altres deputes
"de faire la lei et droit solom les usages de roialme, en
"destourbance⁴ de la ley ou de execucoun de icele ou de
"dreit faire a partiez, les ditz justices ailent avant et
"teingnent lour cours et lour processes en lez pleez et
"besoingnes pendauntz devant eaux si avant com si nuls
"tiels lettres, brefs, ou maundementz lour fuissont venuz;
"et certefiount nous ou nostre counsail de tiels maundementz
"qe sount contraries a la ley, com sus est dit. Et a fine
"qe nos dites justices fasount owelle dreit as totes genz en
"la manere susdite, sanz plus de favoir feare a un qe a
"altre, si avomus ordeine et fait jurer nos dites justices qil
"ne prendrount desore, taunqe ils serrount en office de
"justice, fees ne robes de nully, sinoun de nous meismes,
"et qils ne prendrount doun ne regard par eux ne par
"altres, en prive ne en apert, de nul home qe avera a faire
"devant eaux par quecunqe voye, sil ne soit manger ou

Ordinance for the better administration by justices, 18 April.

f. 60.

---

¹ At this place, both in H. and A., the passage "Postea permisit rex " . . . . . trahere in futurum" (see p. 198) has been written and afterwards marked for omission.

² This Ordinance for the Justices, which is thus abruptly intro-

duced into the text of H. and A., is printed in the Records edition of the Statutes, vol. i. 1810, p. 303.

³ *matere*] manere, H. A.
⁴ *destourbance*] om. H. A.

"boyre, et ceo de petite value; et qils ne dorrount counsail
"a nul grant ne petit en cas ou nous sumus partie ou qe
"nous touche ou purra toucher en nul manere, sour peyn
"de estre a nostre volunte de cors et de avoir et de terres,
"pur faire ent ceo qe nous pleisra, en cas qils fasount le
"contrarie. Et par cele cause avomus fait encrestre lour
"fees par manere tiel qe lour deit resonablement suffire.
"Et en mesme le manere avomus ordeyne en droit
"de barouns de nostre escheqer, et les avomus fait
"expressement charger en nostre presence qils fasount
"dreit et resoun a toutz genz, grantz et petitz, et
"qils fasount deliverer le poeple resonablement et saunz
"delay des besoingnes qils averount a faire devant eux, saunz
"estre taries noun duement, si¹ com ad este fait en temps passe.
"Item, nous avomus ordeyne qe touz iceaux qe serrount
"justices assingnez par comissioun doier et terminer, et ceux
"qe serrunt associez a eux,² fasent premerement a tiel serment
"en certein pointz, solom ceo qe lour serra enjoynt par nostre
"counsaille,³ en nostre chauncelrie, devant qe comission lour
"serra livere. Item, nous avomus comaunde et defenduz tut
"outrement, qe nul de nostre ostel, ne de ceux qe serrunt entour
"nous, ne altres qe sunt dever nostre treschier compaynne la
"reingne ou nostre fitz le prince de Gales, ou dever nos courtz
"ne prelates, countes, ne barouns ne altres grauntz ne petitz
"de la terre, de quel estat ou condicoun qils soient, ne preignent
"querels en meyn altres qe lour propres, ne les meynteingnent
"par eux ne par altres, en apert ne prive, pur doun, promesse,
"amieste, doute, favour, ou hayene, ne pur nul altre cause, en
"destourbaunce de la lei ou areryssement de la lei, sur peyne
"susdite; eins qe chescun home puisse estre franc de soan
"dreit suire et defendre en noz courtz et ailours⁴ solom la ley.
"Et si avomus estreitment comaundez a nostre dit fitz, et as
"divers countes et autres grauntz esteauntz devers nous, qils
"facent garder de lour part ceste ordinaunce saunz defaut, et
"qe ils ne soeffrent nuls qe sount devers eux rienz faire ne
"atempter countre mesme le ordinaunce par quecunqe voye.
"Item, pur ceo qe nous sumus enformes qe plusours menours⁵
"et meyntenours des querels et parties en pais sount meintenuz
"et covertes par seingnurage, par ent ils sount les plus
"enbaudes de mesprendre, et par procurement, coveingne,

---

¹ *si*] qe, H. A.

² The printed text has also "et
"auxint justices des assises pren-
"dre en pais et gaols deliverer,
"et ceux qe serront associez a
"eux."

³ *par nostre counsaille*] om. H.

⁴ *ailours*] alios, H.

⁵ *menours*] om. H. A

" et meintenaunce de tieux menours en pays sount plusours
" gentz disheritez et ascuns delaies et destourbes de lour
" dreit, et ascuns nient coupable convictes et condempnes
" oue altrement oppresses, en defesaunce de lour estat, en
" notorie destorcoun et oppressioun de nostre poeple, si avomus
" comaundes et comaundomus qe touz les grantz oustount
" desore en avaunt de lour retenaunce, fees, et robes touz ceux
" menours et meyntenours en pais, saunz nulle favore, eide,
" ou conforte faire a eux en qeqonqe manere. Et, ostre ceo,
" nous avomus ordeinez de faire vener a certeyn jour de-
" vant nous oue ceux qe nous desputremus de nostre conseil
" tieux menours et meintenours de diverses countez, et de
" les faire examiner et charger ateneanment qils se oustent
" desore des tieux meintenaunccz et procurementz faire en
" pais en damage de nostre poeple; et ceo sur grevouse peines
" qe lour serront[1] monstrez. Item, nous volomus et avomus
" ordeingne qe les justices, al assise prendre, eient suffisant
" comissioun denqere, et qils enqerount en lour sessiouns
" des viscountes, eschetours, baillifs de franchises, et lour
" suthministres, et autres qeconqes, et auxint de meinte-
" nours, comune assisours et jurours en pais, cest a savoir dez
" dounz, regardez, et autres profitz qe les ditz ministres
" pernent del poeple pur faire lour office et ceo qe pertinent
" a lour office, et pur larray des paneles,[2] mettauns en icel
" jurours suspectez et de mal fame; et, de ceo qe les meyn-
" tenours, assisours, et jurours pernent doun et lower de
" partiez, dount perdes et damages trop grevouse aveingnent
" a poeple de jour en autre, en subversioun[3] de la ley et
" destourbaunce de comune dreit; et de punir touz iceux qe
" serrount trovez coupables, solom ceo qe ley ou resoun le
" demaunde, a la suite si bien de nous com de partie. Et
" sour ceo avomus charge nous chaunceller et tresorer doier
" les pleintes de touz ceux qe pleindre se vodrent, et de
" ordeingner qe hastive dreit et remedie soit fait. Par qei
" vous mandomus qe les pointz susditz facez overtement
" monstrer et puplier en vostre dite counte, a fin qe ceaux qe se
" sentrent grevez en la forme susdite puissent pursuir remedie
" solom les ditz ordenaunz, et qe nostre poeple puisse aper-
" seiver nostre volente et la desire qe nous avomus qe owel
" droit soit fait a touz noz subditz, si bien povres com
" riches, et qe les mesfesours soient restreintz et punitz.

---

[1] *lour serront*] nous serromus, II. A.

[2] *larray des paneles*] le roy des paignonz, II. A.

[3] *subversioun*] submersioun, II. A.

"Done a Westmoustier, le xviij. jour de Aprile, lan de nostre rengne Dengleterre vintisme et de France septime."

[" Edward, by the grace of God king of England and of France and lord of Ireland, to the sheriff of Devonshire greeting. Whereas by divers plaints made to us we have understood that the law of our land, which we are bound by oath to uphold, is the less well kept and the execution thereof oft-times disturbed by maintenance and procurement, as well in court as in country, in divers ways, we, being greatly moved of conscience in this matter, and for this cause desiring as much for the pleasure of God and for ease and quiet of our subjects as to save our conscience and to save and keep our oath aforesaid, by the assent of the great men and other wise men of our council, have ordained and expressly commanded to all our justices that they henceforth do equal law and execution of right to all our subjects, rich and poor, without having regard to any man, without leaving to do right for any letters or commands that may come to them from us or from any other, or for any other causes whatsoever; and in case that any letters, writs, or commandments come to the justices or to others deputed to do law and right according to the usages of the realm, in disturbance of the law or of the execution thereof or of doing right to the parties, that the said justices proceed and hold their courts and processes in the pleas and matters pending before them, just as if no such letters, writs, or commandments had come unto them; and that they certify us or our council of such commandments which are contrary to the law, as afore is said. And to the end that our said justices do equal right to all people in the manner aforesaid, without doing more favour to one than to another, we have ordained and have sworn our said justices that they shall not henceforth take, so long as they shall be in office of justice, fees nor robes of any man, but of our self, and that they shall not take gift nor reward, by themselves nor by others, privily nor apertly, from any man who shall have to do before them in any way, if it be not meat or drink, and that of small value; and that they shall not give counsel to great nor small in cases where we be parties or which do or may touch us in any manner, upon pain to be at our will in body, and goods, and lands, to do thereof that which shall us please, in case that they do the contrary. And for this cause we have made to be increased their fees in such manner as ought reasonably to suffice them. And in the same manner we have ordained in the right of the barons of our exchequer, and have caused them to be expressly charged in our presence that

" they do right and reason to all people, great and small, A.D. 1346.
" and that they cause the people to be delivered reasonably and
" without delay of the matters which they shall have to do before
" them, without undue tarrying as hath been done in times past.
" Also, we have ordained that all those who shall be justices
" assigned by commission to hear and determine, and those who
" shall be associated unto them, do first make oath to such in
" certain points, according as shall to them be enjoined by our
" council in our chancery, before that any commission be unto
" them delivered. Also, we have commanded and utterly for-
" bidden, that none of our house nor of those that shall be about
" us, nor others that are towards our very dear companion the
" queen or our son the prince of Wales, or towards our courts,
" nor prelates, earls, nor barons, nor others great nor small of
" the land, of what estate or condition they be, take quarrels in
" hand other than their own, nor maintain them by themselves
" nor others, apertly nor privily, for gift, promise, amity, doubt,
" favour, or hate, nor for none other cause, in disturbance of
" the law or hindrance of the law, upon pain aforesaid, but
" that every man may be free to sue and defend his right in our
" courts and elsewhere according to law. And we have straitly
" charged our said son and divers earls and other great men
" being towards us, that they do on their behalf this ordinance
" to be kept without default, and that they suffer none which be
" towards them to do nor attempt anything against the same
" ordinance in any way. Also, whereas we are informed that
" many bearers and maintainers of quarrels and parties in the
" country are maintained and covered by lords, whereby they
" be the more emboldened to offend, and by procurement, covine,
" and maintenance of such bearers in the country many people
" be disherited, and some delayed and disturbed of their right,
" and some not guilty convict and condemned or otherwise
" oppressed, to the undoing of their estate and notorious wrong
" and oppression of our people, we have commanded and do
" command that all the great men do henceforth void from
" their retaining fees and robes all those bearers and main-
" tainers in the country, without doing any favour, aid, or
" comfort to them in any manner. And moreover we have
" ordained to do come on a certain day before us or those whom
" we shall depute of our council such bearers and maintainers
" of divers counties, and to cause them to be diligently examined
" and charged that they henceforth void them of doing such
" maintenances and procurements in the country in harm of
" our people; and this upon grievous pains which shall be
" shown to them. Also, we will and have ordained that the
" justices, at the taking of assise, have sufficient commission to

"enquire, and that they shall enquire in their sessions of the "sheriffs, escheators, bailiffs of franchises, and their under-"ministers, and others whomsoever, and also of maintainers, "common assisors and jurors in the country, that is to wit of "the gifts, rewards, and other profits which the said ministers "take of the people to do their office and that which pertaineth "to their office, and for the array of panels, putting therein "jurors suspect and of evil report; and of this that maintainers, "assisors and jurors take gift and reward of parties, whereby "losses and damages too grievous arise to the people from day to "day, in subversion of the law and disturbance of common right; "and to punish all those who shall be guilty, according as law "and reason requireth, at the suit as well of us as of the parties. "And thereupon we have charged our chancellor and treasurer "to hear the plaints of all those who shall wish to make plaint, "and to ordain that speedy right and remedy be done. Where-"fore we order you that you make the points aforesaid openly "to be shown and published in your said county, to the end "that those who shall feel themselves grieved in form aforesaid "may sue remedy according to the said ordinances, and that "our people may perceive our will and the desire which we "have that equal right be done to all our subjects, as well poor "as rich, and that misdoers be restrained and punished. Given "at Westminster, the 18th day of April, the year of our reign "of England the twentieth and of France the seventh."]

Postea permisit rex quod onerati sagittariis, hoblariis, et armatis facerent finem in pecunia numerata. Et, volens communitati placere, fecit in civitate Londoniarum et comitatibus publice proclamari quod non intendebat per præmissa onera terras et tenementa subjicere servituti, nec hujusmodi onera ad consequentiam trahere in futurum.

Et quasi per totam æstatem fecit congregare naves ad portum de Portesmouthe et loca vicina, ita quod in fine mensis Junii habuit ibidem, secundum æstimationem, septingentas et quinquaginta naves magnas et parvas. Et convocans omnes milites armatos et architenentes, tam Anglicos quam Wallenses, solvit eis vadia temporis præteriti et pro quindena futura, præcipiens eis naves eis assignatas festinanter intrare; et, ad præbendum exemplum, ipsemet cum suis naves intravit et navigavit usque ad insulam Vectam, ex-

CONTINUATIO CHRONICARUM.   199

spectans ibidem navium totam¹ classem. Et cito A.D.1346.
postea omnes qui voluerunt et potuerunt naves habere ipsum² unanimiter sequebantur, cum ipso ventum prosperum exspectantes. Sed nullus adhuc potuit scire pro certo versus quas partes voluit navigare, vel in quo loco terram transmarinam intrare.

Et demum die Martis, quæ fuit undecima mensis Julii, anno regni sui vicesimo, ætatis suæ³ xxxiij., incepit cum tota classe sua prospere navigare. Et navigarunt secum princeps Walliæ, primogenitus suus, comites Northamptoniæ, Warewykiæ, Oxoniæ, Arundelliæ, Huntyngdoniæ et Suthfolchiæ, item episcopus Dunelmensis, item dominus Hugo Dispensator, et multi alii barones et nobiles regni, quorum quilibet tam milites quam alios armatos et architenentes, secundum vires proprias, secum duxit; ita quod numerus armatorum, secundum æstimationem, ad quinque millia et ultra ascendebat. Numerus vero architenentium et peditum Anglicorum et Wallensium ad lx^{ta} millia similiter ascendebat. Numerus vero nautarum ad viginti millia similiter ascendebat. Et dicta die Martis, undecima mensis Julii, per totam diem et noctem sequentem feliciter navigarunt, ita quod die Mercurii, duodecima dicti mensis, applicuerunt in Normannia, in portu qui dicitur le Hoghe, in diœcesi Constantinensi.⁴ Et statim, postquam dominus rex terram ascendit sine resistentia qualicumque, fecit milites, videlicet filium suum primogenitum, principem Walliæ, ætatis sexdecim annorum, Willelmum de Monte acuto et Rogerum de Mortuo mari et quosdam alios nobiles de regno Angliæ, ejusdem principis coætaneos et sodales. Idem etiam princeps multos militari ordine insignivit.

The expedition sails, 11 July.

It lands at La Hougue 12 July.

The Prince of Wales and his companions are knighted.

---

¹ *totam*] om. H.
² *ipsum*] om. H.
³ *sua*] om. H

⁴ *Constantinensi*] Constantiensi, H.

De præmissis autem plenius scripsit dominus Bartholomæus de Burgwasche patri domino Johanni, Cantuariensi [archi]episcopo, sub hac forma:

"Tres reverent piere en Dieu et mon tres honure seignur, pur ceo qe jeo sai bien qe vous orres[1] voluntiers novels de roy mon seignur et de la flete, vous pleise saver qe, com il savoit ordeingne et fait vitailer totes les nefs pur une xv^e, en entoncoun daver ale vers Gascoun. et avoit pris son chymyn, entendant daver passe par les Agules a bout de lyle de[2] Wyght et ensi tenuz soun dreit cours vers la Trade, le vent ly fust si contrare qil ne peut tener cel chymyn par nulle voie, coment qil guyst longement entendant si Dieu luy vousist aver done temps de passer; et, puys qil ne pluist nent a Dieux qil alast cel chymyn, il sen returna de prendre terre la ou Dieu luy dorreit la grace, et ariva seyn et en boun poynt ove tote la flete en un pais qo lem apelle Constantin en Normandie, le Mekerdi avant la seynt Margaret, saver le xij. jour de Juyl. Et, a laryval, mon seignur le prince fut fait chivaler, Mountague, Mortimer, Roos et tut pleyn des altres. Et est la ville de Bareflete gayne. Et mon seignur de Warewyke jousta de gere od les enemyes et porta bone journe et honourable; et mon seignur Johan de Beuchamp et tut pleyn des altres chivalers et esquiers ount ew a faire ou les enemyes en chivache et par altre voie, si qe a fasoun de icestes ny avoit il nul areste. Mes les gentz darmes de pays se ount retret as chastels et as villes de force, et les comunes de la terre viengnent tout pleyn al obeissaunce nostre seignur le roy. Altres novels, sire, ne vous say[3] jeo maunder a ceste foithe, mes qe le roy ou soun hoste chivache avant en la terre pur conqerer soun dreit, solom ceo qe Dieu luy dorra sa grace. Escrit a Hoghes,[4] le xij.[5] jour de Juyle."

[" Right reverend father in God and my very honoured lord, for that I know well that you will willingly hear news of my lord the king and of the fleet, please you to know that, when he had ordered and made victual all the ships for a fortnight, with the intent of having gone towards Gascony, and had taken his route, intending to have passed by the Needles at the end of the Isle of Wight, and so have held his direct course

---

[1] *orres*] ories, A.
[2] *de*] om. H.
[3] *say*] om. H.
[4] *Hoghes*] Hoghs, H.

[5] The date is evidently wrong, as the capture of Barfleur, which is mentioned in the letter, took place on the 14th of the month. We should probably read "xvii."

" towards the Channel, the wind was so contrary to him that he
" could not keep to that route by any means, albeit he lay a
" long while, waiting if God were willing to have given him
" weather to pass; and since it pleased not God that he should
" go that way, he turned to the land where God should give him
" grace, and arrived well and in good case, with all the fleet, in a
" country which is called Cotentin, in Normandy, on the Wednes-
" day before the feast of St. Margaret, to wit the 12th day of
" July. And on the shore my lord the prince was made a knight,
" and Montague, Mortimer, Roos, and a number of others. And
" the town of Barfleur is taken. And my lord of Warwick
" skirmished with the enemy, and brought off a good day and
" honourable; and my lord John of Beauchamp and a number
" of other knights and squires have had to do with the enemy,
" in raiding and in other fashion, so that in doing of these
" things there hath been no hindrance. But the armed people
" of the country have withdrawn to the castles and strong
" towns, and the commons of the land come in numbers to the
" obedience of our lord the king. Other news, my lord,
" I know not to send you at this time, but that the king with
" his host advanceth into the land to conquer his right, as God
" shall give him grace. Written at La Hougue, the 17th (?) day
" of July."]

A.D. 1346.

Item, de eadem materia scripsit cancellarius Sancti Pauli Londoniarum amicis suis Londoniis sub hac forma :

Similar letter from the chancellor of St. Paul's, 17 July.

" Sciatis quod duodecimo die Julii applicuimus prospere in
" quodam portu Normanniæ, vocato le Hoghes, juxta Bar-
" flete. Ubi statim dominus rex cum multis armatis ascen-
" derunt ad terram; ubi et statim filium suum dominum prin-
" cipem, dominum Rogerum de Mortuo mari, dominum
" Willelmum de Monte acuto, cum multis aliis, ordine mili-
" tari insignivit. Ipse quoque princeps multos deinceps militiæ
" cingulo insignivit. Deinde pluribus vicibus nostri paucissimi
" de multitudine hostium excessiva crebras victorias reporta-
" runt, multos occiderunt, multos capitaverunt, et prædam
" satis magnam ceperunt et capiunt omni die; ita quod in
" patria circumjacente, ad distantiam viginti milliarium et
" amplius, non reperitur aliquis de patria qui resistat. In
" eodem quoque loco ubi applicuimus morati sumus usque in
" diem Lunæ sequentem, videlicet diem sancti Kenelmi.
" Quo die, in concilio domini regis fuit dispositum ut in cras-
" tino recedamus et versus civitates majores Normanniæ, et

f. 62 b.

A.D. 1346. " sic tandem in Franciam, gressus nostros, ducente Domino,
" dirigamus. Scriptum apud le Hoghes,[1] die sancti Kenelmi."

The Scottish invasion of England delayed by a quarrel between sir William Douglas and the earl of Moray.

His diebus venerunt de Scocia bona nova, videlicet quod, cum Scoti essent ad intrandum marchiam Scociæ et confines Angliæ congregati, et castrum domini J[ohannis] Wake, quod Lydel dicitur esse, obsedissent, inter dominum Willelmum Duglas et sibi adhærentes, ex parte una, et comitem Moraviæ et quosdam alios Scotos gravis dissensio fuit orta, ita quod hinc inde quidam occisi et multi vulnerati fuerunt. Ex qua causa, relicta obsidione, in Scociam redierunt. Ubi etiam aliæ fuerunt discordiæ suscitatæ, ita quod a primo eorum proposito frustrati fuerunt per Dei gratiam illa vice.

Letter of B. of Burwash to archbishop Stratford, 29 July. The English advance from La Hougue to Caen.

Post omnia præmissa scripsit dominus Bartholomæus de Burgwassche domino Johanni archiepiscopo sub hac forma:

f. 63.

" Tres reverent piere en Dieu et mon tres honure seignur,
" pur ceo qe jeo sai bien qe vous estes molt desirouse de
" saver bones novels de roi mon seignur et del espleit qil
" ad eu puis qil vynt en parties de Normandie, pleise a
" vous saver qe, del heure qil comensa a chivacher, si prist
" il soun chymyn de la Hoge, la ou il ariva, droit a Kaam,
" et ala tot par les bones villes, saver Valeyns, Karantan,
" Seint Loo, et par altres bones villes tot pleyn. Mes il
" ny avoit home ne femme destat qe osa attendre en villes,
" chastels, ne en pays, la ou le oust passa, qe touz ne sen
" fuyrount, taunqe le roy vynt a Kaam. Et la fuy le conc-
" stable de France, counte de Eu, le chaumbleyne de Tan-
" kerville, ou tot pleyn de chivalers et de genz des armes
" et comuns de pais et de la ville, les queux se avoient
" ordeyne daver tenuz la dite ville encountre le roi mon
" seignur et tot soun poair. Mes, quant le roi y vynt od
" soun hoste et se mostra devant la ville, les enemys se
" retrerunt outre un pount qest en myluy de la ville et se
" tindrount la. Et quant nous estoiomus venuz tot a la
" ville, si pres com nous poyemus, noz archers alerunt tot

---

[1] *le Hoghes*] Hoghes, II.

"droit a pount et les asailerunt par trere. Et en le meyn[1] A.D. 1346.
"temps vindrunt a eux ascuns gentz darmez et lour donerunt Assault and
"fort asaut, si qe pur doute de blessure de noz gentz, par capture of Caen.
"cause qe home quida qe nuls gens darmez de noz[2] i fusount,
"forke archers moun Seignur de Warewyke, mareschal, il fut
"maunde[3] de part le roi pur eux retrere. Et quant il vynt
"a pount, il les trova combatant les unus ou les autres dreit
"a les barres, par ou il se porta mesmes bien et noblement,
"et a dreyn home les presa tant qe, ou leide nostre Seignur,
"nous gentz gainerunt le pount sour eux, et ensi entrerunt
"la ville et les descomfirount. Et taunstot le conestable de
"France se rendi a moun seignur Thomas de Holond ou
"tost pleyn de chivalers et equiers qe furunt ovesque luy;
"et le chambelen de Tankerville fust pris dun bacheler mon
"seignur le prince, si qil est le prison moun seignur. Et
"furunt pris et mortz entre vj^{xx} et vij^{xx} chivalers pruis et
"vailauns, dount i sount unqore vifs entour c.; et desquiers,
"burgeys, et de comune poeple pris et mortz entour v. mille; f. 63 b.
"si qe, loye ent soit nostre Seignur!, les besoignez sunt ales
"tanqe encea si graciousement com il pount. Et le roi il
"demurra deux jours ou treis pur affrecher soun houst de
"vitailes qi furunt en la ville tot pleyn, et pense de sui
"trere tot dreit devers soun adversere, de faire tiel fyn com
"Dieu luy ad ordeyne. Et les neefs furunt venuz a bout
"del entre de lewe qe va a Kaam, et ount ars et destruit
"enviroun c. vesceus par les coustes et grant destrucconn
"fait sour la terre par arsyn et par altre voie. Altres
"novels, sire, ne vous say jeo en present maunder. Le Seynt
"Espyrit vous meintengne en voz honurs, en bone vie et
"longe. Escrit a Kaan, le xxix. jour de Juyl.

"Sire, il plest a roy qe touz les prisouns qe sount pris soient
"maundez en Engleterre, saunz estre delivers par raunsoun
"ou par autre voie, tanqe il eit altre espleite de sa guere."

["Right reverend father in God and my very honoured lord,
"for that I know well that you are sore desirous of knowing
"good news of the king my lord and of the deeds that he hath
"done since he came into the parts of Normandy, please you
"to know that from the hour that he began to advance he took
"his route from La Hougue, where he landed, straight to Caen,
"and went all by the good towns, to wit Valognes, Carentan,
"Saint-Lo, and by other good towns in numbers. But there
"was nor man nor woman of estate that dared to wait in towns,

---

[1] *meyn*] men, A.
[2] *par cause . . . . . de noz*] om H.
[3] Here A. ends.

"castles, or country where the host passed, but fled away, until the king came to Caen. And there was the constable of France, the count of Eu, the chamberlain of Tancarville, with great number of knights and men of arms and commons of the country and of the city, the which had ordered themselves to have held the said city against the king my lord and all his power. But when the king came thither with his host and showed himself before the city, the enemy withdrew beyond a bridge which is in the midst of the city, and held themselves there. And when we were come right up to the city, as near as we could, our archers went straight to the bridge and assailed them with volleys. And in the meantime there came to them some men of arms and gave them sharp assault, so that for fear of the wounding of our people, by reason that it was thought that no men of arms of our people were there, but only the archers of my lord of Warwick, the marshal, order was given from the king to withdraw them. And when he came to the bridge, he found them fighting, the one side against the other, right up to the barriers, where they bore them well and nobly, and to the last man pressed them so that, with the help of Our Lord, our people won the bridge over them, and so entered the city and discomfited them. And presently the constable of France gave himself up to my lord Thomas Holland, with a number of knights and squires which were with him; and the chamberlain of Tancarville was taken by a bachelor of my lord the prince, so that he is my lord's prisoner. And there were taken and slain between six score and seven score knights, brave and valiant, of which there are still alive about one hundred; and of squires, citizens, and common people taken and dead, about five thousand; so that, praised be our Lord!, our business hath gone hitherto as favourably as it could. And the king will abide two days or three to refresh his host with victuals which were in the city in abundance, and he thinketh to draw straight towards his adversary, to make such end as God hath ordained unto him. And the ships were come to the bottom of the entrance of the water which goeth up to Caen, and have burned and destroyed about one hundred craft upon the coasts and done great destruction on land by burning and otherwise. Other news, my lord, I know not in these presents to send you. The Holy Ghost keep you in your honours, in good life and long. Written at Caen, the 29th day of July.

"My lord, it pleaseth the king that all the prisoners which be taken be sent to England, without being delivered by ransom or otherwise, until he hath accomplished further in his war."]

Post prædicta venerunt in Angliam multæ naves ducentes multos captivos, de quibus fit mentio in dicta litera domini Bartholomæi; et dominus comes Huntyngdoniæ, qui propter infirmitatem rediit de Normannia, fuit dux ipsorum captivorum; qui postea, in principio mensis Augusti, Angliam est ingressus. Captivi vero ad diversas partes Angliæ pro salva custodia mittebantur.

A.D. 1346. French prisoners sent to England.

Portavit etiam idem comes secum quamdam ordinationem Philippi de Valoys, de[1] data vicesimi[2] tertii diei Martii, anno Domini M°CCC°XXXVIII°, factam apud Boys de Vincenne et repertam[3] in Cadamo; in qua idem Philippus ordinavit transitum Johannis filii sui, ducis Normauniæ, in Angliam, cum magno numero armatorum et servientium, ad invadendum et acquirendum[4] totum regnum Angliæ, et, supponens ipsum regnum posse sine difficultate vel resistentia optineri, disposuit de ipsius divisione et reg[im]ine, ac si ipsum pacifice possideret: sicut in ipsa ordinatione, lingua Gallica concepta, plenius continetur. Cujus tenor est talis:[5]

The Earl of Huntingdon returns with the convention of the French king with the Normans for the invasion of England, 23 Mar. 1338.

" Premerement, pur lamour qe ceaux du pais de Normandie
" ount envers le roi et duk lour seignur, et pur les choses de-
" susditz, ceux du pais de Normandie, nobles et altres, devount
" passer en la compayngne le dit mon seignur le duk, com lour
" seignur et chevetyn, en Engleterre a iiij. mille hommes darmes,
" chivalers et esquiers et altres gentz des armes de bone estat,
" et xl. mille serjantz de pee, des qeux serjantz de pee le roi
" de sa grace lour aquite la moite, et il avera v. mille alblastrers
" des dites xl. mille.

f. 64.

" Item, pur bone aleccoun qe le roy ad [a] ceux du pais de
" Normandie, il lour ad baile le seignur soun fitz a chevetayn
" pur le dite passage.

" Item, acorde est qe, pur ceo qe mon seignur le duk serra
" chevetayn du passage, le dit moun seignur le duk prendra

---

[1] *de*] die, H.
[2] *vicesimi*] tricesimi, H.
[3] *repertam*] reparatam, H.
[4] *acquirendum*] inquirendum, H.
[5] The entire document, of which this is a part, is printed in Baron Kervyn de Lettenhove's edition of Froissart, tome xviii. (1874), p. 67. Compare another version from C., to which the ordinances for the fleet are attached; printed in the Appendix. See also Avesbury.

A.D. 1346.
"de dit iiij. mille hommes darmes mille hommes darmes, tiels
"com luy plesra, chivalers et esquiers, sanz prendre le chevi-
"enteyn ou ces gentz, ou il les retendra dailours rebatu de
"noumbre de dit iiij. mille hommes. Et le dit pais de Nor-
"mandie ly paiera pur les mil hommes susditz les grantz gages,
"saver, xxx. s. de Torneys les banerites, xv. s. les bachelers,
"vij. s. et vj. d. lesquiers, fourny[1] chescun c. hommes darmes
"de iiij. baners, xvi. bachelers, et iiij^{xx} esquiers.

"Item, moun seignur le duk de Normandie fera auxink le
"passage des mille hommes darmes desusditz, qil det prendre.

"Item, le pais de Normandie auxint des autres iij. mille
"hommes darmes et de xx. mille serjantz de pee desusditz.

"Item, taunt com le dit passage ceo fera et qils demurrent
"en Engleterre et a returner par de sa, le roi gardera a seur
"la meere et la passage et les marchaunz qe les vyvers por-
"terount.

[f. 64 b.]
"Item, les gentz de pays de Normandie deit faire a lour le
"passage de dys symayns les services susditz.

"Item, acorde est qe, si le duk de Normandie est en Engle-
"terre et il semble bone et honorable a ly et a soun counsaille
"et a ces gentz de pais de Normandie qe serrount ovesqe luy
"la a soun conseille, ils demurount xv. jours outre les x.
"symayns desusdites; et, si moun seignur les voet retener
"outre les xv. jours, il demurount a gages moun seignur le
"duk.

"Item, si le dit passage Dengleterre ne se fesoit, ou qil
"semblast a roy qil ne peut faire bonement en cest an, le dite
"pays de Normandie deit faire al roy les services susdites dan
"en an duraunt ceste gere, en temps covenable; et, si la viage
"soit aloinge et qe les gentz du pays ussount mys freittez
"en lour navie, il lour serrount rebatuz sour lour service a
"venir, et lour ferreit len a saver iij. moys devaunt ceo qils
"dusount mover en lautre viage.

"Item, si les enemyes de roy viengnent sour luy par terre,
"si enforce[me]nt qil ont mestier dul dit pays de Normandie,
"serrount tenuz qe, en lieu de dit passage, qil faseunt eide
"au roy de iiij. mille[2] hommes des armes et de xx. mille
"serjantz susdites, et paierunt les gages de mille hommes
"darmes qe le duk deit prendre et de ces serjantz al pee
"auxi, par la manere si desus devise; et en cel cas ferrount
"les ditz servicez par le space de viij. symayns taunt seule-
"ment duraunt ceste gere, et, en cas qe le roy ou mon
"seignur le duk i serrount, lour retenaunce serra ou un de
"eux.

---

[1] *fourny*] forrems, H.　　[2] *mille*] xx. H.

"Item, acorde est qe ceux qe tiengnent lez feez des qeux
"les services sount duez ne serrount rien tenuz a faire lo
"serviz acoustume.

"Item, le pais de Normandie se deit obliger a faire les
"services susditz, saver les noubles et les bones villes ou la
"greniere partie de eaux, et lour serrount lour privileges
"portes a Rooan a la premer journe ou ils assemblerunt,
"totes confourmes enseales et desclares, et la lour serrunt
"bailes et deliverez les obligacouns ensi fetes, com desus
"est dit, sour peyne de trey mil livres, si par eaux demurt
"a faire la dit passage.

"Item pur les mil hommes ou qeux mon seignur le duk
"deit passer, acorde est qe de neofs de Normandie, autres
"qe ceux de la navie le roi, les genz du pais de Normandie
"en averont ceo qils voudrount aver, save qe mon seignur[1]
"pur leide de sa passage de gentz qe deivent passer, com
"est dite, en avera v. ou vj. noefs tiels com il voudra eslire,
"et le sourplus qe luy faudra pur les mil hommes darmes
"susdit il querra la ou boun si luy semblera; ou, sil cit
"plusour qe luy nest mestier et ceux de Normandie en ave-
"rount mestier dascunz, outreye lour est par le roi et par
"mon seignur le duk qils averount ceux qe serrunt en dit
"pais, ou mon seignur le duk prendra,[2] en altres parties, en
"paiaunt covenable salare.

"Item, acorde est qe en tel cas qe, Dieu aidaunt, qe le
"roialme Dengleterre par le dit viage serra conquis, le con-
"quest serra feat tot en le noum et en le honur de dite
"seignur le duk, et qe tot qe le roy Dengleterre en a serra
"et demura a dit mon seignur le duk, com roy et sire, et as
"dreitz et honours qe le roy Dengleterre les tient; et les pos-
"sessiouns et autres dreitz qe les[3] nobles et autres[4] secles y ount
"serra et demura a eglises et a barouns et a noibles villes de
"Normandie, et ceo qe serra a les eglises serra[5] amorti de
"roy jesqes a xx. mille desterlings de rente, et ceo qest a le
"pape et al eglise du Rome lour demurra sauf sanz diminucoun.

"Item, roialme Dengleterre ne se devisera james de la
"mayne mon seignur le duk ne de ces heritiers, roys de France.

"Item, pur ceo qe le roy velt garder bone foy et especial-
"ment a ces amys et allies,[6] il veut et ordeyne qe tot ceo
"qest conquis en temps passe, par gere ou en altre manere,
"countre lour volunte, sour le roy Descoce et ces sojetz par

---

[1] *seignur*] seignur avera, H.
[2] *prendra*] paiera, H.
[3] *dreitz qe les*] om. H.
[4] *autres*] om. H.
[5] *serra*] om. H.
[6] *allies*] ailours, H.

A.D. 1346. "le roy Dengleterre ou les soens lour seit restitute et baile
"tot a pleyn saun nul delay; et a ceo sount acordes le roy,
"le duk, et touz les Normands.
 "Item, en cas qe pees serait fet avaut qe la passage fut fet
"en Engleterre ou le viage par terre, le privilege outrere a
"Normands lour demurra en sa force, et¹ serrount tenuz de
"servir al roi a ij. mille hommes darmes a grant gages par
"xij. symayns en la premere gere qil avera en temps ensuant,
"rebatuz les feez et les mises qil averount sustenu a comenser
"le dit servise.
 "Item, sil avoit passe la mier et fuisount en Engleterre avant
"qe pees fust faitz, ou sils avoient fetz les dites services par
"terre lespace dun moys, alant, demurant et returnaunt, il
"serrount quites de fere outre le dit service par un moys; [mais,
"se ils navoient passe la mer ou fait le service par un mois,]²
"com desus est dit, ils serrount tenuz de faire les services
"en tens covenable, rebatuz ceux qe averount paie et des-
"pendue.
 "Ceo fust fait a Boys de Vincenne, le xxiij. jour de Mars,
"lan xxxviij."

["Firstly, for the love which they of the land of Normandy
"bear unto the king and unto the duke their lord, and for the
"matters aforesaid, they of the land of Normandy, nobles and
"others, shall pass in the company of my said lord the duke,
"as their lord and chief, into England, to the number of four
"thousand men of arms, knights and squires and other persons
"in arms of good estate, and forty thousand foot soldiers, of
"the which foot soldiers the king of his grace doth acquit them
"the moiety, and he shall have five thousand cross-bowmen of
"the said forty thousand.
 "Also, for the good affection which the king hath to them of
"the land of Normandy, he hath granted the lord his son for
"chief for the said passage.
 "Also, it is agreed that, whereas my lord the duke shall be
"chief of the passage, the said my lord the duke shall take of
"the said four thousand men of arms one thousand men of
"arms, such as it shall please him, knights and squires, without
"taking the chief or his people,³ or he shall moreover retain
"them as abated from the number of the said four thousand
"men. And the said land of Normandy shall pay to him for
"the thousand men aforesaid the great wages, to wit thirty

---

¹ *et*] en, H.
² The passage in brackets is om. H.; supplied from Lettenhove.
³ Avesbury has: "saunz prendre "le cheventaigne ne lours batailles," "without taking the chiefs or their "battles."

"sols Tournois the bannerets, fifteen sols the bachelors, seven
"sols and six deniers the esquires, every hundred men of arms
"being furnished with four banners, sixteen bachelors, and four
"score squires.

"Also, my lord the duke of Normandy shall likewise make
"the passage of the thousand men of arms aforesaid whom he
"shall take.

"Also, the land of Normandy likewise of the other three
"thousand men of arms and of twenty thousand foot sergeants
"aforesaid.

"Also, as soon as the said passage shall be made and while
"they shall abide in England and in the return from thence,
"the king shall keep safe[1] the sea and the passage and the mer-
"chants who shall bring provisions.

"Also, the people of the land of Normandy shall on their
"behalf do in the passage[2] of ten weeks the services aforesaid.

"Also, it is agreed that, if the duke of Normandy be in Eng-
"land and it seem good and honourable to him and to his
"council and to those people of the land of Normandy which
"shall be with him there in his council, they shall abide fifteen
"days beyond the ten weeks aforesaid; and if my lord will
"to keep them beyond the fifteen days, they shall abide at the
"wages of my lord the duke.

"Also, if the said passage of England were not made or it
"seemed to the king that he could not make it well this year,
"the said land of Normandy shall do the king the services
"aforesaid from year to year during this war, at fitting time;
"and if the voyage be put off and the people of the land should
"have made outlay in their navy, it shall be abated to them
"on their service to come, and they shall be certified three
"months before they should have to move in another voyage.

"Also, if the king's enemies come upon him by land in such
"strength that he have need of the said land of Normandy,
"they shall be held in lieu of the said passage to give aid to the
"king of four thousand men of arms and of twenty thousand
"sergeants aforesaid, and they shall pay the wages of the
"thousand men of arms which the duke is to take, and of those
"foot sergeants also, in manner hereinbefore devised; and in
"this case they shall do the said services by the space of eight
"weeks only during this war; and in case that the king or

---

[1] Avesbury has: "a sceu des "armes," "within ken of his "arms." Lettenhove prints: "aussint de s'armée."

[2] Lettenhove prints: "faire au "leur par l'espace."

"my lord the duke shall be there, their retaining shall be with one of them.[1]

"Also, it is agreed that those who hold the fees whereof the services are due shall not be held to do the customary service.[2]

"Also, the land of Normandy shall be bound to do the services aforesaid, to wit the nobles and the good towns or the greater part of them, and their privileges shall be brought to them at Rouen on the first day on which they shall gather together, all confirmed, sealed, and declared, and there shall be given over and delivered unto them the bonds thus made, as afore is said, on pain of three thousand pounds, if on their part they fail to make the said passage.

"Also, for the thousand men with which my lord the duke shall pass, it is agreed that of ships of Normandy, other than those of the king's navy, the people of the land of Normandy shall have thereof those which they shall wish to have, save that my lord, for aid of the passage of the people which shall pass, as is said, shall have thereof five or six ships such as he shall wish to choose, and the surplus, which shall be necessary to him for the thousand men of arms aforesaid, he shall seek wheresoever to him it shall seem good; or, if he have more than he need and they of Normandy shall have need of some of them, it is granted to them by the king and by my lord the duke that they shall have those which shall be in the said land where my lord the duke shall take them, [or] in other parts, making fitting payment.[3]

"Also, it is agreed that, in such case that, by the help of God, the realm of England shall by the said passage be conquered, the conquest shall be made wholly in the name and in honour of the said lord the duke, and that all which the king of England hath shall be and remain unto the said my lord the duke, as king and lord, and with rights and honours as the King of England holdeth them; and the possessions and other rights which the nobles and other seculars have there shall

---

[1] Avesbury differs here: "in case . . . . . shall be there, or one of them, in their persons."

[2] Avesbury continues: "and neither they nor any others of the said land, the service of arriereban in the year that they shall do the service or any of those which be promised and granted as contained in this writing."

[3] Avesbury's version is: "where my lord the duke shall take, or in other parts in the realm, before all others, making fitting payment, the thousand men of arms being first provided with the passage which my lord the duke shall pass, as is said."

" be and remain to the churches and to the barons and to the
" noble towns of Normandy; and that which belongeth to
" the churches shall be amortised by the king even to twenty
" thousand sterlings of rent; and that which belongeth to the
" pope and to the church of Rome shall remain to them safe
" without diminution.

" Also, the realm of England shall never be devised from the
" hands of my lord the duke and his heirs, kings of France.

" Also, for that the king wisheth to keep good faith and
" specially with his friends and allies, he willeth and ordaineth
" that all that which is conquered in time past, by war or
" otherwise, against their will, over the king of Scotland and
" his subjects by the king of England or his, be restored and
" delivered unto them in full without delay; and hereunto are
" agreed the king, the duke, and all the Normans.

" Also, in case that peace should be made before that the
" passage were made to England or the march by land, the
" privilege granted unto the Normans shall remain unto them
" in force, and they shall be held to serve the king with two
" thousand men of arms at great wages for twelve weeks in the
" first war which he shall have in time coming, abating the fees
" and the outlays which they shall have sustained in beginning
" the said service.¹

" Also, if they had passed the sea and were in England before
" that peace were made, or if they had done the said services by
" land for the space of one month, going, abiding, and returning,
" they shall be free from doing further the said service by one
" month; but if they had not passed the sea or done the service
" by one month, as afore is said, they shall be held to do the
" services in fitting time, abating what they shall have paid and
" expended.

" This was done at Bois de Vincennes, the 23rd day of March,
" in the year 1338."]

Prædictam ordinationem Gallicorum, licet nullum sortiebatur effectum, publicavit archiepiscopus duodecimo die Augusti in cimiterio Sancti Pauli Londoniis in sermone suo habito cum processione solempni, ut per hoc excitaret populum regni, ut eo ferventius diligerent regem et devotius pro prosperitate et expeditione ipsius orarent, qui ipse populum suum

The document publicly read by archbishop Stratford in St. Paul's churchyard, 12 August.

---

¹ Avesbury continues: "or passage; and they should be certified two months before, in order that they might have the said men of arms."

A.D.1346. a dictis Gallicorum machinationibus conservavit indempnes, se ipsum et suos, ut praemittitur, per terram et aquam multis periculis exponendo.

f. 66.
Latin translation of a letter from the king's confessor on the progress of the army from its first landing.

Progressus autem regis Angliae et exercitus sui de Hoghes usque ad captionem villae de Cadamo patet per dictam literam domini Bartholomaei in Gallico; sed plenius per translationem in Latinum factam de quadam litera Gallica, quam misit confessor [1] regis Angliae quibusdam suis amicis, cujus translationis tenor est talis:

" Dominus noster rex per expeditionem contra hostes suos, sibi coelesti promissione concessam, prout inferius apparebit, verba dicere quae sequuntur rationabiliter exhortatur, videlicet: 'Benedictus Dominus, Deus meus, qui docet manus meas ad proelium et digitos meos ad bellum.' Nam, anno regni sui xx^{mo}, die Mercurii, videlicet xij. die mensis Julii, versus Franciam transiturus, pro jure suo ad regnum Franciae viriliter prosequendo, in partibus Normanniae apud Hoghes de Seint Vaal cum suo exercitu ad terram applicuit. Ibique ad diem Martis proxime sequentem moram traxit, causis diversimodis ad hoc ductus, ut se et suos per requiem de labore maritimo recrearet similiter et ut equi sui et suorum de navibus ducerentur. Novem naves ibidem inventas, de quibus octo castra anterius et posterius habuerunt, dominus noster igni jussit comburi; quod incontinenti fuerat expeditum. Die

Capture of Barfleur, 14 July.

autem Veneris, domino nostro in eodem loco adhuc commorante cum suo exercitu, quidam de suis ad villam de Barflet consensu unanimi transierunt, credentes ibidem magnam hominum multitudinem [2] invenisse; non tamen invenerunt aliquos respective, sed novem naves, in parte anteriori et posteriori castra habentes, duas bonas crayers, et alias naves minores, de quibus aliquae sunt combustae. Dicta autem villa de Barflet ad villam de Sandwyco quantitate et qualitate poterat comparari. Quibus ad exercitum domini regis reversis, nautae a retro manentes dictam villam de Barflet totaliter combusserunt, cum villis et maneriis in circuitu

Occupation of Valognes, 18 July.

valde multis. Die vero Martis ad Valeingnes iter suum arripuit, ibique cum suo exercitu pernoctavit, victualibus ad plenum ibidem inventis. Die Mercurii versus pontem Dovatum transivit, quo quidem ponto per gentes villae Ca-

---

[1] Michael de Northburgh. See the original French in Avesbury.

[2] *magnam .... mult.*] cum magna .... multitudine, H.

" rantanæ defracto, dominus noster rex eadem nocte pontem
" prædictum refecit; unde, mane facto, ultra dictum pontem
" sanus et salvus cum toto suo exercitu pertransivit usque ad
" villam Carantanæ prædictam, a dicto ponte per unum milliare
" Anglicum situatam, quæ quidem villa ita grossa sicut Ley-
" cestria reputatur. Vino, bonis, et aliis ad plenum receptis,
" præcepto regis Angliæ contrario non obstante, villa pro parte
" est combusta. Die autem Veneris dominus noster rex se et
" suum exercitum transtulit ad villas campestres juxta ripam
" cujusdam aquæ periculosæ etiam et profundæ. Ponte ejus-
" dem aquæ per gentes de Seint Loo defracto et per dominum
" regem eadem nocte refecto, totus noster exercitus aquam
" prædictam transivit illæsus. Homines vero dictæ villæ de
" Seint Loo armati et alii in numero valde magno domino
" nostro regi fuerant in proposito resistendi, sibi viribus un-
" dique congregatis; sed de adventu suo et sui exercitus
" exaudito, metu ducti, relictis omnibus, unanimiter reces-
" serunt; unde illa capta est, nemine resistente. Nostri etiam
" ibidem vini mille dolea habuerunt et alia bona, benedicto
" Deo, in multitudine copiosa. Villa vero prædicta de Seint
" Loo major civitate Lincolniæ reputatur. Die autem crastina
" dominus noster rex ad quandam abathiam arripuit iter suum,
" exercitu suo sibi in villis[1] campestribus in circuitu adjacente.
" Unde, domino nostro rege ibidem aliquotiens commorante,
" equites nostri exercitus per v. vel vj. milliaria in circuitu
" equitantes, villas omnes comburendo et spoliando, volentes
" resistere occiderunt. Die vero Lunæ dominus noster rex
" cum suo exercitu de dicta abathia recessit, et in villis[1] cam-
" pestribus die Lunæ et die Martis similiter morabantur. Die
" autem Mercurii, circa horam nonam, ad villam Cadomi ac-
" cedens, audivit quod villa Cadomi supradicta galeatis et
" armatis aliis erat plena. Unde jussit[2] continuo suas acies
" ordinari, credens per exsistentes in villa obviam habuisse.
" Præterea misit aliquos de suis ad videndam villam Cadomi
" supradictam; unde venientes castrum ibidem invenerant
" valde forte, in quo erant episcopus Bayocensis, milites, ar-
" migeri, et alii armati, pro dicti castri custodia, valde multi.
" Ex illa parte aquæ villa grossa dinoscitur et formosa. In uno
" fine villæ prædictæ nobilis abathia consitur, qua nobilior nul-
" lucubi reperitur, ubi bonæ memoriæ Willelmus conquæstor
" Angliæ dicitur tumulatus; etenim muris et turribus valde
" fortiter est munita. In qua, quod mirum fuit, quærentes

---

[1] villis] villa, H. | [2] jussit] misit, H.

"neminem invenerunt. In alio fine ejusdem villæ est alia dominarum nobilium abathia. In qua quidem abathia nec in villa Cadomi sæpedicta, ex illa parte aquæ, aliquis morabatur, his exceptis qui dicti castri custodiam habuerunt. Gentes autem dictæ villæ se in villam ad aliam partem aquæ, cum armis et cum omnibus aliis, transtulerunt; ubi constabularius Franciæ [et] camerarius Tankerville, cum quingentis vel sexcentis armatis et multis aliis, morabantur, qui valde magni domini quasi ab omnibus reputantur. Quidam vero nostri exercitus, sine consensu seu consilio, ponti dictæ villæ, defensionibus multis munito, insultum fortem dederunt; et, antequam capi posset, per adversarios habuerunt resistentiam valde fortem. Ponte tandem quæsito, prædictos constabularium Franciæ, videlicet comitem de Ewe, et camerarium de Tankerville incontinenti ceperunt et circiter c. milites et armigeros c. et plures. Eodem etiam conflictu sunt occisi milites et armigeri et alii, in hortis, domibus, et plateis jacentes, in numero valde magno, ad quorum numerum vel notitiam quis devenire non poterat, quin statim, cum mort[u]i fuerant, corpore nudo relicto, de omnibus fuerant spoliati. De nostris tamen nullus nobilis periit præter unum armigerum, qui letaliter vulneratus infra duos dies sequentes decessit. In villa prædicta victualia et alia bona sine numero sunt inventa; quæ vero major tenetur civitate seu villa qualibet Anglicana, civitate Londoniarum dumtaxat excepta. Sed, quando dominus noster rex de villa de Hoghes de Seint Vaal, ut præfertur, recessit, ducentæ naves a 'retro remanserunt. Unde, rege præterito, nautæ navium prædictarum ad villam de Rothomasse ac etiam ad villam de Cheyrburgh unanimiter transierunt; ubi villa bona, castrum forte, et pulchra abathia etiam habebantur. Resistentia non inventa, villas prædictas cum abathia prædicta arserunt; et similiter patriam maris lateri adjacentem a villa de Rothomasse usque ad villam de Hostreyne, quæ juxta portum Cadomi situatur; ita quod per c. et xx^ti milliaria Anglicana patriam concremaverunt, unde bona ad naves suas tulerunt in multitudine copiosa. Præterea sexaginta et unam naves, castra in parte anteriori et posteriori habentes, xx^ti tres bonas crayers, et alias naves minores xx^u et unam, totaliter concremaverunt."[1]

Super dicto progressu domini regis et exercitus sui præscripsit frater Ricardus de Wynkeleye, confessor

---

[1] The letter in French, as given by Avesbury, has a few more lines.

domini regis, priori et conventui Prædicatorum Londoniensium sub infrascripto tenore :—

"Benedicere debemus Deum cœli et coram omnibus viven-
"tibus merito confiteri quia fecit nobiscum misericordiam
"suam. Nam, post conflictum habitum in Cadamo, in quo,
"multis admodum interfectis, villa capta est et usque ad nudos
"parietes spoliata, civitas Bacensis se sponte reddidit, timens
"ne consimilia pateretur. Et dominus noster rex versus Rotho-
"magum direxit iter suum; cui[1] domini cardinales occurrentes,
"in civitate Lexoviensi ad pacem plurimum hortabantur. Qui-
"bus valde curialiter receptis, propter reverentiam apostolicæ
"sedis et ecclesiæ sacrosanctæ, responsum fuit quod dominus
"noster rex, semper pacem desiderans, quæsivit eam viis et
"modis omnibus rationabilibus quibus scivit et optulit vias
"multas, propter desiderium pacis habendæ, licet in præjudi-
"cium non modicum causæ suæ; et quod adhuc paratus est
"pacem admittere, dum tamen sibi via rationabilis offeratur.
"Dicti autem cardinales postea, adversarium domini regis
"allocuti, redierunt, et optulerunt ducatum Aquitaniæ, ut
"eam tenuit pater suus, et quod[2] spem dedit plura habendi
"per viam maritagii, si tractatus pacificus haberetur. Sed,
"quia ista via non placuit, nec cardinales adversarium domini
"nostri regis tractabilem invenerunt, desperati de fine bono,
"simpliciter recesserunt. Dominus autem rex, continue pro-
"grediens et proficiens, villas grossas omnes per quas transivit
"optinuit, nemine resistente sed omni homine fugiente. Deus
"enim ita omnes exterruit, ut viderentur omnino corda sua
"perdidisse. Castra insuper et munitiones, paucissimis inva-
"dentibus, licet fortissima essent, impulsu levi cepit. Adver-
"sarius autem suus in Rothomago magnum exercitum congre-
"gavit, et, licet esset in multitudine copiosa, pontem Cecanæ
"fregit; et ex una parte Cecanæ ex adverso dominum nostrum
"regem diebus singulis sequebatur, pontes omnes diruens et
"muniens, ne ad eum transiremus. Et, licet continue spolia
"fierent per universam terram et incendia in latitudine xx.
"milliarium in circuitu et ad unum milliare juxta eum, noluit
"tamen nec audebat in defensionem populi sui et regni, cum
"posset, aquam Cecanæ pertransire. Et sic dominus noster
"rex usque ad Pusiacum venit, ubi invenit pontem fractum.
"Et adversarius suus citra Parisius non quievit,[3] sed ordinavit
"м[1] equites et мм[1] peditum cum balistis ad custodiam dicti
"pontis, ut non posset reparari. Omnes pontes in circuitu

---

[1] *cui*] ubi, H.
[2] *quod*] om. H.

[3] The letter is given by Avesbury down to this point.

A.D. 1346.

"Parisius, per quos transitus esse posset, frangi fecit.
"Protensis tamen iij. vel iiij. trabibus ultra pontem fractum,
"transierunt quidam sagittarii, licet pauci. Interfectis
"secundum æstimationem hominibus mille vel circiter
"hostium, ceteri versi sunt in fugam. Reparato ponte,

They repair the broken bridge and cross the Seine.

"dominus rex per Picardiam fecit viam suam, et adversarii
"in latere sequebantur. Et, fractis pontibus, via non potuit
"domino nostro regi, nisi inter Croteye et Abbatis villam in
"refluxu maris, ubi totus exercitus transivit illæsus, licet in

Passage of the Somme.

"loco a populo illius terræ nesciretur esse vadum tutum, nisi
"situm ubi sex vel decem transire poterant simul. Nostri
"tamen indifferenter quasi omni loco, tanquam in vado tuto,
"transierunt; quod mirum est in oculis omnium qui noverant
"locum illum. Et adversarius domini nostri regis ordinavit
"circiter M. equites et v. millia peditum vel ultra pro cus-
"todia illius passagii, ad resistendum fortiter domino regi;
"sed per dominum comitem Northamptoniæ et dominum
"Reginaldum de Cobham, cum C. armatis et quibusdam
"sagittariis exercitum præcedentes, viriliter sunt repulsi, et,
"interfectis eo die duobus millibus vel ultra, ceteri fugerunt
"usque ad Abbatis villam, ubi dictus adversarius cum exer-
"citu suo fuit. De illo processit dominus noster rex versus

Battle of Crecy (26 Aug.).

"Cressi, ubi adversario suo occurrit in campo; qui habuit
"exercitum valde magnum, scilicet, secundum æstimatio-
"nem, hominum xij. millia galeatorum, et aliorum armatorum
"ad minus sexaginta millia. Ipse vero adversarius, intendens
"specialiter personam domini regis invadere, posuit se in
"prima acie; cui dominus princeps, qui fecit nostram pri-

f. 68 b.

The French are defeated

"mam aciem, se objecit. Et, habito forti conflictu et diutino,
"bis adversarius est repulsus, et tertio, congregatis viri-

Their losses.

"bus et exercitu suo, fortiter pugnaverunt; sed, cooperante
"Dei gratia, in illo conflictu ceciderunt reges duo, vide-
"licet Beamiæ, de quo certum est, et Majoricarum, de
"quo communiter et verisimiliter opinatur, archiepiscopi
"duo, scilicet Senonencium, et nomen alterius non occurrit.
"Item, dux Lothoryngiæ, comites Dalasoniæ, de Bloys, Flan-
"driæ, et Albamarlyæ, de Bello monte, scilicet, dominus
"Johannes de Hanonia, de Arecourt cum duobus filiis suis;
"sex etiam comites de Alemannia. Alii etiam barones et
"milites in numerum, ad quorum nomina non possumus
"adhuc devenire; ita quod, secundum dicta captivorum Galli-

The king of France, wounded in the face.

"corum, cecidit flos totius militiæ Gallicanæ. Rex autem
"Franciæ, ut dicitur, percussus in facie cum sagitta, vix
"evasit. Vexillarius autem suus in conspectu suo cecidit;

Trifling loss of the English.

"et vexillum suum fuit totaliter laceratum. Et, laudetur qui
"salvos facit sperantes in Se!, totus exercitus adhuc, præter

"duos milites et unum armigerum, manet integer et illæsus;
"ita quod nullus nobilis periit, sed solum aliqui Wallenses,
"non tunc sed alias, quia se fatue exposuerunt, sunt occisi.
"Valete in Domino, Jesu Christo, et gratias agite Deo, qui
"dominum nostrum regem et exercitum suum de magno
"periculo liberavit. Scriptum inter Boloniam et Witesand, ij°
"die Septembris."

Et fuit commissum dictum bellum prope Cressy die Sabbati post festum sancti Bartholomæi, quæ fuit vicesima sexta mensis Augusti, sicut patet per alias literas præmissa et quædam alia, non tamen contraria, continentes. Postea vero, cito post festum Nativitatis beatæ Mariæ, venerunt in Angliam dominus Bartholomæus de Burghasche, pater, et dominus Johannes Darsy, pater, et magister Johannes Thornsly, et de Carletone, ad concilium decem episcoporum Westmonasterii congregatorum; qui omnia præmissa et quædam alia, non tamen contraria, retulerunt, dicentes etiam quod dominus rex noster cum suo exercitu villam de Caleys obsidere incepit. Versus quem locum venerunt sibi victualia de Anglia per mare. Quod percipientes inimici, venerunt xx. quinque galeæ latenter et tres naves de Anglia una cum aliis parvis navibus victualia portantibus destruxerunt; et statim clandestine recesserunt.

His temporibus venerunt nova de Vasconia quod, vicesima die Augusti, dominus Johannes de Francia cum suo exercitu ab obsidione villæ de Aguylona clam recessit, dimissis tentoriis et omnibus aliis, exceptis equis et armis. Et statim nostri, qui fuerunt in villa de Aguylona, omnia sic dimissa ceperunt. Et cito postea Gallici, qui villam de Nantrona obsiderunt, similiter recesserunt. Illi vero qui villam tenuerunt, exeuntes, ipsos occiderunt pro majori parte et ceteros fugaverunt. Quibus auditis, iiij^{or} grossæ villæ, videlicet Scinte Fey, Salveterre, Chastel Moroun, Ville Roial, et Clarake, se sponte regi Angliæ reddiderunt. Comes vero Lancastriæ cum potentia sua versus partes Xanctonenses et Pictavenses equitare incepit. In cujus comitiva dominus de la Brette et alii barones Vasconenses propriis expensis per unum mensem servire regi Angliæ optulerant se paratos.

Anno Domini millesimo CCC^{mo}XL°VI°, pontificatus papæ Clementis sexti anno quinto, regni vero dicti regis Edwardi tertii a conquæstu vicesimo, ætatis scribentis lxxij., incipiendo annum a festo sancti Michaelis, dominus rex Angliæ continuavit obsidionem apud Caleys; et venerunt sibi victualia, tam de Anglia quam de Flandria, competenter.

Venerunt præterea nova de Scocia per archiepiscopum Eboracensem ad concilium regis Angliæ Londoniis destinata, videlicet quod, in vigilia sancti Lucæ evangelistæ, David le Bruys, cum tota potentia sua Scociæ, partes Angliæ sibi vicinas intravit, per Philippum de Valoys excitatus,[1] credens etiam totam potentiam armatorum cum rege Edwardo Anglia exivisse, et usque ad locum qui dicitur Nevilles Crouche, prope Dunelmiam infra unum milliare, deprædando, occidendo et comburendo, pervenit. Cui obviaverunt archiepiscopus Eboracensis, dominus de Percy, dominus Radulphus de Neville, cum tota potentia quam ipsi tunc poterant congregare; et congressi grave prœlium conserunt in quodam loco prope Dunelmiam, ita quod per Dei gratiam victoria exstitit Anglicorum, Scotis interfectis et in fugam conversis. In quo prœlio comes Patrik, comes Moraviæ, comes de Roos, senescallus Scociæ, interfecti fuerunt, una cum v. millibus armatorum et vij. millibus[2] popularium aliorum. In qua fuga capti fuerunt David le Bruys, qui se dicit regem Scociæ, comes de Mentyf, comes de Stradernes, comes de Fyf, qui dicebatur comes de Wygtone, item quidam alius Willelmus Duglas, dominus Willelmus Mentebray, dominus David

---

[1] *excitatus*] excitans, H. | [2] *millibus*] milium, H.

de Cludesle, et quidam alii, præter occisos in fuga; de quibus omnibus missæ fuerunt literæ ad regem per concilium suum de Londoniis festinanter. Postea vero, ante festum Nativitatis Domini, missi fuerunt dicti captivi Londonias; sed dominus David le Bruys mitti non potuit, propter duas plagas quas habuit in capite, cum duabus sagittis percussus. Sed, ij° die Januarii, Londonias est adductus, et a Westmonasterio per medium civitatis ad turrim, vidente toto populo, adductus, et in nigra aula dictæ turris sub custodia constabularii hospitatus, quousque per dominum regem et concilium suum de ipso et de aliis captivis prædictis fuerit aliter ordinatum.

A.D. 1346.

A.D. 1347. He is sent to London and lodged in the Tower, 2 Jan.

APPENDIX.

[*The following is the text of Cotton MS., Nero D. x. from the point where the variations become numerous. See above, p. 114.*]

A.D. 1340.
f. 122 b.

Raid of the count of Hainault on the town of St. Amand.

Nero D. x

Rege igitur Edwardo apud Tornay in obsidione dictum Philippum de Valoys exspectante nec recedere volente, comes Hanoniæ, cum suis et Anglicis et præcipue sagittariis, villam Sancti Amandi per xv. milliaria distantem invasit; ubi l. milites et alios quam plures ceperunt et occiderunt et quasi infinitas divitias invenerunt, et villam cum patria destruxerunt, et exercitui de victualibus abundantissime providerunt.

The siege of Tournay lasts till 27 Sept. Truce for nine months.

Duravit autem obsidio Tornacensis civitatis usque ad festum sanctorum Cosmæ et Damiani; quo die, post multos tractatus, consensum fuit in treugam, ad petitionem Gallicorum, usque ad festum sancti Johannis baptistæ proximo tunc futurum, ut posset interim de pace tractari. Super quo tractatu comparuerunt, ex parte Philippi de Valoys, rex Boemiæ, dux Loremburgiæ, episcopus de Lige, comes de Savoie, et comes de Armynak; et ex parte regis Angliæ venerunt dux Brabanciæ, dux Geldriæ, marchio de Julers, dominus Johannes de Hanonia, cum aliis, qui consenserunt in treugam. Et post hoc redditi fuerunt captivi hinc et inde, sub juramento redeundi ad dictum festum sancti Johannis, nisi fieret pax finalis. Et sic soluta fuit obsidio supradicta; et rex Angliæ rediit in Gandavum.

De forma treugæ apud Torniacensem.

"A touz ceux qe cestes lettres verront, Johan par la " grace de Dieux roi de Boesme et counte de Lucemburgh," etc.

[*See R. de Avesbury.*]

APPENDIX. 221

De transitu regis Angliæ de Gandavo versus Londonias.   A.D. 1340.

Anno Domini MCCCXL°, Benedicti papæ XI^{mi} anno vj^{to}, regis E[dwardi] tertii a conquæstu xiiij°, rege Angliæ exspectante confirmationem dictæ treugæ in Gandavo et etiam pecuniam de Anglia quæ non venit, post festum beatæ Katerinæ, cum paucis, scilicet octo de suis, fingens se velle spatiari, venit ad Selandum, ubi posuit se in mari, in quo tribus diebus et noctibus navigavit; et in nocte sancti Andreæ contra gallicantum turrim Londoniarum per aquam intravit [*continuing as in Murimuth, p.* 116].

Edward suddenly returns to England, 30 Nov.

f. 123 b.

Et ordinavit in quolibet comitatu justiciarios ad inquirendum super collectoribus et ministris aliis quibuscumque; qui ita rigide processerunt quod nullus impunitus evasit, sive bene gesserit negotia regis sive male. Sed cum Londonienses nollent permittere justiciarios in civitate sedere contra libertates eorum, ordinavit rex ipsos sedere in turri[1] Londoniarum; ubi cum nollent respondere, factus fuit magnus tumultus per communitatem Londoniarum, adeo quod justiciarii sedere ibidem se finxerunt usque ad Pascham. Unde rex, cum nomina tumultuantium scire non posset, nisi quod vulgus esset, per lapsum temporis animo sedatus communitati remisit offensam. Et postea dicti justiciarii non sederunt in turri[1] Londoniarum nec alibi illo anno.

A.D. 1341. *Enquiry into the collection of taxes. Resistance of the Londoners.*

The king appeased.

Et in quindena Paschæ, anno Domini mutato, tenuit rex parliamentum Londoniis, in quo prælati, comites, et majores, et communitas regni concorditer multas bonas petitiones proposuerunt, [*continuing as in Murimuth, p.* 119]. Super quibus et aliis factum fuit statutum, sigillo regis signatum.

Parliament. Petitions.

Dum hæc agerentur, Philippus de Valoys per internuncios, cum auri copiosi interventione, voluntatem imperatoris contra regem Angliæ omnino mutavit. Qui quidem omnem statum et potestatem vicariatus sibi pridem concessi revocavit,[2] prout patet per tenorem literæ sequentis.

The emperor cancels Edward's appointment as vicar of the empire.
f. 124.

---

[1] *turri*] turrim, N.
[2] Here the sentence: "Interim, "dum hæc agerentur, ...

"mutavit" is inadvertently repeated from above.

A.D. 1341.   *Litera imperatoris super revocatione vicariatus.*¹

"Lodowycus, Dei gratia Romanorum imperator semper
"augustus, præclaro Edwardo, regi Angliæ," etc.
[See R. de Avesbury.]

*Litera responsionis regis Angliæ imperatori super
revocatione vicariatus.*²

"Serenissimo principi domino Lodowico, Dei gratia Roma-
"norum imperatori semper augusto, Edwardus, eadem gratia
"rex Franciæ et Angliæ et dominus Hiberniæ," etc.
[See R. de Avesbury.]

Death of Geoffrey le Scrope, justiciar; and of Henry Burwash, bp. of Lincoln (4 Dec. 1340). f. 125.

Hoc anno, circa festum Nativitatis sancti Johannis baptistæ, obiit in Gandavo dominus Galfridus Scrope, justiciarius, et dominus Henricus episcopus Lincolniensis, principales consiliarii regis, cui successit H[enrico] magister Thomas de Beek, per provisionem Clementis papæ sexti.

Extension of the truce with France.

Hoc anno, circa³ festum Decollationis beati Johannis, fuit prorogata treuga inter reges Franciæ et Angliæ, usque ad festum sancti Johannis baptistæ proximum tunc sequens.

The Bretons seek help from England.

Hoc anno miserunt Britones ad regem Angliæ pro auxilio optinendo contra Philippum de Valoys, qui post mortem ducis Britanniæ, comitis Richemundiæ, noluit admittere verum heredem sed alium subrogare. Et optulerunt se velle a rege Angliæ tenere ducatum. Super quo fuit diu deliberatum.

The sieur de la Brette offers to help in Aquitaine.

Item, hoc anno venit dominus de la Brette ad regem Angliæ, offerens se multa facturum in ducatu Aquitaniæ pro rege; dum tamen haberet pecuniam. Sed, quia illi de la Brette semper fuerunt incerti amici et multotiens vacillantes, fuit super hoc diu deliberatum; sed finaliter habuit multas lanas, ex qua causa nescitur.

---

¹ Litera ducis Bavariæ regi Angliæ directa, C. In both C. and M. the letter is introduced with these words:—"Item, hoc anno, "circa principium mensis Julii, "recepit rex Angliæ supradictus "literas ducis Bavariæ, qui se "dicit imperatorem, in hæc "verba."

² Responsio regis Angliæ ad eundem ducem Bavariæ, C. No title, M.

³ *circa*] contra, N.

Item, venit unus episcopus Vasconiensis et quidam alii ad regem pro adjutorio habendo ad tuendum ducatum et recuperandum ablata. Quibus hoc anno non fuit plene responsum.

A.D. 1341. Deputation from Gascony.

Archiepiscopus habuit concilium provinciale in ecclesia Sancti Pauli Londoniarum.

Anno Domini MCCC^{mo}XLI°, pontificatus Benedicti papæ XII^{mi} anno vij°, et regni regis E[d]wardi tertii a conquæstu xv^{mo}, post festum sancti Lucæ habuit archiepiscopus Cantuariensis concilium provinciale in ecclesia Sancti Pauli Londoniarum, cum octo suffraganeis, ceteris se excusantibus ; ad quod abbates, priores, et clerus non fuerant vocati præcise, sed si sua crederent interesse. In quo concilio multa tractata fuerant pro libertatis ecclesiasticæ conservatione et morum reformatione, quæ, quia tunc non poterant terminari, usque ad aliud concilium fuerant prorogata.

Provincial council, 19 Oct.

Hoc anno, circa[1] Adventum Domini, audito rumore quod David miser[2] le Bruys, qui diutinam traxerat moram in partibus Franciæ, rediisset in Scociam cum multitudine armatorum et vellet tenere ibi Natale prope marchiam Angliæ apud Meuros, rex Angliæ, cum comite Derby et aliis paucis armatis, ipsum præveniens tenuit suum Natale ibidem, et per nuncios optulit se paratum pugnare cum Scotis. Sed ipsi, nolentes pugnam exspectare, ultra mare Scoticum latitabant. Rex tamen et sui insequebantur eos et magnas hiemales angustias tolerabant; multasque prædas ceperunt et patriam vastaverunt. Sed quidam ex suis et nostris habuerunt inter se hastiludia ex consensu, licentia regis optenta, in quibus pauci de suis et nostris ceciderunt. Et inita fuit una treuga usque ad festum Pentecostes.

Return of David Bruce to Scotland.

Edward challenges the Scots.

A.D. 1342. Winter campaign in Scotland.

Truce.

Et statim fuit proclamatum unum turnamentum apud Dunstaple die Lunæ ante Quadragesimam tunc futuram. Ad quod turniamentum venit quasi tota juventus armatorum Angliæ, sed alienigenæ nulli, ita quod summa militum galeatorum ad ccl. et amplius ascendebat.

Tournament at Dunstaple.

Postea, in quindena Paschæ, habuit rex hastiludia apud Northamptonam, ubi multi nobiles fuerunt graviter læsi et Johannes de Bello monte occisus.

Tournament at Northampton.

Item, circa[1] festum Ascensionis venit comes Hanoniæ, fra-

The count of Hainault in England.

---

[1] *circa*] contra, N.   [2] *miser*] erased, N.

224

A.D. 1342.
Tournament at Eltham.
ter reginæ Philippæ, in Angliam; propter quem fiebant has- Nero D. x.
tiludia apud Eltham.

Death of Benedict XII., 24 April.
Election of Clement VI.
Item, hoc anno, xiij. die Aprilis, anno Domini millesimo ccc^(mo)xl. secundo, obiit papa Benedictus xii^(us); et vacavit sedes diebus xiij.[1] Cui successit Clemens vi^(us), monachus ordinis sancti Benedicti, magister theologiæ, qui prius fuerat abbas Feskampiæ in Normannia [*continuing as in Murimuth*, p. 124, *to* impedito].

f. 125 b.
Post hæc duo cardinales miserunt regi Angliæ literas delusorias[2] in hac forma :[3]

Cardinals' letter to the king announcing the friendly disposition of the new pope.
"Serenissimo principi domino Edwardo, Dei gratia regi
" Angliæ, illustri amico eorum carissimo, miseratione divina
" Ambaldus, episcopus Tusculanus, et Raymundus, sanctæ
" Mariæ Novæ diaconus, sanctæ Romanæ ecclesiæ cardinales,
" salutem in Eo per quem reges regnant et principes do-
" minantur. Ad regiæ[4] serenitatis notitiam tenore præsen-
" tium deducimus quod, die Martis ante festum Ascensionis
" Dominicæ, vij. die mensis Maii, nullo præcedente tractatu,
" sed sola inspiratione divina, sanctus pater et dominus Cle-
" mens sextus, dudum tituli sanctorum Nerrei et Achillei
" presbyter sanctæ Romanæ ecclesiæ cardinalis, de concordia
" totius collegii fuit ad apicem totius apostolatus assumptus.
" Qui, sciens nos vestræ serenitati stricta amicitia fore con-
" junctos[5] et speciales honoris regii zelatores, nos ad se vo-
" cavit in[6] præsentia reverendorum patrum dominorum Dei
" gratia Gailardi de Mota, sanctæ Luciæ in Silice,[7] et Jo-
" hannis de Columpna, sancti Angeli, diaconorum cardina-
" lium, nobisque dixit quod vestræ serenitati scribere debe-
" remus quod gaudeatis et gaudere debetis de ejus promotione,
" quia de vestro ducatu natus fuit et vobis juramentum alias
" fidelitatis fecit pro ecclesia Rothomagensi, et pro certo vos
" dilexit et diligit et bonam ac honorabilem pacem vobis
" dare disponit. Et ideo nobis[8] mandavit quod vos roga-
" remus vosque induceremus quod ad treugas ad minus pro
" nunc condescenderetis, propter amorem et honorem suum
" et ecclesiæ. Quare nobis[8] videtur quod habeatis lætum[9]
" et sincere gaudere quia pro certo percipimus, et ante ejus

---

[1] *xiij.*] xiij° a°, N.
[2] *delusorias*] derisorias, O.
[3] Printed in Rymer's *Fœdera*, but without the postscript.
[4] *regiæ*] regis, N.
[5] *conjunctos*] commotos, N.
[6] *in*] et in, N.
[7] *Silice*] Cilice, N.
[8] *nobis*] vobis, N.
[9] *lætum*] locum, N.

"promotionem percipiebamus, quod ipse vos diligebat et de
"guerra vestra dolebat et pacem bonam vos habituros et
"vobis proficuam desiderabat; quia, insuper, in præsentia
"collegii dominorum cardinalium suam voluntatem prædic-
"tam declaravit, et se scripturum vobis super prædictis de
"consilio dominorum cardinalium determinavit. Insuper,
"secundum[1] tempora quæ currebant et dispositiones quæ
"eminebant, credimus vestram[2] serenitatem non potuisse pro[3]
"nunc meliorem habere et minus intendentem ad actus par-
"tiales faciendos. Consulimus etiam, et nobis penitus videtur
"expedire, quod statim ad ipsum dominum papam nuncios
"destinetis cum literis gaudii et lætitiæ, ad congaudendum
"sibi et vos eidem et regnum vestrum et justitiam vestram
"recommendandum et de treuga ordinandum sub spe pacis.
"Nec videtur nobis[4] quod in primis suis requisitionibus sibi
"deficere debeatis, sed omnino votis suis condescendere
"Quibus nunciis vestris nos assistere disponimus consilio et
"auxilio ac favoribus opportunis. Nec tardetis per[5] præ-
"sentium portitores, cursores nostros, ad hoc specialiter
"destinatos, prædicto domino nostro papæ et nobis rescribere,
"qui dominus papa in festo Pentecostes proximo futuro, xij.
"die mensis Maii prædicti, coronari disposuit. Valeat vestra
"serenitas per tempora longiora, sicut valere desideramus.
"Datæ Avinione, sub sigillo nostro, die viij. mensis Maii.
    "Super eadem materia et eadem quasi forma scribimus
"alligatis vestris et de mandato ejusdem domini nostri.
"Præterea, serenissime, vobis significamus quod, postquam
"dominus papa in crastinum sermocinationis sermonem fecit
"dominis cardinalibus, et eis regratiatus fuit, et se velle
"pacem mundi et concordiam procurare nec[6] partialem
"se monstrare[7] dixit, quod nunc[8] tenebatur ecclesiæ Ro-
"manæ et dominis cardinalibus. Habuerat enim ab ipsa
"ecclesia tres prioratus per[9] concessionem et consequenter
"duas abbatias,[10] rege Franciæ semper pro alio quam pro
"ipso supplicante; consequenter episcopatum Actravacensem,
"et tamen pro alio supplicabat; consequenter archiepisco-
"patum Senonensem et postea Rothomagensem, et semper

---

[1] *secundum*] sancta, N.
[2] *vestram*] ipsam, N.
[3] *pro*] per, N.
[4] *nobis*] vobis, N.
[5] *tardetis per*] tradetis, N.
[6] *nec*] et, N.
[7] *se monstrare*] demonstrare, N.
[8] *nunc*] nullum, N.
[9] *per*] om. N.
[10] *duas abbatias*] duos abbates, N.

"supplicabat pro alio et non pro ipso; ultimo omnium
"cardinalatum, pro quo supplicatum fuit alternativae causa,[1]
"videlicet ut[2] provideretur de alio. Nunc vero assumptus
"est ad papatum, et, licet rex Franciae scriberet aliquibus
"cardinalibus pro ipso, tamen nulla litera praesentata fuerat.
"Propter quod concludebat quod nunc tenebatur ecclesiae
"Romanae et dominis cardinalibus, et procurare ea quae
"pacis sunt et honoris ecclesiae, et partialitatem omnem
"vitare: quae sunt signa hominis habentis sanctam inten-
"tionem."

Litera directa papae per regem Angliae.[3]

Edward's letter to the pope.

"Papae rex, etc. Pridem, pater sanctissime, ad nos
"rumore praelato de transitu domini papae B[enedicti] XII[mi],
"quem Dominus a praesentis vitae laboribus ad requiem
"evocavit, et nobis languentibus sub exspectatione futuri
"summi pontificis qui possit Petri naviculam feliciter guber-
"nare, supervenerunt nova qualiter divina providentia, quae
"sui dispositione non fallitur, vos universalis ecclesiae specu-
"latorem constituit, successorem apostolorum principis et
"vicarium Jesu Christi, de quo, tam ob gratiosam et festi-
"nam provisionem universalis ecclesiae quam propter per-
"sonam perfectam, cui, sicut communiter praedicatur, semper
"infuit zelus rectitudinis et puritas honestatis, valde gau-
"demus in Domino. Speramus quod, cum constituti sitis
"inter Deum et homines mediator, ac virtutum etiam donis
"sapientiae eminentius abundetis, per semitas justitiae diri-
"getis gregem Dominicum; nec erit apud vos acceptio
"personarum. Sub hac autem benignitatis vestrae fiducia,
"nos et domum nostram regiam et agenda nostra vestrae
"propitiationis manibus votivo recommendamus affectu,[4]
"offerentes pro viribus nos paratos ad ea quae vobis[5] placi-
"tura sciverimus et favorem concernere poterunt ecclesias-
"ticae libertatis. Et, ad intentionem nostram super hoc
"et aliis vestrae clementiae plenius exponendam, solempnes
"nuncios ad sanctitatis vestrae praesentiam disponimus in

---

[1] *causa*] causam, N.
[2] *ut*] vel, N.
[3] A different version from that printed in Rymer's *Fœdera*.
[4] *vestrae . . . . affectu*] supplied from Rymer; N. has only " sed " vestro votivo recom. affectum."
[5] *vobis*] nobis, N.

APPENDIX. 227

Nero D. x. " proximo destinare, qui devotionem et severitatem nostram   A.D. 1342.
" vestræ beatitudini lucentius, si placuerit, explicabunt. Con-
" servet vos Altissimus, etc."[1]

Dominus Walterus de Mauny transfretavit in Britanniam.

Hoc anno dominus Walterus de Mauny, cum lx. armatis et ducentis sagittariis, de licentia regis in Britanniam transfretavit [*continuing as in Murimuth*, p. 125]. Ad quas nuptias venerunt tres fratres Prædicatores, postulantes literas reginæ pro duobus cardinalibus de salvo conductu pro se et c. equitaturis, ad transfretandum in Angliam, ad tractandum in Anglia cum rege de pace vel treuga; quibus rex, habita deliberatione duorum dierum, respondit quod ipse rex voluit parcere ipsorum cardinalium laboribus et expensis ac infra paucos dies in regno Franciæ habere colloquium cum eisdem. *Sir W. Mauny in Brittany. f. 126 b. Cardinals sent to mediate.*

Circa octabas Assumptionis venerunt nautæ et literæ, missæ domino regi per comitem Northamptoniæ et collegas ipsius [*continuing as in Murimuth*, p. 126]; et naves in Angliam pro regis transitu remiserunt. *News from Brittany.*

Postea vero comes Northamptoniæ scripsit domino regi Angliæ [*continuing as in Murimuth*, p. 127] .... ad removendum obsidionem villæ et castri prædictorum, qui die Lunæ in crastino sancti Michaelis illuc venit cum tribus millibus armatorum et mille ducentis[2] Januensium et popularium sine numero æstimato; et, appropinquantibus illis, comes cum suis se traxit versus eos peditando maturo gressu, et elegit sibi locum in quo, Deo adjuvante, pugnavit, et interfecit et captivavit ccc^{tos} armatos ad minus. Ipse vero comes nullam nobilem personam amisit nisi dominum Edwardum de Dispenser. *Defeat of Charles of Blois, 30 Sept. f. 127.*

Et post hanc victoriam recessit dictus comes cum suo exercitu versus Dritanniam. Rex vero Angliæ, cum magno exercitu armatorum et peditum, se traxit versus Sandwicum, exspectans reversionem navium; quod percipiens rex Franciæ misit potentiam suam ad partes omnium portuum et[3] de Calays usque ad marchiam Britanniæ minoris. Et, quia *The king prepares to cross to Brittany.*

---

[1] The letter in the *Fœdera* is dated 22nd May.

[2] *ducentis*] ducentorum, N.
[3] *et*] om. N.

P 2

A.D. 1342. naves Angliæ non venerunt ita cito sicut rex voluit, traxit Nero D. x. moram in Kancia usque ad octabas sancti Michaelis.

De transitu regis Angliæ in Britanniam.

He sets sail, 23 Oct.

Anno Domini millesimo ccc^{mo}xlii°, pontificatus Clementis vi^{ti} anno j°, regni regis E[dwardi] tertii a conquæstu xvj°, circa festum sancti Michaelis, se traxit rex Angliæ de Kancia versus Portesmouthe, ubi die Mercurii proxima post festum sancti Lucæ cum classe cccc^{tarum} navium cœpit navigare, ducens secum sex millia armatorum et xij. millia[1] sagittariorum præter nautas. Et penultimo die Novembris applicuit in Britannia minore prope Brast.

Sed, antequam idem rex intrasset Britanniam [*continuing as in Murimuth*, p. 128]; et misit in Angliam.

Rex vero Angliæ equitavit per totam hiemem terram Britanniæ [*continuing as in Murimuth*, p. 129].

A.D. 1343. A truce arranged by the cardinals, 19 Jan.

Sed, dum hæc agerentur, duo cardinales prædicti, inter duos exercitus equitantes, unam treugam cum difficultate ex parte regis Angliæ procurarunt a xix° die mensis Januarii usque ad festum sancti Michaelis mense Septembris proxime sequens, et ab illo festo usque ad finem triennii sequentis, continue,[2] sub hac forma:

Treugæ procuratæ per cardinales fictæ.

"Universis præsentes literas inspecturis nos, miseratione "divina, Petrus Penestrinus," etc. [*See above*, p. 129.]

f. 129. The English return home.

The king's fleet scattered by storms.

Quibus treugis acceptis, multi de exercitu regis Angliæ per regnum Franciæ pacifice in Angliam redierunt. Rex vero, cum paucis per mare rediens, perpessus fuit horribiles tempestates; adeo quod omnes naves classis suæ ita fuerunt dis-

---

[1] *armatorum et xij. millia*] om. N.
[2] *usque ad .... continue*] supplied from O., which continues:— "Et concordatum est quod dicti reges Angliæ et Franciæ mitterent solempnes nuncios, citra festum Nativitatis beati Johannis baptistæ, ad summum pontificem, ad tractandum coram ipso, non tanquam papa et judice sed quasi privata et coram [amico?]. Et rex Angliæ misit ex parte sua Johannem episcopum Exoniensem, Henricum comitem de Derby, Hugonem Despenser, Radulphum de Stafford, magistrum Willelmum de Norwyco, magistrum Andream de Offorde, Willelmum Trussell militem, nuncios et procuratores;" omitting the text of the treaty.

APPENDIX.

Nero D. x. persæ quod invicem se videre non poterant nec juvare, sed se fortunæ pelagi committentes ad portus varios Angliæ devenerunt. Duchissa Britanniæ cum filio suo et filia applicuerunt in Devonia. Dominus Petrus de Veel et dominus Henricus filius suus et dominus Johannes de Rayne, milites, cum tota nave sua sunt submersi. Rex vero, post multa vota peregrinationum et aliorum operum pietatis, applicuit apud Weymouthe; et iij° nonas Marcii venit Londonias ad reginam; et die tertio postea incepit peregrinationes suas ad Cantuariam peditando, et ad alia pia loca cum mediocri familia equitando. *A.D. 1343. The king lands at Weymouth.*

Postea, in quindena Paschæ, tenuit parliamentum apud Westmonasterium; in quo parliamento fecit filium suum primogenitum principem Walliæ [*continuing as in Murimuth,* p. 136]. *Parliament.*

De commissione ambassatorum.

" Universis præsentes, etc. Edwardus, Dei gratia, etc. " Noveritis quod cum ob reverentiam," etc. [*See above,* p. 136.] *Commission to envoys to Rome.*

Item in eodem parliamento [*continuing as in Murimuth,* p. 138].

Litera destinata domino papæ par assensum magnatum Angliæ.

" A tres seintisme piere en Dieux, sire Clement, par " divine purveaunce, etc., les seons fitz humblez," etc. [*See above,* p. 138.]

Litera destinata domino papæ per illustrissimum Edwardum, regem Angliæ et Franciæ.

" Sanctissimo in Christo domino Clementi, etc. Ed- " wardus, etc. Pensata sedis," etc. [*See above,* p. 143.]

Ad quas quidem literas domino papæ deferendas fuit destinatus dominus Johannes de Sordych, miles sapiens et juris professor, qui, eodem die quo venit Avenionem, post prandium intravit in cameram domini papæ et prædictas literas[1] *f. 131 b. The letters presented to the pope by sir John of Shoreditch.*

---

[1] *prædictas literas*] prædictis literis, N.

A.D. 1343. eidem præsentavit¹ ex parte domini regis et magnatum regni Nero D. x. Angliæ.' Et dominus papa, præsciens causas adventus sui ad curiam, vocavit omnes cardinales et includebat eos in cameram suam privatam, ipso exsistente in² camera majori. Deinde, facta reverentia, ipse solus introductus fuit in cameram privatam, ubi papa posuit se in cathedra, assistentibus omnibus cardinalibus, in quorum præsentia dominus Johannes literas suas præsentavit; et, eo remoto de privata camera, papa fecit legi dictas literas; et, eis visis et lectis, iterum fuit introductus in cameram. Tunc audivit multa aspera et dura verba, et inter cetera papa dixit quod ipse non providebat extraneis personis de aliquibus beneficiis vacantibus, nisi de duobus. Et dictus dominus Johannes, in præsentia omnium cardinalium, respondit: "Pater sancte, pro-

f. 132. "vidistis de decanatu Eboracensi domino Petragoricensi,³ "quem rex et omnes proceres regni Angliæ reputant capita- "lem inimicum regis et regni." Finaliter dominus papa dixit: "Bene scimus quis fecit et dictavit istas literas, et "scimus quod tu non fecisti eas; et⁴ est unus qui pungit "nos, et nos puniemus eum. Scimus omnia!" Adjecit quod unus miles dicebat verba famosa de persona sua et Romana ecclesia, de quo papa monstravit se nimis offensum;⁵ et dixit quod scriberet regi et communitati responsionem super contentis in literis antedictis. Cardinales vero, his auditis, de palatio recesserunt, quasi commoti et desolati. Ac idem dominus Johannes, capta domini papæ licentia, exivit similiter a camera, et absque mora aliqua festinavit se ab Avinione, ne forte invite sustineret impedimentum; et sic se vertit⁶ versus Burdegalim, alia negotia domini regis expediturus.

Tournament at Smithfield. Et statim post, circa festum Nativitatis beati Johannis baptistæ, ad proclamationem domini Roberti de Morlee, fuerunt facta hastiludia pulcherrima juxta Londonias apud Smythefeld, ita quod papa cum xij. cardinalibus suis, qui omnes consimili modo erant vestiti, fovebant partem interiorem, deliberantes universaliter de tribus cursibus, contra⁷ quoscumque equitare volentes; in quibus ex parte exteriori equitabant princeps Walliæ, comites, barones, et milites infiniti

---

¹ *præsentavit*] præsentand., N.
² *in*] om. N.
³ *Petragoricensi*] Petro Gorocensi, N. O.
⁴ *Bene .... eas et*] om. O.
⁵ *Scimus omnia .... offensum*] om. O.
⁶ *vertit*] divertens, N.
⁷ *contra*] om. N.

insuper et armigeri, per triduum continuantes, absque malum seu et molestiam cuiquam faciendo.[1]

De solempnitate facta apud Wyndelsore per illustrissimum regem Edwardum, regem Angliæ et Franciæ, in die sancti Georgii martyris.

Anno Domini millesimo ccc^{mo}xliii°, pontificatus papæ vero Clementis sexti anno secundo, et regni regis Edwardi tertii a conquæstu xvij., incipiendo semper et finiendo ad festum sancti Michaelis, a quo quidem festo usque ad festum Purificationis beatæ Mariæ non fuerunt aliqua facta fama seu relatione multum digna, sed[2] Dominica proxima post festum Purificationis beatæ Mariæ, apud Wyndeshore, fecit dominus rex maximam solempnitatem et convivium grande; cui fecit convenire filium suum primogenitum, principem Walliæ, comites, barones, et milites, et alios regni nobiles quam plures. Fuerunt etiam ibidem domina regina Philippa, cum liberis suis, domina regina mater, domina Isabella, comitissæ, baronissæ, necnon dominæ et domicellæ, cum cetero populo inenarrabili, super tanta solempnitate gavisuro. Sicque inter epulas pretiosas affuerunt et potus delicatissimi abundantes ad cujuscumque satietatem. Inter dominos et dominas non defuerunt tripudia, amplexus ad invicem commiscentes et oscula. Inter milites exercebantur hastiludia per triduum continuata; ab histrionibus summa fit melodia, lætaque diversa; his dantur mutatoria; his abundabant donaria; hi auri et argenti ditabantur copia. Quæ quidem solempnitas duravit diebus Dominica,[3] Lunæ, Martis, et Mercurii; quo die ad noctem, post finem hastiludiorum, fecit dominus rex proclamari, ne aliquis dominus aut domina recedere præsumerent, sed per mane exspectarent, voluntatem domini regis scituri. Quo mane, hoc est, die Jovis, superveniente, circa horam primam fecit se dominus rex solempniter parari vestibus regalibus et solempnibus; sed superius habuit indutum unum mantellum de felveto pretiosissimum, et coronam regiam in capite positam. Regina similiter nobilissime fuit adornata; comites, barones, ac ceteri domini et dominæ, cum omni decentia qua potue-

---

[1] O. finishes the year with the following entry: "Hoc anno, viij° die Aprilis, obiit Margareta comitissa Gloucestriæ et Cornubiæ."

[2] *a quo . . . . sed*] om. O.

[3] *Dominica*] Dominicæ, N.

runt, juxta præceptum domini regis, cum eodem apud capellam in castello de Wyndelsore progressuri et missam audituri se paraverunt.[1] Qua celebrata, exivit dominus rex a capella, quem præibant dominus Henricus comes Derby, tanquam seneschallus Angliæ, et dominus Willelmus comes Sarisburiæ, tanquam mareschallus Angliæ, utroque colore officii sui virgam in manu gestante; et ipso domino rege sceptrum regale in manu tenente. Sequebantur etiam domina regina juvenis, et domina regina mater, princeps Walliæ, comites, barones, milites, et proceres, cum dominabus et omni populo, hujusmodi spectaculum visuri insolitum, usque ad locum stationi dispositum. In quo loco idem dominus rex et omnes alii insimul steterunt, et, oblato libro, dominus rex, tactis sacrosanctis, corporale præstitit juramentum quod ipse ad certum tempus ad hoc limitatum, dummodo sibi facultas arrideat, mensam rotundam inciperet, eodem modo et statu quo eam dimisit dominus Arthurus quondam rex Angliæ, scilicet ad numerum trecentorum militum, et [2] eam foveret et manuteneret pro viribus, numerum semper inaugendo. Ad quod quidem observandum, sustinendum, et promovendum in omnibus suis appendiciis, comites Derby, Sarisburiæ, Warewykiæ, Arundelliæ, Penbrokiæ, et Suffolkiæ, ac alii barones et milites quam plures, quos probitas et fama promovit laude fore dignos, consimile fecerunt[3] juramentum. Quo facto, sonantibus tubis et nachariis universaliter, convivæ properabant ad comestum; qui quidem comestus fuit completus cum cibariorum opulentia, ferculorum varietate, potuum affluente copiositate: gaudium fuit ineffabile, solatium inæstimabile, jocunditas sine murmuratione, hilaritas absque anxietate. Ultimis itaque primis[4] respondentibus, terminatum est regale convivium, ut quinto die post prandium unusquisque ad propria remearet.[5] Post hoc vero, in octavo die, unde dolendum est non minimum, dominus Willelmus de Monte acuto, Sarisburiæ comes, in hastiludiis prædictis frustratus, mortem subiit naturalem.

Post hoc vero, in quindena Purificationis beatæ Mariæ, tenuit rex concilium Londoniis, et, habita provida delibera-

---

[1] *se paraverunt*] om. N.
[2] *et*] om. N.
[3] *fecerunt*] facere, N.; facerent, O.
[4] *primis*] om. N.
[5] The account of this festival is shorter in O.

Nero D. x. tione super querelis communitatis alias sibi factis, incepit A.D. 1344.
bono modo procedere contra provisores papales, districte
præcipiendo cancellario quatinus ipse ordinaret brevia dirigenda archiepiscopis et episcopis, abbatibus et prioribus et
omnibus ecclesiæ prælatis, procuratoribus etiam et notariis,
necnon domino principi Walliæ ac ceteris regni proceribus,
similiter vicecomitibus et portuum custodibus, contra provisores domini papæ, tam indigenas quam alienigenas, ne quis
eos reciperet seu recipi permitteret, acta eorum scriberet,
statum eorum seu negocia promoveret, sed eosdem impediret, caperet, et in salvo custodiret, voluntatem domini regis
exspectaturos quid de eis facere placuerit.

*Breve illustrissimi regis Angliæ et Franciæ universis viris eccle-
siasticis, contra provisores domini papæ.*

"Edwardus, Dei gratia, etc. archiepiscopis, etc. Cum ex
"relatu plurium," etc. [*See above*, p. 153.]

Proclama-
tion against
provisors.

Litera destinata filio suo primogenito, principi Walliæ.

"Rex dilecto et fideli suo, Edwardo, principi Walliæ, duci f. 138.
"Cornubiæ et comiti Cestriæ, filio nostro carissimo, salutem.
"Cum nuper in parliamento celebris memoriæ domini E[d-
"wardi], quondam regis Angliæ, avi nostri, anno regni sui
"tricesimo quinto, tempore domini Clementis, divina provi-
"dentia sacrosanctæ ac universalis ecclesiæ tunc summi
"pontificis—audita petitione coram ipso domino nostro in
"concilio suo ibidem per communitatem regni sui exhibita,
"continente quod, cum sacra ecclesia in statu prælaciæ in
"regno Angliæ per ipsum avum nostrum et progenitores
"suos, comites, barones, et eorum antecessores fuisset fun-
"data, pro catholicæ fidei informatione sibi et populo suo
"facienda, et[1] orationibus, elemosinis, et hospitalitatibus in
"locis ubi ecclesiæ[2] fundatæ fuerunt pro[3] ipsorum funda-
"torum et eorum heredum et omnium fidelium defunctorum

Mandate to
the prince of
Wales.

---

[1] *et*] in, N. Corrected here and generally in other places by the text of a similar document printed in Rymer's *Fœdera*, under date of 30 Jan. 1344.
[2] *ecclesiæ*] om. N.
[3] *pro*] per, N.

"animabus faciendis; quodque certæ[1] possessiones, tam in feodis et terris quam in advocationibus, quæ ad maximum valorem attingunt, per dictos fundatores prælatis dicti regni, pro oneribus[2] illis sustinendis, fuissent assignatæ, et de possessionibus maxime archiepiscopis, episcopis, abbatibus, prioribus, et aliis domibus religiosis per ipsum avum nostrum et progenitores suos, comites, barones, et alios proceres dicti regni assignatis, idem avus noster comites, barones, et ceteri proceres dicti regni, tanquam domini et advocati, tempore vacationum, habuissent et habere debuissent hujusmodi vacationum custodias præbendarum,[3] ecclesiarum et aliarum dignitatum quarumcumque de advocatione prælatorum prædictorum exsistentium, præsentationes et collationes; ac dictus avus noster et progenitores sui semper hactenus maximam partem concilii sui[4] de dictis prælatis suis et ceteris indigenis ad hujusmodi beneficia promotis, quod sibi pro salvatione regni sui prædicti fore conveniens videbatur, habere consueverunt; prædictus summus pontifex, donationem hujusmodi possessionum et beneficiorum sibi appropriando per provisiones suas, hujusmodi dignitates, præbendas et ecclesias alienigenis qui nunquam in dicto regno morabantur, ac etiam cardinalibus qui in eodem regno morari non potuerunt, et aliis, tam alienigenis quam indigenis, ac si ipse patronus[5] et advocatus fuisset, cum de jure non exstitisset, dederit et concesserit et præsentaverit; per quæ utique, si[6] tolerarentur, vix aliquod beneficium infra modici temporis spatium remaneret, quin omnia beneficia ad donationem hujusmodi prælatorum spectantia per[7] provisiones hujusmodi in manibus[8] essent alienigenarum et indigenarum, contra piam voluntatem fundatorum eorundem; sicque electiones archiepiscoporum, episcoporum, et aliorum religiosorum hujusmodi deessent; orationes, hospitalitates, et elemosinæ, quæ in locis prædictis fieri deberent, subtraherentur; idem avus noster et alii laici patroni hujusmodi vacationum temporibus præsentationes et[9] collationes

---

[1] *certæ*] ceteræ, N.
[2] *oneribus*] omnibus, N.
[3] *præbendarum*] et pr., N.
[4] *sui*] om. N.
[5] *patronus*] patronatus, N.
[6] *si*] se, N.
[7] *per*] om. N.
[8] *in manibus*] om. N.
[9] *et*] om. N.

"suas amitterent; dictum concilium deperiret; bona innumerabilia extra dictum regnum asportarentur, in sacræ ecclesiæ Anglicanæ status adnullationem, necnon dicti avi nostri et coronæ suæ ac aliorum procerum dicti regni exheredationem, et in offensionem et destructionem legum et jurium ejusdem regni, et prædicti populi maximum dampnum et depressionem, et totius regni prædicti status subversionem, ac contra priorum fundatorum voluntatem et dispositionem—de assensu comitum, baronum, procerum, et dictæ communitatis, præmissis erroribus et dispendiis intime consideratis, in pleno parliamento prædicto provisum, concordatum, ordinatum, decretum, et consideratum fuisset, quod gravamina, oppressiones, et cetera dispendia supradicta in dicto regno extunc fieri non permitterentur quovismodo; et super hoc omnibus quorum tunc interfuit, ex parte dicti avi nostri, per brevia sua prohibitum fuisset, ne quicquam quod in ipsius regiæ dignitatis læsionem aut procerum seu populi sui præjudicium cedere posset attemptarent, seu facerent aliqualiter attemptari: et insuper singulis vicecomitibus dicti regni per hujusmodi brevia exstitit demandatum quod, si quos per inquisitiones inde faciendas contrarium fecisse inveniri contigerit, tunc eos per eorum corpora caperent, et salvo et secure coram ipso avo nostro ad certum diem, tam dicto avo nostro quam aliis versus eos conqueri volentibus, ducerent[1] responsuros, facturos et recepturos quod curia sua consideraret in præmissis; Ac jam, in ultimo parliamento nostro apud Westmonasterium tento, in quindena Paschæ proxima præterita, ad prosecutionem[2] communitatis dicti regni, per petitionem suam coram nobis et concilio nostro exhibitam nobis suggerentis errores, dispendia, et gravamina, in scandalum, dedecus et depressionem totius ecclesiæ Anglicanæ prædictæ, ac[3] exheredationem nostram et coronæ nostræ et aliorum procerum dicti regni, et offensionem et destructionem legum et jurium regni ejusdem, et populi nostri dampnum gravissimum, et status totius regni prædicti subversionem, ac contra Dei voluntatem et ipsorum fundatorum beneficiorum piam dispositionem, ac contra provisionem, ordinationem, concordiam, decretum,

---

[1] *ducerent*] ducerentur, N., and in Rymer.
[2] *prosec.*] persec., N.
[3] *ac*] ad, N.

"et considerationem prædictas,[1] per provisiones et reservationes beneficiorum hujusmodi per sedem apostolicam factas, multotiens evenisse; et nobis supplicantis ut eidem ecclesiæ Anglicanæ ac nostræ,[2] comitum, baronum, procerum, et aliorum, et communitatis dicti regni nostri indempnitati et exheredationi[3] prospicere vellemus[4] in hac parte; per nos, comites, barones, proceres, et dictam communitatem provisum, ordinatum, decretum, et consideratum et tam infra libertatem Quinque Portuum nostrorum quam alibi per costeram maris totius regni nostri Angliæ et alios comitatus regni prædicti publice proclamatum, et ex parte nostra firmiter inhibitum[5] fuisset, ne quis, cujuscumque status seu conditionis esset, sive fuerit indigena sive alienigena, literas, bullas, processus, reservationes hujusmodi beneficiorum, instrumenta, seu aliqua alia nobis et populo nostro præjudicialia, infra idem regnum nostrum Angliæ, sub gravi forisfactura nostra, deferret, archiepiscopis, episcopis, abbatibus, prioribus, comitibus, baronibus, seu aliquibus aliis infra idem regnum nostrum liberanda;[6] et quod nullus, sub forisfactura nostra prædicta, recipere præsumeret, nec[7] quicquam aliud quod in nostri seu populi nostri præjudicium vel jurium[8] coronæ nostræ, aut provisionum,[9] ordinationum, concordiarum, decretorum, et[10] considerationum, prædictorum læsionem cedere posset, facerent seu fieri procurarent quoquomodo; et quod insuper diligens scrutinium in locis, ubi necesse esset, infra idem regnum nostrum, super omnes et singulos infra dictum regnum nostrum Angliæ venientes fieret; et omnes illi[11] quos hujusmodi literas, bullas, processus, instrumenta, seu aliqua alia nobis et populo nostro præjudicialia deferentes contigerit inveniri,[12] statim per eorum corpora attachiarentur, et in prisonis vestris salvo custodirentur, donec aliud inde præcepissemus; et literæ et bullæ, processus, instrumenta prædicta, et reservationes ab ipsis

---

[1] *prædictas*] prædictam, N.
[2] *nostræ*] nostri, N.
[3] *exheredationi*] exheredationem, N.
[4] *vellemus*] volumus, N.
[5] *et tam infra . . . . inhibitum*] om. N.
[6] *liberanda*] liberandum, N.
[7] *nec*] in, N.
[8] *jurium*] injurium, N.
[9] *provisionum, etc.*] provisionem, etc., N.
[10] *et*] om. N.
[11] *illi*] illos, N.
[12] *deferentes . . . . inveniri*] om. N.

Nero D. x. " caperentur et in cancellariam nostram de tempore in A.D. 1344.
" tempus mitterentur; et nos de nominibus illorum sic
" arestandorum, et aliorum quos in contrarium in præmissis
" constare posset fecisse,[1] in dictam cancellariam nostram
" de tempore in tempus redderemur certiores: Nos, volentes
" dictas provisiones, ordinationes, concordias, decreta, et con-
" siderationes, tam infra principatum vestrum Walliæ quam
" in comitatu vestro Cestriæ et alibi in dominiis vestris,
" firmiter et inviolabiliter teneri et observari, impugnatores f. 134.
" eorundem, juxta suorum demerita et vim et effectum earun-
" dem provisionum, ordinationum, concordiarum, decretorum,
" et considerationum,[2] castigare et punire vobis manda-
" mus, firmiter injungentes quod, factis diligentibus procla-
" mationibus et[3] inhibitionibus infra dominia vestra prædicta,
" in locis ubi decet, quod nullus, cujuscumque status seu
" conditionis fuerit, sive indigena sive alienigena, hujusmodi
" literas, bullas, processus, reservationes, et instrumenta, no-
" bis et populo nostro præjudicialia, infra dominia vestra
" prædicta deferat, sub pœna prædicta, archiepiscopis, epi-
" scopis, abbatibus, prioribus, comitibus, baronibus, militibus,
" seu aliquibus aliis ibidem liberanda; et quod nullus[4] sub
" forisfactura prædicta[5] ea recipere præsumat; et omnes illos
" quos[6] hujusmodi literas, bullas, et talia hujusmodi, nobis
" et[7] populo nostro præjudicialia, postmodum infra dictum
" regnum Angliæ deferre, et ea alicui infra dominia vestra
" liberare, seu admittere, et virtute eorundem beneficia aliqua
" recipere, seu aliquos in hujusmodi beneficiis, occasione præ-
" dicta, inducere contigerit inveniri; ac etiam illos qui
" hujusmodi literas, bullas, [etc.] nobis et populo nostro præ-
" judicialia, post dictum parliamentum nostrum et contra
" proclamationem et inhibitionem, infra regnum Angliæ extra
" dominium vestrum factas, ac provisiones, ordinationes, con-
" cordias, et decreta, et considerationes, infra dominia vestra
" detulerint, et virtute eorundem beneficia aliqua admiserint,
" seu in hujusmodi beneficiis, aliquarum hujusmodi provisi-
" onum virtute, se posuerint,[8] seu ad eadem[9] admissi fue-

---

[1] *fecisse*] fecisset, N.
[2] *considerationum*] considerationem, N.
[3] *et*] om. N.
[4] *nullus*] om. N.
[5] *forisfactura prædicta*] forisfacturam prædictam, N.
[6] *quos*] om. N.
[7] *et*] om. N.
[8] *posuerint*] posuerunt, N.
[9] *eadem*] eandem, N.

A.D. 1344. "rint;[1] ac etiam illos qui virtute bullarum, literarum, re- Nero D. x.
"servationum, et provisionum, appellationes, citationes, vel
"processus aliquos versus patronos seu eorum patronorum
"præsentatos vel alios quoscumque in quibuscumque curiis
"facere, vel prosequi, aut fieri, vel procurari, aut aliud quod-
"cumque,[2] quod in nostri seu dictorum comitum, baronum,
"procerum, patronorum, vel dictæ communitatis, aut provi-
"visionum, concordiarum, ordinationum, vel considerationum
"prædictarum læsionem cedere posset, facere præsumpserint,[3]
"factis in dictis dominiis vestris diligentibus scrutiniis, ha-
"bitisque inde, viis et modis quibus poteris, quotiens ne-
"cesse fuerit, informationibus plenioribus, ubicumque eos in-
"veniri contigerit infra dominia vestra prædicta, per eorum
"corpora capi et arestari faciatis, et eos, una cum literis,
"bullis, instrumentis, et hujusmodi, secum vel alibi infra
"dominia vestra prædicta inventis, coram vobis et concilio
"vestro, statim cum eos capi et arestari contigerit, salvo et
"secure de tempore in tempus duci faciatis, justitiam super
"hoc recepturos; taliter vos habentes in executione præsentis
"mandati nostri et conservatione provisionum, ordinationum,
"concordiarum, et decretorum, et considerationum[4] prædic-
"torum, infra dominia vestra prædicta facienda, ne in vestri
"defectum querela inde ad nos proveniat iterata, per quod
"ad vos[5] et dicta dominia vestra, per vestram inobedientiam
"et mandatorum nostrorum contemptum, cum rigore quo
"possimus, materiam habeamus capiendi. Teste me ipso
"apud Westmonasterium, xxx. die Januarii,[6] anno regni nos-
"tri Angliæ decimo octavo, regni vero nostri Franciæ
"quinto."

Precipes to sheriffs.

"Rex vicecomiti de B. salutem. Cum nuper—ad
"prosecutionem[7] nonnullorum fidelium nostrorum, sugge-
"rentium quam plures provisores, tam alienigenas quam
"indigenas, de curia Romana, et eorum procuratores,
"prætextu gratiarum eisdem provisoribus ad eandem curiam

---

[1] *fuerint*] fuerunt, N.

[2] *quodcumque*] quandocumque, N.

[3] *præsumpserint*] præsumpserit, N.

[4] *considerationum*] consideratio nem, N.

[5] *vos*] nos, N.

[6] *Januarii*] Februarii, N. See the date of the document in Rymer.

[7] *prosecutionem*]persecutionem,N.

Nero D.x. " factarum, nos et jus nostrum regium ac jura comitum, A.D. 1344.
" baronum, procerum, et communitatis regni nostri Angliæ
" prædicti impugnasse, et, pro viribus adnullare machi-
" nantes,¹ bullas suas inde et alias literas et monitiones ad
" executiones in hac parte faciendas quam pluribus de regno
" nostro² liberasse, et quam plures processus et alia nobis
" et coronæ nostræ dictisque comitibus, baronibus, proceribus,
" et communitati prædictis præjudicialia, liberari fecisse,
" in nostri contemptum et præjudicium, nostrique et ³
" coronæ nostræ prædictorumque comitum, baronum,
" procerum, et communitatis prædictorum exheredationem,
" et status ecclesiæ depressionem manifestam, et contra
" Dei voluntatem ac piam dispositionem fundatorum
" beneficiorum eorundem, et contra formam provisionum,
" ordinationum, concordiarum, decretorum, et considera-
" tionum, tam tempore celebris memoriæ domini E[dwardi] f. 131 b.
" quondam regis Angliæ, avi nostri, in parliamento suo
" apud Karleolum, quam in ultimo parliamento nostro apud
" Westmonasterium, tentis, factarum, fecisse; et nobis
" supplicantium et dictæ Anglicanæ ecclesiæ ac nostri et
" coronæ nostræ et populi regni nostri jura, prout
" vinculo juramenti astringimur, illæsa observare, et im-
" pugnatores eorundem juxta suorum demerita ac formam
" provisionum, ordinationum, concordiarum, decretorum, et
" considerationum prædictorum, punire et castigare vellemus,
" ut decet—per diversa brevia nostra, singulis vicecomitibus
" per costeram maris totius regni nostri Angliæ et aliis
" decreta, proclamatum fuisset et etiam per eosdem ibidem
" inhibitum, ne quis, cujuscumque status seu conditionis esset,
" sub gravi forisfactura nostra, infra regnum nostrum
" Angliæ prædictum, literas, bullas, processus, reservationes
" beneficiorum, instrumenta, seu aliqua alia nobis et coronæ
" nostræ, comitibus, baronibus, proceribus, et communitati
" prædictis præjudicialia, deferret, archiepiscopis, episcopis,
" abbatibus, prioribus, comitibus, baronibus, et ceteris
" aliis infra idem regnum Angliæ liberanda; et quod
" nullus, sub forisfactura nostra, ea recipere præsumeret
" quovismodo; ac jam intelleximus quod A. de B.
" prædictam proclamationem, inhibitionem, provisiones,

---

¹ *machinantes*] machinasse, N.   ³ *et*] om. N.
² *nostro*] suo, N.

"ordinationes, concordias, decreta, et considerationes
minime ponderans[1] in hac parte, virtute cujusdam provisionis sibi per prioratum de S. ad curiam Romanam
factæ, se in ecclesiam de Tonnestona, de prioratu W. de
K. laici patroni[2] exsistentem, vi et armis intrusit, ac
etiam sic detinet occupatam, in nostri contemptum et
præjudicium, ac contra proclamationem, inhibitionem, provisiones, ordinationes, etc.: nolentes præfatum Willelmum,
qui præmissa sic contemptuose in nostri dedecus perpetravit sub dissimulatione aliqua ..... qui eum juxta juris
exigentiam et demerita ac formam provisionum, ordinationum, etc., punire faciemus, justitia exigente, tibi præcipimus. firmiter injungentes, quod præfatum A. ac procuratores suos in hac parte, ubicumque ipsos in balliva
tua inveniri contigerit, insequi, arestari, et capi facias,
et ipsos coram nobis et concilio nostro statim, cum eos
capi et[3] arestari contigerit, ducas, nobis sub præmissis
responsuros, facturos et recepturos quod per nos et concilium
nostrum de eis ibidem tunc contigerit ordinari. Taliter
te habeas in executione præsentis mandati nostri, ne ad
te, tanquam nostrorum et regni nostri inimicorum fau-
torem, materiam[4] habeamus cum rigore capiendi. Teste
me ipso," etc.

Litera illustrissimi regis Edwardi.

"Edwardus, Dei gratia rex Angliæ et Franciæ et dominus
Hiberniæ, vicecomiti Somerset salutem. Præcipimus tibi,
firmiter injungentes, quod in singulis locis, tam per costeram maris quam alibi in balliva tua, tam infra libertates
quam extra, publice proclamari et ex parte nostra firmiter
inhiberi facias, ne quis, cujuscumque status seu conditionis fuerit, sub gravi forisfactura nostra, infra regnum
nostrum Angliæ deferat literas, bullas, processus et hujusmodi, nobis et populo nostro præjudicialia, seu quicquam
aliud quod[5] in læsionem coronæ nostræ et dignitatis nostræ,
seu dicti populi nostri præjudicium, cedere valeat, archiepiscopis, episcopis, abbatibus, prioribus, comitibus, baro-

---

[1] *ponderans*] ponderantes, N.
[2] *patroni*] patronis, N.
[3] *et*] om. N.
[4] *materiam*] om. N.
[5] *quod*] om. N.

Nero D. x. "nibus, seu aliquibus aliis, sive fuerint indigenæ sive A.D.1344.
"alienigenæ, in eodem regno nostro Angliæ liberanda; et
"quod nullus ea aliquo modo, sine mandato nostro speciali,[1]
"sub forisfactura nostra prædicta, recipere præsumat. Et
"insuper diligens scrutinium inde in locis in prædicta balliva
"tua, ubi expedire videris, super omnibus et singulis infra
"idem regnum nostrum Angliæ venientibus, facias; et omnes
"illos quos,[2] contra proclamationes prædictas, literas, bullas,
"processus et hujusmodi, in[3] nostri seu dicti populi nostri
"præjudicium, deferentes inveneris, ea ab ipsis capias, et
"corpora hujusmodi deferentium capi et arestari et in pri-
"sonis nostris salvo custodiri facias, donec inde aliud
"præceperimus; et nos tam de literis, bullis, et processibus
"et ceteris aliis prædictis, quam de nominibus eorum, quos
"præmissa occasione pro parte capi seu arestari contigerit,
"et aliorum de quibus constare poterit in contrarium in
"præmissis fecisse, in cancellaria nostra sub sigillo tuo de
"tempore in tempus distincte et aperte, sine dilatione,
"reddas certiores. Teste me ipso apud Westmonasterium,"
etc.

"Rex vicecomiti de A. salutem. Præcipimus tibi quod f. 135.
"attachies H. de L., ita quod eum habeas coram justiciariis
"nostris apud Westmonasterium, a die Paschæ in xv. dies,
"ad respondendum nobis quare—cum in parliamento nostro,
"apud Westmonasterium ultimo tento, de communi consilio
"regni nostri Angliæ ordinatum fuisset, consideratum, et
"decretum, quod nullus, cujuscumque status fuerit, alieni-
"gena sive indigena, literas, bullas, processus, reservationes,
"instrumenta, seu aliqua alia, nobis seu populo nostro præju-
"dicialia, de dignitatibus, præbendis, et aliis beneficiis eccle-
"siasticis, infra idem regnum nostrum Angliæ optinendis, a
"curia Romana deferret, seu ea archiepiscopis, episcopis, seu
"aliis personis ecclesiasticis, cujuscumque status fuerint vel dig-
"nitatis, seu quibusvis aliis personis liberaret[4] exsequenda, nec
"aliquod hujusmodi beneficium, hujusmodi provisionibus et aliis
"in dicta curia impetratis, quoquomodo sibi assumeret acceptan-
"dum vel admittendum, sub gravi forisfactura omnium quæ
"nobis forisfacere posset, et nos præmissa in singulis comitati-
"bus dicti regni nostri, tam infra libertates quam extra, publice

[1] *speciali*] speciale, N.
[2] *quos*] om. N.
[3] *in*] quod in, N.
[4] *liberaret*] om. N.

"fecerimus proclamari—idem H., prætextu quarundam bulla-
"rum sibi a curia Romana de beneficio ecclesiastico infra
"idem regnum nostrum optinendo post dictum parliamentum
"nostrum factarum, ecclesiam[1] de L. vi et armis est in-
"gressus, ut dicitur, et eam taliter detinet occupatam, in
"nostri et coronæ nostræ præjudicium, et contra ordina-
"tionem, considerationem, decreta, et proclamationem præ-
"dictas, et contra pacem nostram. Et habeas hoc breve.
"Teste me ipso apud Westmonasterium, xv. die Martii, anno
"regni nostri Angliæ decimo octavo, regni vero nostri
"Franciæ quinto."

New coinage.

Circa idem tempus ordinavit rex primo florenos aureos pro moneta ad currendum in Anglia; quod parum duravit, quia parum profuit.

Parliament.

Anno Domini millesimo ccc^{mo}xliiii.,[2] pontificatus vero domini papæ Clementis sexti anno tertio, et Edwardi regis Angliæ tertii a conquæstu xviij°, post festum Trinitatis, rex habuit parliamentum suum Londoniis, in quo petiit a clero decimam, et decimam-quintam a populo, super quo non fuit minima altercatio; tandem tamen rex optinuit per unum annum.

Convocation.

Eodem tempore archiepiscopus habuit convocationem totius cleri apud Sanctum Paulum Londoniis, in qua tractabantur plura super honestate clericorum, quæ raro observantur.

New coinage.

Circa festum Assumptionis beatæ Mariæ, dominus rex ad utilitatem regni sui prohibuit antiquam monetam florenorum, et ordinavit novam, scilicet majorem florenum de dimidia marca, minorem de iij. solidis iiij. denariis, et minimum de xx. denariis; et vocantur nobiles, et digne, quia nobiles sunt, pulchri et puri.

Luis de la Cerda created prince of the Fortunate Isles.

Eodem anno, xvij. die Novembris, dominus papa, Avinione, creavit unum novum principem, qui fuit ambassiator domini Philippi de Valoys destinatus domino papæ, et nominatus dominus Ludowicus de Hispania, miles et soldarius prædicti domini Philippi; quem idem papa in ipsius creatione vocavit principem Insularum Fortunatarum. Quare[3] seu ad quem effectum hujusmodi fit[4] creatio, nescitur adhuc,

---

[1] *ecclesiam*] ecclesiarum, N.

[2] O. does not begin the new year until the paragraph: "Eodem anno, xvij. die Novembris," etc.

[3] *quare*] quarum, N.

[4] *fit*] facta fuit, O.

Nero D. x. scietur autem postea; utinam ad honorem Anglicorum, quorum amorem vel prosperitatem idem dominus papa, ut creditur, intime non affectat! A.D. 1344.

Item, circa principium Quadragesimæ, destinavit dominus papa in Angliam duos legatos, scilicet unum archiepiscopum et alterum[1] episcopum, quibus dominus rex obviavit apud Ospryng in Kancia; et ne diutinam in Anglia caperent perendinationem, festinam eis dedit responsionem et licentiam redeundi, sine effectu. A.D. 1345. Papal envoys arrive in England.

Anno Domini millesimo ccc^{mo}xlv.,[2] pontificatus vero domini papæ Clementis sexti anno quarto, et regni regis Edwardi tertii a conquæstu xix°, dux Britanniæ, qui fraudulenter per Philippum de Valoys fuit detentus incarceratus, evasit de Francia, et venit in Angliam statim post Pascha. Et circa idem tempus ordinavit dominus rex escambium monetæ apud Londonias, apud Cantuariam, et apud Eboracum, ad utilitatem regni sui permaximam. Escape of the duke of Brittany into England.

Circa festum Nativitatis beati Johannis baptistæ Henricus comes Derbyæ, et comes Penbrokiæ, et Radulphus baro de Stafford, Walterus de Mauny, et Johannes Grey de Codenore, cum grandi comitatu armatorum et archeriorum, transfretaverunt versus Vasconiam. Quibus ibidem, mediante gratia divina, prospere applicatis, attraxerunt sibi dominum de la Brete et alios dominos illius terræ quam plures, cum cetero populo innumerabili, illos saltem qui fidem debebant regi Angliæ. Qui, dispositis universis ad guerram necessariis, procedebant contra Gallos cum vi armata. Quibus in eisdem partibus non moram sed laborem trahentibus per unum annum et amplius, talem Deus contulit expeditionem, ut contra inimicos suos Francigenas semper prævaluerunt in conflictu, multos occidendo, quam plures in captivitatem incarcerationis ducendo, oppida et villas capiendo innumeras; ita quod de illis veraciter dici potuit, "In omnem terram exivit sonus eorum," etc.[3] f. 135 b. Expedition to Gascony.

Circa idem tempus transfretavit in Britanniam dux Britanniæ, ducens secum comitem Northamptoniæ, comitem Oxoniæ, dominum Willelmum de Killesby, et multos alios barones et milites, cum ingenti comitatu armatorum, contra dictum Ka- Expedition to Brittany.

---

[1] *alterum*] alium, N.
[2] O. does not begin the new year until the paragraph: "Eodem anno,
" circa festum Natalis Domini
" comes Hanoniæ," etc.
[3] Ps. xviii. 5.

A.D. 1345. rolum de Bloys, qui in ducatu Britanniæ calumpniam posuit, Nero D. x. progressuros, sub stipendii nomine militaturos. Qui ibidem moram trahentes diutinam parum profecerunt ex causa quod dux Britanniæ, cum quo steterunt, paulo post mortem subiit naturalem, sicque ad tempus magnates redierunt in Angliam. Quibus recessis, dominus Thomas Dagworthe, miles validissimus, cui regimen Britanniæ post recessum magnatum commissum fuerat, bene et laudabiliter versus Gallos et Britones se habuit, ita quod nomen æternitatis digne sibi adquirere meruit.

Failure of Edward's expedition to Flanders.

Circa idem festum Nativitatis sancti Johannis baptistæ rex, ducens secum magnum navigium et exercitum copiosum, transfretavit in Flandriam; qui, cum jacuisset ante Esclusam per mensem, multum expendens, parum expediens, rediit in Angliam sine effectu.

Murder of van Artevelde.

Sub eodem vero tempore fuit Jacobus de Nartyngfeld occisus, quasi in despectum regis Angliæ, eo quod fuit regi amicabilis et fidelis in fovendo partem suam cum Flandrensibus, qui fuerunt semper vacillantes. Et ipse stabilis illorum fallaciam semper redarguit acriter et punivit, unde ab illis primo passus est odium et postea mortem.

Defeat and death of the count of Hainault.

Eodem anno, circa festum Natalis Domini, comes Hanoniæ, qui se asseruit regem Frisiæ, quia Frisenses noluerunt ditioni suæ in omnibus obtemperare, duxit secum exercitum copiosum, iram suam in Frisenses vindicaturus. Cui restiterunt Frisenses et, in comitem aquas maris ducentes, ipsum[1] cum majori parte exercitus sui demerserunt, alios aliter peremerunt, sicque omnes lamentabili neci tradiderunt; quæ quidem mors regi et reginæ Angliæ fuit maximo dolorosa, ex eo quod comes prædictus exstitit frater ejusdem reginæ et amicus regis solidus et securus.

A.D. 1346.

Anno Domini MCCC^{mo}XLVI^{to}, pontificatus vero papæ Clementis sexti anno quinto, et regni regis E[dwardi] tertii a conquæstu xx°, post festum Natalis Domini, rex, a populo suo communi auditis clamoribus gravibus[2] et querelis, eo quod provisores victualium pro hospitio suo se male habuerunt inter populum, bona sua, scilicet blada, fenum, literam, oves, boves, aucas, et gallinas, carnes et pisces, et quicquid mandi potuit, capientes, immo potius rapientes, nichilque solventes, præcepit ut justitia fieret

Punishment of unjust purveyors.
f. 126.

---

[1] *ipsum*] ipsumque, X.

[2] *auditis .... gravibus*] cum auditis clamoribus, N.

juxta transgressorum demerita. Super quibus inquisitione capta, plures comperti fuerunt culpabiles in hac parte; unde quidam ex prædictis subierunt suspendium, quidam vero redemptionem fecerunt, ita quod in posterum didicerunt cautius negotiari.

Circa idem tempus dominus rex, percipiens ex communi querela quod justiciarii sui in curia in tantum fuerunt annexi magnatibus terræ, videlicet tam viris ecclesiasticis quam aliis dominis sæcularibus, per pensiones, mutatoria, et per alia donaria permaxima, quod justitia penes mediocres et communes terræ rectum[1] non potuit habere processum, præcepit eisdem justiciariis, sub forisfactura, etc., quod ipsi omnibus hujusmodi possessionibus, etc., renunciarent, et inde ne quicquam peterent aut acceptarent, sed quod lex et justitia in omnibus sortiri posset effectum.

Eodem anno, circa Quadragesimam, rex percepit in manu sua omnes proventus et emolumenta quæ cardinales habuerunt in Anglia, nolens eos tanto gaudere beneficio, eo quod pro[2] majori parte favent papæ et Philippo de Valoys, qui se dicit regem Franciæ.

Eodem anno, circa festum Nativitatis sancti Johannis baptistæ, rex cum mille et quingentis navibus et amplius, tam de hominibus quam de ceteris armamentis et victualibus[3] ad hujusmodi passagium necessariis provisis,[4] x° die mensis Julii ab Insula Vecta cœpit navigare versus Normanniam, et in triduo ibidem terram cepit cum suis, prosper et incolumis. Et erat summa exercitus sui, tam gentium armatorum quam archeriorum et aliorum ad bella dispositorum, l. millia et amplius. Rex vero cum exercitu suo se movit de die in diem per Normanniam, Franciam, et Picardiam per continuas dietas, continentes spatium vij. septimanarum, semper sibi resistentes capiendo vel occidendo, villas et villulas perscrutando et deprædando sive comburendo, aurum et argentum seu quicquid pretiosum fuerit rapiendo et asportando, alicui personæ vix parcendo vel compatiendo, nobiles etiam, scilicet comitem de Ewe et camerarium de Tankirvill, cum pluribus, tam militibus quam aliis personis potentissimis, captivos capiendo et tenendo, quos postmodum in Angliam custodiæ carcerali demandavit mancipandos. Itaque visitavit dominus

---

[1] *rectum*] om. N.
[2] *pro*] om. N.
[3] *et victualibus*] om. N.
[4] *provisis*] provisus, N.

A.D. 1346. rex plures patrias fere usque Parisius; cui appropinquare Nero D. x. non potuit, quia rex Franciæ ibidem sese recepit ac omnes pontes circumquaque frangi fecit, ita quod passagium Anglicis non patuit. Qui cum ulterius non potuerunt procedere versus Parisius, post moram tridui apud Pussiacum factam, adventu regis Franciæ exspectato pro bello optinendo, quem advenisse putaverunt, et non venit, ceperunt iter per partes Picardiæ, et continue fiebant prædæ, spoila, incendia, et occisiones inimicorum resistentium ad maximum numerum. Quæ rex Franciæ moleste ferens, congregato exercitu maximo, sequebatur a tergo usque ad Abvillam in Pontif.

Battle of Creey (26 Aug.)

Et rex Angliæ cum suis stetit tunc temporis apud Cressy; qui, cum intellexisset quod inimici tam prope fuissent, hilaris efficitur et jocundus, eo quod bellum festinanter optinere credidit. Unde, adveniente die Sabbati proxima post festum sancti Bartholomæi, juxta villam de Cressy, circa horam primam, dominus rex Angliæ cum suis elegit sibi campum spatiosum et bello convenientem, quo ipsemet cum omnibus suis descendit in pedes, equis suis amotis, exspectando adventum inimicorum, et exercitum suum dividendo per tres acies. Quarum primam habuerunt princeps Walliæ, comes Northamptoniæ, constabularius, et comes Warewykiæ, marescallus exercitus, cum ceteris electis personis et armis probatis sibi adjunctis, disponentes singulas turmas et cohortes in stationibus congruis et securis, illos exhortantes et monentes ut impetum inimicorum non timerent, sed pro jure et justa calumpnia domini sui viriliter et constanter decertarent, et Deus juvaret illos. Interim, dum hæc agerentur, appropinquante hora vesperarum, videbatur eminus exercitus Gallicorum moderanter et ordinate appropinquans, in quo populus æstimabatur ad numerum xij. millium galearum, et armatorum ad æstimationem lx. millium, et pedestrium innumeratorum, qui dividebantur in vij. acies; quarum primam rexit rex Franciæ, eo quod in multitudine populi sui multum confidebat, jungens se festinanter primæ aciei Anglicorum. Cui princeps Walliæ, comites Northamptoniæ et Warewykiæ, cum ceteris validissimis in prima acie constitutis, restiterunt viriliter, et, habito forti conflictu et diutino, binam Gallici patiebantur repulsam, et rex eorum ab equo dejectus; qui cito relevatus, resociatis catervis, iterum Anglicis fortissimum dedit[1] insultum, qui non se fingebant vicem

f. 136 b.

---

[1] *dedit*] fecerunt, N.

reddere consimilem, lanceis et sagittis densissime intervenientibus, quæ non minus hominum quam equorum viscera sunt scrutatæ, armatura qualicumque raro prohibente. Et Deus insuper suos animabat et regebat, ut in illo congressu occiderunt ex parte Gallicorum inimicorum nostrorum rex Boemiæ et dux Lorengiæ[1] et multi alii barones et milites, cum armigeris innumeris; ita quod, secundum dicta veridicorum, ibi periit flos militiæ Gallicanæ, de quorum nominibus postea patebit evidenter.

Rex vero Franciæ, ut dicebatur, percussus in facie cum sagitta,[2] se fugæ disposuit, secum ducens filium regis Boemiæ, jam per dominum papam de novo factum imperatorem, et regem Majoricarum, cum aliis magnatibus quam pluribus, qui communem distributionem Anglicorum exspectare præsumpserunt. Vexillarius autem regis prædicti, vita privatus, vexillum suum in campo dimisit totaliter dilaceratum. Oriflamma similiter cum bajulatore ipsius consimilem sequebatur effectum, ita quod non oportet inter reliquias illam diutius venerari.

Die itaque usque ad finem transacto, rex Angliæ, cum toto exercitu suo, Deo regratiato, manens integer et illæsus, nec aliquos perdidit de valore computandos, præter duos milites et unum armigerum, quorum animabus propitietur Deus! Multi quidem Anglici insequebantur Gallicos fugientes, sed dies non permisit; obscuritas enim noctis supervenientis singulos obumbrabat, quod viis omnibus oportuit tam dominum regem quam ceteros in loco eodem pernoctare. Et sic se quieti dederunt tali quali Deus illos destinavit pro tempore, nec est multum credibile ut sopor nimius illos occuparet, quos eminens periculum cum penuria alimentorum maxime fatigaret.[3] Vigilantibus igitur quia corona promittitur, aurora ingruente et lucem diei jam nunciante, vigiles super noctis custodias hostes suos Gallicos fugitivos prosequi non cessabant, captos trucidabant, trucidatos spoliabant, spolia dividebant, sortem mittentes inter se quis quid tolleret, eo

---

[1] Here follow in O. the names of the principal men lost on the French side, as given below in N.

[2] *ut . . . . sagitta*] These words have been struck through with the pen by a later hand, N.

[3] *Multi . . . . fatigaret*] Nocte vero superveniente et inimicos suos ulterius persequi non permittente, rex Angliæ cum suis se dedit quieti tali quali Deus illos destinavit, O. Other parts of the narrative are also shortened in O.

A.D. 1346. quod non habebatur resistentia. Erant enim quasi oves errantes, pastore sublato et grege disperso, ducti quidem ad occisionem vocem non emiserunt. Anglici vero de pauperibus divites sunt effecti, jam tripudiantes, jamque lætificantes, Deum magnificantes super tanto triumpho talique victoria, clamantes: "Benedictus sit Altissimus, qui talem potestatem
"dedit hominibus, ut tot et tanti proceres et sublimes, fa-
"mosi et digni, divites et sapientes, fortes et bellicosi, trade-
"rentur in manus paucorum, ut breviter succumberent. O
"dira mortalitas! O effusi sanguinis immensitas! Philippum
"dejecit præsumptuosa elatio! Edwardum exaltavit[1] firma
"spes in Domino! Francia deplorat diem infortunii; Anglia
"collaudat diem felicem confortantis gaudii, quem præstare
"dignabatur Dominus Jesus Christus, cui laus et gloria per
"sæculorum sæcula!"

French losses.

Rex Boemiæ, dux Lorengiæ, archiepiscopus Cenonensis, episcopus Neomensis, comes Alason, comes Harecourt cum duobus filiis suis, comes Aucere, comes Albemarle, comes Savoye, comes Bloys, comes Flandriæ, comes Montillard, comes Noverre cum fratre ipsius, comes Bemond, dominus Russingburgh qui fuit maximus Franciæ præter regem, prior hospitalis sancti Johannis, dominus de Mortell,[2] dominus de Tirwann, dominus Seynard, dominus de Cayn; et de aliis militibus et armigeris plus quam duo millia, ac de hominibus de communi sine numero.

A.D. 1345.
f. 137.
Success of the earl of Derby in Aquitaine.

Eodem tempore anni prædicti, quo omnia prædicta fiebant in Francia, comes Derbyæ exsistens in partibus Vasconiæ cum suis commilitonibus validissimis, tam Anglicis quam Vasconiensibus, nolens se tempus suum protelare sine effectu, sed, postquam conquisivit villam de Briggerak cum aliis oppidis et villis quam pluribus, se cum suis labori et periculo indesinenter exposuit, in eundo versus castellum de Alberoche pro amovenda obsidione quam eidem posuerunt comes de Lyle et comes de Valentyne cum copiosa multitudine Gallicorum. Quam quidem obsidionem, domino Waltero de Mauny exsistente duce provido, comes Derby cum exercitu suo viriliter assiluit more belli. Qui breviter, optenta victoria et obsidione fracta, hostibus etiam propulsis in fugam, multos prostravit in ore gladii; comites vero del Isle et Valentyne, cum multis aliis, secum deduxit captivos. Post hæc vero, in redeundo,

---

[1] *exaltavit*] exultavit, N.   [2] Morell, O.

Nero D. x.	conquæstæ sunt villæ de Peragort, Lisle, et Mountgretz, Pictaviu, et aliæ. Deinde quidem, habito tempore optato, procedebat exercitus versus villam Agilonis conquærendam;[1] quam cum expugnasset, non ultro aut leniter se reddidit, sed maxima vi cogente conquæsta fuit. In ea siquidem, sicut in aliis locis, scilicet oppidis, villis et villulis, prius captis et lucratis, copia rerum et victualium abundabat satis affluenter, ita ut, tam ex his quam ex redemptionibus captivorum et lucris ab hostibus multipliciter provenientibus, totus exercitus prosperabatur in divitiis. Super quo Philippus rex Franciæ maxime contristatus et quasi in furorem agitatus, misit dominum Johannem de Francia, filium suum, et alios magnates quam plures validos et nominatissimos, cum numerosa multitudine, tam armatorum quam pedestrium, quorum summa se extendit ad centum millia hominum et amplius, pro obsidione ponenda circa villam Agilonis, cujus custodia baroni de Stafford committebatur. Interim,[2] obsidione quidem imposita, ut prædicitur, dominus Johannes de Francia sacramentaliter juravit se inde nullatenus fore recessurum, priusquam villam conquæstasset et malam mortem ingessisset inclusis. Appropinquante autem festo sancti Michaelis, cum dicta obsidio ibi consedisset per tempora non modica, multum expendens, parum proficiens modicumve nocens obsessis, venit etiam qui nunciaret nova de Cressy et negotia ibidem tractata, quæ Francigenis apparuerunt valde sinistra et displicentia; unde non minus tristitia quam timore percussi, dictam obsidionem protinus fecerunt amoveri, quovis juramento non obstante, liberum exitum planasque vias relinquentes obsessis.[3]	A.D. 1345. A.D. 1346. The French lay siege to Aiguillon. The siege abandoned.

Le[4] senescal de Peragors, monsire Johan Galharde, le seignur de Mountlare, le seignur de Rynake, le seignur Mounthalle, le seignur de Gordelha, le seignur de Pellaberme, le seignur de Frountonne, le seignur de Salsinake, le seignur de Crussels.

Le counte de Lyle, le counte de Valentines, monsire Terselet de Poytes, le viscounte de Mountlare, le viscounte de Carmayne, le viscounte de Lautre, le viscounte de Core-

French prisoners at Bergerac and at Auberoche.

---

[1] *conquærendam*] conquerendum. N.

[2] *Interim*] Interius, N.

[3] From this point the text of O. is printed below.

[4] This and the next list have no titles. They are the lists of French prisoners at Bergerac and Auberoche. See Otho C. ii.

A.D. 1346. san, le viscounte de Bruniquel, le viscounte de Vilamure, le viscounte de Germanacie, le viscounte de Lautre de Montradouce, le senescal de Tholosa, monsire de la Porte, monsire Poys de Vilamure, monsire Eymer de Garnan, monsire Hughes de Vaus, monsire Guillem de Malemort, monsire Bertram Ferras, monsire Thebaud de Ches; monsire Bertram de Durnesan, monsire Bernard de Durnesan, cosyns; monsire Corbalan Verge, monsire Waryn Fasseto, monsire Bertram de Sedame, monsire Arnald de Falgeros, monsire Ameneu de Lautre, monsire Bertram de Perte, monsire Guyrando son frere, monsire Bertram de Cambuha, monsire Haut Inere frere Gastard, monsire Lowys Poyters, monsire Raynald de Ralastyns, monsire Bertram de Londes, monsire Gormhonne.

Ces sount les nouns des seignurs de France qeux vindront encountre le counte de Lancastre al sege de Agylon.[1]

French leaders at the siege of Aiguillon.

Le duk de Burgoine, le duk de Normaundie, le duk de Loreine, le evesqe de Leges, le counte de Sauvoye, le counte de Ermynak, le counte de Foys, le counte de Gene, le counte de Sampsore, le counte de Asshore, le counte de Tonkore, le counte de Meubale, le counte de Cheyne, le counte de Burgyras, le counte de Gyens, le counte de Drowes, le counte de Bak, le count de   ,[2] le counte de Canelyne, le counte de Boloigne, le counte de Foreste, le counte de Peregore, le counte de Gemonges, le counte de Maulyson, le counte de Gonay, le counte de Porse, monsire Loys de Sauvoye, monsire Philipe de Burgoine, monsire Johan de Chalons, monsire Jakes de Burbon, monsire Guyram de Montfaucon, le seignur de Monmeray, le seignur de Belque, monsire Bertram de Bavoys, le seignur Chanelyne, le seignur de Marche, le seignur de Vetadore, le viscounte de Damay, le viscounte de Coardy, le viscounte de Narbone, le viscounte de Glamounde, le sire Crane, le sire Cralrey, le sire Sauley, monsire Piers Flotonne, monsire Revele, monsire Galeys de Bealme, monsire Reynald de Pounte, le seignur de Roche Chenard, le seignur de Sosenance, monsire Bernard de la Barea, monsire Lowys de Clermount, le seignur de Caumead,

---

[1] This and the next title have been erased.

[2] Blank in MS.

APPENDIX. 251

Nero D. x. monsire Reuman de Chastel Quibre, monsire Ameney del A.D. 1346.
Fossad, le seignur de Beletayre, le senescal de Ageneys.

Ces sount les nouns de viles et chastels prises et renduz en Gascoigne puis la venaunce del counte de Lancastre.

Puche de Cote, Pelagrue, La Force, Maduran, Mount Leidere, Laynar, Badesolle, Lalinda, Belemounte, Byras, Byrone, Moleyras, Julake, Requemaure, La Mongia, Haute Mounte, Lospital petyt de Seint Michel, Repmak, Briggerak, Alberoche, Sedulak, Beryhs, Falgerolas, Seint Frounte, Seint Loys, Sorsake, Sudake, Seint Eyrake, Rosan, Cramake, Bonevale, Seint Chastiere, Frayrelas, Leile, Montagre, le chastel del Evesqe, Fraystelle, Seint Alby, Seint Payteux, Bonement, Montaynake, Mont Floemie, Puche de la Chalne, Mont Reveele, La Riola, Chaustel Endorta Candrote, Laugena, Roquetalhade, Noalhane, Amendrante, La Lerme, La Doos, Sonroys, Honroys, Pomperate, Seint Salva, Gyronde, Mirake, Seint Frome, Dieux-le-voille, Rocabrue, Duras, Broendura, Seint Clarte, Robonake, Le Bersake, Le Touyngges, Agulonne, Mont Perate, Miremonde-en-Ageneys, Seynt Serdes, Pressa, La Perugia, Haute Junas, Heguney, Seint Bartholomeu, La Perche, Thomaben, Louroun, Miremond-en-Kyrefy, Puche Myclane, Londres petyt, Mount Baos, Seint Maris, Blaqueford, Beauvilla. *Places captured in Gascony.*

[*Here the MS. ends, a leaf apparently being lost.*]

[*The following is printed from the Cotton MS. Otho C. ii., continuing after the words* "relinquentes obsessis," *above, p.* 249.]

Otho C. ii. Captivati sunt autem apud Breggerak magnates decem, videlicet senescallus de Pergore, dominus Johannes Galhardo, et domini de Mounclare, de Rynake, de Mounthalla, de Gordhella, de Pellaberme, de Fontonne, de Salsynake, de Grussels. *f. 102. French prisoners at Bergerac;*

Magnates capti apud Alberoche: comites de Lyle et Valentyns, dominus Terselet de Poytes, vicecomites de Monte claro, de Carmayne, de Lautre, de Coresan, de Brunquel, de Vila- *and at Auberoche.*

mure, de Germanacye, de Mountraduce, senescallus de Tholosa et alii domini et milites xxij.

Magnates qui obsederunt villam de Agylone: dominus Johannes de Francia, duces Burgundiæ, Normannorum, et Lorengiæ, episcopus de Legiis, comites xxi., et alii domini xxxi., cum militibus et armigeris et multitudine populi numerosa.

Item, reddita sunt et capta castra et villæ in Vasconia comiti Derby et suis, illo anno, ante reditum ipsorum in Angliam, cxxxvj.

Anno Domini MCCC°XLVII°, pontificatus papæ Clementis sexti anno vj°, E[dwardi] vero tertii a conquæstu xxj., incipiente anno ad festum sancti Michaelis, circa idem festum rex Franciæ, videns se ita repulsum et in omni parte turpiter hebetatum, missis literis, commovit Scotos ut festinanter se præpararent bellicose ituros super Angliam, asserens et denuncians eis quod universale robur terræ Anglicanæ stetit cum eorum rege in partibus transmarinis agente, vi muliebri solummodo excepta. Scoti vero, tanquam præsumptuosi et liganciæ regis Franciæ a diu astricti, mandato suo paruerunt indilate. Unde dominus David le Bruys, qui se dicebat regem Scociæ, sumpta secum numerosa multitudine Scotorum, iter arripuit versus Angliam, totam terram pro posse depopulaturus. Contra cujus adventum archiepiscopus Eboracensis, dominus de Percy, dominus de Nevylle, et alii domini, tam de ecclesiasticis quam de secularibus, scilicet baronibus, militibus, armigeris, et aliis electis viris de partibus borealibus, fecerunt convenire fortitudinem totam, quam con . . . .[1] prætermissa. Et convenerunt universaliter ap[ud Dunelmiam die] Martis in vigilia sancti Lucæ evangelistæ, ubi Scoti tunc temporis pro[pe] fuerunt commorantes; cum quibus animose boreales congredi affectantes certatim properabant ad quendam locum juxta Dunelmiam qui Anglice dicitur Nevyllescrosse. Ad quem locum cum accessissent inter utrumque exercitum conflictus habebatur fortissimus. Inspirante tandem Spiritus Sancti gratia, dominus archiepiscopus et dominus de Percy et alii domini ex parte Anglicorum suas cohortes ita confortabant ut, hostibus devictis, pluribus scilicet occisis multisque fugiendo captis et reductis, sors belli cum victoria

---

[1] Burnt.

APPENDIX. 253

Otho C. ii.

Anglicis remansit cum gaudio ineffabili. Capti sunt autem fugiendo David rex Scociæ, comes de Fyf, comes de Menetheth, dominus Willelmus Douglas, et alii, qui postea Londonias sunt perducti, voluntatem regis exspectaturi. Multi quidem alii ducti sunt captivi qui non venerunt Londonias. Occisi sunt autem in illo conflictu comes de Moryf, comes de Statherne, et alii magnates xiiij. Et capti sunt ibidem rex Scociæ David antedictus, comes de Fyf, comes de Menetheth et comes de Wygetone, et alii magnates xij. Summa occisorum et captivorum ascendit ad xij. millia et amplius.

A.D. 1346.
Capture of David Bruce.

Eodem anno, circa principium Quadragesimæ, videlicet in festo sancti Mathiæ apostoli, dominus Johannes de Graam, comes de Menetheth, jam de novo captus cum David rege Scotorum et incarceratus apud Londonias, propter traditionem in eo compertam fuit tractus ad caudas equorum per medium Londoniarum, postea suspensus, decapitatus, evisceratus et quarternatus; cujus quarterna fuerunt demandata ad suspendenda per quatuor partes Angliæ, et caput in palo fixum super pontem Londoniarum, in signum proditionis manifestæ.

A.D. 1347.
Execution of the earl of Menteith.

[*The rest is in substance, and to a great extent verbatim, the same as the ordinary continuation.*]

[*The following documents occur in the Cotton MS. Claudius E. viii. The Earl of Kent's confession is given after the account of his execution; see above, p. 60.*]

Quædam recognitio comitis Canciæ.[1]

Claudius
E. viii.
f. 224.

"Ceste reconisance fuit faite devant Robert Houel, coruner del
" hostel le roi, et puis devant le grautz et piers de la terre,
" a Wyncestre, le xvj. jour de Marcz lan quarte :—Cest a
" saver, qe E. counte de Kent conust qe le apostoille ly charga,
" sour sa beneizon, qil meist sa peine et sa diligence deliverer
" E. sonn frere, jadis roi Dengleterre, et qil a ceo trovereit
" ses costages. Et dit qe un frere prechour du covent de
" Loundres vint a ly, a Kenssingtone juxte Loundres, et ly
" dit qil avoit leve le deable, qe li dit serteinement qe E.

A.D. 1330.
Confession of Edmund earl of Kent.

[1] See a Latin version of this document in Walsingham's *Historia* | *Anglicana* (Rolls Series), ii. 351.

"soun frere, jadis roi Dengleterre, fut en vie. Et dit qe le
"ercevesqe de Everwik ly manda per un chapeleyn, syr Aleyn,
"une lettre de credence, et fut la credence tiele: qil ly eidroyt
"a la deliverance soun frere de v. mille livres et outre
"de quant qil aveit et quant qil poreit reindre. Et dit qe
"sire Ingeram Berenger dist a ly a Loundres de par sire
"William de la Souche qil mettroit quant qil porreit a la de-
"liverance soun frere. Et dit qe sire William de Clif vint a li
"en mesme le message, par celes enseignes qils chivacherent
"ensemble entre Wokkingge et Gildeforde, et li dist qil eschnast
"la vile de Gildeforde par la reson de sa nece le Despenser
"qe fust em mesme la vile de Gildeforde; et mesme sely
"sire William ly parla de lalyance entre le fitz Richard, counte
"de Arundel, et sa filie, et dist outre qe ceo serrent le plus
"grant honur qe unqes ly avynt, et qil ly aidereit en tant
"com il poeit a ceste chose faire. Et dit qe mesme sely sire
"William vint a ly de par Hugues le Despenser, qe ly dit
"qil serroit bien seant qil fut ovesqe ly; kar il dit qe il seroit
"sour de la deliverance en bref temps. Et dit, qe sire William
"de Derham, clerk de ses lettres, et frere Thomas de Broun-
"felde furent ceux qe plus ly abetterent et enticerent a cestes
"choses susdites faire. Et dit qe sire Robert de Tauntone
"de par le ercevesqe de Evirwik eu message de ces choses
"avantdites et li dit qe il avoit prest v. mille livres a cele
"besoigne susdite par faire, et ceo de largent sire Hugues
"le Despenser. Et dit qe mesme sely sire Robert et deus
"freres prechours qe sunt hors de lour ordre. des quex lun se
"fait apeller Edmoun Savage, et lautre Johan, furent les
"brokours de ceste bosoigne. Et dit qe sire Fouke le fitz
"Waryn vint a ly a Westmonstre et ly pria et ly
"entica de ceste chose comencer, et ly enbaudi a cestes
"choses faire, et ly dit qe ceo serroit le plus grant
"honur qe unqes ly avynt, et ly dit qil ly aidereit ou corps,
"quer, et quant qil avoit. Et dit qe monsire Ingeram Beren-
"ger vynt a ly de par sire Johan Pecche, qe fut de cele
"covyne, et a ceo mettreit cors, et quor, et quant qil avoit.'
"Et dit qe sire Henry Bemound et sire Thomas Roscelyn
"parlerent a ly en Parys, en la chaumbre le Duk Braban, qil
"fusent prest de venir en Engleterre en acide de cestes
"avantdites; et qils ly enticerent de cestes choses faire; et
"qil ariveroient devers les parties de Escoce, par abet de
"Donalde de Maar, qe il serroit en aeide de eux, a celes choses
"maintenir, et quant qil poeit. Mes le temps de lour venue
"est passe. Et dit, qe sire Richard de Ponntfreyt, confessour
"la dame de Vescy, vynt a ly a Kensingtone, al coronnement,
"et puis a Arundel, de par le ercevesqe de Everwike, pur

APPENDIX. 255

Claudius E. viii.   A.D. 1330.

"cestes choses avantditz. Et dit, qe un moigne de Quarrer
"et Johan Cymmygs, soun cosyn, avoient aparaille une nyef,
"une barge, une batel, a menir soun frere et ly a soun chastel
"de Arundel et dilloqes la ou homme ust ordine. Et dit qe
"de cestes choses avantdites il soi descovereit a sire E. de
"Mounchiver et a Jorge de Percy. Et dit qe les lettres
"quelx il ad envoie a sire Buges de Baiouse et a Johan
"Devroillie, enselez de soun seal, qil les envoia—qe la une
"lettre fut escripte de la meyn sa femme. Et dit qe Ingeram
"Berenger, Maucelym Musarde et Johan Cymmyge travaille-
"rent et firent lour peine a cestes choses faire. Et dit qe
"sire Ingeram Berenger vynt a ly, a Arundel, en sa chaum-
"bre a mount la chapele, et dit qe le evesqe de Loundres
"ly eideroit a la deliverance soun frere de quant qil avoit.
"Et cestes choses il conust estre vereies, et se rent coupable
"qil se ad malveisement porte en defesance de soun seignor
"lige et de sa corune, par abet de ces avantdit; et se met
"de tut a la volunte le roi, de venir nu pe, en sa chemise,
"a Loundres ou en ceste vile, ou par la ou le roi voudra
"ordiner, ou une corde entour soun col, de faire de ly ceo
"qe ly plerra."

["This acknowledgment was made before Robert Houel,
"coroner of the King's household, and afterwards before the
"great men and peers of the land, at Winchester, on the six-
"teenth day of March, in the fourth year: To wit, that Edmund
"earl of Kent acknowledgeth that the pope charged him, on his
"benison, that he should use his pains and diligence to deliver
"Edward, his brother, sometime king of England, and that
"thereto he would find his costs. And he said that a friar
"preacher of the convent of London came unto him, at Ken-
"sington near to London, and told him that he had raised up
"the devil, which declared unto him for certain that Edward,
"his brother, sometime king of England, was alive. And he
"said that the archbishop of York sent unto him by a chaplain,
"one sir Aloyn, a letter of credence, which was: that he would
"aid him in the deliverance of his brother with five thousand
"pounds and moreover with as much as he had and as much as
"he could give. And he said that sir Ingelram Berenger told
"him in London, from sir William de la Zouche, that he would
"give as much as he could for the deliverance of his brother.
"And he said that sir William of Clif came unto him on the
"same message, by this token that they rode together between
"Woking and Guildford, and he told him that he should avoid
"the town of Guildford by reason of his niece Despenser that was
"in the same town of Guildford; and this same sir William

A.D. 1330. "spake unto him of the alliance between the son of Richard, Claudius
"Earl of Arundel, and his daughter, and said moreover that E. viii.
"this would be the greatest honour that ever befell him, and
"that he would aid him as much as he could to do this thing.
"And he said that this same sir William came unto him from
"Hugh the Despenser, which told him that he would be well
"pleased to be with him; for he said that he would be sure of
"the deliverance in short time. And he said that sir William
"of Derham, clerk of his letters, and brother Thomas of Brom-
"field were they which most abetted him and stirred him to do
"these things aforesaid. And he said that sir Robert of
"Taunton, from the archbishop of York, brought a message of
"these things aforesaid, and told him that he had ready five
"thousand pounds to do this business aforesaid, and this of the
"money of sir Hugh the Despenser. And he said that this
"same sir Robert and two friars preachers which are out of
"their order, of which the one is called Edmund Savage and
"the other John, were the chief dealers in this matter. And
"he said that sir Fulk Fitz-Warin came unto him at West-
"minister and prayed him and stirred him to begin this thing,
"and encouraged him to do these things, and told him that this
"would be the greatest honour that ever befell him, and told
"him that he would aid him with body and heart and whatso-
"ever he had. And he said that sir Ingelram Berenger came
"unto him from sir John Pecche, that he was of that mind, and
"thereto would bestow body and heart and whatsoever he had.
"And he said that sir Henry Beaumont and sir Thomas
"Rosselyn spake unto him in Paris, in the chamber of the duke
"of Brabant, that they were ready to come to England in aid
"of these things aforesaid; and that they stirred him to do
"these things; and that they would land towards the parts of
"Scotland, with countenance of Donald of Mar, and that he
"would aid them to uphold these things, and with all his
"strength. But the time of their coming is passed. And he
"said that sir Richard of Pontefract, confessor of the lady of
"Vescy, came unto him at Kensington, at the coronation, and
"afterwards at Arundel, from the archbishop of York, for these
"things aforesaid. And he said that a monk of Quar and
"John Cymmyngs, his cousin, had fitted out a ship, a barge,
"and a boat, to bring his brother and him to his castle of
"Arundel and from thence whithersoever should have been
"appointed. And he said that of these things aforesaid he
"opened himself unto sir E. of Monchiver and to George of
"Percy. And he said that the letters which he sent to sir
"Bugues of Bayeux and to John Daverill, sealed with his seal,
"he sent——and the one letter was written by the hand of his

Claudius E. viii.

" wife. And he said that Ingelram Berenger, Maucclym
" Musarde and John Cymmynge did travail and take pains to
" accomplish these things. And he said that Ingelram
" Berenger came unto him at Arundel, in his chamber above the
" chapel, and said that the bishop of London would aid him in
" the deliverance of his brother with whatsoever he had. And
" these things he acknowledged to be true, and yieldeth himself
" guilty that he hath borne himself evilly for the undoing of his
" liege lord and of his crown, by countenance of these men
" aforesaid; and he wholly submitteth himself to the king's
" will, to come, in his shirt, to London or in this city, barefoot,
" or whithersoever the king shall appoint, with a rope round
" his neck, to do with him what it shall him please."]

A.D. 1330.

[*The following agreement and ordinances precede the account of the battle of Sluys, above, p. 105.*]

Hic incipiunt primæ ordinationes classis regis Franciæ, secundum ordinationem concilii ejusdem regis Franciæ, ordinaliter in Gallicis scriptæ, sicut[1] inferius patet.[2]

f. 218 b.

" Acorde est, pur ceo qe monseignur le duk[3] de Normundy[4]
" serra cheventein de ceo[5] passage, le dit monseignur le
" duk prendra des ditz iiij. mil hommes darmes i. mil
" tiels come lui plera, chivalers et esquiers, ou il les prendra
" daillours rebatus du nombre. Et le dit pays de Normundy
" lui payra pur mil hommes des ditz iiij. mil desusditz les
" grantz gages, cest assavoir xxx. florins pur les baniers,
" xv. florins pur les bacheliers, vij. florins et vj.d. pur
" esquiers.

A.D. 1338. Convention of the king of France with the Normans for the invasion of England, 23 Mar.

" Item, monseignur le duk de Normundy ferra[6] ausint le
" passage des mil hommes darmes desusditz, qil doit prendre.

" Item, le pays de Normundy ferra ausien le passage des
" autres iij.[7] mil hommes[8] darmes et xx. mil serjaunts
" desusditz.

---

[1] *sicut*] cum, C.
[2] Primæ ordinationes classis regis Franciæ, M. *See another and more perfect version of the agreement with the Normans, with translation, above, p. 205, and also in Avesbury.*

[3] *duk*] duc, M., and so elsewhere.
[4] *Normundy*] Normandie, M., and so elsewhere.
[5] *ceo*] ceste, M.
[6] *ferra*] om. M.
[7] *iii.*] iiii., C.
[8] *hommes*] om. C.

"Item, tanqe come¹ il ceo ferra et qils demurent en Engle- Claudius
"terre et au retourner par de cea, li rois gardera bien et E. viii.
"salvement en mier le passage, les marches, et marchaunz
"entrevenantz.

"Item, les² gentz de Normundy deivent faire les aler et les
"services desusditz par lespace de x. semeines.

"Item, acorde est qe, si le duc de Normundy soit en Engle-
"terre et il semble bon et honurable a lui et a son conseil,
"qils demorent illocqes xv. jours outre les x. semeins desus-
"ditz, et plus sil semble bon.

"Item, si le dit passage Dengleterre ne se fesoit, ou qil
"semblast au roi qil ne deust ou ne poet faire bonement le
"passage en ceste anee, le dit pays de Normundy si doit faire
"le service au roi desusdit lan apres ou un autre an apres
"durant la guerre, en tenps covenable.

"Item, si avien qe ascon avenue soit sur lui par terre, si
"effortement qil li eust mestre du dit pays de Normundy,
"ceux du dit pays sont tenuz qe ou lieu du dit passage et facent
"eyde au roi de iiij. mil hommes darmes et de xx. mil ser-
"jauntz, et payerent les gages de mil hommes darmes et des
"gentz a pee auxi, par la manere cy desus devise; et en ceo
"cas ferrent le service de par lespace de ij. moys taunt
"soulement duraunt ceste guerre, en cas qe le rois ou le duk³
"y serrent oue lui ou lour personnes.

"Item, acorde est qe le pays de Normundy nest du rien
"tenutz affaire de service acostome de xv. jours, lan qil ferra
"le service.

"Item, le pays de Normundy se doit obliger affaire le ser-
"vice desusdit, ou les privileges et graces confermes as eux
"par le roi ne serroyent de nul vertu ou serroyent rendu au
"roi.

"Item, obligacioun faite qils devoyent aver lour confirma-
"cioun par devers eux par la manere cy desusdit.

"Item, pur les mil hommes darmes qe monseignur le duk
"de Normundy, autres qe celes de navire du roi, les gentz
"du pays de Normundy averent ceo qils gainerent et pur-
"rent avoir, salve tant qe monseignur le duk pur ayde de
"passage des gentz qil doit passer, come dist est, en avera
"v.⁴ ou vj. niefs des tieux come il⁵ voudra eslire, et les
"sourplus qe lui faudra pur les mil hommes darmes passer
"il querra en Pikardie ou autre part du roialme, la ou bon⁶
"lui semblera; et, si plus en averyent qe ne coviendrent, et

---

¹ *come*] om. M.   ⁴ *v.*] ou v., M.
² *les*] le, C.   ⁵ *come il*] quil, M.
³ *le duk*] li ducs, M.   ⁶ *bon*] lem, C.

Claudius E. viii.

"ceux de Normundy en averent¹ mestre daccouns, ottroie lour A.D. 1338. "ost² par le roi et par monseignur le duk qils averent celes³ "qils serrent en dit pays, ou monseignur prendra, ou autre "part en roialme avantz toutz autres, en payaunt salarie "covenable, les mil hommes darmes premerement passe qe "monseignur le duk voit passer, cum dist est.

"Item, acorde est qe en celuy cas ou, Dieu eydaunt, le "roialme Dengleterre se conquere,⁴ si le conques serra fait "tout al honur monseignur le duk⁵ ou non; et si li rois "Dengleterre a sera a monseignur le duk, et autres droyz qe "les barouns et nobles y ount seront as barouns et as nobles "sires⁶ de Normundy, au drois et honurs come le roi Dengle- "terre les tient, et auxi les droitz des esglises, soulonc ceo f. 249. "qe resoun soit.⁷ Et ne porra estre mis en autre mein le "roialme Dengleterre qe de selui qe serra roi de France, "afin qe as toutz jours bone pes soit en la roialme de France "et estre amitz e alietz.

"Et, pur ceo qe le roi de France⁸ voet toutz jours garder "bon foi, il voet et ad ordine⁹ qe ceo qe ad este conquis en "temps passe, par guerre ou autrement, contre lour volonte, "sour le roi Descoce et ses sugitz par le roi Dengleterre ou "les siens, lour soit restitue de les biens Dengleterre "tout a plein et entierement, saunz nul contredit; et a ceo "sont acordez li¹⁰ rois et monseignur le duk et toutz les "Normauntz."

Ordinationes classis.

"Premerement, li amiral avera la premere bataille; et Ordinances of the French fleet. "serrent cil de Savie et cil de Flandres ouvesques le dit "amiral. §Item, ceux de Diepe et les Picardz en la "secounde. §Item, ceux de Caen et de Constantin ayent "la¹¹ riere.¹² §Item, ceux de Diepe et les Picardz serrent a "destre.¹³ §Item, ceux de Caen et de Constantin serrent a "senestre. §Item, nul ne¹⁴ doit passer la baniere de ladmiral.

¹ *en averent*] eont, M.
² *est*] estre, M.
³ *celes*] ceux, M.
⁴ *se conquere*] soit conquis, M.
⁵ *duk*] duk sires, C.
⁶ *sires*] om. C.
⁷ Compare this confused passage with the versions of Murimuth and Avesbury.
⁸ *et estre .... de France*] om. M.
⁹ *ad ordine*] ordeigne, M.
¹⁰ *li*] lui, C.
¹¹ *la*] leur, M.
¹² *riere*] riche, C. M.
¹³ *Item, ceux de Caen .... destre*] placed in M. after the two next sentences.
¹⁴ *ne*] om. M.

R 2

"§Item, chescon se doit trere et ne doit passer la baniere
"de son mestre, et chescon mestre se doit trere a la baniere
"de son capitaine. §Item, nuls homm arme ne doit aler a
"pillage, mes lem doit eslire en chescone nief gentz des
"armes[1] certeine quantite, et yceux deyvent apporter la
"roberie et le gayn et amener le bestail. §Item, lem deit
"eslire en chescone nief ij. hommes, les queux ij. hommes
"resceiverent tot le gayn et le profist, et il serra departi,
"tant as gens armee quai as ceux qi demurrent en niefs,[2]
"quai as[3] ceux qi les apportrent,[4] soulonc les condiciouns
"des persones. §Item, si lamiral fait soner la retrete, ceux
"de Caen et de Constantyn se deyvent retrere les premieres
"en bataille, et au retrere demorer sur la marine, et
"faire retrere les gentz des armes[5] primeres, et, eaux
"retreetz, ils deyvent remuer toutz les batels; et devent
"toutz les arblastiers demorer ovesqe le admiral. §Item,
"en mesme ceo manere se deyvent retrere ceux de Diope
"et les Picardz, et si retrent liez ses gentz. §Item, le
"admiral ferra la riere garde a la retraite. §Item, les
"choses susdites deyvent estre tenues et gardez sour payne
"de treson. §Item, nul ne se doit departir des niefs ne
"des batels ne descendre a terre, for ceux qe serrent
"ordeinz a descendre, sour la peyne susdite. §Item, chescon
"qe serra ordeine en la garde des niefs, barges et batels
"se doit tenir en la garde ou il est ordeine, sur ycele
"mesme peyne. §Item, si il y a ascon qe desobeisse, ou
"eyt desobey as mestres, les ditz mestres devent envoier
"les desobeysauntz a ladmiral, ou bailler les nons de yceux
"par escript. §Item, qil soit crie et defendu qe nul ne
"desende sanz le comandement de maistre. §Item, les
"choses desusditz deyvent estre cryes et publies pluser
"foitz et sovent, par totes les niefs de ceste presente aryue
"et en chescon des escheles, afin qe chescon ait conisance
"et plenier memoire de yceux."

Item, aliæ ordinationes de die.

"§Item, nul ne deyt passer la nief du visamiral, sur peine
"de lx. florins, si de son comandement non. §Item, est
"ordeyne qe nul nief ne portra qe un baniere de jour, et
"le visamirail portra deux pur conisanse. §Et si ascon

---

[1] *des armes*] darmes, M.
[2] *quai . . . . niefs*] om. M.
[3] *quai as*] qe a, M.
[4] *apportrent*] appartient, M.
[5] *des armes*] darmes, M.

Claudius
E. viii.

"aperceyve ascon nief estrange, il deyt lever une baniere
"ovesqe la sue. Et si le visadmirail aperceyve plus tost,
"il levera une baniere ovesqe les deux. Et se deit ches-
"cone trere vers celui qe premer levera la seconde baniere.
"§Et a totefoitz qe le visadmirail levera lestandarde en
"une gourdine haut au mast, chescon se deit trere vers
"la nief du visadmirail, pur prendre conseil. §Item, qe nul
"descende a terre, en qecunqe partie qe ceo soit, sour qanqe
"il poet meffaire, sil ne soit du comandement du vis-
"admirail."

A.D. 1338.

Ordinationes pro nocte.

"Nul ne deit porter fu, sil nest la nief du visadmiral.
"§Item, quant il voudra mettre lancre hors, il ferra ij.
"feus; et quant il le voudra lever, il ferra iij. feus. §Item,
"si ascoun aperceyve nul nief estrange, il deit fussilier;
"et chescon se deit trere vers celui qi fussilira. §Item,
"si agvigne par aventure qe ascon nief se partist de la flote,
"il deit mettre une baniere quarre haut au mast quant ils
"aperceyvent ascons niefs, et deyvent auxi faire ceux qe les
"aperceyverent une baniere au mast,[1] pur conisance; et cy
"deyvent trere lun vers lautre[2]. §Item, est ordeine qe nul
"ne doit entrier en nief vacante, sur qanqe il se poet
"mesfaire, jesqes a tant qe ladmiral, ou son certein co-
"mandement, y ait venu. §Item, si avigne par aventure qe
"lem fait descente a terre des anemiz, nul ne deit passer
"la baniere du roi; et doit chescon mestre porter sa
"baniere, et chescon se deit mettre et trere a la baniere son
"mestre."

[*Ordinances of the Fleet.*

"Firstly, the admiral shall have the first line of battle; and
"there shall be the men of Savoy and the men of Flanders with the
"said admiral. § Also, the men of Dieppe and the Picards shall
"be in the second line of battle. § Also, let the men of Caen
"and of Cotentin have the rear. § Also, the men of Dieppe and
"the Picards shall be on the right. § Also, the men of Caen
"and Cotentin shall be on the left. § Also, none shall pass the
"flag of the admiral. §Also, each one shall draw to and not
"pass the flag of his master, and each master shall draw to the
"flag of his captain. § Also, no armed man shall go out to
"plunder, but there shall be chosen in each ship a certain number

---

[1] *quant ils aperceyvent . . . . . mast*] om. M.

[2] *lun vers lautre*] luy et les autres vers eux, M.

A.D. 1338. "of the men of arms, and they shall pillage and get booty and Claudius
"bring away the beasts. § Also, in each ship shall be E. VIII.
"chosen two men, which two men shall receive all the booty and
"profit, and it shall be parted, as well among the men of arms
"as among those which shall abide in the ships and those which
"shall part it, according to the condition of the persons. § Also,
"if the admiral make sound the retreat, the men of Caen and
"of Cotentin shall retreat the first in the line of battle; and in
"the retreat they shall remain upon the sea, and make with-
"draw the men of arms first, and, they being withdrawn, they
"shall remove all the boats; and all the crossbowmen shall
"remain with the admiral. § Also, in this same way shall the
"men of Dieppe and the Picards retreat, and withdraw beside
"those people. § Also, the admiral shall make the rear guard
"in the retreat. § Also, the things abovesaid shall be held
"and observed on pain of treason. § Also, no man shall
"depart from the ships or boats nor go ashore, save those that
"shall be appointed to land, on pain aforesaid. § Also, every
"man that shall be appointed to the guard of the ships, barges
"and boats shall keep to the guard to which he is appointed,
"on that same penalty. § Also, if there be any man that dis-
"obeyeth, or hath disobeyed the masters, the said masters shall
"send the disobedient men to the admiral, or deliver the names
"of the same in writing. § Also, let it be proclaimed and for-
"bidden that any go ashore without order of the master. § Also,
"the things abovesaid shall be proclaimed and published many
"times and oft, through all the ships of this present array and
"in each of the squadrons, to the end that each man have
"knowledge and full memory thereof."

Other ordinances for day.

"§ Also, no man shall pass the vice-admiral's ship, on pain
"of sixty florins, save by his command. § Also, it is ordained
"that no ship shall carry more than one flag by day, and the
"vice-admiral shall carry two for a cognizance. § And if any
"man sight a strange sail, he shall hoist a flag along with his
"own. And if the vice-admiral sight it first, he shall hoist a flag
"along with his two flags. And every one shall draw toward
"him that shall first hoist the second flag. § And whensoever
"the vice-admiral shall hoist the standard draped at the mast-
"head, every one shall draw toward the vice-admiral's ship, to
"take counsel. § Also, let no man go ashore, wheresoever it
"be, on penalty of the amount of his wrong-doing, save by
"order of the vice-admiral."

Ordinances for night.

Claudius E. viii.

"§ None shall carry a light, save the vice-admiral's ship. A.D. 1338. "§ Also, when he will cast anchor, he shall show two lights; "and when he will weigh, he shall show three lights. § Also, "if any man sight a strange sail, he shall flash a light; "and every one shall draw toward him that shall flash. § Also, "if peradventure it happen that any ship part company with "the fleet, she shall hoist a square flag at the masthead when "they sight any sail, and also shall those that sight them hoist "a flag at the masthead, for a cognizance; and they shall draw "toward each other. § Also, it is ordained that no man shall "board an empty ship, on penalty of the amount of his wrong- "doing, until such time as the admiral, or his certain order, "be come thither. § Also, if peradventure it happen that a "landing be made on the enemy's country, no man shall pass "the king's banner; and each master shall carry his flag, and "each man shall join, and draw to, the flag of his master."]

[*The following letters are placed at the end of Muri- muth's text, as far as it is given in this MS. See above, p. 121.*]

De bello commisso inter Christianos et Saracenos, et de litera f. 251. *soldani Babiloniæ.*

Eodem anno, die Omnium Sanctorum, commissum est grave A.D. 1340. bellum inter Christianos et Saracenos in confinibus Hyspaniæ, Defeat of the Moors quæ Grenada dicitur; de quo bello quidam, qui eidem bello in Spain at the battle of interfuit, regi Angliæ scripsit in hæc verba:[1] Tarifa or the Salado,

" Tres honurable et tresdoce seignur, vous plaist a[2] savoir qe, 30 Oct. " le jour de Tutz[3] Seintz derrein passe, si avoit le roi Despaigne, " en Granade, un bataille contre les Sarazins, et, par la " grace de Dieu, fist illoeqes la plus bele victorie qe fut, " grant temps passe, sur les ditz Sarazins. A quele bataille " furent occis v. rois Sarazins et c. et l. mil personis Sara- " zins. Et, la bataille faite, le roi Despaigne retourna a les

---

[1] In Harley MS. 1808, f. 70, there is a mutilated copy of this letter, in a hand of the end of the 14th century, which has this title: "Le transcrit de la lettre le "comte de Warwyk mande a "nostre seignur le roi."

[2] *plaist a*] plest il, M.

[3] *Tutz*] des touz, M.

A.D. 1340.
"pavilons le roi de Belmarim,¹ qi estoit chevetein de toutz les
"Sarazins, le quel roi eschapa et passa la mer en une
"petiste galiot; et la, en ses pavilons, si trova le dit roi
"Despaigne une bille escripte as lettres dor et assele dun
"seal dor. La quele bille vint du grant soudan de Babi-
"loyne, comandant qil feist le passage sour le dit roi Des-
"paigne et sur les Chrestienes. [Et le roi de Espanye]² qi
"prist partie des Sarazins a rauncoun si fist un des Sara-
"zins translater la dite bille en Latin, et puis fuit ele
"translate en Espaignolf,³ et despaignolf⁴ en Fraunceys; la
"quele comence en ceste manere:⁵
"'De moi Goldifa,⁶ un ley-exarif,⁷ soudan, grant seig-
"'nur, sages, fort, et puissant seignur de la maison de
"'Meke du seint Mahomet,⁸ puissant et creiant⁹ en la sue
"'hautesce et en la sue seinte vertu, faisant justices as¹⁰
"'hautes et basses, et constreignant sour toutz constrei-
"'gnaunz; seignur du roialme de Turkye¹¹ et de Percie, rete-
"'nour des terres de Hermenie,¹² seignur de la dobble¹³ et de
"'les dobbles de la mier mervaillouse,¹⁴ parceinour de les
"'fiebles, creyaunt en la seinte ley de Mahomet, seignur de
"'la forte espee de Elyas et de Davyd, qi tua et coupa les
"'testes de ceux de la citee Danqere et les destruyt du
"'tout, seignur des roialmes de tout le mond de creatour

Claudius E. viii.

f. 251 b.

---

¹ *Belmarim*] i.e., Banû Marîn, the name of the dynasty. The sultan was Abu 'l-Hasan.

² Supplied from Harl. 1808.

³ *si fist . . . Espaignolf*] fesoit un Saracen qe savoit Espaniolf translate la dite bulle en Espaniolf, Harl. 1808.

⁴ *despaignolf*] puis, M.

⁵ *la quele . . . . manere*] la copie de quele bulle nous vous maundoms enclose dedeinz cestes noz lettres, Harl. 1808.

In the same MS. follow the rubrics: "Ceste bataille fuist le jour "de touz seintz, lan de grace mil "ccc. et xl." "La copie de la "bulle trovee en les pavelions le "roi de Bealmarine."

⁶ *Goldifa*] Galdifa de Baldak,

Harl. 1808. This appears to be a corruption of Khalifa.

⁷ *un ley exarif*] i.e., muley axarif.

⁸ *Meke . . . . Mahomet*] Mesche du corps seint del M., Harl. 1808.

⁹ *creiant*] certeyn, Harl. 1808.

¹⁰ *as*] om. M.

¹¹ *Turkye*] Tralye, Harl. 1808.

¹² *Hermenie*] Probably a corruption of Arabic *al-haramain*: the two holy cities.

¹³ *dobble*] Probably Arabic *daula*: dynasty.

¹⁴ *mier mervaillouse*] Probably a mistranslation of Arabic *bahr al-Ajamiya*: the Persian Gulf. The latter word seems to have been confused by the translator with *al-'ajîba*: the wonderful.

Claudius E. viii.

A.D. 1340.

"' en aval, et des parties Dasia, Daffrica, et Deuropa, et
"' vencour des bateilles et des hostes des Crestiens et des
"' toutz roialmes du mounde: a toi, roi de¹ Belmaryn,
"' salutz et comandement sus la timure de la nostre fort
"' espee. Nous te faceons assavoir qe les nostres sages
"' Sarazins nous firent entendre² qe toun fitz Pichaco,³ len-
"' faunt honurable, chivaler fort et fieux noritz de seint
"' Mahomet, ala contre la ley des Crestienes de la ley
"' maudite, perdue et desaventure, qi ne sevent coment ils
"' vivent, car ils creyent en la sue alme, qils appellent pape,⁴
"' et dient qil est pardonour de pecches; et de ceo sont ils
"' enginiz pur la creaunce qils tignent. Et pur ceo qe le roi
"' Despaigne, auxint qil devoit estre tenutz vassal de droit, et
"' toutz les autres rois qen monde sount, qi creyent en cele
"' ley, qi sont encontre les nos Sarazins, qi sont clieres.⁵
"' nettes, et creyauntz en le seint Mahomet et en le nostre
"' seint Alcoran, et tuerent taunt⁶ seint creature come cest
"' enfaunt Pichaco,⁷ ton fitz, taunt noble come il iert—et
"' si le tuerent fauxement, qar autrement ne purreit estre
"' mort en bataille; et jeo croi vereiment qe pur la seinte
"' creaunce qil tenoit en le seint Mahomet et en la nostre
"' seint Alcoran, qil est en le seint Parays, bras et bras
"' cole⁸ seint Mahomet, et qil mange bienges,⁹ mel, bure,
"' leet, et fourmage, et qil est resuscitez et vive, et qe,
"' tant seint creature come il est, avera lx. femmes puceles
"' en le seint Parays—Et pur ceo te comandons, sour la
"' peine de nostre ley, qe ne reposez jesqes tote la Cres-
"' tienete soit honie et destruite; et donons poer as nos
"' Alfakyns et as nos Alfiers,¹⁰ qils puissent pardonner et
"' sermoner le seint non de ceux qi alerount contre les
"' Crestiens par mier et par terre, et qils eyent pardoun pur
"' eux mesmes et pur xj.¹¹ persones de lour lignage, chescon
"' deux. Auxint te comandons, sour la timure de nostre fort
"' espee. qe tu te muez a tout le poer qe jeo te ai donee,
"' de cea la mer et de la la mier, et qe tu coures toutz les

¹ *de*] om. M.
² *entendre*] a entendre, M.
³ *Pichaco*] Pynchacho, M. His real name was Abû Mâlik. Pichaco seems to be a corruption of the genitive Abî Mâlik, shortened in vulgar speech into Bî Mâlik.
⁴ *pape*] Pasche, Harl. 1808.
⁵ *clieres*] chevaliers, Harl. 1808.

⁶ *taunt*] et taunt, C.
⁷ *Pichaco*] Punchaco, M.
⁸ *cole*] acoletz a le, Harl. 1808.
⁹ *bienges*] linges, Harl. 1808.
¹⁰ Alpakyns; Alphers, Harl. 1808. Arabic *al-fakîh*: lawyer, or doctor, and *al-fâris*: horseman.
¹¹ *xi.*] sept, Harl. 1808.

"' terres de Crestiens, par mier et par terre.¹ Et ceux² qi
"' murrent, jeo leve la main de par nostre seint Alcoran, qe
"' dedeinz les treis jours apres serrent resuscitez en le seint
"' Parais du Mahomet, ovesqe lours femmes et lours
"' enfauntz, et qils mangerent bienges,³ mel, bure, leet et
"' fourmage, et chescon deux avera vij. femmes puceles; pur
"' la quele seint foy nous tendons destre⁴ salve ceux qi
"' serrent fortz et de bon quoor. Et ceux qi ne purrent
"' aler, et durrent de lour avoir, qils eyent ceste mesme
"' pardoun susdite, auxi bien come ils alassent⁵ meismes a
"' la bataille. Et jeo te comaud, noble roi, pastour⁶ des
"' herbes et bevour des eawes de la la mier et de cea la
"' mier, et destruour des Crestiens, qe tu te mues tantost a⁷
"' tout le poer qe jeo tay comande, et qe tu te⁸ vois par
"' Gilbalbar,⁹ nostre joye aventure, ovesqe Aclier,¹⁰ chastel
"' de mult grant vertu. et passez la mier contre le roi
"' Despaigne et contre les autres Crestiens, qe neiez¹¹ deux
"' nul merci ne pete, mes qe tote la Crestiente soit destruite.
"' Et faites en tiele manere qe toutz les esglises qils averent,
"' soyent tantost destruitz; et eu facez estables pur les¹²
"' bestes, et en lours auteres facez manjours, et des croys
"' facez estaches¹³ pur lier les¹² bestes. Les petitz enfauntz
"' faites gettre¹⁴ au mur; les femmes engrocez faites overir
"' les ventres; les autres femmes faites tailler les mameles,
"' les bras, le niez,¹⁵ et les piees; et tout ceo facez pur

---

¹ *Auxint . . . . . par terre.*] Instead of this sentence Harl. 1808 has the following, which precedes the foregoing passage: "Et
" pur ceo toi commandoms sur le
" timour de nostre espee fort qe tu
" meismes, ove tout le power de
" cea la mer et de la la mier,
" ovesqe tote la terre de Arabys,
" et tote la terre de Saffrande, et
" tote la terre de Bealmaryns, et
" tote la terre de Roustres, et tote
" la terre Preciliades, et tote la
" terre Surys, et tote la terre de
" Batasie, et tote la terre de
" Mouselers, et tote la terre de
" Merakyns, et toute la terre de
" Aldaluces, et qe tu irrez touz les
" terres des Crestiens par mer et
" par terre."

² *ceux*] pur ceux, Harl. 1808.

³ *bienges*] lynges, Harl. 1808; beyneront, M.

⁴ *tendons destre*] devoms estre, Harl. 1808.

⁵ *alassent*] fuissent, Harl. 1808.

⁶ *pastour*] honnrable et puissaunt passour, Harl. 1808.

⁷ *a*] ove, Harl. 1808.

⁸ *te*] ten, Harl. 1808.

⁹ Gilbarbar, M., Harl. 1808.

¹⁰ *Aclier*] Mecather, Harl. 1808.

¹¹ *neiez*] ne eietz, M.

¹² *les*] ses, C. M.

¹³ *estaches*] eschtaches, M; estakes, Harl. 1808.

¹⁴ *gettre*] jectre lour testes, Harl. 1808.

¹⁵ *niez*] lietz, M.; meyns, Harl. 1808.

Claudius E. viii.

"'deshonur de la Crestiente; et si ne te partez de illoeqes, A.D. 1340. "'si la qe¹ tote la Crestiente eyez conquise et destruyte "'[de] mier a mier. Et nous tenons ses faitz,² si tu puissez "'bien faire, au paier de sire Mahomet et de seint Almo- "'foffan,³ qi serrent ovesqe toy en tutz tes bateilles, quant "'tu les appelleras; qar unqes tiel seint homme fut niez de "'nostre ley, desoutz la creature en aval, de seint Mahomet⁴ f. 252. "'et de seint Almofoffan.³ come tu serras en toutz tes "'bateilles.'"

["Right honourable and most gentle lord, please you to know "that, on the day of All Saints last past, the king of Spain, in "Granada, had a battle with the Saracens, and, by the grace of "God, had there the fairest victory that hath been, for long "time past, over the said Saracens. In which battle there "were slain five Saracen kings and one hundred and fifty thou- "sand men. And, the battle being fought, the king of Spain "returned back to the tents of the king of the Banû Marîn, "which was chief of all the Saracens, the which king escaped "and passed over the sea in a little bark; and there, in his "tents, the king of Spain found a letter written in letters of "gold and sealed with a seal of gold. The which letter came "from the great soldan of Egypt, bidding him make the passage "of the sea upon the king of Spain and upon the Christians. "[And the king of Spain] which took a part of the Saracens to "ransom made one of the Saracens translate the said letter "into Latin, and then was it translated into Spanish, and from "Spanish into French; and it beginneth in this wise:—

"'From me, the Khalifa, the lord, the noble, the soldan, great "'lord, wise, mighty, and puissant lord of the house of Mecca "'of the holy Mahomet, puissant and trusting in his highness and "'in his holy virtue, doing justice to high and low, and ruling "'over all that rule; lord of the realm of Turkey and of Persia, "'holder of the lands of the two holy cities, lord of the dynasty "'and of the dynasties of the Persian sea, comrade of the weak, "'believer in the holy law of Mahomet, lord of the mighty "'sword of Elias and of David, that slew and cut off the heads "'of the men of the city of Ancyra and destroyed them

---

¹ *si la qe*] jesqe, Harl. 1808.

² *nous tenons ses faitz*] nous te comandoms qe ceo facez, Harl. 1808.

³ *Almofoffan*] Almofosan, M.; Almefesan, Harl. 1808. This may be a corruption of Arabic *al-Mustafâ*: the elect of God, one of the titles of the Prophet, here turned by the translator into a second person.

⁴ *la creature .... Mahomet*] le creatour Mahomet, Harl. 1808.

A.D. 1340. "'altogether, lord of the kingdoms of all the world from the Claudius
"'creation downwards, and of the parts of Asia, of Africa, and E. viii.
"'of Europe, and conqueror of battles and of the hosts of
"'the Christians and of all the kingdoms of the world: to thee,
"'king of the Banû Marîn, health and commandment in the
"'fear of our mighty sword. We make thee to know that our
"'wise men, Saracens, have made us to understand that thy son
"'Pichaco, the honourable child, strong knight and nursling son
"'of the holy Mahomet, went against the law of the Christians
"'of the accursed law, which is cast-away and evil-fated, that
"'know not how they live, for they believe in their soul [on
"'him that] they call pope, and say that he is pardoner of sins;
"'and therefore are they deceived for the belief which they
"'hold. And for that the king of Spain, vassal as he ought
"'of right to be held, and all the other kings in the world,
"'that believe in that law, which are against our Saracens, that
"'are pure, clean, and believers in the holy Mahomet and in
"'our holy Koran, slew so holy a creature as was the child
"'Pichaco, thy son. noble as he was——and they slew him falsely,
"'for otherwise he could not have died in battle; and I verily
"'believe that, for the holy belief that he had in the holy
"'Mahomet and in our holy Koran, he is in the holy Paradise,
"'in the embrace of the holy Mahomet, and that he feedeth on
"'cakes,[1] honey, butter, milk, and cheese, and that he is raised
"'up again and liveth, and that, so holy a creature as he is, he
"'will have sixty virgin wives in the holy Paradise——Therefore
"'we command thee, on pain of our law, that thou rest not until
"'all Christendom be put to shame and destroyed; and we give
"'power to our doctors and our knights, that they may pardon
"'and spread abroad the holy name of those which shall go
"'against the Christians by sea and by land, and that they
"'have pardon for themselves and for eleven persons of their
"'blood, each of them. So we command thee, by the fear of
"'our mighty sword, that thou march with all the power that I
"'have given to thee, on this side the sea and on that, and that
"'thou attack all the lands of the Christians, by sea and by
"'land. And for those which shall die, I lift my hand in presence
"'of our holy Koran. that within three days thereafter they
"'shall be raised up again in the holy paradise of Mahomet,
"'with their wives and their children, and that they shall feed
"'on cakes, honey, butter, milk, and cheese, and that each of
"'them shall have seven virgin wives; for which holy faith we
"'hold to be saved those which shall be strong and of good heart.

---

[1] Old French: *bingne, begne*, the modern *beignet*: a fritter.

<small>Claudius E. viii.</small>

"'And those which shall not be able to go, and shall give of
" 'their goods, shall have this same pardon aforesaid, as if
" 'they went themselves to battle. And I bid thee, noble king,
" 'eater of the herbs and drinker of the waters beyond the sea
" 'and on this side the sea, and destroyer of Christians, that
" 'thou straightway march with all the power that I have bidden
" 'thee, and that thou go by way of Gibraltar, our happy joy,
" 'with Algeciras, the stronghold of right great virtue, and
" 'pass over the sea against the king of Spain and against the
" 'other Christians, that on none of them you have mercy or pity,
" 'but that all Christendom be destroyed. And do in such wise
" 'that all the churches which they have be straightway de-
" 'stroyed; and make of them stalls for the beasts, and of their
" 'altars make mangers, and of their crosses make posts whereto
" 'to tether the cattle. Little children dash against the wall;
" 'women with child rip open; of other women cut off
" 'breasts, arms, noses, and feet; and all this do in dishonour
" 'of Christendom; and so depart not thence, till thou have over-
" 'come and destroyed all Christendom from sea to sea. And we
" 'hold these deeds, if thou canst do well, to be in the guerdon
" 'of our lord Mahomet, the elect of God, which will be with
" 'thee in all thy battles, when thou shalt call upon him; for
" 'never was born so holy a man of our law, from creation
" 'downwards, from the time of the holy Mahomet, the elect of
" 'God, as thou shalt be in all thy battles.'"]

<small>A.D. 1340.</small>

Eodem anno rex Hispaniæ misit solempnes nuncios ad regem
Angliæ cum literis creditorum, rogans ut placeret sibi cum
Philippo de Valesio, adversario suo, pacem inire finalem; cui
dominus rex scripsit sub hac forma:

<small>A.D. 1341. Alphonso of Castille attempts to mediate between England and France.</small>

Litera regis Angliæ super præmissis regi Hispaniæ destinata.[1]

"Magnifico principi, domino Alfonso, Dei gratia, Castellæ
" et Legionis regi illustri, consanguineo suo carissimo, Ed-
" wardus, Dei gratia rex Angliæ et Franciæ et dominus
" Hiberniæ, salutem, votivis semper successibus abundare.
" Venientes ad præsentiam nostram viri venerabiles et dis-
" creti, magister Ditatus Remigii, archidiaconus de Waldere,
" et Johannes Furcard de Mendeta, miles, vestræ sublimitatis
" nuncii, nobis primo per commissam eis a vobis credentiam,
" concessam nobis, pridem divinitus super inimicos fidei
" triumphum gloriosum laudabiliter nunciarunt; adjicientes

<small>Edward's answer, 12 June</small>

---

[1] Title wanting in M. The letter will also be found in the *Fœdera*, vol. II., pt. ii., 1164.

A.D. 1341. "quod reformatio pacis inter nos et adversarium nostrum Claudius
"Franciæ, tum¹ ex affectione qua nobis afficimini, tum² E. viii.
"propter habendum nostrum et aliorum principum contra
"dictos inimicos fidei assistentiam et succursum, vobis admo-
"dum est votiva, et quod ad hoc,³ ut communis amicus,
"interponeretis libentissime partes vestras, quantum posset
"fieri cum nostrorum confirmatione jurium et honoris; et
"subjunxerunt in fine quod placeret nobis, ut inter vestros
"et nostros subditos, saltem supra mare, unitatis vigeret
"amœnitas et amoris. Et quidem de eo quod ad nos per
"annunciationem tantæ triumphalis victoriæ nos recreare tam
"amabiliter voluistis, grates vobis referimus quas valemus,
"gratias exsolventes Altissimo, qui sic ad publicam Christian-
"orum lætitiam et perpetuos laudis vestræ titulos miseri-
"corditer vos respexit; et, ex eo quod, [in] reformatione
"pacis quam cupitis, esse vultis de conservatione honoris
"nostri soliciti, vobis etiam regratiamur ex corde; [super] quo
"scire velit vestra regia celsitudo [quod,] tam propter neces-
"situdinem sanguinis qua connectimur, quam intensum
"desiderium quod habemus, ut simul possemus ad meritorum
"nostrorum cumulum bellis Dominicis intendere et fines
"credentium dilatare, concedere cupimus, quantum commode
"poterimus, votis vestris. Et ideo, cum [in] adventu ipsorum
"nunciorum per quosdam alligatos nostros et alios fuissemus
"rogati, ut [ad] prorogationem cujusdam treugæ inter nos et
"dictum adversarium nostrum usque ad festum Decollationis
"sancti Johannis baptistæ proximo futurum curaremus con-
"sentire, dictæ prorogationi potissime consideratione vestri,
"et ad supplicationem nunciorum vestrorum prædictorum,
"duximus annuendum; et condictum est super hoc quod in
"festo sancti Petri, quod dicitur 'ad Vincula,' convenient
"apud Auntoygne prope Tornacum procuratores seu media-
"tores pacis ex utraque parte, ad tractandum super dicta
"pace, per Dei gratiam reformanda, quam semper, quantum
"decuit, quæsivimus et parati sumus, cum eam habere
"poterimus rationabilem, acceptare; et valde placeret nobis,
"et multum, ut speramus, adjiceret ad pacem, si nuncii
"vestri illic mediatores amicabiles interessent. Prius etiam
"sinceritatis affectus, quem habetis, ad fovendum inter vestros
"et nostros subditos dilectionis et conjunctionis⁴ pacificæ
"firmamentum, nobis admodum est acceptus. Nam novit

---

¹ *tum*] tam, C.; tamen, M.
² *tum*] tam, C.
³ *ad hoc*] adhuc, M.
⁴ *conjunctionis*] comminutionis, C.

Claudius E. viii.
"Deus quod inter cetera corditer[1] appetimus, ut fecundæ
"dilectionis integritas, quæ inter domos nostras regias viguit
"ab antiquo, nostris suscipiat temporibus incrementum. Et
"valde turbamur quando dampna vel injuriæ subditis vestris
"per nostros subditos inferuntur, cum ve-tros velut nostros
"civiliter et amabiliter tractare[2] volumus. Unde decens foret
"et expediens quod, de sic inferendis dampnis et injuriis,
"pœnales et districtæ inhibitiones fierent dictis subditis hinc
"et inde,[3] cum adjectione præcepti, quod mutuo communi-
"carent pacifice et in opportunitatibus se[4] mutuis auxiliis
"prævenirent; quod libentissime ex parte nostra fieri facie-
"mus. si vobis facere placuerit illud idem; super quo vestram[5]
"festinam et amabilem nobis mitti petimus responsivam, et
"invenietis ad hoc et alia vestra beneplacita ex animo nos
"paratos. Datæ apud turrim Londoniarum, xij. die Junii[6]
"anno regni nostri Angliæ quintodecimo, regni vero nostri
"Franciæ secundo."[7]

A.D. 1341.

Eodem anno archiepiscopus Cantuariensis, videns quod rex, spreto consilio suorum magnatorum ac sapientium regni, pravoque usus juniorum consilio, velut alter Roboam, post adventum suum de ultramarinis partibus, ut supra dictum est, omnes officiales suos ab officiis suis amovit et in locis diversis carceri mancipavit, scripsit eidem regi sub hac forma :

Litera archiepiscopi regi missa.

"Tres doce seignur, vous plaise savoir qe la plus sover-
"aine chose qe tient les rois," etc.
[*See R. de Avesbury.*]

[*An appendix of documents succeeds, among which is the following.*]

Un lettre[8] *envoie al roy Edward le seconde apres le conqueste par le conte de Lancastre.*[9]

f. 256.

"Treschiere sire, nous receumes deux lettres desouz vostre
"grant seal, par les mainz monsire William de Dene, a Aysch-

A.D. 1317.
The earl of Lancaster's

---

[1] *corditer*] concorditer, M.
[2] *tractare*] tractari, M.
[3] *et inde*] om. M.
[4] *se*] seu, M.
[5] *vestram*] varium, C.
[6] *Junii*] Julii, M.
[7] Here ends M.

[8] *See* a Latin version of this letter in *Chronicles of the Reigns of Edward I. and Edward II.* (in this Series), ed. Bishop Stubbs, 1883, vol. ii. p. 50.
[9] *Lancastre*] Gloucestre, C.

"burne en le Peek, le xxj. jour de July; dont la tenure del
"une lettre fust, qe fait vous fust a entendant qe nous et le nos
"avoms fait deux assemblees et confederaciouns, encontre vostre
"deffens, et qe nous et le noz avoms fait retenaunces de plusours
"gentz, promettant avoir sanz noumbre, et sur ceo dussoms
"faire obligaciounz, en destui baunce de vostre pes et a lespante-
"ment de vostre poeple. Voillez, treschiere sire, entendre qe
"nous ne avoms fait nulle assemblez en desturbance de vostre
"pes, ne retenaunce en nulle manere de gentz contre vous
"nencontre vostre pes, al aide de Dieu. Et la retenaunce qe
"nous fesoms est a maintenir vostre peas et vous, sire, et
"vostre seignourie; et retenaunce ferroms de jour en jour pur
"la dite enchesoun; qar, sire, nadgaires qe vous nous man-
"dastes, par voz lettres, qe nous fussoms a vous a Noef chastel
"sur Tyne en vostre service. lendemain de la seint Laurence;
"contre qele jour nous nous enforceroms de venir a la plus
"forcible manere qe nous purroms, prest daler ove vostre corps,
"si nous eioms vie et saunte, sur voz enemies, a nostre poair.
"Et, treschere sire, grant mervaille nous semble qe vous nous
"reparnez de la retenaunce qe nous fesoms de si, come vous nous
"avez mandez qe nous veignoms a vous, ove vostre service et
"outre vostre service, a plus forcement qe nous purroms; qar
"il nous semble qe nous devoms estre del greignour estuf, apres
"vostre corps, qe nulle autre, pur le comoun profite du roialme
"et pur lonour de vous; et devoms meulz maintenir a nostre
"poair. Et, treschiere sire, quant a lautre lettre, pur la quele
"vous nous avez mandez destre a vous icco Joudy, le xxj. jour
"de Juyl, a Notingham, pur tretre ove vous et ascouns prelatz
"et granz seignours et autres de vostre counseil, qe illoec ser-
"ront trovez, sur ceo qe les Escotes, noz enemies, sont de
"novel entrez en vostre roialme, fessantz homicides, robberies,
"arsounz, et autres damages sanz noumbre: de ceo qe nous
"ne veignoms a celle jour vous vuillez avoir excusee, qar nous
"ne sumes pas en estate de travailler. Et dautre part, sire,
"sovenir vous deit qe, a vostre darrein parlement, tenu a
"Nicole, pur tant qe le governement de vostre roialme fust
"governe par gentz nient suffisantz, assentistez qe lercevesqe
"de Cantirbirs, levesqes de Landaf, Circestre, Norwice, Sares-
"birs, les countes de Penbroke, Hereforde, Aroundel, Riche-
"mound, et nous, ovesqe monsire Bartholomeu de Badele,
"feissoms ordeigner, par lavisement des sages de vostre
"counseil jurez, coment vostre estate puist estre redresce
"et le governement de vostre roialme et de vostre hostiel
"meulz ordeiguee, et qe les noun covenables fussent
"de vous remoez pur touz jours et nulle part en vostre

"servise retenu, et qe lordeignement fust ferme et estable.
" Et sur ceo nous alames a Loundres, la ou les plus sages de
" vostre counseil furent, et par avisement de eaux et les plus
" covenables de vostre hostiel et governement de vostre
" roialme. Les quex pointz nous vous envoiams en escripte
" par Sire Bartholomeu de Badele et monsire William Inge ;
" de queles pointz vous navez rien tenuz unquore. Et, sire,
" les ordinaunces faitz en le tenps lercevesqe Robert, qe Dieu
" assoile!, fust trove qe ascounz gentz, qe sont demurrant ove
" vous, ne furent mie covenables a demurrer pres de vous
" nen vostre service. Par qoi y fust ordeigne qe vous les
" dussez avoir ouste de vous et de vostre service. De qoi,
" sire, rien nest fait ; einz les avez plus chier tenuz qe
" avant ne furont, et autres de novel pris a vous puis, qui
" sont de mesme la condicioun, et lour donez de vostre de
" jour en jour, issint qe poy ou nient vous remaint. Les
" queux dounz, sire, si vous les ussez en vostre main, vous
" tendront plus grant lieu en les bosoignes qe vous avez ci
" affaire, qe lavoir mys en tiel gaste. Ne les ordinaunces
" faitz en le temps lercevesqe Robert navez en nulle point
" tenuz ; de qoi le poeple est molt greve. Et feistes jurer
" prelatz, countes, et barouns, et touz voz ministres, a tenir
" les ditz ordinaunces ; et sur ceo les affirmastes par voz
" lettres, a tenir en toutz pointz, les quex nous et plusours
" autres de vostre roialme avoms devers nous ; et rienz nest
" tenuz. Et, sire, en merveiller vous ne devez de ceo qe
" nous ne veignoms a cestui jour, qar les bosoignes sur queles
" vous voudrez nostre counseil, avisement, et nostre assent
" avoir, solom ceo qe vous nous avez mande, dussent estre
" tretez en plein parlement et en presence des peeres de la
" terre. A ceo faire, sire, sumes jurez ; si ne deivez, sire,
" mie voiller qe nous venissoms nulle part a tretre hors de
" parlement des choses qe dussent estre tretez en parlement,
" encontre nostre serment et encontre vostre fait demeisne.
" Et sur ceo, sire, qe vous nous avetz mande par vostre drain
" mandement qe les Escotes sont de novel entre en vostre
" terre, sur quelo chose vous voudrez avoir nostre counseil et
" nostre assent, nous entendoms, sire, qe vous avetz pris vostre
" counseil sur ceo del houre qe vous nous mandastez voz
" breefs a nous et a toutz les autres de vostre roialme qe
" service vous devoient, qil soient a vous a Noef chastel sur
" Tyne a certein jour ; a quele jour nous y serrons al aide
" de Dieu, si nous cioms vie et vous y soiez. Et, sire, si
" laler en celles parties demande greignour haste, movez,
" sire, y, quant il vous plerra, et nous vous sueroms, en

A.D. 1317.

A.D. 1317. "lonour de vous, pur salvacioun de vostre terre et de vous
"mesmes et de vostre poeple. Et pur Dieu, sire, hastez
"vous de faire le. Escrite, etc."

[A letter sent unto king Edward the second after the conquest, by the Earl of Lancaster.

"Most dear lord, we did receive two letters under your great
"seal, by the hands of my lord William of Dene, at Ashborne in
"the Peak, on the 21st day of July; whereof the tenour of
"the one letter was, that you were made to understand that we
"and ours had made two gatherings and confederations, contrary
"to your forbidding, and that we and ours had made retainings
"of much folk, promising to have them without number, and
"hereon we were to give our bond, in disturbance of your peace
"and to the affrighting of your people. Please you, most dear
"lord, to know that we have made no gathering in disturbance
"of your peace, nor, in any manner, retaining of men against you
"and against your peace, by the help of God. And the retaining
"which we make is to uphold your peace and you, sire, and your
"lordship; and retaining we will make from day to day for
"the same occasion; for, sire, of late you bade us, by your
"letters, that we should be with you at Newcastle-on-Tyne to
"serve you, on the morrow of Saint Lawrence; against which
"day we shall earnestly endeavour to come with what strength
"we may, being ready to go with your person, if we have life
"and strength, against your enemies, with all our power. And,
"most dear lord, great marvel it seemeth to us that you blame
"us for the retaining which we here make, since you have
"bidden us come unto you, with your service and beyond your
"service, with all the strength we may; for it seemeth to us
"that we ought to be of greater substance, after your person,
"than any other, for the common profit of the realm and for
"your honour; and we ought to maintain it to the best of our
"power. And, most dear lord, as touching the other letter,
"whereby you bade us be with you this Thursday, the 21st day
"of July, at Nottingham, for to treat with you and certain
"prelates and great lords and others of your council, which
"shall there be found, for that the Scots, our enemies, are newly
"entered into your realm, doing murders, robberies, burnings,
"and other wrongs without number: for that we come not on
"that day we pray you have us excused, for we are not in a state
"to travail. And moreover, sire, it behoveth you to remember
"that, at your last parliament, holden at Lincoln, fornsmuch as
"the governance of your realm was guided by people no wise

"sufficient, you did consent that the archbishop of Canterbury,
"the bishops of Landaff, Chichester, Norwich, and Salisbury,
"the earls of Pembroke, Hereford, Arundel, Richmond, and we.
"with my lord Bartholomew of Badelesmere, should make ordain,
"by advice of the wise men sworn of your council, how your
"estate might be redressed and the governance of your realm
"and of your household better ordered, and that unfitting persons
"should be removed away from you for ever and in no wise kept
"in your service, and that the ordinance should be confirmed
"and established. And hereupon we went to London, where
"were the wisest men of your council, and by advice of them
"[we ordained certain points which were [1]] best suited for your
"household and the governance of your realm. Which points
"we did send unto you in writing by my lord Bartholomew of
"Badelesmere and my lord William Inge; but of the same you
"have never yet kept any. And, sire, by the ordinances made
"in the time of archbishop Robert, whom God assoil!, it was
"found that certain persons, which are abiding with you, were
"in no wise fitting to be near you or in your service. Wherefore
"it was ordained that you should have removed them from you
"and from your service. Whereof, sire, nothing hath been
"done; but you have held them dearer than they were before,
"and others you have newly taken to you, which are of the
"same condition, and do give them of your substance daily, so
"that little or nothing remaineth unto you. And these gifts,
"sire, if you had them in your hands, would stand you in better
"stead in the matters which you have to do, than the having
"put them to such waste. The ordinances made in the time of
"archbishop Robert you have in no point kept; whereby the
"people is much injured. And you made swear prelates, earls,
"and barons, and all your servants, to keep the said ordinances;
"and moreover you did confirm them by your letters, to keep
"them in all points, which letters we and many others of your
"realm have with us; and yet nothing is kept. And, sire,
"marvel you ought not that we come not on this day, for the
"matters whereon you would have our counsel, advice, and
"assent, according to what you bade us, ought to be treated in
"full parliament and in presence of the peers of the land. To
"do this, sire, we are sworn; and so it behoveth you not, sire,
"to will that we come anywhere to treat outside parliament of
"the things which should be treated of in parliament, contrary to

---

[1] Some words are evidently omitted from the text The words in the Latin version are: "cum quibus super hospitio vestro et regimine regni "vestri ordinavimus præcise quod necessarium videbatur."

A.D. 1317. "our oath and to yours, sworn in like manner. And moreover, Claudius
"sire, whereas you have sent word by your last letters that the E. viii.
"Scots are newly entered into your land, whereon you would
"have our counsel and assent, we understand, sire, that you
"took your counsel in this matter at the time when you sent
"your letters unto us and to all others of your realm that owed
"you service, that we should be with you at Newcastle-on-Tyne
"on a certain day; on which day we shall be there by the help
"of God, if we be alive and you be there. And, sire, if the
"going into those parts requireth greater haste, remove, sire,
"thither, when it shall please you, and we will follow you, in
"honour of you, for the safety of your land and of yourself and
"of your people. And for God's sake, sire, hasten so to do.
"Written, etc."]

ROBERTUS DE AVESBURY DE GESTIS MIRABILIBUS REGIS EDWARDI TERTII.

ROBERTUS DE AVESBURY DE GESTIS MIRABILIBUS REGIS EDWARDI TERTII.

Mirabilia gesta magnifici regis Angliæ, domini Edwardi tertii post conquæstum, procerumque suorum,[1] tactis primitus quibusdam gestis de tempore patris sui, domini Edwardi secundi, quæ in regnis[2] Angliæ, Scociæ, et Franciæ, ac in Aquitannia et Britannia, non humana sed Dei potentia, contigerunt, per Robertum de Avesbury, curiæ Cantuariensis registri custodem, compilata, Anglorum memoriæ merito commendanda, legi poterunt in hæc verba.

Propter evidentiam de excellentissimo principe, rege Angliæ, domino Edwardo post conquæstum tertio dicendorum, quædam notabilia sub compendio de tempore patris sui, domini Edwardi secundi post conquæstum, primitus sunt tangenda; qui filiam domini Philippi, dicti le Beal, regis Francorum,[3] nomine Isabellam, xxv^{to}. die Januarii, anno Domini millesimo CCC^{mo}VII^{mo}., apud Bononiam juxta mare duxerat in uxorem, de qua genuit gratiosum dictum dominum Edwardum tertium, qui in castro de Wyndesore, die festi sancti Bricii, anno Domini millesimo CCC^{mo}XIII°. nascebatur.

Dictus vero dominus Edwardus secundus xix^{cim}.[4] annis et amplius[5] regnavit, et mirabiliter regnum Angliæ gubernavit. Numquam enim prosperari potuit con-

---

[1] *suorum*] om. D.
[2] *regnis*] regno, D.
[3] *Francorum*] Franciæ, D. T.
[4] *xix.*] cum xix., D. T.
[5] *et amplius*] om. D. T.

tra Scotos, quos nobilis rex pater suus, dominus Edwardus primus post conquæstum, prout in chronicis de tempore suo factis plenius continetur, quotiens contra eum Scoti insurgere nitebantur, bello cum eisdem commisso, devicit eosdem et sibi totiens subjugavit. Walliam insuper totam, Thlewelino[1] tunc principe Walliæ capto primitus et decapitato, suæ ditioni coegit. Sed dictus dominus Edwardus secundus bellum habuit intestinum contra quosdam regni sui comites et barones, confœderatos contra dominum Hugonem le Spenser juniorem, qui se gessit ut alter rex, et dicto regi adversantes, pro eo quod contra voluntatem eorum retinuit eundem dominum Hugonem le Spenser sibi secretarium, et per eum ductus, quin verius seductus, fuit multotiens in agendis; et duravit dissensio inter dictas partes fere per totam hiemem. Incepit enim circiter festum sancti Michaelis, anno Domini millesimo $CCC^{mo}XXII^{do}$. Tandem domini Rogerus et Rogerus de Mortuo mari, videlicet pater et filius, de[2] dictis confœderatis voluntati dicti domini regis sperantes gratiam consequi se submiserunt. Tunc vero dictus dominus Rogerus junior ductus fuit ad turrim Londoniarum et ibidem remansit mancipatus. Deinde comes Herfordiæ ac nobiles domini de Badelesmere, de Clifforde, et alii barones et milites de eisdem confœderatis in diversis Angliæ partibus capti fuerunt, et morti judicati inhumaniter ad caudas equorum ad furcas, in duplo furcis communibus altiores propter ipsos factas, tracti et suspensi fuerunt in eisdem, et remanserunt per multa tempora sic suspensi. Nobilis vero comes Lancastriæ, dominus Thomas, consanguineus dicti regis, pro eo quod dictis confœderatis favebat, captus fuit tempore Quadragesimali apud Pountfreyt[3] et decollatus ibidem.

---

[1] *Thlewelino*] Thlewellino, D.
[2] *de*] se, D. T.
[3] *Pountfreyt*] Pountfreint, D.

De adventu primogeniti regis et Isabellæ matris suæ de partibus transmarinis in Angliam apud Orewelle.

Anno Domini millesimo CCC^{mo}XXIIII^{to}. inter præfatum regem Angliæ et regem Franciæ dissensionis materia suscitata, pro pace inter ipsos amicabiliter reformanda, dictus rex Anglorum, per dictum dominum Hugonem le Spenser juniorem dominumque[1] Hugonem le Spenser seniorem consultus, quin verius seductus, ut patet in sequentibus, primo præfatam dominam Isabellam, uxorem suam, et subsequenter ex intervallo dictum dominum Edwardum, filium suum primogenitum, ad dictum regem Francorum ultra mare transmisit. Quibus ibidem exsistentibus, præfatus dominus Rogerus de Mortuo mari junior a turri Londoniarum, in qua tunc fuit incarceratus, non præmunitis suis custodibus, prudenter evasit, et in partibus transmarinis clandestine se recepit, et se cum dicta domina Isabella, ut facta secretius non dicenda taceam, alligavit. Tuncque per[2] prudentiam ipsorum inter dictum dominum Edwardum, dicti regis primogenitum, comitemque Anoniæ talis alligatio facta fuit, quod idem comes certum armatorum numerum inveniret, ad reducendum ipsos in Angliam vi armata, et idem primogenitus filiam dicti comitis, nomine Philippam, tunc duceret in uxorem.

Tali vero alligatione inter dictas partes firmata et omnibus quæ[3] ad reditum ipsorum in Angliam necessaria fuerant promptis et præparatis, dictus dominus Edwardus, dicti[4] regis primogenitus, cum dicta domina Isabella, matre sua, præfatoque domino Rogero de Mortuo mari, dominoque Johanne, fratre dicti comitis Anoniæ, duce hominum armorum, per dictum comitem

A.D. 1325. Mission of queen Isabella and her son to France.

She is joined by Roger Mortimer.

A.D. 1326. Their alliance with the count of Hainault.

f. 77 b.

Their expedition to England.

---

[1] *dominumque*] dictumque, D. T.
[2] *per*] om. D. T.
[3] *et omnibus quæ*] quæ repeated after Angliam, H. T.; omnibusque ... quæ, D.
[4] *dicti*] om. D.

in auxilium dicti domini Edwardi ac matris suæ missorum in Angliam, die Veneris proxima ante festum sancti Michaelis, anno Domini MᵐᵒCCCᵐᵒXXVIᵗᵒ., apud Orwelle[1] in portu de Herewich navigio veniens, Angliam intravit.

Hoc audientes, dictus dominus Edwardus rex et dominus Hugo le Spenser junior et dominus Hugo le Spenser senior miserunt undique pro hominibus armorum de retinentiis suis, ut ad ipsos in auxilium declinarent. Quibus nolentibus ad eos venire, trepidaverunt magno timore, et quærentes subterfugia se ad partes occidentales Angliæ divertebant. Londonienses vero, præmissa perpendentes et dictos Dispensarios odio habentes, omnes adhærentes eisdem in civitate Londoniarum inventos bonis omnibus spoliaverunt, et quosdam vita privarunt, reverendumque patrem, dominum Walterum, Exoniensem episcopum, tunc cancellarium regis, ad crucem factam in vico de Chepe Londoniis decollari fecerunt. Tumultusque magnus in ipsa civitate, et deprædatio multorum fiebat, quem et quam majores et seniores populi ipsius civitatis sedabant.

Dictus vero dominus Edwardus, primogenitus regis, adhuc puerilis suæ ætatis tertium decimum annum agens, per dictam dominam Isabellam, matrem suam, dictumque dominum Rogerum de Mortuo mari ductus, cum dicto domino de Anonia aliisque nobilibus regni Angliæ, in ipsius auxilium ad se venientibus, post dictos Dispensarios, versus occidentales partes Angliæ, ut præfertur, tendentes, iter suum direxit; adeo quod dictus dominus Hugo senior in castro Bristolliæ, ad quod custodiendum mittebatur[2] per regem, obsessus est primitus villa et dicto castro per reginam et, sibi cito redditus, captus fuit et morti judicatus, ad caudas equorum tractus usque ad furcas latronum, et ibidem

---

[1] *Orwelle*] Orewelle, D. [2] *mittebatur*] nitebatur, D. T.

cum catena ferrea suspensus remansit. Deinde dicti domini rex et Hugo junior in Wallia capti sunt, et idem dominus Hugo morti judicatus fuit, et ad caudas equorum, sicut pater suus fuerat, ad furcas latronum tractus et ibidem suspensus aliquamdiu remansit; et deinde decapitatus et quarteratus fuit, caputque suum positum super pontem Londoniarum, et unum quarterium apud Doveriam, secundum apud Bristolliam, tertium apud Eboracum, quartum apud Newecastel.[1] missa et suspensa fuerunt. Dominus vero Edwardus rex prædictus in quodam castro domini Mauricii de Berkelegh se recepit, sub tuta custodia deputatus; et paulo post se dimisit a regimine regni sui, ac concessit et permisit dictum dominum Edwardum tertium, filium suum, in regem Angliæ coronari. Deinde, post paucos dies diem suum clausit extremum, et in abbatia Gloucestriæ requiescit humatus.

Dicto igitur domino Edwardo tertio, anno ætatis suæ xiiij^{mo}. incipiente, patre suo adhuc vivo, de expressa ipsius patris voluntate omniumque comitum et baronum aliorumque nobilium regni Angliæ, apud Westmonasterium, in festo Conversionis sancti Pauli, anno Domini millesimo ccc^{mo}xxvi^{to}, in regem Anglorum solempniter coronato, idem rex multis postea temporibus per dictam dominam Isabellam, matrem suam, prædictumque dominum Rogerum de Mortuo mari totaliter ducebatur; adeo quod quodam in parliamento, per eundem juvenem regem Angliæ apud Northamptonam, in quindena Paschæ, anno Domini millesimo ccc^{mo}xxviii^{vo}. celebrato, propter voluntatem multorum nobilium Angliæ, dicti domina Isabella et Rogerus de Mortuo mari pacem turpem inter Anglicos et Scotos iniri fecerunt. Ita quod David, filius Roberti le Bruys, per annum antea mortui, sororem dicti regis Angliæ, filiam dictæ dominæ Isabellæ, desponsaret; quam postea

---

[1] *Newecastel*] Newecastiel, D.

A.D. 1328. idem David, vix nonum annum suæ ætatis attingens, apud Berewyk[1] duxit in uxorem.

De rotunda tabula tenta apud Wygemour per dominum Rogerum de Mortuo mari.

A round table held by Mortimer.

Prædictus vero dominus Rogerus de Mortuo mari, ex thesauro dictorum Dispensariorum et aliunde supra modum ditatus, volens sic fieri, factus fuit et nominatus comes de la Marche, subsequenterque præfatum dominum regem ac dominam Isabellam, matrem suam, multosque comites et barones, ac quasi omnes nobiles milites regni Angliæ apud Wygemour[2] in partibus suis solempniter convocavit; et ibidem rotundam tabulam per plures dies tenuit, ac eisdem contulit donaria valde magna. Sic se quasi regem supra alios, in quantum potuit, extollebat, nesciens quod paucitas dierum suorum finiretur brevi.

De morte Edmundi de Wodestoke, comitis Canciæ.

A.D. 1330. Charges against the earl of Kent. f. 78 b.

Anno vero gratiæ millesimo $CCC^{mo}XXIX^{no}$ finiente, circa medium Quadragesimæ, dictus juvenis rex tenuit parliamentum apud Wyntoniam; et ibidem dominus Edmundus de Wodestoke,[3] comes Canciæ, frater dicti regis mortui, et quidam alii[4] accusati fuerunt de eo quod quidam confingentes dictum regem mortuum esse vivum et ipsum debere ad pristinam regiam dignitatem reduci, licet hoc falsum fuerat, sicut rei veritas postmodum comprobavit, propter quasdam confessiones dictam materiam concernentes, quas dictus comes emisit, licet hujusmodi confessiones non deberent rationabiliter causam tribuere mortis suæ, tamen idem comes, inscio dicto rege et multis magnatibus, captus fuit et

---

[1] *Berewyk*] Berewik, T.
[2] *Wygemour*] Wygmour, D. T.
[3] *de Wodestoke*] om. D.
[4] *alii*] om. D. T.

decollatus; propter quod comites et barones regni Angliæ in punctu magnæ dissensionis fuerunt. Sed major pars ipsorum dictis regnantibus assistebat, et propterea ceteri contra insurgere non audebant.

De captione et morte domini Rogeri de Mortuo mari.

Dictus vero dominus Edwardus tertius rex, cum fere per iiij^{or}. annos ad libitum dictorum Isabellæ et Rogeri sub ipsis, sicut oportuit, militasset, molestum ferens quod taliter ducebatur, in quodam parliamento apud Notingham¹ post festum sancti Michaelis, anno Domini millesimo CCC^{mo}XXX^{mo}, celebrato, in villam de Notingham¹ se recepit, dictis domina Isabella, matre sua, et Rogero² de Mortuo mari in castro de Notingham¹ pro ipsorum securitate tempore parliamenti moram facientibus. Et tunc quadam nocte, per dictum dominum regem et dominum Willelmum de Monte acuto, strenuum militem, habito tractatu secretiori cum constabulario dicti castri, idem dominus rex et dominus Willelmus, cum suis secretariis bene armatis, ex prælocuta ordinatione, dicto constabulario eorum³ duce, per quandam viam subterraneam, clausis januis dicti castri, infra illud sunt ingressi. Et tunc ibidem dictus dominus Rogerus latenter captus fuit, et ad turrim Londoniarum ductus et carceri mancipatus, et in vigilia sancti Andreæ proximo tunc sequente adjudicatus fuit morti, et a turri Londoniarum usque⁴ furcas, apud Elmes per unam leucam extra civitatem Londoniarum erectas, ad caudas equorum tractus fuit et suspensus ibidem.

De hastiludio in Chepe, Londoniis.

Extunc vero dictus dominus Edwardus tertius solium majestatis suæ tenuit et magnificus rex regnavit, et volens in armis se et suos exercitari, quia

"quod nova testa capit inveterata sapit."⁵

---

¹ *Notingham*] Notyngham, D. T.
² *Rogero*] domino Rogero, D.T.
³ *eorum*] eorumque, D. T.
⁴ *usque*] usque ad, D.
⁵ Cf. Horace, Ep. I. ii. 69.

A.D. 1331.
f. 79.

turneamenta et[1] hastiludia frequentavit, et circiter festum sancti[2] Michaelis proxime tunc futurum, anno regni sui v[to], in vico de Chepe, Londoniis, inter conductum et magnam crucem solempne hastiludium de strenuis comitibus, baronibus, militibus, aliisque nobilibus regni Angliæ fieri ordinavit, quale non fuerat prius visum.

Extracta de antiquis chronicis notanda pro rege Anglorum contra reges Scotorum, nolentes sibi facere homagium.

Precedents for the claim of England to feudal superiority over Scotland.

Quia superioritatem, quam rex Angliæ in regno Scociæ deberet rationabiliter optinere, expedit memoriæ sæpius commendare, quædam de antiquis chronicis per diversos successivis retroactis temporibus composita sub compendio sunt extracta, et ad evidentiam modernorum et etiam futurorum incidenter hic inserta.

Egiptiis in mari rubro submersis, illi qui superfuerant expulerunt a se quemdam nobilem qui apud eos degebat, ne super eos dominium invaderet, qui cum familia sua apud Navarriam pervenit; et ibi per annos multos habitaverunt, et progenies eorum multiplicata est valde. Inde autem applicuerunt[3] in Albania, tunc parte Britanniæ, et provinciam illam devastare cœperunt. Anno gratiæ lxxv[to] Lodricus, rex Pictorum, in aquilonarem partem Britanniæ applicuit, et provinciam illam devastare cœpit. Ac Marius, Britonum rex, Lodricum hostiliter petens interfecit. Demumque[4] populo Pictorum devicto, qui cum Lodrico venerat, partem Albaniæ ad inhabitandum, quæ Cathenesia nuncupatur, concessit; et, cum non haberent

---

[1] *et*] om. D. T.
[2] *sancti*] om. D.
[3] *et progenies .... applicuerunt*] om. D. T.
[4] *Demumque*] Demique, D.; Deque, T.

uxores, filias et cognatas Britonum petierunt sibi copulari, sed non optinuerunt; propter quod ab Hibernibus uxores petebant et optinebant.¹ Et, quia ex Pictis et Hibernibus Scoti originem habuerunt, nuncupati sunt Scoti, quasi ex diversis nationibus compacti. Hæc de tempore Britonum, ex quibus liquet evidenter regem Britonum superiorem Albanum dominum exstitisse, testante venerabili Beda presbytero, qui in chronicis longitudinem Britanniæ describens ait regnum Britanniæ, a Pendwidstret² in Cornubia usque Cathenesiam³ in extremis Albaniæ partibus exsistentem, lxxx.⁴ milliaria continere.

Arthurus etiam, rex Britanniæ, Albaniam, id est⁵ Scociam, totam⁶ sibi subjecit et Anguselum, tunc regem Scociæ, in servitio suo tenuit, quousque partes Galliæ sibi subjugasset.

Imperatores etiam Romani, dum regno Angliæ præfuerunt, regnum Scotorum et Pictorum sibi subjugarunt, ac eosdem Scotos et Pictos rebellantes a regno Scociæ propulserunt.

Romanorum imperio super Britannos cessante, f. 79 b. Saxones, Anglici, et Wycti,⁷ a rege Britonum Vortigerno in subsidium invitati,⁸ expulsis tandem Britonibus,⁹ regnum optinuerunt, et sibi regnum Scociæ subjugarunt.

Edwardus enim, primus filius Aluredi regis, regnum Scociæ sibi subjugavit, et fidelitatis juramento regem et proceres regni sibi astrinxit, anno Domini DCCCC^{mo}VII^{mo}.

---

¹ *et optinebant*] om. D.
² *Pendwidstret*] Pendewidestret, D.
³ *Cathenesiam*] Cathenasiam, D.
⁴ *lxxx.*] a blank in D.

⁵ *id est*] et, D. T.
⁶ *totam*] om. D. T.
⁷ *Wycti*] Wicti, D.
⁸ *invitati*] convocati, D. T.
⁹ *Britonibus*] Britonis, H. T.

Et nota quod multi reges Scotorum fecerunt homagium regi Angliæ pro regno Scociæ.

English conquests of Scotland, and homage done by kings of Scotland to kings of England.

Athelstanus[1] rex Angliæ, anno gratiæ DCCCC^{mo}XXXIII^{tio} regem Scociæ regno privavit, sed postea eum tributarium restituit.

Edredus etiam rex, filius regis Athelstani, Scotos dominio suo subegit et juramento fidelitatis astrinxit, anno Domini DCCCC^{mo}L^{mo}.

Edgarus rex Angliæ regem Scotorum Kynardum sibi subjecit.

Dani denique, regno Angliæ præsidentes, Scotorum regi et populo dominabantur, quin potius Cnowtus,[2] rex Daciæ et Angliæ, regnum Scociæ optinuit, et eidem præfuit rex toto tempore vitæ suæ.

Sanctus etiam Edwardus rex, filius regis Adeldredi, ducem Northumbriæ Sywardum[3] cum grandi exercitu misit in Scociam et, Machato rege Scociæ de regno suo fugato, regnum Scociæ dedit Malcomo,[4] filio ducis Cumbrorum, de se tenendum, anno Domini millesimo LV^{to}.

Post adventum Normannorum, Willelmus primus, Angliæ conquæstor, totam terram Scociæ sibi subjugavit.

Willelmus etiam Rufus, rex Angliæ, Malcomum regem Scotorum dominio suo subegit, anno ipsius Willelmi tertio et gratiæ millesimo LXXII^{do}. Item, anno regni sui V^{to}, rege Scotorum Malcomo et Edwardo filio ejusdem in Northumbria interemptis, Danetam filium Malcomi, per Scotos in regem electum, de regno fugavit, et regnum Scociæ optinuit, de rege Angliæ tenendum. Idem rex Willelmus, anno regni sui X^{mo}, misit exercitum suum in Scociam, et regem Doneual,[5]

---

[1] *Athelstanus*] Adelstanus, D.

[2] *Cnowtus*] Cnutus, D. T.

[3] *Sywardum*] Siwardum, D.

[4] Malcolm's name appears as Malcomus, Malcolmus, Malconius, Maltonius, Melconius, in the MSS.

[5] *Doneual*] Donewald, D.

quem Scoti, occiso Donecano, restituerant, magno prœlio fugavit, et Edwardum, filium Malcomi regis, in regem Scociæ statuit.

Henricus primus, rex Angliæ, qui Matildem, filiam Malcomi regis Scociæ et Margeriæ reginæ, desponsavit, mortuo Edwardo rege Scociæ, Alexandrum fratrem ejusdem in regno Scociæ sublimavit anno gratiæ millesimo $c^{mo}vii^{mo}$.

Tempore regis Angliæ Stephani, anno gratiæ millesimo $c^{mo}xxxvii^{mo}$, rex Scociæ David subditus[1] est ei, et Henricus, filius David regis Scotorum, homo regis Stephani est factus, quem secum duxit in Angliam.

Henrico regi Angliæ secundo Malcomus rex Scociæ, nepos regis David tunc defuncti, homagium fecit apud Wodestoke, anno gratiæ millesimo $c^{mo}lxiiii^{tio}$. Item, anno[2] gratiæ millesimo $c^{mo}lxxv^{to}$, rex Scotorum Willelmus devenit homo ligius regis Anglorum de regno Scociæ et de omnibus terris suis, et fecit etiam regi Angliæ, Henrico[3] secundo, homagium et ligeantiam, ut domino suo. Et similiter fecerunt omnes episcopi, comites et barones Scociæ. Juraverunt etiam quod nullum fugitivum regis Angliæ nunquam receptabunt.

Rex autem Ricardus, profecturus Ierosolimam, præter consilium procerum regni sui, remisit et quietum clamavit regi Scociæ dominium regni Scociæ et totum jus quod habuit in exigendo et recipiendo ab eodem et heredibus suis fidelitatis et ligeantiæ juramentis de regno[4] Scociæ. Fecit tamen eidem regi Ricardo homagium de his quæ de eo tenuit in Anglia. Sapientibus tamen visum est regem, irrequisito consensu populi sui, jura coronæ suæ cum tam enormi læsione, in præjudicium regni et contra regis honorem, alienare

---

[1] *subditus*] subductus, D. T.
[2] *anno*] om. D.
[3] *Henrico*] om. H.
[4] *regno*] rege, D.

non posse, extra de jure, juramento¹ intellecto, tenetur et jura regni sui et honorem coronæ illibata servare, et alienata pro viribus² revocare.

Johannes, rex Angliæ, anno regni sui xj^{mo}, cum grandi exercitu profectus est in Scociam et regem Scotorum Willelmum ad deditionem coegit, receptis ab eo³ duabus filiabus ejus in obsidionem.

De vendicantibus regnum Scociæ, et submittentibus se judicio regis Angliæ.

Recognition of English suzerainty by claimants to the Scottish crown.

Item, anno gratiæ millesimo CC^{mo}LXXXXI^{mo}, nobilis regis domini Edwardi, filii regis Henrici,⁴ xix^{mo}, regno⁵ Scociæ per mortem domini Alexandri regis Scotorum, qui, tres filias habens, nullo filio masculo sibi herede relicto, decesserat, tunc vacante, idem nobilis rex Anglorum, versus Scociam dirigens iter suum, apud Northamptonam cum suis exercitu et concilio moram traxit. Tunc ibidem venerunt novem personæ⁶ nobiles dictum regnum Scociæ vendicantes, videlicet Florencius, comes de Holand; Johannes de Baillol, dominus de Galweye,⁷ filius senioris filiæ dicti⁸ domini Alexandri; Robertus le Bruys, dominus de Val⁹ Denaunt, filius mediæ filiæ ejusdem domini Alexandri; Johannes de Comyn, dominus de Bademogh,¹⁰ filius junioris filiæ ejusdem domini Alexandri; Johannes de Hastinges¹¹ de Bergeveny; Patricius de Dunbar,¹² comes de la Marche; Johannes de Vescy, pro patre suo; Nicholaus de Soules, et Willelmus de Roos. Et judicio dicti nobilis regis Anglorum, tanquam superioris

---

¹ *juramento*] om. D.
² *pro viribus*] om. D.
³ *eo*] om. D.
⁴ *Henrici*] om. T.
⁵ *regno*] regni, D. T.
⁶ *personæ*] om. D. T.
⁷ *Galweye*] Balweye, H.; Galeweye, D.

⁸ *dicti*] ejusdem, D.
⁹ *Val*] Vaal, D.
¹⁰ *Bademogh*] Badinoth, D.
¹¹ *Hastinges*] Hastyng, D. T; and so elsewhere.
¹² *Dunbar*] Dumbar, D.

domini regni Scociæ, se per suas literas, quarum tenor inferius continetur, totaliter subdiderunt et eidem regi Anglorum, tanquam superiori domino Scociæ, cum ceteris proceribus ac etiam prælatis regni Scociæ, præstiterunt fidelitatis juramentum. Tenores vero dictarum literarum submissionis, in antiquis chronicis regis Angliæ, ut infrascribitur, contentarum, seriose sequuntur:

"Edwardus Dei gratia rex Angliæ, dominus Hiberniæ, et "dux Aquitanniæ, dilectis sibi in Christo decano et capitulo "Londoniensi Sancti Pauli salutem.[1] Mittimus vobis, sub "sigillo secretarii nostri præsentibus appenso, transcripta "quarumdam literarum, quæ in thesauraria nostra resident, "tenorem, qui sequitur, continentes:

Sequitur dictæ submissionis per Scotos factæ in regem Anglorum.

"'A toutz qe ceste lettre verront ou orrount Florence "'counte de Holand, Robert de Bruys, seignur[2] de Val[3] "'Denaunt, Johan Baillol, seignur de Galweye, Johan de "'Hastinges, seignur de Bergeveny, Johan de Comyn, sei- "'gnur de Badenough, Patrich de Dunbar, counte de la Marche, "'Johan de Vescy, pur son piere, Nichol de Soules, et "'William de Roos, salutz en Dieux. Come nous entendoms "'avoir droit en la roialme Descoce, et cele droit monstrer, "'chalongier, et avoir[4] devaunt cellui qe plus de poar, juris- "'diccion, et reson eust de trier nostre droit; et le noble "'prince, sire Edward, par la grace de Dieux roy Dengle- "'terre, nous eit enfourmez par bons et suffisantz resons qa "'lui apent et avoir doit la soveraigne seignurie del dit roialme "'Descoce, en le conissance doier, trier, et terminer nostre[5] "'droit: Nous, de nostre propre volente, saunz nulle manere "'de force ou destresse, voloms, ottroums et grantoms de res- "'ceivre droit devaunt lui, come soveraign seignur de la terre; "'et voloms ja le meynz et promettoms qe nous averoms et "'tiendroms ferm et estable come[6] fait, et qe celli[7] empor- "'tera la roialme,[8] a qi droit lui durra devaunt luy. En tes- "'moigne de ceste chose nous avomps mys noz seals a cest "'escript. Done a Norham,[9] lan du grace mil CCLXXXXI.'[10]

---

[1] *S. Pauli salutem*] om. D.; S. Pauli London, T.

[2] *seignur*] om. H. D. T.

[3] *Val*] Vaal, D.

[4] *avoir*] averrer, in Rymer.

[5] *nostre*] om. D.

[6] *come*] son, in Rymer.

[7] *celli*] cely qe, D.

[8] *roialme*] roiable, H. D. T.

[9] *Norham*] Northamptone, H. D. T.

[10] *lxxxxi*.] lxxxi., H. D. T.

"'A toutz iceaux qe ceste lettre present verront ou orront,
"'Florencz counte de Holand,¹ Robert de Bruys, seignur de
"'Val Denaunt,² Johan de Baillol, seignur de Galweye, Johan
"'de Hastinges, seignur de Bergeveny, Johan Comyn, seignur
"'de Badenough, Patrich de Dunbar, counte de la Marche,
"'Johan de Vescy, pur son piere, Nichol de Soules, et William
"'de Roos, salutz en Dieux. Come eioms ottriez et grantez de
"'nostre bone volente et comune assent, saunz nul destresse, a
"'noble prince, sire Edward, par la grace de Dieux roi
"'Dengleterre, qil, come soveraigu seignur de la terre Des-
"'coce, puisse oier, trier, et terminer noz chalanges et de-
"'maundes qe nous attendoms monstrer et oeverir³ pur nostre
"'droit en la roialme Descoce, et droit rescevire devaunt lui,
"'com soveraign seignur de la terre; promettoms ja le meynz
"'qe le soen feat averoms ferm et estable,' ot qenportera la
f. 91 "'roialme a qi droit ly durra devaunt lui. Mais pur ceo ⁴
"'qe lavauntdist roy Dengleterre ne poet tiele manere conis-
"'saunce feare ne acomplier saunz juggement, ne juggement
"'ne doit estre saunz execucion, ne execucion ne poet il feare
"'duement saunz la ⁵ possession et sesine de mesme la terre et
"'dez chastiels; Nous voloms, ottroioms,⁶ et grantoms qil,
"'come soveraign seignur et pur feare lez choses avauntdistz,
"'eit la sesine de tout la terre et dez chastiels Descoce, tauntqe
"'droit soit feat et perfourme as⁷ demaundantz, en tiel manere
"'qe, avaunt qil aeit la seisine avauntdist, face bone asseurtee
"'et suffisante as demaundantz, et as gardeyns et ⁸ al comune
"'du roialme Descoce, a feare la reversion du mesme la roialme
"'et dez chastiels, ou tut la roialte, dignite, et seignurie, fran-
"'chises, custumes, leis, usages, et possessions,⁹ et toutz
"'maners dappurtenaunces, en mesme lestat qe lestoit quant
"'la seisine luy fust baille; et soient liveretz a celli qe le droit
"'emportera¹⁰ par juggement la roialte, salve a roy Dengleterre
"'la homage de celly qe serra roy, issint qe la reversion soit
"'fait dedeinz lez ij. moys apres le jour qe la droit serra trie
"'et afferme, et qe les issues ¹¹ de mesme la terre, en le mesne
"'temps resceivetz, soient salvement mys en depoos et bien
"'gardez par lez mayns le chamberlain Descoce qor est, et de

---

¹ *Holand*] Hoiland, H.
² Bruce is placed after Balliol, D.
³ *oeverir*] averrer, in Rymer.
⁴ *pur ceo*] supplied from Rymer.
⁵ *la*] om. D. T.
⁶ *ottroioms*] et ottroioms, D.
⁷ *as*] A. H.

⁸ *as gardeyns et*] a garder mise, H. D. T.; corrected from Rymer.
⁹ *et possessions*] supplied from Rymer.
¹⁰ *le droit emportera*] doit emporter, H. D. T.; corrected from Rymer.
¹¹ *issues*] om. D. T.

"' eelly qe serra assignez a luy de part le roy Dengleterre, et
"' desoutz lours seals, salvez resonablez sustenaunces de la
"' terre et dez chastiels et des¹ ministres du roialme.
"' En tesmoignance de cestez choses avauntditz nous avomps
"' mys² noz seals a ceste escript. Fait et done a Norham,³
"' le Mescredy proschein apres lascencion, lan du grace mil
"' CCLXXXXI.'
" Unde vobis mandamus quod eadem faciatis in chronicis
" vestris, ad perpetuam⁴ rei gestæ memoriam, annotari.
" Teste magistro W[illelmo] de la Marche, thesaurario nostro,
" apud Westmonasterium, anno regni ix^{no}, per breve de privato
" sigillo."

[" To all who these present letters shall see or hear, Florence,
" count of Holland, Robert Bruce, lord of Annandale, John
" Balliol, lord of Galloway, John of Hastings, lord of Berga-
" venny, John of Comyn, lord of Badenach, Patrick of Dunbar,
" earl of March, John of Vesey for his father, Nicholas of Soulis,
" and William of Ross, send greeting in God. Whereas we think
" to have right in the realm of Scotland, and that right to show,
" challenge, and declare before him who should have the more
" power, jurisdiction and reason to try our right; and whereas
" the noble prince, lord Edward, by the grace of God king of
" England, hath informed us by good and sufficient reasons that
" to him belongeth and that he ought to have the sovereign
" lordship of the said realm of Scotland, in cognizance of hearing,
" trying and determining our right: We, of our own will, with-
" out any manner of force or distress, do will, give and grant to
" receive right before him, as sovereign lord of the land; and
" we moreover will and promise that we will have and hold firm
" and established his act, and that that one shall keep the realm
" to whom right shall give it in his presence. In witness whereof
" we have set our seals to this writing. Given at Norham, in
" the year of grace 1291."

" To all who these present letters shall see or hear, Florence,
" count of Holland, Robert Bruce, lord of Annandale, John of
" Balliol, lord of Galloway, John of Hastings, lord of Bergavenny,
" John Comyn, lord of Badenach, Patrick of Dunbar, earl of
" March, John of Vesey for his father, Nicholas of Soulis, and
" William of Ross, send greeting in God. Whereas we have given
" and granted of our good will and common assent, without distress,
" to the noble prince, lord Edward, by the grace of God king of

---

¹ *des*] de, H. T.
² *mys*] om. D.

³ *Norham*] Northamptone, H.D.T.
⁴ *perpetuam*] perpetuæ, H. D. T.

"England, that he, as sovereign lord of the land of Scotland, may
"hear, try and determine our challenges and claims which we
"think to show and exhibit for our right in the realm of Scotland,
"and to receive right before him as sovereign lord of the land;
"we do moreover promise that his act we will hold firm and
"established, and that that one shall keep the realm to whom right
"shall give it in his presence. Yet, for that the aforesaid king
"of England cannot take nor carry out such manner of cognizance
"without judgment, nor can judgment be without execution, nor
"can he duly make execution without possession and seisin of
"the same land and of the castles; We will, give, and grant
"that he, as sovereign lord and in order to do the things afore-
"said, have seisin of all the land and castles of Scotland,
"until right be done and performed to the demandants, in
"such manner that, before that he have the seisin aforesaid,
"he make good and sufficient surety to the demandants and to
"the wardens and commonalty of the realm of Scotland, to make
"restitution of the same realm and castles with all the royalty,
"dignity, and lordship, franchises, customs, laws, usages, pos-
"sessions, and all manner of appurtenances, in the same state
"as they were when the seisin was delivered to him; and that
"they be delivered to that one who shall take the right by judg-
"ment of royalty, saving to the king of England the homage of
"him who shall be king, so that the restitution be made
"within two months after the day whereon the said right shall
"be tried and affirmed, and that the issues of the same land, in
"the meantime received, be safely put in deposit and well
"guarded by the hands of the chamberlain of Scotland that
"now is, and of him that shall be associated with him on behalf
"of the king of England, and under their seals, saving reasonable
"maintenance of the land and castles and officers of the realm.
"In witness of these things aforesaid we have set our seals
"to this writing. Done and given at Norham, the Wednesday
"next after the Ascension, in the year of grace 1291."]

Rex Anglorum adjudicavit regnum Scociæ Johanni le Baillol.

The Scottish Crown given to Baillol; and consequent wars.

Anno Domini millesimo CC^{mo}LXXXXII^{do} dictus dominus Edwardus, rex Anglorum illustris, habito diligenti examine in et super jure dictorum vendicantium regnum Scociæ in parliamento suo apud Berewyk, adjudicavit regnum Scociæ præfato domino Johanni de Baillol, et, recepto ipsius homagio, possessionem dicti regni Scociæ sibi liberari fecit per dominum Antonium episcopum Dynelmensem.[1]

Anno Domini millesimo CC^{mo}LXXXXV^{to} Scoti, solventes vinculum fidelitatis suæ quod cum dicto rege Angliæ ligio domino ipsorum pepigerant, cum rege Francorum fœdus aliud inierunt. Deinde, viij° idus Aprilis, anno Domini millesimo CC^{mo}LXXXXVI^{to}, captis per regem Angliæ villa et castro de Berewike,[2] ipso rege ibidem moram faciente pro fortificatione murorum et fossatorum ipsius villæ, dictus dominus Johannes le [3] Baillol, rex Scotorum, pro se et omnibus Scotis tenentibus terram quantumcumque in Anglia, homagium debitum regi Angliæ sursum reddidit per scripturam ; et eodem tempore inter Anglicos et Scotos commisso prœlio ad castrum de Dunbar, Scotorum plus quam x. millia ceciderunt. Tunc vero, dicto castro de Dunbar præfato regi Anglorum reddito, idem dominus rex Anglorum, insulam de Galuoye [4] subintrans et per alia loca citra et ultra mare Scoticum pertransiens, singula castra et singulas villas terræ Scociæ viriliter occupavit, et adeo strenue dictum dominum Johannem de Baillol, regem Scotorum, sequebatur, quod idem rex, videns se omni defensione militari destitutum, nec posse alicubi latitare, se, sicut oportuit, præfato nobili regi Anglorum reddidit, et in Angliam ductus et carceri mancipatus et detentus per multa tempora. Et illis temporibus dictus nobilis rex Anglorum deputavit Robertum le Bruys et Johannem de Comyn prædictos custodes regni Scociæ.

Anno Domini millesimo CC^{mo}LXXXXIX^{no} Johannes le Baillol prædictus, de custodia carceris abire permissus, adivit regem Franciæ, et per totam vitam suam tenuit se ibidem. Et tandem dictus dominus Robertus

---

[1] *Dynelmensem*] Dinelmensem, D.
[2] *Bercwike*] Berewyk, D. T.; and so interchangeably elsewhere.
[3] *le*] de, D.
[4] *Galuoye*] Galowey, D.

le Bruys, præhabitis voluntatibus magnatorum Scociæ quod coronaretur in regem Scotorum, quia dominus Johannes de Comyn, nolens perdere regem Angliæ, sibi[1] noluit consentire, occidit eundem, et tunc statim in regem Scotorum coronatus fuit, videlicet anno Domini millesimo CCC^{mo}VI^{to}, dicto domino Johanne le Baillol toto tempore suo excluso.

Sufficiunt præmissa extracta de antiquis chronicis. Nunc ad modernum propositum redeamus.

Nota quod Scoti per Anglicos miraculose sunt devicti in prœlio.

Dominus Edwardus le Baillol, filius et heres dicti domini Johannis le Baillol, anno Domini millesimo CCC^{mo}XXXII^{do}, dicti vero domini Edwardi tertii post conquæstum vj^{to}, circa festum sancti Laurencii, exsistens in Anglia, profecturus in Scociam, ad se jure hereditario pertinentem, dicto rege Anglorum nolente ipsum de regno Angliæ per terram ingredi regnum Scociæ, eo quod David, filius dicti Roberti le Bruys, desponsaverat sororem ipsius regis Anglorum, ex permissione tamen dicti regis Anglorum[2] assumptis secum dominis Henrico de Beaumond et Radulpho de Stafford, baronibus, ac domino Waltero de Manny[3] et aliis strenuis militibus et hominibus armorum et sagittariis numero mille et quingentis, viris omnibus equitibus et peditibus computatis, ultra mare Scoticum navigio veniens, Scociam est ingressus. Et tunc in brevi contra Scotos, quasi sine numero ad resistendum sibi apud Kyncorne[4] venientes, ibidem, ab ortu solis fere usque horam nonam ejusdem diei, conflictum habuit valde fortem. Christus vero, justitiæ semper

---

[1] *sibi*] et sibi, D.
[2] *ex permissione . . . . Anglorum*] om. D. T.
[3] *Manny*] Manney, D.; Mauny, T.
[4] *Kyncorne*] Kynghorn, D.

favens, Anglicos conservavit illæsos et ante faciem illorum Scotorum plus quam xx[ti] millia projecit in terram. Multi enim Scoti, propter impetuositatem ipsorum et infortunium, super socios suos Scotos cadentes in prœlio ascenderunt ac sine ictu illico ceciderunt et per supervenientes Scotos socios suos oppressi fuerunt, adeo quod cumulus[1] Scotorum ibidem interfectorum et oppressorum in longitudine unius stadii se protendens fuerat in altitudine sex cubitorum et amplius.

Sic vero Scotis miraculose devictis, dictus dominus Edwardus le Baillol, cum suis Anglicis quo voluit progrediens, ad villam sancti Johannis pervenit. Et tunc ibidem, de consilio multorum regni Scociæ nobilium ad se venientium et se sibi reddentium, in regem Scotorum coronatus est, et a Scotis eisdem juramentum fidelitatis recepit; et postea idem dominus Edwardus, rex Scotorum, homagium fecit regi[2] Angliæ. Sed infra spatium unius anni, ibidem paucos Anglicos secum habens, perpendens quod mutatum et induratum fuerat cor Scotorum et quod non permitterent eum amplius supra se regnare, timore ductus, ad regem Angliæ confugiens, regnum Scotorum dimisit, et sub protectione regis Angliæ se recepit et per multos annos permansit.

De bello prope villam de Berewyke et captione dictæ villæ cum castro.

Anno vero regni dicti domini Edwardi tertii, regis Angliæ, vij[mo], circiter festum Pentecostes, idem dominus E[dwardus] rex præfatam villam de Berewike cum castro per Anglicos, domino Willelmo de Monte acuto strenuo milite eorum duce, fecit obsidi. Et postea infra mensem ad ipsam obsidionem cum multis comitibus, baronibus, et aliis hominibus armorum et sagittariis veniens, continuavit eandem usque ad diem

---

[1] *cumulus*] tumultus, D. | [2] *regi*] om. D.

A.D. 1333.   Lunæ in vigilia sanctæ Margaretæ; quo die venerunt
Scoti in magna multitudine, intendentes dictam obsi-
Battle of Halidon Hill, 19 July. dionem cum potentia removere. Quibus rex Angliæ
cum suo exercitu, ipso rege præcedente, veniens in
occursum, et bello inter Scotos et Anglicos inito
f. 82 b. valde forti in quodam loco prope Berewyke, Huntenemour[1] vulgariter nuncupato, Anglicis conservatis
illæsis, xl^{ta} millia Scotorum ceciderunt. Ceteris Scotis in fugam conversis, tunc obsessi[2] in dictis villa
Fall of Berwick. et castro se reddiderunt; et dictus dominus rex Anglorum præfatam[3] villam cum castro suo imperio
retinuit subjugatam.

Quomodo rex Anglorum devastavit Scociam.

A.D. 1335.   Item,[4] dominus E[dwardus][5] tertius a conquæstu,
Edward invades Scotland. regni sui anno ix^{uo}, manu forti regnum Scociæ[6] est
ingressus, magnamque partem ipsius regni per incen-
dium, captis prædis et spoliis, devastavit, nemine resistente, sed quolibet homine regni illius exercitum
fugiente. Tandem in villam Sancti Johannis rediit,
et eandem fecit cum fossis et antris recipientibus
aquam currentem in circuitu et muris ligneis fortiter
muniri. Interim vero multi comites barones,[7] milites,
et alii nobiles dicti regni Scociæ, salvo conductu per
dictum regem[8] Anglorum ipsis concesso, ad ipsum
Peace concluded. regem venerunt ibidem, et, habito ibidem pacis tractatu, finaliter fuit, ut sequitur, concordatum:

Concordia inter regem Anglorum et Scotos.

Terms of the peace. "Ces sount lez choses et lez pointz accordez entre les con-
"sails des[9] rois Dengleterre et Descoce dun part et mounsire

---

[1] *Huntenemour*] Huntenemore, D.
[2] *obsessi*] obsessis, D. T.
[3] *præfatam*] om. D. T.
[4] *Item*] Idem, D. T.
[5] *Edwardus*] rex, D.
[6] *regnum Scociæ*] Scociam, D.
[7] *barones*] et barones, D.
[8] *regem*] om. D.
[9] *des*] de, H.; om. T.

"Alisaundre de Moubray, mounsire Geffray de Moubray, A.D. 1335.
"mounsire Godefray de Ros,[1] sire William Bulloke, et Eustacz
"de Loreigne,[2] eiaunt plein poar de mounsire David de
"Strabulgi, counte Dascelle, et Robert seneschal Descoce, de
"treter, acorder, et affermer toutz pointz entreparlez et a
"parler entre lez ditz rois et lez avauntdistz counte et sene-
"schal, sicom piert par lours lettres patentz dautre part.

"Primerement, accorde et assentu est qe le dist counte
"Dascells, lez grauntz, et toutz aultres de la comune Descoce
"qe vendront en lours condicions eient vie et membre, terres,
"tenementz, fees, et offices en Escoce, queux ils devoient
"avoir de heritage od[3] de droit, horsprises[4] ceux qe serront
"forspris par comune assent.

"Item, est assentu qils [eient] pardoun denprisonement et
"de toutz maners trespasses par eaux faitz es roiaimes Dengle-
"terre et Descoce du comencement de mounde jusqes al jour
"de la date[5] du cestz.

"Item, qe le counte Dasceles et mounsire Alisaundre de
"Moubray eient terres, tenementz, possessions, offices, et
"fees en Engleterre, queux ils avoient a lour departir apres
"le homage a Nove[6] chastiel sur Tyne.

"Item, assentu est qe lez fraunchises de seint esglise en
"Escoce soient meintenuz solonc lor aunciens usages Descoce.

"Item, qe lez[7] leis Descoce en burghs, villes, viscountez
"dedeinz lez terres le roy Descoce soient useez solonc les
"aunciens usages et custumes Descoce, sicome ils estoient
"useez en le temps le roy Alisaundre.

"Item, qe lez offices Descoce soient ministrez par gentz de
"mesme la nacion, toutz foitz qe le roy Descoce de sa roialte
"puisse mettre tiels officers come a luy plerra, de quele
"nacioun qe ceo soit.

"Item, assentu est qe toutz ceaux qe sont en lez condicions
"du dit counte Dasceles, qe terres ount dedeinz les terres le
"roy Dengleterre en Escoce, reaient mesmez lours terres,
"tenementz, possessions, offices, et feez, sicome ils lez avoient
"a lor departir apres le dist homage fait a Nove[6] chastiel
"sur Tyne, forsprises ceaux qe serrount forspris par comune
"assent.

"Item, sils deivent estre empledez de lor terres et tene-
"mentz avauntdistz, qils eient lour defenses et lours recoverirs
"en court ou ils lez deivent avoir.

---

[1] *Ros*] Roos, D. T.
[2] *Loreigne*] Loreygne, D.
[3] *od*] ou, D. T.
[4] *horsprises*] forsptises, D.
[5] *date*] om. D.
[6] *Nove*] Novel, D. T.
[7] *lez*] om. D.

A.D. 1335.
"Item, quant a ceo qe le counte Dascelles demaunde qe le
"dit roy Dengleterre deust acquiter sez terrez en Engleterre,
"queles il aad en gage pur dccc. marcz, le roy ne le doit ne
"le voet¹ faire. Mais qaunt al manoir de Byphingdone,²
"qe le dit counte engaga pur ccl. livres, acorde est et as-
"sentu qe, si³ le dit counte viegne dedeinz lan apres le date
"du cestes et voille acquiter le manoir, le roi lui fra avoir
"mesme le manoir.

"Item, qaunt a chastiel et terres de Chilham, acorde est qe
"le dit counte soit en mesme le point qil estoit a departir
"et aeit son recoverir par la ley. Et le roy luy promette en
"bone foi qil lui fra avoir la ley de sa terre saunz desport
"feare a la partie.

"Item, qaunt a lez terres qe le dit counte cleyme avoir en
"Northfolke, dount il aad chartres, acorde est qe, ces chartres
"veues par le counsail de dit roi Dengleterre, il luy en ferra
"resoun.

"Item, acorde est qen cas qe nulli voudra sourmettre
"tresoun au dit counte qil se puisse⁴ defendre par son corps
"solonc lez leis et lez usages Descoce et sour le marche.
"Et qe toutz ceaux dedeinz ces condicions eient mesme cele
"graunt.

"Item, qaunt al pardoun quele William de Rameseye, chi-
"valer, demaunde de⁵ trespas fait par lui a mounsire William
"de Mountagu, cest assavoir del abatrer de son chastiel de
"Haghthordone, le dit mounsire William serra prest a feare
"solonc ceo qe ent serra avis a lez ij. rois Dengleterre et
"Descoce.

"Item, acorde est qe le dit Stacy de Loraigne eit ses terres
"et tenementz, queux il doit aver deinz le roy Dengleterre⁶
f. 83 b. "en Escoce; et, si nulle homme luy eit trespasse, qil eit
"recoverir par la ley.

"Escript en la ville Seint Johan en Escoce, le xviij^{me} jour
"Daugst, lan du grace m^{l}cccxxxv^{te}."

["These are the matters and the points agreed upon between
"the councils of the king of England and Scotland on the one
"party, and the lord Alexander of Mowbray, the lord Geoffrey
"of Mowbray, the lord Godfrey of Ros, Sir William Bullock,
"and Eustace of Lorraine, having full power of the lord David
"of Strathbolgie, earl of Atholl, and of Robert steward of
"Scotland, to treat, grant, and confirm all points interparled

---

¹ *voet*] voleit, D.
² *Byphingdone*] Biphingdone, T.
³ *si*] om. D.
⁴ *puisse*] poet, D. T.
⁵ *de*] om. D.
⁶ *Dengleterre*] om. D.

" and to be interparled between the said kings and the aforesaid A.D. 1335.
" earl and steward, as appeareth by their letters patent, on the
" other party. Firstly, it is granted and agreed that the said
" earl of Atholl, the great men, and all others of the common-
" alty of Scotland who shall come into their conditions, have
" life and limb, lands, tenements, fees, and offices in Scotland,
" which they ought to have of inheritance or right, excepting
" those which shall be excepted by common assent.

" Also, it is agreed that they have pardon of imprisonment
" and of all manner of trespasses by them done in the realms
" of England and Scotland from the beginning of the world
" until the date of these presents.

" Also, that the earl of Atholl and the lord Alexander of
" Mowbray have lands, tenements, possessions, offices, and fees
" in England, which they held at their departure after the
" homage at Newcastle-upon-Tyne.

" Also, it is agreed that the franchises of holy church in
" Scotland be maintained after the ancient usages of Scotland.

" Also, that the laws of Scotland in boroughs, cities, sheriff-
" wicks within the lands of the king of Scotland be used after
" the ancient usages and customs of Scotland, as they were used
" in the time of king Alexander.

" Also, that the offices of Scotland be ministered by men of
" the same nation, albeit that the king of Scotland of his
" royalty may set such officers as him shall please, of any nation
" whatsoever.

" Also, it is agreed that all those who are in the same case
" with the earl of Atholl, who have lands within the lands of
" the king of England in Scotland, do have again the same
" their lands, tenements, possessions, offices and fees, as they
" had them at their departure after the said homage done at
" Newcastle-upon-Tyne, excepting those which shall be excepted
" by common assent.

" Also, that, if they ought to be impleaded of their lands and
" tenements aforesaid, they do have their defences and recoveries
" in court where they ought to have them.

" Also, as touching what the earl of Atholl doth claim, that
" the said king of England should acquit his lands in England,
" which he hath in gage for eight hundred marcs, the king
" ought not nor will not do it. But as to the manor of Bichindon,[1]
" which the said earl did pledge for two hundred and fifty
" pounds, it is granted and agreed that, if the said earl come
" within the year after the date of these presents, and will

---

[1] Atholl held, among other lands in England, the manor of Bichin- don, in the honour of Wallingford, co. Bucks.

A.D. 1335. " acquit the manor, the king shall make him to have the same
" manor.

" Also, as to the castle and lands of Chilham, it is agreed
" that the said earl be in the same point that he was at his
" departure, and do have his recovery by law. And the king
" doth promise to him in good faith that he will make him to
" have the law of his land without doing favour to the suit.

" Also, as to the lands which the said earl doth claim to have
" in Norfolk, whereof he hath charters, it is granted that, his
" charters seen by the council of the said king of England, he
" shall do him right thereof.

" Also, it is granted that, in case that any man shall will to
" surmise treason upon the said earl, he may defend himself
" by his body, according to the laws and customs of Scotland
" and on the march. And that all those within these conditions
" do have this same grant.

" Also, as to the pardon which William de Ramsey, knight,
" doth demand of trespass done by him to the lord William of
" Montagu, to wit the battering of his castle of Hawthornden, the
" said lord William shall be ready to do according to what shall
" seem right to the two kings of England and Scotland.

" Also, it is granted that the said Eustace of Lorraine do
" have his lands and tenements which he ought to have within
" [the lands of] the king of England in Scotland; and if any
" man have done him wrong, that he do have recovery by law.

" Written in the town of St. John in Scotland, the 18th day
" of August, in the year of grace 1335."]

De transfretatione regis Anglorum in Brabanciam.

A.D. 1338. Dictus vero dominus Edwardus tertius, anno regni
Edward's expedition to Brabant. sui xij^{mo}., in Brabanciam transfretavit, per annum et
amplius moram traxit in Andwerpia, ad tractandum
ibidem cum duce Brabanciæ et aliis sibi alligatis de
aggrediendo manu forti regnum Franciæ, ad ipsum do-
His claim to the crown of France. minum Edwardum, per medium serenissimæ dominæ
Isabellæ, matris suæ prædictæ, filiæ domini Philippi
dicti le Beal, quondam regis Franciæ, sororis celebris
memoriæ domini [1] Caroli, ultimi regis Franciæ, filii
dicti Philippi, jure successorio devolutum, per dominumque Philippum de Valesio, filium patrui dicti

---

[1] *domini*] om. D. T.

domini Caroli, tunc injuriose per violentiam occupa- A.D. 1338.
tum; deliberatione præhabita, summo pontifici et cœtui
cardinalium sacrosanctæ Romanæ ecclesiæ quandam
epistolam in hæc verba direxit:

*Qualiter rex Angliæ scripsit domino papæ de jure suo in regno
Franciæ.*

Amabilium Deo patrum sacrosanctæ Romanæ Ecclesiæ car- His letter to
dinalium collegio Edwardus, Dei gratia rex Angliæ, etc.[1] the college
of cardinals.

*Qualiter rex Anglorum devastavit patrias de Cambersyn
et Vermundoys regni Franciæ.*

Dictusque[2] dominus Edwardus tertius a conquæstu, A.D. 1339.
post moram plus quam annalem factam per ipsum in He invades
Brabancia apud Andwerpiam, xix^{mo}. die Septembris, 19 Sept.
anno Domini millesimo ccc^{mo}xxxix^{mo}., dictum regnum Franciæ manu forti ingrediens, per Cambresyn et
Vermundoys aliaque loca regni, versus dictum dominum
Philippum transiens, habitatores dictarum partium ingenti plaga percussit, villas ipsorum per incendium
devastando, castra etiam fortissima et alias munitiones The country
fortissimas capiendo, quæ tamen non tenuit, resisten- laid waste.
tesque sibi in ore gladii perimendo. Præfatus dominus The French
Philippus, dictus per injuriam rex Francorum, cum battle.
exercitu suo[3] quasi innumerabili in occursum regis f. 87.
Anglorum venire confingens, cum eodem committere
bellum certo die, per intervenientes nuncios assignato,
promisit, in quo dominus rex Anglorum, de sua justitia, et Dei potentia confidens, cum suis aciebus, per
ipsum in armis circumspectum prudentissime ordinatis,
ipso rege in sua acie prima personaliter incedente, in
loco campestri utrique parti congrue paratus ad bellum, per totum diem suum adversarium exspectando
remansit. Sed dictus dominus Philippus, ad diem non

---

[1] *See* the text in Murimuth, p. 91.
[2] *Dictusque*] Dictus, D. T.
[3] *suo*] om. T.

A.D. 1339.   veniens, inter ipsum et dominum regem per itinera
grossas arbores, ne rex Anglorum ad eum transiret,
fecit prosterni, et ab exercitu suo se divertebat versus
Sanctum Quintinum. Dominus vero rex Anglorum,
per ducem Brabanciæ et alios sibi alligatos, nolentes,
ut dicebant, hieme tunc instante, actus bellicos exercere, consultus, circiter festum Omnium Sanctorum in
Brabanciam est reversus, et exsistens apud Brissellam
domino Edwardo filio suo, tunc custodi Angliæ, et
aliis de concilio suo in Anglia scripsit in hæc verba:

The king returns to Brabant.

His letter to his son and his council, giving an account of his campaign. 1 Nov.

" Edward, etc. A nostre cher fitz et as honurables pieres en
" Dieux, J[ehan] par mesme la grace erceveseqe de Canntirbirs,
" R[ichard] evesqe de Loundres, W[illiam] de la Zouche,[1]
" nostre tresorer, et as aultres de nostre counsail en Engleterre,
" salutz. La cause de nostre long demeure en Brabancz si vous
" avoms sovent foitz fait assavoir avaunt ces heures, et bien est
" conuz a ascun de vous; mes, pur ceo qa darrain gaires daide
" nous ne vint hors de nostre roialme, et la demeore nous estoit
" si grevouse, et noz gentz a si graunt meschief, et noz alliez
" trop peisaunz a la busoigne, noz messagiers auxint, qavoient
" taunt de temps demurrez vers lez cardinals et le counsail de
" Fraunce pur tretier de pees, ne nous porteront unqes aultres
" offrez fork qe nous naveroms une palme de terre el roialme
" de Fraunce, et unqore nostre cosin Phelipe de Valois[2] avoit
" toutz jours jurez, a ceo qe nous avoiems novels, qe nous ne
" ferroms jammes demeore une jour od nostre ost en Fraunce
" qil ne nous durroit bataille—Nous, toutz jours affiantz en
" Dieux et nostre droit, si feismes venir devaunt nous noz alliez
" et lez feismes certeinement monstrer qe par chose nulle nous
" ne vorroioms plus attendre, einz irroms avaunt sour la pur-
" sieute de nostre droit, parnant la grace qe Dieux nous durroit;
" eaux, veauntz le dishonur qe lour eust avenuz sils eussent
" demurrez derere nous, sassentirent pur nous pursieure.
" Journe feust pris destre toutz en la marche dedeinz Fraunce
" a certain jour, as queux jour et lieu nous y fusmes toutz
" prestz et noz alliez vindrent apres, solonc ceo qils poaient.
" Le lundy en la veille seint Mathen si passames hors de Va-
" lenciens, et mesme le jour comencza homme a ardoir en Cam-
f. 87 b. " bresin, et arderont tut la semaigne suaunt illesqes, issint qe
" celle pais est mult nettement destruit, come de bleez et
" de bestaille et dautres biens. La Samady suaunt venismes

---

[1] *Zouche*] Souche, D.   [2] *Valois*] Valoys, D.

" a Markeyngne, qest entre Cambre et Fraunce, et comencza A.D. 1339.
" homme dardoir dedeinz Fraunce mesme le jour; et nous
" avomps entenduz qe le dist sire Phelipe se treait devers nous
" a Perroun en venant a Noyoun. Si teinsmes toutz jours
" nostre chemyn avaunt, noz gentz ardauntz, destruauntz
" communement en large de xij. liewes od xiiij. de pais. Le
" Samadi proschein devaunt le feste seint Luk si passames
" le eawe Deise, et loggasmes et demurrasmes illesqes le
" Dimenge; quel jour nous avoioms noz alliez devaunt nous,
" qe nous monstrerent qe lours vitailles estoient pres des-
" penduz et qe le yver estoit durement aproschaunt, qils ne
" poient demurrer, einz y covendroit retrere sour la marche
" a retourner, quant lor vitailles fusrent despenduz. Verrai-
" ment ils feusrent le plus briefment vitaillez par cause qils
" entenderont qe nostre dit cosin nous eust done hastive
" bataille. Le Lundy matin si vindrent lettres a mounsire
" Hughe Geneve de part le mestre darblastiers de Fraunce,
" fesauntz mencion qil voleit dire a roy Dengleterre, de part
" le roy de Fraunce, qil voleit prendre place quel ne feust
" afforcie par bois, mareis, ne par eawe, et qil luy durroit
" bataille dedeinz le Jeofdy proschein suant. Lendemayn, pur
" feare tut jour la destruccion qe nous purroms, si remu-
" asmes. Le Mescredy apres vint une messagier al dit
" mounsire Hughe, et lui porta lettres del roy de Beaume et
" del duk de Loreigne od lors seals pendantz, fesauntz men-
" cion de qe, qantqe le dist mestre dez arblasters avoit
" envoiez de part le roi de Fraunce touchaunt le bataille, il
" tendra covenaunt. Nous, regardantz lez dites lettres,
" meintenaunt lendemain nous treiames vers Flemingerie,[1] od
" nous demurrasmes le Vendredy tut le jour. Al vespre estoient
" prises iij. espies et fusrent examinez chescun par sei, et
" accorderent toutz qe le dite Phelipe nous durroit bataille le
" Samady, et qil estoit a une lieue et demi de nous. Le
" Samady nous esteiamez es champs bien une quarte devaunt
" le jour, et preismes nostre place en lieu covenable pur
" nous et lui a combatre. Bien matin fusrent prisez de
" ses descoverours, qe nous disoient qe savaunt garde estoit
" avaunt ces champs en bataille et lez en issantz devers
" nous. Lez novels venutz a nostre hoste, coment qe noz aliez
" se porteront devaunt mult peisantement devers nous, seure-
" ment ils estoient de si leue covine qe unqes gentz estoient f. 88.
" de si bone volente a combatre. En le mesne temps si
" estoient ascuns de noz descoverours, une chivaler Dalmaigne,

---

[1] *Flemingerie*] Flemyngerye, D.; Flemyngerie, T.

A.D. 1339. "pris, qavoit veu tut nostre arrai et le¹ monstre en avonture
"a noz enemys; issint meintenaunt qil fist retrere savaunt
"garde et comanda de loggier, et fisrent fosses entour eaux,
"et couperent lez grosses arbres, pur nous tolir la venue a
"eaux. Nous demurrasmes tout le jour enbataillez a piecz,
"tantqe devers le vespre qil sembloit a noz alliez qe nous
"avomps assetz demeorez; et al vespre si mountasmes² noz
"chivals et alasmes pres Daveneys, a lieue³ et demi del dit
"nostre cosin, et lui feismes savoir qe nous lui vorroioms atten-
"dre illeoqes tut le Dimenge; et ensi feismes. Et aultres
"novels ne envoioms de lui, forsqe le Samadi, al heure qant
"nous montasmes noz chivaux al departir de nostre place, il
"quida qe nous eussoms venuz devers lui; et tiel haste avoit
"il pur prendre plus fort place, qe mil chivalers a une foitz
"fusrent enfoundrez en le mareis a son passage, issint venist
"chescun sour aultre. Le Dimenge fust le sire de Faniels pris
"par noz gentz. Le Lundy matin si avoms novelles qe le dit
"sire Phelipe et toutz sez alliez fusrent desparpilez et retretz a
"graunt haste. Si ne voudroient noz alliez apres plus demurrer.
"Et sour ceo qent est oultre a feare si averomps⁴ un counsail
"ovesqe eaux a Andwerpe lendemain seint Martin. Et dil-
"leosqes apres vous ⁵ hastivement ceo qest
"entrefait. Done soutz nostre prive seal, a Brisselle, le
"primer jour de Novembre."

["Edward, etc., to our dear son and to the honourable fathers
"in God, John, by the same grace archbishop of Canterbury,
"and Richard, bishop of London, William de la Zouche, our
"treasurer, and to the others of our council in England, greet-
"ing. The cause of our long sojourn in Brabant we have oft
"times made you to know before now, and well known is it to
"each one of you; but, for that of late scarce any aid hath come
"to us out of our realm, and that the delay was to us so
"grievous, and our people in such great strait, and our allies
"too slow in business, our messengers also, who had so long
"tarried over against the cardinals and the council of France to
"treat for peace, did bring us never other offers save that we
"shall not have one hand-breadth of land in the realm of
"France, and again our cousin Philip of Valois had ever sworn,
"as we do have report, that we should make never a sojourn for
"a single day with our host in France but that he would give

---

¹ *le*] repeated, H. D. T.
² *mountasmes*] nous mountasmes, D.
³ *lieue*] un lege, D.
⁴ *averomps*] avoms, D.
⁵ A blank left in the MSS.

" us battle—We, ever trusting in God and our right, did make
" to come before us our allies, and did surely make shown to
" them that for naught would we longer wait, but would go for-
" ward in pursuit of our right, taking the grace that God should
" give us; and they, seeing the dishonour which should have
" come to them if they should have tarried behind us, agreed to
" follow us. A day was taken for all to be on the march within
" France on a certain day, at which day and place we were all
" ready and our allies came after, as well as they could. The
" Monday, on the eve of St. Matthew, we passed out of Valen-
" ciennes, and on the same day they did begin to burn in
" Cambresis, and they burnt there all the week following, so
" that that country is clean laid waste, as of corn and cattle and
" other goods. The Saturday following we came to Marcoing,
" which is between Cambray and France, and they began to
" burn within France the same day; and we did hear that the
" said lord Philip was drawing nigh toward us at Peronne on
" his march to Noyon. So we held ever our road forward, our
" people burning and destroying commonly to the breadth of
" twelve or fourteen leagues of country. The Saturday next
" before the feast of St. Luke we passed the water of Oise, and
" lodged and sojourned there the Sunday; on which day we had
" our allies before us, who showed unto us that their victuals
" were near spent and that the winter was nigh at hand, that
" they could not tarry, but that they must needs withdraw on
" the march back, when their victuals should be spent. In truth
" they were the more shortly victualled by reason that
" they thought that our said cousin should have given us speedy
" battle. On the Monday morning there came letters unto my
" lord Hugh of Geneva from the master of the crossbowmen of
" France, making mention that he wished to say to the king of
" England, as from the king of France, that he was willing to
" take ground which was not strengthened by wood, by marsh,
" nor by water, and that he would give him battle within the
" Thursday next following. On the morrow, to make always
" what waste we could, we marched on. On the Wednesday after,
" there came a messenger unto the said sir Hugh and brought
" unto him letters of the king of Bohemia and of the duke of
" Lorraine, with their seals hanging, making mention that,
" whatever the said master of the crossbowmen had sent as
" from the king of France touching the battle, he would keep
" covenant. We, seeing the said letters, forthwith on the
" morrow drew toward Flamengerie, where we stayed the Friday
" all the day. At even were taken three spies and were ex-
" amined, each one apart, and they were all of accord that the
" said Philip would give us battle on the Saturday, and that he

A.D. 1339. " was a league and a half from us. On the Saturday we stood
" in the field full a quarter before dawn, and took our ground
" in a fitting place for us and for him to fight. In early morn-
" ing were taken some of his scouts which told us that his
" advanced guard was in front of the field in battle array and
" coming out towards us. The news being come to our host,
" although our allies before bore themselves sluggishly towards
" us, surely they were of such loyal intent that never were folk
" of such good will to fight. In the mean time was one of our
" scouts, a knight of Germany, taken, who had seen all our
" array and showed it in his plight to our enemy; so that now
" he made withdraw his vanguard and gave orders to encamp,
" and they made trenches around them, and cut down the large
" trees, in order to prevent the approach to them. We tarried
" all day in battle array on foot, until towards vespers it seemed
" to our allies that we had tarried enough; and at vespers we
" mounted our horses and went near to Avesnes, a league and a
" half from our said cousin, and made him to know that we
" would await him there all the Sunday; and so we did. And
" other news of him we send not, save that on the Saturday, when
" we mounted our horses at the departing from our ground, he
" thought that we should have come towards him; and such
" haste had he to take stronger ground, that a thousand horse-
" men all at once were foundered in the marsh at his passage,
" so came each one upon the other. On the Sunday was the
" lord of Fagnolle taken by our people. On the Monday morning
" had we news that the said lord Philip and all his allies were
" scattered and withdrawn in great haste. And so would our
" allies no longer afterwards abide. And touching what is
" further to be done we shall take counsel with them at Antwerp
" on the morrow of St. Martin. And from thence afterwards
" [will we send you news] speedily of what may be meanwhile
" done. Given under our privy seal, at Brussels, the first day of
" November."]

Qualiter rex Anglorum assumpsit nomen regis Franciæ et scripsit Francigenis.

A.D. 1340. Idem dominus E[dwardus] tertius a conquæstu, regni
Edward assumes the sui Angliæ anno xiiij°. exsistens in Flandria apud Gan-
title and arms of king davum, nomen regis Franciæ et ipsius regis arma
of France. assumens, paribus, prælatis et aliis nobilibus ejusdem
regni Franciæ scripsit, prout consequenter sequitur;

et, domina Philippa uxore sua cum duobus filiis suis ibidem dimissis, rediit in Angliam: *A.D. 1340.*

"Edwardus, Dei gratia rex Franciæ et Angliæ ac dominus *His procla-*
"Hiberniæ, universis ecclesiarum prælatis et personis aliis *mation.*
"ecclesiasticis, paribus, ducibus, comitibus, baronibus, et no-
"bilibus ac plebeis in regno Franciæ constitutis, veram noti-
"tiam subscriptorum universorum. Dominus Rex excelsus,
"cui licet sit in potestate voluntas, tamen legi voluit subjici
"potestatem, jubens reddi cuique quod suum est, sic ostendens
"quod justitia et judicium debent esse præparatio sedis regis.
"Cum itaque regnum Franciæ dispositione divina, per mortem
"celebris memoriæ Caroli, ultimi regis Franciæ, fratris ger- f. 88 b.
"mani dominæ matris nostræ, sit ad nos jure serenissimo
"devolutum, ac dominus Philippus de Valesio, filius avunculi
"dicti regis et sic ipsum regem in remotiori gradu consan-
"guinitatis attingens, se per potentiam in dictum regnum
"intruserit, dum eramus in annis junioribus constituti, et sic
"illud contra Deum et justitiam detinet occupatum—ne videa-
"mur jus nostrum et donum cœlestis gratiæ negligere aut
"nolle nostræ voluntatis arbitrium divino beneplacito con-
"formare, dictum regnum rite duximus agnoscendum, et onus
"regiminis ejusdem regni, sub spe regni cœlestis auxilii,
"suscepimus, ut debemus, incommutabili firmantes proposito
"cum bonis et devotis agere gratiose, singulis justitiam facere
"secundum ritus et consuetudines laudabiles dicti regni, nec-
"non leges bonas et consuetudines, quæ fuerunt tempore
"Lodowici, progenitoris nostri, resumere, et illud adjicere,
"prout juxta qualitatem temporum melius fore videbitur ex-
"pedire. In mutatione quidem monetarum vel alias, per ex-
"actiones indebitas quærere non intendimus in vestro dispendio
"lucra nostra, cum satis, laudetur Altissimus, abundemus, et
"in agendis regni non præcipitanter et voluntarie procedere
"disponimus, sed, libitum refrenantes sub licito, de parium,
"prælatorum, procerum, ac fidelium nostrorum dicti regni
"deliberato consilio et assensu, prout ad honorem Dei, muni-
"men et exaltationem ecclesiæ, quam in omni devotionis
"plenitudine reveremur, et utilitatem tam publicam quam
"privatam melius expedire viderimus, moderabimur, per De
"gratiam, cum exhibitione plena justitiæ, facta nostra. De
"vestris siquidem honore, commodis, et quiete volumus esse
"summe soliciti, quia, novit Deus, nihil foret nobis acceptius
"quam si per nostri solicitudinem, præsertim inter nos et
"universaliter inter Christianos, pacem mitteret pacis amator,
"ut sic inter blasphemos Christiani nominis et in recupera-
"tionem terræ sanctæ, Redemptoris nostri sanguine dedicatæ,

"gladius catholicorum principum convertatur, ad quod per
"gratiam Sancti Spiritus aspiramus. Et, quia præfato domino
"Philippo plures optulimus amabiles et rationabiles vias pacis,
"quibus condescendere vel quicquam nobis rationabile facere
"non curavit, quin immo, guerram nobis movens injustam,
"ad totalem status nostri subversionem nititur juxta vires, ne-
"cessarie, pro nostri defensione et nostrorum recuperatione
"jurium, compellimur ad arma recurrere, stragem vel depres-
"sionem bonorum et humilium non quærentes, sed eorum
"salvationem et commodum concorditer affectantes: propter
"quod omnes et singulos indigenas dicti regni, qui dicto
"consilio saniori gratanter se nobis, ut vero regi Franciæ,
"citra festum Paschæ proximo futurum[1] subjecerint, fideli-
"tatem debitam nobis profitendo et cetera nobis, ut regi
"Franciæ, debita faciendo, sicut dilecti et fideles nostri ho-
"mines Flandriæ jam fecerunt vel ad hoc optulerunt effica-
"citer se paratos, benigne volumus ad pacem et gratiam
"nostram ac in protectionem et defensionem nostram specia-
"lem admittere, et[2] ipsos manutenere, ut convenit, et tueri,
"sine molestatione vel[3] inquietatione qualicumque ipsis[4] in
"personis vel rebus per nos vel ministros nostros, occasione
"rebellionis præteritæ, quomodolibet inferenda.[5] Et, quia
"præmissa non possunt de facili vestrum singulis singulariter
"intimari, illa in foribus ecclesiarum et aliis locis publicis
"publice providimus affigenda, ut sic in publicam deveniant
"notitiam, ad nostrorum solatium devotorum et ad veram
"illorum instructionem, qui de nobis per immissiones mali-
"volas sunt aliter informati. Datæ apud Gandavum viij.ᵗᵒ
"die Februarii, anno regni nostri[6] Franciæ primo, Angliæ
"vero xiiij.ᵗᵒ"

De bello navali in portu de Swyna, ubi Francigenæ vincuntur per Anglicos.

Anno Domini millesimo CCC.ᵐᵒXL.ᵐᵒ, quodam die Sabbati, per quindenam ante festum sancti Johannis baptistæ, dominus rex Angliæ, exsistens apud Orewelle cum xl.ᵗᵃ navibus, vel circiter, quas ibidem paratas habuit pro passagio suo in Flandriam ad videndum uxorem suam et duos filios suos in villa de Gaunt tunc morantes, et[7] ad tractandum cum alligatis suis

---

[1] *futurum*] futuro, D.
[2] *et*] per. D. T.
[3] *vel*] et, D. T.
[4] *ipsis*] om. D. T.
[5] *inferenda*] inferendum, H. D. T.
[6] *nostri*] om. D. T.
[7] *et*] om. D. T.

de partibus transmarinis super expeditione guerræ *A.D. 1340.*
suæ, tunc infra duos dies proposuit transfretasse. Sed *Archbishop Stratford advises caution.*
dominus archiepiscopus Cantuariensis, cancellarius suus,
præmunivit eundem quod dominus Philippus de Valesio,
adversarius suus de Francia, caute prævidens passagium suum, clam transmiserat magnum navigium cum
classe maxima navium armatarum [1] ad resistendum
sibi in portu de Swyna, et consuluit quod exspectaret et sibi de majori potentia provideret, alioquin
tunc transfretando perderet se et sua. Cui rex, fidem
non adhibens in præmissis, dixit quod transfretare
voluit omni modo. Archiepiscopus vero statim se posuit totaliter extra concilium ipsius regis, et, capta
licentia, ab eodem recessit et sigillum cancellariæ sibi *His resignation of office as chancellor.*
remisit. Rex vero, convocatis ad se domino Roberto
de Morle, amerallo suo, et quodam nauta cognomi-
nato Crabbe, qui explorabant veritatem, sciscitabatur
ab eis, si tunc foret periculum transfretare; qui retu-
lerunt eidem prout dictus dominus Cantuariensis ar- *His opinion supported by others.*
chiepiscopus sibi prædixerat. Quibus rex ait: "Vos *f. 89 b.*
" et archiepiscopus confœderati estis in uno præmedi-
" tato sermone, ad impediendum passagium meum."
Et offensus dixit eis: "Vobis invitis, transfretabo, et
" vos qui timetis, ubi timor non est, maneatis domi."
Tunc dicti amerallus et nauta obligarunt se ad pœnam
capitis quod, si rex tunc transfretaret, ipse et omnes
secum venientes inevitabili periculo subjicerentur.
Dixerunt tamen quod, si tunc [2] transfretare vellet,
ipsum præcederent, etiam si deberent mori. His au- *The archbishop restored.*
ditis, dominus rex misit statim pro dicto domino
Cantuariensi archiepiscopo, cancellario suo, et, blandis
sermonibus [3] sibi loquens, retradidit sibi sigillum cancellariæ. Confestimque fecit mandare ad singulos
portus versus partes boreales et australes ac etiam
Londonias pro majori navigio, ita quod ex tunc infra *Edward collects a*

---

[1] *armatarum*] armatas, D. T. [3] *sermonibus*] serm. suis, D.
[2] *tunc*] om. D. T.

x. dies sufficiens habuit navigium et insperatum numerum hominum armorum et sagittariorum, majorem etiam quam habere vellet, ita quod plures remisit; et ad dictum portum de Swyna in dicto festo sancti Johannis baptistæ navigando pervenit.

Tunc Anglici, perpendentes navigium[1] Francigenarum fore cum catenis ferreis in una acie adeo colligatum quod non potuit penetrari, retro paululum navigarunt. Francigenæ vero, per hoc decepti, suum navigium dissolverunt, et Anglicos, ut credebant fugientes, insequi nitebantur. Sed Anglici, ventum habentes dono Dei prosperum, illico redierunt, et, confligentes cum Francigenis, devicerunt eosdem; et plus quam xxx[ta]. millia de Francigenis interempti fuerunt ibidem, quorum multi præ timore saltantes in mare seipsos vecorditer demerserunt; ducentasque magnas naves habuerunt, in quarum una quadringenta corpora defunctorum inveniebantur. In crastino vero dicti festi sancti Johannis communis vox populi, quæ vox Dei dicitur, dictam regis victoriam Londoniis publicavit, et propter loci distantiam mendacium credebatur. Die vero Mercurii proximo tunc sequente primogenitus dicti regis apud Waltham certa nova recepit de præmissis, prout in sequenti litera continetur:

"Edwardus, Dei gratia rex Angliæ et Franciæ et dominus
" Hiberniæ, etc. Effusam circa nos his diebus propitiationis
" divinæ clementiam ad vestri contemplationem et lætitiam
" vobis ducimus intimandam. Scitis autem immo vos et alii[2]
" fideles nostri, quadam participatione sensitis, quantis fuimus
" et sumus guerrarum lacessiti turbinibus et velut in mari
" magno procellosis fluctibus agitati. Sed, licet sint mirabiles
" elationes maris, mirabilior tamen est[3] in altis Dominus,
" qui, procellam convertens in auram, jam inter tot adversa
" clementissime nos respexit. Nam, cum pridem ordinasse-
" mus passagium nostrum necessarium versus partes Flandriæ,
" dominus Philippus de Valesio, persecutor noster infestissimus,

---

[1] *navigium*] om. D.
[2] *alii*] alius, D.
[3] *est*] om. D.

"hoc prævidens, classem maximam navium armatorum, quam A.D. 1340.
" in expugnationem nostram nostrorumque fidelium [parari
" fecerat, ad insidiandum nobis, in portu de Swina trans-][1]
" misit, ut vel sic nos caperet vel nostrum transitum impe-
" diret. Qui transitus si, quod absit, fuisset impeditus, ardua
" negotia, quæ prosequimur, fuissent penitus in ruina; quin
" immo nos et nostri fuissemus verisimiliter [periculo][1] con-
" fusionis magnæ subjecti. Sed Deus misericordiarum, videns
" nos in tantis periculis constitutos, gratius et citius quam
" humana ratio judicare poterat, misit nobis magnum navale
" subsidium et insperatum numerum armatorum, ac semper
" ventum prosperum juxta votum; et sic, sub spe coelestis
" auxilii et justitiæ nostræ fiducia, dictum portum navigio
" venientes, invenimus[2] dictam classem et hostes nostros
" ibidem paratissimos ad prœlium in multitudine copiosa.
" Quibus, in festo Nativitatis[3] sancti Johannis baptistæ proxi-
" mo præterito, ipse spes nostra Christus Deus per conflictum
" fortem et validum nos prævalere concessit, facta strage
" non modica dictorum hostium, capta etiam quodammodo
" tota dicta classe, cum læsione gentis nostræ[4] modica respec-
" tive. Sicque tutior de cetero patebit transitus nostris fidelibus
" supra mare, et alia bona plurima sunt ex hoc nobis et
" nostris fidelibus verisimiliter proventura, de quo spes pul-
" cherrima jam arridet. Nos autem, tantam coelestem gra-
" tiam devotissime contemplantes, ipsi Salvatori nostro laudes
" et gratias humiliter exsolvimus, deprecantes ut, qui jam
" et semper in opportunitatibus copiosis gratis[5] nos prævenit,
" continuatis nos auxiliis prosequatur, et nobis regere tem-
" poraliter sic concedat in terris, ut in Eo lætemur æter-
" naliter in excelsis. Dilectionem vestram attente rogamus
" et per Dei misericordiam obsecramus, quatinus soli Deo
" vivo, qui tantum signum nobiscum fecit in bonum, in
" devotæ laudis præconium assurgentes, nos, jam in remotis
" agentes, et nedum jura nostra recuperare sed sanctam eccle-
" siam catholicam attollere et in justitia populum regere cupi-
" entes, Sibi devotis orationum instantiis recommendare curetis,
" facientes pro nobis missas et alia pia placationis officia
" misericorditer exerceri; et ad hoc clerum et populum vestræ
" diocesios salutaribus monitis inducatis, ut Deus ipse, mise-
" ratus nobis, progressum felicem et exitum annuat gratiosum,
" detque servo suo cor docile, ut recte judicare possimus et
" regere et sic facere quod præcipit, ut mereamur assequi

---

[1] The words within brackets are supplied from Rymer.
[2] *invenimus*] inveniemus, D.
[3] *Nativitatis*] om. D. T.
[4] *nostræ*] om. D.
[5] *gratis*] gratiis, D.

A.D. 1340.

"quod promittit. Teste Edwardo, duce Cornubiæ et comite
"Cestriæ, filio nostro carissimo, custode Angliæ, apud Wal-
"tham Sanctæ Crucis, xxviij⁰ die Junii, anno regni nostri
"Angliæ xiiij^me, regni vero Franciæ primo."

f. 90 b. *Qualiter rex obsedit villam de Tourneye et scripsit
regi Francorum Philippo.*

Edward lays siege to Tournay.

Idem dominus Edwardus tertius a conquæstu, anno[1] regni sui Angliæ xiiij^to, Franciæ vero primo, duce Brabanciæ necnon comite[2] Annoniæ et communitatibus villarum de Bruges, Gaunt et Ipres sibi assistentibus, munitissimam villam de Tourneye obsedit, et dicto domino Philippo de Valesio scripsit in hunc modum:[3]

His challenge to the French king.

"Phelipe de Valois, qe long temps avoms pursui devers
"vous par messages et toutz aultres voies qe nous savoms
"resonables, a fin qe vous nous vousistez avoir rendu nostre
"droit, heritage de Fraunce, le quele vous nous avetz long
"temps detenu a graunt tort et occupe.[4] Et, pur ceo qe
"nous veoms bien qe vous estes en entente de perseverer en
"vostre injuriouse detenue, sauntz nous feare reson de nostre
"demaunde, sumez nous entrez en la terre de Flaundres,
"come seignur soveraign de cele, et passez parmi le pais.
"Et vous signefioms qe, pris ovesqe laide nostre Seignur
"Jesu Crist et nostre droit, ovesqe le poar du dit pais et
"ovesqe noz gentz et alliez, regarde le droit qe nous avoms
"a leritage qe vous nous detenez a vostre tort, nous treioms
"vers vous, pur mettre brief fin sour nostre droiturele
"chalange, si vous vuilletz aproscher. Et, pur ceo qe si
"graunt poar dez gentz assemblez, qe viegnent de nostre
"part, et qe bien quidoms qe vous amesnetz de vostre part,
"ne se purroient mye longment tenir ensemble sauntz faire
"graunt destruccion al people et al pais—la quele chose
"chescun Crestien doit escheure, et especialment princes et
"aultres qe se tiegnent governours de gentz—si desirroms
"moult qe brief point se preist, et, pur escheure mortalite
"de Crestiens, ensi come la querele est apparent a nous et
"a vous, qe la discucion de nostre chalange se feseist entre
"noz ij. corps; a la quele chose nous vous offroms pur lez

---

[1] *anno*] om. H. D. T.
[2] *comite*] om. D.
[3] See the translation in Murimuth, p. 111.
[4] *occupe*] coupe, H. D. T.

" causes susditz, content qo nous puissoms bien veer la A.D. 1340.
" graunt noblesse de vostre corps, vostre sen auxint et
" avisement. Et, en cas qe vous ne vorroiez cele voie,
" adonqes soit mys nostre chalange pur affiner icelle bataille
" de vous mesmes od c. persones dez plus suffisauntz de
" vostre part, et nous mesmes od aultres tauntz de noz gentz
" ligez. Et, si vous ne voilletz lune voie ne lautre, qe vous
" nous assignez certein jour devaunt la ville de Tourneye, pur
" combatre poar encountre poar, dedeinz x. jours proscheins
" apres la date du ceste lettre. Et noz offrez dezsusditz voloms
" par tut le mounde estre conutz qest nostre desir, ne mye
" pur orguille ne pur[1] surquidance, meas qe par[2] lez causes
" susdites, a fin qe, la volente nostre Seignur Jesu Christ mons-
" tre entre nous, repos poet de pluis en pluis estre entre f. 91.
" Crestiens, qe le poar dez enemys Dieux feussent resistez et
" Crestiente enfraunchie. Et la[3] voie sour ceo qellisre[4] voil-
" letz des offrez dessusdites nous voilletz signefier par le
" portour du cestes lettres et par lez vostres, a lui fesant hastive
" deliverance. Donc soutz nostre graunt seal, a Chyn, es
" champs de Leez, le xxvij^me jour du moys de Juyl."

Responsio dicti domini Philippi de Valesio ad literam suprascriptam.

" Phelipe, par la grace de Dieux roi de Fraunce, a Edward Philip's re-
" roy Dengleterre. Nous avomps veuc voz lettres, apportez ply.
" a nostre court de part vous a Phelipe de Valeis, en queles
" lettres estoient contenutz ascunes requestes qe vous feistes
" al dit P[helipe] de Valeis. Et, pur ceo qe lez dites lettres
" ne venoient pas a nous et qe lez distz requestes nestoient pas
" faitez a nous, come[5] apiert clerement par le tenor dez lettres,
" nous ne vous feissons nul respounse. Nient mye, pur ceo qe
" nous avomps entenduz par lez ditz lettres et autrement qe vous
" estes entrez en nostre roialme de Fraunce, emportant graunt
" damage a nous, a nostre roialme, et a nostre people, de volente,
" sauntz nul reson et noun regardant ceo qe homme lige doit gar-
" der a son seignur—car vous estez entrez entre nostre homage
" lige, en nous reconissaunt, sicom reson est, roi[6] de Fraunce, et
" promis obeisance, tiel come len deit promettre a son seignur
" lige, sicome appiert plus clerement par voz lettres patentz,
" seales[7] de vostre graunt seal, lez queles nous avomps de par

---

[1] *pur*] om. H. T.
[2] *qe par*] pur, D.
[3] *la*] om. D.
[4] *qellisre*] quele issue, D.
[5] *come*] qe, D.
[6] *roi*] a roy, D.
[7] *seales*] enseales, D.

A.D. 1340. "vous¹ devers nous, et de queles vous devetz avoir a taunt
"devers vous—nostre entente si est, qaunt bon nous sem-
"blera, de vous getter hors de nostre roialme, al honur de nous
"et de nostre roialme et en profit de nostre people; et a ceo
"faire avoms ferme espoirance en Jesu Crist, dount tout puis-
"sance nous vient. Qar, par vostre emprise, quest² de volente
"et noun resonable, and este empechez la sainte voiage doutre
"meer, et graunt quantite dez gentz Crestiens mis à mort, le
"service divine apetisez, et seinte esglise en meindre reverence.
"Et du ceo qescript avoiez qe vous entendez avoir lost de
"Flemyngz, nous quidoms estre certeins qe lez bones gentz et
"lez comunes du pais se porteront par³ tiele manere par devers
"nostre cosin le counte de Flaundres, lor seignur sauntz mienc,
"et nous lor seignur soveraign, qils garderont lor honur et lor
"loialte. Et, qe ceo qils ount mespris jusqes a cy, ceo ad este
"par malveis consail dez gentz qe ne regardent pas au profit
"comune ne al honur du pais, meas a profit de eaux taunt soul-
f. 91 b. "ment. Donne soutz lez camps, pres de la priorie Seint An-
"dreu, soutz le seal de nostre secret, en labsence du graunt,
"le xxxᵐᵉ. jour de Juyl, lan du grace mil cccxlᵐᵒ."

De gestis Anglorum dum rex obsedit villam de Tourneye.

Philip marches to relieve Tournay, but shrinks from attacking.

Interim vero dictus dominus Philippus de Valesio, exercitum congregans magnum valde, versus dictam obsidionem gressus suos⁴ direxit, ad removendam eandem, ut a multis opinabatur; tamen cum dicto rege Anglorum bellum committere formidabat et in campis ao eodem rege Angliæ multum distantibus cum suo exercitu moram traxit.

Conquests by the English.

Et, licet comes Hannoniæ ac dominus Walterus de Manny⁵ et Reginaldus de Cobham, tunc marescallus dicti domini regis Anglorum, et alii dicti exercitus, in destructionem rebellium a dicta obsidione egredientes, villas de Ortys,⁶ Urssis, Greneye, Archis, et Odynt, Scint Amand, villamque Lisle,⁷ interfectis ibidem ccc. hominibus armorum regni Franciæ, et juxta

---

¹ *vous*] om. H. T
² *emprise quest*] coprouse queste, H. T. ; coprouse requeste, D.
³ *par*] de, D. T.
⁴ *suos*] om. H. T.
⁵ *Manny*] Manue, D.
⁶ *Ortys*] Ortoys, D.
⁷ *Lisle*] Lysle, D.

Sanctum Omerum nobilibus dominis de Duskune, de Maurfelon, de Rely, de Chastelon, de Melly, de Fenys, de Hamelcourt, de Monfaucon, et aliis baronibus xiiij^cim., cum vj^xx. militibus etiam interfectis versus Dowe, villam de Chely,[1] aliasque villas parvas plus quam ccc^tas., quasi in circuitu de Tourneye per vj. leucas illius patriæ, captis prædis et spoliis, per incendium devastassent—tamen dictus dominus Philippus hujusmodi dampna occurrere seu resistere in defensionem populi dictæ patriæ non audebat, sed continue in eodem loco a dicta obsidione remoto permansit, donec, plus quam xx^ti. millibus[2] hominum sui exercitus, propter ipsius exercitus multitudinem et moram ibidem diutinam, fame et siti miserabiliter necatis, ad ipsius domini Philippi instantiam, treugæ captæ fuissent. Quibus treugis dictum dominum regem Anglorum, sufficienti thesauro, unde debuit propriis necessitatibus subvenire et debita stipendia suis obsequiis militantibus erogare, destituto, oportuit consentire. Quarum tenor talis est, ut patet consequenter:

Forma treugarum captarum apud Tourneye.

"A toutz iceaux qe ces presentes lettres verront ou orront, Johan, par la grace de Dieux roy de Boheme et counte de Luxemburgh, Adulph evesqe de Lyge, Raoul duc de Loreigne, Ayemes counte de Savveye, et Johan counte Darmynak, salutz et coniseance du verite. Savoir fesoms as toutz qe, a doner et ottrier lez treves et le respit entre lez hautz et puissauntz princes, lez ij. rois[3] de Fraunce et Dengleterre, pur eaux, lours aidauntz, et lours alliez, soient prince, prelat, baroun, ou aultre manere dez gentz quele qils soient, de seint esglise od seculer—et lez queles[4] treves et respit hautz et puissantz le duc de Brabant,[5] le duc de Gelre, le marchis de Julers, et

---

[1] Of the places here mentioned, Orthys is Orchies; Dowe is Douai; and Chely is probably Seclin. Urssis may be merely another corrupt form of Orchies; and Archis may be the same, if it be not meant for Auchy, a small place near Orchies. Greneye may be Genech.

[2] *millibus*] millia, H. D. T.

[3] *rois*] om. D. T.

[4] *queles*] om. D.

[5] *Brabant*] Brabaunce, D.

"mounsire Johan de Hoynoun, sire de Beaumont, dune
"part, et nous v. desuisdit dautre part, par la poar a
"nous et as aultrez desuiznomez[1] donc par lez dites rois,
"ottroiames, covenansasmes et foiancames par noz feis,
"de main en aultre, de par lez ditz rois, lours aidauntz
"et lor alliez, quels qils soient, chescun de sa partie, de
"jour de huy jesqes al jour del Nativite seint Johan
"baptiste proschein venant, et le jour tut et lendemayn
"jesqes al solail levant—ad este tretie, ottroie, covenaunte,
"accorde. et foiance,[2] par lez consails dez ditz rois, par
"nous en la fourme et en la manere qensuent:
"Primerment, qe, durauntz lez ditz treves, nulle novelte
"ne mespresine ne se[3] face de lun partie sour lautre, en
"prejudice dez ditz treves et respit.
"Item, est accorde es dites treves qe lez ditz seignurs,
"lors aidantz, coadjutours et alliez, queles qils soient, deme-
"orent en tiel possession et en tiel seisine come ils sount a
"jour de huy de toutz lez biens, tierres, et possessions qils
"tiegnent et ount adquis en[4] queconqe manere qe ceo soit,
"lez ditz treves durantz.
"Item, accorde est qe, lez ditz treves durantz, lez ditz
"seignurs, lours eaidauntz, lor coadjutours, et alliez, quels
"qils soient, purront aler sauvement del un pais en lautre;
"et toutz lez marchauntz od toutes lor marchaundises, et
"toutz manere gentz, et dez biens purveances, taunt par la
"terre come par meer et par eawe, auxi franchment com ils
"soleient venir et aler en temps dez devantures dez ditz rois:
"empaiantz lez paiages et wynages qomme aad acustume
"auncienement; exceptz[5] lez banniz, qe sount banniz dez ditz
"roialmes od ascune de ceaux, pur aultre cause qe pur la
"guerre des ditz rois. Mais lez barouns de Gascoigne, de la
"duche de Guyene, et aultrez persones de Gascoigne et de la
"dite duchee, soient banniz ou aultres, soient compris es ditz
"treves, et purront aler et venir dez uns pais as aultres, durantz
"lez ditz treves.
"Item, accorde est qe lez ij. rois ne procurent ne ferront
"procurer, par eaux ne par aultri, qe nulle[6] novelte od grief
"se facent par lesglise du Rome od par aultre de seint esglise,
"quels qils soient, sour ascun dez ditz rois, de ses coadjutours
"ou alliez, quels qils soient, ne sour lor tierres ne de lours
"subgitz, pur encheson de la dite guerre ou pur aultre cause,
"ne pur service qe le dit allie od coadjutour eient faitz as ditz[7]

---

[1] *desuiznomez*] desornomez, H. T.
[2] *foiance*] feisance, D.
[3] *se*] sa, H. T.
[4] *en*] ou, T.
[5] *exceptz*] forspris, D. T.
[6] *nulle*] om. D.
[7] *ditz*] om. D.

" rois od ascun de eaux. Et, si nostre treseinte piere le pape
" ou aultres le voillent feare, lez ij. roys le destourberont, a lour
" poar, saunz nul mal engin, lez ditz treves durantz.

" Item, est assavoir qe de maintenaunt les treves soient criez
" es ij. ostz, et soit tenuz de lez tenir et garder toutz le pre-
" sentz et aultres qe savoir le poient et deivent.

" Item, est acorde qe, dedeinz xx. jours, acountes de jour de
" huy, chescun dez rois lez ferra crier en Gascoigne et en la
" duchee de Guyene, en la terre qil tiengt, a fin qeles soient
" notoriement conutz.

" Item, est acorde qe, si par ascun dez ditz rois, par lours
" gentz, lours allies od coadjutours, ascune siege soit mys en
" Gascoigne, en le duchee de Guyene, od en aultres isles[1] de
" meer, en Gierneseie, en[2] Gerseye, ou ailleurs, lez sieges[3]
" se leverount si tost com lez treves vindrount a lor coniseance.
" Et xiiij. persones, cest assavoir vij. persones de par chescun
" dez dits rois, entront es villes, chastels, od forteresces, od lez
" sieges serroient, et verront lez garnysons, taunt dez gentz
" come dez vivres, qe dedeinz serrount, a ceo finz qe, le jour de
" ces treves faillez, lez dits villes, chastels, et forteresces qe
" serront assieges soient mys en tiel nombre et quantite dez
" vivrez et de persones come ils serrount treovez par lez dits
" xiiij. persones.

" Item, accorde est qe lez larouns et lez futifs du pais de
" Flaundres, qe ount este de part le roi de Fraunce, ne purront,
" durantz lez treves, entrier ne venir en Flandrez. Et, sils
" fount qascuns de tieux alast, encountre lez treves, dedeinz
" le[4] roialme et son poar, homme ferroit de lui justice, et serront
" forfaitz qils averont en Flaundrez.

" Item, est accorde qe lez dettes dues a Arraz,[5] as Crespenois,[6]
" od as aultres el roialme de Fraunce, ne soient demaundez ne
" executes, lez ditz treves durauntz.

" Item, est accorde qe, durauntz lez ditz treves, toutz pri-
" sones pris en ceste guerre serront relaix de lours prisone, a
" revenir en icelle, par lor fois et sermentz, si ensi ne fust qils
" foussent rechatez devaunt la date de cestz presentz treves ;
" sauve auxi qe lez ditz prisouns reviegnent, par lour fois res-
" creauntz de revenir en lour prisone, lez dits treves faillauntz.
" Et sil avint qascun prison fuit faillaunt, rebel de revenir en
" prison, le sire desoutz qil serroit lui constreindroit de revenir
" en prisone.

---

[1] *isles*] ildes, H.
[2] *en*] ou, D.
[3] *sieges*] siege, H.
[4] *le*] la, H.
[5] *Arraz*] Arras, D. T.
[6] *Crespenois*] Gresponois, D. T.

A.D. 1340.
"Item, accorde est qe toutz lez leevs, queles qo soient, faites
"devaunt lez ditz trieves en temps de guerre, soient dez bieus
"espirituels od aultrement, soient levez, sauntz restitucion,
"lez ditz treves durauntz.

"Item, accorde est qe unes¹ treves se preignent de mein-
"tenaunt entre lez Engleiz et lez Escotz, lours seignurs, lours
f. 93. "eaidauntz et alliez, sour seoffrance de la guerre qils ount entre
"eaux, a durer jusqes a la dit Nativite seint Johan; et qe
"certeins persones soyent deputez par lez dits parties destre
"a certein jour et lieu sour lez marches Dengleterre et Descoce,
"pur affermer lez ditz treves sour tieux condicions, come aultre
"foitz aad este acustume en icelles parties; auxi qe, durauntz
"lez ditz trieves, lez Frannceis ne lour sire ne lez² conforteroit
"dez gentz darmes. Et en cas qe lez gentz Descoce ne lour
"seignur ne se vorrount assentir as ditz trieves, od lez enfrein-
"droient, adonqe ne lour ferrount lez Fraunceis ne lour sire
"nulle confort, durauntz lez dits trieves.

"Item, est acorde qe ces presentz trieves soient notefiez en
"Engleterre et en Escoce dedeinz³ xxvj. jours apres la date
"de ces treves.

"Item, est accorde qen ces trieves soient compris⁴ li Espaniel.
"li Castelloin, ly Genevoiz,⁵ ly Provincial, levesqe et le
"chapitre de Cambray, la⁶ ville de Cambray, lez chastiels de
"Cambresins et tout le Cambresien, et auxi le sire de la⁶
"Bret, le viscounte de Fonsac, Gascoigne de⁷ Lisle, et le sei-
"gnur de Tieban, monsire Johan de Vouryn, et le seignour de
"Royen.

"En tesmoignance du cec nous avomps seales ces lettres
"presentz de noz seals. Faitz, acordetz, et donez en lesglise
"de Espletelyn, le Lundy, le xxv. jour en Septembre, lan di
"grace mil cccxl^me."

["To all those who these present letters shall see or hear,
"John, by the grace of God king of Bohemia and count of
"Luxemburg, Adolphus bishop of Liége, Ralph duke of
"Lorraine, Aymo count of Savoy, and John count of Arma-
"gnac, greeting and knowledge of the truth. Be it known to all
"that, to give and grant truce and respite between the high
"and mighty princes, the two kings of France and England,
"for them, their helpers and allies, whether prince, prelate,
"baron or other manner of men whatever, of holy church or

---

¹ *unes*] vewes les, D.; vewes, T.
² *ne lez*] om. D.
³ *dedeinz*] deinz, H. T.
⁴ *compris*] om. H. D. T.
⁵ *Genevoiz*] Genovoz, D. T.
⁶ *la*] le, H.
⁷ *de*] et, H. D. T.

"secular—the which truce and respite the high and mighty A.D. 1340.
"lords, the duke of Brabant, the duke of Guelders, the marquis
"of Juliers, and the lord John of Hainault, lord of Beaumont,
"of the one party, and we the five abovesaid, of the other party,
"by power to us and to the others abovenamed given by the
"said kings, have granted, covenanted, and pledged by our
"faith, with hand in hand, on behalf of the said kings, their
"helpers, and allies, whoever they be, each on his side, from
"this day even to the day of the Nativity of St. John bap-
"tist next coming, and through that day to the morrow even to
"sunrise—it hath been treated, granted, covenanted, agreed,
"and plighted, by advice of the said kings, by us in form
"and manner following:

"Firstly, that, during the said truce, no innovation nor mis-
"prision be done by the one party upon the other, to the
"prejudice of the said truce and respite.

"Also, it is agreed in the said truce that the said lords, their
"aiders, helpers, and allies, whoever they be, remain in such
"possession and such seisin as they are in at this day of all the
"goods, lands, and possessions which they hold and have in
"what manner soever, during the said truce.

"Also, it is agreed that, during the said truce, the said lords,
"their aiders, helpers, and allies, whoever they be, shall be able
"to go in safety from the one country to the other; and all
"merchants with all their merchandise, and all manner of
"people, and purveyance of goods, as well by land as by sea
"and water, as freely as they were wont to come and go in time
"of the ancestors of the said kings: paying poisages and wine
"dues as hath been anciently accustomed; excepting the out-
"laws, which are banished from the said realms or either of them,
"for other cause than for the war of the said kings. But the
"barons of Gascony and of the duchy of Guienne, and other
"persons of Gascony and of the said duchy, be they banished or
"others, shall be included in the said truce, and shall be able
"to go and come from the one country to the other, during the
"said truce.

"Also, it is agreed that the two kings procure not, nor cause
"to be procured, by them nor by other, that any innovation or
"grievance be done by the church of Rome or by others of
"holy church, whoever they be, on either of the said kings,
"his helpers or allies, whoever they be, nor on their lands nor
"those of their subjects, by reason of the said war or for other
"cause, nor for service that the said ally or helper hath done
"to the said kings or either of them. And, if our most holy
"father the pope or others will do that, the two kings shall

A.D. 1340. "prevent it, as far as in them lies, without evil intent, during
" the said truce.

"Also, be it known that from now be the truce cried in the
" two hosts, and be they bound to hold and keep it, all who are
" present and others who can and ought to have knowledge
" thereof.

"Also, it is agreed that, within twenty days, reckoned from
" this day, each of the kings shall cause proclaim it in Gascony
" and in the duchy of Guienne, in the land which he doth hold,
" to the end that it be notoriously known.

"Also, it is agreed that, if by either of the said kings, by their
" people, their allies, or helpers, any siege be laid in Gascony,
" in the duchy of Guienne, or in other islands of the sea, in
" Guernsey, in Jersey, or elsewhere, the sieges shall be raised
" so soon as the truce shall come to their knowledge. And
" fourteen persons, to wit seven persons on behalf of either of
" the said kings, shall enter into the towns, castles, or strong-
" holds, where the sieges shall be, and shall view the garrisons,
" as well of men as of victuals, that shall be therein, to this end
" that, on the day of the ceasing of this truce, the said towns,
" castles, and strongholds which shall be besieged be set in such
" number and store of victuals and of men as they shall be
" found with by the said fourteen persons.

"Also, it is agreed that the thieves and runaways of the land
" of Flanders, which have been with the king of France, shall
" not be able, during the truce, to enter nor come into Flanders.
" And, if they do that any of such go, counter to the truce, within
" the realm and its power, justice shall be done on them, and
" what they have in Flanders shall be forfeit.

"Also, it is agreed that the debts due at Arras, to the Crespi-
" nois, or to others in the realm of France, be not sued nor exe-
" cuted, during the said truce.

"Also, it is agreed that, during the said truce, all prisoners
" taken in this war shall be released from their prison, to return
" thither, on their troth and oath, if so be that they be not
" ransomed before the date of this present truce; save also that
" the said prisoners come back, plighting their troth to return on
" failure of the said truce. And if it happened that any prisoner
" were in default, refusing to return to prison, the lord under
" whom he should be should constrain him to return to prison.

"Also, it is agreed that all levies, whatever they be, made
" before the said truce in time of war, be they on goods spiritual
" or otherwise, be levied, without restitution, during the said
" truce.

"Also, it is agreed that a truce be taken forthwith between
" the English and the Scots, their lords, their aiders and allies,

" on sufferance of the war which they have between them, to
" last even to the said Nativity of St. John; and that certain
" persons be deputed by the said parties to be at a certain day
" and place upon the marches of England and Scotland, in
" order to affirm the said truce upon such conditions as aforetime
" hath been accustomed in those parts; also that, during the
" said truce, the French nor their lord shall not comfort them
" with men of arms. And in case that the people of Scot-
" land nor their lord wish not to assent unto the said truce,
" or should infringe the same, then shall not the French nor
" their lord comfort them, during the said truce.

"Also, it is agreed that this present truce be notified in Eng-
" land and in Scotland within six and twenty days from the
" date thereof.

"Also, it is agreed that in this truce be included the people of
" Spain, of Castille, of Genoa, and of Provence, the bishop and
" chapter of Cambray, the city of Cambray, the castles of Cam-
" bresis and all Cambresis, and also the lord of Albret, the
" viscount of Fronsac, Gaston de Lisle, the lord of Treubon, the
" lord John of Vervin, and the lord of Roye.

"In witness whereof we have sealed these present letters with
" our seals. Done, granted, and given in the church of Esple-
" chin, on Monday, the 25th day of September, in the year of
" grace 1340."]

De reditu regis Angliæ ab obsidione de Tourneye et captione ministrorum suorum.

Item, dominus Edwardus tertius a conquæstu, apud Tourneye, ut præmittitur, treugis captis, in Flandriam est reversus. Et postea, quadam nocte, priusquam gallus cantasset, cum suis secretariis apud turrim Londoniarum navigio venit subito, nemine exsistente in Anglia præmunito.[1] Offensusque cum suis officiariis in magnis officiis ministrantibus eo quod, propter defectum ipsorum, expensis in obsidione de Tourneye sibi deficientibus, treugis ibidem captis ipsum oportuit consentire, statim capi et adduci fecit ad eandem turrim dominum Johannem de Stonhore, ipsius regis justiciarium, dominum Johannem de Poulteneye, et plures

---

[1] *præmunito*] præmunitus, H. D. T.

A.D. 1340. alios. Ac, mane facto, misit pro domino Roberto, episcopo Cicestrensi, cancellario suo, et pro omnibus officiariis suis in magnis officiis ministrantibus, et eosdem,[1] dicto episcopo dumtaxat excepto, in dicta turri custodiri mandavit, quem, timore constitutionis Clementinæ, " Ne episcopi capiantur et carceri man- " cipentur," editæ, libere permisit abire, dominumque Robertum Bourcher, militem, loco ipsius episcopi in cancellariæ officio subrogavit.

Qualiter J[ohannes] de Stratforde, archiepiscopus Cantuariensis, scripsit regi sibi offenso.

Archbishop Stratford incurs the king's displeasure. f. 93 b.

Quidam vero de dicti domini regis secretariis, reverendo patri domino Johanni de Stratforde, Cantuariensi archiepiscopo, qui dicti domini regis patricius solebat quasi ab omnibus nominari, plus quam decuit invidentes, astiterunt adversus eum christum Domini, ac contra eum præfatum dominum regem ad iracundiam excitarunt, imponentes sibi crimina et defectus, prout in[2] infrascriptis literis regiis plenius continetur. Dictus vero dominus[3] Cantuariensis, regis rancorem suorumque invidiam æmulorum, certior effectus de eisdem, timens, ad locum tutaminis, ad prioratum ecclesiæ Christi Cantuariæ, prudenter confugit, et ibidem diutius moram traxit. Interimque dicto domino regi suis literis humiliter supplicando scripsit in hæc verba:

He takes refuge at Canterbury.

A.D. 1341. His letter to the king.

" Tresdouce seignur, vous please assavoir qe la plus
" soveraigne chose qe tiengt lez rois et lez princes en due[4]
" et en covenable estat si est bon et sage counsail. Et pur-
" ceo dit li sages: 'En ses motz[5] de counsails, ceo est assa-
" ' voir bons, il y nad sanvete.'[6] Et purceo est escript el livre
" de Rois qe Salomon, qe feust li[7] plus sage roy qe unqes

---

[1] *eosdem*] eodem, D. T.
[2] *in*] om. D. T.
[3] *dominus*] dominus episcopus, D.
[4] *due*] Dieux, H. D. T.
[5] *en ses motz*] ou sont molds, in the Fœdera.
[6] Prov. xxiv. 6.
[7] *li*] lui, H. T.

" feust, prist devers lui lez plus aunciens gentz et plus sagez A.D. 1341.
" de la terre, par qi avisement et son sen il tiengt toutz
" voies la terre de Israel en quiete et pees, et oultre ceo
" toutz lez rois qe fusrent entour lui le pluis a sa volunte.
" Et apres sa mort regna son filtz Roboam, et entrelessa
" le bon counsail soun piere et des aunciens et sages qavoient
" este od soun piere, et fist apres le consail de jeuene
" gentz qe luy voleient pleare et poi en savoient, par qei il
" perdi toute la terre de Israel, sauve la xij^{me} partie. En¹
" mesme la manere plusours rois de Israel et dez aultres
" terres ount este mys a meschief par malveis counsail. Et,
" sire, qil ne vous desplease, vous le poetz remembrer de
" vostre temps: qar par la malveis counsail qe nostre sire
" voz pieeres, qe Dieux assoile, avoit, il fist prendre, countre
" la ley de sa terre et le graunt chartre, lez peres et aultres
" gentz de la terre, et mist ascuns a vilain mort, dascuns
" fist prendre lour biens et ceo qils² en avoient, et ascuns mist
" a raunzon; et qest avenutz de lui par cele cause vous, sire,
" le³ savetz. Et puis, sire, en vostre temps avetz ascuns
" consaillers par lez qeux vous avetz⁴ a poi perduz les coers
" de vostre peuple; des qeux Dieux vous delivera, sicome
" luy pluist. Et puis, tauncqe en cea,⁵ par bone avisement
" des prelatz, piers, grauntz et sages du⁶ counsail de la
" terre, voz busoignez ount este mesneez en tieu manere
" qe vous avetz entierment lez coers de voz gentz qi vous
" ount eydez, auxi⁷ qe averetz, auxi bien clers comes aultres,
" si avaunt od pluis, come unqes fuist roy Dengleterre; issint
" qe, parmi vostre bon consail, laide de voz gentz, et la
" grace qe Dieux vous aad done, vous avetz eu la victorie
" devers voz enemis Descoce et de Fraunce et de toutz par-
" ties; issint qe a jour huy, honurez soit Dieux, vous estez
" tenuz le plus noble prince de Crestiens. Et ore, par mal- f. 94.
" veis consail, abettiz dascuns gentz de ceste terre qe ne
" sount pas si sages come mestier feust, et par consail daul-
" tres qe plus desirrent lour profit qe vostre honur od salva-
" cion de la terre, vous comences de prendre devers clers,
" peeres, et aultres gentz de la terre, et faire proces nient
" covenable, countre la ley de la terre, a le quele garder et
" maintenir vous estez tenuz par serement fait a vostre
" coronement, et encontre la graunt chartre, dount toutz
" sount excomengez par toutz lez prelatz Dengleterre qe

---

¹ *En*] Et, D. T.
² *ceo qils*] sils qe, D. T.
³ *le*] om. D. T.
⁴ *avetz*] om. D.
⁵ *cea*] sa, H. D. T.
⁶ *du*] supplied from the Fœdera.
⁷ *qi vous . . . . auxi*] supplied from the Fœdera.

"vienent al encountre et la sentence conferme par bulle de
"pape, la quele nous avomps devers nous:[1] lez queles choses
"sount faitz en graunt peril de vostre alme et amenusement
"de vostre honur. Et, sire, coment mesmes ceaux qe ore se
"fount governours et conseillers, pluis avaunt qe lour estat lour
"done, en vous donant entendre qe ceo qe vous ore faitez est et
"serra plesaunt a vostre comune people, sachetz, sire, de certein,
"et ceo troveretz vous, qe nient en la manere ore comencee. Et
"certeinement, sire, nous[2] dotoms mult, si Dieu ne y met
"remedie, qe, si vous pursuez la dite manere comence, vous
"purretz perdre lez coers de voz gentz et vostre bone et droitu-
"rele emprise, et vous branler en tieu manere par de cea,[3] qe
"vous ne averez poair de perfourner vostre emprise, et en-
"forceretz voz enemis pour vous destruire et vous faire perdre
"bone fame et vostre terre, qe Dieux defende. Par qoi, sire,
"pur la salvacion de vostre honur et de vostre tierre et pur
"vostre enprise maintenir, voilletz prendre a vous les grauntz
"et lez sages de vostre terre et overir en voz busoignes par
"eaux et lour consails, si come einz ces heures[4] aad este usez,
"sauntz eaide et counsail dez qeux vous ne poetz vostre en-
"prise maintenir ne vostre terre bien governer. Et purceo qe
"ascuns qe sount pres de vous nous sourmetient[5] faucement
"tresoun et faucine, par quei ils sount excomengetz, et pur
"tieux lez tenoms et, come vostre espirituel, vous prioms qe
"vous lez voilletz pur tieux tenir; et auxi dient dascuns aultres
"qils vous ount malement et faucement servi, par quei vous
"avetz perdue la ville de Tourneye et plusors aultrez honurs
"qe vous puissetz avoir eu[6] illeosqes; voilletz, sire, si vous
"plest, faire venir lez prelatz, grauntz, et peeres de la tierre
"en lieu covenable, od nous et aultres gentz purrons seurement
"venir, et faites, si vous plest, veer et enquere en qi mains,
"puis le comencement de vostre guerre, laynes, deniers, et
"aultres choses, qelles qe[7] soient, qe vous ount este grauntez
"en caide de vostre guerre tancqe a jour de huy, sount
"devenuz et vient despenduz, et par qi defalte vous de-
"pertistes issint de Tournaye; et ceanx qe serronnt trovez
"coupables en ascun point devers vous, come bon seignur,
"lez faitez bien chastier solonc la ley. Et en qaunt qe a nous
"appent, nous esterroms en toutz pointz a juggement de noz
"peres, sauve toutes voies lestat de seint esglise, de nous, et

---

[1] nous] vous, D.
[2] nous] om. D.
[3] cea] sa, H. T.
[4] einz ces heures] en ces heures einz, D.
[5] sourmetient] sourmencient, D.
[6] eu] om. D.
[7] qelles qe] qe qelles, H. T.; qe qeles, D.

" de nostre ordre, sicom nous avomps escript einz ces heures. A.D. 1341.
" Et pur Dieu, sire, ne voilletz crere de nous ne de voz bones
" gentz si bien noun, avaunt qe vous sachetz la verite ; car, si
" gentz serrount puniz saunz respounse, tout serra un jugge-
" ment dez bones et dez malveis. Et, sire, voilletz bien penser
" de vostre graunt emprise, et de fort annemy[1] qe vous avetz
" par cele cause, et de voz enemis Descoce, de graunt peril de
" vostre terre; car, si voz prelatz, grauntz, et toutz les sages
" de vostre terre fuissent entre jour et nuyt dune volente,
" saunz division, dordeigner ceo qe serroit meltz affaire eu si
" grosses busoignez, il y averoit assetz a penser, pur main-
" tenir vostre emprise, lonur de vous, et la salvacion de
" vostre terre. Et, sire, ne voilletz prendre a mal qe nous
" vous envoioms si grossement la verite ; qar la graund affec-
" cion qe nous avons et tutz jours averoms devers vous, la
" salvacion de vostre honur et de vostre terre, et ausi purceo
" qil apertent a nous, purceo qe nous sumes, tout seioms in-
" digne, primat de tout Engleterre et vostre piere espirituel,
" nous excite a vous dire et maunder ceo qe peot estre en peril
" de vostre alme et empovrisment de vostre terre et de vostre
" estat. Le Seint Espirit vous sauve, corps et alme, et vous
" doignt grace davoir et de crere bon counsail, et victorie de voz
" enemys. Escript a Cauntirbirs, le primer jour de Janever,
" par le vostre chapelain, lercevesqe de Cauntirbirs."

["Most gentle lord, please you to know that the most sovereign
" thing that holdeth kings and princes in due and fitting estate
" is good and wise counsel. And therefore saith the wise
" man : 'In multitude of counsellors there is safety.' And
" therefore is it written in the Book of Kings that Solomon,
" who was the wisest king that ever was, took unto him the
" most aged men and the wisest of the earth, by whose advice
" and by his own sense he ever held the land of Israel in quiet
" and in peace, and moreover all the kings that were round
" about him altogether at his will. And after his death reigned
" his son, Rehoboam, who left the good counsel of his father
" and of the aged and wise men that had been with his father,
" and did according to the counsel of young men who would fain
" please him and who knew little ; whereby he lost all the land
" of Israel, save only the twelfth part. In like manner have
" many kings of Israel and of other lands been brought to
" trouble by evil counsel. And, sire, let it displease you not,
" you may remember it in your own time: for by the evil
" counsel which our lord your father, whom God assoil, had, he

---

[1] *annemy*] neny, H. D. T.

A.D. 1341. "made seize, against the law of his land and the great charter, the peers and other people, and put some to shameful death, and of others he made seize their goods and what they possessed, and some he put to ransom; and what happened to him for that cause, you, sire, do know. And next, sire, in your own time, you had certain counsellors by whom you did near lose the hearts of your people; from whom God delivered you, as it pleased Him. And then, even till now, by good avisement of the prelates, peers, the great men and wise of the council of the land, your affairs have been brought into such state that you entirely have the hearts of your people, who, as well clerks as others, have given you aid, even as you shall have henceforth, or more, as never had king of England; so that, by means of your good council, the help of your people, and the grace which God hath given you, you have had the victory in presence of your enemies of Scotland and of France and of all parts; so that at this day, honour be to God, you are held the most noble prince of Christendom. And now, by evil counsel, abetted by certain people of this land which are not so wise as were needful, and by counsel of others which seek rather their own profit than your honour or the safety of the land, you begin to seize divers clerks, peers, and other folk of the land, and to make suit nothing fitting, against the law of the land, the which to keep and maintain you are bound by the oath taken at your coronation, and contrary to the great charter, against which all who come counter are excommunicate by all the prelates of England, and the sentence confirmed by the pope's bull, which we have by us: the which things are done at the great peril of your soul and the minishing of your honour. And, sire, although those same men who now make themselves governors and counsellors, more than their estate doth warrant, give you to understand that that which you now are doing is and will be pleasing to your common people, know, sire, for certain, and this shall you find, that it is not so in the course that is now begun. And assuredly, sire, we doubt much, if God set not thereto a remedy, that, if you follow the same way that you have begun, you may lose the hearts of your people and your good and righteous enterprise, and be so shaken yonder, that you shall not have strength to accomplish your enterprise, and shall give your enemies the power to destroy you and make you lose fair fame and your land, which God forbid. Wherefore, sire, for the salvation of your honour and your land and for the maintenance of your enterprise, be willing to take to you the great and the wise of your land and to act in your affairs by them and their counsels, as heretofore hath been used, without whose aid and counsel you cannot maintain

"your enterprise nor govern well your land. And, forasmuch A.D. 1341.
"as certain who are near to you do falsely charge us with
"treason and falsehood, therefore they are excommunicate, and
"for such we hold them and, as your spiritual father, we pray that
"you will hold them for such; and also they say of some others
"that they have evilly and falsely served you, whereby you have
"lost the town of Tournay and many other honours that you
"might have had there; be willing, sire, if it please you, to make
"come the prelates, great men, and peers of the land, in fitting
"place, where we and others may securely come, and cause, if
"it please you, to see and enquire in whose hands, since the
"beginning of your war, wools, moneys, and other things what-
"soever, which have been granted to you in aid of your war
"even to this day, have come and have been expended, and
"by whose default you thus departed from Tournay; and those
"which shall be found guilty in any whit before you, as a good
"lord, make them to be chastised well according to law. And in
"whatsoever concerneth us, we will stand in all points at the
"judgment of our peers, saving always the estate of holy
"church, of us, and of our order, as we have written before this
"time. And for God's sake, sire, be unwilling to believe of us
"and of your good people aught but good, before that you know
"the truth; for, if folk shall be punished without answer,
"judgment of the good and of the evil shall be all one. And, sire,
"consider well of your great undertaking, and of the strong
"adversary whom you have for that cause, and of your enemies
"of Scotland, and of the great peril of your land; for, if your
"prelates, great men, and all the wise men of your land were,
"day and night, of one will, without division, to ordain that
"which should be best to do in so great matters, there would
"be enough to think on, to uphold your undertaking, your
"honour, and the safety of your land. And, sire, take it not ill
"that we send you so largely the truth; for the great affection
"which we have, and ever shall have, towards you, the safety of
"your honour and of your land, and also because it belongeth
"to us, for that we are, all unworthy though we be, primate of all
"England and your spiritual father, moveth us to tell you and
"send unto you what may be to the peril of your soul and the
"impoverishing of your land and of your estate. The Holy
"Ghost keep you, body and soul, and give you grace to have
"and to trust good counsel, and victory over your enemies.
"Written at Canterbury, the first day of January, by your
"chaplain, the archbishop of Canterbury."]

A.D. 1341. *Qualiter rex, offensus cum Johanne de¹ Stratforde archiepiscopo, scripsit contra eum.*

The king's letter of complaint against the archbishop.

Litera quam dominus Adam, Wyntoniensis episcopus, præfato domino archiepiscopo semper infestus, ad quorumdam ipsius archiepiscopi æmulorum instantiam, prout dicebatur a pluribus, fabricavit, et quam dictus dominus rex contra præfatum dominum archiepiscopum decano et capitulo ecclesiæ Sancti Pauli Londoniarum,² per ipsos publicandam,³ direxit, sequitur in hæc verba:

f. 95.

"Edwardus, Dei gratia rex Angliæ et Franciæ et dominus
" Hiberniæ, dilectis sibi in Christo filiis, decano et capitulo
" ecclesiæ beati⁴ Pauli Londoniarum, salutem in Domino.
" Veteribus probatur historiis, et ex his quæ cotidie geruntur
" clarius elucescit, quomodo multi, bonitate principum et
" honore, qui in eos collatus est, in superbia abutentes,
" nituntur interdum malitiæ suæ conniventes regum studia
" laudabilia depravare. Et, ut manifestius, quod dicimus,
" cunctis fidelibus nostris innotescat, et vestra et eorum
" memoria non credimus excidisse quod nos, dudum in annis
" adolescentiæ ad regni solium exaltati, in ejusdem⁵ suscepto
" regimine sanis consiliis dirigi cupientes, quia Johannem,
" tunc Wyntoniensem nunc vero Cantuariensem archiepi-
" scopum, fidelitatis et discretionis virtute credebamus præ-
" eminere aliis, ejus consilio, super his quæ animæ nostræ
" saluti expediunt et regni nostri augmentum et conserva-
" tionem respiciunt, spiritualiter et temporaliter usi sumus,
" et in tantam familiaritatem est a nobis susceptus, ac illam
" in se humanitatem expertus, ut pater noster vocaretur et
" adoraretur ab omnibus post regem secundus. Cumque
" postmodum regnum Franciæ ad nos fuisset jure successorio
" devolutum et a domino Philippo de Valesio de facto notorio
" occupatum, idem archiepiscopus nobis importuna instantia
" persuasit cum principibus Alemanniæ et contra dictum
" Philippum fœdus inire, et guerrarum dispendiis exponere
" nos et nostra, promittens et affirmans quod expensas ad
" hoc necessarias de terrarum nostrarum proventibus et
" aliunde quæsitis subsidiis abundanter faceret⁶ ministrari,

---

¹ *de*] om. D. T.
² *London.*] om. D. T.
³ *publicandam*] publicanda, H. T.
⁴ *beati*] sancti, D. T.
⁵ *ejusdem*] eisdem, D. T.
⁶ *faceret*] faciens, D. T.

"adjiciens insuper quod solummodo de personis ad bella
"doctis et strenuis soliciti essemus, quia ipse pecuniam
"necessariam pro nostris necessitatibus et eorum dispendiis
"efficaciter procuraret. Unde nos, mari transito, manum
"ad ardua misimus et circa bellicos apparatus, ut oportuit,
"immensis expensis fecimus, et confœderatis nobis in maxi-
"mis pecuniarum summis nos obligavimus, de promisso
"nobis, ut præmittitur, auxilio confidentes. Sed heu ! quoniam [1]
"in illusoris baculo arundineo, cui, juxta sententiam propheti-
"cam, si innixus fuerit homo,[2] intrabit in manum ejus et per-
"forabit eam, fiduciam posuimus et, subtracto nobis (utinam
"non fraudulenter) sperato subsidio, necessitate compulsi,
"sub usuris gravissimis, quasi importabilia contraximus onera
"debitorum, et sic, retardata expeditione ulteriori, coacti sumus
"ab inchoatis magnanimiter hostium aggressibus ea vice
"desistere et in Angliam remeare ; ubi, expositis præfato archi-
"episcopo nostro ærumpnis multiplicibus et infortuniis memo-
"ratis, convocato super hoc parliamento, prælati, proceres,
"ceterique fideles ejusdem regni nostri nonæ partis garba-
"rum. agnorum, et vellerum suorum, præter decimam a clero
"nobis concessam, tale nobis dedere subsidium, quod, si fide-
"liter collectum fuisset congruo tempore et obtentum, ad ex-
"peditionem dictæ guerræ, debitorum solutionem, et inimico-
"rum confusionem non modicum adminiculum præstitisset,
"et forte, secundum multorum opinionem, verisimiliter
"suffecisset. Idem archiepiscopus ad dicti subsidii collectio-
"nem et aliorum nobis necessariorum obministrationem
"interim promisit efficaciter interponere partes suas. Unde
"nos, ejus promissionibus inhærentes, resumptis viribus,
"navigio ad hoc congregato, versus Flandriam navigantes,
"commisso gravi prœlio[3] nautico cum hostibus, qui in nos-
"tram et totius gentis nostræ Anglorum perniciem conjura-
"verant, misericordissima Ejus clementia qui ventis et
"mari imperat, non nostris meritis, obtinuimus de tantorum
"hostium multitudine universa victoriam et triumphum. Quo
"peracto, cum prægrandi exercitu, pro jurium nostrorum recu-
"peratione, exinde progredientes, castra metati sumus juxta
"civitatem fortissimam Torneaceum, in cujus obsidione ali-
"quamdiu jugiter occupati, et continuatis expensis et labori-
"bus fatigati, præstolantes in silentio, promissum nobis adju-
"torium sperabamus indies, ministerio dicti archiepiscopi, in
"tot et tantis nostris necessitatibus relevari. Tandem spe
"concepta licet frustrati per plures nuncios et diversas literas

---

[1] *quoniam*] quem, H. D. T.
[2] *homo*] om. D.
[3] *prœlio*] periculo, H. D. T.

"pleno significaverimus præfato archiepiscopo et aliis con-
"siliariis nostris sibi adhærentibus nostras indigentias et
"pericula varia quibus expositi fuimus, propter defectum
"promissi subsidii memorati, utilitatem insuper et honorem
"quos ex succursu pecuniæ conspeximus nos posse faciliter
"optinere, nullum tamen ab eis emolumentum recipere potui-
"mus, quia, sua non nostra negocia curantes et commoda pro-
"pria procurantes, frivolis excusationibus et fucatis verborum
"phaleris suam desidiam, ne dicamus fraudem seu malitiam.
"palliabant,[1] similes illusoribus qui, ut ait Ysaias, deridendo
"ludificant, dicentes, ' Manda remanda, manda remanda, ex-
"'specta[2] reexspecta, exspecta[2] reexspecta, modicum ibi, modi-
"' cum ibi.' Unde, pro dolor ! factum est ut, dum triumphandi
"super inimicos nostros arrideret nobis gratiosissime spes pro-
"pinqua, prævalente penuria, cogeremur inviti treugis initis
"consentire, cum[3] verecundia, nostræ expeditionis retarda-
"tione, et exultatione non modica æmulorum. Reversis igitur
"nobis in Flandria, cum essemus pecunia vacui et æris alieni
"mole pressi, nec superesset quicquam in nostris vel nostro-
"rum marsupiis, unde possemus necessitatibus nostris consu-
"lere et debita stipendia nostro obsequio militantibus
"erogare, compulsi sumus usurarum voragini nos immergere[4]
"et humeros supponere cumulatis oneribus debitorum.
"Tandem convenerunt ad nos amici fideles, peregrinationis
"nostræ comites et tribulationis participes, cum quibus
"tractatum habuimus diligentem super optatis remediis,
"quibus a tanta infortuniorum tempestate possemus commo-
"dius respirare. Visum est omnibus præfatæ retardationis
"eventum tristabilem et egestatis nostræ incommoda[5] multi-
"plicia culpa vel desidia, ne dicamus malitia, præfati archi-
"episcopi, de cujus discretione tota regni nostri dispositio
"pendere videbatur, et ceterorum officialium quos in ejus
"concilio super regni negotia constituimus, accidisse, et, vehe-
"menter jurantes ac contra nos tacite murmurantes super
"eo quod dictorum archiepiscopi et officiatorum insolentiam
"regia mansuetudo tanto tempore relinquere voluit incorrec-
"tam, sunt publice protestati quod, nisi super his congruum
"faceremus remedium celeriter adhiberi, oporteret eos se
"nostris obsequiis subtrahere et ab inito fœdere retroire, et
"hoc utique in regni nostri subversionem et nostram per-
"petuam ignominiam et nationis Anglicanæ sempiternum
"obprobrium redundare, quod avertat temporibus nostris

---

[1] *palliabant*] palliabat, D.
[2] *exspecta*] respecta, D.
[3] *cum*] om. D.
[4] *immergere*] injungere, H. D. T.
[5] *incommoda*] commoda, H. T.; corrected in D.

" clementissimi Patris benignitas, in cujus soliditate fixa est
" immobiliter anchora spei nostræ. Unde nos ad disciplinam
" et correctionem hujusmodi nostrorum officialium mentis
" aciem dirigentes, quosdam ex eis, quos¹ ex causis probabili-
" bus de mala administratione, justitiæ subversione, ac sub-
" ditorum nostrorum oppressione, acceptorum munerum cor-
" ruptione, ac aliis offensis gravibus suspectos habuimus, a
" suis fecimus officiis, prout nobis licuit, amoveri; alios quoque
" inferioris gradus in præmissis culpabiles sub tuta custodia
" detineri, ne, si libertate solita potirentur,² supplantaretur
" eorum astutia justitiæ executio, et deluderetur callide in-
" quisitio veritatis, quam cum ex dicti archiepiscopi animi
" latebris eo certius et plenius elicere crederemus, quo nihil
" eorum, quæ ad informationem nostram in hac parte conferri
" poterant, ipsum verisimiliter latere debuerat, cui totius
" reipublicæ nostræ administrationem et summam rerum ge-
" rendarum a multo tempore duximus committendam, sibi per
" fidelem nostrum Nicholaum de Cantilupo,³ ad hoc specialiter
" destinatum, mandavimus quod ad præsentiam nostram, qui
" ejus personali colloquio perfrui volebamus, Londonias venire
" maturius non tardaret. Ipse vero, semper tumidus⁴ in pros-
" peris et timidus in adversis, trepidans timore ubi non erat
" timor, mortis sibi periculum per aliquos nobis assistentes
" intentatum et comminatum, si ab ecclesia Cantuariæ rece-
" deret, imminere minus veraciter allegavit, quia hoc, teste
" Deo et pura conscientia, nunquam in mentem nostram
" cecidit, nec alicujus nobis assistentis, ut credimus, tetigit
" cognatum, quamquam clero et populo regni nostri maligni-
" tatis suæ merito se reddidit odiosum. Nos autem, qui cunctos
" ad nostram præsentiam accedere volentes, præcipue ad
" hoc nostris literis vel nunciis convocatos, plena volumus
" securitate gaudere, ad convincendum ejus malitiam, dilec-
" tum et fidelem nostrum Radulphum de Stafforde, hospitii
" nostri senescallum, ad ipsum destinavimus, ut ei securum
" conductum offerret et faceret; regias super hoc nihilomi-
" nus literas patentes sigillo regio consignatas ei fecimus
" præsentari, iterato mandantes quod ad nos personaliter
" accederet, inchoatam solitudinem nostram informaturus super
" regni nostri⁵ negociis, quæ longo tempore gesserat, ut
" præfertur. Ipse vero, precum et mandatorum nostrorum
" lenitate contempta, vultu et animo indignato respondit quod
" se nostris conspectibus seu colloquiis nequaquam conferret,

---

¹ *quos*] quo, D. T.
² *potirentur*] peterentur, H. D. T.
³ *Cantilupo*] Cantulupo, H.
⁴ *tumidus*] timidus, H. D. T.
⁵ *nostri*] om. H

"nisi in pleno parliamento, quod his diebus ex causis ra-
"tionabilibus nullatenus expedit convocari. Sicque idem
"archiepiscopus, quem regalis benignitas beneficiis et honori-
"bus magnificis ampliavit, in suæ familiaritatis sacrarium
"et unanimitatem amicitiæ et vinculum fœderis accersivit,
"super quem, sicut patrem carissimum, totus noster spiritus
"et animus requievit, qui etiam, dum ejus voluntatibus per
"omnia acquievimus, sophisticæ dilectionis faciem, fuco[1]
"mendacis benevolentiæ palliatam, more patris amabilis, nobis
"prætendere consuevit, in vitricum et onerosum et gravem
"crudeliter est conversus et beneficiis[2] acceptis ingratus, et
"tumoris[3] arrogantia benefactorem prosequitur, et illam nobis
"retributionem impendit quam, juxta vulgare proverbium,
"'Mus[4] in pera, serpens in gremio, ignis in sinu,' suis consue-
"verunt hospitibus exhibere. Nam licet nobis, ad regale[5]
"fastigium jure hereditario, divina cooperante gratia, sublima-
"tis, detestabile semper sit et fuerit abuti potentiæ magnitu-
"dine, qui summis desideriis affectamus clementia et lenitate cum
"moderamine justitiæ gubernare subjectos, ut optata cunctis
"mortalibus pace fruamur, ipse tamen nostram innocentiam ac
"consiliariorum nostrorum et officialium nostrorum, regalem
"justitiam prosequentium, fidelitatem et diligentiam conviciis
"lacerat, publice prædicando, in suis literis patentibus in di-
"versis partibus publicari mandando, quod potestate regia mo-
"dernis temporibus contra justitiam opprimitur populus, clerus
"confunditur, et ecclesia variis exactionibus, collectis et talliis
"prægravatur. Et, quia nomen boni pastoris, quo hactenus
"semper caruit, cum sit revera, juxta communem opinionem
"et confessionem propriam publice, ut fertur, emissam,
"notorie mercenarius,[6] fallaciter nititur usurpare, fucatum
"zelum vulpinæ calliditatis fuco[7] perizomate palliatum, ad
"liberationem ecclesiæ, cujus vexationes, si quas in rebus
"vel personis nostro tempore sustinuerat,[8] præfati archiepi-
"scopi dumtaxat remissioni et callidis adinventionibus ac
"reprobis consiliis sunt veraciter ascribendæ, nequiter simu-
"lat se habere, et quasdam excommunicationum[9] sententias in
"libertatis ecclesiasticæ et magnæ cartæ violatores in genere
"dudum latas, ad sugillandam opinionem regiam, et præfatos
"ministros regios diffamandos, ac seditionem in populo nobis

---

[1] *fuco*] fuit, H. D. T.
[2] *beneficiis*] beneficium, H. D. T.
[3] *tumoris*] timoris, H. D. T.
[4] *Mus*] Equus, H. D. T.
[5] *regale*] regulare, H. D. T.

[6] *mercenarius*] mercenario, D. T.
[7] *fuco*] fuit, H. D. T.
[8] *sustinuerat*] sustinuerant, H.
[9] *excommun.*] excusationum, H. D. T.

" commisso proditorie¹ suscitandam, et devotionem comitum, A.D. 1341.
" procerum et magnatum regni nostri majestati regiæ sub- f. 97.
" trahendam, specificatis nonnullis articulis præter et contra
" solitum modum in concilio provinciali traditum, mandavit per
" suas literas in locis pluribus insignibus publicari. Quamo-
" brem nos, volentes, ut tenemur, integritati famæ nostræ pros-
" picere et præfati archiepiscopi malitiæ obviare, paratosque
" nobis et nostris ab ipso laqueos declinare, providimus, præ-
" ter ea quæ superius sunt expressa, ut ad præsens de multis
" ejus perversis actibus taceamus, aliqua ducere in publicam
" notitionem.² Nempe ejus improvido consilio et suasu in
" minori ætate constituti tot donationes prodigas ac aliena-
" tiones prohibitas ad gratias fecimus excessivas. quod per
" eas ærarium nostrum totaliter est exhaustum et fiscales
" redditus enormiter sunt diminuti; ipsumque munerum
" acceptione corruptum magnas pecuniarum summas nobis
" debitas quibusdam, sine rationabili causa, cum id nulla
" necessitas vel utilitas exposcebat, comperimus³ remisisse et
" plurimos proventus et redditus, qui de nostris utilitatibus et
" necessitatibus conservari debuerant, suis suorumque usibus
" applicasse, et aliis⁴ personis male meritis erogasse. Qui
" etiam, nedum munerum sed etiam personarum acceptor,
" contra votum nostrum et præstitum nobis fidelitatis solitum
" juramentum, ad officia publica in terris nostræ ditioni
" subjectis, dignis et bene⁵ meritis postpositis et repulsis,
" indignos admisit, multaque alia animo infrenato⁶ temere
" attemptare præsumpsit, in status nostri detrimentum et
" dignitatis regiæ læsionem ac populi nobis subditi dampnum
" non modicum et gravamen, potestate sibi tradita et officio sibi
" commisso abutendo. Qui si in elata obstinatione et obstinata⁷
" rebellione et continuata perstiterit,⁸ congruis loco et tem-
" pore intendimus apertius declarare, vobis firmiter injungendo
" mandantes quod hæc omnia et singula singillatim et clare,
" in locis quibus expedire videritis, publicetis et faciatis per
" alios publicari piam intentionem quam habemus ad subdu-
" cendum incommoda et promovendum⁹ commoda subditorum,
" ipsam, juxta datam vobis a Deo sapientiam, officaciter
" commendantes, et in his taliter vos habentes quod vestram
" debemus solicitudinem providam merito commendare. Teste
" me ipso apud Westmonasterium, x^{mo} die Februarii, anno

---

¹ *proditorie*] proditore, H. D. T.
² *notitionem*] notitiam, D.
³ *comperimus*] cupimus, H. D. T.
⁴ *aliis*] alii, D.
⁵ *bene*] bone, H. D. T.

⁶ *infrænato*] infrunito, H. D. T.
⁷ *obstinata*] obstinatione, D.
⁸ *perstiterit*] perstitit, D.
⁹ *promovendum*] proponendum, D. T.

A.D. 1341. " regni nostri Angliæ xv^{mo}., regni vero nostri¹ Franciæ
" secundo."

Qualiter imperator scripsit regi Angliæ de submissione facienda in eum.

Letter of the emperor to Edward cancelling his appointment as vicar of the empire.

Sequitur litera quam Lodowicus,² Romanorum imperator, dicto domino Philippo de Valesio, contra conventionem per ipsum Lodowicum cum rege Angliæ initam, alligatus, eidem regi Angliæ direxit. Jam

f. 97 b. sequitur litera:³

"Lodowicus, Dei gratia Romanorum imperator semper augustus præclarus, Edwardo regi Angliæ, fratri suo carissimo, salutem et sinceræ dilectionis affectum. Licet innumera grandiaque negocia nostris incumbant humeris et circa illa multipliciter et assidue distrahamur, tamen,⁴ cum discordia inter te et præclarum Philippum regem Franciæ, affinem nostrum prædilectum, ex qua tibi et tuo regno quamplurima personarum et rerum dispendia, ipsa non sedata, in futurum poterunt evenire, se nostris representat optutibus,⁵ mentem nostram specialius angit et excitat, ut ad tollendum illam studium et operam nostræ solicitudinis apponamus; propter quod scire te volumus quod præfatus Philippus, ad requisitionem nostram, dedit nobis suis literis potestatem tractandi inter te et ipsum concordiam super discordiam inter vos suscitatam, quam etiam tibi et tuo regno, pensatis diligenter omnibus conditionibus tuis et alligatorum tuorum, multipliciter expedire credentes amicitiæ tuæ persuademur, teque cum diligentia exhortamur ut ad hoc tuum assensum præbeas, quod te et ipsum revocare possimus ad concordiam et inter vos vera pacis fœdera ordinare, ad quæ libenti animo vacare volumus et impendere operosa persecutione labores. In quo si consiliis nostris consentire et adquiescere volueris, ut speramus, placeat⁶ tibi nobis tuis literis dare potestatem præmissam tractandi concordiam et⁷ treugas ad annum vel biennium ordinandi. Nec te moveat amicitia⁸ inter nos et Philippum regem Francorum prædictum inita et contracta. Nam, ex quo tu treugas et certos

---

¹ *nostri*] om. D.
² *Lodowicus*] Lodewicus, and so elsewhere, H. T.
³ *Jam seq. lit.*] quæ sequitur, etc., D. T.
⁴ *tamen*] tam, H. D. T.
⁵ *optutibus*] optentibus, H. D. T.
⁶ *placeat*] placet, H. D. T.
⁷ *et*] om. D. T.
⁸ *amicitia*] om. H. D. T.

" terminos ad tractandum de concordia inter te et prædictum
" Philippum¹ regem Francorum accepisti absque nostro scitu,²
" voluntate, et assensu, de consilio nostrorum principum qui
" ligas, pacta,³ et uniones nostras noverint, quibus visum fuit
" quod hoc, salvo honore nostro, facere possemus, concordiam
" et amicitiam cum dicto rege Franciæ contraximus et unio-
" nem inivimus, vicariatumque, tibi per nos commissum, ex
" causis revocavimus prænotatis, pro firmo sciturus quod in
" tractatibus nostris sic tibi fraterne providemus quod, si in
" nostris consiliis adquiescere volueris, causa tua⁴ ad finem
" bonum, mediante nostro auxilio, perduceretur. Super qui-
" bus tuam amicitiam de nostra intentione plenius informan-
" dam,⁵ religiosum virum fratrem Eliarhardum, lectorem
" ordinis fratrum heremitarum sancti Augustini, specialem
" nostræ curiæ capellanum, tuæ fraternitati transmittimus,⁶
" quem petimus⁷ super præmissis celeriter expeditum⁸
" remitti. Datæ Franchinfordæ, xxiiij⁰ die mensis Junii,
" regni nostri anno xxiiij⁰, imperii nostri xiiij⁰."

A.D. 1341.

*Qualiter rex Anglorum rescripsit imperatori quod noluit se submittere.*⁹

"Serenissimo principi, domino Lodowico, Dei gratia Ro-
" manorum imperatori semper augusto, Edwardus, eadem
" gratia rex Franciæ et Angliæ et dominus Hiberniæ, salutem
" et votivis semper successionibus gratulari. Serenitatis
" vestræ literas reverenter recepimus, inter alia continentes
" quod præclarus Philippus de Valesio ad tractandum inter
" nos et ipsum concordiam dedit vobis, ad requisitionem
" vestram, suis literis potestatem; et, si placeret nobis potes-
" tatem hujusmodi vobis dare, libenti vacaretis animo ad
" dictam concordiam reformandam; et quod amicitia inter
" vos et ipsum Philippum inita minime nos moveret, nam
" ex quo, sine scitu et assensu vestro, treugas et certos ter-
" minos ad tractandum inter nos et dictum Philippum de
" pace accepimus, dictam amicitiam cum eo, de consilio prin-
" cipum vestrorum, quibus visum fuit quod hoc, salvo honore
" vestro, possetis facere, contraxistis, vicariatum nobis per
" vos commissum revocantes. Et quidem zelum quem habetis

f. 98.
The king's reply.

¹ *Philippum*] om. D.
² *scitu*] cœtu, H. D. T.
³ *pacta*] facta, H. D. T.
⁴ *tua*] sua, H. D. T.
⁵ *informandam*] reformandam, D.
⁶ *transmittimus*] mᵘʳ, D.
⁷ *petimus*] om. D. T.
⁸ *cel. exp.*] celerem expeditionem, H. D. T.
⁹ De responsione regis ad imperatorem, D. T.

"ad faciendam dictam concordiam plurimum commendamus,
"volentes vestræ patere notitiæ quod nos pacem rationabilem
"habere cum dicto Philippo semper optavimus et optamus,
"quam, in quantum decuit, sumus cum justitia prosecuti.
"Et revera votivum nobis foret admodum et acceptum, si
"posset fieri per tanti mediatoris instantiam pax optata.
"Sed,[1] quia scimus jus nostrum in regno Franciæ satis
"clarum, illud arbitrio dubio non proponimus ducere alicui
"per literas nostras committendum. Verum, dum attenta
"meditatione pensamus qualiter vestra consideratio circum-
"specta, videns patentem nostram justitiam et dicti Philippi
"duritiam obstinatam et injuriam, nobiscum contra dictum
"Philippum vestra gratia ligam fecit, in specialem adoptionis
"filium de dilectionis exuberantia nos admittentes, ut cum
"pace[2] vestra loquamur, mirari non sufficimus, quod præ-
"potens vestra sublimitas, quæ ad laudem bonorum et
"vindictam malorum est divinitus instituta, contra nos dicto
"Philippo, injuriatori nostro notorio, se ligavit. Et id quod
"dicitur, nos sine scitu et assensu vestro cum prædicto
"Philippo treugas et tractatum pacis iniisse, non debuit,
"consideratis facti circumstantiis, rationabiliter vos movisse,
"quia, dum obsidebamus civitatem Tornaceam,[3] oportuit nos
"eorum sequi consilia qui nobis comitivam et auxilium tunc
"fecerunt, et imminens subita necessitas ac locorum distantia
"vestram super hoc consulere celsitudinem minime permise-
"runt. Immo nobis alias, si recolitis, concessistis quod, cum
"opportunitas arrideret, tractare possemus de pace, vobis in-
"consultis, ita tamen quod sine consensu vestro pacem finalem
"cum dicto Philippo nullatenus faceremus: quam nunquam
"facere proponebamus, priusquam super hoc vestrum habuis-
"semus providum consilium et assensum. Sed[4] semper in
"votis gessimus vobis[5] in omnibus facere quod debuimus
"juxta vires, sperantes quod fraternæ vestræ plenitudo
"benevolentiæ nos ad tempus benignius supportasset. Vide-
"tur etiam aliquibus quod revocatio dicti vicariatus facta
"fuerat premature, cum, juxta sponsionem super hoc per
"imperiales apices nobis factam, non debuisset fieri quousque
"regnum Franciæ vel majorem partem ejusdem pacifice fuis-
"semus adepti. Præmissa, quæsumus, velit vestra nobilitas
"debite ponderare, et ulterius facere quod debebit, quia per
"Dei gratiam vobis et vestris semper, juxta mensuram im-
"pensæ nobis benevolentiæ, gratam faciemus pro viribus

---

[1] *Sed*] Et, H. D. T.
[2] *pace*] om. D. T.
[3] *Tornaceam*] Torneaceam, D.
[4] *Sed*] om. D.
[5] *vobis*] om. D. T.

"repensam. Celsitudini vestræ donet Altissimus votivæ A.D. 1341.
"felicitatis augmenta. Datæ Londoniis, xviij᷃ᵈᵒ die mensis
"Julii, anno regni nostri Franciæ ij^{do}, regni vero nostri
"Angliæ xv^{mo}."

De transfretatione regis Angliæ in Britanniam.

Arthurus, quondam dux Britanniæ, qui duas uxores habuerat successive, et ex prima duos, ex secunda unicum, filios suscitaverat, ipsisque filiis ex prima uxore maritatis et filio juniore filiam habente, diem suum clausit extremum. Cui dictus filius suus senior, cui nomen erat Johannes, successit; ipsoque filio seniore Johanne exsistente duce, præfatus filius junior mortuus est. Deinde, dicto filio seniore sine herede de corpore suo mortuo, inter dictum filium ex secunda uxore et præfatam filiam, quam Carolus de Bloys duxit in uxorem, pro dicto ducatu quæstio movebatur. Tunc dictus filius se fecit domino Edwardo, regi Angliæ, per intervenientes nuncios alligari, castrumque de Brest et alia loca dicti ducatus, quæ idem frater in eodem ducatu tunc optinuit, protectioni ipsius domini regis submisit et liberavit. Hoc audiens, dictus Philippus de Valesio pro dicto fratre misit, in dolo pacifice loquens eidem, et tandem, imponens sibi proditionem, fecit eundem carceri[1] Parisius mancipari; qui ex intervallo, opportunitate captata, de manibus Francorum prudenter evasit, et in Anglia receptus est, dictumque dominum Edwardum heredem legitimum regemque verum Franciæ recognoscens, pro dicto ducatu homagium faciendo sibi fidelitatis præstitit juramentum. A.D. 1342. Disputed succession to the duchy of Brittany.

Tunc vero idem dominus Edwardus tertius a conquæstu, anno regni sui Angliæ xvj^{mo}., regni sui Franciæ iij^{tio}., magno exercitu congregato, ad præstandum dicto suo vassallo subsidium, contra adversarios suos de Francia per biduum ante festum Omnium Sanctorum Edward invades Brittany.

---

[1] *carceri*] carcere, H. D. T.

A.D. 1342. in Britanniam transvehebatur; per magnamque partem ipsius ducatus transiens, multos nobiles et[1] potentes ac plebeios, castra insuper et villas fortissimas ipsius patriæ per quas transivit, illico optinuit sibi reddi.

f. 90.

Siege of Vannes.

Deinde villam de Vanes, magnam et fortem et bene munitam, obsedit. Interim[2] vero dictus frater dux Britanniæ migravit ad Dominum, duobus pueris suis impuberibus in humanis relictis, quos mater ipsorum, veniens ad Angliam, secum perduxit.

De gestis factis[3] per regem in Britannia.

The king's letter to his son giving an account of his progress in Brittany, 5 Dec.

Sequitur tenor literæ quam dictus dominus rex, exsistens in dicta obsidione, domino Edwardo, filio suo primogenito, tunc custodi Angliæ, sigillo suo sigillatam, transmisit in hæc verba:

Litera.[4]

"Tres chier et tres ame filtz, nous savoms bien qe vous
" desirez mult de savoir bones novels de nous et de nostre
" estat. Vous faceons a savoir qe au partier du cestz nous
" estoions heites de corps, Dieux en soit loie, desirrant mesme
" ceo de vous oier et savoir. Tres chier filtz, come nous
" est avenuz puis nostre departir Dengleterre vous faceons a
" savoir qe nous avoms chivache une graunt piece en la
" duche de Brutaigne, le qele pais est rendu a nostre
" obeisance od plusours bones villes et forceletes, cest as-
" savoir la ville de Plouremelle, et la chastiel et la ville de
" Malatrait, et le chastiel et la ville de Roudone, qe sount
" villes bones et bien fermez. Et sachetz qe le sire de Clis-
" soun, qest une de plus grauntz de Peyto, et iiij. aultres
" barons, cest assavoir le sire de Lyak,[5] le sire de Machecoille,
" le sire de Reies,[6] le sire de Reyues, et aultres chivalers du
" dit pais, et lour villes et forcelettes, qe sount droitement
" sour le fountz de Fraunce et de nostre duchee de Gas-
" coigne, sont renduz a nostre pees: quele chose homme tient
" une graunt esploit a nostre guerre. Et, avaunt lescrivere

---

[1] *et*] om. D.
[2] *Interim*] Iterum, H.
[3] *factis*] om. H. T.
[4] *Litera*] om. D. T.
[5] *Lyak*] Lyac, D.
[6] *le sire de Reies*] om. D.

" du cestez, nous avons envoies en lez parties de Nauntes A.D.1342.
" nostre cosin de Northampton, le counte de Warrewik, mounsire
" Hughe le Despenser, et autres banrettz od graunt nombre,
" ou cccc. hommes darmes, pur faire lexploit qils poount.
" Et puis lor departir avons novels qe le sire de Clissoun[1] et
" lez barons susditz se fusrent mys, od un bone nombre des
" gentz darmes, en caide de nostre dit cosin et sa companie ;
" mais unqore a departir du cests ne en avons nulles novelles
" de lour exploit, mais nous espoirons daver bones hastivment
" od laide Dieu. Tres chier fitz, sachetz qe, par lavys et counsail
" de lez plus sages de nostre ost, avons mys nostre siege a cite
" de Vanes, qest le meillour ville de Bretaigne, apres la ville de
" Nauntes, et plus poet grever et restreindre la pais a nostre
" obeisance, car il nous estoit avys qe, si nous eussons
" chivache plus avaunt saunz estre seur de la dite ville, le pais f. 99 b.
" qest renduz a nous ne purroit tenir devers nous en nulle
" manere. Et auxint la dit ville est sour la meer et est
" bien fermez, issint qe, si nous la puissons avoir, il serra
" graunt exploit a nostre guerre. Et sachiez, tres chier fitz,
" qe mounsire Lowys de Peiters, counte de Valentines, est
" capitain de la ville, et homme dit qils y sount bones gentz
" ovesqe lui, mais nous espoirons qe, par la puissance de
" Dieux, nous averons bone issue, qar puis nostre venue
" en cestes parties Dieux nous aad donc bone comence-
" ment et assetz dexploiter pur le temps, loie ent soit Il. Et
" le pais est assetz plentiuouse des blees et de chars. Mais
" toutfoitz, cher filtz, il covient qe vous excitez nostrez
" chanceller et tresorer denvoier devers nous deniers, qar ils
" conussent bien nostre estat. Chier fitz, sachetz qe le tierce
" jour qe nous fusmes herbergez au dit siege vindrent a nous
" une abbe et une clerc de par lez cardinals, ovesqe lor lettres
" pur nous requeore deaux envoier sauve[2] conduit pur venir
" devers nous, et nous disoient qe, sils eussent conduyt, ils
" puissent estre devers nous entour les viij. jours apres. Et
" feissons nostre consail respondre as dits messagiers et
" doliverer a eaux noz lettres de conduyt pur mesmes lez
" cardinals, pur venir a la ville de Malatrait, a xxx. lieus de
" nous, qestoit nadgairs rendu a nous et a nostre pees; qar
" nostre entent nest pas qils deivont plus pres aproscher
" nostre ost qe la dit ville de Malatrait, pur plusors causes.
" Et sachetz, qen quele plit qe nous sumes, od laide de
" Dieu nostre entent est[3] toutz jours decliner a resoun a
" quele heure qe[4] nous serra offert. Mes qe covient qe les

---

[1] *Clissoun*] Gassoun, H. D. T.
[2] *sauve*] om. H. T.
[3] *est*] ne est, D.
[4] *qe*] om. D. T.

A.D. 1342. "cardinals viegnent issint devers nous, nous ne pensons mye
"delayer un jour de nostre purpos; qar nous poons bien
"penser de delaies qe nous avons eu cintz ces houres par treties
"de eaux et des aultres. Chier fitz, a plus tost qe nous
"cioms nul issue de nostre siege ou dautre busoigne qe nous
"touche, nous vous manderons lez novels, toutzditz si en
"avaunt qe lez messagiers puissent entre aler. Chier fitz,
"faitez monstrer cests lettres al ercevesqe de Cauntirbirs et a
"ceaux de nostre consail devers vous. Chier fitz, Dieux soit
"gardein de vous. Donc soutz nostre secree seal, al siege de
"Vanes, le veille de¹ seint Nicholas. Tres chier fitz, apres les-
"crivere du cests lettres nous vindrent novels qe nostre cosin
"de Northampton et le counte de Warrewik, mounsire Hughe le
"Despenser, et lez aultres banerettes et lour companye ount
f. 100. "assiege la ville de Nauntes, car ils espoirount, od laide de
"Dieu, de faire exploit hastivement."

["Right dear and well-beloved son, we know well that you
"much desire to know good news of us and of our estate. We
"make you to know that at the departure of these presents we
"are hearty in body, God be praised therefor, desiring to hear and
"know the same of you. Most dear son, how it hath happened
"to us since our setting forth from England, we make you to
"know that we have made a great raid in the duchy of Brittany,
"the which country is rendered to our obedience with many
"good towns and strongholds, to wit the town of Ploërmel, and
"the castle and town of Malestroit, and the castle and town of
"Redon, which are good towns and strong. And know that
"the lord of Clisson, who is one of the greatest men of Poitou,
"and four other barons, to wit the lord of Loyat, the lord of
"Machecoul, the lord of Retz, the lord of Rieux, and other
"knights, and their towns and strongholds, which are right
"upon the borders of France and of our duchy of Gascony,
"are restored to our peace; which thing is held a great accom-
"plishment for our war. And, before the writing of these
"presents, we have sent into the parts of Nantes our cousin of
"Northampton, the earl of Warwick, the lord Hugh le Despen-
"ser, and other banerets in great number, with four hundred
"men of arms, to accomplish what they may. And since
"their setting forth we have news that the lord of Clisson and
"the barons aforesaid had joined themselves, with a goodly
"number of men of arms, to the aid of our said cousin and his
"company; but still at the departure of these presents we have
"no news of their exploit, but we hope quickly to have a good

---

¹ de] om. D.

"report, with the help of God. Dear son, know that, by the
"advice and counsel of the wisest of our host, we have laid siege
"to the city of Vannes, which is the best town of Britanny, after
"the town of Nantes, and can best compel and restrain the land
"to our obedience, for we were advised that, if we had marched
"farther without being sure of the said city, the country which
"is given up to us would in no way be able to hold to us. And
"moreover the said city is on the sea and is well fenced, so that,
"if we were able to have it, it would be a great feat
"for our war. And know, dear son, that the lord Louis of
"Poitiers, count of Valentinois, is captain of the town, and
"they say that there are good men with him; yet we hope that
"by the power of God we shall have a good issue, for since our
"coming into these parts God hath given us a good beginning
"and enough of accomplishment for the time, praised therefor
"may He be! And the land is very abundant in corn and in
"meat. But ever, dear son, it behoveth you to stir up our
"chancellor and our treasurer to send money unto us, for they
"know well our estate. Dear son, know that the third day that
"we were quartered at the said siege there came unto us
"an abbat and a clerk from the cardinals, with their letters, to
"require us to send a safe conduct for to come before us, and they
"told us that, if they had the conduct, they could be with us in
"about eight days thereafter. And we made our council to
"answer to the said messengers and to deliver unto them our
"letters of conduct for the same cardinals, to come to the town
"of Malestroit, at thirty leagues from us, which was lately de-
"livered unto us and to our peace; for it is not our intent that
"they should approach nearer unto our host than the said town
"of Malestroit, for divers causes. And know that, in whatever
"case we are, with the help of God our intent is ever to bow the
"ear unto reason, whensoever it shall be offered unto us. Yet,
"though it be fitting that the cardinals come thus before us, we
"think never to delay one day from our purpose; for we may
"well think on delays that we have had hitherto by treaties of
"them and of others. Dear son, so soon as we shall have issue
"of our siege or of other business which toucheth us, we will
"ever send you the news, if henceforward the messengers may
"pass. Dear son, make show these letters to the archbishop of
"Canterbury and to those of our council with you. Dear son,
"God keep you! Given under our privy seal, at the siege of
"Vannes, on the eve of St. Nicholas. Most dear son, after the
"writing of these letters, there came news that our cousin of
"Northampton and the earl of Warwick, the lord Hugh le De-
"spenser, and the other bannerets and their company have laid

A.D. 1342.

"siege to the city of Nantes; for they hope, with the help
"of God, speedily to make an end."]

De treugis captis in Britannia in obsidione de Vanes.

Præfatus vero dominus Philippus de Valesio, exercitum congregans magnum valde, versus dictam obsidionem de Vanes cum suo exercitu gressus suos direxit, a remoto tamen tentoria sua fixit et semper permansit, donec, ob reverentiam sedis apostolicæ, intervenientibus dominis cardinalibus, per summum pontificem ad hoc missis, treugæ captæ fuerant, xix^{mo} die Januarii, sub hac forma:[1]

"Est acorde, al reverence del esglise et pur socur de mal
"estat de la Crestiente, et pur aider al indempnite dez sugetz
"des seignurs rois Dengleterre et de Fraunce, et pur honur
"des cardinalx tretauntz pees et concorde entre lez ditz rois,
"qe sour toutz contraversies et dissencions soient envoiez al
"court de Rome ascuns de sank des ditz roys et aultres
"eiauntz poair dacorder, dafformer, et afforcer sour lez dits
"choses, solonc le tretee du pape et des treteours avaunditz.
"Et purront les parties dire et purposer lor resons devaunt
"le pape, noun pas a fin de decisioun et de doner sentence,
"mais pur faire meillour pees et tretee.[2]

"Item, qe les avaunditz, qe serrount envoiez, soient au dit
"court deinz le feste seint Johan baptistre proschein avenir,
"et qe lez ditz choses soient esploitez, od laide de Dieux, par
"le pape dedeinz le feste de Noel, si le terme ne soit pur-
"loigne del assent des ditz nobles. Issint nepurqaunt qe, si
"le pape fuist desturbe ou ne purroit mettre acord entre
"lez ditz rois, qe ja dumeyns le treves durent et soient gar-
"dez jusqes a temps determine si dedeinz.

"Item, qe, au fin qe lez ditz choses puissent desore mieltz
"et plus pleinement avoir effect, soient grauntez trieves a
"durer jusqes al feste de seint Michel en moys de Septembre
"proschein avenir, et de ceste feste jusqes al fin de iij. ans
"proschein ensuantz, par lez ditz rois Dengleterre et de

---

[1] forma] forma quæ sequitur, D. T. [2] tretee] tretee du pape, D.

" Fraunce, le roi Descoce, le counte de Henaud, et toutz les[1] A.D. 1348.
" alliez des ditz rois : cest assavoir lez ducs de Brabant et de
" Gelre,[2] le marchis de Julers, mounsire Johan de Henaud, et
" la gent de Flaundres en tote la terre des rois, countes et
" alliez avaunditz, du temps de la date du cests presentz
" trieves par tout le temps avaundist.

" Item, qe le roi Descoce, le counte de Henaud, et lez autres
" alliez dez ditz rois envoient lor messages al dite court,
" ovesqe poair de consentir et affermer, solonc le tretee qe se
" ferra devaunt le pape, a taunt come a eaux[3] atient, dedeinz f. 190 b.
" le dit jour de seint Johan; et, si ascun de eaux ne[4] y
" voudra envoier, pur taunt ne[4] serra la dite busoigne
" targee.

" Item, qe lez dites trieves soient gardez en Bretaigne[5]
" entre lez ditz roys et lours adherantz, tout soit qils se deient
" avoir droit en la duchee.

" Item, qe la citee de Vanes soit resceive en les mains des
" dits cardinals, a tenir en le noun du pape par caux ou lun
" de eaux, lun deniaunt, la vueillant recevir, et de tout le
" temps dez dites trieves; et en la fin des ditz trieves[6] lez
" cardinals ent facent.

" Item, qe lez cardinals cient a travaillier curiousement pur
" labsolucion des Flemynggos et pur remuer la sentence qils
" sount encoruz, et qe bone et covenable voie soit treove.

" Item, qe le counte de Flaundres, auxi come seignur saunz
" mesne et ne my ccome soveraign, remeigne en Flaundres,
" durantz les trieves, issint nepurqaunt qe ceo soit del assent
" du people de Flaundrez.

" Item, qe a counte de Mountfort soient regardez lez choses
" qe lui fusrent promis devaunt la cite de Vanes od dedeinz
" par le duc de Normandie, dez queux homme purra estre
" appris resonablement.

" Item, qe, si ascuns de Gascoigne ou aillours movent guerre,
" duraunts lez trieves, au veisin ou a lour enemy qe soit del
" autre partie, qe lez ditz rois ne se entremetterent pas par caux
" ne par autre, directement od indirectement; qe par taunt
" lez ditz trieves ne soient enfrointes. Et lez dits rois travail-
" lerunt bien et diligeablement,[7] saunz fraude, qe lez suggitz
" de lun partie ne facent guerre, durantz les dits trieves

---

[1] *toutz les*] les aultres, D.
[2] *Gelre*] Golre, H.; Colre, T.
[3] *eaux*] ceaux, D. T.
[4] *ne*] om. H. D. T.
[5] *Bretaigne*] Bintaigne, D. T.
[6] *et en . . . . . trieves*] om. D.; ditz, om. T.
[7] *diligeablement*] diligealment, H. T.

A.D. 1343.
"avaunditz, a lez subgitz del autre partie en Gascoigne ne
"en Bretaigne.

"Item, qe nul qe soit ore en obedience de lune partie, pen-
"dantz les trieves, puisse venir al obedience del autre partie,
"a qi il nest obedient en temps de la date dez dits trieves.

"Item, qe riens ne soit done ne promis de lez dits parties
"a nulli, pur guerre mover directement ou indirectement,
"durauntz les trieves susdits.[1]

"Item, qe lez ditz trieves soient gardez en terre et en meer
"par lez parties avaunditz.

"Item, qe lez dites trieves soient fermez par serment del
"une partie et de lautre.

"Item, qe lez dits treves serront publiez del une partie
"et del autre en lez hostes de ambedeux lez parties mein-
"tenaunt en Brutaigne[2] et en Gascoigne dedeinz xv. jours, et
"en Flaundrez deinz xv. jours, et en Engleterre et en Escoce
"et en[3] toutz aultres terres dedeinz xl. jours.

f. 101.
"Item, est accorde qe toutz les prisouns pris del une partie[4]
"et de lautre,[5] et toutz lez biens pris del une partie et del
"autre, dure la suffrance fait nadgairs par lez cardinals, cest
"assaver le Dimenche devaunt le feste de seint Vincent pro-
"schein avenir jusqes a jour present, soient hors treez de
"prisone et franchement renduz en taunt come reson serra.

"Item, durantz lez dits trieves, noiceancez od mesprisouns[6]
"ne[7] soient faitz de lun partie en aultre,[8] en prejudice dez
"ditz trieves et respit.

"Item, est accorde od lez ditz trieves qe les dits rois, adju-
"tours,[9] coadjutours, et lour alliez, quecomqes soient, remein-
"drent en tiel possession et en tiel seisine en queles ils sount
"a jour de huy de toutz biens, terres, et possessiones qils
"tiegnent et ount acquis en qeconqe manere, durantz lez
"trieves susditz.

"Item, est accorde qe, durantz lez ditz trieves, qe lez
"ditz[10] seignurs, coadjutours et alliez de eaux, queconqes
"soient, purront aler seurement de lun pais al autre, et toutz
"marchauntz od lor marchandises, et tote manere de bonez
"gentz et des purveours, taunt par terre par meer et par
"eawe, viegnent auxi fraunchement com ils soleient aler et

---

[1] les trieves susdits] lez ditz tiewes, D. T.
[2] Brutaigne] Bretaigne, D.
[3] en] om. H. T.
[4] partie] om. T.
[5] lautre] aultre partie, D. T.
[6] mesprisouns] mesprioms, H. T.
[7] ne] om. H. D. T.
[8] aultre] lautre, D.
[9] adjutours] om. D.
[10] ditz] om. D.

"venir en temps de predecessours dez ditz rois, paiantz lez
"pesages, vinages et pinages¹ qe sount acustumez entier-
"ment; exceptes² lez banniz des dits roialmes od ascun de
"eaux pur aultre cause qe pur la guerre dez avaunditz rois.
"Mes lez barons de Gascoigne et de la duchee de Guyene, et
"aultres persones de Gascoigne et de la dite duchee, baniz
"et aultres, soient compris en lez dits trieves, et purront
"aler et venir del un pais al autre durantz lez ditz trieves.

"Item, qe a demain lez dits trieves³ soient publiez et criez
"en lez ij. hostz; et soient tenuz de lez tenir et gardir toutz
"presentz, et aultres qe lez purrount et deivont savoir.

"Item, en cas que par ascun dez rois, lour gentz, alliez, od
"coadjutours, ascun siege soit mys en Gascoigne ou en la
"duchee de Guyene od en lez isles de la meer, en Gerneseie,
"Gereseye,⁴ ou aillours, mesmes lez sieges serrount levez a
"plus tost qe lez ditz trieves vindront a lor notice. Et xiiij.
"persones, cest assavoir vij. del une partie et vij. del autre
"partie dez dits rois, entrent villes, chastieux, od forcelettes,
"ou lez sieges sorrount, et verront garnisons, tauntz dez
"gentz come des vitailles, qe serrount leinz, od qe, le jour qe
"cests trieves defailleront, lez dits villes, chastels, et force-
"lettes, qe sount assiegez, remeindreint et serrount mys en
"tiel nombre et quantite dez vivres et dez persones sicom ils
"serrount trovez par lez avaundits xiiij. persones; forspirs la
"dite citee de Vanes, dount serra garde come est dit para-
"mount.

"Item qe lez banniz et futifs de⁵ pais de Flaundres, qe fus-
"rent de la partie le roy de Fraunce, ne purront entrer ne
"venir en Flaundrez, durantz lez dits trieves. Et sil avenist
"qascun deaux en alast encountre lez ditz trieves dedeinz le
"roialme de Fraunce et soun poair, soit fait de luy justice,
"et serront forfaitz toutz lor biens qe serrount en Flaundrez.

"Item, qe les dettes qe sount dues en Araz,⁶ a lez Crispi-
"nois, ou autres en roialme de Fraunce ne serrount demandez,
"ne ne serra fait execucion de eaux, duraintz lez dits trieves.

"Item, qe toutes levees, qecomqes qe lez soient, faites de-
"vaunt lez dits trieves en temps de guerre, remeindrent levez
"saunz faire restitucion, durantz lez dits trieves.

"Item, qe en cestes trieves soient compris lez Espaignols,
"Catelans, Renevoys,⁷ Provinceaux, Loveyns, lercevesqe et le

¹ *pinages*] probably a repetition of vinages.
² *exceptes*] forspris, D. T.
³ *Item .... trieves*] om. D.
⁴ *Gereseye*] et Gereseye, D.
⁵ *de*] de la, D. T.
⁶ *Araz*] Aras, D. T.
⁷ Espaynols, Catlans, Renevois, D.

A.D. 1343.

" chapitre de Caumbrey,[1] la ville de Caumbree,[2] le chastiel de
" Cambresins, et toutz Cambresins. Et ensement le duc de
" Bretaigne, le viscounte de Fromylak, le seignur de Tyvelion,
" et mounsire Johan de Vermyn, et le sire de Roya.

"Item, les queux avaunditz et choscun de caux a tenir et
" garder sauntz blesmure et de noun venir countre eaux od
" ascun de eaux en qeconqe manere, mounsire Ode, duc de
" Bretaigne, et mounsire Piers, duc de Burboun, en lalme de
" sire Phelipe roy de Fraunce, et Henri Lancastre, William
" de Boghun, William de Mountagu, countes, en lalme de
" sire E[dward] roy Dengleterre avaunditz, fisrent corporel
" sermont, touchez saintz evangeliez, solonc le maundement
" feait a eaux par lez rois avaunditz.

" Done en la priorie de seint Marie [3] Magdalene de Malatrait,
" de lordre de seint Benet, en la diocese de Vanes, le xix.
" jour de Janever, lan de la Nativite de nostre Seignur, mil
" CCCXLIII^{ce}."

["It is granted, in reverence of mother church, and to suc-
" cour the evil estate of Christendom, and in aid of the
" indemnity of the subjects of the lords kings of England
" and France, and for the honour of the cardinals treating for
" peace and agreement between the said kings, that upon all con-
" troversies and dissensions there be sent to the court of Rome
" certain persons of the blood of the said kings and others having
" power to agree, confirm, and establish touching the said mat-
" ters, according to the treaty of the pope and the treators afore-
" said. And the parties shall be able to say and declare their
" reasons before the pope, not for the purpose of decision and
" giving sentence, but in order to make a better peace and
" treaty.

" Also, that the aforesaid persons, that shall be sent, be at the
" said court within the feast of St. John the baptist next
" coming, and that the said matters be accomplished, with the
" help of God, by the pope within Christmas, if the term be not
" prolonged by assent of the said nobles. Provided that, if the
" pope should be disturbed or be unable to reconcile the said
" kings, nevertheless the truce last and be observed to a time
" herein determined.

" Also, that, to the end that the said matters may henceforth
" have better and more full effect, let the truce be granted to last
" until the feast of St. Michael in the month of September next
" coming, and from this feast until the end of three years next

---

[1] Cambrey, D.
[2] Caumbre, D. T.
[3] Marie] om. D.

" ensuing, by the said kings of England and France, the king A.D. 1343.
" of Scotland, the count of Hainault, and all the allies of the
" said kings: to wit, the dukes of Brabant and Guelders, the
" marquis of Juliers, my lord John of Hainault, and the people
" of Flanders, in all the lands of the kings, counts, and allies
" aforesaid, from the time of the date of this present truce for
" all the time aforesaid.

" Also, that the king of Scotland, the count of Hainault, and
" the other allies of the said kings send their messengers to the
" said court, with power to agree and confirm, according to
" the treaty which shall be made before the pope, as far as con-
" cerns them, within the said day of St. John; and, if any of
" them will not send thither, the said business shall not there-
" fore be delayed.

" Also, that the said truce be kept in Brittany between the
" said kings and their adherents, albeit that they declare that
" they have a right in the said duchy.

" Also, that the city of Vannes be taken into the hands of the
" said cardinals, to hold in the name of the pope by them, or
" one of them (if one refuse) willing to receive it, for all the
" time of the said truce; and at the end of the said truce the
" cardinals shall do with it [as is right].

" Also, that the said cardinals have to work carefully for the
" absolution of the Flemings and to remove the sentence which
" they have incurred, and that a good and fitting way be found.

" Also, that the count of Flanders remain in Flanders as im-
" mediate lord, and not as superior lord, during the truce, so
" nevertheless that it be with assent of the people of Flanders.

" Also, that to the count of Montfort be kept the things which
" were promised to him before the city of Vannes or within it
" by the duke of Normandy, whereof men shall be reasonably
" certified.

" Also, that, if any of Gascony or elsewhere stir war, during
" the truce, on their neighbours or enemies that be of the
" other party, the said kings do not interfere by themselves nor
" others, directly or indirectly; that thereby the said truce be
" not infringed. And the said kings shall labour well and dili-
" gently, without fraud, that the subjects of the one party make
" not war, during the truce aforesaid, on the subjects of the
" other party in Gascony or in Brittany.

" Also, that no man that now is in the obedience of the one
" party may, during the truce, be able to come into the obedience
" of the other party, to whom he is not obedient at the time of
" the dating of the said truce.

A.D. 1343.

"Also, that nothing be given or promised by the said parties to any man, in order to stir war directly or indirectly, during the aforesaid truce.

"Also, that the said truce be kept on land and on sea by the parties aforesaid.

"Also, that the said truce be established by the oath of either party.

"Also, that the said truce shall be published by the one party and by the other in the hosts of both the parties forthwith in Brittany and in Gascony within fifteen days, and in Flanders within fifteen days, and in England and in Scotland and in all other lands within forty days.

"Also, it is agreed that all prisoners taken on either party, and all goods taken on either party, during the sufferance to be made by the cardinals, to wit from the Sunday before the feast of Saint Vincent then next to come until the day that now is, be drawn forth from prison and freely given up, as far as shall be reason.

"Also, during the said truce, that injuries and misprisions be not done by the one party to the other, in prejudice of the said truce and respite.

"Also, it is agreed by the said truce that the said kings, their helpers, aiders, and allies, whosoever they be, remain in such possession and seisin as they are in on this day of all goods, lands, and possessions which they hold and have acquired in any way whatever, during the truce aforesaid.

"Also, it is agreed that, during the said truce, the said lords, and their aiders and allies, whosoever they be, may go safely from the one country to the other, and all merchants with their merchandise, and all manner of good people and purveyors, as well by land as by sea and water, come as freely as they were wont to go and come in time of the said kings' predecessors, paying in full poisages and wine dues, which are accustomed; excepting the outlaws of the said kingdoms, or any of them, for any other cause than for the war of the aforesaid kings. But that the barons of Gascony and of the duchy of Guienne and other persons of Gascony and of the said duchy, outlaws or others, be included in the said truce, and be able to go and come from the one country to the other, during the said truce.

"Also, that on the morrow the said truce be published and cried in the two hosts; and that all present be held to observe it, and others who can and ought to know it.

"Also, in case that by any of the kings, their people, allies, or aiders, any siege be laid in Gascony or in the duchy of

"Guienne, or in the islands of the sea, in Guernsey, Jersey, or elsewhere, the said sieges shall be raised so soon as the said truce shall come to their knowledge. And fourteen persons, to wit seven of the one party and seven of the other party of the said kings, shall enter into towns, castles, or strongholds, where the sieges shall be, and shall view the garrisons, as well of men as of victuals, that shall be therein, in order that, on the day on which this truce shall fail, the said towns, castles, and strongholds, which are besieged, shall remain and shall be put in such quantity and number of victuals and men as they shall be found with by the aforesaid fourteen persons; excepting the said city of Vannes, whereof there shall be ward as is said above.

"Also, that the outlaws and runaways of the land of Flanders, which were of the party of the king of France, shall not be able to enter nor come into Flanders, during the said truce. And if it happen that any of them go, contrary to the said truce, within the realm of France and its power, let justice be done on him, and all their goods which shall be in Flanders shall be forfeit.

"Also, that the debts which are due in Arras, to the Crespinois, or others in the realm of France shall not be claimed, nor shall execution of the same be done, during the said truce.

"Also, that all levies, which are made before the said truce in time of war, remain levied, without making restitution, during the said truce.

"Also, that in this truce be comprised the people of Spain, of Catalonia, Genoa, Provence, Louvain, the archbishop and chapter of Cambray, the city of Cambray, the castles of Cambresis, and all Cambresis. And likewise the duke of Brittany, the viscount of Fronsac, the lord of Treubon, my lord John of Vervin, and the lord of Roye.

"Also, to hold and keep without harm the aforesaid articles and each of them and for not contravening them nor any of them in any way soever, my lord Odo, duke of Brittany, and my lord Peter, duke of Bourbon, on the soul of the lord Philip, king of France, and Henry of Lancaster, William of Bohun, William of Montague, earls, on the soul of the lord Edward king of England, aforesaid, made corporal oath, on the holy Gospels, according to the command given to them by the kings aforesaid.

"Given in the priory of St. Mary Magdalen of Malestroit, of the order of St. Benedict, in the diocese of Vannes, the 19th day of January, in the year of the Nativity of Our Lord, 1343."]

A.D. 1343.

De reditu Anglicorum in Britanniam.[1]

Return of the English forces to England.

Treugis apud Vanes, ut præfertur, captis, multi nobiles regni Angliæ, cum aliis sub ipsis suis obsequiis militantibus, per regnum Franciæ salubriter ad propria redierunt. Præfatus vero dominus rex Anglorum multique comites et barones et alii homines armorum cum eorum sequela per mare spatiosum navigio venientes, per ipsius maris elationes mirabiles fluctusque procellosos huc et illuc diutius agitati, paucis cum plebeis tamen quibusdam sarcinolis in duabus vel tribus navibus naufragio demersis, miraculose salvi, cooperante Spiritus Sancti gratia, ad Angliam pervenerunt.

f. 102. *Quod rex Angliæ transmisit capitaneum in Britanniam.*

Sir Thomas Dagworth appointed English governor of Brittany.

Postea vero dictus dominus rex Anglorum strenuum militem, Thomam[2] de Daggeworth, virum utique elegantem, ad regimen illius patriæ in Britannia sibi subjectæ in capitaneum ordinavit, et eundem cum hominibus armorum et sagittariis transmisit ibidem.

Qualiter rex Angliæ et communitas scripserunt papæ[3] *contra reservationes.*

Proceedings in parliament against papal provisions.

In parliamento, per dictum dominum regem Anglorum, mense Maii, anno Domini millesimo CCC^{mo}XLIII^{tio}, apud Westmonasterium celebrato, nobiles et communitas regni Angliæ, videntes juribus dictorum regis et regni per summum pontificem, per[4] diversas reservationes, provisiones, et collationes beneficiorum in Anglia factas, fuisse et esse quasi irrecuperabiliter

---

[1] *Anglicorum in Britanniam*] Anglorum in Britanniâ, D. T.

[2] *Thomam*] dominum Thomam D. T.

[3] *papæ*] domino papæ, D. T.

[4] *per*] om. H. D. T.

derogatum, cupientes, ne alia attemptarentur amplius, A.D. 1343.
adhibere medelam, eidem domino summo pontifici
scripserunt in hæc verba:¹

Litera.

"A² tres seintisme piere en Dieu, sire Clement, par divine Letter to
" purveance de la seint esglise du Rome et de universele the pope for remedy,
" esglise soveraign evesqe, lez soens filtz humbles et devoutz, 18 May.
" princz, ducs, countes, barons, chivalers, citesins, burgeis,
" et tout le comune³ del roialme Dengleterre assemblez a
" parlement, tenuz a Westmoustier, al xvme de Pask proschein
" passee, devoutz beisers de ses tresseintismes piees, ou toutes
" reverences et humilites. Tres seintisme piere, seinte discre-
" cion, governement, et equite, qeux se monstrent en vous et
" devoient regnir en si haut et seint prelat, chief de seinte
" esglise, par qi tout seint esglise et le people Dieu deient,
" come par solail, estre enluminetz, nous doignent ferme
" espoir qe lez joustes peticions, a⁴ lonur de Jesu Crist et
" de seint esglise, a⁴ vostre seintete par nous monstrez, serront
" graciousement par vous escotez, et toutz errours et iniquites
" oustez et remue, en⁵ fructuose exploit et remedie, par la
" grace du Seint Esperit qe vous aad a si haut estat eslien,
" et accepte par vous graciousement et⁶ ordeigne. Par qoi,
" tres seintisme piere, nous toutz od plein deliberacion, de
" comune assent, a vostre seintete unement monstrons qe lez
" nobles rois Dengleterre, noz progenitours, et noz auncestres
" et nous, solonc la grace de Seint Esprit a eux et nous
" devisez et donez, chescun a sa devocion, ount⁷ et avons⁸
" establi, founde et dowe deinz le roialme Dengleterre esglises
" cathedrals, collegials, abbeies, et priories, et autres diverses
" maisons de⁹ religioun, et en eaux ordeigne, et as prelatz et
" gouvernours dez dites lieues done terres, possessions, patrimoi- f. 102 b.
" gnez, fraunchises, avowesones, et patronages, des dignitez,
" provendres, offices, esglises, et aultres plusors et diverses
" benefices: a cele fin et entencion, qe la cure et governe-
" ment dez tiels benefices¹⁰ fuissent a tieux donez, par queux
" le service Dieu et la foi Crestiene fuissent honurez, encruez,

¹ See the translation in Murimuth, p. 140.
² A] om. D.
³ *comune*] cominalte, D.
⁴ a] et, H. D. T.
⁵ *en*] et, H. D. T.
⁶ *et*] om. H. D. T.

⁷ *ount*] om. H. D. T.
⁸ *avons*] a, followed by a blank
space, H. D. T.
⁹ *de*] de la, D. T.
¹⁰ *a cele . . . . . benefices*] om.
D.

A.D. 1345. "et enbeliz, et lez hospitalites et almoignes faitz, toutz lez
"esglises edifices honestement gardez et salvez, devoutz
"prieres[1] en mesmes lez lieux faitz pur[2] lez foundours, et
"lez poveres parochiens eaidez et confortez, et par qeux
"ceux, de qeux[3] ils devoient aver la cure, soient en lor
"propre langage, en confessions et en autre manere, pleine-
"ment enfourmez et endoctrinez. Et par taunt, tres seintisme
"piere, qe vous ne poetz aver notice dez errours et defaltes
"dez condicions dez lieux en si longs parties, si vous mieltz
"ne soietz enfourme, nous, eiauntz plein et certein conisaunce
"dez errours et defautes dez persones et de lieux susditz
"deinz le dit roialme, si signefions a vostre seintete qe,
"par diverses reservacions, provisions, et collacions, par voz
"predecessours, apostoillez du Rome, et par vous, tres seintisme
"piere, en vostre temps plus largement qils ne soleient estre
"faitz, a diverses persones, auxi bien a estraunges et de
"diverses nacions et as ascuns noz enemys, nient eiaunt coni-
"saunce de la lange ne de condicions de ceaux de queux
"le governement et la cure a eux devoit appertener, come
"as autres nient covenables, si avons lez perils et lez mes-
"chiefs qe enseuient: lez almes dez parochiens sount en peril,
"le service Dieu destruit et lez almoignes sustretz, lez hos-
"pitalitez periz, lez esglises et[1] appurtenancz desches, et
"charite retretz, les honestes persones du roialme desavan-
"cez, la cure et le governement aneintez, devocion du people
"restret, et plusors escolers desavauncez, et le tresor du
"roialme emporte, encountre lentent dez foundours. Lez qeux
"errours, defautes, et esclaundres, tres seintisme piere, nous
"ne poons ne ne[5] devons seoffrer nendurer. Si requerons
"humblement a vostre seintete qe lez esclandres, errours, et
"defautes qe purront avenir, par droit discrecioun considerez,
"vous please tiels reservacions, provisions, et collacions de
"tut repeller, qils ne soient desore faitz ordeigner, remedie
"mettre pur lez maux qe purront sourdre, suer, et decliner,
"qe lez benefices, edefices, et droiturez et[6] appurtenances
"soient, a lonur Dieu, par lez persones du roialme curez,
"defendez, et governez; et qil please a vostre seintete vostre
"entencion sour ceste nostre requeste, saunz morouse dila-
f. 103. "cion, par voz seintes lettres a nous signefier, entendantz
"de certein qe pur rien ne lerrons qe nous ne mettrons noz
"cures et[4] travaillez de remedie acquere et[4] du correccioun

---

[1] *prieres*] pieres, H.
[2] *pur*] par, H. D. T.
[3] *de qeux*] om. H. D. T.
[4] *et*] om. H. D. T.
[5] *ne*] nous, D. T.
[6] *et*] om. H.

" dez choses susditz. En tesmoignance dez quels choses, a
" cestes lettres overtez nous avoms mys noz seals. Done a
" plein parlement a Westmoustier, le xviij. jour de Maii, lan
" du grace mil CCCXLIII^{ce}."

Qualiter rex Anglorum diffidavit regem Francorum, Philippum.

Idem dominus E[dwardus] tertius a conquæstu, anno regni sui Angliæ xix^{mo}, regni sui¹ Franciæ vj^{to}, sibi supervenientibus novis quod prædictus dominus Philippus de Valesio, contra formam dictarum treugarum apud Vanes captarum, quosdam nobiles eidem domino regi Anglorum adhærentes in Britannia capi fecit, et eosdem Parisius adduci mandavit ac tradi tyrannice morti diræ, stragem etiam et depopulationem magnam locorum dicti domini regis Angliæ in Britannia, Vasconia et alibi suis subdolis tractatibus et occultis, in dissolutionem dictarum treugarum, multipliciter fieri procuravit—ex causis prædictis dictus dominus rex Angliæ, reputans dictum dominum Philippum præfatas treugas infrinxisse, seipsumque ab observatione dictarum treugarum inimicumque suum capitalem dictique regni sui Franciæ invasorem injustum, xiiij^{mo} die Junii, sicut compulit necessitas, diffidavit publice sub hac forma verborum:

"Rex omnibus ad quos præsentes literæ pervenerint salutem. In publicam non ambigimus notitiam devenisse," etc.²

De transfretatione comitis Derbiæ³ in Vasconiu et gestis suis ibidem.

Idem dominus E[dwardus] tertius a conquæstu, anno regni sui Angliæ xix^{mo}, regni vero Franciæ vj^{to}, circa festum sancti Michaelis archangeli, anno Domini

---

¹ *sui*] om. D.
² See the text in Murimuth, p. 165.
³ Derbeyæ, D.; Derbeiæ, T.

millesimo CCC^{mo}XLV^{to}, nobilem virum, dominum Henricum, filium comitis Lancastriæ, consanguineum suum, comitem tunc de Derby, cum plus quam quingentis hominibus armorum, inter quos dominus comes Penbrochiæ et Walterus de Manny[1] connumerabantur, cum totidem sagittariis, in Vasconiam destinavit, domino Radulpho, barone Stafford,[2] senescallo Vasconiæ prius facto. Ipsis quidem transvectis ibidem, dictus nobilis comes, factis de suo exercitu plus quam quinquaginta militibus, villam de Bruggerak, fortiter hominibus armorum munitam, primo insultu per gratiam Dei cepit, quod propter ipsius villæ fortitudinem fuit in oculis omnium mirabile reputatum, in eademque villa senescallum de Puregor, per dominum Philippum de Valesio ibidem capitaneum ordinatum, dominumque Johannem de Gallard et alios ix. dominos villarum cepit; villas[3] etiam de Pelagru, de la Lynde, de Mountagier, de Seint Lowis, de Seint Chestre, et de la Jole, magnas,[4] et alias villas quasdam bonas, et quasdam mediocres plus quam xlvj., per dominum P[hilippum] de Valesio injuriose occupatas primitus et detentas, dominio regis[5] Angliæ, Deo propitio, subjugavit.

De bello de Albaroche, ubi Gallici vincuntur per Anglicos.

Deinde multis nobilibus de regno Franciæ cum ingenti exercitu apud Albaroche, ad resistendum dicto comiti, congregatis, dictus comes Derbiæ,[6] veniens in occursum, conflictu habito inter ipsos valde forti et multis admodum Francigenis interfectis, ac de Lyle, Valentinoys, et de Pontacu[7] comitibus, septemque

---

[1] *Manny*] Manny, D. T.
[2] *Stafford*] de Stafforde, D. T.
[3] *villas*] om. D.
[4] *magnas*] magna, D.
[5] *dominio regis*] domino regi, D. T.
[6] *Derbiæ*] de Derby, D. T.
[7] *Pontacu*] Pontagu, D.

vicecomitibus, iij. baronibus, xiiij. banerettis, et multis militibus et aliis ibidem captis, victoriose devicit eosdem; subsequenterque per totam hiemem subsequentem ibidem se strenue gessit.

Post festum Paschæ, anno Domini millesimo CCC^{mo}- XLVI^{to} incipiente, dominus Johannes de Francia, filius et heres dicti domini Philippi[1] de Valesio, cum decem millibus galeatorum, aliis quoque hominibus armorum balistariisque et aliis quasi innumeris ad villam de Aquilonia, obsedit eandem, dicto senescallo Vasconiæ villam ipsam cum hominibus armorum sufficienter munitam viriliter protegente.

De transfretatione regis Angliæ in Normanniam apud Hogges.[2]

Dominus igitur Edwardus, princeps excellentissimus supradictus, anno Domini supradicto, et regni sui Angliæ XX^{mo}, regni sui Franciæ vij^{mo}, ad removendum dictam obsidionem de Agulonia,[3] transfretare proponens, versus eam cum classe maxima, videlicet circiter mille navibus magnis et parvis, onustis de viris bellicosis sagittariisque et eorum sarcinolis, iter suum direxit. Ipsum tamen navigio venientem in mari[4] illuc transire ventus contrarius non permisit, sed spiritus bonus deduxit eum in terram hereditatis suæ, in Normanniam, apud Hogges; et ibidem xij^{mo} die Julii, anno Domini millesimo CCC^{mo}XLVI^{to}, cum exercitu suo terram ascendens, per sex dies quievit, dictasque naves pro majori parte in Angliam remittendo. Deinde progrediens versus Cadamum, magister Michael de Northburgh, valens clericus, de consiliariis dicti domini regis Anglorum exsistens, et progrediens cum eodem,

---

[1] *Philippi*] om. T.
[2] *apud Hogges*] om. D.
[3] *Agulonia*] Agulenia, D. T.
[4] *mari*] om. D.

A.D. 1346. ipsius regis adventum ibidem et progressum versus Cadamum scripsit in hæc verba:

De progressu regis Angliæ de Hogges usque Cadamum.[1]

<small>Letter of Michael Northburgh narrating the advance to Caen.</small>

"Fait a remembrer qe nostre seignur le roy et son host
"pristrent terre a Hogges de Seint Vaal le xij[me] jour de Juyl,
"et pur deskiper ses chivaux et reposer luy et ses gentz et
"fourner pain demurra illeosqes tantqe al Mardy proschein
"suant. Et treova a lez Hogges xj. niefs, dez queux viij. avoient
"chastiel devaunt et derere: lez queux homme fist ardre. Et
"le Vendredy, taunt come le roi demurra, ascuns gentz alerent

<small>Capture of Barfleur, 14 July.</small>

"a Barflet et quidoient avoir trove plusors gentz, et troverent
"nulles a regard; et treoverent illesqes ix. niefs ou chastels
"devaunt et derere, ij. bones craiers, et aultres meindrez ves-
"seaux, lez queux fusrent auxint arz. Et feust la ville auxi
"bone et auxi graunde come la ville de Sandwich. Et apres
"qe lez ditz gentz fusrent alez, lez marineres arderent la ville.
"Et sount ars plusors dez bones villes et manoirs en le pais

<small>Occupation of Valognes, 18 July.</small>

"enviroun. Et le Mardy qe le roi remua il ala a Valoignes, et
"geust illesqes tut la nuyt et trova dez vitailles assetz. Et

f. 105 b.

"lendemain remua une graunt journey tantqe a pount Douc,
"quel ceux de la ville de Carantane debruserent. Et le roi

<small>Advance to Carentan, 20 July.</small>

"le fist refaire mesme la nuyt, et passa lendemain tanqe al dite
"ville de Carantane, qe nest forsqe entour une lieu Engleis del
"dit pount. La quele ville est auxi grosse come Leicestre; od
"ils troverount vines et vitailles graunt foisoun, et feust
"molt de la ville ars, pur riens qe le roy purroit faire. Et le
"Vendredy le roy ala et geust en villes campestres, sur une
"river qe feust mal a passer. Et ceaux de la ville de Seint Lee
"debruserent le pount; et le roi le fist refaire, et passa lendemain,
"luy et son host, et se herberga joynaunt a la ville. Et avoient
"toutz de la ville comence dafforcer la dit ville et attret a eux

<small>Capture of Saint Lo, 22 July.</small>

"multz de gentz darmes, davoir tenu mesme[2] la ville; et sen
"alerent, avaunt la venue le[3] roy. Et troverount en la dite[4]
"ville bien mil tonels de vin et des aultres biens grant foi-
"soun. Et est la ville plus grosse qe nest Nichole. Et
"lendemain le roi prist son chemyn et geust a un abbe et son
"host as villes champestres entour luy. Et chivacherent lez
"gentz del host robbantz et destruauntz v. od vj. lieus environ
"toutz lez jours, et arderent en plusors lieus. Et le Lundi

---

[1] *See* the Latin version of this letter in Murimuth, p. 212.
[2] *mesme*] de mesme, D.
[3] *le*] de, D. T.
[4] *dite*] om. D. T.

DE GESTIS EDWARDI TERTII.   359

" le roy remua et se herberga as villes champestres, et le Mardy A.D. 1346.
" auxint. Et le Mescredy par temps vint devaunt la ville de Arrival before Caen,
" Caame a heure de none, et avoit novels qe graunt foisoun dez 26 July.
" gentz darmes fusrent deinz la ville. Et le roi fist arraier ses
" batailles, bieles et grosses, et maunda ascuns gentz a la
" ville de lez veer. Et troveront le chastiel biele et fort; et The city reconnoitred.
" leinz fust levesqe de Baious, chivalers, et gentz darmes, qe
" le tiegnent. Et cele partie de la eawe est la ville molt biele
" et molt grosse; et al une bout de la ville est une abbe, si noble
" come il peot estre, od William le conquerour gist; et est
" ferme de mures et toures bataillez, grauntz et fortes. En
" quele abbe nul homme nestoit. Et al autre bout de la ville
" une autre noble abbe¹ des dames. Et nul homme ne feust
" demurre as dites abbeies ne en la ville de cele part del eawe,
" forsqe en chastel.² Et lez gentz de la ville fusrent trahez
" en la ville del autre part del eawe, ou le conestable de Fraunce
" estoit, et le chamberlain de Tankerville, qest une mult
" graunt seignur, et plusors gentz, a la mountance de D. od
" DC., et la comune de la ville. Et noz gentz del host sauntz f. 108.
" assent et saunz arraie assaillerent le pount, qe feust mult³ Assault on the bridge.
" bien afforce des bretagez et barrers, et avoient mult affaire;
" et lez Fraunceis defenderent le dit pount fortment, et a eux
" porteront mult bien, devaunt qil peot estre pris sur eaux.
" Et adonqes fusrent pris⁴ lez ditz conestable et chamberlain,
" et al mountance de C. chivalers, et dez esquiers vj^xx od vij^xx,
" et mortz chivalers, esquiers, et autres gentz de la ville graunt
" foisoun, en lez rues, mesouns, et es gardines; homme ne peot
" mye savoir qele nombre dez gentz de bien, pur ceo qils fus-
" rent tauntost despoillez, qe homme ne lez purroit conustre.
" Et nul gentil homme mort de noz, forsqe une esquier qe feust
" blesce et morust ij. jours apres. Et fusrent treove en la ville The city is occupied.
" vines, vitailles, et aultres biens et chatieux santz nombre.
" Et est la ville plus grosse qe nulle ville Dengleterre, hors-
" pris Loundrez. Et qaunt le roy se remua de lez Hogges, The English fleet ravages
" entour cc. de niefs demurrerent, lez queux alerent a Rothe- the coast
" masse, et alerent et arderent le pais ij. lieues od iij. deinz la and destroys French
" terre, et pristrent plusors biens et amesnerent a lours niefs. shipping.
" Et issint alerent puis a Cherburgh, od il y aad une bone ville
" et fort chastel et une biele abbeie et noble; et ount arz la dite
" ville et labbeie. Et tout ount ars par toutz lez costers sour
" le meer de Rothemasse tantqe a Hostrem sour la havene de
" Caame, qamounte a vj^xx lieues Engleis. Et est le nombre

---

¹ abbe] om. H. T.
² chastel] le chastiel. D.
³ mult] om. D. T.
⁴ sur . . . . pris] om. D.

A.D. 1346. "dez niefs qils ount ars¹ lxj. de guerre od chastel devaunt et
"derere, et xxiij. crayers, saunz autres maindres vasseaux plu-
Deputation "sors de xxj, come de xxx. tonels de vyn. Et le Jeofdy apres
from Bay- "ceo qe le roy feust venuz devaunt Caame, ceaux de la citee
eux, 27 July. "de Bious demaundrent a nostre seignur le roy qils se vor-
"roient rendre a luy eaux et lour ville et lui faire homage;
"meas il ne lez voleit receivre pur ascuns enchesouns et tantqe
"lez purroit salver de damage."

["Be it remembered that our lord the king and his host took
"land at St. Vaast de la Hougue the 12th day of July, and in
"order to unship his horses and to rest him and his people and
"to bake bread he tarried there until the Tuesday next follow-
"ing. And he found at La Hougue eleven ships, whereof eight
"had castles fore and aft: the which were burnt. And on the
"Friday, while the king tarried, certain men went to Barfleur,
"and thought to have found much people, and found none to
"speak of; and they found there nine ships with castles fore and
"aft, two good craiers, and other smaller vessels, which were
"also burnt. And the town was as good and as large as the
"town of Sandwich. And after that the said people were gone,
"the seamen burned the town. And there are burnt many of
"the good towns and manors in the country roundabout. And
"on the Tuesday when the king marched, he went to Valognes,
"and lay there all night and found food in plenty. And on the
"next day he marched a long march up to the bridge over the
"Douve, which they of Carentan had broken down. And the
"king made repair it the same night, and passed on the morrow
"even to the said town of Carentan, which is distant but about
"an English league from the said bridge. The which town is
"as large as Leicester; and in it they found wine and food in
"great plenty, and much of the town was burnt, for all that the
"king could do. And on the Friday the king went and lay in
"country towns, on a river which was hard to pass. And they
"of the city of St. Lo brake down the bridge; and the king
"made mend it, and passed on the morrow, he and his host, and
"encamped close by the city. And all they of the city had
"begun to strengthen the same, and had drawn to them many
"men of arms, to have held the same city; but they fled before
"the coming of the king. And they found in the said city full
"a thousand tuns of wine and of other goods great plenty. And
"the city is greater than Lincoln. And on the morrow the
"king marched on and lay at an abbey, and his host in the
"country towns round about him. And they of the host rode
"pillaging and laying waste five or six leagues round about

¹ *ars*] om. D.

"each day, and they fired many places. And on the Monday A.D. 1346.
"the king marched and quartered in the country towns, and on
"the Tuesday also. And on the Wednesday betimes he came
"before the city of Caen at the hour of nones, and had news
"that great plenty of men of arms were within the city. And
"the king made array his battles, fair and great, and sent
"certain men to the city to spy it out. And they found the
"castle fair and strong; and within was the bishop of Bayeux,
"knights, and men of arms, who held it. And on that side the
"water is the city very fair and large; and at one end of the
"city is an abbey, as noble as can be, where William the Con-
"queror lieth; and it is closed in with walls and embattled
"towers, great and strong. In the which abbey there was no
"man found. And at the other end of the city is another noble
"abbey 'des Dames.' And no man was found abiding in the
"said abbeys nor in the town on that side of the water, save
"only in the castle. And the men of the city were drawn into
"the city on the other side of the water, where was the con-
"stable of France, and the chamberlain of Tancarville, who is a
"very great lord, and much people, to the number of five or six
"hundred, and the commons of the city. And the men of our
"host without accord and without array assailed the bridge,
"which was much strengthened with a stockade and portcullis,
"and they had hard fighting; and the French defended the
"said bridge bravely, and bore up against them right well,
"before it could be taken. And then were taken the said con-
"stable and chamberlain, and to the number of one hundred
"knights, and six or seven score squires, and knights and
"squires slain and other people of the city very many, in the
"streets and houses and gardens; one cannot know what
"number of men of substance, for that they were presently
"stripped, so that they could not be known. And no gentle-
"man was slain on our side, save one squire who was wounded
"and two days after died. And there were found in the city
"wines and victuals and other goods and chattels without
"number. And the city is greater than any town of England,
"save London. And when the king marched from la Hougue,
"about two hundred ships remained, which went to Roche
"Massé, and they went and fired the country two leagues or
"three inland, and they took much goods and carried them to
"their ships. And so they went next to Cherbourg, where there
"is a goodly town and a strong castle and a fair and noble abbey;
"and they burned the same town and abbey. And they have
"fired everything all along the coast of the sea from Roche
"Massé even to Ouistreham upon the haven of Caen, which is
"a space of six score English leagues. And the number of the

A.D. 1346. "ships which they have burnt is sixty-one ships of war with
"castles fore and aft, and three and twenty craiers, without
"reckoning other smaller vessels more than one and twenty, as
"of thirty wine tuns burthen. And on the Thursday after that
"the king was come before Caen, the men of the city of Bayeux
"prayed of our lord the king that they should yield to him them
"and their city and do homage unto him; but he would not
"receive them for certain reasons and until he should be able
"to save them from injury."]

De progressu regis Anglorum a Cadamo usque Pussiacum.

The English army advances to Poissy.

Post conflictum vero habitum in Cadamo, quidam magnus clericus, de ordine Prædicatorum, dicti domini regis confessor, exsistens ibidem, de dicti domini regis et[1] Anglorum gestis a Cadamo usque Pussiacum scripsit in hæc verba:[2]

Letter of Richard Wynkeley on the march from Caen to Poissy.
f. 106 b.
Submission of Bayeux (27 July).

The papal envoys attempt to mediate.

"Benedicere debemus Deum cœli, et coram omnibus viven-
"tibus merito confiteri quia fecit nobiscum misericordiam
"suam. Nam, post conflictum habitum in Cadamo, in quo
"multi admodum interfecti sunt, villa capta est et usque ad
"nudos parietes spoliata, civitas Baiocensis se sponte reddidit,
"timens ne consimilia paterentur. Et dominus noster rex
"versus Rothomagum direxit iter suum; cui domini cardinales
"occurrentes, in civitate Lexoviensi ad pacem plurimum hor-
"tabantur. Quibus valde[3] curialiter receptis, propter reve-
"rentiam sedis apostolicæ et ecclesiæ sacrosanctæ, responsum
"fuit quod dominus noster rex, semper pacem desiderans,
"quæsivit eam viis et modis omnibus rationabilibus quibus
"scivit et optulit vias multas, propter desiderium pacis ha-
"bendæ, licet in præjudicium non modicum causæ suæ; et
"quod adhuc paratus est pacem admittere, dum tamen sibi
"via rationabiliter offeratur. Dicti vero cardinales postea,
"adversarium domini regis allocuti, redierunt, et optulerunt
"ducatum Aquitaniæ, ut eum pater suus tenuit, et quod spem
"dedit plura habendi per viam maritagii, si tractatus paci-
"ficus haberetur. Sed, quia ista via non placuit, nec cardi-
"nales adversarium domini nostri[4] regis minime tractabilem
"invenerunt, desperati de fine bono, simpliciter recesserunt.

---

[1] *et*] om. D.
[2] See Murimuth, p. 215.
[3] *valde*] om. D. T.
[4] *nostri*] om. D. T.

"Dominus autem rex, continue progrediens et proficiens, villas grossas omnes, per quas transivit, optinuit,[1] nomine resistente, sed omni homine fugiente. Deus enim ita omnes exterruit, ut viderentur omnino corda sua perdidisse. Castra insuper et munitiones, paucis invadentibus, licet fortissima essent, impulsu levi cepit. Adversarius autem suus in Rothomago exercitum magnum congregavit, et, licet esset in multitudine copiosa, pontem Secanæ fregit; et[2] ex una parte Secanæ ex adverso dominum nostrum regem diebus singulis sequebatur, pontes omnes diluens et muniens ne ad eum transiremus. Et, licet continue spolia fierent per universam terram et incendia in latitudine xx[ti]. milliarium in circuitu et ad unum milliare juxta eum, noluit tamen nec audebat, in defensionem populi sui et regni, cum possit, aquam Secanæ pertransire. Et sic dominus rex venit Pusiacum, ubi invenit pontem fractum; et adversarius suus citra Pusiacum[3] non quievit."

De conspiratione Normannorum contra regem et regnum Angliæ.

In vigilia Assumptionis beatæ[4] Mariæ, virginis gloriosæ, anno Domini millesimo CCC^{mo}XLVI^{to}, reverendus pater dominus Johannes de Stratforde, Cantuariensis archiepiscopus, ante processionem generalem, pro pace et dicto rege Anglorum tunc, ut præmittitur, infra regnum Franciæ militante,[5] a clero et populo Londoniensi illo die solempniter faciendam, verbum Dei ipsis clero et populo ad crucem in cimiterio ecclesiæ Sancti Pauli Londoniis prædicans et exponens, inter cætera publicavit quod nobilis comes Huntingdoniæ, qui cum dicto rege Anglorum in conflictu habito apud Cadamum fuerat febribus fatigatus, ad[6] Angliam tunc reversus, literas quasdam, inventas in Cadamo, continentes præsumptuosam Normannorum confœderationem seu ordinationem ad subversionem ipsius regis et regni Angliæ, per consilium dicti

---

[1] *optinuit*] opt. omnes, D.
[2] *et*] om. D. T.
[3] *Pusiacum*] Pussiacum, D.
[4] *beatæ*] om. D.
[5] *militante*] militantem, H. D. T.
[6] *ad*] in, D.

A.D. 1346. domini P[hilippi] de Valesio ordinatas et callide adinventas, sibi tradidit vulgariter exponendas, ut per hoc excitaret clerum et populum eo libentius preces fundere salutares pro pace et dicto domino rege Anglorum et suis, qui ipsos Normannos, per medium ipsorum transeuntes, in suis propriis laribus edocebant, ne ad infrascripta per ipsos dictis regi et regno comminata mitterent manus suas. Quarum literarum tenor talis est :[1]

Text of the convention.

"Primerement, pur lamour qe ceaux du pais de Normandie
"ount envers le roy et le duc lor seignur, et pur lez choses
"dezsusdites, ceaux du pais de Normandie, nobles et aultres,
"deivent passer en la cumpanie le dit monsire le duc, com lor
"seignur et chevetaigne, en Engleterre a iiij. mil hommes
"darmes, chivalers et esquiers et autres gentz[2] darmes
"de bone estat, et xl. mil serjauntz du pie, dez qeux serjauntz
"a pie le roy de sa grace lour quiete la moite, et il[3] avera
"v. mil arblasters des dits xl. mil.

"Item, pur la bon affeccion qe le roi aad a ceaux du pais
"de Normandie, il lour ad baille lor seignur son fitz a
"chevetaigne seignur pur la dite passage.

"Item, accorde est qe, purceo qe mounsire le duc seira
"chevetaigne du passage, le dit mounsire le duc prendra des
"ditz iiij. mil hommes darmes mil hommes darmes, tiels
"come il lui plerra, chivalers et esquiers, saunz prendre le
"cheventaigne ne lours batailles, od il lez reteindra daillours
"rebatu de nombre des ditz iiij. mil hommes. Et le dit
"pais de Normandie ly paiera[4] pur lez mil hommes susditz
"lez grauntez gages, cest assavoir xxx. s. torneis lez banerettez[5]
"xv. s. lez bachilers, vij. s. vj. d. lez esquiers, fourny[6]
"chescun c. hommes darmes de iiij. baners, xvj. bachilers, et
"vij[xx] esquiers.

"Item, mounsire le duc de Normandie ferra auxint le
"passage de mil hommes darmes desusditz qil doit prendre.

"Item, le pais de Normandie auxint dez autres iij.[7]
"mil hommes darmes et de xl.[8] mil serjauntz de pie de-
"susditz.

---

[1] See the version in Murimuth, with translation, p. 205.
[2] gentz] om. D.
[3] il] blank in H. D. T.
[4] ly paiera] om. H. D. T.
[5] banerettez] barenettez, H.
[6] fourny] fork, H. D. T.
[7] iij.] om. H. D. T.
[8] xl.] This should be xx.

"Item, taunt come le dit passage se ferra et qils demur-
"rerent en Engleterre et a retourner par decza, le roi gardera
"a sceu des arme¹ le meer et le passage et lez marchantz qe
"lez vivres porterent.

"Item, lez gentz du pais de Normandie doit faire le passage
"de x. semaignes le service desusdit.

"Item, accorde est qe, si le duc de Normandye est en Engle-
"terre et il semble bon et honurable a lui et a son consail
"et a sez gentz du pais de Normandie qe serrount ovesqe
"lui la a son consail, ils demurrerent xv. jours outre lez x.
"semaignes dezsusditz; et, si mounsire le veot retener oultre
"lez xv. jours, ils demurrerent as gages moun dist seignur
"le duc.

"Item, si² le dit passage Dengleterre ne se fesoit, od qil
"semblast au roi qil ne dust faire bonement en ceste anee,
"le dit pais de Normandie doit faire au roy le service de-
"susdit lanee apres od une autre anee apres, durant ceste
"guerre, en temps covenable; et se tuit³ estoit le voiage
"aloigne et⁴ qe lez gentz du pais eussent mys fres en lour
"navie, il lour serroit rebatu sour lour service avenir, et lour
"ferroit len assavoir iij. moys devant ceo qils deussent mover
"en aultre voiage.

"Item, si lez enemys du roi viegnent sur lui par terre si
"efforcement qil eust mestier du dit pais de Normandie, ceaux
"du dit pais serront tenuz qe en lieu de dit passage qils
"facent eaide a roy de iiij. mil.⁵ hommes darmes et de xx.
"mil serjeauntz desusditz, et paierent lez gages a mil hommes
"darmes qe le duk doit prendre et de ses serjauntz a pie
"auxi, par la manere cy desus devisez; et en cel cas ferront
"le dit service par lespace de viij. semaignes taunt soulement
"durant ceste guerre, en cas qe le roy od monsire le duc
"y serront, od lun⁶ de eaux, en lours persones.

"Item, accorde est qe ceaux qe tiegnent le fees de qeux lez
"services sont dues ne serront riens tenuz a faire le service
"acustume, et ne⁷ iceux nascuns aultres du dit pais le service
"dariere ban lanee qil⁸ ferra le service od ascun de ceaux qe
"sount promis et accordez contenuz en ceste escroue.

"Item, le pais de Normandie se doit obliger a faire le ser-
"vice desusdit, cest assavoir lez nobles et les bones villes
"ou la greignour partie de eaux, et lors serrount lours

---

¹ *des arme*] de farme, D
² *si*] om. D.
³ Lettenhove prints: " se si tart."
⁴ *et*] om. H. D. T.
⁵ *mil*] xx., H. D. T.
⁶ *lun*] lui, H. D. T.
⁷ *ne*] de ne, H. D. T.
⁸ *qil*] qe, D. T.

A.D. 1346. "privileges portez a Roen a la primere jornee od ils assemble-
"ront, toutz confermez, scalez, et declarez, et la lor serrount
"baillez et delivrez lobligacion ensi fait, com desus est dit,
"sur paine de $M^1M^1M^1$ livres, se par eaux demurrent a faire le
"dit passage.

"Item, pur lez mil hommes darmes qe monsire le duc doit
"passe, accorde est qe des niefs de Normandie, autres[1] qe
"celes de la navie du roi, lez gentz du pais de Normandie en
"averont ceo qils voudront aver, sauf tant qe monsire le duc,
"pur laide de passage du gentz qe doit passer com dit est,
"en avera v. od vj. tiels come il voudra eslire, et surplus qe
"lui faudra pur lez mil hommes darmes desusditz passer il
"querra la od bon lui semblera; et, si plus en y avoit qe ne
f. 108. "len covenroit et ceux de Normandie en avoient mestier
"dascuns, ottrie lour est par le roi et par monsire le duc
"qils averont celes qe serront en dit pais od monsire le duc
"prendra ou autre part en roialme, avaunt toutz autres, empai-
"ant salarie covenable, les mil hommes darmes primerment
"purveuz du passage qe monsire le duc doit passer, come
"dit est.

"Item, accorde est qe en celluy cas[2] qe, Dieu eaidaunt, le
"roialme Dengleterre par le dit voiage se conquerra, le con-
"quest serra fait tut en noun et en lonur du dit monsire le
"duc, et qe toutz ceux qe le roy Dengleterre y aad serra et
"demurra a monsire le duc, come rois et sires, et as droitz
"et as honurs qe le roi Dengleterre les tient; et les autres
"droitz qe lez nobles et lez barouns et aultres seculiers y ont
"serra et demurra as esglises, as barons, nobles, et as nobles
"villes de Normandie; et ceux qe serront pur lez esglises
"serront amortiz du roy jusqes a xx. mil desterlings de rente;
"et ceo qest au pape et a lesglise du Rome lour demurra sauf
"sauntz diminucion.

"Item, le roialme Dengleterre ne se devisera jammes de la
"mayn monsire le duc ne de ses heirs, rois de Fraunce.

"Item, purceo qe le roi veot toutz jours garder bone foi
"especialment a[3] ses amys et allies, il veot et ordeigne qe tout
"ceo qest acquis en temps passe, par guerre od autrement,
"countre lor volunte, sur le roy Descoce et ses subgitz par le
"roy Dengleterre ou lez soens, lour soit restitue et baille tut
"plein et entierment saunz nul delay; et a ceo sont accorde
"le roi, le duc, et toutz de Normandie.

"Item, en cas qe pees serroit feait avaunt qe passage feust
"fait en Engleterre od la voiage par terre, lez privileges

---

[1] autres] a, H. D. T.
[2] cas] om. H. D. T.
[3] a] et, H. D. T.

"ottroiez as Normauntz lour demurroit en vertue, et serrount
"tenuz de servir au roy a M¹M¹ hommes darmes as grauntz
"gages a xij. simaignes en la primere guerre qil avera en temps
"ensuant, rebatuz lez fees et mises qaveront sustenuz a co-
"mencer le dit service od passage; et lor durroit on¹ faire assa-
"voir ij. moys devant pur² qils eussent lez ditz gentz darmes.

"Item, et sils avoient passe la meer et feussent en Engle-
"terre avaunt qe pees feust fait, od sils avoient fait le dite
"service par terre lespace dun moys, alant, demurrant, et
"returnant, ils serront quites de faire en entre le dit service
"par un moys, [mais, se ils navoient passe la mer ou fait le ser-
"vice par un mois,]³ com desus est dit, ils serront tenuz de
"faire le service en temps covenable, rebatuz ceux qaveront
"paie et despendu.

"Ceo feust fait au Bois de Vincenne, le xxiij. jour de Marcz,
"lan du grace mil cccxxxviij^{me}."⁴

De transitu regis Anglorum a Pussiaco usque villam de Caleys, et de⁵ bello de Cressy.

Post adventum vero dicti domini regis apud Pus- siacum, præfatus magister Michael de Northburgh, valens clericus, de consiliariis dicti domini regis exsis- tens et continue progrediens cum eodem, progressum ipsius domini regis et Anglorum gesta a Pussiaco usque villam de Caleys scripsit in hunc modum:

"Salutz. Voilletz savoir qe nostre seignur le roy vint a la
"ville de Poissy la veille de lassumpcion nostre Dame, et il-
"lesqes estoit un pount ultre leawe de Seane, qe feust de-
"brusee. Meas le roi demurra illesqes tantqe le pount fust
"refeait. Et en refesance du pount vindrent gentz darmes a
"graunt nombre od les comunes du pais et de Amyas, bien
"armez. Et le counte de Northamtone⁶ et ses gentz issirent
"sur eaux, issint qe fusrent mortz plus qe D. de noz enemys,
"le mercie Dieux; et lez autres fusrent as chivals. Et aultre
"foitz noz gentz passerent leawe et tuerent graunt plente
"de comunes de Fraunce et de la ville⁷ de Paris et aultre du
"pais, bien armez, del host de roy de Fraunce; issint qe noz

---

¹ *on*] en, D.
² *pur*] au, H. D. T.
³ Supplied from Lettenhove's Froissart.
⁴ *xxxviii.*] xxxvii., H. D. T.
⁵ *de*] om. H. T.
⁶ Northamptone, D. T.
⁷ *ville*] om. D. T.

"gentz ount faitz aultres pountz et bones, la mercie Dieux,
"sur noz enemys, saunz pierte ou graunt damage de noz gentz.
"Et lendemain de lassumpcion nostre Dame nostre seignur le
"roy passa leawe de Seane et soi remua devers Poys, qest fort
"ville et enclose du mures et chastel tres fort dedeinz; et
"fust tenu dez enemys. Et qant lavaunt garde et la secunde
"garde[1] fusrent passez la ville, la rergarde fist assaut a la ville
"et la prist; et fusrent mortz illesqes plus qe ccc. hommes
"darmes de noz enemys. Et lautre jour ensuaunt le counte
"de Suthfolk et sire Hughe le Despenser issiront sour les
"comunes du pais, qe fusrent assemblez et bien armez, et lez
"desconfiteront et occiront cc. et plus, et pristerent plus qe
"lx. prisoners du gentils hommes. Et puis se treia vers Graunt-
"villers; et, com ils illesqes fusrent herbergez, la avaunt garde
"feust escrie dez gentz darmes de la maison le roy de Beaume.
"Et noz gentz issirent hastiment et jousteront de guerre ovesqe
"eaux, et fusrent noz gentz abatuz a terre; mes, merci soit
"Dieu, monsire de Northampton issist et rescua lez chivalers
"et lez autres gentz, issint qe nul de eaux fust pris ne mortz,
"forsqe Thomas Talbot; et enchacza lez enemys tantqe a ij.
"lieues du Amyas, et prist de eaux viij. hommes darmes et tua
"xij.; et le remenant fusrent bien a chivals et sen fuerent a
"Amyas. Et puis le roi Dengleterre, qe Dieu sauve, se treia
"devers Pountif le jour de Seint Bartholomeu, et vient a leawe
"de Somme, qe vint a[2] la meer du Abbeville en Pountif. Et
"le roi de Fraunce avoit ordeigne D. hommes darmes et m^{l}m^{l}m^l
"des comunes armez de avoir garde la passage; et, mercie
"soit Dieux, le roi Dengleterre et son host pristrent cele
"eawe de Somme, ou unqes homme ne passa avaunt, saunz
"perir nul dez gentz, et combateront od lour enemys et tue-
"ront plus qe m^{l}m^l gentz darmes, et lez remenantz enchace-
"rent droit a la porte Dabbeville, et pristrent de chivalers et
"esquiers a graunt nombre. Et mesme le jour monsire Hughe
"le Despenser prist la ville de Crotoye, et lui et sa gent tue-
"rent illeosqes cccc. hommes darmes et tindrent la ville
"et troveront graunt plente du vitailles. Et cele nuyt her-
"berga le roy Dengleterre en la forest de Cressy, sour mesme
"leawe, purceo qe lost de Fraunce vint de lautre part de
"la ville apres nostre passage; mais il ne voudra prendre
"leawe sour nous,[3] et retournerent vers Abbeville. Et le
"Vendredy proschein soi herberga le roy Dengleterre en
"mesme la forest de Cressy. Et la Samady a matin se
"remua devers Cressy,[4] et lez descoverers nostre seignur le

[1] *et la secunde garde*] om. D. T.
[2] *a*] de, H. D. T.
[3] *nous*] noz, H. T.
[4] *Et la . . Cressy*] om. D. T.

"roi discovererent le roy de Fraunce, qe vint devers nous en A.D. 1346.
"iiij. grosses batailles, et entenderont illesqes lor enemys.
"Et, a la volente de Dieu, un poy avaunt le heure de vespre
"sa poair assembla a nostre en plain champ; et le bataille
"estoit tres fort et endura longement, car lez enemys se por-
"terount mult noblement. Mais, loiez soit Dieux, illesqes
"furent noz enemys descomfitz, le roy nostre adversarie se
"mist a fuyte; et fusrent mortz le roy de Bealme, le duc
"de Loreigne, le counte Dalesoun, le counte de Flaundrez, The French losses.
"le counte de Bloys, le counte de Harecourt et sez ij. filtz,
"le counte Damarle, le counte de Nauvers et son frere le
"seignur de Tronard, lercevesqe de Niemes, lercevesqe de
"Saunz, le haut priour de lospitel de Fraunce, le counte de
"Savoie, le seignur de Morles, le seignur de Guyes, le sire
"de Seint Vinaunt, le seignur de Rosingbergh,[1] vj. countes
"Dalmaigne, et tut plein dez autrez countes et barons et
"aultres gentz et seignurs dount homme ne peot unquore
"savoir lez nouns. Et Phelip de Valoise et le markys qest f. 109 b.
"appelle le elitz du Romeyns eschaperent naufrez, a ceo qe
"homme dist. La summe dez bones gentz darmes qe fusrent
"mortz en la champ a ceste jour, saunz comunes et pe-
"dailles, amounte a[2] mil D. xlij. acountez. Et mesme la nuyt
"le roy Dengleterre od tout son host demurra en la champ
"armez, od la disconfiture fuist. Et lendemain matin, devaunt
"le solail leve, vint devaunt nous un autre bataille, graunt et
"fort. Et monsire le counte de Northamtone[3] et lez countes
"de Northfolk et Warewyk isserount et lez descomfiteront, et
"pristrount de chivalers et esquiers a graunt nombre, et
"tueront M'M[1] et pluis, et lez enchaceront iij. lieues de la
"terre. Et mesme la nuyt le roy herberga a Cressy, et a
"matin se treia devers Buloigne, et en chiminant prist la
"ville de Staples, et dillesqes sei treia devers Caleis. A ceo Advance to Calais.
"qe jay entendu, son purpos est dassegier la ville de Caleys.
"Et pur ceo mounseignur le roy aad mande a vous pur vitailles,
"et a ceo a plus tost qe vous poetz mandez; car, puis le
"temps qe nous departismes de[4] Caame, nous vivames sour le
"pais a graunt travaille et damage du noz gentz, mais, mercie
"soit Dieu, nous navons nul defaute. Mes ore nous sumes a
"tiel plit qe nous covent estre refressez de vitailles en partie.
"Escript devaunt Caleys, le iiij^{te} jour du Septembre."

["Greeting. Please you to know that our lord the king came
"to the town of Poissy on the eve of the Assumption of our

---

[1] *Rosingbergh*] Rosingburgh, D.
[2] *a*] om. D.
[3] Northamptone, D. T.
[4] *de*] a, D.

A.D. 1346. "Lady, and there was a bridge over the river Seine, which was broken. But the king tarried there until the bridge was made again. And in the re-making of the bridge there came men of arms in great numbers with the commons of the country and of Amiens, well armed. And the earl of Northampton and his men went out against them, so that there were slain more than five hundred of our enemies, thanks be to God; and the others were horsemen. And other times our people passed the water and slew great numbers of the commons of France and of the city of Paris and others of the country, well armed, of the host of the king of France; so that our people have made other bridges and good ones, thanks be to God, against our enemies, without loss or great injury of our men. And on the morrow of the Assumption of our Lady our lord the king passed over the river Seine and marched towards Poix, which is a strong town and fenced with walls, and a castle very strong is therein; and it was held by the enemy. And when the vanguard and the mainguard were passed by the town, the rearguard assailed the town and took it; and there were slain there more than three hundred men of arms of our enemies. And on the next day following the earl of Suffolk and lord Hugh le Despenser went out against the commons of the land, which were gathered together and well armed, and they discomfited them and slew two hundred and more, and took more than sixty prisoners of the gentlemen. And then the king drew towards Grandvilliers; and, when they were quartered there, the vanguard was cried out against by the men of arms of the household of the king of Bohemia. And our men went out quickly and jousted with them, and were overthrown; but my lord of Northampton went forth and rescued the knights and the other people, so that none of them was taken nor slain, save Thomas Talbot; and he chased the enemy even to two leagues from Amiens, and took of them eight men of arms and slew twelve; and the rest were well mounted and fled away to Amiens. And then the king of England, whom God save, drew towards Ponthieu on the day of St. Bartholomew, and came to the water of the Somme, which cometh to the sea from Abbeville in Ponthieu. And the king of France had appointed five hundred men of arms and three thousand of the commons armed, to hold the passage; and, thanks be to God, the king of England and his host took that water of the Somme, where never man passed before, without loss, and fought their enemies and slew more than two thousand armed men, and chased the rest right up to the gate of Abbeville, and took of knights and squires in great number. And the same day my lord Hugh le Despenser

" took the town of Crotoy, and he and his men slew there four
" hundred men of arms and held the town and found great
" plenty of victuals. And that night the king of England
" encamped in the forest of Crécy, upon the same water, for that
" the host of France came on the other side of the town after
" our passage; but it would not take the water against us, but
" returned towards Abbeville. And on the Friday next after
" the king of England encamped in the same forest of Crécy.
" And on the Saturday, in the morning, he moved towards
" Crécy; and the scouts of our lord the king spied out the king
" of France, who was coming against us in four great battles,
" and they perceived there their enemy. And, by the will of
" God, a little before the hour of vespers his power gathered
" against ours in open field; and the battle was very stubborn, and
" endured a long while, for the enemy bore themselves right
" nobly. But, praised be God, there were our enemies discom-
" fited, the king our adversary took to flight; and there were
" slain the king of Bohemia, the duke of Lorraine, the count of
" Alençon, the count of Flanders, the count of Blois, the count
" of Harcourt and his two sons, the count of Aumarle, the count
" of Nauvers and his brother the lord of Trouard, the archbishop
" of Nimes, the archbishop of Sens, the grand prior of the Hospital
" of France, the count of Savoy, the lord of Moreuil, the lord of
" Guyes, the lord of Saint Venant, the lord of Rosenberg, six
" counts of Germany, and great numbers of other counts and
" barons and other men and lords whose names cannot yet be
" known. And Philip of Valois and the marquis who is called
" the elect of the Romans escaped wounded, as they say. The full
" number of the good men of arms which were slain in the field
" on that day, without reckoning the commons and foot soldiers,
" amounteth to fifteen hundred and forty and two, all told.
" And the same night the king of England with all his host
" abode in arms on the field where was the discomfiture. And
" on the morrow, in the morning, before sun-rise, there came
" against us another battle, great and strong. And my lord the
" earl of Northampton and the earls of Norfolk [? Suffolk] and
" Warwick went out and discomfited them, and took of knights
" and squires great number, and slew two thousand and more, and
" chased them three leagues of the land. And the same night
" the king quartered at Crécy, and on the morrow he drew to-
" towards Boulogne, and on his march he took the town of
" Estaples, and from thence he drew towards Calais. From
" what I have heard, his purpose is to besiege the city of Calais.
" And therefore my lord the king hath sent to you for victuals,
" and that too as quickly as you can send; for, from the time
" that we departed from Caen, we have lived on the country, to

A.D. 1346.

A.D. 1346.
"the great travail and harm of our people, but, thanks be to
"God, we have no loss. But now we are in such plight that
"we must in part be refreshed by victuals. Written before
"Calais, the fourth day of September."]

De adventu regis Anglorum ad obsidendum Caleys.[1]

Siege of Calais.

Tertio vero die Septembris, anno Domini millesimo CCC^{mo}XLVI^{to}, dictus dominus rex Anglorum, anno regni sui Angliæ XX^{mo}, regni sui Franciæ vij^{mo}, venit ad villam de Caleys[2] et obsedit eandem, suamque obsidionem continuavit usque tertium diem Augusti proximum tunc futurum; quo die dicta villa, prout continetur infra, reddita fuit domino regi Angliæ ac suo imperio subjugata.

De gestis domini Henrici Lancastriæ, tunc comitis Derbeyæ,[3] *in Vasconia.*

Successes of the earl of Lancaster in Gascony.

Interim vero, dum dictus dominus E[dwardus], princeps excellentissimus, per medium Francorum ibat et villam de Caleys, ut præmittitur, obsidebat, dictus nobilis comes de Derby in Vasconia valde[4] egregie militabat, prout liquet in literis ipsius domini comitis, sub suo sigillo ad Angliam destinatis, quarum tenor sequitur in hæc verba:

His letter describing his movements.

f. 110.

Advance from La Réole to Bergerac, 12 Aug.

"Endroit dez novels saundroit, sachetz qe, devaunt le feste
"de lassumpcion nostre Dame bien iij. jours, nous remuasmes
"de la Roele devers lez parties de Bruggerak, et avons assem-
"blez illesqes toutz lez seignurs de Gascoigne et autres gentz
"qestoient hors de establiez, al entent de chivacher, et avons
"illesqes consail ou lez seignurs susditz; si qavaunt nostre
"partir dillesqes nous vienent ascuns gentz, chivalers et aul-
"trez, pur demannder trieves de par lez Fraunceis qe gesoient
"unqore a siege devant Aquilloun. Mais, puis qe nous savons
"qe monseignur[5] le roy estoit[6] arive en Normandie, nous ne

---

[1] *Caleys*] villam de Caleys, D.; Caleis, T.
[2] Caleis, D. T.
[3] Derbeiæ, D. T.
[4] *valde*] om. D. T.
[5] *monseignur*] nostre seignur, D.
[6] *estoit*] est, D. T.

" vodrons mie assentir a nullo trieve; et sur ceo lez onemys A.D. 1346.
" se leverent du siege le Dimange proschein devaunt le feste The siege of Aiguillon
" de seint Bartholemeu, et sen departierent mult ledement, car raised.
" ils perdrent graunt partie de lor biens et de lour gentz 20 Aug.
" et lesserent lour tentes et tut le pluis de lour herneis. Si
" qe, si tost qe nous le savons, nous tenismes avaunt nos-
" tre chemyn en Augeneys et venismes devaunt la ville Capture of Ville-Réal
" Real, qest une bone ville du roi,[1] la quele nous estoit rendue and other
" et aultres villes et chastels dentour tout plain. Et, quant places.
" avons estable cele ville et le pais, nous chivachons tut le pais Tonneins
" et alames droit a Tonynges et Aquilloun, et les feismes esta- and Aiguillon
" bler ausi et le pais environ. Et puis repairasmes arere a la occupied.
" Reole, et y demurrasmes bien viij. jours, et avons illesqes
" consail, et avons illesqes tut le pais. Et departismes nostre
" host en trois, et lessames le seignur de la Brette, mounsire
" Berard de Bret, seneschal de Gascoigne,[2] mounsire Alex-
" andre de Camont, et aultres devers lez parties de Besades;
" le seignur Duracz et aultres seignurs de Ageneis[3] lessames
" celes parties; et tenismes avaunt nostre chemyn vers le par-
" ties de Centoyne od mil hommes darmes. Et remuasmes le March northward
" xij^{me} jour de Septembre et geusmes en une bone ville qe through Saintogne.
" nous feust mesme le jour renduz, la ville de Salveterre. Occupation
" Et lendemayn, qaunt nous avons pris serment de ceaux de of Sauveterre,
" la ville, nous tenismes avaunt,[4] nostre chemyn bien viij.[5] 12 Sept.
" jours, saunz assailler une ville od chastel, tantqe nous
" venismes au chastel de Nau, qest sour la rivere de Charente; Arrival at
" et illesqes feismes reparailler le pount qestoit debruse, car Chateauneuf-sur-
" leawe estoit si profounde qe homme ne poet passer par Charente.
" ailleurs, et passames illesqes lendemain. Et avons cele jour
" novels qe lez gentz mounsire Wautier de Manny,[6] qavoient
" conduyt de Fraunceis daler au roy par terre, fusrent pris
" et emprisonez deinz la ville de Seint Johan Aungelin;[7] et
" ensi fusrent, et mounsire Wautier estoit esckape soi tierce
" a graunt payne; si qe nous tenismes avaunt nostre chemyn f. 110 b.
" devers la dite ville et lassaillames, et feust gaigne par
" force, Dieu mercy, et lez gentz gettez hors du prisone. Et Capture of
" demurrasmes la[8] viij. jours et establions la ville, et ceux St. Jean d'Angély;
" de la ville[9] nous fisrent serment et devindrent Engleis, et
" deivent de lor costage demesne durant la guerre treover
" cc. hommes darmes et DC. au pie en garnison de la dite

---

[1] *roi*] royalme, D.
[2] Gascoyne, D.
[3] Augeneis, D. T.
[4] *avaunt*] om. D.
[5] *viij.*] vii., D. T.
[6] Mauny, D. T.
[7] Angelyn, D.
[8] *la*] om. D. T.
[9] *et . . . . ville*] om. D.

A.D. 1346.

and of Lusignan, 1 Oct.

"ville, et en temps du pees acrestront lor rentes au roy plus
"par an qils ne soleient paier a roy de Fraunce chescun an
"de iiij. mil escutz. Et lendemain de seint Michel nous
"chivacheasmes vers la citee de Peyters,[1] et geusmes une
"nuyt devaunt la ville de Lysingham, qest une forte ville, si
"qe homme la aloit assailler, et feust gaigne par assaut, et
"le chastel nous feust rendu, qest un de plus noblez chastels
"et de plus fortz qe sont garrez en Fraunce od en Gascoigne.
"Et nous establoms le chastel et la ville et y lessames bien
"c. hommes darmes et autrez gentz au pie ovesqe eux. Et
"chivachasmes devaunt la cite de Peyters et lez[2] requer-

Poitiers taken by storm, 4 Oct.

"reismes; mais ils ne voleient rien faire, car il lor sembla
"lor ville assetz forte et si estoient assetz dez gentz. Si qe
"homme lassailla, qe feust le proschein Mescredy apres le
"seint Michel, et feust pris[3] par force et toutz ceaux de
"la ville fusrent pris ou mortz. Et lez seignurs qestoient
"dedeinz, une evesqe et bien[4] iiij barouns, qaunt ils virent
"la prise de la ville, sen alerent dautre part. Et nous y
"demurrasmes bien viij. jours. Et estoions al escrivere de

Return to St. Jean d'Angély.

"cestes[5] al ville de Seint Johan, et avons dez bones villes
"et chastels qe nous sount renduz entour. Et ensi avons fait[6]
"une beale chivache, le Dieu merci, et sumes revenuz a
"Seint Johan; et pensons dillesqes tenir nostro chemyn
"devers Burdeaux, qele chose serra fort a feare, a ceo qe
"lez enemys sont quillez en pays; mais espoiroms de feare
"bien, od leaide de Dieu."

["As to news of these parts, know that, before the feast of the
"Assumption of our Lady full three days, we marched from
"La Réole towards the parts of Bergerac, and gathered there
"all the lords of Gascony and other people that were out of
"employ, with a view to riding forth, and we there took counsel
"with the lords aforesaid; so that, before our setting forth from
"thence, there came unto us certain folk, knights and others, to ask
"a truce on behalf of the French which were still at the siege
"before Aiguillon. But, since we knew that my lord the king was
"come into Normandy, we would consent to no truce; and here-
"upon the enemy rose up from the siege on the Sunday next before
"the feast of Saint Bartholomew and departed in sorry fashion,
"for they lost a great share of their goods and of their men and
"left their tents and the most part of their harness. So that,

---

[1] Peiters, D. T.
[2] lez] ils, D. T.
[3] pris] gayne, D.
[4] bien] om. D, T.
[5] de cestes] dez gentz de cestes, H. D. T.
[6] fait] blank in H, T.

"so soon as we knew thereof, we kept on our march into Agenois
"and came before Ville-Réal, which is a goodly town of the
"king, which was given up to us and other towns and castles
"round about full many. And, when we had stablished this
"town and the country, we rode through all the country and
"went straight to Tonneins and Aiguillon, and made them to be
"stablished and the country round about. And then we
"returned back to La Réole, and there we stayed full eight days,
"and we took counsel there, and we held all the country. And
"we divided our host into three parts, and left the lord of Albret,
"my lord Bérard of Albret, seneschal of Gascony, my lord
"Alexander of Chaumont, and others towards the parts of Baza-
"dois; the lord of Duras, and other lords of Agenois we left in
"those parts; and we marched forward towards the parts of
"Saintogne with a thousand men of arms. And we set out on the
"12th day of September and lay in a good town which was given
"up to us on the same day, the town of Sauveterre. And on the
"morrow, when we had taken oath of those of the town, we held
"on our march full eight days without assaulting town or castle,
"until we came to Châteauneuf, which is on the river Charente;
"and there we made repair the bridge which was broken down,
"for the water was so deep that one could not pass elsewhere,
"and there we passed over on the morrow. And that day we had
"news that the people of my lord Walter Mauny, who had conduct
"from the French to go to the king by land, were taken and im-
"prisoned in the town of Saint-Jean-d'Angély; and so they were,
"and my lord Walter escaped, with other two, with great
"trouble; so that we marched on towards the said town and
"assailed it, and it was won by force, thank God, and the people
"brought forth from prison. And we tarried there eight days
"and stablished the town, and they of the town made oath
"and became English, and were bound at their own cost during
"the war to find two hundred men of arms and six hundred foot
"soldiers, as garrison of the said town, and in time of peace
"their rents will increase yearly to the king more than they were
"wont to pay to the king of France each year by four thousand
"crowns. And on the morrow of St. Michael we rode towards
"the city of Poitiers, and we lay one night before the town of
"Lusignan, which is a strong town, so that we went to the
"assault of it, and it was won by assault, and the castle was
"given up to us, which is one of the most noble castles and of
"the strongest which are fortified in France or in Gascony. And
"we stablished the castle and the town and left there full
"one hundred men of arms and others, foot soldiers, with
"them. And we rode before the city of Poitiers and summoned
"them; but they would do nothing, for their city appeared to

"them strong enough and there were men enough. So that we stormed it on the Wednesday next after Michaelmas, and it was won by force, and all those in the city were taken or slain. And the lords which were within, a bishop and some four barons, when they saw that the city was taken, fled away on the other side. And we tarried full eight days. And we were, at the writing hereof, at the town of Saint-Jean; and we have goodly towns and castles which have been given up to us round about. And thus have we made a fair raid, God be thanked, and are come again to Saint-Jean; and we purpose from thence to march towards Bordeaux, which thing will be hard to do, seeing that the enemy are gathered together in the country; but we hope to do well, with the help of God."]

Dictus vero dominus comes Derbyæ[1] reversus est Londonias, in festo sancti Hillarii, anno Domini millesimo CCC^{mo}XLVI^{to}; et[2] eodem die loquebatur cum domino David, rege Scotorum, in turri Londoniarum, prout sequitur, captivato.

De captione David rege Scotorum.

Item, durante dicta obsidione de Caleys,[3] dominus David, rex Scotorum, magnum ducens exercitum, ad supplicationem dicti domini P[hilippi] de Valesio literatorie sibi factam, partes boreales Angliæ hostiliter ingrediens, et veniens ad oppidum de Lydel, tunc per dominum Walterum de Selby, militem strenuum, aliosque armatos homines custoditum, obsedit, et infra sex dies cum machinis magnam partem illius oppidi demolivit et, captis omnibus ibidem inventis, dictum strenuum militem fecit tradi inhumaniter morti diræ, nemini de suis parcendo. Et tunc ulterius in Angliam profectus est, quousque reverendus pater magister Willelmus de la Zouche, archiepiscopus Eboracensis, nobilesque domini de Percy et de Nevyle, aliique magnates dictarum partium, collectis hominibus armorum et sagittariis de partibus memoratis, ad crucem Nevile,[4]

---

[1] Derbeiæ, D. T.
[2] et] om. D.
[3] Caleis, D.
[4] Nevyle, D. T.

in campo juxta Durham, in vigilia sancti Lucæ evangelistæ,[1] obviam sibi dantes, cum eodem fortiter prœliarunt; quos Christus, athleta fortissimus, per suam gratiam contra Scotos prævalere[2] concessit. In quo conflictu comites de Murif et Stratherne[3] totusque flos militiæ ac hominum armorum regni Scotiæ in ore gladii et a sagittis volantibus perierunt. Dictus vero dominus David, rex Scotorum, ac de Mentif et Fif comites, dominique Masclunus de Flemmyng, qui se fecerat nominari comitem de Wygetone, et Willelmus Douglas et alii multi homines armorum capti sunt. Sicque dolus ipsorum in capita propria conversus est, et in vertices illorum eorum iniquitas descendebat.[4]

A.D. 1346.

King David a prisoner.

Quomodo[5] *Papa scripsit regi Angliæ pro Francigenis.*

Item, dicta obsidione de Caleys durante, sanctissimus in Christo pater, dominus Clemens papa sextus, dicto regi Angliæ scripsit in hæc verba:

A.D. 1347.

Letter of the pope to the king counselling peace, 15 Jan.

 "Clemens, episcopus, servus servorum Dei, carissimo in
"Christo filio E[dwardo], regi Angliæ illustri, salutem et
"apostolicam benedictionem. Si diligenter, fili carissime,
"tanquam princeps catholicus, attenderis personarum innu-
"merabilium, pretioso Christi sanguine redemptoris nostri[6]
"redemptarum,[7] excidia, lapsus rerum, et animarum amarius[8]
"plangenda pericula, quæ dissensiones[9] et guerræ, inter te et
"carissimum filium Philippum, regem Franciæ illustrem, sus-
"citatæ, produxerunt et producunt cotidie incessanter; necnon
"gemitus pauperum, pupillorum, orphanorum, viduarum, et
"aliarum personarum[10] miserabilium, quæ, deprædatæ et
"derobatæ famisque subjectæ angustiæ, clamant ad Dominum,
"lacrimis[11] descendentibus ad maxillas; necnon destructiones

---

[1] *evangelistæ*] om. H.
[2] *prævalere*] præliare, D.
[3] Murrif et Stratherone, D.; Stratherone, T.
[4] Cf. Ps. vii. 17.
[5] *Quomodo*] om. H.
[6] *nostri*] om. H. T.

[7] *redemptarum*] om. H. D. T.
[8] *amarius*] avarus, H. D. T.
[9] *dissensiones*] dissensionis, H. D. T.
[10] *personarum*] om. D.
[11] *lacrimis*] lareis, H. D. T.

A.D. 1347. "ecclesiarum, monasteriorum ac locorum sanctorum, et va-
"sorum et aliorum ornamentorum divino cultui deputatorum
"rapinas sacrilegas; captiones, incarcerationes, spoliationes
"religiosarum et[1] ecclesiasticarum ac aliarum personarum,
"ceteraque innumerabilia detestanda et exsecranda mala, divinæ
"majestatis oculos offendentia, manifeste intra[2] præcordia
"revolveris regia; tuisque considerationibus adjeceris in hac
"parte quod prædicta fides catholica, præsertim in partibus
"orientalibus, opprimitur, ac fideles ibidem degentes, propter
"dissensiones et[1] guerras easdem, auxiliis catholicorum partium
"occidentalium destituti, ab infidelibus sic turbatam Chris-
f. 111 b. "tianitatem aspicientibus, diris persecutionibus solito cru-
"delius, quamquam his temporibus ad istam fidem ampliandam
"in ipsis partibus orientalibus exsistant[3] parata merita plus
"quam fuerint[4] a multis retroactis temporibus, affliguntur, pro-
"fecto credimus quod cor tuum emollies et, ut tot et tanta
"mala non procedant ulterius, nec tot bona, quot pro dilatatione
"fidei prædictæ fieri possent, his temporibus impediri valeant,
"ad pacem et concordiam cum rege prædicto reformandam pla-
"cabilem diriges animum et convertes.[5] Si enim tibi, fili dilec-
"tissime, arridentem fortunam dederit Dominus, humiliari
"quam elevari tuus debet animus et reperiri ad pacem hujusmodi
"magis promptus, ut Domino, qui pacem diligit et viris pacificis
"delectatur, placere possis,[6] ac ad[7] vitandum mala prædicta, quæ
"Ipsum graviter offendere non est dubium, dirigere studia men-
"tis tuæ. Denique miramur admodum quia venerabili fratri,
"Ambaldo, episcopo Tusculano, et dilecto filio nostro Stephano,
"tituli sanctorum Johannis et Pauli presbytero cardinali, apo-
"stolicæ sedis nunciis, per nos et sedem nostram ad tractandum
"pacem hujusmodi specialiter destinatis, et pro illa diligenter
"et fideliter laborantibus, qui veritatem, justitiam, et æqui-
"tatem diligunt, tuique honoris elatores exsistunt, nondum te,
"sicut intelleximus, super aliquibus, quibus ad pacem ipsam
"pandi possit aditus, aperiri quomodolibet voluisti. Quocirca
"tuam regiam excellentiam attentius deprecamur, et per Dei
"misericordiam obnixius obsecramus, quatinus, malis prædictis
"horribilibus quem necesse fuerit finem ponens, et præveni-
"ens pietatis et compassionis dulcedine[8] ultionem indignationis
"divinæ, quæ possit ex præmissis malis, si continuarentur,
"quod absit, ulterius merito formidari, super via tractatus

---

[1] *et*] om. D. T.
[2] *intra*] infra, D.
[3] *exsistant*] existat, H. D. T.
[4] *fuerint*] fuerit, H. D. T.
[5] *convertes*] convertens, H. D. T.
[6] *possis*] om. H. D. T.
[7] *ad*] om. D.
[8] *dulcedine*] dulcedinem, H. D. T.

"pacis de vobis præfatis cardinalibus, saltem secrete, ut tuis
"in aliquo non derogetur honoribus, aperire, ac ad pacem
"ipsam, Deo placabilem, mundo desirabilem, ac tibi dictoque
"regi perutilem, fideique catholicæ votivam,[1] inclinare operosis
"affectibus mentem tuam, ut, ea perfecta et, divina suffragante
"gratia, solidata, circa Dei negocia in partibus prædictis ori-
"entalibus, occurrente materia his, ut præmittitur, temporibus
"multa apta, ad tuæ salutis, honoris, ac nominis incrementa
"felicia, vires tuas valeas, sicut te ferventer in votis gerere
"audivimus, exercere, nobis super prædictis et ea tangentibus
"tuæ intentionis propositum rescripturus. Datæ Avinoniæ,
"xviij^{mo} kalendas Februarii, pontificatus nostri anno quinto."

*Responsio dicti domini regis Anglorum ad præfatam literam
sanctissimi patris prædicti facta.*

"Tres seint piere, monstre nous ount par lor lettres lez re-
"verentz pieres en Dieu A., evesqe de Tusculan, et Estevene, du
"title de Seint Johan et Poul, prestre cardinals et messagiers
"du court de Rome qe,[2] par les lettres de vostre seintete a
"nous envoiez, nous avetz signefie qe durement estes enmer-
"veilletz du ceo qe, come voz dits messagers fusrent devers
"nous, especialment maundetz pur tretee du pees entre nostre
"adversarie de Fraunce et nous, qe nous ne overismes a eaux
"en especials, au meins en secre, pur nostre honur sauver,
"lentencion de nostre coer, par quele faire se poet la pees
"avauntdit; en compleinant en ycelles lez mortz des Crestiens,
"perties de lour biens, perils des armes, les suspirs et lermes
"des povres, orphanyns, et veves, et autres pitouses persones,
"destruccions, arsures et robberies des esglises, et autres
"maultz saunz nombre, et nomement labbessance de la foi
"Crestiene es parties orientals, qe par la guerre entre nostre
"adversarie et nous sont anenticz et eschuz, sicome lez dites
"lettres plus pleinement purportent. Et adjoustez ovesqe en
"yceles qe, si Dieux nous aad apreste roiale fortune, qe par
"taunt se doit plustot nostre coer abbesser par humilite qe
"eschaucier, et a bone pees faire encliner et aprester. Sur
"ceo, tres seint piere, fesons assaver a vostre seintete qe, a
"toutz les foitz qe voz dits messagiers od autres sount venuz
"devers nous, nous[3] nous offrons a chescun voie du pees
"resonable, et toutz jours declarasmes en especial, et unqore
"ne fesons mye en secre mes en apert, car ne nous enchant
"qe le sache nostre entente ycele. Come nostre Seignur,

---

[1] *votivam*] noticiam, H. D. T.
[2] *qe*] et qe, D.
[3] *nous*] vous, H. D. T.

A.D. 1347. "qest juge soveraign de lui et de nous, en la dispo-
"sicion de qi toutz choses sount myses, nous ad[1] ordene
"la corone de Fraunce a nostre droit et[2] propre heritage,
"la quele droit nostre dit adversarie nous aad par tort
"long temps detenue, nous la prendrons voluntiers par
"voie du pees, et uncore ferrons oultre devers luy et aultres
"tout ceo qe devereions par reson. Et si avons, al honur de
"Dieux et la reverence de[3] vous, et en espoier qil se ent treet
"devers la pees, en ascune bone manere, pur profit de toutz
"Crestiens, par qoi lez mals susditz cessassent, qe par lui et
"en sonn tort tant soulement sont escus, avons, toute foitz qe
"vous mandastes par devers nous devant ceste heure, assentuz
"as trieves et suffrances sur certeins pointz, les queux il
"nous ad enfreint et toutz jours surquis sur nous, emportant
"sa nient droiturele detenue par toutes lez voies qil poet.
"Et ne lui suffisoit le tort qe nous fist en nostre heritage par
"decea, mais il safforsoit, pendantz lez trieves avaunditz,
"daver entre nostre roialme Dengleterre et noz autres terres
"par decea, as tout son efforcier et ses alowes Descoce et des
"autres parties, al totel destruction de nous, noz gentz, et
f. 112 b. "noz terres avaunditz. Par quoy il avenoit qe nous, en
"eaide de nous et salvacion de noz gentz et terres, nous[4]
"defendissoms par droites voies countre son tort, et luy ous-
"terons de sa malveise pense, et mesne nostre querele en la
"main Dieu, et venismes devers luy pur conquere nostre
"heritage de Fraunce; de qoi Dieu nous aad monstre par tout,
"countre lez effortz de luy et de ses alliez, sa benurite,
"come nous espoiroms, par son droiturel juggement et de sa
"droite puissance, la quele, tout le seoffre[5] Il ascune foitz,
"nous quidons quele ne cure pas par fortune. Et ceo qil
"aad fait devers nous, par regard de nostre droit et sauntz
"noz desertes, nous parnons toutz jours en humilite de coer,
"merciant a Ly tres devoutement de jour et nuyt, car nous
"reconissons qe ceo nest mye de nostre puissaunce. Par qoi,
"tres seint piere, nous prions a vostre seintete et requerrons,
"taunt come nous poons, qe vous qe tenetz le lieu de le Filtz
"Dieu en terre et avetz le governement des almes de toutz
"Crestiens et devetz estre mene et droiturel envers toutz,
"saunz accepcion des persones, preignetz bones enformisons et
"verraies des choses susditz, et y vuilletz mettre vostre sainte
"main, quaunt qe a vous attient, qe nostre dit adversarie reco-
"noisse lez tortz qil nous aad fait en cea, et qeles soient

---

[1] ad] avoit, H.
[2] et] om. H. D. T.
[3] de] du, H. T.
[4] terres nous] noz terres, D.
[5] seoffre] scosse, D.

"par vostre bone¹ eaide adresceez, et qil en son tort par nulle
"enforce de vous ne soit enforcietz od maintenuz ; car, si ensi
"soit, nous appellons al Jugge tres sovereign de nous, tres-
"toutz qe seoffre ascune foitz, pur pecches des hommes, lez
"tortz, mais a la fin lez redresse, et ne lest nul bien desguer-
"done ne mal nient puny ; tres humblement Luy requerrons
"qil nous soit verrais et hastifs jugge de toutz noz contraries,
"et qil complisse devers nous ceo qil aad comencee par sa
"benurete, auxi come en Luy remeint entierment nostre
"asseuraunce. Le tres seint Esperit, etc."

A.D. 1347.

["Most holy father, by their letters the reverend fathers
"in God Annibal bishop of Tusculum, and Stephen, of the
"title of St. John and St. Paul, priest cardinals and messen-
"gers of the court of Rome, have shown that, by the letters of
"your holiness sent unto us, you have signified unto us that you
"sorely marvel for that, when your said messengers were in
"our presence, being specially sent to treat of peace between
"our adversary of France and us, we opened not unto them
"specially, at least in secret to save our honour, the intention
"of our heart, whereby the aforesaid peace may be made;
"mourning also in the same the deaths of Christians, the loss of
"their goods, the peril of their souls, the sighs and tears of
"the poor, of orphans and widows, and of other piteous souls, the
"destruction, burning and robbing of churches, and other evils
"without number, and specially the abasement of the Christian
"faith in eastern parts, which by the war between our adversary
"and us are brought to naught and undone, as the said
"letters more fully set forth. And you add thereto in the
"same letters that, if God hath granted unto us royal fortune,
"therefore ought our heart the rather to be humbled by
"humility than exalted, and be inclined and ready for good
"peace. As to this, most holy father, we make known unto
"your holiness that, at all times when your said messengers
"and others came before us, we submitted ourselves to every
"reasonable way of peace, and we ever specially declared it, and
"still do so, not in secret but openly, for it shameth us not
"who knows this our intent. As our Lord, who is the sovereign
"judge of our adversary and of us, at the disposal of Whom all
"things are placed, hath ordained unto us the crown of France
"as our right and own heritage, which right our adversary hath
"from us wrongfully for long time held back, we will willingly
"take it by way of peace, and will do still further toward him
"and others all that we reasonably ought to do. And so, in

---

¹ *bone*] om. D. T.

A.D. 1347. "honour of God and reverence for you, and in hope that he
"would thence withdraw before the peace, in some good manner,
"for the profit of all Christians, whereby the evils aforesaid
"might cease, which by him and his wrong-doing alone are
"come to pass, we have, at all times that you sent unto us before
"this present time, agreed to truces and sufferances upon certain
"points, which he hath infringed and ever sought advantage of
"us, keeping his unrighteous withholding in all the ways he can.
"And the wrong which he did unto us in our heritage on this
"side sufficed him not, but he strove, during the said truces, to
"have entered into our realm of England and our other lands
"on this side, with all his might and the help of his allies of
"Scotland and of other parts, to the total destruction of us, our
"people, and our lands aforesaid. Wherefore it hath come to
"pass that we, in aid of ourselves and for the salvation of our
"people and our lands, have defended ourselves by rightful ways
"against his wrong, and drove him from his wicked thought, and
"brought our quarrel into the hand of God, and came against
"him for to conquer our heritage of France; whereof God hath
"shown unto us everywhere, against the efforts of him and his
"allies, His blessing, as we hoped, by His righteous judgment
"and of His lawful power, which, whatsoever He suffereth some-
"times, we think not runneth at hazard. And that which He
"hath done unto us, out of respect for our right and not accord-
"ing to our deserts, we receive always with humbleness of
"heart, giving Him most devout thanks both day and night,
"for we acknowledge that it is not of our own power. Where-
"fore, most holy father, we pray your holiness and entreat with
"all our might that you, who hold the place of the Son of God
"on earth and have the government of the souls of all Christians
"and are bound to be just and upright to all, without respect
"of persons, take good information and true of the things afore-
"said, and be pleased thereto to set your holy hand, as much as
"in you lies, that our said adversary acknowledge the wrongs
"which he hath done unto us herein, and that they be by your
"good aid redressed, and that he in his wrong by no help of you
"be fortified or maintained; for, if it be so, then we appeal to the
"Almighty Judge of us all, albeit that He sometimes for the
"sins of men doth suffer wrongs to be, yet in the end doth redress
"them, and no good deed goeth unrewarded and no evil deed
"unpunished; and we most humbly pray of Him that He be
"the true and speedy judge of all that hath been done against
"us, and that He accomplish to usward that which He hath
"begun by His blessing, as in Him doth wholly rest our trust.
"The Holy Ghost, etc."]

Qualiter rex Franciæ scripsit Flandrensibus quod derelinquerent regem Angliæ.

Item, durante dicta obsidione de Caleys,[1] præfatus dominus Philippus de Valesio, rex Francorum, per suas literas scripsit Flandrensibus quod, si, rege Angliæ derelicto, vellent sibi fideliter adhærere, faceret eis ista: Inprimis remitteret eis transgressiones præteritas universas. Item, quod faceret interdictum Flandriæ relaxari. Item, quod mensuram bladi, puta quarterium, quod venditur nunc apud eos pro xij. solidis, faceret eis pro iiij. solidis ministrari, et hoc per sex annos sequentes. Item, quod faceret eis deferri lanas Franciæ copiosas pro pretio satis parvo, secundum voluntatem ipsorum, unde pannos conficerent; et quod illos venderent in Flandria et in Francia secundum taxationem ipsorum; et quod omnes Gallici pannis talibus uterentur, quia prohiberet venditionem omnium aliorum pannorum in Francia, quamdiu hujusmodi panni, videlicet de lana Franciæ, possent[2] reperiri venales. Item, quod ipse restitueret eis plenarie has tres villas: Insulam, Dowacum,[3] et Betoniam, cum suis pertinentiis universis. Item, quod ipse defenderet eos contra eorum adversarios quoscumque, et, ad hoc securius faciendum, mitteret eis pecuniam copiosam. Item, quod[4] juvenes validos inter ipsos et forsitan minus habentes ipse competenter ditaret et congrue promoveret. Sed, quia videbatur Flandrensibus quod loquebatur eis verba pacifica sed in dolo, omnes promissiones suas præmissas, tamquam fallaces et subdolas, penitus contempserunt.

---

[1] Caleis, D.
[2] *possent*] possunt, D. T.
[3] Bowacum, H; Rowacum, D. T.
[4] *quod*] om. D.

De repulsione Francigenorum apud Casseles.

Item, dicta obsidione de Caleys durante, viij^{vo} die Junii, mane, anno Domini millesimo CCC^{mo}XLVII^{mo},[1] dominus Johannes de Francia, dicti domini P[hilippi] de Valesio primogenitus, cum infinito exercitu Gallicorum, venit ad villam de Casseles, in confinio Flandriæ, in qua erant tantum Flemengi cum Anglicis sagittariis bene multis: et, facto per Gallicos insultu continuo de mane usque[2] meridiem, propitio Domino, forti et potenti in prœlio confutati sunt Gallici et repulsi, multis ex eis vulneratis, occisis, et captis. Ex parte vero Flandrensium nullus fuit occisus neque vulneratus mortaliter, sed pauci solummodo leviter, Domino protegente. In quo congressu sagittarii viriliter se habebant, et ideo Flandrenses ipsos non modicum commendabant. Sicque dictus dominus Johannes de Francia, proposito suo fraudatus, quasi in bello devictus, vacuus rediit unde venit.

De miseria obsessorum in Caleys.

Item, durante dicta obsidione de Caleys, in crastino sancti Johannis baptistæ, domini de Northamptone et de Penbrok comites, cum multis hominibus armorum et sagittariis, dictam obsidionem licenciati egredientes, versus Bononiam et Crotoye per mare tunc pacificum navigarunt, multasque naves cum victualibus transvehendis pro obsessis in dicta villa de Caleys onustas a remotis viderunt; et statim nautæ Francigeni, navigium Anglicorum perpendentes,[3] non modicum perterriti se ad loca diversa divertentes, illico sunt dispersi. Quidam tamen magnus patronus et magister Genuencium, cum xvij^{cim}[4] aliis Genuencibus,[5] captus

---

[1] *XLVII^{mo}*] blank in H. T.
[2] *usque*] usque ad, D.
[3] *perpendentes*] perpendens, D. T.
[4] *xvij^{cim}*] xviij^{cim}, D. T.
[5] Januensium, Januensibus, D. T.

DE GESTIS EDWARDI TERTII. 385

fuit; et quædam litera, continens defectum et mise- A.D. 1347.
riam¹ obsessorum in Caleys, cuidam securi ligata, a letter from
retroacto mari in litore exstitit a casu reperta, prout the captain
in literis seriose sequentibus inter alia continetur: France.

"Tres chier sire, voilletz savoir qe lendemain de seint Letter
"Johan, le vent, qestoit vers le west, se tourna vers lorient account of
"a houre de tiercz, si qe lez countes de Northamtone² et the action.
"Penbrok et les seignurs de Morleye, Talbot, Bradston,³ et f. 113 b.
"lez ij. amirals, od graunt foison darchiers de lor retenances
"et des comunes, qe entrerent noz niefs et siglerent vers
"Buloigne et Croteye,⁴ pur visiter lez enemys qount ordeigne
"de vitaller Caleys, si qils encountrerent decea Croteye⁵ environ
"heure⁶ de vespre lez dits enemys, qe fusrent acountez
"deinz la veue de noz gentz xliiij. vesseaux: des fluynes,
"galeyes, et vitaillers, chargetz des diverses vitailles. Dez
"queux enemys ascuns qestoient a derere dischargeront lor
"vitailles par meer et nagierent devers Engleterre, ascuns
"devers le porte de Croteye. Lez x. galeyes qe fusront
"gueperount lour bateux et lour charge, se mistrent al haut
"meer. Et un fluyne et xij. vitaillers od lor vitailles qe
"fusront devaunt fusrent si fortement pursuiz qils se mis-
"trent si pres de terre come ils poount, et saillerent trestoutz
"en meer et neierent si purement qe une soul persone ne
"remient en vie deinz lor vesseaux. Mais la nuyt suant, en
"laube de jour, al haut meer isserent hors de la ville ij.
"bateaux, qe fusrent bien tost aparceux par un mariner
"qest appelle William Roke, od une Hikeman Stephene, si
"qe lun batel retourna en la ville od graunt paine et lautre
"estoit chace a terre. En quele bateux estoit pris un graunt
"maistre, qestoit patroun des galeyes de Gene et maistre⁷
"de Geneuoys qe sount dedeinz la ville, et ovesqe luy xvij.
"de mesmes lez persones et bien xl. lettres. Mais le dit
"patroun, devaunt qil estoit pris, lia a une hache une
"lettre qe portoit graunt charge, et le getta en meer;
"qeles lettre et hache estoient treovetz a la retret de la
"meer, de qi vous trouveretz la copie enclose dedeinz ceste.
"Et qoi jeo vous aay maunde devaunt ceste heure touchant
"ceste matiere, sachietz qe ceo est verite; car jeo lay oye
"dun chivaler qe fust dedeintz lez niefs."

¹ *et miseriam*] om. D. T.
² Northamptone et de Penbrok, D.; Northamptone, T.
³ de Talbot, de Bradston, D.; de T. Brad., T.
⁴ Boloigne et Crotoye, D. T.
⁵ Crotoye, D. T.
⁶ *heure*] a heure, D.
⁷ *maistre*] monstre, H. D. T.

A.D. 1347.

Copia literæ missæ regi Franciæ per capitaneum de Caleys obsessa.[1]

Text of the letter from the captain of Calais.

"Tres chier et tres doute seignur, jeo moi recomauc a vous taunt come jeo puisse plus, qe celluy qe mult desire de saver vostre bon estat, qe nostre Seignur mainteigne en bien toutzditz par sa grace. Et, sil vous pleast savoir lestat de nostre ville de Caleys, soiez certain qe, qaunt cests lettres fusreut faits, nous estoions toutz saines et heitez et en graunt volente de vous servir et de faire chose qe fuist vostre honur et profit. Mes, tres chier et tres doute seignur, sachetz qe, coment qe lez gentz sont toutz saines et heitez,
f. 114. "mais la ville est a graunt defaute des blees, vines, et chares. Car sachietz qe ly naad riens qe ne soit tout maunge, et lez cheens et lez chates et lez chevals, si qe de viver nous ne poions plus trover en la ville, si nous ne mangeons chares dez gentz. Car autre foitz vous avetz escrit qe jeo tiendroi la ville taunt qe y averoit a manger. Cy[2] sumes a ceo point qe nous navons dount plus vivre. Si avons pris accord entre nous qe, si navomps en briefs socurs, qe nous issirons hors de la ville toutz a champs, pur combatre pur vivre od pur morir. Car nous avons meltz morir as champs honu- rablement qe manger lun lautre. Pur quoi, tres chier et tres doute seignur, mettez y celle remedie qe vous veerez qe apertenist; car, si briefment remedie et consail ne soit mys, vous naverez jammes plusors lettres du moy, et serra la ville perdue et nous qe sumes dedeinz. Nostre Seignur vous doygne bone vie et longe, et vous mette en volente qe,[3] si nous morroms pur vous, qe vous le rende a noz heires."

["Right dear lord, please you to know that on the morrow of St. John's day the wind, which was in the west, veered to the east at the hour of tierce, so that the earls of Northampton and Pembroke and the lords Morley, Talbot, and Brade- stone, and the two admirals, with great plenty of archers of their retinue and of commons, went on board our ships and sailed towards Boulogne and Crotoy, in order to wait on the enemy, which have planned to victual Calais; so that they encountered on this side Crotoy, about the hour of vespers, the said enemy, which were counted in sight of our people four and forty sail: floynes, galleys, and victuallers, laden with divers victuals. Whereof some which were in the rear discharged their victuals into the sea and sailed away towards

---

[1] *obsessa*] om. D.
[2] *Cy*] Sy, D.
[3] *qe*] qe qe, H. D. T.

"England and some towards the port of Crotoy. The ten A.D. 1347.
" galleys which were there deserted their boats and their cargo
" and gat them to the high sea. And a floyne and twelve victual-
" lers, which were in the van, were so hotly chased that they ran
" in shore as near as they could, and all their men leaped into
" the sea and so clean swam away that there remained not one
" single living soul in their vessels. But on the night following,
" at dawn of day, there came forth into the open sea from the
" town two boats, which were straight sighted by a mariner
" whose name is William Roke, with one Hickman Stephen, so
" that one boat returned back into the town with great trouble
" and the other was chased ashore. In which boat there was
" taken a great master that was captain of the galleys of Genoa
" and master of the Genoese which are within the town, and
" with him seventeen of the same persons and full forty letters.
" But the said captain, before that he was taken, bound to an
" axe a letter which contained matter of great concern, and
" cast it into the sea; which letter and axe were found at the
" ebb of the tide, whereof you will find a copy enclosed herein.
" And as to what I have sent you before touching this matter,
" know that it is the truth; for I have heard it from a knight
" that was on board the ships."

" Right dear and dread lord, I recommend me unto you with
" all my might, as one who much desireth to know that you are
" in good estate, whom may our Lord ever keep in happiness by
" His grace. And, if it please you to know the estate of our
" town of Calais, be certified that, when these present letters
" were written, we were all well and of good cheer and right
" willing to serve you and to do whatever might be your honour
" and profit. But, right dear and dread lord, know that,
" although the people be all well and of good cheer, yet the
" town is in sore need of corn, wine, and meat. For know that
" there is nothing therein which hath not been eaten, both dogs
" and cats and horses, so that victuals we can no more find in
" the town, except we eat men's flesh. For formerly you
" wrote that I should hold the town so long as there should be
" food. And now we are at that point that we have not where-
" withal to live. So we have resolved amongst us that, if we
" have not succour quickly, we shall all sally forth from the town
" into the open field, to fight for life or death. For 'twere better
" to die with honour in the field than to eat one another. Where-
" fore, right dear and dread lord, apply what remedy shall seem
" you fitting; for, if remedy and counsel be not briefly found,
" never more will you have letters from me, and the town will be
" lost and we that are therein. Our Lord grant you a good life and

"long, and give you the will, if we die for you, to requite it to our heirs."]

Captio domini Caroli de Bloys, ducis Britanniæ.[1]

Item, dicta obsidione de Caleys[2] durante, præfatus strenuus miles Thomas de Dagworthe, patriam in Britannia dicto domino regi Anglorum subjectam regens et præficiens ibidem subjectis, ad villam de Rochedirian, per nobilem virum, dominum[3] Carolum de Blois,[4] per medium uxoris suæ ducem Britanniæ se dicentem, cum exercitu magno obsessam, potentia manuum armatarum et sagittariorum, licet modica respective, secum assumpta, Domino juvante,[5] pervenit; dictumque dominum Carolum ac plures alios nobiles sui exercitus, multis admodum primitus interfectis de iiij^{or} aciebus contra ipsum successive venientibus, quibusdamque in fugam conversis, strenue captivavit. Ac seriem facti dicti domini regis Anglorum cancellario scripsit in hæc verba:

Litera domini Thomæ de Dagworthe.

"Tres chier et tres honure seignur, voilletz savoir des novels des parties de Bretaigne, qe mounsire Charles de Bloys avoit assiege la ville et le chastel de Rochedirian, et avoit en sa companye mil cc. des nettez gentz darmes, chivalers et esquiers, et DC. dautres gentz darmes, et des archiers du pais DC., et M^{l}M^l balisters, et de comune jeo ne savoi la nombre. Le quele mounsire Charles avoit fait feare graundes forteresces de fosses entour luy, et hors de sa forteresce avoit feait plenir enracer, a demy lieu du pais de long entour luy, toutz maners dez fossez et des hayes, par quei mez archiers ne[6] puissent trover lor avauntage sur luy et sur sez gentz, mes covient a fin force de combatre en pleins champes. Et savoient luy et sez gentz par lor espies ma venue sur eaux, et fusrent en lost armez tout la nuyt. Et venismes, mes compaynons et moy, sur eaux le xxme jour

---

[1] Brytanniæ, D.
[2] Caleis, D.
[3] *dominum*] om. D. T.
[4] Bloys, D. T.
[5] *juvante*] jubente, H. D. T.
[6] *ne*] om. D. T.

DE GESTIS EDWARDI TERTII. 389

"de Juyn, environ le quarter devant le jour,[1] et par la
"grace de Dieu la busoigne sen ala en tiel manere qil
"perdi le champ et fust nettement discomfist, loiez ent soit
"Dieux. Et avoie en ma companye entour ccc. hommes
"darmes et cccc. archiers, sauntz mounsire Richard de Totes-
"ham et Hankyn de Isprede et la garison de Rochedirian,
"les qeux issoient, quaunt il fust cler jour et nous pur-
"roient conustre, et vindrent vers[2] nous sur lez enemys
"mult chivalrousment; et eusmes a feaire od lez enemys,
"avant qil feust solail levaunt, a iiij. batailles, chescun apres
"aultre. Et fusrent mortz a la journe le sire de la Vaales
"le viscounte de Roane, le sire de Chastel Briane, luy sire
"de Malatret, lui sire de Quintin,[3] le sire de Rouge, le sire de
"Dervalle[4] et son filtz et heir, mounsire Rauff de Mountfort,
"et plusors aultres chivalers et esquiers, entre DC. et DCC.
"hommes darmes, et du comune people jeo ne vous say dire
"le certain. Et fusrent pris al dit journe mounsire Charles
"de Bloys, mounsire Guy de la Vaale, fitz et heir le sire de
"la Vaale qe morust a la bataille, lui sire de Rocheforde,
"luy sire de Beaumaners,[5] lui sire de Loyak,[6] ly sire de
"Melak, luy sire de Tyncenyak, et aultres chivalers et
"esquiers a graunt nombre."

["Right dear and much honoured lord, please you to know
"news of the parts of Brittany, that my lord Charles of Blois
"had laid siege to the town and castle of La Roche-Derien
"and had in his company twelve hundred men of arms in all,
"knights and squires, and six hundred other soldiers, and of
"archers of the country six hundred, and two thousand cross-
"bow-men, and of commons I know not how many. The which
"lord Charles had made draw great entrenchments round about
"him, and outside his stronghold had made to be levelled and
"razed, for a half league breadth of the country round about
"him, all manner of ditches and hedges, whereby my archers
"might not find their advantage over him and his people, but
"they must needs in the end fight in the open. And he and his
"men knew by their scouts of my coming upon them, and
"were drawn up in arms all night. And we came, my com-
"rades and I, upon them on the 20th day of June, about the
"quarter before day-break, and by the grace of God the busi-
"ness went in such manner that he lost the field and was clean

---

[1] *jour*] om. T.
[2] *vers*] devers, D.
[3] Quyntyn, D.; Quintyn, T.
[4] Derevalle, D.
[5] Beumaneres, D.; Beaumaneres, T.
[6] Loiak, D.

"discomfited, praised be God. And I had in my company
about three hundred men of arms and four hundred archers,
not reckoning my lord Richard of Totesham and Hankin of
Isprede and the garrison of Roche-Derien, which sallied forth,
when it was clear day-light and they could make us out, and
came towards us upon the enemy right bravely; and we
had to do with the enemy, before the sun rose, in four battles,
the one after the other. And there were slain on the day
the lord of Laval, the viscount of Rohan, the lord of Châteaubriand, the lord of Malestreit, the lord of Quintin, the
lord of Rougé, the lord of Derval and his son and heir, my
lord Ralph of Montfort, and many other knights and squires,
between six hundred and seven hundred men of arms, and
of the common people I cannot tell you the full number. And
there were taken on the said day my lord Charles of Blois,
my lord Gui of Laval, son and heir of the lord of Laval
which died in the battle, the lord of Rochefort, the lord
of Beaumanoir, the lord of Lohéac, the lord of Melac, the
lord of Tinteniac, and other knights and squires in great
number."]

De adventu regis Franciæ Philippi apud Caleys et ejus fuga.

Vicesimo septimo die Julii, anno Domini millesimo CCC^{mo}XLVII^{mo}, dicto domino E[dwardo] rege Anglorum obsidente villam de Caleys, præfatus dominus P[hilippus] de Valesio, veniens ibidem cum exercitu magno valde et dictam obsidionem removere proponens, in supercilio cujusdam montis prope mariscum de Caleys tentoria sua fixit. Et eodem die reverendi patres, Ambaldus episcopus Tusculanus et Stephanus presbyter cardinalis supradicti, ad finem calceti de Caleys venientes, habito per ipsos colloquio cum certis nobilibus regni Angliæ, promiserunt et dicto domino regi Anglorum per eosdem nobiles supplicando intimari fecerunt quod, si tractatus pacis inter dictas partes posset haberi, dictus dominus Philippus offerret domino regi Anglorum acceptabiles vias pacis. Quibus domino regi Anglorum relatis, idem dominus rex, rationabilem pacem semper[1] affectans, quod fieret pacis tractatus benigne concessit. Tunc vero certi nobiles utriusque partis[2] ad finem dicti calceti in papilionibus, propter hoc ibidem factis, per aliquos dies tractabant. Sed, ipsis nobilibus ad viam pacis domino regi Anglorum acceptabilem condescendere nequeuntibus, præfatus dominus Philippus, hora vesperarum ultimæ diei dicti mensis Julii, contingentis die Martis, per certos nobiles regni Franciæ fecit offerri quod, quandocumque ab illa hora usque horam vesperarum diei Veneris proximo tunc sequentis dominus rex Anglorum vellet extra locum obsidionis venire, in campo ad prœliandum utrique parti congruo, per iiij^{or} milites ex una parte et alios iiij^{or} milites ex[3] alia parte, circumspectos in armis, super hoc ad sancta Dei evangelia juratos, electo, bellum contra se paratum protinus inveniret. Dominus vero rex Anglorum, cum nobilibus sui exercitus super dictam oblationem deliberatione præhabita, statim in crastino, videlicet die Mercurii, dictam oblationem, sicut miles strenuus, acceptavit, et, literis de conductu pro hujusmodi iiij^{or} militibus partis adversæ factis sufficientibus, dictam suam acceptationem prædictarumque literarum factionem ad notitiam dicti domini Philippi fecit deduci. Tunc præfatus dominus Philippus, magnamini regis Anglorum audiens voluntatem, eventum belli noluit exspectare, sed de nocte ante diem Jovis proximo tunc sequentem, tentoriis suis in incendium positis et ibidem quasi omnibus suis sarcinolis derelictis, quærens subterfugia, clam recessit et subtiliter evanuit ab oculis Anglicorum.

A.D. 1347.

Philip offers battle;

but burns his camp and retreats.

Præmissa plenius continentur in literis[4] regiis domino Johanni, Cantuariensi archiepiscopo, et aliis in hæc verba directis.

"Edward, par la grace de Dieu roi Dengleterre et de
"Fraunce et seignur Dirland, a honurable piere en Dieu,

The king's letter to archbishop

---

[1] *semper*] om. D. T.
[2] *utriusque partis*] ex u. p. concessione, D.; ex u. p., T.
[3] *ex*] om. D.
[4] *literis*] libris, D. T.

A D. 1347.
Stratford on these transactions.

"Johan, par mesme la grace ercevesqe de Cauntirbirs, primat de tut Engleterre, et a noz chanceller et tresorer, salutz. Purceo qe nous pensons bien qo vous orrez bien voluntiers les novels et les statz des busoignes par devers nous, vous faceons assavoir qe, yceo darrein Vendredy proschein devant le goul Daugst, nostre adversarie de Fraunce od tut son poair se vint logier pres de nous, en lautre part du marreys, sur une tertre. Et en sa venue ascuns de nostre host en-

f. 115 b.

countrerent ses gentz et eurent affaire ovesqe eaux, et pris-trent[1] des chivalers et esquiers bieal companye. Et mesme le jour vindrent lez cardinaux a bout de la chaucee et manderent lor lettres a nostre cosin de Lancastre et aultres grauntz de nostre host, empriantz qils voussissent parler ovesqe eux. Par qoi, de nostre congie, noz cosins de Lan-castre et de Northamptone y alerent; as queux lez cardinals prierent a graunt instaunce qe tretee se purroit faire, et disoient qils saveront bien qe nostre adversarie nous ferroit tieux offres du pees qe serroient acceptables par reson. Et al instance dez ditz cardinaux, com cellui qe toutz jours avons este et[2] sumes prestz de accepter pees resonable quele heure qele nous soit offert, assentismes bien a tiel trete, et par tant nostre cosin de Lancastre fist lever ij. pavillons en une place dedeinz nostre place, dentre lez ij. hostz. Et illesques assemblerent ovesqe lez cardinaux[3] le[4] markys de Julers, noz ditz cosins de Lancastre et de Northamptone, mounsire Barthelemeu de[5] Burghorsshe, nostre chamber-leyn, mounsire Renaud de Cobham, mounsire Wautier de Manny,[6] de nostre part; lez ducs de Burbone et Dathenes, le chancellor de Fraunce, le sire Ostemond et monsire Geffray de Charny, pur la partie nostre dit adversarie. Lez queux treterent ensemble et lez treteours del autre partie comencerent a parler del ville de Caleys et tindrent de rendre[7] la ville par ensi qe ceaux qe sont dedeinz purroient aler quites, odvesqe lor biens et chateux, et qe, cele chose feait, ils vorront treter de pees. Et noz gentz lor respon-derent qils navoient mye en charge de parler de la ville, einz du treter de pees, si homme vorroit monstrer resonable voie. Et les treteours del autre partie se tin-drent tout sur la ville, issint qe a graunt paine lez poet homme mesner de riens offrir. Meas au darrain ils offri-

---

[1] *et pristrent*] om. D. T.
[2] *et*] om. H.
[3] *cardinaux*] ii. cardinalx, D.; ii. cardinaux, T.
[4] *le*] de, H. D. T.
[5] *de*] om. D. T.
[6] Mauny, D. T.
[7] *rendre*] prendre, H. D. T.

"rent la duchee de Guyenne, en manere qe son ael lavoit, A.D. 1347.
"et la countee de Pountif; et noz gentz responderent qe
"cele offre fust trop petit pur lesser si¹ haute damage. Et
"ensi treterent ils iiij. jours saunz nul effect; car lez tre-
"teours de lautre partie se tindrent toutz jours sur parlaunce
"de la ville pur avoir rescousse lez gentz qe sont dedeinz
"par ascune subtilite. Et puis, la Mardy, vers le vespre,
"vindrent certeins grauntz et² chivalers de part nostre
"adversarie a la place du tretee, et offrirent a noz gentz la
"bataille de part nostre adversarie susdit, par ensi qe noz
"vousissoms venir hors le marreys, et il nous durroit place f. 116.
"covenable pur combatre quele heure qe nous plerroit, entre
"cele heure et Vendredy a soir proschein suant; et vorroient
"qe iiij. chivalers de noz et aultre iiij. de lour esleirent
"place covenable pur lune partie et pur lautro. Et sur ceo
"noz gentz responderent qils nous³ ferroient monstrer cel offre,
"et lor durroient respounse le Meskerdy suant. Quele chose
"monstre a nous, avons eut consail et avys ovesqe lez
"grauntz et aultres sages de nostre consail et de nostre host,
"en affiaunce de Dieux et de nostre droit, nous lour feismes
"respondre qe nous acceptasmes lour offre et prendrissoms
"le bataille voluntiers; et feismes feare noz lettres de conduyt
"a iiij. chivalers del autre partye, de quele estat ou con-
"dicion qils feussent, de⁴ venir a nostre host, a fin qe nous
"purroions prendre aultre iiij. de lor estat, et qe mesmes les
"viij. chivalers feissent le serment qe⁵ alassent veer et
"cercher les places tantqe ils fussent en accord. Et ceaux
"de lautre partie maintenaunt, qaunt ils avoient oye ceste
"respounse, comencerent de varier en lour offres et de parler
"de la ville tut novele, auxi come entrelessant la bataille;
"issint ne se voleient tenir a nul certain. Et sur ceo y
"Jeofdy devant le jour, nient contre esteantz les parlantz
"susditz, nostre⁶ dit adversarie se⁷ departi, od toutes ses
"gentz, auxi com descomfit; et hasterent taunt qils arderent
"lour tentes et graunt partie de lour herneys a lour departir.
"Et noz gentz les pursuerent bien pres a la cowe; issint a
"rescrivre du oeste nestoient ils mye uncore revenuz. Et
"par cele cause nous navons⁸ mye uncore pris purpos en
"certain du ceo qe nous en ferrons plus avaunt; mes toutes
"voies nous pensoms de chivaucher sur lexploit de nostre
"guerre si en haste come nous purrons, od leaide de Dieu."

---

¹ *si*] cy, H. T.
² *et*] om. D. T.
³ *nous*] om. D. T.
⁴ *de*] a, D.
⁵ *qe*] qils, D.
⁶ *nostre*] de nostre, D.
⁷ *se*] sen, D.
⁸ *navons*] avons, D. T.

A.D. 1347. ["Edward, by the grace of God king of England and France and lord of Ireland, to the honourable father in God, John, by the same grace archbishop of Canterbury, primate of all England, and to our chancellor and treasurer, greeting. Because we well believe that you will willingly hear the news and the state of things here with us, we make you to know that, on this last Friday next before the beginning of August, our adversary of France with all his power came and pitched his camp near to us, on the other side of the marsh, on a hill. And at his coming some of our host went against his people and fought with them, and took of knights and squires a fair company. And on the same day there came the cardinals to the end of the causeway and sent their letters to our cousin of Lancaster and other great men of our host, praying that they would speak with them. Wherefore, by our leave, our cousins of Lancaster and Northampton went thither; and the cardinals earnestly entreated them that a treaty might be made, and said that they well knew that our adversary would make us such offers of peace as should be in reason welcome. And, at the entreaty of the said cardinals, we, as one that ever have been and are ready to accept reasonable peace, whensoever it be offered us, did willingly consent unto such treaty, and therefore our cousin of Lancaster made pitch two tents in a place within our ground, between the two hosts. And there were gathered together, with the two cardinals, the marquis of Juliers, our said cousins of Lancaster and Northampton, my lord Bartholomew of Burghersh, our chamberlain, my lord Reginald of Cobham, my lord Walter Manny, on our behalf; the dukes of Bourbon and Athens, the chancellor of France, the lord of Offémont, and my lord Geoffrey of Charny, on behalf of our said adversary. And they treated together; and the treators of the other side began speak of the town of Calais and held for giving up the town, so that those which are within might go free, with their goods and chattels, and, this being done, they will be willing to treat for peace. And our people answered unto them that they had no commission to speak of the town, but to treat for peace, if they would show a reasonable way. And the treators of the other side were stubborn in the matter of the town, so that hardly could they be brought to offer anything. But at last they offered the duchy of Guienne, in manner as the king's grandsire held it, and the county of Ponthieu; and our people answered that this offer was too small to quit so great a loss. And thus they treated for four days without any effect; for the treators of the other side ever held to speaking of the town, to have rescued the people which are within by some subtlety. And

" then on the Tuesday, towards vespers, came certain great
" men and knights from our adversary to the place of con-
" ference, and, on behalf of our adversary aforesaid, they offered
" our people battle, so that we would come out of the marsh,
" and he would give us a fitting place to fight in, at whatsoever
" hour should please us between that hour and the Friday
" evening next following; and they would that four knights of
" ours and other four of theirs should choose a fitting place for
" the one side and the other. Whereupon our people answered
" that they would make show to us this offer, and would give
" them answer on the Wednesday following. Which thing being
" shown unto us, we took counsel and advice with the great men
" and other wise men of our council and of our host, and, trust-
" ing in God and in our right, we made answer to them that we
" accepted their offer and took up the battle willingly; and we
" made write our letters of conduct for four knights of the other
" side, of whatsoever estate or condition, to come to our host,
" to the end that we might choose other four of their rank, and
" that the same eight knights might make oath that they would
" go view and search out the ground until they were agreed.
" And they of the other side, when now they had heard this
" answer, began to shift in their offers and to speak of the town
" all anew, as if putting off the battle; so they would hold to
" nothing sure. And thereupon, on the Thursday before the
" day, notwithstanding the parleys aforesaid, our said adversary
" departed with all his people, as it were discomfited; and they
" hasted so that they burned their tents and a great part of their
" harness at their departure. And our people pursued them
" close in their rear; so at the writing hereof they are not yet
" returned back. And for this cause we have not yet certainly
" purposed what we shall further do; but we think however to
" ride abroad for the despatch of our war in what haste we may,
" with the help of God."]

Captio de Caleys per obsidionem regis Anglorum.

Die vero Veneris prædicto, in quo, dictus dominus Philippus si observasset oblationem belli factam, ut præmittitur, ex parte sua per quosdam nobiles Franciæ, rex Angliæ cum eodem domino[1] Philippo in campestri prœlio dimicasset, obsessi in villa de Caleys, victualibus

---

[1] *domino*] om. D. T.

A.D. 1347. omnino carentes et videntes se omni auxilio dicti domini Philippi destitutos,[1] ipsam villam ac se et sua omnia voluntati dicti domini regis Angliæ reddiderunt. Et idem dominus rex, semper misericors et benignus, captis et retentis paucis de majoribus, communitatem dictæ villæ cum bonis suis omnibus gratiose permisit abire, dictamque villam suo retinuit imperio subjugatam. Præmissis, auctore Domino, feliciter expeditis, dominus rex Anglorum per multos dies moram traxit ibidem, proponens in expeditionem guerræ, deliberatione præhabita, ulterius equitare. Sed tamen, ad supplicationem dicti domini Philippi, semper dilationes quærentis, dictis dominis cardinalibus ad hoc instantibus, ob reverentiam sedis apostolicæ captæ sunt treugæ, et dictus dominus rex Angliam[2] remeavit.

A truce arranged. The king returns to England.

Tenor vero dictarum treugarum talis est:

Post captionem de Caleys,[3] ibidem captæ sunt treugæ in forma quæ sequitur.

Text of the truce. 28 Sept.

"Universis præsentes literas inspecturis, nos, miseratione
"divina Ambaldus, episcopus Tusculanus, et Stephanus, tituli
"sanctorum Johannis et Pauli, presbyteri cardinales, aposto-
"licæ sedis nuncii, notum facimus per præsentes quod, jam
"dudum a sanctissimo patre domino nostro, domino Clemente,
"divina providentia papa sexto, ad Franciam et Angliam, pro
"reformanda pace et concordia seu iniendis treugis inter
"serenissimos principes, dominos, Philippum, regem Franciæ,
"et dominum Edwardum, regem Angliæ, illustres, qui, pro-
"curante pacis æmulo zizanniæ satore, periculose quampluri-
"mum adinvicem diffidebant, ac alligatos et confœderatos
"eorum, spiritualiter destinati,[4] ad dictum regnum Franciæ
"personaliter accedentes,[5] tractatum pacis inter ipsos duos
"reges diu fuimus prosecuti,[6] et super præmissis cum quo-
"libet dictorum regum, necnon cum tractatoribus per eosdem
"deputatis, super ipso pacis tractatu multos et diversos trac-
"tatus habuimus. Nos tamen, considerantes quod negocia

---

[1] *destitutos*] destructos, D. T.
[2] *Angliam*] in Angliam, D. T.
[3] Caleis, D.
[4] *destinati*] destinat, H. D. T.
[5] *accedentes*] attendentes, D. T.
[6] *prosecuti*] om. D.

" ipsa adeo magna et ardua exsistebant, quod nequaquam ad
" præsens poterant optatum sortiri effectum, et quod per nul-
" lum æque et bene, sicut per dictum dominum nostrum[1]
" papam, pax plena atque perfecta inter reges præfatos poterat
" reformari, pro qua, auctore Domino, facilius reformanda con-
" cordaverunt tractatores inferius nominati, quod, pro parte
" utriusque regis, mitterentur ad præsentiam præfati domini
" nostri papæ aliqui, ab ipsis regibus plenam potestatem ha-
" bentes,[2] qui coram eodem domino nostro, infra instans
" festum Purificationis beatæ Mariæ, personaliter se præsen-
" tent—Ea propter, nobis mediantibus et instantibus, tracta-
" tores infrascripti, videlicet nobiles viri domini de Offemonte
" et de Morolio, marescallus Franciæ, Gaufridus de Charniaco
" et Robertus de Lorrys, milites, pro parte Franciæ regis
" præfati, et pro parte regis Angliæ præfati magnifici viri
" Lancastriæ et Huntindoniæ[3] comites, ac nobiles viri do-
" mini Radulphus baro de Stafford, Galterus de Manny,[4]
" Reginaldus de Cobham, Johannes de Arctato, ac Robertus
" de Burgocaro, milites, et magister Simon de Islepe, custos
" sigilli regii secreti, in nostra præsentia personaliter consti-
" tuti, habentes a præfatis regibus plenam potestatem[5] et
" speciale mandatum, ad infrascriptas treugas validas atque
" firmas, nomine ipsorum regum ac subditorum et alligatorum
" suorum seu confœderatorum et eis adhærentium quorum-
" cumque, cujuscumque status seu conditionis exsistant, a[6]
" data præsentium usque ad quindenam instantis festi Nativi-
" tatis sancti Johannis baptistæ, et per totam diem ipsam
" usque in crastinum in ortu solis duraturas, tractaverunt et
" concordaverunt. Et dictas treugas ac ipsarum articulos et
" capitula prænominati, videlicet domini de Offemonte et[7] de
" Morolio, Gaufridus de Charniaco, Robertus de Lorrys, Ra-
" dulphus, Reginaldus, Johannes de Arsiato et Robertus de
" Burgocaro, milites, tactis sacrosanctis evangeliis, in animas
" ipsorum regum in nostris manibus corporaliter juraverunt:

Articuli vero et capitula sunt hæc:

" Primerement, qe les trieves soient prisez pur lez ij. sei-
" gnurs, roys de Fraunce et Dengleterre, et toutz lour ligees,

---

[1] *nostrum*] om. T.
[2] *habentes*] habentibus, D. T.
[3] Huntyngdon., D.
[4] Mauny, D. T.
[5] *potestatem*] habentes repeated, H. D. T.
[6] *a*] ad, D.
[7] *et*] om. H. D. T.

"allies,[1] coadjutours, aherdauntz, et pur toutes lez pais de
"eaux, de lour subgitz, allies, coadjutours, et aherdauntz; et
"chescun de eaux empreigne pur lui, et pur toutz ceaux de sa
"partie; et nient meins[2] toutz les capitains de la guerre, de
"chescoune partie, soient liez et jurent especialment lez trieves
"tenir et gardier. Et soient mys et compris especialment es
"trieves le pais de Flaundres, ovesqe la terre de Leucye, et
"auxi la ville de Calcys, le seignur[ie] de Merk et Doye,
"ovesqe lour territoires,[3] ceo qe eux y tienent par ceaux bounes
"qe serront desclairez par[4] noz, cardinals desusditz. Et auxi
"soit compris tut ceo qe lez ditz roys, lours suggetz, coadju-
"tours, adherdauntz tiegnent ore endroit en Gascoigne, Pere-
"gort, Limozsin,[5] Caoursin, Agenois, Poiteu, Zentonge, et tut
"la duchee de Guyenne; et auxi en Bretaigne, Burgoigne, et
"toutz partz[6] ailleurs; et toutes lez terres, villes, chastiels,
"et biens, de queux il sount ore en possessioun. Et auxi soient
"compris en dits trieves ceaux qe sensivent, cest assavoir: les
"roys de Castelle,[7] de Beaume, et[8] Darragoun, les Osces et
"toutz lez pais Descoce, levesqe de Liege, le duc de Brabant,
"lez countes de Gelre[9] et de Juliers, la duchesse de Loheranne
"et ses enfauntz, la countesse de Bar et ses enfauntz, le counte
"de Namur, lez gentz et tout le pais de Flaundrez et de la
"Louee, messires Johan de Henaud, messire Johan de Chalons,
"messire Henri de Flaundres, messire Robert de Namur, mes-
"sire Loeis de Namur, le seignur de le Bret, Johan heir de feu
"messire Johan de Bretaigne, counte de Mountford, qi se disoit
"duc de Bretayne,[10] le counte de Noefchastel,[11] le sire de Noef-
"chastel,[11] le sire de Faucongny,[12] le viscounte Visuc, mounsire
"Johan Daspremont, la dame de[13] Clissoun, messire Raoul de
"Caours, et les Janvoys, et toutz les aultres suggitz, allies,
"coadjutours, et adherdauntz des ditz seignours rois, de que-
"cumqes pais, condicion, od estat qils soient.

"Item, qe les Escotz et le pais Descoce soient compris es
"trieves, com dist est; meas, sils ne lez voleient tenir, ou sils
"les enfrendoient, pur ceo les dites trieves ne soient mye
"rumpuz entre lez dits roys de France et Dengleterre et lez

---

[1] *allies*] et allies, D.
[2] *nient meins*] maintenantz, H. D. T.
[3] *territoires*] tretours, H. D. T.
[4] *par*] de, D. T.
[5] Limorsyn, D. T.
[6] *partz*] lez parties, D. T.
[7] Chastielle, D.; Chastelle, T.
[8] *et*] om. D. T.
[9] Gerle, T.
[10] Bretaigne, D.; Bretaygne, T.
[11] Noefchastiel, D.; Noefchastel, Noefchastiel, T.
[12] Faucongy, D.
[13] *de*] om. D. T.

" aultres allies; et qe lez trieves soient affermez es marches
" Dengleterre et Descoce, solonc les condicions et maners
" qaultre foitz aad este fait es dits parties.

"Item, le counte de Flaundrez soit liez en especial par
" serment de tenir les trieves et toutz les pointz de ycelles,
" et qil ne ferra guerre ne grevance, par lui ou par sez
" allies, ne aultre de par luy, en pais du Flaundrez ne as
" Flemengs, durantz les trieves.

" Item, fust accorde qe, pur bien du pays, qe noz, car-
" dinals susditz, ferriens cesser, durantz les trieves, lez pub-
" licacions et denunciacions qe se fount par les ordinaucz et
" par lez cures dez esglises des dioceses de Cambray,
" Tournay, Terrouene, et Arracz, countre lez gentz. du pais
" de Flaundrez,¹ pur cause de la publicacion qe nous feismes
" en ceste anee, entour le feste de Pentecost darrein
" passe, du maundement de nostre tres seinte piere; et nient-
" mains² nous supplierons, a bone foi, a nostre dist seint
" piere, a fin qil voille feare qe lez ditz proces ne ayent nul
" effect, les queux ount este publiez countre lez ditz Fle-
" mynges, auxy come desus est dit.

" Item, soient jurez de tenir les dites trieves lez plus
" grauntz capitaines de la³ guerre de Bretaigne, dun part
" et dautre.

" Item, durantz les trieves, nul des dits roys ne dust per-
" sonelment entrier la poair de lautre; et auxi le counte de
" Flaundres ne deit entrer le pais de Flaundrez, ne ascuns
" aultres pur lui, durantz les trieves.

" Item, les rois de Fraunce, ne nul autre de par luy, ne
" tiendra tretee ne parlement, en privee ne en appert, ovesqe
" lez Flemynges, ne ovesqe nul persone diceux, durantz les
" trieves, a fin de eaux attraire a sa part, ne pur rien feare
" ou procurer au contrarie de laliance feait entre le roy
" Dengleterre et eaux, ne ovesqe nul autre qe soit de la
" partie le roi Dengleterre; ne auxi le dit roy Dengleterre, ne
" nul autre de par luy, ovesqe ceaux qe sount de la partie le
" roi de Fraunce.

" Item, qe les bannys et futifs du pais de Flaundrez et de
" la Leuee, qi ount este de la partie des Fraunceis, ne pur-
" rount, lez trieves durantz, entrer ne venir en Flaundrez
" nen la dite terre de la Leuee; et, si ascun de eaux y alast
" countre les trieves, qe dedeinz le roialme de Fraunce soit

---

¹ Flaundres, D. T.
² nientmains] meintinams, H. D. T.
³ la] om. D.

"fait justice deaux, et soient forfaitz toutz lors biens qils
"averent en Flaundrez¹ et en la dite terre de la Leuee.
 "Item, qe, durantz les ditz² trieves, nul novelte ne mos-
"pris soit fait de lun part envers lautre, en prejudice dez
"trieves.
 "Item, qe, durantz lez dits trieves, nul, qest ore de lob-
"beissance del une partie, ne peot venir al obeissance del
"autre, a qi il ne fust obeisant en temps du trieves
"prises.
 "Item, qe rien ne soit done ne promys a nulli par nul des
"dits parties, en prive nen appert, pur mover guerre al autre
"partie par nul voie, directement od indirectement; einz
"contraindra, et serra tenuz de contraindre, chescun des
"dits roys ses subgitz, qi ne movent ne facent guerre
"al autre partie, ne a nul des subgitz de lautre partie, pur
"qeconqe cause, durantz les trieves.
 "Item, qe lez gentz subgitz, coadjutours, et allies des dits
"roys, si bien les³ Flemynges come autres, quels qils soient,
"purront aler et venir sauvement del un pais en lautre; et
"toutz les marchauntz, ovesqe toutz lours marchandises,
"toutes maners dez gentz, toutes provisions et biens, taunt
"par terre com par meer et par eawe, auxi fraunchement
"com ils soleient aler et venir en temps des⁴ devanters des
"ditz roys, en temps du pees, empaiant lez pesages et
"wingages auncienement acustumez, saunz ascuns novels
"imposiciones lever, forsqe celes qe paieront lez autres
"subgitz du pais mesmes; excepts lez bannys qe sount
"bannis dez dits roialmes, od ascun deaux, pur aultre cause
"qe pur la guerre des ditz roys. Meas lez barons de
"Gascoigne et de la dite duchee de Guyenne et lez aultres
"persones de Gascoigne et de la dite duchee, soient banniz
"eu aultre, soient compris es dits trieves, et purront aler et
"venir del un pais en lautre, durantz lez trieves. Toutfoitz
"est lentencion qe lez gentz de Flaundres puissent seurement
"aler et demurrer en le roialme de Fraunce, saunz moleste
"ou empechement de counte de Flaundrez od de nul autre;
"et qe sils articles touchantz lez marchauntz et lez mar-
"chandises soient publiez a Paris⁵ et aillours es aultres bones
"villes en France.
 "Item, qe nuls des ditz seignurs procura ne ferra procurer,
"par luy ne par autre, qe nules noveltez od griefs se facent

---

¹ Flaundres, D.
² *ditz*] om. H.
³ *les*] de, D. T.
⁴ *des*] om. D. T.
⁵ Parys, D.

" par lesglise du Rome od par autre de seint esglise, quele A.D. 1347.
" qils soient, sur ascuns dez ditz roys, lour coadjutours od f. 118 b.
" alliez, quels qils soient, ne sur les terres od de lour sub-
" gitz, pur occasion de la guerre od pur autre cause, ne pur
" service qe ly dit coadjutour od allie aient fait as dits roys
" od a ascun de eaux. Et, si nostre seint piere le pape od
" ascuns lo veillent faire, lez ij. rois le destourberent a lour
" poair, saunz mal engin, les dits trieves durantz.

" Item, si par ascuns des ditz seignurs, lours gentz, coad-
" jutours, od allies, ascuns sieges estoient[1] mys en Gascoigne,
" en la duchee de Guyenne, en Bretaigne, en Poitau, ou en
" lez isles de meer, ou aillours, lez sieges se leveront si tost qe
" lez trieves serrount publiez; et, si ascun ville, chastiel, for-
" teresse, terres, gentz, od aultrez biens soyent pris, ou autre
" chose fait, par nulle dez dits parties, lour subgitz[2] od adher-
" dantz, au contraire dez trieves, apres le jour qeles serront
" accordez et affermez, soit ceo devannt la publicacion du celes
" od apres, qe toutes tiels choses entierment soient restitutz
" saunz delay, et mises au point queles estoient a jour des
" trieves acordez et affermez.

" Item, qe lez dettes dues a Arracz et Crispinoys od as aultres
" en roialme de Fraunce ne soient demaundez ne executz
" durantz les trieves.[3]

" Item, qe droit soit fait dun part et daultre a toutz ceaux
" qe vodrount plaindre dez prisouns qount bruse lour fois, et
" auxi des pais qount graunte certains summes de deniers pur
" avoir pati od seoffrance de guerre[4] et nount mye paye les
" deniers; et qe sur ceo sount deputez certains jugges, dun
" part et dautre, de feare droit; et[5] toutz ceaux qe vodroient
" demaunder conduyt pur aler od pur envoier querre lours
" prisouns ils aient sauf conduyt, a fin qils lez puissent feare
" de tenir lours fois od de venir respoundre devaunt lez juggez
" susdits. Et en mesme la manere soit fait des pais qe nount
" mye paie lez deniers grauntez pur pati ou suffrance, come
" dist est.

" Item, soient tenuz lez trieves taunt par meer come par
" terre.

" Item, soient lez trieves affermez par serment dun part et
" dautre.

" Item, soient publies les trieves en diverses pais a certains
" jours, cest assavoir: en Fraunce et en Engleterre deinz[6] x.

---

[1] *estoient*] soient, D. T.
[2] *subgitz*] coadjutours, D.; om. T.
[3] *trieves*] ditz trewes, D.
[4] *guerre*] grace, H. D. T.
[5] *et*] a, H. D. T.
[6] *deinz*] dedeinz, D. T.

A.D. 1347. "jours; en Gascoigne et en Bretaigne deinz xxvj. jours; et en
"Escoce deinz xxx. jours; primes acompte de la date de cesta
"presents. Et toutfoitz soient tenuz et gardez lez dits trieves
"en toutes terres et en toutz pais de jour qe les trieves sount
"fermez et jurrez.

f. 119. "Item, soient deputez certains jugges et gardeyns des trieves
"dun part et daultre.

"Item, en cas qe ceaux qe deivent faire et a redresser lez
"choses faits countre les trieves, a estat deu,[1] come desus est
"dit, ne facent la chose, od ne la purroint fare ne redrescer,
"adonqe serrount juggez a celle partie le duc Dathenes, le
"conestable et le marschal de Fraunce, et monsire Geffrey de
"Charny; et, pur lez Engleis, le counte de Lancastre, le con-
"estable et le[2] mareschal Dengleterre, et mounsire Barthelmeu
"de Burghwasshe, taunt jointement com divisement, a feare
"droiture et redrescer les mesprises a toutz ceaux qe vodront
"plaindre dun part et daultre.

"In quorum omnium testimonium præsentes literas fieri
"fecimus et sigillorum nostrorum appensione muniri. Acta,
"concordata, firmata et jurata fuerunt hæc per nobiles superius
"nominatos in campis prope Calesium, Morinensis dioceseos,
"die Veneris, xxviij^{o} die mensis Septembris, post vesperas,
"ante solis occasum, anno a Nativitate Domini millesimo ccc^{mo}
"xlvii^{mo}, indictione xv^{ma}, pontificatus præfati domini nostri
"papæ anno sexto, præsentibus venerabilibus in Christo patri-
"bus et dominis, Dei gratia, Angelo Grossetanensi et fratre
"Francisco Tiberiadensi,[3] episcopis, ac venerabilibus viris
"domino Reginaldo de Malbernard, canonico Laudunensi, ac
"Bertrando Resandunensi, decano[4] Sancti Seqani, Lingonensis
"dioceseos, et pluribus aliis fidedignis, ad præmissa vocatis
"specialiter et rogatis."

["Firstly, that the truce be taken for the two lords kings of
"France and England, and all their lieges, allies, aiders, adhe-
"rents, and for all the lands of them, their subjects, allies,
"aiders, and adherents; and that each one of them undertake
"for him and for all those of his party; and that likewise all
"the captains of the war, of either party, be bound and swear
"specially to hold and keep the truce. And let there be
"specially set and included in the truce the land of Flanders,
"with the land of Louvain, and also the town of Calais, and
"the lordship of Mark and Oye, with their territories, what-
"ever they hold there in those borders which shall be declared

---

[1] *deu*] om. H. D. T.
[2] *le*] om. H.
[3] Thiberiadensi, H. T.
[4] *decano*] decani, H.

"by us, the cardinals aforesaid. And also be included all that
"the said kings, their subjects, aiders, and adherents hold at
"this present time in Gascony, Perigord, Limousin, Quercy,
"Agenois, Poitou, Saintogne, and all the duchy of Guienne;
"and also in Brittany, Burgundy, and all parts elsewhere; and
"all the lands, towns, castles, and goods, whereof they are now
"in possession. And also be included in the said truce those
"which hereafter follow, to wit: the kings of Castille, Bohemia,
"and Aragon, the Scots and all the lands of Scotland, the
"bishop of Liége, the duke of Brabant, the counts of Juliers
"and Guelders, the duchess of Lorraine and her children,
"the countess of Bar and her children, the count of Namur,
"the people and all the land of Flanders and of Louvain, my
"lord John of Hainault, my lord John of Chalons, my lord
"Henry of Flanders, my lord Robert of Namur, my lord Louis
"of Namur, the lord of Albret, John heir of the late lord John
"of Brittany, count of Montfort, who called himself duke of
"Brittany, the count of Neufchatel, the lord of Neufchatel, the
"lord of Faucogny, the viscount Visuc, my lord John of As-
"premont, the lady of Clisson, my lord Ralph of Cahors, and
"the Genoese, and all the other subjects, allies, aiders, and
"adherents of the said lords the kings, of whatsoever country,
"condition, or estate they be.

"Also, that the Scots and the land of Scotland be included in
"the truce, as is abovesaid; yet, if they be not willing to keep
"it, or if they should infringe it, be the said truce not broken
"therefor between the said kings of France and England and
"the other allies; and be the truce confirmed in the marches
"of England and Scotland, after the conditions and manner as
"aforetimes hath been done in the said parts.

"Also, that the count of Flanders be bound specially by oath
"to keep the truce and all the points thereof, and that he make
"not war nor grievance, by him or his allies or other on his
"behalf, in the land of Flanders nor on the Flemings, during
"the truce.

"Also, it was agreed, for the good of the land, that we, the
"cardinals aforesaid, should make cease, during the truce, the
"proclamations and denunciations which are made by the
"ordinaries and by the curates of the churches of the dioceses
"of Cambray, Tournay, Therouanne, and Arras, against the
"people of the land of Flanders, by reason of the declaration
"which we made this year, about Whitsuntide last past, of the
"order of our most holy father; and, notwithstanding, we will
"pray, in good faith, our said holy father, to the end that he
"be willing to do that the said processes have none effect, which

"have been proclaimed against the said Flemings, as hath been said above.

"Also, that there be sworn to keep the said truce the chief captains of the war of Brittany, of the one side and of the other.

"Also, during the truce, neither of the said kings must in person enter the power of the other; and also the earl of Flanders must not enter the land of Flanders, nor any others for him, during the truce.

"Also, the king of France, or any other on his behalf, shall hold not treaty nor parley, in secret nor openly, with the Flemings, nor with any one of them, during the truce, in order to draw them to his side, or to do or procure anything contrary to the alliance made between the king of England and them, nor with any other soever of the party of the king of England; nor the king of England likewise, nor any other on his behalf, with those which are of the party of the king of France.

"Also, that the outlaws and runaways of the land of Flanders and of Louvain, which have been of the party of the French, shall not be able, during the truce, to enter or come into Flanders nor into the said land of Louvain; and, if any of them go thither contrary to the truce, let justice be done on them within the realm of France, and let be forfeit all their good that they shall have in Flanders and in the said land of Louvain.

"Also, that, during the said truce, no innovation nor misprision be done by the one party towards the other, in prejudice of the truce.

"Also, that, during the truce, no man, that is now of the obedience of the one party, can come into the obedience of the other party, to which he was not obedient at the time of the taking of the truce.

"Also, that nought be given or promised to any man by either of the said parties, in secret nor openly, to move war against the other party in any way, directly or indirectly; but each one of the said kings shall restrain, and shall be held to restrain, his subjects, that they move not nor make war on the other party, nor on any of the subjects of the other party, for any cause whatever, during the truce.

"Also, that the subjects, aiders, and allies of the said kings, as well Flemings as others, whosoever they be, shall be able to go and come safely from the one country to the other; and all the merchants, with all their merchandise, all manner of people, all provisions and goods, as well by land as by sea and by water, as freely as they were wont to go and come in

"the time of the forebears of the said kings, in time of peace, A.D. 1347.
"paying poisage and wine dues anciently accustomed, without
"levy of new imposts, save those which the other subjects of
"the same country shall pay; excepting the outlaws which
"are banished from the said realms, or any of them, for other
"cause than for the war of the said kings. But the barons of
"Gascony and of the said duchy of Guienne and the other folk
"of Gascony and of the said duchy, be they outlaws or others,
"shall be included in the said truce and shall be able to go
"and come from the one country to the other, during the
"truce. Nevertheless it is understood that the people of
"Flanders may safely go and remain in the realm of France,
"without let or hindrance of the count of Flanders or of any
"other; and that these articles touching the merchants and
"merchandise be proclaimed at Paris and elsewhere in other
"good towns in France.

"Also, that none of the said lords shall procure or shall do
"procure, by him or by other, that any innovations or grievances
"be done by the church of Rome or by any other of holy church,
"whosoever they be, upon either of the said kings, their aiders,
"or allies, whosoever they be, or upon their lands or subjects,
"by reason of the war or for other causes, or for service which
"the said aiders or allies have done to the said kings or to
"either of them. And, if our holy father the pope or any man
"wish to do the same, the said two kings shall disturb him
"to the best of their power, without evil intent, during the
"said truce.

"Also, if by either of the said lords, their people, aiders, or
"allies, any sieges were laid in Gascony, in the duchy of
"Guienne, in Brittany, in Poitou, or in the isles of the sea, or
"elsewhere, the sieges shall be raised so soon as the truce shall
"be proclaimed; and if any town, castle, stronghold, lands,
"folk, or other goods be taken, or other thing done, by either
"of the said parties, their subjects, or adherents, contrary to
"the truce, after the day that it shall be agreed on and con-
"firmed, be it before the proclamation thereof or after, all such
"things shall be wholly restored without delay, and put in the
"state wherein they were on the day of the agreement and
"confirmation of the truce.

"Also, let the debts due at Arras and to the Crespinois or to
"others in the realm of France be not claimed nor execution
"done during the truce.

"Also, let right be done, on the one party and on the other,
"to all those that would complain of prisoners which have
"broken faith, and also of countries which have granted certain
"sums of money in order to have bargain or ease from war,

A.D. 1347. "and have not paid the money; and hereupon be appointed
"certain judges on the one party and on the other, to do right;
"and let all those that would seek conduct to go or to seek their
"prisoners have safe conduct, to the end that they may be able
"to make them to keep faith or to come to answer before the
"judges aforesaid. And in the same manner be it done as to
"the countries which have not paid the money granted for
"bargain or ease, as is aforesaid.

"Also, be the truce kept as well by sea as by land.

"Also, be the truce confirmed by the oath of either party.

"Also, be the truce proclaimed in divers countries on certain
"days, to wit: in France and in England within ten days; in
"Gascony and in Brittany within six and twenty days; and in
"Scotland within thirty days; first reckoned from the date of
"these presents. And always be the said truce held and kept in
"all lands and in all countries from the day that the same be
"confirmed and sworn.

"Also, be there appointed certain judges and wardens of the
"truce, on either party.

"Also, in case that those which ought to do and redress things
"done counter to the truce, in due measure, as is aforesaid,
"do not the thing, or cannot do nor make redress, then shall be
"judges, on that behalf, the duke of Athens, the constable and
"the marshal of France, and my lord Geoffrey of Charny; and,
"for the English, the earl of Lancaster, the constable and
"marshal of England, and my lord Bartholomew Burghersh, as
"well jointly as severally, to do right and redress misprisions
"for all those that will complain on either side.]

De pestilentia generali in Anglia.[1]

A.D. 1348-9.
The Black
Death.

Pestilentia, quæ in terra per Saracenos occupata primitus inchoavit, in tantum invaluit quod, nulli dominio[2] parcendo, singula loca regnorum omnium se de terra illa versus boream protendentium usque Scociam inclusive, majorem partem populi perimendo, in subi-

Its first
outbreak in
England.

taneæ mortis verberibus visitavit Incepit enim in Anglia in partibus Dorcestriæ, circiter festum sancti Petri, quod dicitur Ad vincula, anno Domini millesimo

---

[1] *in Anglia*] om. H. | [2] *dominio*] domino, H. D. T.

CCC^{mo}XLVIII^{vo}, statimque[1] de loco ad locum progre- A.D. 1348-9.
diens subito et occidens sanos quamplurimos de[2] mane
ante meridiem rebus exemit humanis; nullum quidem
quem mori voluit ultra tres vel quatuor dies vivere
vix permisit, sine delectu[3] etiam personarum, paucis
divitibus dumtaxat exceptis. Eodem die mortis xx.,
xl., lx., et multotiens multo[4] plura corpora defunctorum
simul in eadem fovea tradebantur ecclesiasticæ sepul-
turæ. Circiterque festum Omnium Sanctorum Lon- Great mortality in London.
donias veniens, cotidie multos vita privavit, et in
tantum excrevit quod, a festo Purificationis usque
post Pascha, in novo tunc facto cimiterio juxta
Smethfeld plus quam cc. corpora defunctorum, præter
corpora quæ in aliis cimiteriis civitatis ejusdem sepe-
liebantur, quasi diebus singulis sepulta fuerunt.
Superveniente vero Spiritus Sancti gratia, videlicet in
festo Pentecostes, cessavit Londoniis, versus boream
continue procedendo,[5] in quibus partibus cessavit etiam[6] f. 119 b.
circiter festum sancti Michaelis, anno Domini millesimo
CCC^{mo}XLIX^{no}.

De publice pœnitentibus.

Dicto vero anno Domini millesimo CCC^{mo}XLIX^{no}, cir- A.D. 1349. The Flagellants arrive in London.
citer festum sancti Michaelis, plus quam vj^{xx} homines,
pro majori parte de Selond et Houlond oriundi, per
Flandriam venientes Londonias, aliquando in ecclesia
Sancti Pauli et aliquando locis aliis ejusdem civitatis,
bis in die, in[7] conspectu populi, a femoribus usque
ad talos panno lineo cooperti, toto residuo corporis
denudato, supra caputque singuli habentes singulos
capellos cruce rubea ante et retro signatos, singuli-
que habentes in manu dextera flagellum cum tribus

---

[1] *que*] om. D.
[2] *de*] om. D. T.
[3] *delectu*] deleto, D. T.
[4] *multo*] multa, D. T.
[5] *procedendo*] procedente, D. T.
[6] *etiam*] om. D. T.
[7] *in*] om. T.

cordulis, singulis habentibus unum nodum (per medi-
umque cujuslibet nodi illac et istac quasi acus[1] acuti
infixi fuerunt), per medium processionis quolibet post
alium nudo pedes incedente, seipsos cum dictis
flagellis in nudo sanguinolento corpore flagellarunt,
ipsorum iiij^{or} cantantibus in idiomate proprio, ceteris
omnibus dictis iiij^{or} respondentibus, ad modum letaniæ
a Christicolis decantandæ; et omnes simul trina vice
in hujusmodi processione se[2] ad terram, per modum
crucis extensis manibus, prosternebant. Continue, ut
præfertur, cantantes, et ultimo ipsorum sic jacentium
inchoando, quilibet, ultra alium passum faciens, cum
suo flagello sub se jacentem semel percussit; sicque
de uno ad reliquum, usque ad completum numerum
sic jacentium, similem ritum quilibet observavit. Deinde
singuli se suis consuetis vestibus induebantur, et,
semper capellos in capitibus et flagella in manibus
deportantes, ad sua hospitia declinarunt; similemque
pœnitentiam, ut dicebatur, singulis noctibus faciebant.

*Qualiter Francigeni, nitentes Anglicos decipere, decepti
sunt.*

Dicto vero anno Domini millesimo CCC^{mo}XLIX^{no},
quodam Genuensi[3] sub rege Anglorum tunc exsistente
capitaneo castri de Caleys,[4] dominus Galfridus Charny,
miles, Picardus natione, de consiliariis dicti domini
Philippi de Valesio quasi principalis exsistens, machinans et conspirans dictum castrum subdole et furtive,
cum palam non posset, ingredi et tenere, præhabita
locutione secretiori cum dicto Genuensi, multa millia
florenorum promisit eidem, si sibi consentire[5] et ad

---

[1] *acus*] om. D.
[2] *se*] repeated after "manibus," D. T.
[3] *Genuensi*] Genuente; and in other places, H. D. T.
[4] Caleis, D.
[5] *consentire*] c. velit, D.

præmissa clanculo facienda suam operosam solicitudinem dare vellet. Dictus vero Genuensis, nolens prodere regem Anglorum, dominum suum, cujus panes edebat, et qui de ipso plurimum confidebat, aurum tamen sibi promissum cupiens inbursare, cum eodem domino Galfrido pacifice loquens, in dolo suis suasionibus callidis adquievit. In statuto igitur die, videlicet in crastino Circumcisionis Domini, anno prædicto, præfatus dominus Galfridus, cum hominibus armorum et aliis armatis in multitudine numerosa, ante castrum de Caleys[1] veniens, portionem auri dicto Genuensi promissi non modicam solvebat eidem. Tunc idem Genuensis, filio suo proprio in obsidem pro securitate Francorum penes ipsos dimisso, dictum aurum secum portans, cum quibusdam per dictum dominum Galfridum missis ad explorandum si accessus in dictum castrum tutus posset haberi, ad illud idem castrum reversus est. Exploratores vero sic missi singula loca dicti castri repetitis vicibus cum diligenti scrutinio visitantes, nihil quod posset ipsis Francigenis nocere quomodolibet invenerunt; et, ad dictum dominum[2] Galfridum redeuntes, sibi, prout invenerant, nunciarunt. Tunc dictus dominus[3] Galfridus multos homines armatos, ad capiendum et tenendum dictum castrum, transmisit ibidem; quibus dictum castrum ingressis, pons ligneus ante fores ejusdem castri ex præordinata cautela subtiliter elevatus omnes includebat ingressos, et alios extra[4] detinebat exclusos. Tunc circiter lx^{ta} Anglici armati infra dictum castrum, caute juxta quandam materiem latitantes, viriliter surrexerunt omnesque Francos ingressos illico capiebant. Dominus vero rex Anglorum supradictus, de dicta proditione per dictum dominum Galfridum de Charny machinata præmunitus, ante dictum diem cum

---

[1] Caleis, D.
[2] *dominum*] om. D.
[3] *dominus*] om. D. T.
[4] *extra*] om. D.

competenti numero hominum armorum et sagittariorum infra villam de Caleys, adversariis suis insciis, se recepit, et statim, præmissis expletis, per portam villæ de Caleys versus campos, et dominus E[dwardus], princeps Walliæ, regis primogenitus, per aliam portam villæ ejusdem versus mare, cum suis turmis, egredientes, suos adversarios de Francia, in duplo majori numero quam ipsi Anglici ibidem fuerant venientes, viriliter sunt aggressi et cum ipsis fortiter prœliarunt. In majori enim conflictu Anglici fuerant seorsum a rege in prœliando cum Francigenis adeo occupati, quod dominus rex stans vix habuit secum xxx[ta] homines armatos, et sagittarios habuit valde paucos. Hoc considerans prædictus dominus Galfridus de Charny, modicum distans a rege, cum una magna acie nobilium hominum armorum equitum de Francigenis movebat se versus regem. Tunc dictus dominus rex, in tali et tanto[1] periculo constitutus, animum non submisit, sed, sicut miles strenuus et magnanimus, evaginavit gladium suum et alta voce protulit hæc verba: "A! Edward, seint George! A! Edward, seint George!" Et cum Francigeni hæc verba audissent, adeo[2] fuerant attoniti quod perdiderunt animum, sicut unus nobilis miles de eisdem Francigenis ibidem captus postea narravit. Confestim vero, dictis verbis prolatis a rege, plures Anglici armati et sagittarii confluebant ad ipsum, et talem Francigenis dederunt insultum quod plus quam cc[ti] nobiles homines armorum ex eisdem in ore gladii et a sagittis volantibus perierunt ibidem, quibusdamque in fugam conversis, dictus dominus Galfridus de Charny et xxx[ta] alii Francigeni cum eo fuerant captivati. Et sic dolus dolosi caute delusi in perniciem propriam retortus est.

---

[1] *tanto*] in tanto, D. | [2] *adeo*] ab eo, H. D. T.

De morte domini Thomæ de Dagworthe militis.[1]

Anno vero gratiæ M°CCC°M°L°mo, circiter festum sanctæ Margaretæ, dictus dominus Thomas de Dagworthe, miles, qui subjectis regi Anglorum in Britannia præfuit, et dominum Carolum de Blois, ducem Britanniæ se dicentem, dum idem dux villam et castrum de Rochediryan[2] obsideret, ut præscribitur, captivavit, volens more solito de uno loco ad alium locum declinare, gentem modicam secum ducens, non præmunitus de Francigenis ad obviandum sibi in itinere in insidiis congregatis, per infortunium incidebat in eos, et, licet potuisset manus ipsorum cautius evasisse, noluit suis adversariis tergum dare, sed, sicut miles strenuus et nimis audax, Francigenos aggrediens, pugnavit viriliter cum eisdem, et, licet fortissimis inimicis circumdatus esset, tamen noluit se reddere quovis modo, nec ipsum vivum sui adversarii capere potuerunt. Tandem, multis Francigenis per ipsum interemptis et quibusdam graviter vulneratis, idem dominus Thomas, sibi primitus impositis[3] plagis multis et hominibus cum eo venientibus captis vel interemptis, pro dolor! occisus est.

De morte Philippi regis Franciæ, et coronatione regis Franciæ, Johannis, filii ejus.

Subsequenter, anno Domini supradicto, circiter festum sancti Laurencii, præfatus dominus Philippus de Valesio, dictus per injuriam rex Francorum, diem suum clausit extremum, et ex modico intervallo filius suus, dominus Johannes de Francia, in civitate Remensi in regem Franciæ coronatur.

---

[1] *militis*] om. H.
[2] Rochedirian, D.
[3] *impositis*] om. D. T.

A.D. 1350. *De bello navali et occisione Hispannorum in mari juxta Wynchelse.*

Defeat of Spanish ships off Winchelsea, 29 Aug.

In festo vero Decollationis sancti Johannis baptistæ, anno Domini millesimo CCC^{mo}L^{mo}, dictus dominus rex Anglorum, anno regni sui Angliæ xxiiij^{to}, regni vero Franciæ xj^{mo}, in corde suo revolvens quod, circiter festum Omnium Sanctorum proximo tunc præteritum, Ispanici,[1] navigio venientes, in portu de Gerounde, tendente de mari versus Burdeaux, plures naves Anglorum ibidem cum vino in Angliam transvehendo onustas, peremptis omnibus Anglicis in eisdem navibus inventis, ceperunt, cogitansque eosdem pœna consimili castigare et terrere ne ad talia facinora extenderent amplius manus suas, in sufficienti navigio, apud Sandwich[2] congregato, assumptis secum multis nobilibus aliisque hominibus armorum et sagittariis regni Angliæ, in mari juxta Winchelse cum Hispannicis, de partibus Flandriæ, cum multis navibus bellicosis hominibus armatis, cum telis et armis aliis defensivis munitis fortiter et onustis, versus partes proprias navigantibus, et ad faciendas deprædationes et incendia per litora maris Angliæ se[3] disponentibus, bellum navale commisit, ipsosque strenue se habentes devicit. Multis admodum Hispannicis in xxiiij^{or} magnis navibus exsistentibus, nullo ipsorum volente se reddere, gladiis et sagittis volantibus vita privatis, dictæ xxiiij^{or} naves, cum multis mercimoniis, præcipue diversis pannis emptis in Flandria, in eisdem inventis, captæ sunt; quidam tamen, cum suis mercimoniis in navibus aliis repositis a prœlio longius se tenentes, ipsos nullis insequentibus, evaserunt.

f. 121.

De treugis captis per xx^{ti} annos.

A.D. 1351.
Truce with the Spaniard

Anno vero gratiæ millesimo CCC^{mo}LI^{mo}, mense Augusti, treugis ex tunc per xx^{ti} annos continuos per Hispannos,

---

[1] Hispanici, D. T.
[2] Sandewicum, D.
[3] se] om. D.

videntes se non posse contra Anglicos prævalere, a domino rege Anglorum petitis, idem dominus rex Anglorum, sanguinis effusionem, quæ ex guerrarum discrimine multotiens provenit, exsecrans, bonumque publicum, quod ex pace pululat, prudenter attendens, treugas annuebat eisdem ; et sic captæ sunt.

De occisione et captione Francigenorum in Vasconia juxta Seyntes.

Francigenis cum magna potentia obsidentibus villam Sancti Johannis Angelyn, quam dominus Henricus Lancastriæ, comes de Derby, dum sub rege Anglorum in Vasconia militaverat, de manibus Francorum solo insultu leviter eripuit ac regi Angliæ subjugavit, dc. viri armorum congregati in Vasconia, filio domini de Bret eorum duce, versus dictam obsidionem, ad præstandum obsessis subsidium, duxerunt iter suum. Hæc audientes, Francigeni exsistentes in obsidione miserunt multa millia electorum dictis Vasconicis[1] in occursum, sufficienti tamen numero Francigenorum in obsidione dimisso, et viijvo die Aprilis, anno Domini millesimo cccmoLImo, dicti Vasconici et Francigeni, juxta Seyntes, ad invicem obviam sibi dantes, fortiter prœliarunt, et finaliter, multis Francigenis interfectis[2] ac quibusdam eorum in fugam conversis, plus quam ccc^{ti} milites et nobiles homines armorum Francigenorum capti fuerunt ibidem ; obsidione[3] tamen durante, quousque obsessi, deficientibus sibi victualibus, se bonis conditionibus reddiderunt. Et sic dicta villa Sancti Johannis in potestatem pristinam regis Franciæ est redacta.

De dolo regis Franciæ Johannis.

Comes de Ewe, constabularius Franciæ, qui in conflictu inter Anglicos et Normannos, anno Domini

---

[1] *Vasconicis*] Vasconibus, D. T.
[2] *interfectis*] interemptis, D.
[3] *obsidione*] obsidio, H. T.

A.D. 1350. king of France (19 Nov.)

millesimo CCC^{mo}XLVI^{to}, apud Cadamum habito, captus fuit et tunc, missus in Angliam, per tres annos et amplius ibidem remanserat, sub carcerali custodia mancipatus, circiter festum sancti Michaelis, anno Domini millesimo CCC^{mo}LI^{to}, licentiatus per regem Anglorum loca sua in partibus Franciæ visitare, Parisius venit ad novum Franciæ regem Johannem, utique statura magnum et discretum, minus tamen gratiosum, et, fama publica referente, libidine plenum, ab uxore propria divertentem, fornicariisque tam secularibus quam religiosis etiam incestuose turpiter adhærentem, a paucis suis [1] magnatibus vel plebeis dilectum. Tunc idem rex, se amicum ipsius comitis simulans et pacifice sibi loquens, convivavit eundem. Sed statim nocte sequenti, misso spiculatore cum quibusdam satellitibus ad hospitium dicti comitis, ipsum comitem fecit subito decollari.

Captio castri de Gynes.

A.D. 1352. Capture of the castle of Guines by surprise, in January.

Anno vero prædicto, quidam sagittarius Anglicus de stipendiariis in Caleys, nomine Johannes de Dancastre, per capitaneum de Caleys licentiatus, assumptis secum hominibus armorum et sagittariis Anglicis circiter iiij^{xx}, tunc instante festo sancti Vincencii, per quarterium noctis ante diem, ad castrum de Gynes, hominibus armorum fortiter munitum, pervenit et invenit eos dormientes, non habentes in memoriam doctrinam evangelistæ dicentis: "Vigilate, quia nesci-"tis qua hora fur venturus est."[2] Et ibidem quandam aquam in alveo juxta castrum, ultra femora profundam, omnes illico transierunt pedes, et cum scalis, ad hoc præordinatis, muros castri, tribus vel quatuor deputatis ad vigiliam noctis supra muros ex alia parte castri tunc vagantibus, secretius ascenderunt,

---

[1] *suis*] om. D.   [2] Cf. Matt. xxiv. 42, 43; Marc. xiii. 35.

et, latenter eisdem vagantibus dantes obviam supra muros, occiderunt eosdem et ultra muros projecerunt. Sicque Anglici, infra dictum castrum clausis januis constituti, dormientes excitarunt a sompno et paucos de Francigenis recalcitrantes interfecerunt, alios vero omnes volentes se reddere legitime et sine læsione recedere permiserunt, dictumque castrum, cum victualibus, prout invenerant, sufficienter munitum, ditioni regis Angliæ retinuerunt

De gestis Anglorum in Britannia.

Non est prætermittendum quod dominus [1] Walterus de Byntele, miles, capitaneus in Britannia ac locis ibidem domino regi Anglorum subjectis præfuens, circiter festum sancti Petri quod dicitur Ad vincula, anno Domini millesimo CCC^{mo}LII^{do}, in partibus Anglicanis exsistens, sibi de CCC^{tis} hominibus armorum et totidem sagittariis vel circiter, de dicti domini regis voluntate et assensu, providit, et cum eisdem in Britanniam reversus est; et post adventum ipsius ibidem, infra paucos dies, quasi præordinatum fuisset, mareschallus Franciæ, cum ingenti exercitu Francorum, juxta villam quæ dicitur Maurone, dicto domino Waltero loco campestri veniens in occursum, vidensque paucitatem Anglicorum respectu sui exercitus, fecit eidem per nuncios suaderi quod se cum sua turma redderet, cum non posset secum rationabiliter prœliare. Dictus vero dominus Walterus et ceteri Anglici suæ partis, viri utique animosi, spem suam non in multitudine sed in adjutorio Dei et pietate ponentes, hujusmodi nunciorum suasiones omnino spreverunt, et confligentes cum Francigenis, præfato mareschallo Francigenorum duce multisque aliis interfectis ac pluribus captivatis, Dei potentia devicit eosdem, prout in literis

---

[1] *dominus*] om. D.

A.D. 1352. ipsius domini Walteri seriem dicti facti continentibus, cancellario dicti domini regis Anglorum directis, plenius continetur; quarum[1] tenor talis est:

Tenor literæ.

Sir Walter Bentley's letter announcing the victory.

"Reverent piere en Dieu, vous please savoir qe, puis mon ariver en Bretaigne, lez gentz qe maveient este ordeignez et moy, avaunt entrer en nul forteresse, avons chivachez par decea et avons taunt esploitez, loiez ent soit Dieu, qe la ville et le chastiel de Ploermelle et de Founger ount este mult[2] bien confortez et vitaillez, et pris par assaut une bastille qavoit este fait par lez enemys devaunt Founger. Et, ceo fait, mes compaignouns et moy chevachons sur le pais sur enemys[3] et taunt qe[4] le marschal du Fraunce, od tut son poar du Fraunce, de Normandie, de Angou, de Maine, de Peyto,[5] de Toraigne, de Xantoigne,[6] et de Bretaigne, ou mult graunt nombre des gentz darmes et dautres gentz sauntz nombre vindrent a lencountre de nous, pres dun ville appelle Maurone, entre Rennes et Ploermelle, sur les plaines champs, saunz boys, saunz fossez, od aultre forteresce; et illesqes nous combatoms ovesqe eaux. Et fust la veille de lassumpcion de nostre Dame, entre heure de vespre et solail recussant; et, par la grace de Dieu et le bon droit qe le maintent, fusrent lez enemys pleinement descomfitz et saunz perdre gaires dez gentz de nostre couste, loiez ent soit Dieu. Et illesqes fusrent mortz le seneschal Dangou, le seneschal de Bennofyn, le viscounte de Roane, mounsire Johan Frere, le sire de Quyntine, le sire de Tynteneake,[7] le sire de Rogemond, le

f. 122 b. "sire de Montauban,[8] le mounsire Renaud de Moncauban, mounsire Robert Raguenel, monsire William de Lamay, mounsire Aufray de Montboucher, mounsire Guilliam de Vielchastel, mounsire Guilliam de la Marche, et autres chivalers mortz jesqes a vij^{xx}, ou les esquiers qamountent jusqes a D. mortz sur les champs, totes cotes a armer, et de comune people[9] saunz nombre. Et y fusrent pris le sire de Byquebeke, filtz a marschal Bertram, monsire Tristram de Maleloyse,[10] le sire de Malestret,[11] le viscounte de Coyman, mounsire Geaffray

---

[1] *quarum*] qualis, D. T.
[2] *mult*] om. D.
[3] *sur le pais sur enemys*] sour les enemys, D.; a blank for "pais," T.
[4] *qe*] qe par, D.
[5] de Mayne, de Peito, D.; Peito, T.
[6] Zancoigne, D.
[7] Tynteak, D.
[8] Moncauban, D.
[9] *people*] om. H.
[10] Maleloise, D.
[11] Maletret, D.

"de Coayms, mounsire Johan de la Vaale, le sire Incher, moun-
"sire Charles Dargeville, mounsire Johan de la Muce, et plu-
"sors aultres chivalers et esquiers, jusqes a viij^{xx}, dez queux qe
"mortz qe pris sount bien jusqes a xlv. chivalers de estaille."

["Reverend Father in God, please you to know that, since my
"coming into Brittany, the people that were appointed unto
"me and I, before that we entered into any stronghold, have
"ridden abroad on this side and have so much accomplished,
"praised be God therefor, that the town and castle of Ploërmel
"and of Fougères have been right well comforted and victualled,
"and there hath been taken by assault a stronghold which had
"been made by the enemy before Fougères. And, this done,
"my comrades and I rode through the land against the enemy,
"until the marshal of France, with all his power of France,
"Normandy, Anjou, Maine, Poitou, Touraine, Saintogne, and
"Brittany, with a mighty great number of men of arms and
"of other folk without number, came against us, near to a
"town called Mauron, between Rennes and Ploërmel, upon the
"open fields, without woods, ditches, or other defences; and
"there we fought with them. And it was on the eve of the
"Assumption of our Lady, between the hour of vespers and
"sunset; and, by the grace of God and the righteous cause
"which He upholdeth, the enemy were sore discomfited and
"with scarcely loss of men on our side, praised be God therefor.
"And there were slain there the seneschal of Anjou, the sene-
"schal of Benavent, the viscount of Rohan, my lord John
"Frère, the lord of Quintin, the lord of Tinténiac, the lord
"of Rochemont, the lord of Montauban, my lord Reginald of
"Montauban, my lord Robert Raguenel, my lord William of
"Launay, my lord Aufray of Montbouchier, my lord William
"of Vielcastel, my lord William of La Marche, and other
"knights slain to the number of seven score, with squires
"which amount unto five hundred dead upon the field, all
"bearing coat armour, and common folk without number.
"And there were taken there the lord of Briquebecq, son of
"the marshal Bertrand, my lord Tristram of Maignelais, the
"lord of Malestroit, the viscount of Coëtmen, my lord Geoffrey
"of Coeyghem, my lord John of Laval, the lord Incher, my
"lord Charles of Argeville, my lord John of La Muce, and many
"other knights and squires, up to eight score, of whom, as
"well slain as taken, are full five and forty knights of rank."]

A.D. 1353.

De Britonibus venientibus in Angliam.

Arrival in England of Breton envoys on behalf of Charles of Blois.

Prædicto vero anno Domini millesimo CCC^{mo}LII^{do}, post Nativitatem Domini, magnates de Britannia qui tenebant cum dicto domino Carolo de Bloys, habentes a rege Anglorum in ea parte literas de conductu, venerunt in Angliam, pro liberatione dicti domini Caroli a prisona, et ad informandum dominum regem Anglorum et concilium suum de jure, quod idem dominus Carolus dixit se habere in ducatu Britanniæ per medium uxoris suæ, quæ fuit filia junioris filii de prima uxore Arthuri, quondam ducis Britanniæ: videlicet, quod habuit pinguius jus quam filius domini Johannis de Mountfort, filii ex secunda uxore dicti Arthuri, quem quidem Johannem de Mountfort, dum vixit, et post mortem ipsius filium suum, dominus rex fovebat.

De redemptione Caroli.

Terms for the release of Charles of Blois.

Eo tempore dictus Carolus promisit domino regi xl^{ta} millia florenorum de scuto, quæ tunc valuerunt c.[1] millia librarum argenti, pro redemptione sua; et tunc, juxta ordinationem concilii utriusque partis, idem dominus Carolus fecit venire in Angliam duos filios suos et unam filiam suam, ut in ostagium dimitteret eos, dum iret in Britanniam pro dicta[2] redemptione sua providenda. Eo tempore locutum fuit inter dictas[3] partes et concordatum sub certa conventione, vallata juramentis partium earundem, quod senior *Proposed marriage between his elder son and a daughter of the king.* filius et heres dicti domini Caroli desponsaret filiam dicti[4] domini regis Angliæ; et quod tunc dictus dominus Carolus ducatum Britanniæ haberet in pace, expresse hoc acto quod idem dominus Carolus et omnes sibi

---

[1] *c.*] vij., D.
[2] *dicta*] om. D. T.
[3] *fuit . . . dictas*] fuerat . . . duas, D.; duas, T.
[4] *dicti*] dictam, H.

adhærentes in Britannia tenerent se in pace, durante guerra inter reges Angliæ et Franciæ, et nihil interim in præjudicium domini regis Angliæ attemptarent; et quod idem dominus Carolus sumptibus suis impetraret a domino papa quod dictus filius suus et filia regis Angliæ, qui se attingebant in gradu prohibito, ad matrimonium contrahendum licite contrahere possent.

De hastiludio Londoniis.

Anno prædicto, post medium Quadragesimæ, contemplatione dictorum Britonum, factum fuit solempne hastiludium in Smethfelde, Londoniis; et tunc dicti Britones ad propria redierunt. Subsequenter vero, post Pascha, anno Domini millesimo CCC^{mo}LIII°, dictus dominus Carolus rediit in Britanniam, dictis filiis suis et filia in Anglia dimissis.

Quando stapella lanarum incepit esse in Anglia.

In crastino festi sancti Petri quod dicitur Ad vincula, anno Domini proximo supradicto, ex præordinatione domini regis Angliæ et concilii sui, stapella lanarum incepit esse apud Westmonasterium et locis aliis in Anglia.

De dispensatione domini papæ.

Anno prædicto, circiter festum sancti Michaelis, dictus dominus Carolus, optenta dispensatione quod filius suus et filia regis Angliæ possent matrimonialiter copulari, cum multis magnatibus sibi adhærentibus, de Britannia rediit in Angliam, pro dicto matrimonio perficiendo; et, dum sic rediit, quædam insula in Britannia cum castro in eadem, tunc exsistens in manibus domini regis Angliæ per Anglicos custodita, capta est furtive per Britones, adhærentes dicto domino Carolo, et omnes Anglici in eisdem insula et castro

A.D. 1353. inventi interfecti sunt. Quibus ad notitiam domini regis Angliæ perlatis, dictus dominus Carolus gratiam ipsius regis perdidit, et dicti magnates secum venientes, suo proposito omnino frustrati, ad propria redierunt, dicto domino Carolo cum suis liberis prædictis[1] in Anglia dimisso.

De injusta captione domini Walteri de Byntele.

Sir Walter Bently imprisoned for disobedience of orders;

Pendentibus tractatibus antedictis, dominus Walterus de Byntele, miles, locis regis Angliæ in Britannia capitaneus præfuens, venit in Angliam, sperans pro meritis suis grates habere. Sed, quia quibusdam literis regis sibi missis in Britanniam, ut ibidem quædam castra per ipsum custodita domino Johanni Avenel, militi, ibidem misso per regem, ad opus dicti Caroli liberasset, non paruit, captus fuit et incarceratus in turri Londoniarum, licet coram rege, prout multis videbatur, causam rationabilem quare hujusmodi castra non liberavit assignasset; et per annum et amplius in turri Londoniarum incarceratus permansit. Postea tamen compertum fuit per evidentiam facti quod grande malum contigisset, si dicta castra ad opus dicti Caroli

f. 123 b. but released and restored to favour.

fuissent liberata; et tunc dictus dominus Walterus gratiam regis recuperavit, et a carcere liberatus rediit in Britanniam cum magna benevolentia regis.

De nunciis missis domino papæ.

A.D. 1354. Negotiations for peace between England and France

Anno gratiæ millesimo CCC^{mo}LIIII^{to}, post Pascha, inter magnates regnorum Angliæ et Franciæ habito pacis tractatu prope Caleys, concordatum fuit inter partes in certam pacis formam, quæ fuit, ut dicebatur, quod rex Anglorum habuisset integrum ducatum Aquitanniæ, sibi et heredibus suis, imperpetuum, libere et quiete,

---

[1] *prædictis*] om. D. T.

sine homagio cuiquam regi Franciæ faciendo, et alia quædam de quibus ista scribens loqui nescit; et jus suum ad regnum Franciæ dimitteret. Fuitque condictum quod, pro hujusmodi pacis forma per summum pontificem confirmanda, solempnes nuncii ab utraque parte ad Romanam curiam mitterentur. Et eodem tempore inter dicta regna captæ sunt treugæ usque festum sancti Johannis baptistæ, contingens anno proximo tunc sequente.

De forma pacis totaliter infecta.

Anno prædicto, circiter festum Nativitatis Domini, Avinoniæ, coram papa per nobiles dominos, dominum Henricum ducem Lancastriæ et Johannem comitem Arundelliæ, necnon Willelmum episcopum[1] Norwycensem, et Michaelem tunc Londoniensem episcopum, præsentibus tunc ibidem nunciis per regem Franciæ Johannem ad hoc missis, dicta pacis forma recitata, nuncii prædicti Francigeni ipsam pacis formam negarunt omnino, dicentes sic non fuisse condictum, nec se velle hujusmodi paci quomodolibet consentire. Tunc, dicto episcopo Norwycensi ibidem morte prævento, ceteri nuncii Anglici, infecto negocio, in Angliam sunt reversi.

De infortunio inter scholares et laicos Oxoniæ.

Anno prædicto, in festo sanctæ Scolasticæ virginis, Oxoniæ, in quadam taberna vini, inter quemdam scholarem et tabernarium pro una quarta vini dissensione suborta, idem scholaris effudit vinum super caput tabernarii et cum quarta caput ejus fregit; et ea occasione inter scholares universitatis et laicos villæ Oxoniæ, quos clericis oppido infestos tradit iniquitas,

---

[1] *episcopum*] om. D.

maximus fiebat conflictus, in quo plures laici vulnerati et circiter xx. occisi sunt, quidamque scholares graviter læsi. Duravitque dictus conflictus vicissim quasi per duos dies; quorum dierum[1] secundo religiosi ibidem rogantes pro pace solempnem processionem fecerunt. Interim tamen fiebat conflictus, et quidam juvenis scholaris, insecutus a laicis, confugit ad quemdam religiosum, in processione publice Corpus Christi cum humilitate qua potuit solempniter deferentem, sperans ob reverentiam Corporis Christi a laicorum periculo liberari. Laici tamen in dictum scholarem innocentem inhumaniter irruerunt, et lætaliter vulneraverunt. Postea vero, eodem die, dicto tumultu per Dei gratiam sedato, pax fuit inter dictas partes publice proclamata, et utraque pars tenuit se in pace. Mane autem facto, laici villarum in circuitu villæ Oxoniæ, laicis ejusdem villæ confœderati, in magna potentia villam Oxoniæ, nigro vexillo levato, hostiliter sunt ingressi, et scholares ad hospitia sua fugerunt; et circiter viginti ostia domorum scholarium fregerunt, et ingredientes singulas cameras hospitiorum hujusmodi plures, ut dicebatur, scholares interfecerunt et in latrinas projecerunt, librosque scholarium[2] cum cultellis et securibus dilacerarunt, et res multas asportarunt. Sicque universitate Oxoniæ pro dolor! dissoluta, nullus in illo termino in arte dialectica terminavit nec incepit, sed singuli scholares ad propria declinarunt, scholaribus aulæ de Mertone et aliarum aularum consimilium paucisque aliis scholaribus dumtaxat exceptis.

Eodem tempore, prima Dominica Quadragesimæ, rex tenuit magnum festum et hastiludium grande fecit apud Wodestoke, eo quod regina tunc ibidem fuit purificata de Thoma, filio suo ibidem nato; quem Thomas, episcopus Dunelmensis, de sacro fonte levavit.

---

[1] *dierum*] die, D.   [2] *scholarium*] scolarum, H.

Episcopus vero Lincolniensis, de infortunio quod, ut præmittitur, Oxoniæ contingebat plenius informatus, fecit inhiberi singulis rectoribus et presbyteris per totam villam Oxoniæ, ne quis ipsorum missam vel divina officia in præsentia alicujus laici dictæ villæ celebraret; quod interdictum per annum et amplius postea fuerat observatum. Rex etiam misit ibidem justiciarios suos, coram quibus multi laici et etiam clerici indictati fuerant, quatuorque burgenses de majoribus dictæ villæ Oxoniæ, indictati de[1] præcepto regis, capti et ducti fuerunt ad turrim Londoniarum et ibidem incarcerati remanserunt. Et in magno concilio celebrato apud Westmonasterium post Pascha, anno Domini millesimo CCC^{mo}LV^{to}, idem dominus rex cepit in manus suas totam querelam inter scholares et laicos Oxoniæ suscitatam et, salvo jure cujuslibet, remisit quibuscumque scholaribus omnem trangressionem per ipsos perpetratam; et hoc brevibus suis, ad singulos vicecomites Angliæ directis, per edictum proclamari mandavit. Et tunc in æstate universitas Oxoniæ in singulis facultatibus refloruit. Quidam enim in arte dialectica, quidam in theologia, quidam in jure civili, quidam in canonico, et quidam in utroque jure inceperunt. Et dominus rex concessit cancellario Oxoniæ solidam cognitionem de assisa anis, cervisiæ et vini ac omnium victualium, majore ejusdem villæ omnino excluso. Communitas villæ Oxoniæ dedit universitati ejusdem cc^{tas} et l^{ta} libras sterlingorum, nomine emendarum, pro transgressis, actionibus singularum personarum de universitate nihilominus remanentibus sibi salvis.

De concilio tento apud Westmonasterium.

Anno gratiæ millesimo CCC^{mo}LV^{to}, post Pascha, rex tenuit concilium magnum apud Westmonasterium, ad

---

[1] *de*] et de, D. T.

A.D. 1355. quod episcopus Carpentronensis et abbas Cluniacensis, missi per dominum Innocentium papam sextum pro treugis inter regna Angliæ et Franciæ prorogandis, venerunt. Quibus dominus rex in propria persona, audita primitus hujusmodi nunciorum nunciatione, respondit quod non fuit intentionis suæ treugis ulterioribus consentire, pro eo quod sæpius, ad requisitionem illorum de Francia, per interventum dominorum cardinalium ad hoc missorum, ob reverentiam sedis apostolicæ, treugas per ipsos petitas concessit et prorogationi earundem consensit;[1] et tunc, pendentibus hujusmodi treugis, illi de Francia, contra fidem promissam multociens venientes, per suas callidas machinationes diversa dampna enormia personis et locis in ultramarinis partibus sibi subjectis et obedientibus intulerunt. Voluit tamen super his cum concilio suo[2] plenius deliberare,[3] et suam voluntatem per suos proprios nuncios dicto domino papæ et illis de Francia facere intimari. Sicque dicti nuncii infra iiij^{or} dies post adventum illorum, dicto accepto responso, redeundi ad propria licentiam habuerunt.

Qualiter primogenitus regis Angliæ transfretavit in Vasconiam.

In dicto concilio apud Westmonasterium ordinatum fuit quod dominus Edwardus, primogenitus dicti regis Anglorum, princeps Walliæ, tunc xxiiij^{tum} annum suæ ætatis agens, transfretaret[4] in Vasconiam, et haberet secum comites de Warewyke, de Suthfolke, de Sarisbirs, et Doxunford,[5] cum mille hominibus armorum et M^{l}M^l sagittariis magnoque numero Wallensium. Qui postea, in festo Commemorationis[6] sancti Pauli,

---

[1] *consensit*] consentiret, D.
[2] *suo*] om. D.
[3] *deliberare*] liberare, D.
[4] *transfretaret*] transfretavit, D.
[5] Warrewyk, Southfolk, Salerbirs, Doenford, D.; Doxenford, T.
[6] *festo Comm.*] Commemoratione, D. T.

de Londoniis iter suum arripuit versus Plummoth[1] in Devonia, ubi navigium pro suo passagio fuit in congregando; et ibidem moram traxit, quasi continue habens ventum contrarium, usque festum Nativitatis beatæ Mariæ. Quo festo dictus dominus[2] princeps, habens circiter ccc[tas] naves, cum multo majori numero hominum armatorum,[3] sagittariorum, et Wallensium, quam in dicto concilio fuerat ordinatum, pro suo passagio paratas, velis levatis, cum vento prospero boreali incepit transfretare; et feliciter in Vasconiam tempore brevi pervenit, et a Vasconicis cum gaudio magno valde ad ipsum confluentibus susceptus est; et ibidem, prout patet in sequentibus, egregie militavit.

De mora ducis Lancastriæ in mari et proditione machinata per regem Navarriæ.

Dicto tempore dominus rex Anglorum parari fecit in Tamisia, juxta Rutherhithe, circiter xl[ta] magnas naves suas cum victualibus pro quarterio unius anni, quarum navium singulæ habuerunt *stremers* principales domini Henrici, ducis Lancastriæ, et onustæ fuerunt ad plenum cum electis hominibus armatis et sagittariis, nullis equis secum assumptis; quibus omnibus idem dominus dux præfuit, et secum habuit duos filios regis, videlicet dominum Leonellum de Andwerpe et Johannem de Gaunt, quorum senior fuit xvj[cim] annorum, ac etiam de Northamptone, de la Marche, et de Stafforde comites[4] ac barones et milites plures; decimoque die mensis Julii incepit navigare usque Grenewiche. Et ibidem et apud Sandwycum moram traxit fere usque festum Assumptionis beatæ Mariæ,[5] vento in occidente vel in austro per totum dictum tempus quasi continue exsistente, ita quod non potuit

---

[1] Plummuth, D. T.
[2] *dominus*] om. D. T.
[3] *armatorum*] armorum, D.
[4] *comites*] om. H. D. T.
[5] *Mariæ*] om. T.

A.D. 1355. navigare ad partes quas¹ volebat, latuit enim communitatem totius exercitus quo proposuit declinare. Tandem vero cum difficultate navigio venit apud Wynchelse, deinde apud insulam Vectam. Et interim dominus rex fuit in mari cum dicto duce, ad tractandum cum nunciis regis Navarriæ venientibus ibidem ad² ipsum, et vicibus repetitis per tempestates validas et mirabiles elationes maris compulsus rediit³ cum toto navigio apud Winchelse et Portesmuth.⁴ Et, dum in tanto periculo agitati fuerant, ad auditum plurimorum pervenit quod dictus dux intendebat transfretare in Normanniam, ubi rex Navarriæ in castro suo de⁵ Echerburgh dicebatur ipsum ducem exspectare. Orta enim fuit dissensio inter ipsum et regem Franciæ Johannem, propter quam divertebat ab eo et per certos intervenientes nuncios promiserat quod se cum tota sua⁶ potentia alligaret domino regi Angliæ. Tandem vero dictus dux Lancastriæ, per certos exploratores suos præmunitus quod præfatus rex Navarriæ pacem habuit cum rege Franciæ Johanne et, de conjectura ipsius regis semper conspirantis contra regem Angliæ, meditabatur per tractatus suos dolosos regem Angliæ et ipsum ducem proditorie circumvenire, sicut—

News arrives of peace between the kings of Navarre and France.

"In viscum volucres ducit cum cantibus auceps."

Et hoc quidem facti evidentia comprobavit. Latitabant enim in insidiis juxta mare, prope dictum castrum, multa millia hominum armorum de Francigenis et Alemannis⁷ stipendiariis, exspectantes adventum dicti ducis, ipso duce, quousque fuerat præmunitus, totaliter inscio.

The expedition abandoned.

Audita vero dicta proditione machinata, præfatus dux, modicam gentem respectu adversariorum secum

---

¹ *quas*] illas quas, D.
² *ad*] apud, D.
³ *rediit*] om. D. T.
⁴ Wynchelse et Portesmouth, D.; Wynchelse, T.
⁵ *de*] om. H. T.
⁶ *tota sua*] sua tota, H.
⁷ Almanniis, D.; Alemanniis, T.

ducens et nullam habens equitaturam, rediit in Angliam, suo proposito omnino frustrato.

Mense Augusti, anno prædicto, Anglici in Britannia, confligentes cum Francigenis adhærentibus domino Carolo de Bloys, multos Francigenos occiderunt, dominumque de Beaumaners et vicecomitem de Roane ac plures alios captivarunt.

Qualiter rex Angliæ transfretavit apud Caleys et devastavit magnam partem Picardiæ.[2]

Die Sabbati post festum Nativitatis beatæ Mariæ virginis, anno prædicto, dominus rex proclamari fecit in civitate Londoniarum quod omnes magnates et homines armorum ac sagittarii forent parati apud Sandwicum[3] in festo sancti Michaelis, ad transfretandum cum eo apud Caleys. Audiverat enim quod rex Franciæ Johannes grandem paravit exercitum ad prœliandum cum eo, quam citius ad partes illas veniret. Tunc, circiter festum prædictum sancti Michaelis, dominus Thomas episcopus Dunelmensis, dominus de Percy, et alii magnates de partibus borealibus, cum Scotis, ad ipsorum Scotorum petitionem, ceperunt treugas usque festum Nativitatis sancti Johannis baptistæ, proximo tunc futurum; et, domino Radulpho Nevyle domi dimisso, dictus dominus episcopus Dunelmensis cum c. hominibus armorum et iiij^{xx} hominibus armatis ac c. sagittariis, dominus de Percy cum l^{ta} hominibus armorum et iiij^{xx} sagittariis, baro de Greystoke, et plures alii de dictis borealibus, venerunt ad regem apud Sandwicum, et transfretarunt, cum eo. Habuit etiam dominus rex secum duos filios suos, videlicet dominum Leonellum de Andwerpe, comitem de Ultonia in Hibernia, dominum Johannem de Gaunt, comitem de Richemond, dominum Henricum ducem

---

[1] Britanniam, D. T.
[2] Pycardiæ, D. T.
[3] Sandwycum, D. T.

Lancastriæ, ac de Northamtone,[1] de la Marche, et de Stafforde comites. Invenit etiam dictus dominus rex apud Caleys mille valentes homines armorum stipendiarios de partibus Flandriæ, Brabanciæ, et Alemanniæ. Londonici vero[2] miserunt domino[3] regi xxv. homines armorum et quingentos sagittarios de una secta, sumptibus communitatis Londoniensis. Sicque in universo dominus rex habuit plus quam tria millia hominum armorum magnumque numerum hominum armatorum, ac circiter duo millia sagittariorum ad equos, aliosque sagittarios pedites in magno numero. Secundoque die mensis Novembris, videlicet in festo Commemorationis Animarum, dominus rex Angliæ cum suo exercitu egressus est villam de Caleys versus villam de Sancto Omero, totam partem in medio, captis prædis et spoliis, devastando. Hoc audiens rex Franciæ Johannes, existens apud Sanctum Omerum cum suo exercitu magno valde, misit quemdam militem, cognominatum sire Bursyngaud, qui captus fuit in Vasconia et captivus regis Angliæ diu remanserat, sed pro tunc fuit a carcere liberatus per redemptionem factam, ad loquendum cum rege Angliæ et ad videndum suum exercitum. Qui, veniens in occursum regis Angliæ, de ipsius licentia permissus, consideravit tres acies Anglicorum nobiliter ordinatas, de viris utique strenuis et ad prœlium promptis et mirabiliter animosis, et mirabatur quod dominus rex Angliæ habuit ibidem tantam potentiam, ex quo dominus princeps Walliæ, filius suus primogenitus, tam magnum exercitum habuit in Vasconia; et, rediens ad regem Franciæ Johannem, sibi quæ viderat nunciavit. Tunc rex Franciæ Johannes, multum turbatus, magnanimi regis Angliæ faciem videre timens et quærens subterfugia, cum suo exercitu retrocessit et, præcedens regem

---

[1] Northamptone, D. T.
[2] vero] om. D. T.
[3] domino] om. D.

Angliæ, in quantum potuit, devastavit victualia, ne Anglici uterentur eisdem. Rex vero Angliæ dictum adversarium suum fugientem indies sequebatur, victualia inveniens valde pauca; tanta enim fuit penuria potus, quod major pars exercitus Anglicorum per tres dies non potaverat nisi aquam. Et cum rex Angliæ esset ultra villam de Hoden versus Amyens, videns vecordiam sui adversarii eventum belli exspectare nolentis,[1] et considerans parcitatem victualium, ne gens sua propter defectum victualium deficeret in via, per alia loca versus Bononiam[2] fertiliora, continue captis prædis et spoliis, comburendo rediens, x^{mo} die ex quo egrediebatur, videlicet in festo sancti Martini tunc contingente die Mercurii, ad villam de Caleys pervenit.

A.D. 1355.

The English return to Calais, 11 Nov.

In crastino vero, videlicet die Jovis, constabularius Franciæ et alii Francigeni cum eo venerunt ad finem calceti de Caleys cum literis credentiæ, et ibidem, in præsentia dominorum ducis Lancastriæ ac comitis de Northamptone et Walteri de Manny,[3] militis, optulerunt regi Angliæ bellum ad diem Martis tunc proximum. Quibus Francigenis præfati domini Angliæ dixerunt, de præcepto regio, quod voluntas ipsius regis exstitit effusionem sanguinis Christiani, in quantum potuit, evitare, et ideo voluit corpus suum proprium in sua justitia contra corpus sui adversarii exponere et bellum committere, ita quod totum jus utriusque eorundem in regno Franciæ per bellum committendum inter ipsos duos solos[4] derivetur; vel, si idem adversarius per se solum pugnare nollet, tunc uterque eorum adjungeret sibi filium suum primogenitum; vel adhuc, si sic nollet,[5] quod uterque ipsorum caperet duos, tres, vel quatuor nobiles milites, proximiores in sanguine suo,[6] sibi et filio suo

French envoys sent to challenge the English to battle.

Negotiations to settle terms of a combat.

f. 126 b.

---

[1] *nolentis*] nolentes, D.
[2] Boloniam, D. T.
[3] Manny, D. T.
[4] *solos*] solo, D. T.
[5] *tunc . . . nollet*] om. D.
[6] *suo*] om. D. T.

A.D. 1355. jungendos, ut sic dictum jus finaliter derivetur et victus jus suum in regno Franciæ cederet victori. Quas oblationes dicti Francigeni respuentes omnino optulerunt bellum die Martis, sicut prius. Tunc dicti domini Anglici, parati ad bellum, optulerunt diem tunc crastinum, videlicet diem Veneris, vel etiam diem Sabbati. Francigeni vero, neutrum diem capere volentes, in prima oblatione perseverarunt. Tunc dicti domini Anglici præfatum diem Martis gratanter admiserunt, tali conditione adjecta, quod dicti Francigeni fide media manucaperent quod ipsorum regem Franciæ Johannem promptum ad bellum dicto die Martis ad certum locum, ibidem prope per discretos in armis de utraque parte milites eligendum, adducerent, alioquin ipsi Francigeni extunc se redderent captivos regi Angliæ et ipsius, sicut si essent capti in bello, remanerent captivi; parique forma dicti domini Anglici fide ipsorum media manucaperent quod ad dictos diem et locum adducerent regem Angliæ paratum ad bellum, alioquin ipsi se redderent captivos regi Franciæ Johanni et sui captivi permanerent. Et, his dictis et oblatis, dicti Francigeni, promptum responsum non habentes, paululum obmutuerunt, et, inter se dilatione præhabita, dixerunt quod sic, ut præmittitur, manucapere nullo modo volebant. Tunc dicti domini Anglici, cogitantes quod Francigeni meditabantur per suas fallacias regem Anglorum truffare[1] et expensis inanibus per moram ibidem faciendam gravare, statuerunt ipsis diem belli in crastino festi sancti Johannis baptistæ, proximo tunc futuri; et tunc utraque pars

The French fail to keep the appointment. rediit in domum suam. Et dominus rex Angliæ exspectavit ibidem usque dictum diem Martis, ad quem nulli Francigeni venerunt. Et cuilibet de stipendiariis suis alienigenis, ultra debita stipendia, majorem et minorem summam argenti, juxta conditiones person-

---

[1] Truffare, to delude. O. F. *truffer*.

arum, fecit remunerari; et rediit in Angliam multipliciter commendatus.

A.D. 1355. The king returns to England.

Captio de Berewyke per Scotos.

Dum prædicta fiebant in partibus transmarinis, vj^{to.} die mensis Novembris, Scoti, in magna potentia apud villam de Berwyke¹ clandestine venientes, in aurora dictæ diei dictam villam furtive, non præmunitis custodibus ipsius villæ, clanculo sunt ingressi, et, interfectis duobus vel tribus Anglicis nitentibus sibi resistere, totam villam et omnia bona in eadem inventa ceperunt, exceptis quibusdam fugientibus ad castrum, qui illud tenuerunt.

Berwick surprised by the Scots.

f. 127.

Nota magnum donum concessum regi² per communitatem Angliæ.³

Post festum sancti Edmundi regis, anno præterito, rex tenuit parliamentum apud Westmonasterium, in quo magnates et communitas Angliæ concesserunt eidem, pro defensione regni Angliæ et jure suo in regno Franciæ recuperando, L^{ta} solidos argenti de quolibet sacco lanæ, per sex annos tunc proximo sequentes, ultra mare transvehendo; ex qua concessione idem dominus rex posset expendere singulis diebus, per dictos sex annos, plus quam mille marcas sterlingorum. Communi enim opinione hominum singulis annis plus quam c. millia sacci lanæ ad partes exteras transvehuntur; sicque, habita combinatione omnium dictorum sex annorum, quantitas dictæ concessionis extendebat se ad decies et quinquies centum mille libras sterlingorum.

Grant by parliament for the war.

---

¹ Berewyk, D. T.
² regi] r. Angliæ, D. T.
³ Angliæ] regni Angliæ, D. T.

A.D. 1355.
The king marches north to invade Scotland, 30 Nov.

In festo vero sancti Andreæ,[1] parliamento completo, dominus nobilis rex iter suum arripuit versus Scociam, et tenuit festum Natalis Domini apud Novum Castrum super Tynam, et interim magnum fecit exercitum congregari ad proficiscendum ad villam de Berwyk, captam per Scotos.

De terribili et mirabili progressu quem princeps Walliæ, primogenitus regis Angliæ, fecerat inter civitates Burdigalensem et Nerbonensem.

Letters arrive announcing the prince of Wales's raid from Bordeaux to Narbonne.

Post festum Epiphaniæ Domini, anno prædicto, dum dictus nobilis rex Angliæ in partibus de Northumberland[2] versus Scociam se paravit, literæ venerunt Londonias per dominum E[dwardum] primogenitum dicti regis, principem Walliæ, tunc militantem in Vasconia, et etiam aliæ literæ per dominum Johannem de Wyngfeld, militem, qui quasi dux et principalis consiliarius dicti principis et multis exstiterat temporibus retroactis, ad dominum Wyntoniensem episcopum, thesaurarium domini regis, directæ, continentus qualiter dictus dominus princeps habitatores omnium terrarum, a civitate Burdigalium usque ad civitatem de Nerbona prope mare Græcum, prius sub ligeancia domini regis Angliæ non exsistentes, inhabitantibus patriam de Foys, quibus gratis pepercit, et de Juliak,[3] qui se dicto domino principi reddiderunt, dumtaxat exceptis,

Extent of the operations.

plaga percusserat valde gravi. Non solum enim circiter quingentas villas rurales, sed etiam quamplures magnas civitates et villas muratas dictarum terrarum levi impulsu cepit et, captis spoliis infinitis, per viij^{to}[4] septimanas in eundo et redeundo per incendium devastavit.

---

[1] *Andreæ*] And. apostoli, D.
[2] Northumbrelond, D
[3] Julyak, D.
[4] *viij^{to}*] v^{to}, D.

Devastata autem civitate Nerbonensi, excepto castro fortissimo ipsius civitatis, inhabitantes villam de Mounpelers,[1] hoc audientes et timentes ne consimilia paterentur, omnia ædificia in suburbio ejusdem villæ demoliri fecerunt et meremium hujusmodi ædificiorum infra muros deferri. Scholaresque universitatis ibidem, ac etiam religiosi fratres et quamplures alii qui habitaverant in dicto suburbio, populusque maximus illius patriæ versus civitatem Avinoniæ præ timore transtulerunt se et sua portabilia, ut in civitate Avinoniæ, sub alis domini papæ, manerent in tuto. Dominus autem papa, non reputans se securum, fecit omnes portas palatii sui cum ferro cooperiri. Marescallus vero ipsius domini papæ, cum plus quam D. hominibus armorum de familiaribus dominorum cardinalium et de provincialibus, dicto domino principi Walliæ cum Francigenis veniens in occursum, plus quam quadringentis de secum venientibus occisis, captus fuit et pro L^{ta} millibus florenorum de scuto redemptus, et domum rediens vix iiij^{xx}. de dictis familiaribus et provincialibus secum reduxit. *So they where schronke[2] in the wetyng.*

Post destructionem quidem dictæ civitatis Nerbonensis, dictus dominus princeps Walliæ, certioratus quod comes Darmynak constabulariusque Franciæ ac mareschallus de Clermound et princeps Dorenge, cum aliis magnatibus Francigenis in magna potentia quasi sine numero congregati, venerunt a latere post eum, ut prœlium sibi darent, rediit versus eos. Hoc perpendentes Francigeni, timore percussi, non audebant obviam sibi dare, sed euntes retrorsum disperserunt so por montana, et ad alia loca tutaminis inexpugnabilia declinarunt. Anglici tamen plures ex eisdem Francigenis post tergum aliorum fugientium venientes ceperunt.

---

[1] Mounplers, D. T.   [2] were shronke, D. T.

A.D. 1355. Prædictusque progressus terribilis et mirabilis in supra descriptis literis plenius continetur; quarum literarum tenores seriose sequuntur :

Tenor vero dictæ literæ domini principis Walliæ talis est.

Letter of the prince of Wales to the bishop of Winchester narrating the raid.

"Reverent piere en Dieu et tres foiable amy, endroit des novels ceaundroites voiletz savoir qe, puis la fesaunce de noz derrains lettres qeux nous vous envoiasmes, accorde estoit¹ par avys et conseil de toutz lez seignurs esteauntz entour nous et de seignurs et barons² de Gascoigne, par cause qe le counte Dermynak estoit chevetein des guerres nostre adversarie et soen lieutenaunt en tout le pais de Lange de ok, et plus avoit greve et destruit les lieges gentz nostre tres honure seignur et piere le roy et son pais qe nulle autre en ycelles parties, qe nous deverons trere vers son pays Dermy-

March through Juliac and Armagnac; f. 128.

"nak. Si alasmes laundroit parmy le pais de Juliak, le quele se rendy a nous od lez forteressez qe dedeinz estoient. Si chivachasmes apres parmy la pays Dermynak, grevantz et destruantz le pais, de qoi lez lieges nostre dit tres honure seignur, as qeux il avoit devaunt greve, estoient mult recomfortez. Et dillesqes passames parmy la terre de la viscountee de la Rivere. Si chivachasmes apres la pays du countec

and through Astarac and Commingues. Arrival at Samatan.

"Dastrak, et dillesqes parmy le countee de Cumenge,³ tanqe a une ville appelle Seint Matau, qestoit le meilour ville du dit countee, la quele ceaux [qe] dedeinz estoient voideront a la venue de noz gentz. Et puis passasmes par la terre le counte de Isele,⁴ tanqe nous venismes a une lieue de Tholouse, od le dit counte Dermynak et aultres grauntz noz enemys estoient assemblez; ou nous demeorasmes par ij. jours. Et

Passage of the Garonne and Ariège.

"dillesqes preismes nostre chemyn et passames en une jour lez ij.⁵ rivers de Gerounde et de Ariage, a une lieue par amount Tholouse, qe sount assez reddez et fortes a passer, saunz gaires perde de noz gentz; et loggasmes la nuyt a

March through the country of Toulouse.

"une lieue de lautre lee de Tholouse. Et preismes nostre chemyn parmy Tholousane, od estoient meyntez bones villes et forteresses ars et destruitz, car la terre estoit mult riche et plentenouse; et si nestoit nul journee qe villes, chasteaux, et forteresces nestoient prises par ascune de noz batailles od

Capture of Avignonet.

"par chescune. Et dillesqes alasmes a la ville de Avinonetes,⁶

---

¹ *estoit*] est, D.
² *barons*] de bar., D.
³ Comenge, D. T.
⁴ Isle, D. T.
⁵ *ij.*] om. D.
⁶ Aunonetes, D.

"qe estoit bien graunt et fort, et fust pris par force; de- *A.D. 1355.*
"deinz quele estoient loggez toutz noz batailles. Si alasmes
"dillesqes a chastiel Naudarry, ou nous venismes la veille de *Advance to Castelnau-*
"Toutz Seintz, et demurrasmes illeosqes le jour de la feste, *dary;*
"tout lost dedeinz logge. Et dillesqes preismes nostre
"chemyn a Carcason, qestoit bieal ville et graunt, et grauntz *and*
"cheveteyns dedeinz et des geantz darmes et comunes *to Carcassonne.*
"a grant nombre; car tout le plus de geantz de pays de
"Tholousane tanqe la estoient fuiz, meas a nostre venue ils
"guerperont la ville et sen fuerent al auncien ville, qestoit
"mult fort chastiel. Si demurrasmes illeosqes ij. jours, tout
"lost dedeinz logge, et le tierce jour entier[1] demurrasmes *Carcassonne burnt.*
"sur lardour de la dit ville, si qe lestoit nettement destruit
"et defait. Et puis chivachasmes tut le pays de Carcasees
"tanqe nous venismes al ville de Nerbone, qestoit noble ville
"et graunt assez, plus qe nestoit Carcasone; la quele lez geantz
"dycelle guerperont et mistrent en chastiel, dedeinz quele
"estoit le viscounte de Nerbone od D. hommes darmes, a ceo *Arrival at Narbonne.*
"come dist est; ou nous demurrasmes ij. jours, tout lost
"dedeinz logge. A quele heure le seint piere manda devers *Papal envoys sent to the*
"nous ij. evesqes, lez qeux manderent a nous pur conduyt *prince.*
"avoir, le quele nous ne lour vodrons ottroier. Car nous ne *f. 128 b.*
"vorrons entrer en tretee nulle, tantqe nous seoussiens la
"volente nostre tres honure seignur et piere le roy,[2] et nome-
"ment par cause qe nous avons novelles qe nostre seignur
"estoit passe la meer ovesqe soen poair. Einz lour reman-
"dasmes par noz lettres qe, sils vorront treter, ils se treassent
"devers luy, et ceo qil nous vorroit comander nous le fer-
"rons; et en tiel manere ils se returnerent. Et illesqes
"preismes nostre counsail vers[3] ou nous purrons mieltz
"trere; et, par cause qe nous avons novels de prisoners et
"aultres qe noz enemys estoient assemblez et venoient apres *The French threaten the*
"nous pur nous combatre, nous retournasmes devers eaux, et *English*
"quidasmes daver eu la bataille deinz les trois jours ensuantz. *rear;*
"Et sur nostre retourn devers eaux, ils se retournerent devers *but retreat*
"Tholouse. Si lez pursuismes a grandes journes tantqe pres *when the English turn*
"Tholouse; od nous preismes nostre chemyn a passer Ge- *to fight.*
"rounde a une ville appelle Carboun, a iij. lleues de Tholouse, *Return*
"od nous demurrasmes une jour et la nuyt suant. Devant *passage of the Garonne*
"la mynuyt nous vindrent novels qe les enemys od tut *at Carbonne.*
"lor poair, cest assaver, le counte Derminak,[4] le conestable

---

[1] *entier*] repeated after demurrasmes, D.
[2] *roy*] r. Dengleterre, D.
[3] *vers*] om. D.
[4] Dermynak, D. T.

"de Fraunce, le marschal Clermound et le prince Dorenge,[1]
"ensemblement od plusors aultres grauntz de ycelles parties,
"estoient venuz de Tholouse et se loggerent a ij. lieues pres
"de nostre arrer gard, od ils perdrent de lour geantz et
"cariages sur lour loggier. Sur queles novels nous treismes
"devers eaux, et sur ceo mandasmes hors mounsire Barthele-
"meu de Burwessche,[2] mounsire Johan Chaundos, mounsire
"James Daudele, mounsire Baudewyn Botour, mounsire
"Thomas de Filtone, et aultres de nostres, a la mountance de
"xxx. gleyves, de noz certefier de certeinete des dits enemis.
"Les queux chivachoient devers eaux, tantqe ils vindrent a
"une ville ou ils troverent cc. hommes darmes de lour, ou
"les queux ils avoient affaire et pristeround de eaux xxxv.
"hommes darmes. Sur quele busoigne les enemys se has-
"toient mult affraement a lour logges, et tindrent lour
"chemyn tut droit a les villes de Lombeys et Sauvetre,[3] les
"queles villes nestoient lun del autre qe demy lieu Engleys;
"devaunt quels nous nous loggasmes mesme la nuyt si pres
"de eaux qe nous purrons veer lor feues en lor logges. Mes
"il y avoit entre eaux et nous une graunde profounde river,
"et de nuyt devaunt nostre venue ils ount debruse les
"pountz, si qe nous ne purrons passer tantqe lendemayn qe
"nous mandasmes noz gentz devaunt pur refaire les dits
"pountz. Et dillesqes lez enemys se treerent a la ville de
"Gymount,[4] od nous venismes le jour qils y vindront;
"et, devaunt qils purroient entrer la dite ville, noz geantz
"pristrent et tuerent tut plain de lour. Et mesme cele nuyt
"nous loggeasmes devaunt la dite ville et demurrasmes
"illesques lendemeyne tut le jour, entendantz daver eu la[5]
"bataille. Et le dit jour, estoions armes, od toutz noz
"batailles, es champs devaunt le solail levaunt; ou nous
"vindrent novels qe devaunt jour la plus graunt partie de
"lor host estoient departiez, meas lez cheventeynes demurre-
"rent en pees en la dite ville, qestoit graund et forte pur
"tenir encountre multz des geantz. Et apres celles novels
"nous retournasmes a noz logges, et preismes consail qe
"mieltz nous serroit affeare. Sur qoi nous nentendismes pas
"qils vorront aver le bataille, accordeux estoit qe nous nous
"deveroms trere devers noz marches, en manere et[6] solonc
"ceo qe mounsire Richard de Stafforde vous savera plus[7]

---

[1] Dorrenge, D.
[2] Burghwessche, D.; Burg-wessche, T.
[3] Sauveterre, D.
[4] Gymound, D.
[5] *la*] om. D.
[6] *et*] om. D.
[7] *sav. plus*] om. D. T.

" plainement dire qe nous ne vous puissons escrivere ; a qi
" voilletz de cestes choses et toutz aultres qil dirra et mons-
" tera de par nous doner foi¹ et credence. Reverent piere en
" Dieu et tres fiable amy, Luy tout puissant vous eit toutz jours
" en sa garde. Done soutz nostre secre seal a Burdeaux, le
" jour de Noel."

[" Reverend father in God and right trusty friend, in respect
" of news of these parts, please you to know that, since the
" writing of our last letters which we sent unto you, it was
" agreed by advice and counsel of all the lords being with us
" and of the lords and barons of Gascony, by reason that the
" count of Armagnac was leader of the wars of our adversary
" and his lieutenant in all the land of Languedoc and had
" more oppressed and destroyed the liegemen of our most
" honoured lord and father the king and his land than any
" other in those parts, that we should draw towards his land of
" Armagnac. So, in regard thereto, we went through the land of
" Juliac, which yielded to us with the strongholds which were
" therein. So we rode afterwards through the land of Arma-
" gnac, harrying and wasting the country, whereby the lieges
" of our said most honoured lord, whom the count had before
" oppressed, were much comforted. And from thence we
" passed through the land of the viscounty of La Rivière. So
" we rode afterwards through the county of Astarac, and from
" thence through the midst of the county of Commingues, even
" to a town called Samatan, which was the best town of the
" said county, and which those which were within deserted at
" the coming of our people. And then we passed by the land
" of the count of Lisle, till we came to a league's distance of
" Toulouse, where the said count of Armagnac and other great
" men of our enemies were gathered ; and there we tarried two
" days. And from thence we took our march and crossed in
" one day the two rivers of Garonne and Ariège, one league
" above Toulouse, which are very stiff and strong to pass,
" without losing scarce any of our people; and we lodged the
" night a league the other side of Toulouse. And we took our
" road through the land of Toulouse, where were many goodly
" towns and strongholds burnt and destroyed, for the land was
" very rich and plenteous ; and there was not a day but towns,
" castles, and strongholds were taken by some one of our battles
" or by each one. And from thence we went to the town of
" Avignonet, which was very great and strong, and it was

---

¹ *foi*] plein foie, D.; plein foi, T.

A.D. 1355. "taken by storm; and therein were lodged all our battles. So
"we went from thence to Castelnaudary, whither we came on
"the eve of All Saints, and we abode there the day of the
"feast, all the host being lodged therein. And from thence
"we took our road to Carcassonne, which was a fair city and
"great, and great chieftains were therein and men of arms and
"commons in great number; for all the greater part of the
"people of the land of Toulouse were fled thither, but at
"sight of us they forsook the city and fled to the old city,
"which was a very strong castle. So we stayed there two
"days, all the host being lodged within, and the whole of the
"third day we remained for burning of the said city, so that
"it was clean destroyed and undone. And then we rode
"through all the land of Carcassonne until we came to the city
"of Narbonne, which was a noble city and of fair size, greater
"than Carcassonne; which the people of the same did for-
"sake and betook them to the castle, wherein was the viscount
"of Narbonne with five hundred men of arms, as was said;
"and there we abode two days, all the host being lodged therein.
"And at this time the holy father sent to meet us two bishops,
"which sent unto us to have conduct, which we would not
"grant unto them. For we would enter into no treaty, until
"we should know the will of our much honoured lord and
"father the king, and specially by reason that we had news
"that our lord was passed the sea with his power. But we
"sent back word to them by our letters that, if they should
"wish to treat, they should draw towards him, and that which
"he would command us, we would do it; and in such manner
"they turned back. And there we took our counsel whither
"we might best draw; and, by reason that we had news from
"prisoners and others that our enemies were gathered together
"and were coming after us to fight us, we turned again to
"meet them, and thought to have had the battle in the three
"days next following. And on our turning back towards
"them, they turned again towards Toulouse. So we pursued
"them in long marches near to Toulouse; where we took our
"road to pass the Garonne at a town called Carbonne, at
"three leagues from Toulouse, where we tarried a day and the
"night following. Before midnight there came unto us news
"that the enemy with all their power, to wit, the count of
"Armagnac, the constable of France, the marshal Clermont,
"and the prince of Orange, together with many other great
"men of those parts, were come from Toulouse and were camped
"at two leagues distance from our rear guard; and there they
"lost some of their men and waggons at their camping. And
"upon this news we drew towards them, and thereon we sent

"forth my lord Bartholomew of Burghersh, my lord John
"Chandos, my lord James of Audley, my lord Baldwin Botour,
"my lord Thomas Felton, and other of our men, to the num-
"ber of thirty lances, to certify us of the certainty of the said
"enemy. And they rode towards them, until they came to a
"town where they found two hundred men of arms of their
"side, with whom they fought and took of them five and thirty
"men of arms. Upon which doings the enemy hasted sore
"afraid to their quarters, and held their road right to the cities
"of Lombez and Sauveterre, which towns were distant the one
"from the other only half an English league; and before them
"we encamped that same night so near to the enemy that we
"could see their fires in their quarters. But there was between
"them and us a great deep river, and on the night before our
"coming they broke down the bridges, so that we might not
"pass over until on the morrow we sent our people on before
"to remake the said bridges. And from thence the enemy
"drew to the town of Gimont, whither we came the day that
"they came; and, before that they could enter the said town,
"our people took and slew full plenty of them. And on that
"same night we camped before the said town and abode there
"on the morrow the whole day, thinking to have had battle.
"And the same day we stood in arms, with all our battles, in
"the fields before sunrise; where there came unto us the news
"that before daylight the greater part of their host had gone
"away, but the leaders remained in quiet in the said town,
"which was great and strong to hold against much people.
"And after this news we returned again to our quarters and
"took counsel what were best for us to do. And, forasmuch
"as we perceived that they would not have fighting, it was
"agreed that we ought to draw toward our marches, in manner
"and according as my lord Richard of Stafford will know how
"to tell you more at large than we could write unto you; to
"whom please you, in these matters and in all others which
"he shall tell and show as from us, to give faith and credence.
"Reverend father in God and right trusty friend, may He who
"is almighty have you ever in his keeping. Given under our
"privy seal at Bordeaux, on Christmas day."]

*Tenor vero dictæ literæ domini Johannis de Wyngfeld, militis,
talis est.*

"Mounseignur, qaunt as novelles devers noz parties, vous
"please entendre qe mounseignur le prince et toutz les
"countes, barons, baneretz, chivalers, et esquiers estoient, au
"fesaunce du cests, en bone sanite. Et mounseignur naad en

Letter of sir John Wyng- field to the bishop of Winchester.

A.D. 1355.

"tout ceste viage perdu[1] nul chivaler ne esquier si noun mon-
"sire Johan de Lysle,[2] qe fenst tuez mult merveilousement

Narrative of the prince's raid.

"dun quarel le tierce jour qe nous entrasmes en lez terres de
"noz enemys, et morust le xvme jour Doctobre. Et, mounsei-
"gnur, vous please savoir qe mounseignur aad chivache parmy
"le countee Dermynak, et aad pris illesqes plusours villes en-
"closez et lez aad ars et destruitz, horspris certeines villes
"qil aad establi. Et puis il ala en la viscounte de Ryver,
"et prist une bone ville qaad a noun Pleasance,[3] qest chief
"ville du pays, et laad ars et destruit et tut la pays
"environ. Et puis il ala en la countee de Astrik,[4] et
"prist plusours villes et gasty et destruit tout le pays.
"Et puis en la countee de Comenge, et prist illesqes plusours
"villes et lez fist ardre et destruire et tout le pays, et prist
"la chief ville qaad a noun Seint Matan, et est ausi
"graunt ville come Norwich.[5] Et puis entra en la[6] countee
"de Lylle,[7] et prist partie[8] de villes enclosez, et fist ardre
"et destruire plusors bones villes trespassez. Et puis entra[9]
"en la seignurye de Tholouse, et[10] passames la ryver de

f. 129 b.

"Gerounde et[11] une aultre,[12] une lieue amount Tholouse, qest
"mult graunt, car noz enemys avoyent debrusee toutz les
"pountz dune part Tholouse et daultre, forsqe pris lez
"pountz en Tholouse, qe[13] la ryver va parmy la ville. Et le
"conestable de Fraunce, le marschal de Clermound, le counte
"Dermynak, estoient, od graunt poair, en la dite ville a
"mesme le heure. Et la ville de Tholouse est mult graunt,
"fort,[14] et beale, et bien enclose. Et il navoit nully en nostre
"host qe unqes savoit que illesqes, mais par la grace de[15]
"Dieu qe homme la trovast. Et puis il ala parmy la seignurye
"de Tholousane, et prist plusors bones villes encloses et les
"aad ars et destruitz et tut le pays environ. Et puis entrasmes
"en la seignurye de Carcasoun,[16] et plusors bones villes preismes

Capture of Carcassonne;

"avaunt qe nous venismes a Carcasoun et prist la ville de
"Carcasoun, qest plus graunde, plus forte, et plus beale qest[17]
"Everwyk. Et tout cele ville et toutz lez aultres villes el pays
"fusrent[18] ars et destruitz. Et puis passames par plusors

---

[1] *perdu*] om. T.
[2] Lisle, D.
[3] Pleasaunce, D.
[4] Dastryk, D.
[5] Norwyche, D.
[6] *la*] om. H.
[7] Lisle, D. T.
[8] *partie*] graunt p., D.
[9] *entra*] om. D. T.
[10] *et*] ala et, D.
[11] *et*] a, D. T.
[12] *aultre*] aultre ryver, D.
[13] *qe*] om. D.
[14] *fort*] et f., D.
[15] *de*] om. D.
[16] Karkasone, D.; Carkasoune, T.
[17] *qest*] qe, D.
[18] *fusrent*] om. H. T.

"journees, tantqe nous seusmes¹ passez le pays de Carcasoun, et
" entrasmes en la seignurye de Nerbon, et preismes plusors
" villes et les² gastasmes, tantqe nous venismes a Nerbon. Et
" la ville de Nerbon se tenoit et feust gaigne par force. Et la
" dit ville est poy meindre de Loundres, et est sur la meer de
" Grece, et y naad de la dite ville a la haut meer de Grece qe
" ij. petitz lieues. Et il y aad port de meer et arivaille, dount
" la eawe vient a Nerboun. Et Nerbon nest qe xv. lieues de
" Mountpellers,³ xviij.⁴ de Egemort, et xxx. de Avinoun.⁵ Et
" vous please savoir qe le seint piere manda ses messages a
" monseignur, qe ne fusrent qe vij. lieues de luy. Et lez messages
" manderent une serjaunt darmes, qe feust serjaunt darmes dez
" huys de la chambre le seint piere, od lours lettres a moun-
" seignur, empriantz qils purroient avoir conduyt de venir
" a mounseignur, monstrantz a luy lour message del seint piere,
" qe feust pur treter entre mounseignur et ses adversaries de
" Fraunce. Et le dit messager estoit ij. jours en lost avaunt qe
" mounseignur lui voleit veer od rescevre ses lettres. Et ceo
" fust lenchesoun, qe monseignur eust novells qe le poair de
" Fraunce estoit venuz hors de Tholouse dencoste Carcasoun,
" issint qe mounseignur voudroit turner arere sur eaux sodeyne-
" ment; et ensi fist. Et le tierce jour, qaunt nous deveroms
" avoir venir sur eaux, ils avoient novels de nous devaunt le
" jour, et lour retreerent et disparirent devers les montaynes
" et les forces, et alerent as graundes journees devers Tholouse.
" Et lez geantz du pays qe fusrent lour guydes de lour amesner
" cele chemyn, partie de eaux fusrent pris a lour retourner de
" eaux. Et purceo qe le serjaunt darmes le seint piere feust en
" ma garde, jeo luy fice examiner les guydes qe feurent ensi
" prisez; car le guyde qil examina feust le guyde le conestable
" de Fraunce, celle native, et il purroit bien veer et conustre le
" contenance de lez Fraunceis par lexaminement. Et jeo disoi
" al dit serjaunt qil purroit bien dire a seinte piere et toutz ⁶
" les aultres de Avinoun⁵ ceo qil avoit veu et oy. Et qaunt
" al respounse qe mounseignur fist as messages, vous tiendrez
" bien paiez si vous seussez tut la manere. Car il ne voleit
" scoffrir en nul manere les dits messages venir plus pres de
" luy; meas, sils voudront riens treter, qils mandassent au
" roy mounseignur, et qe mounseignur ne voleit rien feare
" si ne soit par comaundement du roy mounseignur, ne⁷ oyer

A.D. 1355.

and of Narbonne.

Arrival of a messenger from papal envoys.

The French threaten the rear of the English who turn to meet them.

f. 130.

The French retire on Toulouse.

Capture and examination of native guides.

The prince of Wales's answer to the envoys.

---

¹ *tantqe n. seumes*] fusmes, D.
² *les*] om. D. T.
³ Mountpellcres, D.
⁴ *xviij.*] et xviij., D.
⁵ Avynoun, D. T.
⁶ *toutz*] a toutz, D.
⁷ *ne*] ne voleit, D.

"nul tretee sauntz son maundement. Et del retourner
"mounseignur apres ses enemys, et del passage de Geroundo,
"et de lez prises de chastiels et villes en cele chemyn, et
"de aultres choses qil aad fait sur ses enemys en pursuant
"de eaux, qe sount mult bieles et honurables, come plusours
"geantz entendont, en manere come mounsire Richard de
"Stafforde et mounsire William de Burtoun saveront plus
"pleinement monstrer, qe jeo ne vous puisse par lettre
"maunder, car ceo serroit trop pur escrivere la manere.
"Et mounseignur chivacha sur ses¹ enemys viij. simaignes
"entiers, et ne sojourna en toutz lieus forsqe xj. jours. Et
"entenke en certein qe, puisqe ceste guerre comencea devers
"le roy de Fraunce, y nont unqes tiel part eu tiel destruccion
"come il aad eu a ceste chivachee. Car lez pays et lez bones
"villes qe sount destruitz a ceste chivache trova a roy de
"Fraunce plus chescun an a maintenir sa guerre qe ne fist
"la moite de soun roialme, horspris leschaunge qil fist
"chescun an de sa monee et lavauntage et custume qil
"prent du celle de Peyto, come jeo vous saveray monstrer
"par bone remembraunce qe furent trovez en diverses
"villes en les hostez de resceivours. Car Carcasoun et Le-
"moignes, qest ausi graunt come Carcasoun, et ij. aultres
"villes de coste Carcasoun, troveront chescun an au roy de
"Fraunce lez gages de mil hommes darmes et, oultre ceo,
"c. mil escutz veux, pur maintenir sa guerre. Et entenke,
"par lez remembraunces qe nous trovasmes, qe les villes en
"Tholousane qe sount destruitz et lez villes en Carcasoun
"et la ville de Nerbon et de Nerbendoys² troverent chescun
"an, ou la summe susdite, en eaide de sa guerre, cccc. mil
"escutz veux, come bourgeos de les graundes villes et aultres
"geantz du pays, qe devcroient avoir bone conissaunce, nous
"ount dit. Et, par laide de Dieu, si mounseignur eust
"de qoi de maintenir ceste guerre et de faire lo profit le³
"roy et son honur, il enlargisseroit bien lez marches et
"gaigneroit plusors lieus; car noz enemys sount mult estonez.
"Et a fesaunce du cestes monseignur avoit ordeyne de
"maunder toutes lez countes et totes les baneretz a de-
"meorer a diverses lieus sur les marches, pur feare chivaches
"et grever ses enemys. Mounseignur, aultres novells a
"present ne vous say mander; meas voz volentes qe vous
"plerra devers moy, toutz jours le moy voilletz⁴ par voz
"lettres comaunder, come a le vostre a tout mon poair.

---

¹ ses] les, D. T.
² Nerbondoys, D.
³ le] du, D.; de, T.
⁴ qe vous . . . voilletz] om. D. T.

"Moun tres honurable seignur, bone vie, joye, et sainte
" vous doigne Dieu et longe. Escrite a Bourdeaux, le Mes-
" credy proschein devaunt Noel."

. [" My lord, as to news on our side, please you to know that
" my lord the prince and all the earls, barons, bannerets,
" knights, and squires were, at the writing hereof, in good
" health. And my lord hath not lost, in all this march, knight
" or squire, save only my lord John of Lisle, who was slain right
" wonderfully by a quarrel on the third day that we entered
" into the land of our enemies, and died on the 15th day of
" October. And, my lord, please you to know that my lord
" hath ridden through the country of Armagnac, and hath
" taken there many walled towns and hath burnt and destroyed
" them, save certain towns which he hath strengthened. And
" then he went into the viscounty of Rivière, and took a goodly
" town which is called Plaisance, and which is the chief town
" of the land, and he burnt and destroyed it and all the country
" round about. And then he went into the county of Astarac,
" and took many towns and spoiled and laid waste all the land.
" And then into the county of Commingues, and took there
" many towns and made burn and destroy them and all the
" country, and took the chief town which is called Samatan and
" is as great a town as Norwich. And then he entered into the
" county of Lisle, and took a part of the walled towns, and made
" burn and destroy many good towns which he passed through.
" And then he entered into the lordship of Toulouse, and we passed
" the river Garonne and another, a league above Toulouse,
" which is very great, for our enemies had broken down all the
" bridges on the one side of Toulouse and the other, save only
" the bridges in Toulouse, for the river goeth through the midst
" of the city. And the constable of France, the marshal Cler-
" mont, the count of Armagnac, were, with a great power, in
" the said city at that same time. And the city of Toulouse is
" very great and strong and fair and well fenced. And there
" was never a man in our host that knew the ford there, yet, by
" the grace of God, they found it. And then he went through
" the lordship of Toulouse, and took many goodly walled towns,
" and burnt and destroyed them and all the country round about.
" And then we entered into the lordship of Carcassonne, and
" many good towns we took before that we came to Carcassonne
" and took the city of Carcassonne, which is greater, stronger,
" and fairer than is York. And all this city and all the other
" towns in the country were burnt and destroyed. And then we
" marched on for many days, until we had passed beyond the
" land of Carcassonne, and we entered into the lordship of Nar-
" bonne, and took many towns and spoiled them, until we came

A.D. 1355.

A.D. 1355. " to Narbonne. And the city of Narbonne held out and was
" taken by storm. And the said city is little smaller than
" London, and it is on the Greek sea, and from the said city to
" the high sea of Greece is but two short leagues. And there is
" a haven and landing place, the water whereof cometh into
" Narbonne. And Narbonne is but fifteen leagues from Mont-
" pellier, and eighteen from Aigues-Mortes, and thirty from
" Avignon. And please you to know that the holy father sent
" his messengers to my lord, which were but seven leagues from
" him. And the messengers sent a sergeant-at-arms that was
" sergeant-at-arms at the door of the chamber of the holy father,
" with their letters to my lord, praying that they might have
" conduct to come to my lord, showing unto him the message of
" the holy father, which was to treat between my lord and his
" adversaries of France. And the said messenger was two days
" in the host before that my lord would see him or receive his
" letters. And this was the occasion, that my lord had news
" that the power of France was come forth of Toulouse near
" to Carcassonne, so that my lord would turn back upon
" them suddenly; and thus he did. And the third day, when
" we ought to have come upon them, they had news of us before
" day, and they drew away and disappeared towards the moun-
" tains and the strong places, and went by long marches toward
" Toulouse. And of the people of the country which were their
" guides to lead them that road, part of them were taken as
" they came back from them. And because the sergeant-at-
" arms of the holy father was in my keeping, I made him exa-
" mine the guides which were thus taken; for the guide that he
" examined was the guide of the constable of France, of that
" country, and he could well see and know the countenance
" of the Frenchmen by examination. And I said unto the
" said sergeant that he would be able to tell rightly to the
" holy father and all the others of Avignon what he had seen
" and heard. And as to the answer which my lord made to
" the messengers, you would think yourself well paid if you
" knew the whole manner. For he would in no wise suffer the
" said messengers to come nearer to him; but, if they would
" treat at all, they should send to my lord the king, and that
" my lord would do nothing except by command of my lord the
" king, nor listen to any treaty without his order. And of the
" returning back of my lord after his enemies, and of the passage
" of the Garonne, and of the taking of castles and of towns
" on that march, and of other things which he hath done upon
" his enemies in the pursuit of them, the which are right fair
" and honourable, as many people know, in manner as my lord
" Richard Stafford and my lord William Burton will know how

" more at large to declare, I could not tell you by letter, for it
" would be too much to write the whole manner thereof. And my
" lord rode against his enemies eight whole weeks, and sojourned
" not in all those places save eleven days. And know for certain
" that, since this war began against the king of France, there
" was never such loss nor such destruction as hath been in this
" raid. For the lands and the good towns which are destroyed
" in this raid found for the king of France each year more to
" maintain his war than did the half of his kingdom, not reckon-
" ing the exchange which he hath made each year of his money
" and of the profit and custom which he taketh of them of
" Poitou, as I could show you by good records which were
" found in divers towns in the houses of receivers. For Car-
" cassonne and Limoux, which is as large as Carcassonne,
" and two other towns near to Carcassonne, found each
" year for the king of France the wages of a thousand men of
" arms and, besides, one hundred thousand old crowns, to main-
" tain his war. And know that, by the records which we found,
" the towns in the country of Toulouse which are destroyed
" and the towns in Carcassonne and the city and country of
" Narbonne found, each year, over and above the aforesaid sum,
" in aid of his war, four hundred thousand old crowns, as
" the citizens of the large towns and other folk of the country,
" that ought to have good knowledge, told us. And, by the
" help of God, if my lord had wherewithal to maintain this war
" and to do the king's profit and his own honour, he would
" easily enlarge the marches and would win many places; for
" our enemies are sore astonished. And at the writing hereof
" my lord hath ordained to send all the earls and all the ban-
" nerets to abide in certain places on the marches, in order to
" make raids and harass his enemies. My lord, other news at
" this present I know none to send you; but as to your wishes,
" as it shall please you in regard to me, always by your letters
" command me, as one who is yours with all my strength. My
" right honourable lord, may God grant you a good life, happi-
" ness and health, long to continue. Written at Bordeaux, the
" Wednesday next before Christmas."]

Tenor vero alterius literæ per dictum[1] *Johannem de Wyngfeld domino Ricardo de Stafforde, militi, qui fuerat in Vasconia et, ibidem dimissa familia sua, venit in Angliam, directæ, talis est.*

" Tres chier sire et tres fiable amy, endroit des novells puis
" vostre[2] departir, voilletz savoir qe y[3] sount pris et renduz v.

---

[1] *dictum*] dominum, D. T.
[2] *vostre*] nostre, D. T.
[3] *y*] om. D.

A.D. 1356.
sir Richard
Stafford, on
military
movements
in Guienne.

"villes encloses, cest assavoir: Port seint Marie,[1] Cleyrak, Tonyn-
"ges, Burgh seynt Piere, Chastiel Satrat et Brassak; et xvij.
"chastels, cest assavoir: Coiller, Buset, Levynak, ij. chastels
"appellez Boloygnes,[2] qe sount bien pres lun de lautre, Moun-
"joye, Viressch, Frechenet, Mountoundre, Pusdechales, Moun-
"poun, Mountanak, Valeclare, Benavaunt, Lystrak, Plasak,
"Contdestablison, et Moun Ryvel.[3] Et voilez savoir qe
"mounsire Johan Chaundos, mounsire James Daudele, et voz
"geantz qe sount ovesqe eaux, et les aultres Gascoignes qe
"sount en lour companie, et monsire Baldewyn Botort et cele
"companie, et mounsire Renaud Cobham,[4] pristrent la dite
"ville qad a noun Chastel Satrat par assaut, et le bastard de
"Lyle,[5] qe feust capitan de la dite ville, feust tue, auxi come
"ils assaillerent, qe feust ferru od une saete parmy la teste.
"Et mounsire Renaud est retourne arere vers Lanedak, et
"mounsire Baudewin vers Brassak, od lour companye, et
"mounsire Johan et mounsire James et ceaux de lour com-
"panye sount demurrez en Chastiel Sacret et ount assetz de
"toutes maners vivres entre cy et le[6] Seint Johan, si ne soit

f. 131.
"de pessoun fres[7] et chowes,[8] com nous ount mande par lour
"lettres. Sur quey y ne covent pas qe vous pensez de voz
"bones geantz. Et sount en celle ville plus qe ccc. gleyves
"et de ccc. servauntz et cl. archiers. Et ount chivache devaunt
"Agente, et ars et destruitz toutz lours molyns, et auxi ount
"debrusee et ars lours pountz qe aloient oultre Gerounde, et
"ount pris un chastel hors de la dite ville et le ount establi.
"Et mounsire Johan Dermynak et le seneschal Dagenoys,[9]
"qestoient en la ville Dagente,[10] ne voillent une foitz butere
"hors lour teste ne nules de lor geantz; unqore ount ils este
"devaunt la dite ville ij. foitz. Et mounsire Busgaud estoit
"venuz et monsire Ernald Despaigne et Grymotoun de Cham-
"bule, od ccc. gleyves et ccc. servauntz Lombardes, et sount en
"la ville de Musschak[11] qest en Cressy, et nest forsqe une lieu de
"Chastiel Sacret et une lieu de Brassak. Et vous purretz bien
"penser qil avera illeqes bone companie pur assaier chescun com-
"paignoun aultre. Et voilletz savoir qe mounsire Barthelemeu
"est a Coinak ou vj^{xx} hommes darmes del hostiel mounseignur
"et vj^{xx} archiers, et la capitan de la Buche, le sire Moun-
"ferraunt et le seignur de Cortoin, qount bien ovesqe eaux

---

[1] Portseintemarie, D.
[2] Boloynes, D. T.
[3] Rivel, D.
[4] Combham, T.
[5] Lisle, D.
[6] le] om. D.
[7] fres] fers, H.
[8] chowes] clowes, H. D. T.
[9] Dagenois, D.
[10] de Agente, D.
[11] Muschak, D. T.

" ccc. gleyves et vj^{xx} archiers et cc. servauntz, et sount en
" Tailborugh,[1] Tanney, et Rocheforde dez geantz darmes;
" issint qils pount bien estre, qaunt ils sount ensemble, DC.
" gleyves. Et a fesaunce du cestes estoient hors sur une
" chivache vers Aungo[2] et Peyto. Et les countes de Suthfolk,
" Doxnnforde, et de Salusbury,[3] le sire de Mussendene,
" mounsire Elys de Pomers, et aultres Gascoignes ovesqe
" eaux, qe sount bien plus qe D. gleyves, et cc. servauntz et
" ccc. archiers, et estoient a fesaunce du cests vers lez[4] parties
" de Nostre Dame de Rochemade, et ount este hors plus qe
" xij. jours, et nestoient revenuz au departier du cestes.
" Mounsire Johan Chaundos, mounsire James et mounsire
" Baudewyn et ceaux qe sount en lor companye sount auxi
" hors sur une chivache devers lour parties. Mounsire Renaud
" et ceaux de mesoun, od lez Gascoignes qe sount en lor
" companye, sount auxi hors en une chivache vers lours
" parties. Le counte de Warewik[5] aad este a Tonynges et
" a Clerak, au prendre ycelles villes; et est a fesaunce du
" cestes devers Mermande, pur destruire lours vives et tout
" aultre chose qil purra destruire de eaux. Mounseignur
" est a Leybourne, et le sire de Pomers a Frensak, qe nest qe
" un quarter dun lieu de Leybourne. Et lez geantz moun-
" seignur gisoient auxi bien a Seint Milioun come a Leybourne.
" Et mounsire Berard de Bret est illeosqes ovesqe lui. Et
" mounseignur gaite novells le quels y[6] deyt aver, et, solonc
" lez novels qil avera, il se tretera od il semble qe mieltz
" soit pur[7] son honur. Au fesaunce du cestes le counte
" Dermynak estoit a Avinoun,[8] et le roy Daragon[9] est
" illesqes. Et toutz aultres parlaunces qe fusrent en diverses
" lieus, dont vous en avetz conisaunce, jeo ne vous say
" mander a fesaunce du cestes. Tres chier sire, aultre chose
" ne vous say mander,[10] meas qe vous pensetz denvoier novels
" a mounseignur a le pluistot come en nulle manere bone-
" ment purretz. Tres chier sire, nostre Seignur vous doigne
" bone vie et longe. Escrite a Leybourne, le xxij^{de} jour de
" Janever."

["Right dear lord and right trusty friend, touching news since
" your departure, please you to know that there are taken and

---

[1] Tailburgh, D.
[2] Ango, D.
[3] Doxenforde et de Saresbirs, D.; Doxenforde et de Saresbury, T.
[4] lez] om. D.
[5] Warrewyk, D.; Warewyk, T.
[6] y] il, D.
[7] pur] sour, D. T.
[8] Avynoun, D.
[9] Darragoun, D.
[10] vous say mander] s. m. a vous, D. T.

A.D. 1356. "surrendered five walled towns, to wit: Port-Sainte-Marie,
"Clairac, Tonneins, Bourg-Saint-Pierre, Castelsagrat, and
"Brassac; and seventeen castles, to wit: Coiller, Buzet, Levy-
"nac, two castles called Boulogne, which are close together,
"Montjoie, Viresch, Frechenet, Montendre, Pusdechales, Mont-
"pont, Montignac, Vauclaire, Benevent, Listrac, Plassac, Con-
"destablison, and Montréal. And please you to know that
"my lord John Chandos, my lord James of Audley, and your
"men that are with them, and the other Gascons that are in
"their company, and my lord Baldwin Botetort and that com-
"pany, and my lord Reginald Cobham, took the said town
"which is called Castelsagrat by assault, and the bastard of
"l'Isle, that was captain of the said town, was slain, as they
"were assaulting, and was stricken with an arrow through the
"head. And my lord Reginald is returned back towards Lane-
"dac, and my lord Baldwin towards Brassac, with their com-
"pany, and my lord John and my lord James and those of their
"company have remained in Castelsagrat, and have enough
"of victuals between this and St. John's day, save fresh fish
"and greens, as they have sent us word by their letters.
"Wherefore you need not concern yourself about your good
"folk. And there are in that town more than three hundred
"lances and three hundred foot soldiers and one hundred and
"fifty archers. And they have ridden before Agen, and have
"burnt and destroyed all their mills, and also have broken down
"and burnt their bridges which went over the Garonne, and have
"taken a castle without the said town and have fortified it.
"And my lord John of Armagnac and the seneschal of Agenois,
"that were within the town of Agen, would not once put out
"their heads, nor any of their men; yet have they been before
"the said town twice. And my lord Boucicaut came, and my
"lord Ernald of Spain, and Grismouton of Chambly, with three
"hundred lances and three hundred Lombard soldiers, and are
"in the town of Moissac, which is in Quercy, and is but a
"league from Castelsagrat and a league from Brassac. And you
"may well think that there will be a goodly company there for
"each man to make trial of his comrade. And please you to
"know that my lord Bartholomew is at Cognac with six score
"men of arms of my lord's household and six score archers,
"and the captal de Buch, the lord Monferrand and the lord of
"Curton, which have with them full three hundred lances and
"six score archers and two hundred soldiers, and there are in
"Taillebourg, Tonnay, and Rochefort some troops; so that they
"may well be, when they are gathered together, six hundred
"lances. And at the writing hereof they were gone out on a
"raid towards Anjou and Poitou. And the earls of Suffolk,

"Oxford, and Salisbury, the lord of Mucidan, my lord Elie
"de Pommiers, and other Gascons with them, which are full
"more than five hundred lances, and two hundred soldiers and
"three hundred archers, were at the writing hereof towards
"the parts of Notre Dame de Rochemade, and have been out
"more than twelve days, and were not returned back at the
"sending of these presents. My lord John Chandos, my lord
"James, and my lord Baldwin, and those that are in their com-
"pany are also gone forth on a raid toward their side. My lord
"Reginald and they of the household, with the Gascons which
"are in their company, are also gone forth on a raid toward
"their side. The earl of Warwick hath been at Tonneins and
"at Clairac, at the taking of those towns; and he is, at the
"writing hereof, toward Marmand, to destroy their victuals
"and all other things of theirs that he can destroy. My lord
"is at Libourne, and the lord of Pommiers is at Fronsac, which
"is but a quarter of a league from Libourne. And the people
"of my lord lie as well at Saint-Émilion as at Libourne. And
"my lord Bérard of Albret is there with him. And my lord
"watcheth for news which he ought to have there, and, accord-
"ing to the news that he shall have, he will dispose himself as
"seemeth best for his honour. At the writing hereof the count
"of Armagnac was at Avignon, and the king of Aragon is there.
"And all other reports which were in divers places, whereof
"you have knowledge, I cannot send you at the writing hereof.
"Right dear lord, other thing I know not to send unto you,
"save that you bear it in mind to send news to my lord the
"soonest that in any way you well can. Right dear lord, our
"Lord grant you a good life and long. Written at Libourne,
"the twenty-second day of January."]

Nota prospera nova de Vasconia sub principe Walliæ contingentia.

Infra mensem post festum Paschæ, anno Domini millesimo CCC^{mo}LVI^{to}, contingens xxiiij^{to} die mensis Aprilis, in Vasconia venerunt ad ligeanciam regis Angliæ dominus de Camound, dominus Johannes Callard,[1] dominus de Leymulle, dominus Gaillardus Durfort,

Submission of certain Gascon lords to the prince of Wales.

---

[1] Callad, D.

dominus de Greynoles, et dominus Bertrandus Dureford, cum xxx. castris, villis clausis, et fortaleciis.[1] Item, villa quædam, vocata la[2] Masse, situata juxta flumen de Gerounde, reddita fuit domino principi Walliæ. Item, comes de Warewyk subjugavit dictioni regis Angliæ quandam villam clausam in Kersyn, vocatam Mirabeu, cum castro fortissimo.

Qualiter rex Angliæ recuperavit villam de Berwyk[3] captam a Scotis.

Tertio decimo die mensis Januarii, anno prædicto Domini, nobilis rex[4] Angliæ ad castrum de Berewyk, per Anglicos, domino Waltero de Manny[5] milite ipsorum capitaneo, custoditum, pervenit. Ante cujus adventum dictus dominus Walterus habuerat ibidem plusquam cxx. homines de foresta de Dene et aliis partibus Angliæ fodientes viam subterraneam, per quam Anglici possent[6] introire in dictam villam. Mane autem facto, dominus rex præcepit quod ad castrum a nautis per mare ab aliisque per terram Scotis in villa undique daretur insultus. Scoti vero, hoc perpendentes, timuerunt, et statim quidam de majoribus ex eisdem clamaverunt ad dictum dominum Walterum de Manny,[5] tunc vagantem super muros castri et parantem se cum aliis ad dandum ipsis Scotis insultum, et rogarunt humiliter supplicando quod sibi placeret ipsos in castrum[7] retroducere coram rege, ut possent habere personale colloquium cum eodem. Postea dicti Scoti, de permissione domini regis, ad ipsius præsentiam introducti, se ad terram prosternentes, recognoverunt captionem dictæ villæ de Berewyk fatue fuisse factam,

---

[1] *fortaleciis*] fortalneis, H.; fortalenis, D. T.
[2] *la*] om. D. T.
[3] Berewyk, D.
[4] *rex*] dominus rex, D.; dom. nob. rex, T.
[5] Mauny, D. T.
[6] *possent*] possunt, D. T.
[7] *in castrum*] om. D. T.

gratiamque et misericordiam petentes, humiliter supplicarunt quod suæ excellentiæ dignaretur ipsos ad gratiam suam recipere, et dictam villam et claves ipsius sibi liberando protinus reddiderunt. Tunc idem dominus rex, more solito gratiosus, omnes Scotos libere abire permisit, et villam eandem sic cito et leviter sine sanguinis effusione recuperavit, suo imperio subjugatam.

Qualiter dominus Edwardus de Balliolo, noster[1] rex Scociæ, transtulit regnum et coronam Scociæ in regem Anglorum apud Rokesburgh; David rege Scotorum adhuc exsistente in Anglia captivato, qui captus fuerat juxta Dunelmensem civitatem, in festo sancti Lucæ evangelistæ, anno Domini millesimo CCC[mo]XLVI[to].

"Universis pateat per præsentes quod nos Edwardus, Dei gratia rex Scotorum, attendentes qualiter super possessionem regni et coronæ Scociæ, quæ post mortem claræ memoriæ domini Johannis de Balliolo, nuper regis Scociæ, patris nostri, sunt ad nos jure hereditario legitime devoluta, et de quorum possessione ac etiam de homagiis et servitiis tam prælatorum et procerum quam aliorum ipsius regni fuerimus per nonnullum tempus, tanquam de hereditate nostra legitima, investiti, per induratam malitiam et continuatam rebellionem quorumdam inimicorum et rebellium nostrorum dicti regni, qui, contra fidei et ligeanciæ suæ debitum, contra nos hostiliter et proditorie surrexerunt, a diu fuimus et adhuc sumus, contra Deum et justitiam, nequissime impediti; pro quorum recuperatione magnos et graves labores hucusque[2] sustinuimus, nec ad continuationem laborum hujusmodi, attenta debilitate nostri corporis jam urgentis in senium, sufficimus, nec volumus propterea circa hoc ulterius occupari; ac nolentes jus nostrum hujusmodi deperire, nec malitiam ipsorum rebellium transire impunitam, quod absit; pensantesque multiplices benevolentias, gratias et honores, quibus serenissimus princeps et dominus noster carissimus, dominus Edwardus, Dei gratia rex Angliæ et Franciæ, multotiens et liberaliter nos prævenit,[3] ac etiam propinquæ consanguinitatis vinculum,

---

[1] *noster*] om. D.
[2] *hucusque*] om. D.
[3] *prævenit*] pervenit, H. D. T.

"quo ipse et nos noscimur ad invicem fore conjuncti; nec-
"non ob[1] specialem affectionem et sinceram dilectionem, quas
"erga personam suam super omnes alios de sanguine nostro
"merito gerimus et habemus, ac pro eo quod ipse, qui alios
"principes in strenuitate praecellit, melius quam aliquis alius
"poterit malitiam dictorum rebellium, per Dei gratiam,
"refrenare—mero motu ac nostra pura et spontanea voluntate,
"diligenti et matura deliberatione praehabita in hac parte,
"dedimus, concessimus, et praesenti carta nostra confirmavi-
"mus praedicto domino Edwardo regnum et coronam Scociae
"supradicta, una cum dignitate regali, ac insulis maris et
"omnimodis regalitatibus nostris, dominiis, homagiis, et
"servitiis tam praelatorum et procerum quam aliorum, feodis,
"advocationibus episcopatuum, abbatiarum, prioratuum,
"ecclesiarum, ac omnibus aliis et singulis quae ad dicta
"regnum et coronam Scociae ubicumque pertinent seu per-
"tinere poterunt quovismodo, ita plene et integre sicut aliqui
"vel aliquis progenitorum nostrorum, quondam regum Scociae,
"ea retroactis temporibus tenuerunt; ac etiam omnes alias
"insulas adjacentes, de quibus progenitorum nostrorum prae-
"dictorum aliqui[2] aliquo tempore seisiti fuerunt; necnon
"omnia castra, dominia, terras, tenementa, possessiones, et
"jura, quae ad nos, ut praemittitur, tam infra dictum regnum
"Angliae quam in Galwidia[3] et alibi infra praefatum[4] regnum
"Scociae competunt vel competere poterunt jure hereditario,
"vel alio quocumque colore, titulo, sive jure: Habenda et
"tenenda, a die confectionis praesentium, praefato domino
"Edwardo, heredibus et assignatis suis, imperpetuum. Omne
"insuper jus et clameum, quae in regno et corona praedictis,
"una cum dignitate regali et aliis eorum pertinentiis quibus-
"cumque, necnon insulis et aliis castris, dominiis, terris,
"tenementis, possessionibus, et juribus suprascriptis, nobis
"competunt vel qualitercumque competere poterunt, in per-
"sonam dicti domini Edwardi, pro nobis et heredibus nostris,
"exnunc integre et plenarie transferimus, sibi et assignatis
"suis perpetuis temporibus remansura; absque eo quod nos
"vel aliquis heredum nostrorum aliquid juris vel clamei in
"dictis regno et corona Scociae, vel in aliqua parte eorum-
"dem, seu in aliquibus pertinentibus ad eadem, aut etiam
"insulis vel aliis dominiis, terris, tenementis, possessionibus,
"et juribus supradictis, vel eorum aliquo, seu ad ea, erga
"praefatum dominum E[dwardum], heredes, aut assignatos

---

[1] *ob*] ab, D.
[2] *aliqui*] om. H. D. T.
[3] Gawidia, H. T.
[4] *praefatum*] praedictum, D. T.

"suos, exigere, vendicare, seu habere poterimus in futurum; sed omne jus et clameum hujusmodi, quæ ad nos vel heredes nostros in hac parte competunt seu competere poterunt quovismodo, eidem domino E[dwardo], heredibus et assignatis suis, tenore præsentium, remittimus, relaxamus, et omnino quietum clamamus, pro nobis et heredibus nostris, imperpetuum. His testibus: venerabili patre Thoma Dunelmensi episcopo, dominis Leonello et Johanne Ultoniæ et Richemundiæ comitibus, Henrico duce Lancastriæ, Willelmo de Bohoun[1] Northamptoniæ, Rogero de Mortuo mari Marchiæ, Radulpho Stafford et Gilberto de Angos, comitibus, abbatibus de Melros et de Kelchon,[2] Jodworth, et Driburgh, Henrico domino de Percy, Johanne domino[3] de Moumbray, Radulpho domino de Nevile,[4] Waltero domino de Manny,[5] Johanne de Charletoun domino de Powys,[6] Johanne de Grey domino de Retherfelde, Galfrido domino de Say, Willelmo domino de Latymer, Johanne Strivelyn, Thoma de Rokby, Roberto de Erlee, Willelmo de Warenna, Willelmo de Aldeburgh, militibus, et aliis. Datæ apud Rokesborgh,[7] xxv^{to} die Januarii, anno Domini millesimo ccc^{mo}lv^{to}."

"Universis pateat per præsentes quod, cum nos, Edwardus de Balliolo, filius claræ memoriæ domini Johannis de Balliolo, quondam regis Scotorum, dederimus et concesserimus, pro nobis et heredibus nostris, serenissimo principi et domino nostro, domino E[dwardo], Dei gratia regi Angliæ et Franciæ, regnum et coronam Scociæ, per mortem præfati patris nostri jure hereditario ad nos devoluta, una cum dignitate regali et omnibus aliis ad eadem regnum et coronam qualitercumque et ubicumque spectantibus, ac etiam omnes alias insulas Scociæ adjacentes, de quibus aliqui progenitorum nostrorum, quondam regum Scociæ, aliquo tempore præterito scisiti fuerunt; necnon omnia[8] castra, dominia, terras, tenementa, possessiones, et jura, quæ ad nos, tam infra regnum Angliæ quam in Galwidia et alibi infra dominium regni Scociæ, jure hereditario vel alio jure seu titulo quocumque, pertinent vel pertinere poterunt quovismodo; habendum eidem domino E[dwardo], heredibus et assignatis suis, imperpetuum; et insuper omne jus et clameum, quæ in dictis regno et corona Scociæ, et omnibus aliis supradictis, vel in

---

[1] Bohun, D.
[2] Kelchoun, D.
[3] *domino*] om. D.
[4] Nevyle, D. T

[5] Mauny, D. T.
[6] Powis, D.
[7] Rokesburgh, D. T.
[8] *omnia*] om. D.

A.D. 1356. "eorum aliquo, seu ad ea habuimus vel habere possemus, in
"personam præfati domini E[dwardi], pro nobis et heredibus
"nostris, transtulerimus, prout¹ in carta nostra, inde confecta
"et sub sigillo nostro consignata, plenius continetur; sibique
"inde seisinam fecerimus liberari—Nos, ob multiplicatam affec-
"tionem quam erga dictum dominum E[dwardum], suis exi-
"gentibus meritis, firmiter gerimus et habemus, volentes
"securitati suæ et heredum suorum pro futuris temporibus,
"in quantum nobis possibile fuerit, providere, ex abundanti
"remisimus et quietum clamavimus, pro nobis et heredibus
"nostris, præfato domino E[dwardo], heredibus et assignatis
"suis, totum jus et clameum, quæ habuimus vel habere poteri-
"mus in regno et corona prædictis ac etiam in² dignitate
"regali, honoribus, dominiis, castris, villis, maneriis, homagiis,
"fidelitatibus, servitiis, redditibus, proficuis, et quibuscumque
"aliis juribus et possessionibus prædictis, tam videlicet in
"Galwidia³ ac insulis prædictis quam alibi ubicumque fuerint,
"etiam si forte aliquæ dictarum insularum dicantur seu dici
f. 133 b. "possint ad regnum seu coronam Scociæ minime pertinere.
"Et præterea, ut in ea parte omnis ambiguitas amputetur in-
"tentionis nostræ, non exstitit nec exsistit⁴ quod nos vel heredes
"nostri aliquid juris vel clamei de cetero vendicare poterimus
"in præmissis vel in aliquibus ad ea spectantibus quocumque
"modo, etiam si in dicta carta nostra specialiter nullatenus
"exprimantur. His testibus: venerabili domino Thoma Dunel-
"mensi episcopo, et ceteris, ut in superiori carta. Datæ apud
"Rokesburgh, xxvij^{mo} die mensis Januarii, anno⁵ supradicto."

Qualiter rex Angliæ, factus rex Scociæ, a Scotis decipitur.

The king advances into Scotland.

Vicesimo septimo die mensis Januarii, anno prædicto, dictus dominus rex⁶ Angliæ, regno et corona Scociæ in ipsum, ut præfertur, apud Rokesburgh translatis, habens ibidem⁷ tria millia hominum armorum et decem millia hominum armatorum ac plus quam decem millia sagittariorum equitum et totidem peditum, incepit in

---

¹ *prout*] pro, D.
² *in*] om. D.
³ Galwida, H. T.
⁴ *exsistit*] extitet, D.; extitit, T.

⁵ *anno*] an. Domini, D. T.
⁶ *rex*] E. rex, D.
⁷ *ibidem*] om. D. T.

novo regno suo Scociæ ulterius equitare, ac, inter alia vexilla sua regium vexillum Scociæ habuit coram se delatum. Tunc Willelmus Douglas, dominus in partibus illis multum dives, ad ipsum regem veniens et sibi pacifice loquens, in dolo petiit inducias decem dierum, ut interim posset alloqui magnates regni Scociæ et ipsos allicere ad obedientiam et ligianciam ipsius novi regis Scociæ. Dominus autem rex, sicut perfectus in caritate, omnia credens, hujusmodi inducias concessit eidem, et interim, sibi parcendo, omnes terras Patricii de Dunbar, comitis de la Marche, qui dictum regem alias prodidit, per incendium devastavit. Duravit enim exercitus dicti domini regis in latitudine fere per xx. leucas. Et dum dicti decem dies[1] laberentur, præfatus Willelmus Douglas et alii domini de partibus illis citra[2] mare Scoticum omnia quæ potuerunt ad castra et alia secreta loca subterranea cum celeritate transferri fecerunt, et, hoc facto lapsisque decem diebus, fugerunt a facie regis et traxerunt se ad latus, in nemoribus et paludibus latitando. Plures tamen ex eis, casualiter inventi[3] in cavernis saxeis, ab Anglicis capiebantur; et versa vice Scoti Anglicos solivagantes paucos tum ceperunt et aliquos interfecerunt. Dictus vero rex, videns se plurimum circumventum per dolum dicti Willelmi Douglas, omnes terras suas et aliorum dominorum, usque ad mare Scoticum, destrui fecit per incendium, ita quod nihil quod apprehendi potuit incombustum remansit. Victualia quidem ibidem habuit valde pauca; et plures naves de Anglia versus ipsum regem cum victualibus venientes adeo fuerant per tempestates maris horribiliter agitatæ, quod quædam earum, ut dicebatur, perierunt, et quædam ad portus diversos Angliæ redierunt, per tempestatem compulsæ,[4] et quædam ad

---

[1] *dies*] om. D.
[2] *citra*] circa, D.
[3] *inventi*] invcutis, H. D. T.
[4] *compulsæ*] compulsas, D.

A.D. 1356.
The king retires to England.

partes exteras transvehebantur. Sic itaque deficientibus victualibus, dominus rex, pro tunc proposito suo frustrato, rediit in Angliam. Spolia tamen multa et prædam animalium valde magnam redeuntes Anglici abduxerunt; et dominus rex dimisit ibidem Carliolum comitem de Northamptona, cum D^{tis} hominibus armorum et mille sagittariis, et in partibus de Northumberland dimisit episcopum Dunelmensem ac dominos de Percy et de Nevyle, cum aliis dominis de partibus illis in potentia satis magna.

Sir Robert Herle surprised by sir William Douglas.

Domino vero rege, cum toto suo exercitu infra regnum Angliæ exsistente, reverso,[1] dominus Robertus Erle,[2] miles, cum circiter xx. in sua comitiva, declinavit ad quoddam manerium suum, distans a dicto exercitu quasi per quinque leucas, causa majoris recreationis ibidem habendæ quam in exercitu. Circa mediam noctem, cum omnes Anglici essent nudi in lectis deprimentes et minime cogitantes quod in Evangelio scribitur: "Vigilate, quia nescitis qua hora fur venturus est,"[3] venit dictus Willelmus Douglas, cum Scotis suis bene armatis, infra dictum manerium, et tunc, facto clamore, dictus dominus Robertus Erle,[2] excitatus a sompno, nudus pedes, cum camerario suo, vix evasit, et ceteri homines Anglici nudi in lectis suis capiebantur a Scotis.

Captio civitatis Petragoricensis in Vasconia.

Attempt to secure the city of Périgueux by ransom.

Post festum Purificationis Virginis gloriosæ, anno prædicto Domini M^{mo}CCC^{mo}LV^{to}, comes Petragoricensis in Vasconia, timens ne dictus dominus princeps, primogenitus regis Angliæ, sibi subjugaret civitatem Petragoricensem, scripsit fratri suo, cardinali in Romana curia, pro consilio et auxilio super hoc habendo.

---

[1] *reverso*] om. D.
[2] Erlee, D.
[3] Cf. Matt. xxiv. 42, 43; Marc. xiii. 35.

Ad cujus cardinalis rogatum, præhabita in hac parte deliberatione cum aliis cardinalibus, dominus papa Innocentius dicto domino principi literatorie supplicavit quod placeret eidem tolerare dictam civitatem in pace, et pro sua tolerantia daret sibi quantitatem auri ad ipsius arbitrium bene magnam. Cui idem dominus princeps respondendo rescripsit quod dominus rex Angliæ, pater suus, fuit, per Dei gratiam, satis dives et ita abundanter sibi ministravit aurum et argentum quod non indiguit nec voluit pro hujusmodi tolerantia aurum capere nec argentum; sed voluit omnino facere hoc ad quod venit, videlicet, castigare, disciplinare, militari omnes habitatores ducatus Aquitanniæ, dicto domino regi patri suo rebelles, et ad pristinam ipsius ligeanciam, pro suis viribus, revocare, ac sibi obedientes in sua justitia manutenere. Deinde infra paucos dies dicta civitas Petragoricensis per Anglicos, capitaneo de Buche eorum duce, capta est et imperio regis Angliæ subjugata.

Qualiter communitas Attrabacensis noluit obedire regi Franciæ.

Rex Franciæ Johannes, mense Februarii, anno prædicto, misit ad civitatem Attrabacensem, videlicet Arras, pro quodam subsidio vocato *gabul*, ab inhabitantibus dictam civitatem sibi reddendo pro sustentatione guerræ, quæ inter ipsum et dominum regem Angliæ duraverat valde diu. Tunc, habito tractatu super hoc, inter cives civitatis magna discordia oriebatur. Quidam enim de majoribus civibus dictæ exactioni annuere nitebantur. Communitas vero totius civitatis contradixit omnino, asserens se non posse dictum præstare subsidium, quia per dictam guerram sæpius multa gravia dampna sustinuerant per Anglicos sibi illata, et rex Franciæ Johannes nullatenus defendebat eandem, sed onera quasi importabilia multotiens sibi imposuerat, et subsidia habuerat sine fructu, per quæ ipsa communitas adeo fuerat exinanita, quod nequivit amplius talia sustinere. Propter quod extunc ipsa communitas per se voluit vivere et se ipsam in dicta defendere civitate. Et irruit ipsa communitas in xxiiij^{or} de dictis magnis civibus, qui dictum subsidium concedere nitebantur, et occidit eosdem, et statim unum præfecit capitaneum ex se ipsa, et quodlibet artificium per totam civitatem vexillum sibi proprium ordinavit.

Nota de responsione facta per regem Angliæ nuncio domini papæ.

Anno gratiæ M^{mo}CCC^{mo}LVI^{to}, incipiente mense Martii, venit Londonias magister Symon de Sudbury, Anglicus, auditor in palatio apostolico, per dominum Innocentium papam VI^{tum} missus ad regem Angliæ, cum literis credentiæ, qui per quinque septimanas et amplius stetit Londoniis, antequam dominus rex voluit suæ nunciationi sibi expositæ respondere; et tandem responsionem,[1] materiam suæ nunciationis continentem, habuit in hæc verba:

"Sanctissimo in Christo patri, etc., Edwardus, etc.[2] Ve-
"niens ad nos venerabilis vir magister Simon de Sudbury,
"capellanus vester et nuncius, cum literis de credentia, sub
"sancti nominis vestri bulla clausis, intensum[3] desiderium,
"quod ad pacis reformationem inter nos et adversarium nos-
"trum Franciæ sanctitas vestra gerit, et displicentiam quam
"habetis, ex eo quod alias in dicto pacis negocio eadem sanc-
"titas non profecit, eleganter ostendit; adjiciens[4] quod valde
"placeret vestræ clementiæ duos cardinales, hujusmodi pacis
"fervidos zelatores, ad certos diem et locum aptos, prope
"Calesium pro dicto negotio transmittendos, si tunc illuc
"aliquos de nostris cum potestate sufficienti propter hoc des-
"tinare vellemus. Super quo scire velit vestra benignitas

---

[1] *responsionem*] responsione et, D. T.
[2] *Edw. etc.*] om. D.
[3] *intensum*] intentum, D.
[4] *adjiciens*] om. D.

"quod pacem bonam semper habere desideramus et eam fui-
"mus, quantum decuit et plus quam profuit, prosecuti; et
"multis tractatibus consensimus, in quibus, non sine gravissimo
"rerum et temporum dispendio, protracti fuimus inaniter et
"truffati; et demum, ad vitandam effusionem sanguinis
"Christiani et occurrendum malis inæstimabilibus, quæ ex
"continuatione guerræ pervenire poterunt verisimiliter,
"sumpta de præterita conjectura, volentes pacem hujusmodi
"quærere, et, cum magno nostrorum jurium detrimento, ac de
"justitiæ nostræ constantia singulariter confidentes, per con-
"fessorem nostrum sanctitati vestræ mentem nostram super
"hoc aperuimus[1] sub secreto; et, sub concepta efficacis et
"justæ mediationis vestræ fiducia, solempnes nuncios ad sanc-
"titatis vestræ præsentiam, pro dicto pacis negotio, duximus
"transmittendos; et, qualem expeditionem illuc invenerant,
"vestra benignitas satis novit, nam truffati fuimus sicut prius.
"Cum igitur, impellente necessitate, propter hoc resumpseri-
"mus guerram nostram, cujus expeditionem prosequi dis-
"posuimus, sub spe divini præsidii, juxta vires, non intendimus,
"sicuti nec valemus, sine subversione status nostri et guerræ
"nostræ, ut[2] de dampnis et derisione, quibus ex vana mis-
"sione hujusmodi subjaceremus, sicut alias pluries subjecti
"fuimus, taceatur, sub spe fragili et remota tractatus hujus-
"modi, nuncios, jam circa dictam guerram occupatos, trans-
"mittere; nec hoc habet a nobis rationabiliter postulari.
"Super quo nos habere velit, quæsumus, vestra sanctitas ex-
"cusatos; nam, quandocumque nobis oblata cum effectu certa
"et rationabilis via pacis, parati semper erimus illam lætis
"et votivis affectibus affectare, ita quod in nobis non invenie-
"tur, per Dei gratiam, rationabiliter quod culpetur. Conser-
"vet vos, etc. Datæ, etc., ij^{do} die Maii."

A.D. 1356.

De concessione decimæ annalis in concilio provinciali.

Sextodecimo die dicti mensis, anno Domini supradicto, dominus Simon, Cantuariensis archiepiscopus,
in ecclesia Sancti Pauli Londoniarum incepit celebrare
concilium provinciale, in quo rex per nuncios suos
petiit a clero decimam sexannalem. Sed clerus decimam annalem dumtaxat concessit, et episcopi pro
se ipsis biennalem decimam concesserunt.

Grant from the clergy.

---

[1] *aperuimus*] operuimus. H. | [2] *ut*] et, D.

A.D. 1356. *De proditione primogeniti regis Franciæ Johannis, et ipsius regis crudelitate.*

<small>The king of Navarre, the count of Harcourt and others are treacherously seized by the king of France.</small>

Rex Navarriæ, habens infra ducatum Normanniæ multa castra et dominia valde magna, factus est ibidem per regem Franciæ Johannem, in ipso[1] ducatu, ipsius regis et filii sui primogeniti, ducis Normanniæ, tunc etiam dolphini de Vienna, locum tenens; et, cum idem rex Navarriæ eundem primogenitum venientem in Normanniam convivasset, dictus primogenitus præfatum regem Navarriæ comitemque de Harecourt ac plures alios dominos militesque[2] de partibus illis ad convivandum eosdem apud se in castro civitatis Rothomagensis, pacifice eis loquens, in dolo simulata amicitia, invitavit. Et quodam die Martis, in crastino festi sancti Ambrosii, anno Domini supradicto, dictis invitatis simul ad mensam in dicto castro discumbentibus, præfatus rex Franciæ Johannes armatus, cum aliis armatis in multitudine numerosa,[3] subito et inopinate venit et intravit domum, ubi erant sedentes; ac statim in persona propria dictum regem Navarriæ arestavit, ponendo quandam clavam super caput ejus, dictumque comitem de Harecourt et quinque alios milites de dictis simul discumbentibus fecit per alium arestari. Ac ille præfatum regem Navarriæ Parisius misit, ibidem in castro sub carcerali custodia remansurum. Misitque etiam Parisius unum de dictis quinque militibus arestatis, qui dominum Carolum de Spayne, principalem consiliarium dicti regis Franciæ J[ohannis], de præcepto dicti regis Navarriæ occiderat in Normannia, apud villam vocatam Egle; et eundem poni fecit ibidem crudeliter morti diræ. Dictum vero comitem de Harecourt et iiij[or] alios milites, ut præmittitur, arestatos duci fecit coram se extra dictam

<small>f. 135 b.</small>

<small>The king of Navarre sent to Paris.</small>

<small>Summary execution of the count of Harcourt.</small>

---

[1] *ipso*] quo, D.
[2] *que*] om. H.
[3] *numerosa*] universa, H. D. T.

civitatem Rothomagensem versus furcas latronum; et, dum ducerentur, dictus comes supplicavit eidem regi quod dignaretur[1] sibi causam exponere quare ipse et socii sui[2] cum ipso ducti mori deberent, et quod posset habere sacerdotem ad confitendum sibi peccata sua. Tunc idem rex nullam causam mortis ipsorum dicere voluit nec permittere[3] quod sacerdotem haberent, sed præcepit quod coram toto populo suas emitterent confessiones. Sicque ipsos non confessos, nisi soli Deo, fecit crudeliter et inhumaniter per suos satellites decollari; propter quæ corda virorum perdidit valde multa. Quibus enim gestis ad notitiam domini Philippi, fratris domini regis Navarriæ, festinanter perlatis, idem dominus Philippus omnia castra dicti regis Navarriæ in Normannia fecit muniri et fortiter custodiri; duosque milites et duos domicellos misit protinus in Angliam, ad exponendum præmissa domino regi Angliæ, ipsiusque auxilium implorando, et intimandum eidem quod, si in Normanniam cum sua potentia personaliter venire vellet, vel competentem potentiam in auxilium ipsius domini[4] Philippi et aliorum dominorum sibi adhærentium mittere vellet, idem dominus Philippus et omnes sibi adhærentes se et sua sibi redderent et cum ipso tenerent.

Transfretatio ducis Lancastriæ in Normanniam.

Tunc dictus[5] rex Angliæ, præmissis omnibus sibi expositis et super his cum concilio suo habita deliberatione, ordinavit quod dominus Henricus dux Lancastriæ, quem prius capitaneum in Britanniam disposuerat destinasse, cum D^tis hominibus armorum et plus quam totidem sagittariis festinanter in Normanniam

---

[1] *dignaretur*] om. D.
[2] *sui*] om. D.
[3] *permittere*] dimittere, D. T.
[4] *ipsius domini*] dicti, D.; dicti altered to domini, T.
[5] *dictus*] om. D.

transfretaret. Subsequenter idem dominus dux, præparato navigio suo apud Suthamptonam, ac collectis hominibus armorum et sagittariis,[1] præmisit in Normanniam in xlviij. navibus, incipientibus transfretare primo die mensis Junii, septies viginti homines armorum et cc^{tos} sagittarios cum mille et cccc^{tis} equis; quibus omnibus apud Hogges in Normannia transvectis, dictæ xlviij. naves, quinto die postquam inceperant transfretare, apud Southamptonam[2] feliciter sunt reversæ: quod fuerat mirabile reputatum. Dicti vero Anglici sic transvecti, infra sex dies post adventum eorum ibidem, dicto domino Philippo cum sua potentia eorum duce, munitissimam abbatiam de Leske hominibus armorum, balistariis et sagittariis[1] munitam fortiter et defensam, tribus diebus et amplius obsederunt, et tandem per insultum fortissimum debellarunt; et ceperunt ibidem xl. homines armorum et circiter iiij^{xx} balistarios et sagittarios, multasque prædas et spolia abduxerunt.[3] Postea, in vigilia sanctæ Trinitatis, præfatus dominus dux cum residua potestate sua in lij. navibus applicuit apud Hogges in Normannia, ubi illi quos præmisit, ut prædicitur, applicuerunt, et ibidem a dicto domino Philippo cum gaudio receptus est; et in insula de Constantin usque diem Mercurii tunc proximum moram traxit.

De transitu nobilis ducis Lancastriæ per medium Normannorum ad removendum obsidiones castrorum de Pountodomer et Bricoil regis Navarriæ.

" Ces sount lez journees de la chivache monseignur le duk
" de Lancastre en Normandie, qavoit en sa companye monsire
" Johan de Mounfort,[4] qe chalange destre duyk de Bretaigne
" et de lenfaunce avoit este nurry od le roy Dengleterre, et
" avoit D. hommes darmes et viij^e archiers. Et sire Phelipe,
" frere au roy de Navarre, et sire Godefray de Harecourt vindrent a luy od c. hommes darmes de le[5] pays, et Robert

---

[1] *sagittariis*] sagittariorum, D.
[2] Suthampton, D. T.
[3] *abdux.*] et abdux., D.
[4] Mountfort, D. T.
[5] *le*] el, II.; la, D. T.

" Cnolles[1] amesna del Garenstour de Brutayne[2] ccc. hommes
" darmes et D. archiers; si qe mounsire le duyk avoit en toutz
" DCCCC. hommes darmes et mil CCCC. archiers. Et le Mescredy
" proschein devaunt,[3] la feste de[4] seint Johan le baptistre
" se remua del abbeye de Mounteburghe en isle de Con-
" stantin a Carant, hors del isle, v. lieues de la terre, dount
" chescun lieue est plus long qe ij. lieues Dengleterre, et
" demurroit illesqes la veille de la dite feste. Et le Vendredy,
" en la dite feste, il se remua, en passaunt devaunt la forte
" ville de Seintlou, tantqe a Troioye, qest dilleosqes viij.
" lieues de la terre; et la demurroit il le Samady. Et le
" Demynge il se remua a Frossoye, par vij. lieues de la
" terre. Et le Lundy il se remua, en passaunt par devant
" Caame,[5] a la ville Dargentyn, par vij. lieues de la terre.
" Et le Mardy il se remua, en passaunt le pount Corboun,
" qest un tres graunt forteresse et le plus forte passage qe
" soit de realme, en une mareys, par vij. lieues de la terre,
" tantqe al cite de Lyseus. Et le Mekerdy il se remua par
" vj. lieues de la terre tantqe a la ville et le chastiel de
" Pountodomer, qe sount au roy de Navarre. Quel chastiel
" fust assiege ou tres graunt nombre dez geantz darmes et
" arblasters. Et qaunt ils oyeront qe mounseignur le duyk
" estoit passe le dit pount Corboun, ils se fueront de nuyt
" ou trop graunt haste, issint qils lesserount toutz lours
" engynnes et artillers, arblastes, pavys, et aultres herneys
" diverses. Ou il demurroit le Jeofdy et le Vendredy, pur
" refaire les mynes, qils avoient faitz tres biens et tres fortz
" a chastiel si pres qils ne faillerent forsqe de iiij. pees de
" lez mures del chastiel; et fist vitailler le chastel pur un
" an, et myst leinz une chastelyn, monsire Johan de Luk,
" chivaler de Braban, od l. hommes darmes et l. archiers
" de ses gentz demene. Et le Samady il se remua dillesqes
" v. lieues de la terre, al abbeye de Bekharlewyn. Et le
" Dymenge il se remua dillesqes tantqe al ville de Counse,
" par viij. lieues de la terre, od il fist assaut al chastiel et
" gayna la primere garde du chastiel par force et le fist
" mettre en feu. Et le Lundy il sen ala a Brycoyl,[6] qest au
" roy de Navarre, la ou estoit une tres forte chastiel, assege
" par lez enemys le dist roy. Mes, devaunt la venue moun-
" seignur le duyk, ils se departerount dillesqes. Le quele
" chastiel mounseignur fist bien vitailler; et sen ala mesme

A.D. 1356.

f. 136 b.

He marches from Montebourg, 22 June.

At Torigny, 24-25 June.

To Evrecy, 26 June.

To Argences, 27 June.

To Lisieux, 28 June.

To Pont-Audemer, 29 June.

Flight of the enemy engaged in the siege.

To Bec-Hellouin, 2 July.
To Conches, 3 July.

To Breteuil and Verneuil, 4 July.

---

[1] Knolles, D. T.
[2] Bretaigne, D. T.
[3] devaunt] om. D.
[4] de] om. T.
[5] Came, D.
[6] Bricoil, D.; Bricoyl, T.

"le jour ij. lieues dun coste au une graunt ville murre,
"appelle Vernoyl, qest a la countesse de Alassoun.[1] Quele
"ville monseignur gayna par assaut, la ou estoient pris[2]
"plusours prisoners et plusours[3] biens. Et tauntost mesme
"la Lundy il fist assailler une tour en la dite ville de Vernoyl,[4]
"qestoit tres fort et endurra lassaut tout cele jour et le Marsdy
"et le Meskerdy tanqe al houre de prime, quele houre la tour
"luy feust renduz od toutz lez biens dedeinz la tour, en cel
"condicion qils deveroient aver lour vie et nient estre prisoners.
"En quele assaut fusrent plusours Engleys naufrez de quarels
"et de peeres. Quele tour mounseignur fist destruire; et avoit
"illeosqes multz dez biens. Et la dite[5] ville de Vernoyl nest
"qe xviij. lieues de Parys,[6] et est appelle le chief de Normandy.
"Et le Jeofdy mounseignur demurra illeosqes pur refressher sez
"gentz. Et le Vendredy, en retournaunt devers la isle de Con-
"stantyn, mounseignur le duyk se remua a une ville qest
"appelle la Egle, ou mounsire Charles Despayne estoit mys a
"la mort de le roy Johan de Fraunce. Et soun eisne filtz
"dolphyn de Viene,[7] et soun friere duyk Dorlyens, et plusours
"grauntz de la terre, ove viij. mil geantz darmes, arblasters
"et aultres comunes xl. mil, estoient de coste la[8] dite ville
"a une lieue petit dillesqes. Et de par le dit roy viendrent
"a mounseignur le duyk ij. heraudes, qe luy disoient qe le dit
"roy savoit bien qe, par cause qe monseignur avoit si longe-
"ment chivache en son roialme et demurre si pres de luy
"a Vernoil,[9] qil fust venuz pur avoir la bataille, la quele il
"averoit volentiers sil vodroit. Sur qey mounseignur lour
"respoundy qil est venuz en yceles parties pur certains
"busoignes feare, lez quels il avoit bien comply, Dieu
"mercy, et fust en returnaunt la ou il avoit affaire; et,
"si le dit roy Johan de Fraunce luy voleit destourber de
"son chemyn, il serroit prest de luy encountrer. Mais[10]
"apres celle heure il navoit pluis novelx del dit roy.
"Et le Samady il se remua del Egle a la ville Dargentyne.
"Et la Demenge il se remua a la ville de Turreye. Et la
"Lundy il se remua al abbeye de Seint Fromound,[11] ou il
"passa une eawe mult perilouse, qar lez Fraunceys avoient

---

[1] Dallassoun, D.
[2] *pris*] om. D.
[3] Here H. ends imperfectly, a leaf being lost. The rest of the text is supplied from T., collated with D.
[4] Vernoil, D.
[5] *dite*] om. D.
[6] Paris, D.
[7] Vyenne, D.
[8] *la*] de la, D.
[9] Vernoyl, D.
[10] *Mais*] om. D.
[11] Fromond, D.

" rumpez le pount. Et en cele pays lx. hommes darmes et A.D. 1356.
" aultres servauntz estoient en un enbusshment, pur feare le
" mal qils purroient a noz geantz; ove quex xv. de noz
" geantz darmes Dengleterre avoient affeare et lez tuerent Skirmish.
" trestoutz: quele chose feust tuen pur miracle. Et le Marsdy To Carentan,
" mounseignur se remua a Carantan. Et le Meskerdy il vient 12 July;
Montebourg,
" a Mountburgh avauntdit, en la isle de Constantin. Le quel 13 July.
" jour, qaunt monseignur primerment entra la dite isle, Robert
" Cnolles¹ od vij. hommes darmes chivacha devaunt moun-
" seignur, pur luy et sez gentz herberger, et encountra sodeyne-
" ment vj^{xx} hommes darmes, darblasters, brigauntz, et Fraun-
" ceys, qissierent dun chastiel qest en celes parties, pur avoir
" robbe et ars une ville qest a nostre obeisaunce. Et le dit Defeat of the
French by
" Robert et les vij. dits hommes darmes lez tuerent trestoutz, Robert
" horpris iij. qe fusrent pris a raunsoun. Et chescune de lez Knolles.
" ditz villes ou mounseignur estoit herberge feust beale ville,
" graunde, et riche, et chescun jour lez gentz pristerent
" diverses forteresses et mult graunt plente de prisoners et
" de pilages; et a lour retourner amesnerent ovesqe eux M¹M¹
" chivals des enemys; si qe en ceste chivache mounseignur
" aad eu graunt grace et graunt honur, qar unqes nestoit
" vewe si poy de gentz feare tiel chivache en tiele pays, et
" saunz perdre de sez gentz, ent loiez soit Dieu. Escript a
" Mountburgh, le xvj^{me} jour de Juyl, lan du grace mil
" CCCLVI."

[" These are the marches of the raid of my lord the duke of Lan-
" caster in Normandy, which had in his company my lord
" John of Montfort, that claimeth to be duke of Brittany and
" from his youth up had been bred with the king of England,
" and had five hundred men of arms and eight hundred archers.
" And lord Philip, brother to the king of Navarre, and lord
" Godfrey de Harcourt came to him with one hundred men of
" arms of the country, and Robert Knolles brought from Caren-
" toir in Brittany three hundred men of arms and five hundred
" archers; so that my lord the duke had in all nine hundred
" men of arms and fourteen hundred archers. And on the
" Wednesday next before the feast of St. John the Baptist he
" marched from the abbey of Montebourg in the isle of Cotentin
" to Carentan, without the isle, five leagues of the country,
" whereof each league is longer than two English leagues, and
" stayed there the eve of the said feast. And on the Friday,
" on the said feast, he marched, passing before the strong town
" of Saint-Lo, as far as Torigny, which is thence eight leagues

---

¹ Knolles, D.

A.D. 1356. "of the land; and there he stayed the Saturday. And on
"the Sunday he marched to Evrecy, seven leagues of the
"land. And on the Monday he marched, passing before
"Caen, to the town of Argences, seven leagues of the land.
"And on the Tuesday he marched, passing the bridge of Cor-
"bon, which is a very great stronghold and the strongest pass
"in the realm, in a marsh, seven leagues of the land, as far
"as the city of Lisieux. And on the Wednesday he marched
"six leagues of the land, as far as the town and castle of
"Pont-Audemer, which belong to the king of Navarre. The
"which castle was beleaguered by a very great number of men
"of arms and archers. And when they heard that my lord the
"duke had passed the said bridge of Corbon, they fled by night
"with too great haste, so that they left all their engines and
"artillery, crossbows, bucklers, and other divers harness. And
"there he tarried the Thursday and Friday in order to fill up
"the mines, which they had made right well and strong so
"close to the castle that they were but four feet from the
"walls of the castle; and he made victual the castle for a year,
"and set therein a warden, my lord John of Luc, a knight of
"Brabant, with fifty men of arms and fifty archers of his fol-
"lowing. And on the Saturday he marched thence five leagues
"of the land, to the abbey of Bec-Hellouin. And on the
"Sunday he marched thence as far as the town of Conches,
"eight leagues of the land, where he made an assault on
"the castle and won the first ward of the castle by force, and
"made fire it. And on the Monday he marched away to Bre-
"teuil, which belongeth to the king of Navarre, where was a
"very strong castle, beleaguered by the enemies of the said
"king. But, before the coming of my lord the duke, they
"departed thence. The which castle my lord made victual;
"and departed on the same day two leagues aside to a great
"walled town, called Verneuil, which belongeth to the countess
"of Alençon. And this town my lord won by assault; and
"there were taken there many prisoners and much goods. And
"forthwith, on the same Monday, he made assail a tower in
"the said town of Verneuil, which was very strong and with-
"stood the assault all that day and the Tuesday and the Wed-
"nesday until the hour of prime, at which time the tower was
"surrendered to him with all the goods therein, on condition
"that they should have their lives and not be prisoners. And
"in this assault were many English wounded with quarrels
"and with stones. And this tower did my lord make destroy;
"and there was there much goods. And the said town of
"Verneuil is but eighteen leagues from Paris, and is called
"the capital of Normandy. And on the Thursday my lord

" tarried there to refresh his people. And on the Friday, A.D. 1356.
" returning back toward the isle of Cotentin, my lord the duke
" marched to a town which is called Laigle, where my lord
" Charles of Spain was put to death by king John of France.
" And the king's eldest son the dauphin of Vienne, and his
" brother the duke of Orleans, and many great men of the land,
" with eight thousand men of arms, and crossbow-men and
" other commons forty thousand,' were hard by the said town, a
" short league from it. And from the said king there came to
" my lord the duke two heralds, which told him that the
" said king knew well, by reason that my lord had raided
" so long in his realm and tarried so close to him at Ver-
" neuil, that he was come to have battle, which he should
" willingly have if he would. Whereupon my lord answered
" them that he was come into those parts to do certain
" business, which he had well accomplished, thank God, and
" was returning back to the place where he had business;
" and that, if the said king John of France willed to dis-
" turb him from his march, he would be ready to encounter
" him. But after that time he had no more news of the said
" king. And on the Saturday he marched from Laigle to the
" town of Argentan. And on the Sunday he marched to the
" town of Torigny. And on the Monday he marched to the
" abbey of Saint-Fremond, where he passed a river very perilous,
" for the French had broken the bridge. And in this country
" sixty men of arms and other soldiers lay in ambush, to do what
" mischief they might to our people; and with them fifteen of
" our English men of arms fought and killed them all: which
" thing was held for a miracle. And on the Tuesday my lord
" marched to Carentan. And on the Wednesday he came to
" Montebourg aforesaid, in the isle of Cotentin. And on the
" same day that my lord first entered the said isle, Robert
" Knolles with seven men of arms rode to meet my lord, in order
" to quarter him and his men, and on a sudden encountered six
" score men of arms, crossbow-men, brigands, and Frenchmen,
" which had come forth from a castle which is in those parts, to
" have pillaged and burnt a town which is in our obedience.
" And the said Robert and said seven men of arms slew them
" all, save three which were taken at ransom. And each of the
" same towns where my lord had quartered was a fair town,
" great, and rich, and each day the people took divers strong-
" holds and right plenty of prisoners and booty; and in their
" returning back they brought with them two thousand horses
" of the enemy; so that in this raid my lord hath had great
" favour and great honour, for never were seen so few folk make

G G 2

"such a raid in such a country, and without loss of men, praised be God. Written at Montebourg, the 16th day of July, the year of grace 1356."]

Præmissis expeditis, dictus dominus dux Lancastriæ infra paucos dies transtulit cum sua potentia in Britanniam, et ibidem per regem Angliæ capitaneus deputatus remansit. Prædictusque dominus Philippus fraterque dicti regis Navarriæ venit in Angliam ad regem, et fecit sibi homagium suusque ligeus homo devenit.

Sexto decimo die Augusti, anno Domini millesimo $CCC^{mo}LVI^{to}$, comes Flandriæ cum suis Flemengis devicit in bello juxta Malyns ducem Brabanciæ, interfectis ibidem $M^l M^l M^l$ de Brabanciis. Idem comes optinuit villam de Malyns prædictam sibi reddi; et postea devastavit per incendium magnas partes Brabanciæ, usque villam vocatam Mase.

Memorandum quod, a medietate mensis Marcii usque festum Nativitatis sancti Johannis baptistæ, anno Domini supradicto, valde modicum pluit, sed tanta fuit siccitas quod ordea, avenæ, vescæ, fabæ, et alia semina quadragesimalia in multis locis Angliæ modicum vel nihil crescebant. Post dictum vero festum sancti Johannis baptistæ pluit in magna abundantia; et dicta semina, ordea, avenæ, vescæ, et fabæ incipiebant crescere et fuerunt satis alta et spissa, et tamen *edgrowe*.[1]

---

[1] The aftermath.

Nomina interfectorum in prœlio juxta Peyters, comisso inter dominum Edwardum, primogenitum regis Angliæ, principem Walliæ, et regem Franciæ Johannem, xix^{mo} die mensis Septembris, anno Domini millesimo trecentesimo quinquagesimo sexto.

A.D. 1356.

Le duyk de Burboun.
Mounsire Robert Duras.
Le duyk de Athenes,[1]
    le conestable de Fraunce.
Le evesqe de Chalouns.
Le mareschal Clermound.
Le viscounte de Bruse.
Mounsire Gichard de Beauge.
Mounsire Reynaud de Pountz.
Mounsire Geffray Charny,
    le sire de Mathas.
Le viscounte de Richouware.
Le seignur de Baundos.
Mounsire Eustas de Riplemound.
Mounsire Andreu de Charny.
Mounsire Johan de Lysle.[2]
Mounsire Gilliam de Nerbon.
Mounsire Robert de Angest.
Le sire de Chastel Vilayn.[3]
Le sire de Mountreham.
Le sire Dargentyn.
Mounsire Johan de Sawcer.
Mounsire Lowys de Bryche.[4]
Le filtz au seignur de Mountagu.

Et aultres. M^{l}M^l hommes darmes et aultres a nombre de DCCC. et plusours.

---

[1] Dathenes, D.
[2] Lisle, D.
[3] Vilain, D.; Vylain, T.
[4] Briche, D.

A.D. 1356. *Nomina captorum in dicto prœlio et in fuga, die et anno Domini supradictis, sunt hæc:*

Rex Franciæ Johannes.
Dominus Philippus, filius junior regis.
Mounsire Jakes de Burboun de sanguine regio,
    le counte de Pountif.
Le counte de Ewe.[1]
Le counte de Longevyle filtz a mounsire Robert
    Dartoys.[2]
Le counte de Tankervyle.
Le counte de Vendome.
Le counte de Rusby.[3]
Le counte de Vaudemond.[4]
Le counte Denmartin.[5]
Le counte de Nessowe.
Le counte de Ventedoure.
Le counte de Saresburgh.
Le ercevesqe de Sauns.
Le chastelyn de Empost.
Le marschal de Doudenham.
Le viscounte de Nerbon.
Le viscounte de Bedemond.[6]
Le filtz au counte Daunser.
Le frere a counte de Ventdome.[7]
Le sire de Mountagu.
Le sire de Tyger.
Le sire de Rochefordred.
Le sire de Valoyse.[8]
Le seneschal de Seintonge,
    mounsire Gichard Dacres.
Mounsire Morys Matynet.
Le captain de Peyters.[9]

---

[1] Eawe, D.
[2] Dartòis, D.; de Artoys, T.
[3] Rousby, D.
[4] Vaudemound, D.
[5] Denmartyn, D.
[6] Bedemound, D
[7] Vemdome, D.
[8] Valoys, D.
[9] Peiters, D.

Le sire de la Tour.
Le sire de Dureval.
Le sire de Ville Hernale.[1]
Le sire de Crowe.
Mounsire Aleyn de Moundtendre.
Le sire de Maugleyr.[2]
Mounsire Johan de Blaunche.
Le sire Daubeneye.
Le syre de Sully.

Et aultres chivalers et esquiers, plus qe M^{l}M^l hommes darmes.

Nomina captorum, die Sabbati proxima ante dictum prœlium, in via ducente de Chaveny versus Peyters.

Le counte Daunser.
Le counte de Juny.
Le marschal de Burgoyne.[3]
Item mortz et pris entour cc. et xl. hommes darmes.

Item, memorandum quod, per quindecim dies ante prædictum prœlium, in Saloyne apud Romerantyn, captis villa et castro per obsidionem dicti[4] domini principis, capti fuerunt ibidem:

Le sire de Cran Brutoun.
Mounsire Bursyngaud.

Et aultres chivalers et esquiers et geantz darmes enviroun iiii^{xx}.

Item, en venant vers[5] Romerantyn estoient pris de Frauncois entour vj^{xx}. hommes darmes.

---

[1] Hernail, D.
[2] Maugleir, D.
[3] Burgoygne, D.
[4] *dicti*] om. D.
[5] *vers*] pres, D.

INDEX.

A.

Abbeville, French army posted at, before the battle of Crécy, 216, 368, 371.
Agenois, seneschal of [Robert d'Houdetot?], at the siege of Aiguillon, 251.
Aids and subsidies, 63, 66, 73, 77, 80, 82, 85, 104, 118, 156, 221, 242, 431, 459.
Aiguillon, in Agenois, taken, in 1345, by the English, 249, 251; besieged by the French in 1346, but the siege raised, 217, 249, 357, 372, 374; names of French leaders at the siege, 250; strengthened by the English, 373, 375.
Albret, [Arnaud?] sire d', attempts to relieve Saint-Jean-d'Angély and fights the French near Saintes, 413.
Albret, Bernard Ezi, sire d', offers to support the English in Aquitaine, 121, 122; serves with the English, 218, 243, 373, 375.
Albret, Bérard, or Bernardet d', serves with the English, 373, 375, 447, 449.
Alençon, Charles, comte d', slain at Crécy, 216, 248, 369, 371.
Aleyn, sir, a messenger from the archbishop of York to the earl of Kent, 254, 255.
Alphonso XI., king of Castille. *See* Castille.
Alphonso, Pedro, ex-bishop of Astorga, cardinal, envoy to England, 160, 161, 243.
Amboise, Ingerger, sire d', taken prisoner at Poitiers, 470.
Amendrante [? Villandraut, in Bazadois], taken by the English, 251.
Amiens, troops from, defeated by the English at Poissy, 367, 370.
Amposta, castellan of. *See* Fernandez de Heredia.
Anagni, Boniface VIII. made prisoner at, 5.
Angest. *See* Hangest.
Angle, Guichard d', seneschal of Saintogne, taken prisoner at Poitiers, 470.
Anjou, seneschal of, slain at Mauron, 416, 417.
Antwerp, Edward III. lands and is quartered there, 84, 302, 303; Lionel, son of Edward III., born there, 87.
Aquitaine, restored to England, 5, 32; Edward II. is summoned to do homage for it, 39; invaded by Charles of Valois, 42; ceded by Edward II. to his son, who does homage, 44; Edward III. does homage for it, 58; a deputation from, comes to England, 122, 223; the earl of Lancaster's campaigns in, 164, 189, 243, 248, 249, 356, 372-376; towns and strongholds taken in, 251, 252, 356; the Black Prince sent thither, 424; his raid to Narbonne, 432-445; military movements in 1356 in, 445-449; submission of Gascon lords, 449, 450.
Aragon, Peter IV., king of, at Avignon, 447, 449.
Archis, near Tournay, taken by the English, 316.
Argences, in Normandy, the duke of Lancaster marches through, 463, 466.
Argentan, in Normandy, the duke of Lancaster marches through, 464, 467.
Argenton, sire d', slain at Poitiers, 469.

Argeville, Charles d', taken prisoner at Mauron, 417.

Armagh, archbishop of. *See* Segrave, Stephen.

Armagnac, Jean, comte d', party to the truce of Tournay, 220, 317, 320; present at the siege of Aiguillon, 250; holds Toulouse, 434, 437; avoids fighting the Black Prince, 433, 436, 438, 439; his county invaded, 434, 437, 440, 443; quartered at Avignon, 447, 449.

Armagnac, Jean d', in garrison at Agen, 446, 448.

Arras, cardinal envoys quartered there, 85; the citizens revolt against the war-tax, 457, 458.

Artevelde, Jacob van, holds a conference with Edward III., 170; is murdered, *ibid.*

Artois, Charles d', comte de Longueville, taken prisoner at Poitiers, 470.

Artois, Jean d', comte d' Eu, taken prisoner at Poitiers, 470.

Artois, Robert, comte d', besieges Saint-Omer and defeats the French, 108.

Artois, comte d'. *See* Philip of Burgundy.

Arundel, earls of. *See* Fitz-Alan, Edmund; Fitz-Alan, Richard.

Asser, Rigand, bishop of Winchester, appointed by the pope, 31; his death, 39.

Asshore. *See* Auxerre.

Astarac, county of, traversed by the Black Prince, 434, 437, 440, 443.

Athènes, duc d'. *See* Brienne, Gauthier de.

Atholl, earl of. *See* Strathbogie, David de.

Auberoche, in Périgord, taken by the English, 251; defeat of the French at, 190, 248, 356; prisoners taken at, 249, 251.

Aubert, Étienne, cardinal, mediates at Calais, 390, 392, 394; negotiates the truce after the fall of Calais, 396–406.

Aubigny, Louis d', taken prisoner at Poitiers, 471.

Audley, Hugh de (the elder), baron, surrenders to the king, 35.

Audley, Hugh de (the younger), baron, created earl of Gloucester, 79; takes part in the battle of Sluys, 106; sent back to England, 108; absent from the tournament at Dunstable, 123.

Audley, sir James, skirmishes with the French near Lombez, 436, 439; on service in Aquitaine, 446–449.

Audrehem, Arnoul d', marshal of France, taken prisoner at Poitiers, 470.

Aumale, comte d'. *See* Harcourt, Jean de.

Aunay, Philippe d', accused of adultery with queen Margaret of Burgundy, 22.

Auros [called Honroys], in Bazadois, taken by the English, 251.

Aux, Arnaud d', bishop of Poitiers, papal envoy to England, 16.

Auxerre, comte de. *See* Châlon, Jean de.

Avenel, sir John de, sent to Brittany to occupy strongholds for Charles of Blois, 420.

Avesnes, in Hainault, Edward III. takes up position there, for battle, 306, 308.

Avignon, works by the pope on the bishop's palace, 29; prepared for defence against the Black Prince, 433.

Avignonet, in Languedoc, taken by the Black Prince, 435, 437.

Avranches, bishop of. *See* Hautfrine, Jean.

Ayermin, William de, taken prisoner by the Scots, 30; made bishop of Norwich, 45.

B.

Babylon (Cairo), sultan of, his letter commanding the invasion of Spain, 264–269.

Badefol [called Badesolle], near Lalinde, in Périgord, taken by the English, 251.

Badlesmere, Bartholomew de, baron, envoy to the pope, 26; procures the promotion of his nephew to the see of Lincoln, 31; declares against the Despensers, 33; the queen is refused admission into his castle of Leeds, 84; his wife and sister sent to the Tower, 34; he is executed at Canterbury, 36, 280.

Bak, comte de, present at the siege of Aiguillon, 250.

Baldock, Ralph, elected bishop of London, 5; confirmed, 8; papal reservations affecting him cited, 175.

Baldock, Robert, chancellor, designed by the king as bishop of Norwich, 39; interferes in the matter of the homage for Aquitaine, 40; accompanies the king in his flight, 47; his goods seized in London, 48; taken prisoner in Wales, 49; delivered to the bishop of Hereford, 50; taken to Newgate and dies there, *ibid*.

Balliol, Edward, his expedition to Scotland, 66, 296, 297; victorious at Dupplin Moor, 296, 297; left by the English to govern Scotland, 69; crowned king of Scotland, 297. *See* Scotland.

Balliol, John, as competitor to the Scottish crown he acknowledges Edward I. as suzerain, 290-294; the crown adjudged to him, 294. *See* Scotland.

Bangor, bishop of. *See* Englefield, Matthew.

Bannockburn, battle of, 20.

Barfleur, in Normandy, taken by the English, 200, 201, 212, 358, 360.

Barrea, Bernard de la, present at the siege of Aiguillon, 250.

Bateman, William, dean of Lincoln, made bishop of Norwich, 157; goes to Avignon with royal letters and claims fees, *ibid*.; returns to England, 163; attends the king's council, 177; envoy to the pope to negotiate for peace, 421; dies at Avignon, *ibid*.

Bath and Wells, bishop of. *See* Shrewsbury, Ralph de.

Baume, Étienne de la, called le Gallois, present at the siege of Aiguillon, 250.

Baundos. *See* Landas.

Baux, Agout des, seneschal of Toulouse, taken prisoner at Auberoche, 190, 250, 252.

Bavaria, Louis of. *See* Louis of Bavaria.

Bavoys, Bertram de, present at the siege of Aiguillon, 250.

Bayeux, in Normandy, submits to Edward III., 215, 360, 362.

Bayeux, bishop of. *See* Bertrand, Guillaume.

Bayeux, Bugues de, implicated in the earl of Kent's plot, 255, 256.

Beaucaire, seigneur de, present at the siege of Aiguillon, 251.

Beauchamp, sir Giles de, accompanies Edward III. from Flanders, 116.

Beauchamp, Guy de, earl of Warwick, takes Gaveston prisoner, 17; at variance with the king, 22; his death, 24.

Beauchamp, sir John de, accompanies Edward III. from Flanders, 116; killed in a tournament at Northampton, 124.

Beauchamp, sir John de, skirmishes with the French near La Hougue, 200, 201.

Beauchamp, Thomas de, earl of Warwick, sent into Scotland, 77; commissioner to enquire into charges against archbishop Stratford, 120; present at a tournament at Dunstable, 123; advances to the siege of Nantes, 129, 341, 342, 343; present at a tournament in Smithfield, 146; proposed envoy to the pope, 152; a knight of the Round Table, 232; present at a tournament at Hereford, 159; attends the king's council, 161; with the expedition to Normandy, 199; skirmishes with the French, 200, 201; at the battle of Crécy, 246, 369, 371; accompanies the Black Prince to Aquitaine, 424; takes Mirambeau, 450.

Beaujeu, Guichard de, slain at Poitiers, 469.

INDEX.

Beaumanoir [Jean ?], sire de, taken prisoner at La Roche-Derien, 389, 390; and again in Brittany, 427.

Beaumont, near Lalinde, in Périgord, taken by the English, 251.

Beaumont, Henry de, baron, implicated in the earl of Kent's plot, 254, 256; joins Balliol's expedition to Scotland, 66, 296; sent by Balliol to excuse his attendance at York, 72; besieged by the Scots, 74.

Beaumont, Louis de, appointed bishop of Durham, 25; his death, 69.

Beaumont, sire de. *See* John of Hainault.

Beaumont, vicomte de. *See* Brienne, Louis de.

Beauville, in Agenois, taken by the English, 251.

Beauville, sire de, envoy to summon Edward II. to do homage, 40.

Beche, Nicholas de la, imprisoned, 117.

Bec-Hellouin abbey, in Normandy, the duke of Lancaster there, 463, 466.

Bedemond. *See* Beaumont.

Bek, Anthony, bishop of Durham, delivers possession of the crown of Scotland to John Balliol, 295; made patriarch of Jerusalem, 8.

Bek, Anthony, chancellor of Lincoln, his election to the see of Lincoln quashed, 31; as bishop of Norwich, he opposes the visitation of archbishop Stratford and is excommunicated, 147; his death, 156.

Bek, Thomas, elected bishop of Lincoln, 120, 222; awaits papal confirmation, 121; appointed by Clement VI., 124, 222.

Belemond. *See* Beaumont.

Beletayne. *See* Beaucaire.

Belque, seigneur de, present at the siege of Aiguillon, 250.

Benavent, seneschal of, slain at Mauron, 416, 417.

Benedict XI. and XII., popes. *See* Rome.

Bénévent, in Périgord, taken by the English, 251, 446, 448.

Bentley, sir Walter, defeats the French at Mauron, 415; his letter thereon, 416, 417; imprisoned for disobeying orders, but re-instated, 420.

Berenger, sir Ingelram, implicated in the earl of Kent's plot, 254, 255, 257.

Bergavenny, baron. *See* Hastings, John de.

Bergerac, in Périgord, taken by the English, 189, 248, 251, 356; list of prisoners, 249, 251.

Berkeley, co. Gloucester, queen Isabella passes through, 48; Edward II. removed to the castle, 52, 283; his death there, 53.

Berkeley, James de, elected bishop of Exeter, 52; his death, 53.

Berkeley, Maurice de, baron, declares against the Despensers, 33; surrenders to the king, 35; sent prisoner to Wallingford, 36; dies in prison, 48.

Berkeley, Thomas de, baron, Berkeley castle restored to him, 48; receives charge of Edward II., 52.

Bersac [in Périgord ?], taken by the English, 251.

Berston, William de, archdeacon of Gloucester, envoy to the pope, 26.

Bertrand, Guillaume, bishop of Bayeux, in Caen when taken by the English, 359, 361.

Berwick, taken in 1318 by Bruce, 29; besieged in 1319 by Edward II., 30; marriage of David Bruce and Isabella of England there, 284; besieged in 1333 by Edward III., 67, 297; surrendered, 68, 298; surprised in 1355 by the Scots, 431; surrendered to Edward III., 450, 451.

Berylas [in Périgord ?], taken by the English, 251.

Béthune, Philip of Valois offers to restore it to the Flemings, 388.

Beverley, co. York, pays ransom to the Scots, 38.

Bicknor, Alexander, archbishop of Dublin, his election confirmed, 26; joins queen Isabella, 46.

Bintworth, Richard, elected bishop of London, 86; his death, 103.

Biras, in Périgord, taken by the English, 251.

Birmingham, sir John de, defeats Edward Bruce in Ireland, 30.

Biron, in Périgord, taken by the English, 251.

"Black Cog," a ship taken at Sluys, 106.

Black Death, the, its ravages in England, 406, 407.

Blackmoor Forest, co. York, Edward II. defeated there by the Scots, 37.

Blanquefort, in Agenois, taken by the English, 251.

Blaunche, Jean de, taken prisoner at Poitiers, 471.

Blois, Charles of. *See* Charles of Blois.

Blois, comte de. *See* Châtillon, Louis de.

Blount, sir John, present at a tournament at Windsor, 155.

Bohemia, John, king of, mediates for a truce between England and France, 115; his letter confirming the challenge from Philip of Valois to Edward III., 305, 307; party to the truce of Tournay, 220, 317, 320; slain at Crécy, 216, 247, 248, 369, 371.

Bohun, Edward de, drowned, 74.

Bohun, Humphrey (I) de, earl of Hereford, taken prisoner at Bannockburn, 21; exchanged, *ibid.*; ravages the lands of the Despensers, 33; joins the earl of Lancaster and is slain at Boroughbridge, 36, 280.

Bohun, Humphrey (II) de, earl of Hereford, sent with an expedition to Brittany, 164.

Bohun, William de, created earl of Northampton, 79; sent with wool to Brabant, 80; takes part in the battle of Sluys, 106; accompanies Edward III. from Flanders, 116; a commissioner to enquire into charges against archbishop Stratford, 120; at a tournament at Dunstable, 123; sent with an expedition to Brittany, 125; fails in an assault on Morlaix, 126; defeats Charles of Blois, 126, 128, 227; relieves Brest,

Bohun, William de—*cont.*
126; sent against Nantes, 341, 342, 343; sponsor for the truce of Malestroit, 348, 351; attends the king's council, 161; sent with an expedition to Brittany, 164, 243; defeats Charles of Blois, 189; sails with the expedition invading France, 199; defeats the French at Poissy, 367, 370; again, at Grandvilliers, 368, 370; and at the passage of the Somme, 216; takes part in the battle of Crécy, 246, 369, 371; disperses victualling ships off Calais, 384–386; takes part in negotiations before Calais, 392, 394; joins an expedition under the duke of Lancaster, 425; takes part in 1355 in invasion of France, 428; receives French envoys at Calais, 429; in command at Calais, 456.

Bonement. *See* Bénévent.

Boniface VIII., pope. *See* Rome.

Bonneval, in Périgord, taken by the English, 251.

Bordeaux, capture of English ships at, by Spaniards, 412.

Boroughbridge, co. York, rebel barons defeated at, 36.

Boteler, James le, created earl of Ormond, 58.

Boteler, William le, of Northbourne, co. Kent, slain at Sluys, 109.

Botetourt, sir Baldwin, skirmishes with the French near Lombez, 436, 439; on service in Aquitaine, 446–449.

Boucicaut, Jean (le Meingre), envoy from the king of France to the English army, 428; quartered at Moissac, 446, 448; taken prisoner at Romorantin, 471.

Boulogne, in Picardy, Edward II. marries Isabella of France there, 279; shipping and stores destroyed, 103.

Boulogne, in Aquitaine, taken by the English, 446, 448.

Boulogne, Jean, comte d'Auvergne et de, present at the siege of Aiguillon, 250.

Bourbon, Pierre, duc de, sponsor for the truce of Malestroit, 348, 351; takes

Bourbon, Pierre, duc de—*cont.*
part in negotiations before Calais, 392, 394; slain at Poitiers, 469.

Bourbon, Jacques de, comte de la Marche et de Ponthieu, constable of France, present at the siege of Aiguillon, 250; sent to Calais to challenge the English, 429; holds Toulouse, 440, 443; avoids fighting the Black Prince, 433, 436, 438, 439; taken prisoner at Poitiers, 470.

Bourchier, sir Robert, appointed chancellor, 118, 324.

Bourg-Saint-Pierre, in Aquitaine, taken by the English, 446, 448.

Bourgogne, Philippe de, comte d'Artois, present at the siege of Aiguillon, 250.

Brabant, English wool sent thither, 80; Edward III.'s expedition to, 302-304; he winters there, 103.

Brabant, John III., duke of, joins Edward III. in Flanders, 84; proposes to withdraw from the campaign, 102; advises its suspension in the winter, 304; joins in the siege of Tournay, 314; consents to a truce, 115; party to the truce of Tournay, 220, 317, 321.

————, Wenceslaus (of Bohemia), duke of, defeated by the count of Flanders, 468.

Bradeston, Thomas de, baron, aids in dispersing victualling ships for Calais, 385, 386.

Bradwardin, Thomas, chancellor of St. Paul's, his letter on the landing of the English in Normandy, 201.

Brassac, in Quercy, taken by the English, 446, 448.

Brechin castle, taken by Edward I., 5.

Brest, the siege raised by the English, 126; Edward III. lands at, 128, 228.

Breteuil, in Normandy, the duke of Lancaster raises the siege and victuals it, 463, 466.

Bridgnorth, co. Salop, occupied by the rebel barons, 35.

Brienne, Gauthier de, duc d'Athènes, constable of France, takes part in negotiations before Calais, 392, 394; slain at Poitiers, 469.

Brienne, Louis de, vicomte de Beaumont, taken prisoner at Poitiers, 470.

Brienne, Raoul de, comte d'Eu et de Guines, constable of France, present at the siege of Aiguillon, 250; taken prisoner at Caen, 203, 204, 214, 245, 359, 361; executed, 414.

Briquebecq, sire de, son of Robert Bertrand, marshal of France, taken prisoner at Mauron, 416, 417.

Bristol, executions at, of Lancastrian partisans, 86; taken by queen Isabella, 48, 282; expedition for Aquitaine sails from, 164.

Brittany: Bretons seek aid from England, 121, 222; disputed succession to the duchy, 339; John of Montfort does homage to Edward III., *ibid.*; exploits of sir W. Manny, 125; English expedition to, *ibid.*; its progress, 126, 127, 227; defeat of Charles of Blois, 127, 227; Edward III.'s campaign, 128, 129, 227, 340-344; truce of Malestroit, 129-135, 228, 344-351; sir T. Dagworth appointed captain, 352; expedition in 1345 sent to, 164, 243; death of John of Montford, 189, 244, 340; defeat of Charles of Blois, 189; his defeat and capture at La Roche-Derien, 388-390; sir T. Dagworth slain, 411; the French defeated at Mauron, 415-417; negotiations for release of Charles of Blois, 418, 419; their failure, 419, 420; an English garrison slain, 419, 420; the war continued, 427; the duke of Lancaster made captain, 468.

Brittany, John of. *See* Dreux, John de.

Broendura, in Aquitaine, taken by the English, 251.

Bromfield, Thomas, friar, implicated in the earl of Kent's plot, 254, 256.

Brosse, Louis de, slain at Poitiers, 469.

Brosse, vicomte de. *See* Chauvigny, Louis de.

Brotherton, Thomas of. *See* Thomas of Brotherton.

INDEX. 479

Bruce, David. *See* Scotland.
Bruce, Edward, his expedition to Ireland, 25; defeated and slain, 30.
Bruce, Robert, as competitor for the crown of England acknowledges Edward I. as suzerain, 290–294; appointed guardian of Scotland, 295; becomes king, 296. *See* Scotland.
Bruges, in Flanders, in alliance with Edward III., 314.
Bruniquel, vicomte de. *See* Comminges, Arnaud Roger de.
Brussels, Edward III. quartered there, 304.
Bryche, Lowys de. *See* Brosse, Louis de.
Buch, captal de. *See* Grailly, Pierre de.
Burgh, Elizabeth de, married to Lionel, son of Edward III., 125.
Burghersh, or Burwash, Bartholomew de (the elder), baron, sent to the Tower, 34; proposed envoy to the pope, 152; spokesman at an audience to the papal envoy, 191, 192; his letter on the campaign in Normandy, 200, 201, 202, 204; brings to England the news of victory at Crécy, 217; takes part in negotiations before Calais, 392, 394.
Burghersh, or Burwash, Bartholomew de (the younger), baron, skirmishes with the French near Lombez, 436, 439; quartered at Cognac, 446, 448.
Burghersh, or Burwash, Henry de, made bishop of Lincoln, 31; joins queen Isabella, 46; sent on a mission to Brabant, 80; dies abroad, 120, 222.
Burghersh, or Burwash, Robert de, his death, 13.
Burgundy, Eudes, duke of, defeated by Robert of Artois, 108; sponsor for the truce of Malestroit, 348, 351; present at the siege of Aiguillon, 250.
Burgundy, marshal of, taken prisoner in a skirmish before the battle of Poitiers, 471.
Burgyras, comte de, present at the siege of Aiguillon, 250.
Burton-on-Trent, co. Stafford, rebel barons defeated at, 36.
Burton, sir William, returns from Aquitaine, 442, 444.
Burwash. *See* Burghersh.
Bury, Richard de, made bishop of Durham, 71; accompanies cardinal envoys to France, 83; at Arras, 85; a commissioner to enquire into charges against archbishop Stratford, 120; his death, 171; his poverty and collection of books, *ibid.*
Buzet, in Aquitaine, taken by the English, 446, 448.

C.

Cadzand, island of, sir W. Manny's attack on, 80.
Caen, taken by the English, 203, 204, 213, 359, 361.
Cahors, bishop of. *See* Geraldi, Hugues.
Calais, besieged by Edward III., 217, 218, 372; victualling ships dispersed, 384–387; letter of the captain to the king of France, 385, 387; attempt by the French to relieve it, 390, 391; letter of Edward III. describing the same, 391–395; surrender, 395, 396; attempt of the French to surprise it, 408–410.
Callard. *See* Galard.
Cambresis, ravaged by Edward III., 102, 303, 304, 307.
Cambuha, Bertram de, taken prisoner at Auberoche, 250.
Camound, sire de. *See* Caumont, sire de.
Canali, Nicolò, archbishop of Ravenna, cardinal, papal envoy to England, 160, 161, 189, 243; interview with the king, 190–192.
Canary (Fortunate) Islands, Luis de la Cerda made prince of, 162, 242; description of them, 162, 163; expedition intended to occupy them, 163.
Canelyne, comte de, present at the siege of Aiguillon, 250.

Cantelupe, Thomas, bishop of Hereford, canonized, 31.
Canterbury, lord Badlesmere executed there, 36; archbishop Stratford makes his entry, 73; a ship of the prior of Christ Church fights at Sluys, 107; Edward III. goes on pilgrimage to, 135, 229; tournament at, 146; papal envoys there, 162; money exchange established there, 243.
Canterbury, archbishops of. *See* Islip, Simon; Mepham, Simon; Reynolds, Walter; Stratford, John; Winchelsey, Robert.
Caraman, vicomte de. *See* Euse, Arnaud d'.
Carbonne, in Languedoc, taken by the Black Prince, 435, 438.
Carcassonne, destroyed by the Black Prince, 435, 438, 440, 443.
Cardinals, creations of, 33, 88.
Carentan, in Normandy, taken by the English, 202, 203, 213, 358, 360; the duke of Lancaster marches through, 463, 465, 467.
Carletone. *See* Charleton.
Carlisle, bishop of. *See* Ross, John.
Carlisle, earl of. *See* Harcla, Andrew.
Carmayne. *See* Caraman.
Carpentras, bishop of. *See* Geoffroi.
Cassel, in Flanders, defeat of the French at, 384.
Castelmoron, in Agenois, taken by the English, 217.
Castelnaudary, in Languedoc, taken by the Black Prince, 435, 438.
Castelsagrat, in Agenois, taken by the English, 446, 448.
Castets-en-Dorthe, on the Garonne, taken by the English, 251.
Castille, Alphonso XI., king of: Spanish ships in the French fleet at Sluys, 105, 106; defeat of the Moors at Tarifa, 263, 267; letter of the sultan of Cairo ordering the invasion of Spain, 264–269; Alphonso offers mediation between England and France, 269; Edward III.'s answer to him, 269–271; negotiations

Castille, Alphonso XI.—*cont.*
for the marriage of his son with Joan of England, 170; a Spanish fleet defeated off Winchelsea, 412; truce for twenty years, 412, 413.
Caudrot, on the Garonne, taken by the English, 251.
Caumead, seigneur de, present at the siege of Aiguillon, 250.
Caumont, Alexandre de, serves with the earl of Lancaster, 373, 375.
Caumont, sire de, submits to the English, 449.
Cayeu, Jean de, slain at Crécy, 248, 369, 371.
Ceccano, Annibale, archbishop of Naples, cardinal, asks for a safe-conduct to England, 125, 227; refused, 126, 227; negotiates the truce of Malestroit, 129, 228, 341, 343, 344; mediates at Calais, 390, 392, 394; negotiates the truce on the fall of Calais, 396–406.
Cerda, Charles de la (Charles of Spain), references to his death, 460, 464, 467.
Cerda, Luis de la (Louis of Spain), made prince of the Fortunate Isles, 162, 242.
Châlon, Jean de (I), comte d'Auxerre, slain at Crécy, 248.
Châlon, Jean de (II), comte d'Auxerre, taken prisoner in a skirmish before the battle of Poitiers, 471; his son taken prisoner at Poitiers, 470.
Châlon, Jean de, present at the siege of Aiguillon, 250.
Châlons-sur-Marne, bishop of. *See* Chauveau, Renaud.
Chambly, Philippe Grismouton de, quartered at Moissac, 446, 448.
Chandos, sir John, skirmishes with the French near Lombez, 436, 439; on service in Aquitaine, 446–449.
Chanelyne, seigneur, present at the siege of Aiguillon, 250.
Charles IV. of France. *See* France.
Charles, duke of Normandy, afterwards Charles V. of France, entertains the king of Navarre and count of Harcourt, 460.

Charles of Blois, pretender to the duchy of Brittany, forced to raise the siege of Brest, 126; defeated near Morlaix, 127, 128, 227; defeated by Northampton and Oxford, 189; defeated and taken prisoner at La Roche-Derien, 388-390; negotiations for his release and alliance with England, 418, 419; temporarily released, 419; failure of negotiations, 419, 420.

Charles of Luxemburg, emperor elect, escapes from Crécy, 247, 369, 371.

Charles of Valois, his influence, 22; invades Aquitaine, 42; his death, 54; his hatred of the English, *ibid*.

Charleton, John de, brings to England news of the victory of Crécy, 217.

Charlton, Thomas, made bishop of Hereford, 58; his death, 158.

Charny, Andreu de. *See* Chauvigny, André de.

Charny, Geoffroi de, made prisoner at Morlaix, 129; takes part in negotiations before Calais, 392, 394; attempts to surprise Calais, 408, 409; defeated and taken prisoner, 410; slain at Poitiers, 469.

Chastelon, sire de, slain at Saint-Omer, 317.

Chastel-Quibre. *See* Château-Guibert.

Châteaubriand, Geoffroi, sire de, slain at La Roche-Derien, 389, 390.

Château-Guibert, Renman de, present at the siege of Aiguillon, 251.

Château-l'Evêque, near Périgueux, taken by the English, 251.

Châteauneuf on the Charente, occupied by the English, 373, 375.

Château-Vilain, sire de. *See* Thil-en-Auxois, Jean de.

Châtillon, Jean de, comte de Porcien, present at the siege of Aiguillon, 250.

Châtillon, Louis de, comte de Blois, slain at Crécy, 216, 248, 369, 371.

Chaustel Endorta. *See* Castets-en-Dorthe.

Chauveau, Renaud, bishop of Châlons-sur-Marne, slain at Poitiers, 469.

Chauvigny, André de, slain at Poitiers, 469.

Chauvigny, Louis de, vicomte de Brosse slain at Poitiers, 469.

Chely. *See* Seclin.

Cherbourg, burnt by the English, 214, 359, 361.

Ches, Thibaud de, taken prisoner at Auberoche, 250.

Cheyne, comte de, present at the siege of Aiguillon, 250.

Chichester, bishop of. *See* Stratford, Robert.

Chikewell, Robert de, clerk in Chancery, imprisoned, 117.

Chiriton, William de, abbat of Evesham, his election confirmed, 26.

"Christopher," a ship taken at Sluys, 106.

Cinque Ports, sailors of, destroy shipping and stores at Boulogne, 103.

Cirencester, co. Gloucester, Edward II. keeps Christmas 1321 there, 35.

Clairac, in Condomois, taken by the English, 217, 446, 448.

Clare, Gilbert de, earl of Gloucester, slain at Bannockburn, 21.

Clare, Margaret de, daughter of Gilbert, earl of Gloucester, married to Piers Gaveston, 11.

Clarmonteyn [Clermont?], seneschal of, taken prisoner at Auberoche, 190.

Clemence of Hungary, married to Louis x. of France, 22.

Clement v. and vi., popes. *See* Rome.

Clermont, diocese of, its partition, 28.

Clermont, Jean de, marshal of France, holds Toulouse, 440, 443; avoids fighting the Black Prince, 433, 436, 438, 439; slain at Poitiers, 469.

Clermont, Louis de, present at the siege of Aiguillon, 250.

Clif, William de, implicated in the earl of Kent's plot, 254, 255.

Clifford, Roger de, executed at York, 36, 280.

Clinton, William de, created earl of Huntingdon, 79; admiral of ships of the Cinque Ports at the battle of Sluys, 106; aids a ship of Sandwich, 107; sent back

Clinton, William de—*cont.*
to England, 108; absent from a tournament at Dunstable, 123; proposed envoy to the pope, 152; attends the king's council, 161; sails in the expedition invading France, 199; invalided to England, and brings home the convention with the Normans, 205, 363.

Clisson, Olivier de, joins the English, 340, 342.

Cludesle, sir David, taken prisoner at Neville's Cross, 218.

Coardy, vicomte de, present at the siege of Aiguillon, 250.

Cobham, Reginald de, baron, takes part in operations round Tournay, 316, 317; defeats the French at the passage of the Somme, 216; takes part in negotiations before Calais, 392, 394; on service in Aquitaine, 446, 448.

Cobham, Thomas de, elected archbishop of Canterbury, 19; made bishop of Worcester, 25; his death, 57.

Coblentz, interview of Edward III. with Louis of Bavaria there, 85.

Coët (Goule-Forest), in Brittany, evacuated by the French and garrisoned by the English, 126.

Coëtman, vicomte de, taken prisoner at Mauron, 416, 417.

Coeyghem, Geoffroi de, taken prisoner at Mauron, 417.

Coiller, in Aquitaine, taken by the English, 446, 448.

Coinage: new coinage of gold florins and nobles, 242.

Colepeper, Walter, hanged, 34.

Colonna, Giacomo, cardinal, restored to honours, 6.

Colonna, Pietro, cardinal, restored to honours, 6.

Colonna, Sciarra, excommunicated, 6.

Comminges, county of, traversed by the Black Prince, 434, 437, 440, 443.

Comminges, Arnaud Roger de, vicomte de Bruniquel, taken prisoner at Auberoche, 250, 251.

Comminges, Jean de, made archbishop of Toulouse, 28.

Comminges, Pierre Raymond, comte de, present at the siege of Aiguillon, 250.

Comyn, John, as competitor for the Scottish crown recognizes Edward I. as suzerain, 290-294; appointed guardian of Scotland, 295; slain by Bruce, 9.

Conches, in Normandy, the castle assaulted by the duke of Lancaster, 463, 466.

Condestablison, in Aquitaine, taken by the English, 446, 448.

Convocation, sessions of, 72, 80, 85, 156, 242.

Coquerel, Firmin de, chancellor of France, takes part in negotiations before Calais, 392, 394.

Corbon, in Normandy, the duke of Lancaster marches through, 463, 466.

Coresan, vicomte de, taken prisoner at Auberoche, 249, 251.

Corf castle, co. Dorset, Edward II. taken thither, 52.

Cornwall, duke of. *See* Edward, prince of Wales.

——————, earls of. *See* Gaveston piers; John of Eltham.

Councils, provincial, held at London, 59, 66, 122, 223. 459.

Courtenay, Hugh (I.), earl of Devon, beats off an attack by the French, 90; said to be absent from a tournament at Dunstable (but dead), 123.

Courtenay, Hugh (II.), earl of Devon, sent with an expedition to Brittany, 125, 164.

Coventry, bishops of. *See* Lichfield and Coventry.

Crabbe, John, concurs in warning Edward III. of danger in crossing to Flanders, 311; sent in pursuit of the French at Sluys, 107.

Cralrey, sire, present at the siege of Aiguillon, 250.

Cramake [in Périgord?], taken by the English, 251.

Craon, Amauri de, taken prisoner at Romorantin, 471.
Craon, Guillaume, sire de, present at the siege of Aiguillon. 250.
Crécy, battle of, 216, 217, 246-248, 369, 371; list of the French slain, 216, 248, 369, 371; total French loss, 369, 371.
Crotoy, in Picardy, taken by the English, 368, 371; defeat of victualling ships near, 385, 386.
Crow. *See* Craon.
Crusade, proposed by Edward III., 73; money collected for, seized by the king, 78; a grant for it revoked by the pope, 78.
Crussol, Geraud, seigneur de, taken prisoner at Bergerac, 249, 251.
Curtlington, William de, abbat of Westminster, his election confirmed, 26.
Curton, Petiton, sire de, quartered at Cognac, 446, 448.
Cymmyngs, John, implicated in the earl of Kent's plot, 255, 256, 257.

D.

Dacres, Gichard. *See* Angle, Guichard d'.
Dagworth, sir Thomas, made captain of Brittany, 352; his successes, 244; defeats Charles of Blois at La Roche-Derien, 388; his despatch, 388-390; his death, 411.
Damay, vicomte de, present at the siege of Aiguillon, 250.
Dammartin, comte de. *See* Trie, Charles de.
D'Amory, Roger, baron, declares against the Despensers, 33; joins Lancaster, 36.
Dancastre, John de, takes the castle of Guines, 414.
Daniel, John, executed at Hereford, 50.
Darcy, John (I.), baron, brings news of the victory of Crécy, 217.
Darcy, John (II.), baron, accompanies Edward III. from Flanders, 116.

Dartford, co. Kent, tournament at, 63.
Daune, Philip. *See* Aunay, Philippe d'.
Daunser. *See* Auxerre.
Daverill, John, implicated in the earl of Kent's plot, 255, 256.
Dearth, in 1316, in England, 24.
Deddington, co. Oxford, Gaveston captured at, 17.
Dene, Peter de, canon of St. Paul's, appeals against the election of R. Baldock to the see of London, 5.
Derby, earl of. *See* Plantagenet, Henry.
Derham, William, implicated in the earl of Kent's plot, 254, 256.
Derval, sire de. *See* Rougé, Bonabès de; Rougé, Guillaume de.
Despenser, sir Edward, slain at Morlaix, 127, 227.
Despenser, Hugh (the elder), baron, his lands wasted, 33; banished, *ibid.*; recalled, 35; created earl of Winchester, 37; opposes journey of Edward II. to France, 44; advises the mission of queen Isabella, 281; takes flight, 282; in command at Bristol, 47, 282; executed, 49, 282.
Despenser, Hugh (the younger), baron, rising of the barons against him, 33; his lands wasted, *ibid.*; banished but returns, *ibid.*; recalled, 35; interferes to prevent summons of Edward II. to France, 40; opposes the king's journey, 44; confederation of the barons against him, 280; advises the mission of queen Isabella, 281; takes flight, 282; taken prisoner in Wales, 49; executed at Hereford, 50, 283.
Despenser, Hugh (III.), baron, implicated in the earl of Kent's plot, 254, 256; present at the battle of Morlaix, 128; sent against Nantes, 341, 342, 343; proposed envoy to the pope, 137; sails with the expedition invading France, 199; defeats the French in a skirmish, 368, 370; takes Crotoy, 368, 371.
Despenser, Philip, present at a tournament at Windsor, 155.

Des Prez, Pierre, bishop of Palestrina, cardinal, asks for safe conduct to mediate, 125, 227; refused, 126, 227.
Devenesche, John, monk of Winchester, elected bishop, 173.
Devon, earls of. *See* Courtenay, Hugh.
Dieulivol, near Monségur, taken by the English, 251.
Dominicans, general chapter, 22.
Douai, in Flanders, French losses near, 317; offered to the Flemings as a bribe, 383.
Doudenham. *See* Audrehem.
Douglas, sir James, negotiates peace, 57; his death, *ibid*.
Douglas, sir William (the knight of Liddesdale), quarrels with the earl of Moray, 202; taken prisoner at Neville's Cross, 218, 253, 377.
Douglas, sir William (afterwards earl), makes a truce to gain time, 455; his lands laid waste, *ibid*.; surprises sir R. Herle, 456.
Dover, negotiations with France carried on there, 44; threatened by the French, 89.
Dreux, John de (I.), earl of Richmond, persuades the Mortimers to submit, 35; taken prisoner by the Scots, 87; a subsidy demanded for his ransom, 43.
Dreux, John de (II.), duke of Brittany, does homage for the earldom of Richmond, 72.
Dreux, comte de. *See* Thouars, Louis de.
Driffield, co. York, the prebend given to cardinal d'Euse, 27.
Drought, in 1356, in England, 468.
Dublin, archbishop of. *See* Bicknor, Alexander.
Dumfries, Comyn murdered at, 9, 296.
Dunbar, defeat of the Scots and surrender of the castle, 295.
Dunbar, Patrick, 8th earl of Dunbar and March, as competitor for the Scottish crown, recognizes Edward I. as suzerain, 290–294.
Dunbar, Patrick, 9th earl of Dunbar and March, said to be slain at Neville's Cross, 218; his lands laid waste, 455.

Dunfermline, co. Fife, Edward Balliol defeats the Scots at, 66.
Dunstable, co. Bedford, tournament at, 123, 223.
Duplessis, Guillaume, assists at the capture of pope Boniface VIII., 5.
Dupplin Moor, co. Perth, E. Balliol defeats the Scots at, 66, 296, 297.
Duras, near Monségur, taken by the English, 251.
Duras, Robert de, slain at Poitiers, 469.
Duras, sire de. *See* Durfort, Gaillard de.
Dureval. *See* Derval.
Durfort, Bertrand de, submits to the English, 450.
Durfort, Gaillard de, sire de Duras, serves with the English, 373, 375; submits to the English, 449.
Durham, bishops of. *See* Beaumont, Louis de; Bek, Anthony; Bury, Richard; Hatfield, Thomas.
Durnesan, Bernard and Bertram de, taken prisoners at Auberoche, 250.
Duskune [Dixmude?], sire de, slain at Saint-Omer, 317.

E.

Edingdon, William, made bishop of Winchester, 192; letters to him describing the raid of the Black Prince to Narbonne, 432, 434–445.
Edmund of Woodstock, earl of Kent, sent to oppose Charles of Valois in Aquitaine, 42; joins queen Isabella, 46; charged with treason and executed, 60, 284; his death little regretted, 60; his confession, 253–257.
Edward I., II., III. *See* England.
Edward, prince of Wales, the Black Prince, created duke of Cornwall, 78; meets cardinal envoys, 81; as regent, holds parliament at Northampton, 85; the king's letter to him on the campaign of 1339, 304–308; made prince of Wales, 136, 229; at a tournament at Smith-

INDEX. 485

Edward, prince of Wales—*cont.*
field, 146, 230; at a festival at Windsor, 155, 231; sails with the expedition invading France, 199, 200, 201; knighted at La Hougue, *ibid.*; knights others, 199, 201; commands the vanguard at Crécy, 216, 246; takes part in defending Calais against the French, 410; sails for Aquitaine, 424, 425; his march across the south of France, 432–445; letter to the bishop of Winchester, 434–439; refuses to negotiate with papal envoys at Narbonne, 435, 438, 441, 444; quartered at Libourne, 447, 449; takes Le Mas, 450; refuses a bribe to spare Périgueux, 457.

Elms, at Tyburn, London, Mortimer hanged there, 62. 285.

Eltham, co. Kent, Edward III. keeps Easter 1337 there, 77; tournament at, 124, 224.

Eltham, John of. *See* John of Eltham.

Ely, archdeaconry of, given to a cardinal, 157.

Ely, prior of. *See* Walsingham, Alan de.

Ely, bishops of. *See* Hotham, John; Lisle, Thomas de; Montacute, Simon de.

Empost. *See* Amposta.

England: Edward I.:—Submission to him in 1291 of competitors to the Scottish crown, 290–294; assigns the crown to Balliol, 294; takes Berwick and defeats the Scots at Dunbar, 295; overruns Scotland, *ibid.*; appoints Bruce and Comyn guardians, *ibid.*; campaign of 1303 in Scotland, 4, 5; peace with France, 5; reduces Stirling castle, 7; keeps Christmas 1304 at Lincoln, 8; issues commission of trailbaston, *ibid.*; knights his son and gives him the duchy of Aquitaine, 9; vows to avenge Comyn, *ibid.*; banishes Gaveston, *ibid.*; advances towards Scotland, *ibid.*; his death and character, 10.

————— Edward II.:—Knighted and made duke of Aquitaine, 9; his accession, 11;

England: Edward II.—*cont.*
recalls Gaveston, *ibid.*; his marriage with Isabella of France, 12, 279; their coronation, 12; accompanies Gaveston to Bristol, *ibid.*; recalls archbishop Winchelsey, *ibid.*; ordinances for reforms imposed upon him, 15; dissensions with the barons, 15, 16; founds a convent at Langley in honour of Gaveston, 18; nurses his revenge, 19; birth of his son Edward, 20, 279; defeated at Bannockburn, 20; holds parliament at York, 21; continued dissensions with the barons, 22; sends envoys with presents to the pope, 26; papal envoys sent to arrange peace with Scotland, 27; letter of the earl of Lancaster, in 1317, to the king, 271–276; reconciliation between them; 29; Edward receives a tenth from the clergy, 30; besieges Berwick, *ibid.*; does homage for Aquitaine and Ponthieu, 32; brings back the younger Despenser from exile, 33; the queen refused admission to Leeds castle, 34: the king besieges and takes it, *ibid.*; punishes the defenders, *ibid.*; marches west, 35; receives submission of certain barons, 35, 280; defeats the Lancastrians at Burton and Boroughbridge, 36; executions, 36, 280; holds parliament at York, 36, 37; invades Scotland and is defeated, 37; the Scots enter England, *ibid.*; truce, 39; summoned in 1323 to do homage for Aquitaine, *ibid.*; Aquitaine invaded by the French, 42; holds parliament in 1324 in London, 42; seizes temporalities of the bishop of Hereford, 43; allows the burial of executed barons, *ibid.*; demands a subsidy, *ibid.*; the queen goes to France in 1325 to arrange terms, 43, 281; Edward goes into Kent, 43; cedes Aquitaine and Ponthieu to his son, 44; summons his wife and son to return, 45; they go to Hainault, 46; they land in 1326 in England, 46, 282; Edward escapes to Wales, 47, 282; the queen marches west and takes Bristol, 47, 48, 282;

England : Edward II.—*cont.*

Edward takes refuge at Neath, 49 ; the queen at Hereford, *ibid.* ; Edward taken, 49, 283 ; removed to Kenilworth, 49 ; abdicates, 51 ; the queen's dower, 52 ; Edward imprisoned at Berkeley, 52, 283 ; removed to Corf and back to Berkeley, 52 ; the queen's hypocritical behaviour, *ibid.* ; allowance for Edward's sustenance, *ibid.* ; his death in 1327, 53, 283 ; his body exposed to view, 54 ; buried at Gloucester, 283.

———— Edward III.: His birth in 1312, 20, 279 ; receives Aquitaine and Ponthieu in 1325, and does homage, 44 ; betrothed to Philippa of Hainault, 281 ; his accession in 1327, and coronation, 51, 283 ; futile campaign against the Scots, 53 ; note on his title "tertius a conquæstu," 55 ; his marriage in 1328, 56 ; influence of the queen mother, 283 ; Edward holds parliament at Northampton, 56 ; peace with Scotland, 56, 283 ; the king's sister affianced to David Bruce, *ibid.* ; their marriage, 284 ; favourable terms to the Scots by influence of the queen mother, 57 ; Edward attends a round table at Wigmore and the marriage of Mortimer's daughters, 57, 284 ; holds parliament at Salisbury, 58 ; hostile behaviour of Lancaster and others, *ibid.* ; in 1329, Edward does homage in France, *ibid.* ; holds parliament at Winchester 59, 284 ; in 1330, the earl of Kent condemned, 60, 284, 285 ; parliament at Nottingham and arrest of Mortimer, 61, 285 ; parliament at Westminster and condemnation of Mortimer, 62 ; in 1331, Edward receives aid from church property, 63 ; his secret journey to France, *ibid.* ; holds tournaments, *ibid.* ; accident to the queen, *ibid.* ; Edward keeps Christmas at Wells, 65 ; precedents for feudal superiority of England over Scotland, 286-296 ; in 1332, grant of subsidies, 66 ; Edward refuses to allow the invasion of Scotland through England, 66, 296 ; be-

England : Edward III.—*cont.*

sieges Berwick in 1333, and defeats the Scots at Halidon Hill, 67, 68, 297, 298 ; fall of Berwick, 68, 298 ; Edward goes on pilgrimage, 69 ; seizes the temporalities of the see of Winchester, 70 ; in 1334, he holds parliament at York, 72 ; receives homage of Balliol and of John of Dreux, *ibid.* ; holds a council at Nottingham, 72 ; parliament at London, *ibid.* ; resolves to punish the Scots, *ibid.* ; receives subsidies, 73 ; undertakes a crusade, *ibid.* ; invades Scotland, 73, 74 ; keeps Christmas at Roxburgh, 74 ; in 1335, he holds parliament at York, 75 ; invades Scotland, 75, 298 ; remains on the Scottish border, 76 ; negotiations for peace, 75, 76 ; treaty with the Scottish lords, 298-302 ; in 1336, Edward receives subsidies and holds parliament at Northampton, 77 ; enter Scotland suddenly and fortifies Perth, *ibid.* ; despatches certain barons to Scotland, *ibid.* ; in 1337 he holds parliament in London, *ibid.* ; keeps Easter at Eltham, *ibid.* ; Whitsuntide at Woodstock, 78 ; enters Scotland, *ibid.* ; seizes money collected for the crusade, *ibid.* ; returns to London for funeral of John of Eltham, *ibid.* ; holds parliament at Westminster and creates peers, 78, 79 ; receives subsidies for war with France, 80 ; receives cardinal envoys, 81 ; keeps Christmas at Guildford, *ibid.* ; sets out for Scotland, *ibid.* ; exactions of the envoys, *ibid.* ; in 1338, holds parliament in London and receives grant of wool, 82 ; the cardinal envoys depart for France, 83 ; Edward embarks and lands in Flanders, 83, 84, 302 ; his conference with the emperor, 84, 85 ; subsidies, 85 ; capture of English ships at Sluys, 87 ; birth of Lionel of Antwerp, *ibid.* ; French attacks on the English coasts, 87-90 ; Edward made vicar of the empire, 88 ; in 1339, he awaits supplies, 90 ; determines to invade France, 91 ; his letter to the pope and

England : Edward III.—*cont.*
cardinals vindicating his claim to France, 91, 303; arguments for and against his claim, 100, 101; he lays waste Cambresis, etc., 102, 303; awaits battle, 102, 303, 304, 305–308; his letter on the campaign, 304–308; he returns to Brabant, 103, 304; in 1340, he assumes the title and arms of king of France, 103, 308; his proclamation to the French, 309; returns to England, 104; birth of his son John of Gaunt, *ibid.*; holds parliament at Westminster, 104; receives an aid, *ibid.*; keeps Whitsuntide at Ipswich, 105; prepares a fleet, 105, 310; warned of danger in crossing to Flanders, 310, 311; collects a larger fleet, and embarks, 311, 312; defeats the French fleet at Sluys, 105–107, 312; his letter on the victory, 312–314; besieges Tournay, 108, 314; his challenge to Philip and the answer, 110–114, 314–316; Scottish raid into England, 109 *note*; success of the English in Flanders, 316, 317; Edward unwillingly agrees to a truce and returns to Ghent, 115, 116, 220, 317, 323; text of the truce, 317–323; Edward suddenly returns to England and in 1341 changes his ministers, 116, 117, 221, 323; his quarrel with archbishop Stratford, 118, 324; Stratford's letter, 324–329; Edward's letter against Stratford, 330–336; letter from Spain describing the defeat of the Moors, 263–269; enquiry respecting the collection of the aids, etc., 118, 221; Edward holds parliament in London, 119, 221; resists petitions concerning his ministers, *ibid.*; compromise, 120; Louis of Bavaria cancels his appointment as vicar of the empire, 221, 336; Edward's reply, 222, 337; his answer to the king of Castille's offer of mediation, 269–271; the truce with France extended, 121, 222; Edward holds a council on David Bruce's return to Scotland, 121; the Bretons seek his aid, 121, 222; reconciliation with archbishop

England : Edward III.—*cont.*
Stratford, 122; Edward advances into Scotland and keeps Christmas at Melrose, 123, 223; fruitless winter campaign, *ibid.*; in 1342, Edward holds a tournament at Dunstable, *ibid.*; and at Northampton and Eltham, 124, 223, 224; correspondence with the papal court on accession of Clement VI., 224–227; expedition to Brittany, 125–127; marriage of Lionel of Antwerp, 125; Edward refuses mediation of cardinal envoys, 126, 227; delayed in his expedition to Brittany, 127, 128, 227; he embarks, 128, 228, 340; his letter on his progress in Brittany, 340–344; besieges Vannes, 129, 340, 341, 343; appoints meeting for negotiations at Malestroit, 341, 343; truce of Malestroit in 1343, 129–135, 228, 344–351; Edward's fleet driven by storms, 135, 229, 352; he lands at Weymouth, 135, 229; goes on pilgrimages, 135, 229; keeps Christmas at Havering-atte-Bower, 136; holds parliament at Westminster, 136, 229, 352; makes his son prince of Wales, 136, 229; sends envoys to the pope to treat for peace, 136, 143, 229; protest in parliament against papal provisions, 138–142, 353–355; proceedings against proctors of provisors, 142; the pope remonstrates, 149–152; Edward's letter to the pope against provisions, 143–146; he holds tournaments, 146, 230; progress of peace negotiations, 147–149; other envoys to be sent, 149; proclamation and mandates in 1344 against provisors, 153, 233–242; Edward holds a festival at Windsor and founds a Round Table, 155, 156, 231, 232; the queen and queen-mother present, 155, 231; parliament at London and an aid granted, 156, 242; new coinage, 242; Edward despatches a letter to the pope, 157; accumulates stores for foreign service, 158; holds a council, *ibid.*; sends other envoys to the pope, 159; his daughter Mary born,

England: Edward III.—*cont.*
ibid.; defers his passage abroad and keeps All Saints' in Suffolk, 160; takes council on receipt of pope's letters, *ibid.*; papal envoys arrive in 1345, 161, 243; their interview with the king in Kent, 161, 162, 243; Edward holds a council in London, 162; war preparations in France, 163; envoys at the papal court return, 163; expeditions sent to Aquitaine and Brittany, 164, 243; progress of the same, 189, 190, 243, 244, 355, 356; Edward assembles an army at Sandwich, 164; defies Philip of Valois as breaking the truce, 165-168, 355; orders prayers for his success, 168; sails for Flanders, 168, 170, 244; confers with van Artevelde, 170; returns to England, 170, 244; holds a secret council, 170; negotiates with Castille for marriage of his daughter Joan, *ibid.*; summons a council to consider the pope's letter of remonstrance, 176; text of the letter, 177-188; goes north to strengthen the border, 189; papal envoy arrives, 189; Edward refuses his mediation, 190, 191; refuses safe conduct for other envoys in 1346, 192; assessments of military service and census for a levy, 192; ordinance for better administration of justice, 193-198, 245; cardinals' property in England seized, 245; proclamation regarding military taxes, 198; forces collected at Portsmouth, 198; numbers of the English forces, 199; Edward sails for France, 199, 200, 201, 212, 245, 357; lands at La Hougue, 199, 201, 212, 357; his campaign through the north of France, 200-204, 212-217, 245, 357-363, 367-372; Scottish invasion of England delayed, 202; convention between Philip of Valois and the Normans for the invasion of England, 205-211, 257-259, 364-367; it is read at St. Paul's Cross, 211, 363; defeat of the French at Crécy, 216, 246-248, 369, 371; Edward marches to

England: Edward III.—*cont.*
Calais, 369, 371; siege of Calais, 217, 218, 372; English victualling ships destroyed, 217; Lancaster's campaign in the south of France, 217, 248, 249, 372-376; defeat of the Scots at Neville's Cross, 218, 252, 253, 376, 377; correspondence, in 1347, of Edward with the pope on mediation for peace, 377-382; failure of the French to relieve Calais, 390, 391; Edward's letter describing negotiations, 391-395; Calais surrenders, 395, 396; truce, 396-406; Edward returns to England, 396; the Black Death in 1348-9, 406, 407; defeat of a French attempt to surprise Calais, 409, 410; defeat, in 1350, of a Spanish fleet off Winchelsea, 412; twenty years' truce, in 1351, with Spain, 412, 413; defeat of the French at Saintes, 413; Guines castle taken by surprise, in 1352, and made over to Edward, 414, 415; French defeated at Mauron, 415-417; negotiations, in 1353, wish Charles of Blois, 418, 419; their failure, 419, 420; tournament at Smithfield, 419; negotiations, in 1354, for peace with France, 420, 421; the truce extended, 421; negotiations fail, in 1355, at the papal court, 421; festival on the birth of Thomas of Woodstock, 422; Edward intervenes in proceedings on riots at Oxford, 423; holds a council and refuses to prolong the truce, 424; expedition under the Black Prince to Aquitaine, 424, 425; expedition got ready to aid the king of Navarre, 425; delayed and abandoned, 426; Edward collects troops at Sandwich, 427; truce with the Scots, *ibid.*; Edward crosses over to Calais, 428; advances towards Saint-Omer, *ibid.*; the French avoid battle, *ibid.*; Edward returns to Calais, 429; the French send a challenge, 429, 430; Edward awaits them in vain and returns to England, 430, 431; holds parliament and receives an aid, 431; the Scots surprise Berwick, *ibid.*; Ed-

England : Edward III.—*cont.*
ward marches north, and keeps Christmas at Newcastle, 432; narrative and letters of the Black Prince's raid to Narbonne, 432-445; military movements, in 1356, in Aquitaine, 445-450; Edward reduces Berwick, 450, 451; receives Balliol's surrender of the crown of Scotland, 451-454; campaign in Scotland, 454-456; English victualling ships dispersed, 455; Edward returns, 456; refuses to negotiate with the pope for peace with France, 458, 459; grant from the clergy, 459; Philip of Navarre invites the aid of the English, 461; expedition of the duke of Lancaster through Normandy, 461-468; drought and rains, 468.

Englefield, Matthew, bishop of Bangor, attends provincial council at London, 122.

Espagne, Arnaud d', quartered at Moissac, 446, 448.

Etaples, taken by the English, 369, 371.

Eu, comte d'. *See* Artois, Jean d'; Brienne, Raoul de.

Euse, Arnaud d', vicomte de Caraman, taken prisoner at Auberoche, 249, 251.

Euse, Gaucelin d', cardinal, envoy to England, 27; robbed on his way to Scotland, *ibid.*; benefices conferred on him, *ibid.*

Euse, Jacques d', cardinal, elected pope as John XXII., 24.

Evrecy, in Normandy, the duke of Lancaster marches through, 463, 466.

Evreux, Louis d'. *See* Louis of Evreux.

Exchanges of money, established in certain cities, 243.

Exeter, bishops of. *See* Berkeley, James; Grandison, John; Stapleton, Walter.

F.

Fabri, Hugues, abbat of Cluny, papal envoy to England, 424.

Fagnolles, sire de, taken prisoner, 306, 308.

Falgerolas. *See* Fougueyrolles.

Falgeros [Falguerolles?], Arnaud de, taken prisoner at Auberoche, 250.

Fassete, Waryn, taken prisoner at Auberoche, 250.

Felton, sir Thomas, skirmishes with the French near Lombez, 436, 439.

Fenys [Fiennes?], sire de, slain at Saint-Omer, 317.

Fernandez de Heredia, Juan, castellan of Amposta, taken prisoner at Poitiers, 470.

Ferras, Bertram, taken prisoner at Auberoche, 250.

Festivals : observation of certain festivals ordered, 59.

Fieschi, Ludovico, cardinal, envoy to England, 27; robbed on his way to Scotland, *ibid.*

Fife, earl of. *See* Macduff, Duncan.

Fitz-Alan, Edmund, earl of Arundel, executed at Hereford, 50.

Fitz-Alan, Richard, earl of Arundel, implicated in the earl of Kent's plot, 254, 256; sent into Scotland, 77; sent back to England from Flanders, 108; absent from a tournament at Dunstable, 123; sent on a secret mission, 156; returns from pilgrimage, 158; present at a tournament at Hereford, 159; a knight of the Round Table, 232; attends the king's council, 161; receives a letter from the pope, 176; present at an audience to the papal envoy, 190; takes part in the Crécy campaign, 199; envoy to the pope, 421.

Fitz-Warin, Fulk, implicated in the earl of Kent's plot, 254, 256.

Flagellants, come to London, 407; their practices, 407, 408.

Flamengerie, La, in Flanders, Edward III. awaits battle there, 305, 307.

Flanders : war with France, 5; alliance with Edward III., 103; Edward III.'s expeditions to, 83, 84, 105, 170, 244, 302, 311; appeal of the Flemings to

Flanders—*cont.*

England, 189 ; Philip of Valois attempts to seduce the Flemings from the English alliance, 383 ; defeat of the French at Cassel, 384.

———, Louis de Crécy, count of, defeated by Robert of Artois, 108 ; slain at Crécy, 216, 248, 369, 371.

———, Louis de Male, count of, defeats the duke of Brabant and takes Malines, 468.

Flanders, bastard of, taken at Cadzand, but released, 80, 81.

Fleming, Malcolm, earl of Wigton, taken prisoner at Neville's Cross, 218, 253, 377.

Floods, in 1334, in England, 74.

Florence, Andrieu de, French envoy to England, 40.

Flotonne, Piers, present at the siege of Aiguillon, 250.

Foix, county of, spared by the Black Prince, 432.

Foix, Gaston, comte de, present at the siege of Brest, 126.

Foix, Gaston Phœbus, comte de, present at the siege of Aiguillon, 250.

Folkestone, co. Kent, threatened by the French, 89.

Fontonne, or Frountonne [Fontaines ?], sire de, taken prisoner at Bergerac, 249, 251.

Forez, Guignes, comte de, present at the siege of Aiguillon, 250.

Fortunate Isles. *See* Canary Islands.

Fossat, Amenieu de, present at the siege of Aiguillon, 251.

Fougères, in Brittany, strengthened by the English, 416, 417.

Fougueyrolles, in Périgord, taken by the English, 251.

France : Philip IV. :—War with Flanders, 5 ; peace with England, *ibid.* ; the king absolved by Pope Benedict XI., 6 ; Edward II. marries his daughter Isabella, 12 ; he procures the condemnation of the Templars, 16 ; his designs thwarted, 17 ; his death, 22.

France : Louis X. :—His accession, 22 ; puts to death Enguerrand de Marigny and the queen, *ibid.* ; marries Clemence of Hungary, *ibid.* ; his death, 23.

——— Philip V. :—Interferes in the election of a pope, 23 ; his accession, 24 ; his death, 38.

——— Charles IV. :—Present at Edward II.'s coronation, 12 ; his accession, 38 ; summons Edward II. to do homage, 40 ; his death, 56.

——— Philip VI. (of Valois) :—His accession, 56 ; sends envoys for peace between England and France, 75 ; preparations in England for war with him, 80 ; cardinal envoys mediate, 81 ; capture of English ships at Sluys, 87 ; Philip makes a covenant with the Normans for the invasion of England, 205-211, 257-259, 364-367 ; ordinances for his fleet, 259-263 ; the French attack English ports, 87-90 ; Edward III. claims the crown of France, 302, 303 ; his letter to the pope vindicating his claim, 91 ; arguments for and against the claim, 100, 101 ; invasion of France by the English, 303-308 ; Cambresis laid waste, 102 ; Philip at Saint-Quentin, *ibid.* ; challenges Edward, 305, 307 ; avoids battle, 102, 303, 304, 305-308 ; Edward assumes the title of king of France, 308 ; his proclamation to the French, 309 ; defeat of the French fleet at Sluys, 106, 107, 312 ; challenge from Edward and Philip's reply, 110-114, 314-316 ; Philip marches to relieve Tournay, but avoids battle, 316, 317 ; truce, 115, 116, 220, 317-323 ; the king of Castille proposes mediation, 269 ; the truce extended, 121, 222 ; Philip influences the emperor against Edward, 221, 336 ; attempts to delay the invasion of Brittany, 127, 227 ; negotiations in presence of the pope, 148 ; expedition prepared for the Fortunate Isles, aimed at England, 163 ; attempt to intercept English envoys, *ibid.* ; English expe-

INDEX.

France: Philip VI.—*cont.*
ditions to Brittany and Aquitaine, 164, 243; Philip defied by Edward for infraction of the truce, 165, 355; defeat of the French at Auberoche, 190, 356; campaign of 1346 in Normandy and the north, 200-204, 212-217, 245, 357-363, 367-372; French prisoners sent to England, 205; battle of Crécy, 216, 246-248, 369, 371; Philip wounded, 216, 247, 369, 371; siege of Aiguillon, 217, 249, 357, 372, 374; siege of Calais, 217, 218, 372; English victualling ships destroyed, 217; Philip instigates David Bruce to invade England, 218, 252, 376; attempts to draw the Flemings from the English alliance, 383; defeat of the French at Cassel, 384; letter of the captain of Calais on the distress of the town, 386, 387; Philip fails to relieve it, 390, 391; negotiations, 391-395; fall of Calais, 395, 396; truce, 396-406; failure to surprise Calais, 408-410; death of Philip, 411.

———— John II.:—As duke of Normandy, besieges Aiguillon, 217, 249, 357, 372, 374; defeated at Cassel, 384; his accession, 411; defeat of the French at Saintes, 413; John's bad character, 414; puts to death the comte d'Eu, 414; defeat of the French at Mauron, 415-417; negotiations for peace, 420, 421; the truce extended, 421; negotiations at the papal court fail, *ibid.*; peace with the king of Navarre, 426; John marches to oppose Edward's advance from Calais, but avoids battle, 428; he challenges the English, but fails to keep his appointment, 429, 430; raid of the Black Prince to Narbonne, 432-445; the people of Arras rebel against the war-tax, 457, 458; the king of Navarre and the comte de Harcourt seized, and Harcourt executed, 460, 461; the duke of Lancaster's raid through Normandy, 461-468; John challenges the duke, 464, 467; made prisoner at Poitiers, 470.

France, chamberlain of. *See* Melun, Jean de.
————, chancellor of. *See* Coquerel, Firmin de.
————, constables of. *See* Bourbon, Jacques de, comte de la Marche; Brienne, Gauthier de, duc d'Athènes; Brienne, Raoul de, comte d'Eu et de Guines.
————, marshals of. *See* Audrehem, Arnoul d'; Clermont, Jean de; Nesle, Gui de.
Frâteaux, in Périgord, taken by the English, 251.
Frayrelas [in Périgord?], taken by the English, 251.
Fraysteile. *See* Frâteaux.
Frechenet, in Aquitaine, taken by the English, 446, 448.
Frère, Jean, slain at Mauron, 416, 417.
Frisians, defeat the count of Hainault, 188, 244.
Frost: continued frost in 1338-9 in England, 88, 89.

G.

Galard, Jean, sire de Limeuil, taken prisoner at Bergerac, 249, 251, 356; submits to the English, 449.
Garnan, Eymer de, taken prisoner at Auberoche, 250.
Gascony. *See* Aquitaine.
Gaversike, near Warwick, Gaveston executed there, 17.
Gaveston, Piers, banished, 9; recalled and made earl of Cornwall, 11; hostility to him, 11, 13, 15; his arrogance at Edward II.'s coronation, 12; banished and sent to Ireland, *ibid.*; his return, 14; is placed in Bamborough castle, 15; made prisoner and executed, 17, 18; his body taken to Oxford, and afterwards buried at Langley, 18.

Gemenges. *See* Comminges.

Geneva, Hugh of. *See* Hugh of Geneva.

Genève, Amé III., comte de, present at the siege of Aiguillon, 250.

Geoffroi, bishop of Carpentras, papal envoy to England, 424.

Geraldi, Hugues, bishop of Cahors, degraded and burnt, 26, 27.

Germanacie, viscomte de, taken prisoner at Auberoche, 250, 252.

Ghent, John of Gaunt born there, 104; murder of van Artevelde there, 170; Edward III. assumes the title of king of France there, 308; in alliance with Edward, 314.

Ghibelines, feud with the Guelphs, 45.

Giffard, John, baron, executed, 36.

Gimont, in Armagnac, occupied by the retreating French, 436, 439; skirmish at, *ibid.*

Gironde, near La Réole, taken by the English, 251.

Glamounde, vicomte de, present at the siege of Aiguillon, 250.

Glasgow, bishops of. *See* Wiseheart, John; Wiseheart, Robert.

Gloucester, lord Giffard executed there, 36; occupied by queen Isabella, 47; Edward II. buried there, 283; Edward III. goes on pilgrimage to, 135.

Gloucester, earl of. *See* Audley, Hugh de; Clare, Gilbert de.

Godley, John, dean of Wells, elected bishop of Exeter, 53.

Gomez de Barroso, Pedro, cardinal, envoy to mediate between England and France, 81; his exactions, 82; departs for France, 83.

Gonay [Gournay?], comte de, present at the siege of Aiguillon, 250.

Goodrich castle, co. Hereford, G. de Charny a prisoner there, 129.

Gordelha, or Gordhella, sire de, taken prisoner at Bergerac, 249, 251.

Gormhonne [Guillaume Cornilhani?], taken prisoner at Auberoche, 250.

Goth, Bertrand de, elected pope as Clement V., 8.

Goule-Forest. *See* Coët.

Gournay, or Gorney, Thomas de, murderer of Edward II., 54; his capture and death, *ibid.*

Gower, Henry, bishop of St. David's, attends a provincial council in London, 122.

Graham, John, earl of Menteith, taken prisoner at Neville's Cross, 218, 253, 377; executed, 253.

Grailly, Pierre de, captal de Buch, quartered at Cognac, 446, 448; takes Périgueux, 457.

Grandison, John, made bishop of Exeter, 53; his consecration, 55; his parentage, 56 *note*; resists the visitation of the archbishop, 65; proposed envoy to the pope, 137.

Grandison, Otho de, baron, leaves England, 11.

Grandvilliers, in Picardy, skirmish at, 368, 370.

Gravesend, Richard de, bishop of London, his death, 5.

Gravesend, Stephen de, bishop of London, envoy from the barons to Edward II., 34; concerned in the earl of Kent's plot, 60, 255, 257; his death, 86.

Graystanes, Robert de, elected bishop of Durham, 71; he is displaced and dies, *ibid.*

Greenfield, William, archbishop of York, his election confirmed, 8; his death, 25.

Greenwich, co. Kent, the duke of Lancaster's expedition detained there, 425.

Greneye [Genech?], near Tournay, taken by the English, 316.

Grenoles, sire de, submits to the English, 450.

Grey, John de, envoy to the pope, 143; remains at Avignon, 149.

Grey of Condor, John, baron, sails with the expedition invading France, 243.

Greystoke, William de, baron, present at the capture of Bergerac and other places, 189; joins the king for invasion of France, 427.

Grismouton. *See* Chambly.

Grussels. *See* Crussol.

Guelders, Rainald, count and duke of, joins Edward III. in Flanders, 84; consents to the truce with France, 115; party to the truce of Tournay, 220, 317, 321.

Guelphs, feud with the Ghibelines, 45.

Guildford, co. Surrey, Edward III. keeps Christmas 1337 at, 81.

Guines, in Picardy, the castle taken by surprise, 414, 415.

Guines, comte de. *See* Brienne, Raoul de.

Guyes. *See* Cayeu.

Gynwell, John, bishop of Lincoln, lays interdict on the city of Oxford, 423.

H.

Hackney, co. Middlesex, the living given to cardinal d'Euse, 27.

Hainault: riot between the Hainaulters and the English troops at York, 53.

————, William (I.), count of, provides troops to aid queen Isabella, 281; prince Edward of England bethrothed to his daughter, *ibid.*

————, William (II.), count of, joins Edward III. in Flanders, 84; at the siege of Tournay, 314; makes conquests around Tournay, 316, 317; makes a raid on Saint-Amand, 115, 220; consents to a truce with France, 115; visits England and is wounded in a tournament, 124, 223, 224; his defeat and death, 188, 244.

Hainault, John of. *See* John of Hainault.

Halidon Hill, near Berwick, defeat of the Scots at, 68, 298.

Hamelcourt [Hamelaincourt], sire de, slain at Saint-Omer, 317.

Hangest, Robert de, slain at Poitiers, 469.

Harcla, Andrew, aids in defeating the barons at Boroughbridge, 36; created earl of Carlisle, 38; executed, 39.

Harcourt, Godefroi de, takes part in the duke of Lancaster's raid through Normandy, 462, 465.

Harcourt, Jean (I.), comte de, slain with his sons at Crécy, 216, 218, 369, 371.

Harcourt, Jean (II.), comte de, executed, 460, 461.

Harcourt, Jean de, comte d'Aumale, slain at Crécy, 216, 248, 369, 371.

Harwich, co. Essex, Edward II. and the younger Despenser there, 33; woolships gathered there, 88; attacked by the French, *ibid.*

Hastings, co. Sussex, attacked by the French, 89.

Hastings, John de, baron Bergavenny, as competitor for the crown of Scotland, recognizes Edward I. as suzerain, 290–294.

Hastings, Laurence, afterwards earl of Pembroke, marries [Agnes] daughter of Mortimer, 57; takes part in a tournament at Dunstable, 123; knight of the Round Table, 232; with the expedition to Aquitaine, 164, 243; present at the capture of Bergerac and other places, 189, 356; disperses victualling ships off Calais, 384–386.

Hatfield, Thomas, bishop of Durham, elected, 171; consecrated, 172; letter to him from the pope, 176; attends the king's council, 177; with the expedition invading France, 199; baptizes Thomas of Woodstock, 422; concludes a truce with the Scots, 427; joins the king with troops for France, *ibid.*; in military command in Northumberland, 456.

Haute Mounte. *See* Montaut.

Hautfrine, Jean, bishop of Avranches, envoy to negotiate peace between England and Scotland, 75.

Havering-atte-Bower, co. Essex, Edward III. keeps Christmas 1343 at, 136.

Heath, Haymo, bishop of Rochester, envoy to Spain, 170.
Henry VII., of Luxemburg, emperor, at Edward II.'s coronation, 12; his election, 14; his death, 18.
Hereford, queen Isabella there, 49; execution of Despenser and others, 50; marriage of Mortimer's daughters, 57; tournaments, 149, 159.
Hereford, bishops of. *See* Charlton, Thomas; Orlton, Adam; Swinfield, Richard; Trilleck, John.
Hereford, earl of. *See* Bohun, Humphrey de.
Hereward, Robert de, archdeacon of Taunton, envoy to the pope, 143.
Herle, sir Robert, surprised by sir W. Douglas, 456.
Hingham. *See* Ingham.
Holland, Florence, count of, as competitor for the crown of Scotland, recognizes Edward I. as suzerain, 290-294.
Holland, sir Thomas, takes prisoner the comte d'Eu, 203, 204.
Hollingbourn, co. Kent, the living given to cardinal d'Euse, 27.
Honroys. *See* Auros.
Hospitallers, the possessions of the Templars given to them, 16; the grand prior of France slain at Crécy, 248, 369, 371.
Hotham, John, bishop of Ely, envoy to the pope, 26; joins queen Isabella, 46.
Houel, Robert, coroner of the king's household, the confession of the earl of Kent made before him, 253, 255.
Hougue, La, in Normandy, Edward III.'s army lands there, 199, 201, 212, 357, 358, 360; the duke of Lancaster's expedition lands there, 462.
Hugh of Geneva, son of Amé II., count of Geneva, challenge of the English by the French sent to him, 305, 307.
Huntenemoor (Halidon Hill), the Scots defeated at, 298.
Huntingdon, earl of. *See* Clinton, William de.

I.

Incher, sire de, taken prisoner at Mauron, 417.
Inere, Haut? (and his brother Gastard?), taken prisoner at Auberoche, 250.
Ingham, Oliver de, seneschal of Aquitaine, 122.
Innocent VI., pope. *See* Rome.
Ipswich, co. Suffolk, Edward III. keeps Whitsuntide 1340 at, 105.
Ireland, Gaveston sent thither as viceroy, 12; Edward Bruce's expedition, 25; his defeat and death, 30.
Isabella of France. *See* England: Edward II. and Edward III.
Isle-Jourdain. *See* L'Isle-Jourdain.
Islip, Simon, archbishop of Canterbury, holds a provincial council at London, 459.
Isprede. *See* Ypres.

J.

James, king of Majorca. *See* Majorca.
"James of Dieppe," French ship, taken at Sluys, 107.
Joan of the Tower, daughter of Edward II., betrothed to David Bruce, 56.
Joan of Woodstock, daughter of Edward III., negotiations for her marriage with Pedro of Castille, 170.
John II. of France. *See* France.
John XXII., pope. *See* Rome.
John, king of Bohemia. *See* Bohemia.
John of Eltham, son of Edward II., made warden of the city and Tower of London, 48; created earl of Cornwall, 58; regent of the kingdom, 58, 63; his death and burial, 78.

John of Gaunt, son of Edward III., his birth, 104; with the expedition being prepared under the duke of Lancaster, 425; with Edward III., in 1355, in his expedition to France, 427.

John of Hainault, sire de Beaumont, joins queen Isabella's expedition to England, 46, 281; party to the truce of Tournay, 220, 318, 321; reported slain at Crécy, 216, 248.

Joigny, comte de. *See* Noyers, Jean de.

Joinville, Henri de, comte de Vaudemont, taken prisoner at Poitiers, 470.

Jole, La. *See* L'Isle.

Juillac, district of, in Aquitaine, submits to the Black Prince, 432, 434, 437.

Juillac, near Bergerac, taken by the English, 251.

Juliers, William, marquis of, joins Edward III. in Flanders, 84; consents to a truce with France, 115; party to the truce of Tournay, 220, 317, 321; takes part in negotiations before Calais, 392, 394.

Justice, ordinance for better administration of, 193-198, 245.

K.

Kenilworth, co. Warwick, Edward II. imprisoned at, 49.

Kent, earl of. *See* Edmund of Woodstock.

Kildesby, William de, elected archbishop of York, 103; accompanies Edward III. from Flanders, 117; accuses archbishop Stratford, *ibid.*; sent with an expedition to Brittany, 125, 243.

Kinghorn, co. Fife, Edward Balliol lands there, 296.

Knolles, sir Robert, joins the duke of Lancaster's raid in Normandy, 463, 465; defeats the French in a skirmish, 465, 467.

L.

Laigle, in Normandy, the duke of Lancaster marches through, 464, 467.

La Doos [Lados], in Bazadois, taken by the English, 251.

Laforce, near Bergerac, taken by the English, 251.

Lalinde, in Périgord, taken by the English, 251, 356.

Lamonzie, near Bergerac, taken by the English, 251.

La Mothe Pressage, Gaillard de, archbishop of Toulouse, cardinal, made archdeacon of Ely, 157.

Lancaster, duke of. *See* Plantagenet, Henry.

Lancaster, earls of. *See* Plantagenet Henry; Plantagenet, Thomas.

Landas, sire de. *See* Mortagne, Jean de.

Langdon, co. Kent, negotiations carried on there, 44.

Langena. *See* Langon.

Langley, co. Herts, Edward II. endows the convent there, 18.

Langon, on the Garonne, taken by the English, 251.

Langton, Walter de, bishop of Lichfield and Coventry, imprisoned, 11; the reason, 14; excommunicated by the archbishop and appeals to the pope, 18; his death, 37.

Laon, district of, in Picardy, laid waste by Edward III., 102.

Laperche, in Agenois, taken by the English, 251.

Latimer, Thomas de, the younger, slain in the battle of Sluys, 109.

La Tour, Bertrand, sire de, taken prisoner at Poitiers, 471.
Launay (or Lannoy), Guillaume de, slain at Mauron, 416, 417.
Lautrec, Amenieu de, taken prisoner at Auberoche, 250.
Lautrec, Amauri, vicomte de, taken prisoner at Auberoche, 249, 251.
Lautrec, Pierre, vicomte de, seigneur de Montredon, taken prisoner at Auberoche, 250, 252.
Laval, Gui de, taken prisoner at La Roche-Derien, 389, 390.
Laval, Jean de, taken prisoner at Mauron, 417.
Laval, sire de, slain at La Roche-Derien, 389, 390.
Lebrun, Bernard, bishop of Noyon, reported slain at Crécy, 248, 369, 371.
Ledbury, co. Hereford, Edward II. passes through as a prisoner, 49.
Leeds castle, co. Kent, queen Isabella refused admission, 84; besieged and taken, *ibid*.
Le Ewer, Robert, his death, 39.
Leicester, earl of. *See* Plantagenet, Henry.
Leile. *See* L'Isle.
Léon, Hervée de, made prisoner by sir W. Manny, 125.
Lepers, conspiracy of, 32.
Lerm, in Bazadois, taken by the English, 251.
Lestre abbey, in Normandy, taken by the English, 462.
Levignac, in Agenois, taken by the English, 446, 448.
Lichfield and Coventry, bishops of. *See* Langton, Walter de; Northburgh, Roger.
Liddel castle, co. Cumberland, besieged and taken by the Scots, 202, 376.
Liége, bishops of. *See* Mark, La, Adolphus, count of; Mark, La, Engelbert, count of.
Lille, in Flanders, taken by the English, 316; the earls of Salisbury and Suffolk

Lille, in Flanders—*cont.*
taken prisoners there, 104; Philip of Valois offers it to the Flemings, 383.
Limeuil, sire de. *See* Galard, Jean.
Lincoln, Edward I. keeps Christmas 1304 there, 8.
Lincoln, bishops of. *See* Bek, Anthony; Bek, Thomas; Burghersh, Henry; Gynwell, John.
Lionel, son of Edward III., his birth, 87; his marriage, 125; with the expedition being prepared under the duke of Lancaster, 425; with Edward III. in 1355, in his invasion of France, 427.
Lisieux, in Normandy, attempt of cardinal envoys to mediate there, 215, 362; the duke of Lancaster marches through, 463, 466.
L'Isle, in Périgord, taken by the English, 249, 251, 356.
L'Isle, Jean de, slain at Poitiers, 469.
L'Isle, John, baron, slain in Aquitaine, 440, 443.
Lisle, Thomas de, made bishop of Ely, 172.
L'Isle-Jourdain, county of, traversed by the Black Prince, 434, 437, 440, 443.
L'Isle-Jourdain, Bertrand, comte de, taken prisoner at Auberoche, 190, 248, 249, 251, 356.
L'Isle-Jourdain, bastard of, slain at Castelsagrat, 446, 448.
Listrac, in Guienne, taken by the English, 446, 448.
Lohéac [?], sire de, joins the English, 340, 342.
Lohéac, sire de, taken prisoner at La Roche-Derien, 389, 390.
Lombez, in Gascony, occupied by the retreating French, 436, 439.
Londes [Landes ?], Bertram de, taken prisoner at Auberoche, 250.
London, councils at, 85, 147, 160, 170; rising in support of queen Isabella, 48, 282; provincial councils, 59, 66, 122, 223, 459; execution of Mortimer at Elms, 62, 285; tournament in Chepe, 63, 285, 286; parliaments, 12, 77, 80,

London, councils at—*cont.*
82, 119, 156, 221, 242; convocation, 72, 80, 85, 156, 242; the citizens go out to meet the papal envoys, 81; rumour of the victory of Sluys, 312; sudden return of Edward III. to the Tower, 116, 221, 323; the citizens resist enquiry by the judges, 118, 119, 221; tournaments at Smithfield, 146, 230, 419; the wives of citizens invited to a festival at Windsor, 155; money exchange established, 243; the convention with the Normans read at Paul's Cross, 211, 363; David Bruce lodged in the Tower, 219, 253; mortality during the Black Death, 407; Flagellants arrive, 407, 408.

——— St. Paul's church: Scottish letters of submission sent to, 291; Edward III.'s letter against archbishop Stratford addressed to the dean and chapter, 330; the chronicle of St. Paul's referred to, 176; letter of the chancellor on the landing of the English in Normandy, 201.

London, bishops of. *See* Baldock, Ralph; Bintworth, Richard; Gravesend, Richard de; Gravesend, Stephen de; Northburgh, Michael; Stratford, Ralph.

Londres, near Marmande, in Agenois, taken by the English, 251.

Longueville, comte de. *See* Artois, Charles d'.

Lorraine, Raoul, duke of, his letters confirm the challenge from Philip of Valois to Edward III., 305, 307; party to the truce of Tournay, 220, 317, 320; slain at Crécy, 216, 217, 248, 369, 371.

———, John, duke of, present at the siege of Aiguillon, 250.

Louis X. of France. *See* France.

Louis of Bavaria, emperor, excommunicated, 42; the pope prosecutes the war against him, 61; interview with Edward III. at Coblentz, 84, 85; appoints Edward vicar of the empire, 88; cancels the appointment, 221, 336.

Louis of Evreux, at Edward II.'s coronation, 12.

Lovel, Sir James, slain at Morlaix, 127.

Luc, Jean de, in command at Pont-Audemer, 463, 466.

Luca, Nicholas (Fiesco) de, envoy to the pope, 159.

Lucy, Anthony de, baron, arrests the earl of Carlisle, 39.

Lusignan, in Poitou, taken and garrisoned by the English, 374, 375.

Luxemburg, Charles of. *See* Charles of Luxemburg.

Lyminge, co. Kent, the living given to cardinal d'Euse, 27.

M.

Macduff, Duncan, earl of Fife, taken prisoner at Neville's Cross, 218, 253, 377.

Machecoul, sire de, joins the English, 340, 342.

Madurand, near Bergerac, taken by the English, 251.

Maidstone, Walter, bishop of Worcester, his election, 19, 20.

Maignelais, Jean de, taken prisoner at Poitiers, 471.

Maignelais, Tristan de, taken prisoner at Mauron, 416, 417.

Majorca, James, king of, reported slain at Crécy, 216; escapes, 247.

Malemort, Guillem de, taken prisoner at Auberoche, 250.

Malestroit, in Brittany, taken by the English, 340, 342; negotiations at, 341, 343; truce of, 129–135, 228, 344–351.

Malestroit, sire de, slain at La Roche-Derien, 389, 390.

Malestroit, sire de, taken prisoner at Mauron, 416, 417.

Malines, in Flanders, Edward III. quartered there, 85; taken by the count of Flanders, 468.

Maltravers, sir John, receives custody of Edward II., 52; charged with his murder, 54; escapes to Germany, *ibid.*

Manrique de Lara, Aimeri, vicomte de Narbonne, present at the siege of Aiguillon, 250; taken prisoner at Poitiers, 470.

Mar, Donald, earl of, liberated, 21; implicated in the earl of Kent's plot, 254, 256.

March, earls of. *See* Dunbar, Patrick; Mortimer, Roger.

Marche, seigneur de, present at the siege of Aiguillon, 250.

Marche, comte de la. *See* Bourbon, Jacques de.

Marche, Guillaume de la, slain at Mauron, 416, 417.

Marcoing, in Flanders, advance of Edward III. to, 305, 307.

Margaret of Burgundy, wife of Louis X. of France, put to death, 22.

Marigny, Enguerrand de, put to death, 22.

Mark, La, Adolphus, count of, bishop of Liége, party to the truce of Tournay, 220, 317, 320.

Mark, La, Engelbert, count of, bishop of Liége, present at the siege of Aiguillon, 250.

Marshal, earl. *See* Thomas of Brotherton.

Martel, Philip, his death, 13.

Mary, the Virgin, festival of the Conception to be observed, 59.

Mas, Le, on the Garonne, surrenders to the Black Prince, 450.

Mathas, sire de. *See* Charny, Geoffroi de.

Matynet. *See* Mauvinet.

Maugleyr. *See* Maignelais.

Maulyson, comte de, present at the siege of Aiguillon, 250.

Mauny, or Manny, sir Walter, joins in Balliol's expedition to Scotland, 296; attacks Cadzand, 80; takes part in conquests around Tournay, 316, 317;

Mauny, or Manny—*cont.*
accompanies Edward III. from Flanders, 116; defeats Charles of Blois, 125; sails with expedition to Aquitaine, 243; present at the capture of Bergerac and other places, 189, 356; at the battle of Auberoche, 248; taken prisoner at St. Jean-d'Angély, but escapes, 373, 375; takes part in negotiations before Calais, 392, 394; receives French envoy, 429; takes part in the siege of Berwick, 450.

Maurfelon, sire de, slain at Saint-Omer, 317.

Mauron, in Brittany, defeat of the French at, 415–417.

Mauvinet, Maurice, seneschal of Touraine, taken prisoner at Poitiers, 470.

Melac, sire de, taken prisoner at La Roche-Derien, 389, 390.

Melford manor, near Sudbury, co. Suffolk, Edward III. keeps All Saints' 1344 there, 160.

Melly [Milly?], sire de, slain at Saint-Omer, 317.

Melrose, co. Roxburgh, Edward III. keeps Christmas 1341 at, 123, 223.

Melton, William de, archbishop of York, his election, 25; consecration, 26; implicated in the earl of Kent's plot, 254, 255; his death, 103.

Melun, Guillaume de, archbishop of Sens, reported slain at Crécy, 216, 248, 369, 371; taken prisoner at Poitiers, 470.

Melun, Jean (I.) de, sire de Tancarville, chamberlain of France, taken prisoner at Caen, 203, 204, 214, 245, 359, 361.

Melun, Jean (II.) de, comte de Tancarville, taken prisoner at Poitiers, 470.

Mentebray. *See* Mowbray.

Menteith, earl of. *See* Graham, John.

Mepham, Simon, elected archbishop of Canterbury, 57; negotiates peace between the king and certain barons, 58; holds provincial council and makes regulations, 59; excommunicates murderers of bishop Stapleton, *ibid.*; quarrels with the bishop of Exeter, 65; his death, 69.

Meubale, comte de, present at the siege of Aiguillon, 250.

Micheldever, Thomas, executed, 50.

Middleton, sir Gilbert de, hanged for robbing papal envoys, 27.

Middleton, Gilbert de, papal reservations affecting him cited, 175.

Military service, assessments, etc., 192, 198.

Mirake [in Agenois?], taken by the English, 251.

Mirambeau, in Quercy, taken by the English, 450.

Miramont-en-Agenois, taken by the English, 251.

Miramont-en-Quercy, taken by the English, 251.

Molay, Jacques de, grand master of the Temple, burnt, 17.

Molières, near Lalinde, taken by the English, 251.

Monbahus, in Agenois, taken by the English, 251.

Monchiver, E. de, implicated in the earl of Kent's plot, 255, 256.

Monclar, Arnaud, vicomte de, taken prisoner at Auberoche, 249, 251.

Monclar, sire de, taken prisoner at Auberoche, 249, 251.

Monmeray, seigneur de, present at the siege of Aiguillon, 250.

Monmouth, Edward II. passes through, as prisoner, 49.

Monsac, in Périgord, the English make a raid on, 190.

Montacute, Simon de, recommended for the see of Winchester, 70; as bishop of Ely, meets cardinal envoys, 81; attends a provincial council, 122; his death, 172.

Montacute, William (I.) de, assists in arresting Mortimer, 62, 285; accompanies Edward III. to France, 63; sent by Balliol to excuse his attendance, 72; created earl of Salisbury, 79; besieges Berwick, 297; taken prisoner at Lille, 104; commissioner to examine charges against archbishop Stratford,

Montacute, William (I.) de—*cont.*
120; sponsor for the truce of Malestroit, 348, 351; present at a festival at Windsor, as marshal of England, 232; knight of the Round Table, *ibid.*; his death, *ibid.*

Montacute, William (II.) de, earl of Salisbury, knighted at La Hougue, 199, 200, 201; accompanies the Black Prince to Aquitaine, 424; on service, 447, 449.

Montagnac, in Périgord, taken by the English, 251.

Montagrier, in Périgord, taken by the English, 249, 251, 356.

Montaigu [Gauthier?] de, slain at Poitiers, 469.

Montaigu, Guillaume, sire de, taken prisoner at Poitiers, 470.

Montauban, Alain, sire de, slain at Mauron, 416, 417.

Montauban, Renaud de, slain at Mauron, 416, 417.

Montaut, near Bergerac, taken by the English, 251.

Montbéliard, comte de. *See* Montfaucon, Henri de.

Montbouchier, Aufray de, slain at Mauron, 416, 417.

Montebourg abbey, in Normandy, the base of the duke of Lancaster's raid, 463, 465, 467.

Montendre, in Saintogne, taken by the English, 446, 448.

Montendre, Alain de, taken prisoner at Poitiers, 471.

Montfaucon, Guyram de, present at the siege of Aiguillon, 250.

Montfaucon, Henri de, comte de Montbéliard, slain at Crécy, 248.

Montfaucon, sire de, slain at Saint-Omer, 317.

Montfavez, Bertrand de, cardinal, envoy to mediate between England and France, 81; his exactions, 82; departs for France, 83.

Montferrand, sire de, quartered at Cognac, 446, 448.

Mont-Floemie [in Périgord?], taken by the English, 251.

Montfort, Jean IV. de, duke of Brittany escapes to England and does homage, 164, 243, 339; his death, 189, 244, 340.

Montfort, Jean V. de, takes part in the duke of Lancaster's raid in Normandy, 462, 465.

Montfort, Jeanne de, duchess of Brittany, expedition sent to her aid, 125; driven by weather to the coast of Devon, 135, 229.

Montfort, Raoul, sire de, slain at La Roche-Derien, 389, 390.

Monthermer, Thomas de, slain in the battle of Sluys, 109.

Montignac, in Périgord, taken by the English, 446, 448.

Montillard. *See* Montbéliard.

Montjoie, in Aquitaine, taken by the English, 446, 448.

Montjouan, sire de, slain at Poitiers, 469.

Montpellier, in Languedoc, prepared for defence against the Black Prince, 483.

Montpezat, in Agenois, taken by the English, 251.

Montpont, near Mussidan, taken by the English, 446, 448.

Montravel, in Périgord, taken by the English, 251.

Montréal, in Condomois, taken by the English, 446, 448.

Montredon, seigneur de. *See* Lautrec, Pierre.

Montreham. *See* Montjouan.

Mont Reveele. *See* Montravel.

Moors, defeated at Tarifa in Spain, 263, 267; letter from the Soldan to their sultan, 264-269.

Moray, earl of. *See* Randolf, John; Randolf, Thomas.

Moray, Maurice, earl of Strathern, said to be taken prisoner [but slain] at Neville's Cross, 218; slain there, 253, 377.

Moreuil, Thibaut de, slain at Crécy, 248, 369, 371.

Morlaix, in Brittany, assaulted by the earl of Northampton, 126; Charles of Blois defeated near, 126, 129, 227.

Morley, Robert de, baron, proclaims a tournament at Smithfield, 230.

Morley, sir Robert de, admiral, warns Edward III. on danger of crossing the sea, 311; admiral of the north at the battle of Sluys, 106; aids in dispersing victualling ships for Calais, 385, 386.

Mortagne, Jean de, sire de Landas, slain at Poitiers, 469.

Mortell. *See* Moreuil.

Mortimer, Roger (of Chirke), baron, lays waste the lands of the Despensers, 33; submits to the king and sent to the Tower, 35, 280.

Mortimer, Roger (of Wigmore), baron, lays waste the lands of the Despensers, 33; submits to the king and sent to the Tower, 35, 280; escapes to France, 40, 281; his influence with queen Isabella, 46; accompanies her to England, *ibid.*; procures the execution of Arundel and others, 50; his sons knighted, 51; answerable for the terms of peace with Scotland, 57, 283; holds a Round Table, 284; his pride, *ibid.*; marriage of his daughters, 57; made earl of March, 58; procures the condemnation of the earl of Kent, 59; arrested at Nottingham, 61, 285; sent to the Tower and condemned and executed, *ibid.*; charges against him, 63.

Mortimer, Roger, afterwards earl of March, at a tournament at Hereford, 159; knighted at La Hougue, 199, 200, 201; with the expedition got ready under the duke of Lancaster, 425; with Edward III., in 1355, in the invasion of France, 428.

Mortival, Roger, bishop of Salisbury, his death, 60.

Mouleydier, near Bergerac, taken by the English, 251.

Mount Baos. *See* Monbahus.

Mountgretz. *See* Montagrier.

Mounthalle [Montaut?], sire de, taken prisoner at Bergerac, 249, 251.
Mount Leidere. *See* Mouleydier.
Mountraduce. *See* Montredon.
Mowbray, John de, baron, executed at York, 36.
Mowbray, sir William, taken prisoner at Neville's Cross, 218.
Muce, Jean de la, taken prisoner at Mauron, 417.
Mucidan. *See* Mussidan.
Mumming at a tournament, 146, 230.
Murimuth, Adam, sent on missions to the pope, 18, 30, 41.
Musarde, Maucelin, implicated in the earl of Kent's plot, 255, 257.
Mussidan, [Anger de Montault,] sire de, on service in Aquitaine, 447, 449.

N.

Nantes, in Brittany, threatened by the English, 129, 340, 342; besieged, 342, 343.
Naples, Robert, king of, vicar of the empire, 20; visits the pope, 29.
Narbonne, diocese of, its partition, 28.
Narbonne, in Languedoc, taken by the Black Prince, 433, 435, 438, 441, 444.
Narbonne, vicomte de. *See* Manrique de Lara.
Narbonne, Guillaume de, slain at Poitiers, 469.
Nassau, John, count of, taken prisoner at Poitiers, 470.
Nauvers. *See* Sancerre.
Navarre, Charles, king of, expedition on his behalf got ready in England, 425; he makes peace with the king of France, 426; the expedition abandoned, *ibid.*; he is seized and sent prisoner to Paris, 460.

Navarre, Philip of. *See* Philip of Navarre.
Nerbon. *See* Narbonne.
Nesle, Gui de, sire d'Offemont, marshal of France, defeated and killed at Mauron, 416, 417.
Nesle, Jean de, sire d'Offemont, takes part in negotiations before Calais, 392, 394.
Nevill, sir Hugh de, envoy to the pope, 159; returns, 160.
Nevill, Ralph de, baron, at the battle of Neville's Cross, 218, 252, 376; guards the border, 427; in military command in Northumberland, 456.
Neville's Cross, co. Durham, defeat of the Scots, 218, 252, 233, 376, 377; list of killed and prisoners, 218, 253, 377.
Newcastle-upon-Tyne, Edward Balliol does homage to Edward III. there, 72; Edward III. keeps Christmas 1355 at, 432.
Nîmes, [Bertrand de Dreux], bishop of, said to be slain at Crécy [an error for bishop of Noyon : *see* Lebrun], 369, 371.
Noaillan, in Bazadois, taken by the English, 251.
Nogaret, Guillaume de, takes part in the capture of Boniface VIII., 5; excommunicated, 6.
Nontron, in Périgord, the French abandon the siege, 217.
Norfolk, earl of. *See* Thomas of Brotherton.
Normandy: convention with the Normans for invasion of England, 205–211, 257–263, 364–367; Edward III.'s campaign, 199–204, 212–215, 245, 357–362; the duke of Lancaster's raid, 462–468.
Normandy, Charles, duke of. *See* Charles, duke of Normandy.
Normandy, John, duke of, afterwards king of France. *See* France.
Northampton, parliaments at, 77, 85, 283; tournament, 124, 223.
Northampton, earl of. *See* Bohun, William de.
Northburgh, Michael, king's confessor, his letters giving an account of the Crécy

Northburgh, Michael—*cont.*
 campaign, 212-214, 358-362, 367-372;
 as bishop of London, sent envoy to the pope, 421.
Northburgh, Roger, made bishop of Lichfield and Coventry, 37; meets cardinal envoys, 81; deprived of the treasurership, 117; attends a provincial council, 122.
Norwich, bishops of. *See* Ayermin, William; Bateman, William; Bek, Anthony; Salmon, John.
Norwich, William de, dean of Lincoln, envoy to the pope, 137.
Nottingham, parliament at, 285; arrest of Mortimer, *ibid.*; council held at, 72; truce with the Scots made at, 75.
Nouveau, Arnaud de, cardinal envoy to England, 16; baptizes Edward III., 20.
Noverre. *See* Saucerre.
Noyers, Jean de, comte de Joigny, taken prisoner in a skirmish before the battle of Poitiers, 471.
Noyon, bishop of. *See* Lebrun, Bernard.

O.

Odynt, near Tournay, taken by the English, 316.
Offement, sire de. *See* Nesle.
Offord, Andrew de, envoy to the pope, 137, 143; returns and gives account of his mission, 147-149; sent to obtain safe-conducts to Avignon, 152, 153.
Offord, John de, archdeacon of Ely and keeper of the Privy Seal, proposed envoy to the pope, 153; made, by the pope, dean of Lincoln, 157; sent as envoy, 159; letter from him at the papal court, *ibid.*; returns, 163; attends the king's council, 177; made chancellor, *ibid.*

Oise river, in Picardy, crossed by Edward III., 305, 307.
Olifant, William, defends Stirling castle, 7.
Orange, Raimond IV. de Baux, prince of, shuns fighting the Black Prince, 433, 436, 438, 439.
Orchies, near Tournay, taken by the English, 316.
Orlton, Adam, made bishop of Hereford, 25; his temporalities seized by the king, 42, 43; joins queen Isabella, 46; preaches at Oxford, 47; Robert Baldock delivered to his charge, 50; translated to Worcester, 57; to Winchester, 70; his temporalities seized by the king, *ibid.*; meets cardinal envoys, 81; said to have drawn up Edward's letter against archbishop Stratford, 330; his death, 173.
Ormond, earl of. *See* Boteler, James le.
Orsett manor, co. Essex, Edward III. holds a conference there, 160.
Ortys. *See* Orchies.
Orwell haven, co. Suffolk, queen Isabella's expedition lands there, 282; Edward III.'s fleet assembled there, 310.
Ospringe, co. Kent, papal envoys received there, 243.
Ostred. *See* Ughtred.
Ouistreham, in Normandy, the coast laid waste by the English as far as, 214, 359, 361.
Oxford, queen Isabella passes through, 47; riots between scholars and townsmen, 421, 422; interdict laid on the city, 423; commission to enquire into the riots, *ibid.*; privileges in the city granted to the chancellor of the University, *ibid.*
Oxford, earl of. *See* Vere, John de.

P.

Pagham, co. Sussex, the living given to cardinal d'Euse, 27.

Parliaments, in 1314 at York, 21; in 1319 at London, 30; in 1321 at Westminster, 33; in 1322 at York, 37; in 1324 at London, 42; in 1327 at London, 50; in 1328 at Northampton, 156, 283; in 1328 at Salisbury, 58; in 1330 at Winchester, 59, 284; in 1330 at Nottingham, 61, 285; in 1330 at Westminster, 62; in 1332 at Westminster, 66; in 1334 at York, 72; in 1334 at London, 72; in 1335 at York, 75; in 1336 at Northampton, 77; in 1337 at London, *ibid.*; in 1337 at Westminster, 78; in 1337 at London, 80; in 1338 at London, 82; in 1338 at Northampton, 85; in 1340 at Westminster, 104; in 1341 at London, 119, 221; in 1343 at Westminster, 136, 229, 352; in 1344 at London or Westminster, 156, 242; in 1355 at Westminster, 431; petitions for reforms, 119, 120; protest against papal provisions, 138–142, 353–355.

Parning, sir Robert, made chancellor, 118.

Pastoureaux, crusade of, 31.

Pecche, sir John, implicated in the earl of Kent's plot, 254, 256.

Pellaberme, sire de, taken prisoner at Bergerac, 249, 251.

Pellegrue, near Bergerac, taken by the English, 251, 356.

Pembroke, earls of. *See* Hastings, Laurence; Valence, Aymer de.

Percy, George, implicated in the earl of Kent's plot, 255, 256.

Percy, Henry (I.) de, baron, joins queen Isabella, 47; at the battle of Neville's Cross, 218, 252, 376.

Percy, Henry (II.) de, baron, concludes a truce with the Scots, 427; joins the king with troops for France, *ibid.*; in military command in Northumberland, 456.

Périgord, towns in, taken by the English, 249, 251, 356.

Périgord, Roger Bernard, comte de, present at the siege of Aiguillon, 250; tries to save Périgueux by bribery, 456.

Périgord, seneschal of, [Henri de Montigny?] taken prisoner at Bergerac, 249, 251, 356.

Périgueux, in Périgord, taken by the captal de Buch, 457.

Perte, Bertram and Guyraud de, taken prisoners at Auberoche, 250.

Perth, Edward Balliol crowned at, 297; treaty of peace concluded at, 298–302; fortified by Edward III., 77.

Peter IV. of Aragon. *See* Aragon.

Petershayes manor, in Yarnscombe, co. Devon, death of the bishop of Exeter there, 53.

Philip IV., V., VI., of France. *See* France.

Philip (le Hardi), son of king John of France, taken prisoner at Poiters, 470.

Philip of Burgundy, comte d'Artois, present at the siege of Aiguillon, 250.

Philip of Navarre, invites the aid of the English, 461; takes part in the capture of Lestre abbey, 462; with the duke of Lancaster in his raid, 462, 465; does homage to Edward III., 468.

Philippa of Hainault, betrothed to Edward III., 281. *See* England: Edward III.

Pisano, Anthony de, envoy to the pope, 26.

Plagues, 24, 406, 407.

Plaisance, in Armagnac, taken by the Black Prince, 440, 443.

Plantagenet, Henry, earl of Lancaster, joins queen Isabella, 46; sent into Wales to capture Edward II., 49; the king given into his charge, 49; refuses to attend the parliament of Salisbury, but submits, 58.

Plantagenet, Henry, earl of Derby and Lancaster, and duke of Lancaster: sent into Scotland, 77; created earl of Derby, 79; at a tournament at Dunstable, 123; accompanies Edward III. into Scotland, *ibid.*; sponsor for the truce of Malestroit, 348, 351; proposed envoy to the pope, 137, 152; present at a festival at Windsor, as seneschal of England, 232; knight of the Round Table, *ibid.*; sent on a secret mission, 156; returns, 158; attends the king's council, 161; sails with an expedition for Aquitaine, 164, 243, 356; takes Bergerac and other places, 189, 248, 356; defeats the French at Auberoche, 190, 248, 356; list of places taken in his campaigns, 251; invades Saintogne and Poitou, 217, 218; letter describing his campaign, 373-376; returns to England, 376; takes part in negotiations before Calais, 392, 394; envoy to the pope, 421; expedition got ready under him to aid the king of Navarre, 425; delayed and abandoned, 426; with Edward III. in 1355 in invasion of France, 428; receives a French envoy at Calais, 429; leads an expedition into Normandy, 461; journal of his march, 462-468; marches into Brittany and made captain thereof, 468.

Plantagenet, John, earl of Surrey and Warren, persuades the Mortimers to submit, 35; meets cardinal envoys, 81; absent from a tournament at Dunstable, 123.

Plantagenet, Thomas, earl of Lancaster, concerned in Gaveston's execution, 17; at variance with the king, 22; his letter to the king, 271-276; reconciled, 29; declares against the Despensers, 33; defeated at Boroughbridge and beheaded at Pontefract, 36, 280.

Plassac, in Guienne, taken by the English, 446, 448.

Ploërmel, in Brittany, taken by the English, 340, 342; strengthened, 416, 417.

Pluralities, papal constitution against, 28.

Plymouth, burnt by the French, 90; threatened, 109 *note*; the Black Prince sails thence, 425.

Poissy, in the Isle of France, arrival there of the English army, 215, 363, 367, 869; combat at the bridge, 216, 367, 370.

Poitiers, taken by the English, 249, 374, 376; lists of the French slain and taken in the battle, 469-471.

Poitiers, captain of, taken prisoner at the battle of Poitiers, 470.

Poitiers, Louis de, comte de Valentinois, defeated at Vannes, 341, 343; taken prisoner [slain] at Auberoche, 190, 248, 249, 250, 251, 356.

Poitou, invaded by the English, 218, 374, 375.

Poix, in Picardy, stormed by the English, 368, 370.

Pole, William de la, merchant, imprisoned, 117.

Pommiers, Elie de, on service in Aquitaine, 447, 449.

Pompejac [called Pomperate], in Bazadois, taken by the English, 251.

Pons, Renaud, sire de, present at the siege of Aiguillon, 250; slain at Poitiers, 469.

Pont-Audemer, in Normandy, the duke of Lancaster raises the siege of, and fortifies it, 463, 466.

Ponte Acuto, or Pontagu, comes de: apparently an error for Poitiers, Louis de, comte de Valentinois, *q.v.*

Pontefract, co. York, the earl of Lancaster beheaded at, 36, 280.

Pontefract, Richard de, confessor, implicated in the earl of Kent's plot, 254, 256.

Ponthieu, county of, Edward II. does homage for it, 32; ceded by him to his son, who does homage, 44; Edward III. does homage, 58.

Ponthieu, comte de. *See* Bourbon, Jacques de.

Porchester, co. Hants, an expedition for Brittany sails thence, 164.

Porcieu [called Porse], comte de. *See* Châtillon, Jean de.

Port-sainte-Marie, in Agenois, taken by the English, 446, 448.

Porte, — de la, taken prisoner at Auberoche, 250.

Portsmouth, an expedition for Brittany got ready there, 125; Edward III. sails thence, 128, 228; ships assembled there for the invasion of France, 198.

Pounte. *See* Pons.

Poytes, Terselet de, taken prisoner at Auberoche, 249, 251.

Prayssas [called Pressa], in Agenois, taken by the English, 251.

Provincial councils. *See* Councils.

Provisors, protests against, 138-142, 143-146, 353-355; proceedings against proctors, 142; the pope's letters of remonstrance, 149-152; proceedings in council against them, 233; proclamation and mandates, 153, 233-242.

Puche de la Chalne. *See* Puy-de-Chalus.

Puch de Cote [in Périgord?], taken by the English, 251.

Puche Myclane. *See* Puymiclan.

Pulteney, John de, imprisoned, 117, 323.

Purveyors: punishment of unjust purveyors, 244.

Pusdechales. *See* Puy-de-Chalus.

Puy-de-Chalus, in Agenois, taken by the English, 251, 446, 448.

Puymiclan, in Agenois, taken by the English, 251.

Q.

Quintin, sire de, slain at La Roche-Derien, 389, 390.

Quintin, sire de, slain at Mauron, 416, 417.

R.

Raguenel, Robert, slain at Mauron, 416, 417.

Rains: in 1338, great rainfall, 88, 89, 173, 468.

Ralastyns, Raynald de, taken prisoner at Auberoche, 250.

Randolf, John, earl of Moray, taken prisoner and sent to England, 75; quarrels with sir W. Douglas, 202; slain at Neville's Cross, 218, 253, 377.

Randolf, Thomas, earl of Moray, envoy to the pope, 40; his death, 54.

Ravenna, archbishop of. *See* Canali, Nicolò.

Reading, Simon de, taken prisoner, 49; executed, 50.

Redon, in Brittany, taken by the English, 340, 342.

Rees ap Howel, surrenders to the king, 35; sent prisoner to Dover, 36; set at liberty in London, and sent into Wales to capture Edward II., 49.

Rély, sire de, slain at Saint-Omer, 317.

Réole, La, in Bazadois, held by the earl of Kent, 42; taken by the English, 251; the earl of Lancaster's head-quarters, 372, 373, 374, 375.

Repmak. *See* Ribagnac.

Retz, sire de, joins the English, 340, 342.

Revele, sire de, present at the siege of Aiguillon, 250.

Reynolds, Walter, elected archbishop of Canterbury, 19, 20; envoy from the barons to the king, 34; presides at the council recalling the Despensers, 35; supports queen Isabella, 47; officiates at the coronation of Edward III., 51; his death, 57.

Reyny, or Rayne, sir John, lost at sea, 135, 229.

Ribagnac, near Bergerac, taken by the English, 251.

Ribemont, Eustache de, slain at Poitiers, 469.

Richmond, earl of. *See* Dreux, John de.

Richouware. *See* Rochechouart.

Rieux, sire de, joins the English, 340, 342.

Ripon, co. York, damaged by the Scots, 37.

Rippus, John de, Carmelite, brings papal letters to England, 160; envoy to the pope, 169.

Rivière, La, viscounty, invaded by the Black Prince, 434, 437, 440, 443.

Robert, king of Naples. *See* Naples.

Robonake [Ruffignac in Périgord?], taken by the English, 251.

Rocabrue. *See* Roquebrune.

Roche Chenard [Rochechouard?], seigneur de, present at the siege of Aiguillon, 250.

Rochechouart, Jean, vicomte de, slain at Poitiers, 469.

Roche-Derien, La, in Brittany, Charles of Blois defeated at, and taken prisoner, 388–390.

Roche-de-Maizy, or Roche-Massé, in Normandy, taken by the English, 214, 359, 361.

Rochefordred. *See* Rochefort.

Rochefort, sire de, taken prisoner at La Roche-Derien, 389, 390.

Rochefort, sire de, taken prisoner at Poitiers, 470.

Rochemont, sire de, slain at Mauron, 416, 417.

Rochester, bishop of. *See* Heath, Haymo.

Rohan, vicomte de, slain at La Roche-Derien, 389, 390.

Rohan, Alain, vicomte de, slain at Mauron, 416, 417.

Rohan, Jean, vicomte de, taken prisoner, 427.

Roke, William, sailor, at the siege of Calais, 385, 387.

Rome, popes of : Boniface VIII.:—Taken prisoner, 5; his death, 6; design of Philip IV. to burn his bones, 17.

———————— Benedict XI.:—His election, 6; excommunicates pope Boniface's enemies, 6; absolves the king of France, *ibid.*; his death, 7.

———————— Clement V.:—His election, 8; his decretals, 16; his death, 21.

———————— John XXII.:—His election, 24; enters Avignon, 24, 25; appoints to English sees, 25; confirms elections, 26; makes partitions of French sees, 28; reserves first fruits, *ibid.*; his constitution against pluralities, 28; improves the bishop's palace at Avignon, 29; canonizes Thomas Cantelupe, 31; creates cardinals, 33; a general grace, 37; excommunicates Louis of Bavaria, 41; reserves benefices for the prosecution of the war, 61; sanctions taxation of Church goods in England, 63; his death, 74.

———————— Benedict XII.:—His election, 74; revokes a tenth granted for the crusades, 78; sends cardinals to mediate between England and France, 81; creates cardinals, 88; protests against appointment of Edward III. as vicar of the empire, *ibid.*; his death, 224.

———————— Clement VI.: — His election, 124, 224; correspondence with Edward III. on his election, 224, 226; mediates between England and France, 125, 129, 227, 228, 341, 343, 344; envoys from England, 136, 143, 229; correspondence and proceedings against provisors in England, 138–146, 149–152, 353–355; negotiations between English and French envoys before Clement, 148; interview of sir John of Shoreditch with him, 149, 230; his speech against Edward III.'s claim to France, 148; proclamation and mandates in England against provisors, 153, 233–242; the pope makes ecclesiastical ap-

Rome, popes of: Clement VI.—*cont.*
pointments in England, 157, 158; envoys from England, 159; envoys to England, 160, 243; their interview with the king, 161, 162, 243; they linger at Canterbury, 162; Clement sends letter to England, 160; makes L. de la Cerda prince of the Fortunate Isles, 162, 242; cardinals' property in England seized, 245; the English envoys leave the papal court, 163; review of papal exactions in England, 173-176; Clement's letters arrive in England, 176-188; he sends an envoy, 189; cardinals at Lisieux attempt to mediate, 215, 362; correspondence with Edward III. for peace, 377-382; cardinals mediate at Calais, 390, 392, 394, 396-406.

—————— Innocent VI.:—Proposals of his envoys to England rejected, 424; his marshal defeated by the Black Prince, 433; sends envoys to the Black Prince at Narbonne, 435, 438, 441, 444; tries to save Périgueux from the Black Prince, 457; his offers of mediation refused by Edward III., 458, 459.

Romorantin, in Blaisois, prisoners taken there, 471.

Roos, William de, knighted at La Hougue, 200, 201.

Roquebrune, near La Réole, taken by the English, 251.

Roquemaur, in Périgord, taken by the English, 251.

Roquetaillade, in Bazadois, taken by the English, 251.

Rosan, [Razac, near Périgneux?], taken by the English, 251.

Rosenberg, count of. *See* Ursini, Peter.

Ross, earl of, "senescallus Scociæ," [an error for Robert, Steward of Scotland], 218.

Ross, John, made bishop of Carlisle, 45.

Ross, William, as competitor for the crown of Scotland, recognizes Edward I. as suzerain, 290-294.

Rossingburgh. *See* Rosenberg.

Rosslyn, sir Thomas, implicated in the earl of Kent's plot, 254, 256.

Rotherhithe, co. Surrey, expedition for France got ready there, 425.

Roucy, Robert, comte de, taken prisoner at Poitiers, 470.

Rouen, in Normandy, held against the English, 215, 363; the king of Navarre and the comte de Harcourt seized there, and the latter executed, 460, 461.

Rougé, Bonabès de, sire de Derval, taken prisoner at Poitiers, 471.

Rougé, Guillaume de, sire de Derval, slain at La Roche-Derien, 389, 390.

Rougé, sire de, slain at La Roche-Derien, 389, 390.

Round Tables: Mortimer holds a Round Table at Wigmore, 284; a Round Table founded at Windsor, 155, 156, 232.

Roxburgh, Edward III. keeps Christmas 1334 there, 74.

Rusby. *See* Roucy.

Russell, sir Peter, slain in repulsing a French attack on the I. of Wight, 109 *note.*

Rynake, [Renac?], sire de, taken prisoner at Bergerac, 249, 251.

S.

Saarbruck, John, count of, taken prisoner at Poitiers, 470.

Sadillac, near Bergerac, taken by the English, 251.

Sadington, sir Robert de, appointed treasurer, 118.

Saint-Alby. *See* Saint-Aubin.

Saint-Amand, in Flanders, taken by the English and the count of Hainault, 220, 316.

Saint-Astier, in Périgord, taken by the English, 251, 356.

Saint-Aubin, in Périgord, taken by the English, 251.

Saint-Barthélemy, in Agenois, taken by the English, 251.

Saint - Chastiere; Saint-Chestre. *See* Saint-Astier.

Saint-Clair, John de, canon of St. Paul's, appeals against the election of R. Baldock to the see of London, 5.

Saint-Clarte, in Aquitaine, taken by the English, 251.

Saint-David's, bishop of. *See* Gower, Henry.

"Saint Denis," a French ship taken in the battle of Sluys, 106.

Saint-Dizier, Geoffroi de, taken prisoner at Poitiers, 470.

Saint-Eyrake. *See* Saint-Geyrac.

Saint-Ferme, near Monségur, taken by the English, 251.

Sainte-Foy, in Agenois, taken by the English, 217.

Saint-Fremond, abbey of, in Normandy, the duke of Lancaster there, 464, 467; skirmish near, 465, 467.

Saint-Frome. *See* Saint-Ferme.

Saint-Front, in Périgord, taken by the English, 251.

Saint-Geyrac, in Périgord, taken by the English, 251.

"Saint George," a ship taken at the battle of Sluys, 106.

Saint-Jean-d'Angély, in Saintogne, taken by the English, 373, 375; besieged and taken by the French, 413; taken by the English, 202, 203, 213, 358, 360.

Saint-Lo, in Normandy, taken by the English, 202, 203, 213, 358, 360.

Saint-Louis, in Périgord, taken by the English, 251, 356.

Saint-Maurice, in Agenois, taken by the English, 251.

Saint-Michel, hospital of, [in Périgord?], taken by the English, 251.

Saint-Omer, in Picardy, besieged by Robert of Artois, 108; the French army quartered there, 428.

Saint Paul, John de, clerk in Chancery, imprisoned, 117.

Saint Paul's. *See* London.

Saint-Payteux, [Saint-Perdoux, or Saint-Pardoux?] in Périgord, taken by the English, 251.

Saint-Salva. *See* Saint-Sauveur.

Saint-Sardos, near Montpezat, in Agenois, taken by the English, 251.

Saint-Sauveur, in Bazadois, taken by the English, 251.

Saint-Serdes. *See* Saint-Sardos.

Saint-Venant, sire de. *See* Wavrin, Robert de.

Saintes, in Saintogne, defeat of the French at, 413.

Saintogne, invaded by the earl of Lancaster, 218, 373, 375.

Saintogne, seneschal of. *See* Angle, Guichard d'.

Salisbury, a parliament held there, 58.

Salisbury, bishops of. *See* Mortival, Roger; Wyville, Robert.

Salisbury, earls of. *See* Montacute, William de.

Salmon, John, bishop of Norwich, envoy to the pope, 26.

Salsinake. *See* Saussignac.

Samatan, in Gascony, taken by the Black Prince, 434, 437, 440, 443.

Sampsorre. *See* Sancerre.

Sancerre, Jean, comte de, present at the siege of Aiguillon, 250.

Sancerre, Jean de, slain at Poitiers, 469.

Sancerre, Louis, comte de, slain at Crécy, 248, 369, 371.

Sandwich, co. Kent, fight by a ship of, at Sluys, 107; Edward III. awaits his ships from Brittany, 127, 227; assembles his army there, 164; the duke of Lancaster's expedition detained there, 425; troops collected there for invasion of France, 427.

Saresburgh. *See* Saarbruck.

Sauley, sire, present at the siege of Aiguillon, 250.

Saussignac, sire de, taken prisoner at Bergerac, 249, 251.

Sauveterre, in Gascony, taken by the English, 217, 373, 375; occupied by the retreating French, 436, 439.

Savage, Edmund, Dominican, implicated in the earl of Kent's plot, 254, 256.

Savoie, Louis de, present at the siege of Aiguillon, 250.

Savoy, counts of: Amadeus v., leaves England, 114.

————— Aymon, party to the truce of Tournay, 220, 317, 320; present at the siege of Brest, 126.

————— Amadeus VI., reported slain at Crecy, 248, 369, 371; present at the siege of Aiguillon, 250.

Saweer. *See* Sancerre.

Say, Geoffrey de, baron, placed in command of Goy-le-Forêt, 126.

Scotland: precedents for the feudal superiority of England, 286-296; acknowledgment of Edward I.'s suzerainty, 290-294; John Balliol receives the crown, 294; treaty with France, 295; Balliol renounces fealty to Edward, 295; defeated, and retires to France, *ibid.*; Robert Bruce and Comyn appointed guardians, 295; campaign, in 1303, of Edward I., 4; execution of Wallace, 8; Bruce slays Comyn, and is crowned king, 9, 296; his conquests, 11; his victory at Bannockburn, 20; his wife liberated, 21; Edward Bruce's expedition to Ireland, 25, 30; Bruce refuses to admit papal envoys and is excommunicated, 27; takes Berwick, 29; the Scots invade the north of England, 30, 37; Edward II. invades Scotland, but is defeated, 37; truce, 39; envoys sent to the pope, 40; first campaign of Edward III., 53; peace with England, 56; David Bruce betrothed to Isabella of England and married at Berwick, 56, 283, 284; favourable terms granted to the Scots, 57; death

Scotland—*cont.*
of Robert Bruce, 54; Edward Balliol's invasion, 66, 296, 297; battle of Dupplin Moor, 66, 296, 297; Balliol crowned, but expelled, 297; defeat of the Scots at Halidon Hill, 68, 298; invasion by Edward III., 298; Scottish bishops appeal for help abroad, 69; treaty of Perth, 298-302; Balliol holds a parliament, 71; summoned to a parliament at York, 72; does homage to Edward, *ibid.*; rising against English barons, *ibid.*; truce of David Bruce with England, 75; invasion in 1335 by the English, 75; negotiations, 75, 76; Edward III. fortifies Perth, 77; despatches certain barons to Scotland, *ibid.*; he enters Scotland, 78; the Scots make a raid into England, 109 *note*; return of David Bruce from France, 121, 123, 223; Edward advances to Melrose, 123, 223; fruitless winter campaign, *ibid.*; truce, *ibid.*; Edward strengthens the border, 189; postponement of the invasion of England, 202; the fortress of Liddel taken, 376; invasion of England and defeat of the Scots at Neville's Cross, 218, 252, 376, 377; David Bruce wounded, 219; taken prisoner, 218, 253, 377; brought to the Tower of London, 219, 253; truce in 1355 with England, 427; the Scots surprise Berwick, 431; Edward Balliol surrenders the crown to Edward III., 451-454; invasion by the English, 454-456.

Scrope, Geoffrey le, chief justice of the King's Bench, dies at Ghent, 120, 222.

Seclin, near Tournay, taken by the English, 317.

Sedan, Bertram de, taken prisoner at Auberoche, 250.

Sedulak. *See* Sadillac.

Segrave, Stephen, made archbishop of Armagh, 28.

Selby, sir Walter, executed by the Scots, 376.

Sendale, John, elected bishop of Winchester, 24; his death, 30; papal reservations affecting him cited, 175.
Sens, archbishop of. See Melun, Guillaume de.
Seynard. See Saint-Venant.
Shareshull, William de, judge, removed, 117.
Shoreditch, sir John de, envoy to the pope, 143, 229; his interview with the pope, 149, 230; murdered, 171.
Shrewsbury, Edward II. there, 85.
Shrewsbury, Ralph de, elected bishop of Bath and Wells, 61; attends a provincial council, 122.
Sluys, in Flanders, capture of English ships at, 87; defeat of the French by Edward III., 106, 107, 312; rumour of the victory reaches London, 312; letter of Edward announcing it, 312-314; losses in the battle, 109; Edward there in 1345, 170, 244.
Smithfield, in London, tournaments at, 146, 230, 419.
Somme river, in Picardy, combat at the passage of, by the English, 216, 368, 370.
Sonroys [in Bazadois?], taken by the English, 251.
Sosenance, seigneur de, present at the siege of Aiguillon, 250.
Soulis, Nicholas de, as competitor for the crown of Scotland, acknowledges Edward I. as suzerain, 290-294.
Sourzac, in Périgord, taken by the English, 251.
Southampton, sacked by the French, 87; threatened by them, 89; the duke of Lancaster's expedition sails thence, 462.
Spain. See Castille.
Spain, Charles of. See Cerda, Charles de la.
Spain, Ernald of. See Espagne, Arnaud d'.
Spain, Louis of. See Cerda, Luis de la.
Spigurnell, sir Ralph, envoy to the pope, 159.

Stafford, Ralph, baron and earl, joins Edward Balliol's expedition to Scotland, 296; sent with an expedition to Brittany, 125; proposed envoy to the pope, 137; at a tournament at Hereford, 159; sent with an expedition to Aquitaine, 164, 243; present at the capture of Bergerac and other places, 189; seneschal of Aquitaine, 356; defends Aiguillon, 249; joins the proposed expedition under the duke of Lancaster, 425; joins Edward III., in 1355, in the invasion of France, 428.
Stafford, sir Richard, bearer of letters from the Black Prince in France, 436, 439, 442, 444; letter to him from sir John Wingfield, 445-449.
Stanhope park, co. York, escape of the Scots at, from fighting the English, 53.
Stapleton, sir Miles de, at a tournament at Windsor, 155.
Stapleton, Walter, bishop of Exeter, accompanies prince Edward to France, 44; returns to England, 46; murdered in London, 48, 282; his murderers excommunicated, 59.
Stephen, Hickman, sailor, at the siege of Calais, 385, 387.
Stepney, co. Middlesex, the living given to cardinal d'Euse, 28.
Stewart, Robert, steward of Scotland, present at the battle of Neville's Cross [wrongly called earl of Ross, and said to have been slain], 218.
Stirling, the castle taken by the Scots, 5; taken by Edward I., 7.
Stonor, John de, judge, removed, 117, 323.
Stratford, Henry de, clerk in chancery, imprisoned, 117.
Stratford, John, made bishop of Winchester, 39; accompanies Edward III. to France, 63; translated to Canterbury, 69, 70; holds convocation at St. Paul's, 72; makes his entry into Canterbury, 73; sent to France to arrange a crusade, ibid.; returns, 75; kept in attendance on the king, 76; returns

Stratford, John—*cont.*
with the king to the funeral of John of Eltham, 78; meets cardinal envoys, 81; accompanies them to France, 83; at Arras, 85; returns home, 90; remonstrates with the king on the danger of crossing the sea, 311; resigns the chancellorship, but is reinstated, *ibid.*; accused to the king, 117, 118, 324; takes refuge at Canterbury, 324; his letter to the king, 271, 324-329; commissioners appointed to enquire into the charges, 120; reconciled with the king, 122; consulted by the king, 125; quarrels with the bishop of Norwich, 147; holds convocation at London, 156, 242; draws up the king's letter to the pope, 157; consulted by the king on receipt of the pope's letter, 160; attends the king's councils, 161, 162; letter to him from the pope, 176; attends the council, 177; present at an audience to the papal envoy, 190; letters to him on the Crécy campaign, 200, 201, 202, 204; publicly reads the convention with the Normans for invasion of England, 211, 363; letter from the king to him, on negotiations before Calais, 391-395.

Stratford, Ralph, elected bishop of London, 103; attends a provincial council, 122.

Stratford, Robert, bishop of Chichester, meets cardinal envoys, 81; deprived of the chancellorship, 117, 324; attends the king's council, 161.

Strathbogie, David de, earl of Atholl, joins Edward Balliol's expedition, 66; report of his desertion of the English, 74; reconciled, 75; his death, 76.

Strathern, earl of. *See* Moray, Maurice.

Subsidies. *See* Aids and subsidies.

Sudake [Siorac ?], in Périgord, taken by the English, 251.

Sudbury, Simon de, envoy from the pope, 458.

Suffolk, earl of. *See* Ufford, Robert de.

Sully, Henri de, taken prisoner by the Scots, 37; mediates between England and Scotland, 41.

Sully, Louis, sire de, taken prisoner at Poitiers, 471.

Sumptuary laws, against the use of foreign cloth and furriery, 79.

Surrey, earl of. *See* Plantagenet, John.

Sutton. *See* Plymouth.

Swinfield, Richard, bishop of Hereford, his death, 25.

T.

Talbot, Gilbert, joins in Lancaster's rebellion, 36.

Talbot, Richard, baron, joins Edward Balliol's expedition, 66; taken prisoner, 72; ransomed, 75; at the battle of Morlaix, and takes prisoner G. de Charny, 128, 129; takes part in dispersal of victualling ships for Calais, 385, 386.

Tancarville, sire de. *See* Melun, Jean de.

Tarifa, in Spain, defeat of the Moors at, 263, 267.

Taunton, archdeacon of. *See* Hereward, Robert de.

Taunton, Robert de, implicated in the earl of Kent's plot, 60, 254, 256.

Teignmouth, co. Devon, burnt by the French, 109 *note.*

Templars, proceedings against them, 13-16.

Testa, William de, administrator of the archiepiscopal revenues of Canterbury, 13.

Teynham, co. Kent, papal envoys received there, 161.

Thiérache, in Flanders, laid waste by Edward III., 102.

Thil-en-Auxois, Jean de, sire de Château-Vilain, slain at Poitiers, 469.

Thomabeu. *See* Tombebœuf.

Thomas of Brotherton, earl of Norfolk and earl marshal, persuades the Mortimers to submit, 35 : joins queen Isabella, 46; his son [Edward] marries Mortimer's daughter, 57.

Thomas of Woodstock, son of Edward III., festival on his birth, 422.

Thoresby, John de, envoy to the pope, 159.

Thornsly, John, brings news of the victory of Crécy, 217.

Thorpe, John de, of the Exchequer, imprisoned, 117.

Thouars, Louis de, comte de Dreux, present at the siege of Aiguillon, 250.

Thouars [called Trouard and Tirwann], seigneur de, slain at Crécy, 248, 369, 371.

Tinteniac, sire de, taken prisoner at La Roche-Derien, 389, 390.

Tinteniac, Jean, sire de, slain at Mauron, 416, 417.

Tombebœuf, in Agenois, taken by the English, 251.

Tonkore, comte, present at the siege of Aiguillon, 250.

Tonneins, in Agenois, taken by the English, 251; strengthened, 373, 375; taken again by the English, 446, 448.

Torigni, in Normandy, the duke of Lancaster marches through, 463, 464, 465, 467.

Totenham, Richard de, at the battle of La Roche-Derien, 389, 390.

Toulouse, diocese of, its partition, 28.

Toulouse, archbishops of. *See* Comminges, Jean de; La Mothe Pressage, Gaillard de.

Toulouse, threatened by the Black Prince, 434, 437, 440, 443.

Toulouse, seneschal of. *See* Baux, Agout des.

Tournaments, 63, 123, 124, 146, 155, 159, 223, 224, 230, 231, 284, 285, 286, 419.

Tournay, district of, laid waste by Edward III., 102.

Tournay, city of, besieged, 108, 115, 220, 314.

Trailbaston, commission of, 8.

Trie, Charles de, comte de Dammartin, taken prisoner at Poitiers, 470.

Trilleck, John, elected bishop of Hereford, 158.

Trouard, or Tirwann, seigneur de. *See* Thouars.

Trussel, sir William, proposed envoy to the pope, 137; envoy to Spain, 170.

Tyes, Henry de, baron, declares against the Despensers, 33; executed, 36.

Tyger, sire de. *See* Saint-Dizier.

U.

Ufford, Robert de, created earl of Suffolk, 79; taken prisoner at Lille, 104; at a tournament at Dunstable, 123; knight of the Round Table, 232; proposed envoy to the pope, 152; at a tournament at Hereford, 159; attends the king's council, 161; present at an audience to papal envoys, 190; sails in the expedition against France, 199; defeats the enemy in a skirmish, 368, 370; at the battle of Crécy, 369, 371; accompanies the Black Prince to Aquitaine, 424; on service there, 447-449.

Ughtred [called Ostred], Thomas de, with Robert of Artois, defeats the French, 108.

Ursini, Peter, count of Rosenberg, reported slain at Crécy, 248, 369, 371.

Urssis, near Tournay, taken by the English, 316.

V.

Valence, Aymer de, earl of Pembroke has the custody of Piers Gaveston, 17; envoy to the pope, 26; taken prisoner and held to ransom, *ibid.*; secretly declares against the Despensers, 33; envoy from the barons, 34; persuades the Mortimers to submit, 35.

Valenciennes, in Flanders, Edward III. marches thence to invade France, 304, 307.

Valentinois, comte de. *See* Poitiers, Louis de.

Valognes, in Normandy, taken by the English, 202, 203, 212, 358, 360.

Valois, Charles of. *See* Charles of Valois.

Valoys, sire de. *See* Amboise.

Vannes, in Brittany, besieged by Edward III., 129, 340, 341, 343.

Vauclaire, in Aquitaine, taken by the English, 446, 448.

Vaudemont, comte de. *See* Joinville, Henri de.

Vaus, Hugues de, taken prisoner at Auberoche, 250.

Veel, sir Peter de, he and his son lost at sea, 135, 229.

Vendôme, Jean, comte de, he and his brother taken prisoners at Poitiers, 470.

Ventadour, Bernard, comte de, taken prisoner at Poitiers, 470.

Ventadour, seigneur de, present at the siege of Aiguillon, 250.

Vere, John de, earl of Oxford, at a tournament at Dunstable, 123; sails with an expedition to Brittany, 243; defeats Charles of Blois, 189; sails with the expedition of 1346 against France, 199; accompanies the Black Prince to Aquitaine, 424; on service there, 447, 449.

Verge, Corbalan, taken prisoner at Auberoche, 250.

Vermandois, in Picardy, laid waste by Edward III., 102, 303.

Verneuil, in Normandy, taken by the duke of Lancaster, 464, 466.

Vescy, John, acknowledges Edward I. suzerain of Scotland, 290-294.

Vie, Arnaud de la, vicomte de Villemur, taken prisoner at Auberoche, 250, 251.

Vielcastel, Guillaume de, slain at Mauron, 416, 417.

Vienne, in Dauphiné, council at, and condemnation of the Templars, 16.

Vilamure. *See* Villemur.

Ville-Arnoul, sire de, taken prisoner at Poitiers, 471.

Villemur, Poys de, taken prisoner at Auberoche, 250.

Villemur, vicomte de. *See* Vie.

Villeréal, in Agenois, taken by the English, 217, 373, 375.

Viresch, in Aquitaine, taken by the English, 446, 448.

W.

Wake, Thomas, baron, joins queen Isabella, 47; refuses to attend parliament at Salisbury, but submits, 58; his fort of Liddel besieged by the Scots, 202, 376.

Wales, prince of. *See* Edward, prince of Wales.

Wallace, William, executed, 8.

Wallingford, co. Berks, Edward III. keeps Christmas 1333 there, 72.

Walsingham, co. Norfolk, Edward III. goes on pilgrimage to, 135.

Walsingham, Alan de, prior of Ely, elected bishop, 172.

Walton, co. Suffolk, queen Isabella lands there, 46.

Warren, earl. *See* Plantagenet, John.

Warwick, earls of. See Beauchamp, Guy de; Beauchamp, Thomas de.

Wath, Michael, clerk in Chancery, imprisoned, 117.

Wavrin, Robert de, sire de Saint-Venant, slain at Crécy, 369, 371.

Wells, co. Somerset, Edward III. keeps Christmas 1331 there, 65.

Westminster, parliaments held there, 78, 104, 136, 156, 229, 352, 431; cardinal envoys received in the painted chamber, 81; councils at, 176, 424; woolstaple at, 419.

Weston, Philip de, accompanies Edward III. from Flanders, 117.

Weymouth, Edward III. driven thither by storms, 135, 229.

Wight, Isle of, French attack on, repulsed, 109 note; Edward III. sails thence to invade France, 198, 245; the duke of Lancaster's expedition detained there 426.

Wigmore, co. Hereford, Mortimer holds a Round Table there, 284; buried there, 62.

Wigton, earl of. See Fleming, Malcolm.

Wilington, John de, executed, 36.

Willoughby, Richard de, judge, removed, 117.

Winchelsea, co. Sussex, Spanish ships defeated off, 412; the duke of Lancaster's expedition detained there, 426.

Winchelsey, Robert, archbishop of Canterbury, suspended, 9; restored, 12, 13; hostile to Gaveston, 14; excommunicates the bishop of Coventry, 18; his death, 19.

Winchester, see of, the prior and chapter fined for electing a bishop, 173; the the pope delays to provide a bishop, ibid.

Winchester, bishops of. See Asser, Rigaud; Edingdon, William; Orlton, Adam; Sendale, John; Stratford, John; Woodlock, Henry.

Winchester, city of, parliament at, 59, 284; the earl of Kent condemned and executed, 253, 255, 284.

Winchester, earl of. See Despenser, Hugh.

Windsor, festival at, 155, 156, 231.

Wingfield, sir John, his letter describing the raid of the Black Prince to Narbonne, 439–445; his letter on military movements in Aquitaine, 445–449.

Wiseheart, John, bishop of Glasgow, envoy to the pope, 40.

Wiseheart, Robert, bishop of Glasgow, liberated, 21.

Wiveliscombe, co. Somerset, the archbishop of Canterbury keeps Christmas 1331 there, 65.

Woodlock, Henry, bishop of Winchester, officiates at Edward II.'s coronation, 12; his death, 24.

Woodstock, co. Oxon, queen Philippa goes thither, 72; Edward III. keeps Whitsuntide 1337 there, 78; festival on the birth of Thomas of Woodstock, 422.

Woodstock, Thomas of. See Thomas of Woodstock.

Wool, laws against its exportation and concerning woollen manufacture, 79; pre-emption granted to the king, 80; sent for sale to Brabant, ibid.; grants to the king, 80, 82, 85, 431; collected and sent to the king in Flanders, 87, 88; price, and custom on, fixed, 136; staples established, 419.

Worcester, bishops of. See Cobham, Thomas; Maidstone, Walter; Orlton, Adam.

Wynkeley, Richard, king's confessor, his account of the Crécy campaign, 215, 216, 362.

Wyville, Robert, made bishop of Salisbury, 60; his character, ibid.; a commissioner to enquire into charges against archbishop Stratford, 120; attends a provincial council, 122.

Y.

York, parliaments at, 36, 37, 72, 75; prisoners of the barons' party executed there, 36; riot between the Hainaulters and English troops, 58; money exchange established there, 243.

York, archbishops of. See Greenfield, William; Melton, William de; Zouche, William de la.

Ypres, in Flanders, in alliance with Edward III., 314.

Ypres [called Isprede], Hankin de, at the battle of Auberoche, 389, 390.

Z.

Zouche, William de la, baron, sent into Wales to capture Edward II., 49; implicated in the earl of Kent's plot, 254, 255.

Zouche, William de la, elected archbishop of York, 103; awaits papal confirmation, 121; appointed by Clement VI., 124; aids in defeating the Scots at Neville's Cross, 218, 252, 376.

LONDON: Printed by EYRE and SPOTTISWOODE,
Printers to the Queen's most Excellent Majesty.
For Her Majesty's Stationery Office.
[19323.—750.—11/88.]

CATALOGUE

OF

ENGLISH, SCOTCH, AND IRISH RECORD PUBLICATIONS,

REPORTS OF THE HISTORICAL MANUSCRIPTS COMMISSION,

AND

ANNUAL REPORTS OF THE DEPUTY KEEPERS OF THE PUBLIC RECORDS, ENGLAND AND IRELAND,

Printed for

HER MAJESTY'S STATIONERY OFFICE,

And to be purchased,

Either directly or through any Bookseller, from
EYRE AND SPOTTISWOODE, EAST HARDING STREET, FLEET STREET, E.C.; or
ADAM AND CHARLES BLACK, 6, NORTH BRIDGE, EDINBURGH; or
HODGES, FIGGIS, & Co., 104, GRAFTON STREET, DUBLIN.

CONTENTS.

	Page
CALENDARS OF STATE PAPERS, &c.	3
CHRONICLES AND MEMORIALS OF GREAT BRITAIN AND IRELAND DURING THE MIDDLE AGES	9
PUBLICATIONS OF THE RECORD COMMISSIONERS, &c.	23
WORKS PUBLISHED IN PHOTOZINCOGRAPHY	25
HISTORICAL MANUSCRIPTS COMMISSION	27
REPORTS OF THE DEPUTY KEEPER OF THE PUBLIC RECORDS	31
SCOTCH RECORD PUBLICATIONS	36
IRISH RECORD PUBLICATIONS	37
REPORTS OF THE DEPUTY KEEPER OF THE PUBLIC RECORDS, IRELAND	38

ENGLAND.

CALENDARS OF STATE PAPERS. &c.

[IMPERIAL 8vo., boards. *Price* 15s. each Volume or Part.]

As far back as the year 1800, a Committee of the House of Commons recommended that Indexes and Calendars should be made to the Public Records, and thirty-six years afterwards another Committee of the House of Commons reiterated that recommendation in more forcible words; but it was not until the incorporation of the State Paper Office with the Public Record Office that the Master of the Rolls found himself in a position to take the necessary steps for carrying out the wishes of the House of Commons.

On 7 December 1855, he stated to the Lords of the Treasury that although " the Records, State Papers, and Documents in his charge constitute the most " complete and perfect series of their kind in the civilized world," and although " they are of the greatest value in a historical and constitutional point of view, " yet they are comparatively useless to the public, from the want of proper " Calendars and Indexes." Acting upon the recommendations of the Committees of the House of Commons above referred to, he suggested to the Lords of the Treasury that to effect the object he had in view it would be necessary for him to employ a few Persons fully qualified to perform the work which he contemplated.

Their Lordships assented to the necessity of having Calendars prepared and printed, and empowered the Master of the Rolls to take such steps as might be necessary for this purpose.

The following Works have been already published in this Series:—

CALENDARIUM GENEALOGICUM; for the Reigns of Henry III. and Edward I. Edited by CHARLES ROBERTS, Esq., Secretary of the Public Record Office. 2 Vols. 1865.

    This is a work of great value for elucidating the early history of our nobility and landed gentry.

CALENDAR OF STATE PAPERS, DOMESTIC SERIES, OF THE REIGNS OF EDWARD VI., MARY, ELIZABETH, and JAMES I., preserved in Her Majesty's Public Record Office. *Edited by* ROBERT LEMON, Esq., F.S.A. (Vols. I. and II.), *and by* MARY ANNE EVERETT GREEN, (Vols. III.–XII.). 1856–1872.

Vol. I.— 1547–1580.
Vol. II.— 1581–1590.
Vol. III.—1591–1594.
Vol. IV.—1595–1597.
Vol. V.— 1598–1601.
Vol. VI.—1601–1603. with
    Addenda, 1547–1565.

Vol. VII.— Addenda, 1566–1579.
Vol. VIII.—1603–1610.
Vol. IX.— 1611–1618.
Vol. X.— 1619–1623.
Vol. XI.— 1623–1625, with
    Addenda, 1603–1625.
Vol. XII.— Addenda, 1580–1625.

    These Calendars render accessible to investigation a large and important mass of historical materials concerning the Northern Rebellion of 1566–67; the plots of the Catholic fugitives in the Low Countries; numerous designs against Queen Elizabeth and in favour of a Catholic succession; the Gunpowder-plot; the rise and fall of Somerset; the Overbury murder; the disgrace of Sir Edward Coke; the rise of the Duke of Buckingham, and numerous other subjects.

CALENDAR OF STATE PAPERS, DOMESTIC SERIES, OF THE REIGN OF CHARLES I., preserved in Her Majesty's Public Record Office. *Edited by* JOHN BRUCE, Esq., F.S.A., (Vols. I.-XII.); *by* JOHN BRUCE, Esq., F.S.A , and WILLIAM DOUGLAS HAMILTON, Esq., F.S.A., (Vol. XIII.); and *by* WILLIAM DOUGLAS HAMILTON, Esq., F.S.A., (Vols. XIV.-XVII.). 1858-1888.

Vol. I.— 1625-1626.	Vol. XI.— 1637.
Vol. II.— 1627-1628.	Vol. XII.— 1637-1638.
Vol. III.— 1628-1629.	Vol. XIII.— 1638-1639.
Vol. IV.— 1629-1631.	Vol. XIV.— 1639.
Vol. V.— 1631-1633.	Vol. XV.— 1639-1640.
Vol. VI.— 1633-1634.	Vol. XVI.— 1640.
Vol. VII.— 1634-1635.	Vol. XVII.—1640-41.
Vol. VIII.—1635.	Vol. XVIII.—1641-43.
Vol. IX.— 1635-1636.	Vol. XIX — 1644.
Vol. X.— 1636-1637.	

This Calendar presents notices of a large number of original documents of great value to all inquirers relative to the history of the period to which it refers, many hitherto unknown.

CALENDAR OF STATE PAPERS, DOMESTIC SERIES, DURING THE COMMONWEALTH, preserved in Her Majesty's Public Record Office. *Edited by* MARY ANNE EVERETT GREEN. 1875-1885.

Vol. I.— 1649-1649.	Vol. VIII.—1655.
Vol. II.— 1650.	Vol. IX.— 1655-1656.
Vol. III.—1651.	Vol. X.— 1656-1657.
Vol. IV.— 1651-1652.	Vol. XI.— 1657-1658.
Vol. V.— 1652-1653.	Vol. XII.— 1658-1659.
Vol. VI.— 1653-1654.	Vol. XIII.— 1659-1660.
Vol. VII.—1654.	

This Calendar is in continuation of those during the reigns from Edward VI. to Charles I.

CALENDAR OF STATE PAPERS :—COMMITTEE FOR THE ADVANCE OF MONEY, 1642-1656. *Edited by* MARY ANNE EVERETT GREEN. In three Parts. 1888.

CALENDAR OF STATE PAPERS :—COMMITTEE FOR COMPOUNDING, &c., 1643-1660. *Edited by* MARY ANNE EVERETT GREEN. Part I., 1889.

CALENDAR OF STATE PAPERS, DOMESTIC SERIES, OF THE REIGN OF CHARLES II., preserved in Her Majesty's Public Record Office. *Edited by* MARY ANNE EVERETT GREEN. 1860-1866.

Vol. I.— 1660-1661.	Vol. V.— 1665-1666.
Vol. II.— 1661-1662.	Vol. VI.— 1666-1667.
Vol. III.—1663-1664.	Vol. VII.—1667.
Vol. IV.—1664-1665.	

CALENDAR OF HOME OFFICE PAPERS OF THE REIGN OF GEORGE III., preserved in Her Majesty's Public Record Office. Vols. I. and II. *Edited by* JOSEPH REDINGTON, Esq. 1878-1879. Vol. III. *Edited by* RICHARD ARTHUR ROBERTS, Esq., Barrister-at-Law. 1881.

Vol. I.—1760 (25 Oct.)-1765.	Vol. III.—1770-1772.
Vol. II.—1766-1769.	

These are the first three volumes of the modern series of Domestic Papers, commencing with the accession of George III.

CALENDAR OF STATE PAPERS relating to SCOTLAND, preserved in Her Majesty's Public Record Office. *Edited by* MARKHAM JOHN THORPE, Esq., of St. Edmund Hall, Oxford. 1858.

Vol. I., the Scottish Series, of the Reigns of Henry VIII., Edward VI., Mary, and Elizabeth, 1509-1589.

Vol. II., the Scottish Series, of the Reign of Elizabeth, 1589-1603; an Appendix to the Scottish Series, 1543-1592; and the State Papers relating to Mary Queen of Scots.

CALENDAR OF DOCUMENTS relating to IRELAND, in Her Majesty's Public Record Office, London. *Edited by* HENRY SAVAGE SWEETMAN, Esq., B.A., Trinity College, Dublin, Barrister-at-Law (Ireland); *continued by* GUSTAVUS FREDERICK HANDCOCK, Esq. 1875-1886.

    Vol. I.— 1171-1251.   Vol. IV.—1293-1301.
    Vol. II.— 1252-1284.   Vol. V.— 1302-1307.
    Vol. III.—1285-1292.

CALENDAR OF STATE PAPERS relating to IRELAND, OF THE REIGNS OF HENRY VIII., EDWARD VI., MARY, AND ELIZABETH, preserved in Her Majesty's Public Record Office. *Edited by* HANS CLAUDE HAMILTON, Esq., F.S.A. 1860-1885.

    Vol. I.— 1509-1573.   Vol. III.—1586-1588.
    Vol. II.—1574-1585.   Vol. IV.— 1588-1592.

CALENDAR OF STATE PAPERS relating to IRELAND, OF THE REIGN OF JAMES I., preserved in Her Majesty's Public Record Office, and elsewhere. *Edited by* the Rev. C. W. RUSSELL, D.D., and JOHN P. PRENDERGAST, Esq., Barrister-at-Law. 1872-1880.

    Vol. I.— 1603-1606.   Vol. IV.—1611-1614.
    Vol. II.— 1606-1608.   Vol. V.— 1615-1625.
    Vol. III.—1608-1610.

    This series is in continuation of the Irish State Papers commencing with the reign of Henry VIII.; but for the reign of James I., the Papers are not confined to those in the Public Record Office, London.

CALENDAR OF STATE PAPERS, COLONIAL SERIES, preserved in Her Majesty's Public Record Office, and elsewhere. *Edited by* W. NOEL SAINSBURY, Esq. 1860-1884.

    Vol. I.—America and West Indies, 1574-1660.
    Vol. II.—East Indies, China, and Japan, 1513-1616.
    Vol. III.—East Indies, China, and Japan 1617-1621.
    Vol. IV.—East Indies, China, and Japan, 1622-1624.
    Vol. V.—America and West Indies, 1661-1668.
    Vol. VI.—East Indies, 1625-1629.
    Vol. VII.—America and West Indies, 1669-1674.

    These volumes include an analysis of early Colonial Papers in the Public Record Office, the India Office, and the British Museum.

CALENDAR OF LETTERS AND PAPERS, FOREIGN AND DOMESTIC, OF THE REIGN OF HENRY VIII., preserved in Her Majesty's Public Record Office, the British Museum, &c. *Edited by* J. S. BREWER, M.A., Professor of English Literature, King's College, London (Vols. I.-IV.); and *by* JAMES GAIRDNER, Esq., (Vols. V.-XI.) 1862-1888.

    Vol. I.—1509-1514.   Vol. IV., Part 3.—1529-1530.
    Vol. II. (in two Parts)—1515-1518.   Vol. V.— 1531-1532.
                          Vol. VI.— 1533.
    Vol. III. (in two Parts)—1519-1523.   Vol. VII.— 1534.
                          Vol. VIII.—1535, to July.
    Vol. IV.—Introduction.   Vol. IX.— 1535, Aug. to Dec.
    Vol. IV., Part 1.—1524-1526. Vol. X.— 1536, Jan. to June.
    Vol. IV., Part 2.—1526-1528. Vol. XI.— 1536, July to Dec.

    These volumes contain summaries of all State Papers and Correspondence relating to the reign of Henry VIII., in the Public Record Office, of those formerly in the State Paper Office, in the British Museum, the Libraries of Oxford and Cambridge, and other Public Libraries; and of all letters that have appeared in print in the works of Burnet, Strype, and others. Whatever authentic original material exists in England relative to the religious, political, parliamentary, or social history of the country during the reign of Henry VIII., whether despatches of ambassadors, or proceedings of the army, navy, treasury, or ordnance, or records of Parliament, appointments of officers, grants from the Crown, &c., will be found calendared in these volumes.

CALENDAR OF STATE PAPERS, FOREIGN SERIES, OF THE REIGN OF EDWARD VI., preserved in Her Majesty's Public Record Office. 1547-1553. *Edited by* W. R. TURNBULL, Esq., of Lincoln's Inn, Barrister-at-Law, &c., 1861.

CALENDAR OF STATE PAPERS, FOREIGN SERIES, OF THE REIGN OF MARY, preserved in Her Majesty's Public Record Office. 1553-1558. *Edited by* W. B. TURNBULL, Esq., of Lincoln's Inn, Barrister-at-Law, &c. 1861.

  The two preceding volumes exhibit the negotiations of the English ambassadors with the courts of the Emperor Charles V. of Germany, of Henry II. of France, and of Philip II. of Spain. The affairs of several of the minor continental states also find various incidental illustrations of much interest. The Papers descriptive of the circumstances which attended the loss of Calais merit a special notice; while the progress of the wars in the north of France, into which England was dragged by her union with Spain, is narrated at some length. These volumes treat only of the relations of England with foreign powers.

CALENDAR OF STATE PAPERS, FOREIGN SERIES, OF THE REIGN OF ELIZABETH, preserved in Her Majesty's Public Record Office, &c. *Edited by* the Rev. JOSEPH STEVENSON, M.A., of University College, Durham, (Vols. I.-VII.), and ALLAN JAMES CROSBY, Esq., M.A., Barrister-at-Law, (Vols. VIII.-XI.) 1863-1880.

Vol. I.— 1558-1559.	Vol. VII.— 1564-1565.
Vol. II.— 1559-1560.	Vol. VIII.—1566-1568.
Vol. III.—1560-1561.	Vol. IX.— 1569-1571.
Vol. IV.—1561-1562.	Vol. X.— 1572-1574.
Vol. V.— 1562.	Vol. XI.— 1575-1577.
Vol. VI.—1563.	

  These volumes contain a Calendar of the Foreign Correspondence during the early portion of the reign of Elizabeth. They illustrate not only the external but also the domestic affairs of Foreign Countries during that period.

CALENDAR OF TREASURY PAPERS, preserved in Her Majesty's Public Record Office. *Edited by* JOSEPH REDINGTON, Esq. 1868-1889.

Vol. I.— 1557-1696.	Vol. IV.—1708-1714.
Vol. II.— 1697-1702.	Vol. V.— 1714-1719.
Vol. III.—1702-1707.	Vol. VI.—1720-1728.

  The above Papers connected with the affairs of the Treasury comprise, petitions, reports, and other documents relating to services rendered to the State, grants of money and pensions, appointments to offices, remissions of fines and duties, &c. They illustrate civil and military events, finance, the administration in Ireland and the Colonies, &c., and afford information nowhere else recorded.

CALENDAR OF THE CAREW PAPERS, preserved in the Lambeth Library. *Edited by* J. S. BREWER, M.A., Professor of English Literature, King's College, London; and WILLIAM BULLEN, Esq. 1867-1873.

Vol. I.— 1515-1574.	Vol. V.—Book of Howth; Miscellaneous.
Vol. II.— 1575-1588.	
Vol. III.—1589-1600.	Vol. VI.—1603-1624.
Vol. IV.—1601-1603.	

  The Carew Papers relating to Ireland, in the Lambeth Library, are unique and of great importance to all students of Irish history.

CALENDAR OF LETTERS, DESPATCHES, AND STATE PAPERS, relating to the Negotiations between England and Spain, preserved in the Archives at Simancas, and elsewhere. *Edited by* G. A. BERGENROTH, (Vols. I. and II.) 1862-1868, and DON PASCUAL DE GAYANGOS (Vols. III. to V.) 1873-1888.

 Vol. I.—Hen. VII.—1485-1509.
 Vol. II.—Hen. VIII.—1509-1525.
 Supplement to Vol. I. and Vol. II.
 Vol. III., Part 1.—Hen. VIII.— 1525-1526.
 Vol. III., Part 2.—Hen. VIII.— 1527-1529.
 Vol. IV., Part 1.—Hen. VIII.— 1529-1530.
 Vol. IV., Part 2.—Hen. VIII.—1531-1533.
 Vol. IV., Part 2.—*continued*.— 1531-1533.
 Vol. V., Part 1.— Hen. VIII.— 1534-1536.
 Vol. V., Part 2.— Hen. VIII.— 1536-1538.

  Mr. Bergenroth was engaged in compiling a Calendar of the Papers relating to England preserved in the archives of Spain. The Supplement contains new information relating to the private life of Queen Katherine of England; and to the projected marriage of Henry VII. with Queen Juana, widow of King Philip of Castile, and mother of the Emperor Charles V.

Upon the death of Mr. Bergenroth, Don Pascual de Gayangos was appointed to continue the Calendar, and he has been able to add much valuable matter from Brussels and Vienna, with which Mr. Bergenroth was unacquainted.

CALENDAR OF STATE PAPERS AND MANUSCRIPTS, relating to ENGLISH AFFAIRS, preserved in the Archives of Venice, &c. *Edited by* RAWDON BROWN, Esq, 1864–1884.

Vol. I.— 1202–1509.	Vol. V.— 1534–1554.
Vol. II.— 1509–1519.	Vol. VI., Part I.— 1555–1556.
Vol. III.—1520–1526.	Vol. VI., Part II.— 1556–1557.
Vol. IV.—1527–1533.	Vol. VI., Part III.—1557–1558.

Mr. Rawdon Brown's researches have brought to light a number of valuable documents relating to various periods of English history; his contributions to historical literature are of the most interesting and important character.

SYLLABUS, IN ENGLISH, OF RYMER'S FŒDERA. *By* Sir THOMAS DUFFUS HARDY, D.C.L., Deputy Keeper of the Public Records. Vol. I.—Will. 1.–Edw. III. 1066–1377. Vol. II.—Ric. II.-Chas. II. 1377–1654. Vol. III., Appendix and Index. 1869–1885.

Rymer's "Fœdera," is a collection of miscellaneous documents illustrative of the History of Great Britain and Ireland, from the Norman Conquest to the reign of Charles II. Several editions of the "Fœdera" have been published, and the present Syllabus was undertaken to make the contents of this great national work more generally known.

REPORT OF THE DEPUTY KEEPER OF THE PUBLIC RECORDS AND THE REV. J. S. BREWER TO THE MASTER OF THE ROLLS, upon the Carte and Carew Papers in the Bodleian and Lambeth Libraries. 1864. *Price* 2s. 6d.

REPORT OF THE DEPUTY KEEPER OF THE PUBLIC RECORDS TO THE MASTER OF THE ROLLS, upon the Documents in the Archives and Public Libraries of Venice. 1866. *Price* 2s. 6d.

In the Press.

CALENDAR OF STATE PAPERS AND MANUSCRIPTS, relating to ENGLISH AFFAIRS, preserved in the Archives of Venice, &c. Vol. VII.—1559–1580.

CALENDAR OF LETTERS, DESPATCHES, AND STATE PAPERS, relating to the Negotiations between England and Spain, preserved in the Archives at Simancas, and elsewhere. *Edited by* DON PASCUAL DE GAYANGOS. Vol VI.—1539–1542.

CALENDAR OF STATE PAPERS:—COMMITTEE FOR COMPOUNDING, &c. *Edited by* MARY ANNE EVERETT GREEN. Part II.

CALENDAR OF STATE PAPERS relating to IRELAND, OF THE REIGN OF ELIZABETH, preserved in Her Majesty's Public Record Office. *Edited by* HANS CLAUDE HAMILTON, Esq., F.S.A. Vol. V.—1592–1596.

DESCRIPTIVE CATALOGUE OF ANCIENT DEEDS, preserved in Her Majesty's Public Record Office. Vol. I.

CALENDAR OF STATE PAPERS, DOMESTIC SERIES, OF THE REIGN OF CHARLES I., preserved in Her Majesty's Public Record Office. *Edited by* WILLIAM DOUGLAS HAMILTON, Esq., F.S.A. Vol. XX. 1645, &c.

CALENDAR OF THE PATENT ROLLS OF THE REIGN OF EDWARD III. *Prepared by Officers of the Public Record Department.*

CALENDAR OF LETTERS AND PAPERS, FOREIGN AND DOMESTIC, OF THE REIGN OF HENRY VIII., preserved in Her Majesty's Public Record Office, the British Museum, &c. *Edited by* JAMES GAIRDNER, Esq. Vol. XII.—1537.

In Progress.

CALENDAR OF STATE PAPERS, COLONIAL SERIES, preserved in Her Majesty's Public Record Office, and elsewhere. *Edited by* W. NOEL SAINSBURY, Esq. Vol. VIII.—East Indies, 1630, &c.

CALENDAR OF TREASURY PAPERS, preserved in Her Majesty's Public Record Office. *Edited by* JOSEPH REDINGTON, Esq. Vol. VII.

CALENDAR OF THE PATENT ROLLS OF THE REIGN OF EDWARD II. *Prepared by Officers of the Public Record Department.*

CALENDAR OF ANCIENT CORRESPONDENCE, Diplomatic Documents, Papal Bulls, and the like, preserved in Her Majesty's Public Record Office.

THE CHRONICLES AND MEMORIALS OF GREAT BRITAIN AND IRELAND DURING THE MIDDLE AGES.

[ROYAL 8vo. *Price* 10s. each Volume or Part.]

On 25 July 1822, the House of Commons presented an address to the Crown, stating that the editions of the works of our ancient historians were inconvenient and defective; that many of their writings still remained in manuscript, and, in some cases, in a single copy only. They added, "that an uniform and con-
" venient edition of the whole, published under His Majesty's royal sanction,
" would be an undertaking honourable to His Majesty's reign, and conducive to
" the advancement of historical and constitutional knowledge; that the House
" therefore humbly besought His Majesty, that He would be graciously pleased
" to give such directions as His Majesty, in His wisdom, might think fit, for
" the publication of a complete edition of the ancient historians of this realm,
" and assured His Majesty that whatever expense might be necessary for this
" purpose would be made good."

The Master of the Rolls, being very desirous that effect should be given to the resolution of the House of Commons, submitted to Her Majesty's Treasury in 1857 a plan for the publication of the ancient chronicles and memorials of the United Kingdom, and it was adopted accordingly. In selecting these works, it was considered right, in the first instance, to give preference to those of which the manuscripts were unique, or the materials of which would help to fill up blanks in English history for which no satisfactory and authentic information hitherto existed in any accessible form. One great object the Master of the Rolls had in view was to form a *corpus historicum* within reasonable limits, and which should be as complete as possible. In a subject of so vast a range, it was important that the historical student should be able to select such volumes as conformed with his own peculiar tastes and studies, and not be put to the expense of purchasing the whole collection; an inconvenience inseparable from any other plan than that which has been in this instance adopted.

Of the Chronicles and Memorials, the following volumes have been published. They embrace the period from the earliest time of British history down to the end of the reign of Henry VII.

1. THE CHRONICLE OF ENGLAND, by JOHN CAPGRAVE. *Edited by* the Rev. F. C. HINGESTON, M.A., of Exeter College, Oxford. 1858.

    Capgrave was prior of Lynn, in Norfolk, and provincial of the order of the Friars Hermits of England shortly before the year 1464. His Chronicle extends from the creation of the world to the year 1417. As a record of the language spoken in Norfolk (being written in English), it is of considerable value.

2. CHRONICON MONASTERII DE ABINGDON. Vols. I. and II. *Edited by* the Rev. JOSEPH STEVENSON, M.A., of University College, Durham, and Vicar of Loighton Bussard. 1858.

    This Chronicle traces the history of the great Benedictine monastery of Abingdon in Berkshire, from its foundation by King Ina of Wessex, to the reign of Richard I., shortly after which period the present narrative was drawn up by an inmate of the establishment. The author had access to the title-deeds of the house; and incorporates into his history various charters of the Saxon kings, of great importance as illustrating not only the history of the locality but that of the kingdom. The work is printed for the first time.

3. LIVES OF EDWARD THE CONFESSOR. I.—La Estoire de Seint Aedward le Rei II.—Vita Beati Edvardi Regis et Confessoris. III.—Vita Æduuardi Regis qui apud Westmonasterium requiescit. *Edited by* HENRY RICHARDS LUARD, M.A., Fellow and Assistant Tutor of Trinity College, Cambridge. 1858.

    The first is a poem in Norman French, containing 4,686 lines, addressed to Alianor, Queen of Henry III., probably written in 1245, on the restoration of the church of Westminster. Nothing is known of the author. The second is an anonymous poem, containing 536 lines, written between 1440 and 1450, by command of Henry VI., to whom it is dedicated. It does not throw any new light on the reign of Edward the Confessor, but is valuable as a specimen of the Latin poetry of the time. The third, also by an anonymous author, was apparently written for Queen Edith, between 1066 and 1074, during the pressure of the suffering brought on the Saxons by the Norman conquest. It notices many acts not found in other writers, and some which differ considerably from the usual accounts.

4. MONUMENTA FRANCISCANA. Vol. I.—Thomas de Eccleston de Adventu Fratrum Minorum in Angliam. Adæ de Marisco Epistolæ. Registrum Fratrum Minorum Londoniæ. *Edited by* J. S. BREWER, M.A., Professor of English Literature, King's College, London. Vol. II.—De Adventu Minorum; re-edited, with additions. Chronicle of the Grey Friars. The ancient English version of the Rule of St. Francis. Abbreviatio Statutorum, 1451, &c. *Edited by* RICHARD HOWLETT, Esq., of the Middle Temple, Barrister-at-Law. 1858, 1882.

The first volume contains original materials for the history of the settlement of the order of Saint Francis in England, the letters of Adam de Marisco, and other papers connected with the foundation and diffusion of this great body. None of these have been before printed. The second volume contains materials found, since the first volume was published, among the MSS. of Sir Charles Isham, and in various libraries.

5. FASCICULI ZIZANIORUM MAGISTRI JOHANNIS WYCLIF CUM TRITICO. Ascribed to THOMAS NETTER, of WALDEN, Provincial of the Carmelite Order in England, and Confessor to King Henry the Fifth. *Edited by* the Rev. W. W. SHIRLEY, M.A., Tutor and late Fellow of Wadham College, Oxford. 1858.

This work derives its principal value from being the only contemporaneous account of the rise of the Lollards. When written, the disputes of the schoolmen had been extended to the field of theology, and they appear both in the writings of Wycliff and in those of his adversaries. Wycliff's little bundles of tares are not less metaphysical than theological, and the conflict between Nominalists and Realists rages side by side with the conflict between the different interpreters of Scripture. The work gives a good idea of the controversies at the end of the 14th and the beginning of the 15th centuries.

6. THE BUIK OF THE CRONICLIS OF SCOTLAND; or, A Metrical Version of the History of Hector Boece; by WILLIAM STEWART. Vols. I., II., and III. *Edited by* W. B. TURNBULL, Esq., of Lincoln's Inn, Barrister-at-Law, 1858.

This is a metrical translation of a Latin Prose Chronicle, written in the first half of the 16th century. The narrative begins with the earliest legends and ends with the death of James I. of Scotland, and the "evil ending of the traitors that slew him." Strict accuracy of statement is not to be looked for; but the stories of the colonization of Spain, Ireland, and Scotland are interesting if not true; and the chronicle reflects the manners, sentiments, and character of the age in which it was composed. The peculiarities of the Scottish dialect are well illustrated in this version, and the student of language will find ample materials for comparison with the English dialects of the same period, and with modern lowland Scotch.

7. JOHANNIS CAPGRAVE LIBER DE ILLUSTRIBUS HENRICIS. *Edited by* the Rev. F. C. HINGESTON, M.A., of Exeter College, Oxford. 1858.

This work is dedicated to Henry VI. of England, who appears to have been, in the author's estimation, the greatest of all the Henries. It is divided into three parts, each having a separate dedication. The first part relates only to the history of the Empire, from the election of Henry I. the Fowler, to the end of the reign of the Emperor Henry VI. The second part is devoted to English history, from the accession of Henry I. in 1100, to 1446, which was the twenty-fourth year of the reign of Henry VI. The third part contains the lives of illustrious men who have borne the name of Henry in various parts of the world. Capgrave was born in 1393, in the reign of Richard II., and lived during the Wars of the Roses, for which period his work is of some value.

8. HISTORIA MONASTERII S. AUGUSTINI CANTUARIENSIS, by THOMAS OF ELMHAM, formerly Monk and Treasurer of that Foundation. *Edited by* CHARLES HARDWICK, M.A., Fellow of St. Catharine's Hall, and Christian Advocate in the University of Cambridge. 1858.

This history extends from the arrival of St. Augustine in Kent until 1191. Prefixed is a chronology as far as 1418, which shows in outline what was to have been the character of the work when completed. The author was connected with Norfolk, and most probably with Elmham.

9. EULOGIUM (HISTORIARUM SIVE TEMPORIS): Chronicon ab Orbe condito usque ad Annum Domini 1366; a Monacho quodam Malmesbiriensi exaratum. Vols. I., II., and III. *Edited by* F. S. HAYDON, Esq., B.A. 1858-1863.

This is a Latin Chronicle extending from the Creation to the latter part of the reign of Edward III., and written by a monk of the Abbey of Malmesbury, in Wiltshire, about the year 1367. A continuation, carrying the history of England down to the year 1413, was added in the former half of the fifteenth century by an author whose name is not known. The original Chronicle contains a history of the world generally, but more especially of England to the year 1366. The continuation extends the history down to the coronation of Henry V. The Eulogium itself is chiefly valuable as containing a history, by a contemporary, of the period between 1356 and 1366. Among other interesting matter, the Chronicle contains a diary of the Poitiers campaign, evidently furnished by some person who accompanied the army of the Black Prince. The continuation of the Chronicle is also the work of a contemporary, and gives a very interesting account of the reigns of Richard II. and Henry IV.

10. MEMORIALS OF HENRY THE SEVENTH: Bernardi Andreæ Tholosatis Vita Regis Henrici Septimi; necnon alia quædam ad eundem Regem spectantia. *Edited by* JAMES GAIRDNER, Esq. 1858.

The contents of this volume are—(1) a life of Henry VII., by his poet laureate and historiographer, Bernard André, of Toulouse, with some compositions in verse, of which he is supposed to have been the author; (2) the journals of Roger Machado during certain embassies on which he was sent by Henry VII. to Spain and Brittany, the first of which had reference to the marriage of the King's son, Arthur, with Catharine of Arragon; (3) two curious reports by envoys sent to Spain in 1505 touching the succession to the Crown of Castile, and a project of marriage between Henry VII. and the Queen of Naples; and (4) an account of Philip of Castile's reception in England in 1506. Other documents of interest are given in an appendix.

11. MEMORIALS OF HENRY THE FIFTH. I.—Vita Henrici Quinti, Roberto Redmanno auctore. II.—Versus Rhythmici in laudem Regis Henrici Quinti. III.—Elmhami Liber Metricus de Henrico V. *Edited by* CHARLES A. COLE, Esq. 1858.

This volume contains three treatises which more or less illustrate the history of the reign of Henry V., viz.: A life by Robert Redman; a Metrical Chronicle by Thomas Elmham, prior of Lenton, a contemporary author; Versus Rhythmici, written apparently by a monk of Westminster Abbey, who was also a contemporary of Henry V. These works are printed for the first time.

12. MUNIMENTA GILDHALLÆ LONDONIENSIS; Liber Albus, Liber Custumarum, et Liber Horn, in archivis Gildhallæ asservati. Vol. I., Liber Albus. Vol. II. (in Two Parts), Liber Custumarum. Vol. III., Translation of the Anglo-Norman Passages in Liber Albus, Glossaries, Appendices, and Index. *Edited by* HENRY THOMAS RILEY, Esq., M.A., Barrister-at-Law. 1859–1862.

The manuscript of the *Liber Albus*, compiled by John Carpenter, Common Clerk of the City of London in the year 1419, gives an account of the laws, regulations, and institutions of that City in the 12th, 13th, 14th, and early part of the 15th centuries. The *Liber Custumarum* was compiled probably by various hands in the early part of the 14th century during the reign of Edward II. The manuscript, a folio volume, is preserved in the Record Room of the City of London, though some portion in its original state, borrowed from the City in the reign of Queen Elizabeth and never returned, forms part of the Cottonian MS. Claudius D. II. in the British Museum. It also gives an account of the laws, regulations, and institutions of the City of London in the 12th, 13th, and early part of the 14th centuries.

13. CHRONICA JOHANNIS DE OXENEDES. *Edited by* Sir HENRY ELLIS, K.H. 1859.

Although this Chronicle tells of the arrival of Hengist and Horsa in England in 449, yet it substantially begins with the reign of King Alfred, and comes down to 1292, where it ends abruptly. The history is particularly valuable for notices of events in the eastern portions of the Kingdom, not to be elsewhere obtained. Some curious facts are mentioned relative to the floods in that part of England, which are confirmed in the Friesland Chronicle of Anthony Heinrich, pastor of the Island of Mohr.

14. A COLLECTION OF POLITICAL POEMS AND SONGS RELATING TO ENGLISH HISTORY, FROM THE ACCESSION OF EDWARD III. TO THE REIGN OF HENRY VIII. Vols. I. and II. *Edited by* THOMAS WRIGHT, Esq., M.A. 1859–1861.

These Poems are perhaps the most interesting of all the historical writings of the period, though they cannot be relied on for accuracy of statement. They are various in character; some are upon religious subjects, some may be called satires, and some give no more than a court scandal; but as a whole they present a very fair picture of society, and of the relations of the different classes to one another. The period comprised is in itself interesting, and brings us through the decline of the feudal system, to the beginning of our modern history. The songs in old English are of considerable value to the philologist.

15. The "OPUS TERTIUM," "OPUS MINUS," &c., of ROGER BACON. *Edited by* J. S. BREWER, M.A., Professor of English Literature, King's College, London. 1859.

This is the celebrated treatise—never before printed—so frequently referred to by the great philosopher in his works. It contains the fullest details we possess of the life and labours of Roger Bacon: also a fragment by the same author, supposed to be unique, the "*Compendium Studii Theologiæ.*"

16. BARTHOLOMÆI DE COTTON, MONACHI NORWICENSIS, HISTORIA ANGLICANA; 449–1298: necnon ejusdem Liber de Achiepiscopis et Episcopis Angliæ. *Edited by* HENRY RICHARDS LUARD, M.A., Fellow and Assistant Tutor of Trinity College, Cambridge. 1859.

The author, a monk of Norwich, has here given us a Chronicle of England from the arrival of the Saxons in 449 to the year 1298, in or about which year it appears that he died. The latter portion of this history (the whole of the reign of Edward I. more especially) is of great value, as the writer was contemporary with the events which he records. An Appendix contains several illustrative documents connected with the previous narrative.

17. BRUT Y TYWYSOGION; or, The Chronicle of the Princes of Wales. *Edited by* the Rev. JOHN WILLIAMS AB ITHEL, M.A. 1860.

This work, also known as "The Chronicle of the Princes of Wales," has been attributed to Caradoc of Llancarvan, who flourished about the middle of the twelfth century. It is written in the ancient Welsh language, begins with the abdication and death of Caedwala at Rome, in the year 681, and continues the history down to the subjugation of Wales by Edward I., about the year 1282.

18. A COLLECTION OF ROYAL AND HISTORICAL LETTERS DURING THE REIGN OF HENRY IV. 1399–1404. *Edited by* the Rev. F. C. HINGESTON, M.A., of Exeter College, Oxford. 1860.

This volume, like all the others in the series containing a miscellaneous selection of letters, is valuable on account of the light it throws upon biographical history, and the familiar view it presents of characters, manners, and events.

19. **THE REPRESSOR OF OVER MUCH BLAMING OF THE CLERGY.** By REGINALD PECOCK, sometime Bishop of Chichester. Vols. I. and II. *Edited by* CHURCHILL BABINGTON, B.D., Fellow of St. John's College, Cambridge. 1860.

>The "Repressor" may be considered the earliest piece of good theological disquisition of which our English prose literature can boast. The author was born about the end of the fourteenth century, consecrated Bishop of St. Asaph in the year 1444, and translated to the see of Chichester in 1450. While Bishop of St. Asaph, he zealously defended his brother prelates from the attacks of those who censured the bishops for their neglect of duty. He maintained that it was no part of a bishop's functions to appear in the pulpit, and that his time might be more profitably spent, and his dignity better maintained, in the performance of works of a higher character. Among those who thought differently were the Lollards, and against their general doctrines the "Repressor" is directed. Pecock took up a position midway between that of the Roman Church and that of the modern Anglican Church; but his work is interesting chiefly because it gives a full account of the views of the Lollards and of the arguments by which they were supported, and because it assists us to ascertain the state of feeling which ultimately led to the Reformation. Apart from religious matters, the light thrown upon contemporaneous history is very small, but the "Repressor" has great value for the philologist, as it tells us what were the characteristics of the language in use among the cultivated Englishmen of the fifteenth century.

20. **ANNALES CAMBRIÆ.** *Edited by* the Rev. JOHN WILLIAMS AB ITHEL, M.A. 1860.

>These annals, which are in Latin, commence in 447, and come down to 1288. The earlier portion appears to be taken from an Irish Chronicle used by Tigernach, and by the compiler of the Annals of Ulster. During its first century it contains scarcely anything relating to Britain, the earliest direct concurrence with English history is relative to the mission of Augustine. Its notices throughout, though brief, are valuable. The annals were probably written at St. Davids, by Blegewryd, Archdeacon of Llandaff, the most learned man in his day in all Cymru.

21. **THE WORKS OF GIRALDUS CAMBRENSIS.** Vols. I., II., III., and IV *Edited by* J. S. BREWER, M.A., Professor of English Literature, King's College, London. Vols. V., VI., and VII. *Edited by* the Rev. JAMES F. DIMOCK, M.A., Rector of Barnburgh, Yorkshire. 1861–1877.

>These volumes contain the historical works of Gerald du Barry, who lived in the reigns of Henry II., Richard I., and John, and attempted to re-establish the independence of Wales by restoring the see of St. Davids to its ancient primacy. His works are of a very miscellaneous nature, both in prose and verse, and are remarkable chiefly for the racy and original anecdotes which they contain relating to contemporaries. He is the only Welsh writer of any importance who has contributed so much to the mediæval literature of this country, or assumed, in consequence of his nationality, so free and independent a tone. His frequent travels in Italy, in France, in Ireland, and in Wales, gave him opportunities for observation which did not generally fall to the lot of mediæval writers in the twelfth and thirteenth centuries, and of these observations Giraldus has made due use. Only extracts from these treatises have been printed before and almost all of them are taken from unique manuscripts.
>The Topographia Hibernica (in Vol. V.) is the result of Giraldus' two visits to Ireland. The first in 1183, the second in 1185-6, when he accompanied Prince John into that country. A very interesting portion of this treatise is devoted to the animals of Ireland. It shows that he was a very accurate and acute observer, and his descriptions are given in a way that a scientific naturalist of the present day could hardly improve upon. The Expugnatio Hibernica was written about 1188 and may be regarded rather as a great epic than a sober relation of acts occurring in his own days. Vol. VI. contains the Itinerarium Kambriæ et Descriptio Kambriæ: and Vol. VII., the lives of S. Remigius and S. Hugh.

22. **LETTERS AND PAPERS ILLUSTRATIVE OF THE WARS OF THE ENGLISH IN FRANCE DURING THE REIGN OF HENRY THE SIXTH, KING OF ENGLAND.** Vol. I., and Vol. II. (in Two Parts). *Edited by* the Rev. JOSEPH STEVENSON, M.A., of University College, Durham, and Vicar of Leighton Buzzard. 1861–1864.

>These letters and papers are derived chiefly from originals or contemporary copies extant in the Bibliothèque Impériale, and the Dépôt des Archives, in Paris. They illustrate the policy adopted by John Duke of Bedford and his successors during their government of Normandy, and other provinces of France acquired by Henry V. Here may be traced, step by step, the gradual declension of the English power, until we are prepared for its final overthrow.

23. **THE ANGLO-SAXON CHRONICLE, ACCORDING TO THE SEVERAL ORIGINAL AUTHORITIES.** Vol. I., Original Texts. Vol II., Translation. *Edited and translated by* BENJAMIN THORPE, Esq., Member of the Royal Academy of Sciences at Munich, and of the Society of Netherlandish Literature at Leyden. 1861.

>This chronicle, extending from the earliest history of Britain to 1154, is justly the boast of England; no other nation can produce any history, written in its own vernacular, at all approaching it, in antiquity, truthfulness, or extent, the historical books of the Bible alone excepted. There are at present six independent manuscripts of the Saxon Chronicle, ending in different years, and written in different parts of the country. In this edition, the text of each manuscript is printed in columns on the same page, so that the student may see at a glance the various changes which occur in orthography, whether arising from locality or age.

24. **LETTERS AND PAPERS ILLUSTRATIVE OF THE REIGNS OF RICHARD III. AND HENRY VII.** Vols. I. and II. *Edited by* JAMES GAIRDNER, Esq. 1861–1863.

>The papers are derived from the MSS. in Public Record Office, the British Museum, and other repositories. The period to which they refer is unusually destitute of chronicles and other sources of historical information, so that the light obtained from them is of special importance. The principal contents of the volumes are some diplomatic Papers of Richard III.; correspondence between Henry VII. and Ferdinand and Isabella of Spain; documents relating to Edmund de la Pole Earl of Suffolk; and a portion of the correspondence of James IV. of Scotland.

25. **Letters of Bishop Grosseteste**, illustrative of the Social Condition of his Time. *Edited by* Henry Richards Luard, M.A., Fellow and Assistant Tutor of Trinity College, Cambridge. 1861.

   The Letters of Robert Grosseteste (131 in number) are here collected from various sources, and a large portion of them is printed for the first time. They range in date from about 1210 to 1253, and relate to various matters connected not only with the political history of England during the reign of Henry III. but with its ecclesiastical condition. They refer especially to the diocese of Lincoln, of which Grosseteste was bishop.

26. **Descriptive Catalogue of Manuscripts relating to the History of Great Britain and Ireland.** Vol. I. (in Two Parts); Anterior to the Norman Invasion. Vol. II.; 1066–1200. Vol. III.; 1200–1327. *By* Sir Thomas Duffus Hardy, D.C.L., Deputy Keeper of the Public Records. 1862–1871.

   The object of this work is to publish notices of all known sources of British history, both printed and unprinted, in one continued sequence. The materials, when historical (as distinguished from biographical), are arranged under the year in which the latest event is recorded in the chronicle or history, and not under the period in which its author, real or supposed, flourished. Biographies are enumerated under the year in which the person commemorated died, and not under the year in which the life was written. A brief analysis of each work has been added when deserving it, in which original portions are distinguished from mere compilations. If possible, the sources are indicated from which compilations have been derived. A biographical sketch of the author of each piece has been added, and a brief notice of such British authors as have written on historical subjects.

27. **Royal and other Historical Letters illustrative of the Reign of Henry III.** Vol. I., 1216–1235. Vol. II., 1236–1272. *Selected and edited by* the Rev. W. W. Shirley, D.D., Regius Professor of Ecclesiastical History, and Canon of Christ Church, Oxford. 1862–1866.

   The letters contained in these volumes are derived chiefly from the ancient correspondence formerly in the Tower of London, and now in the Public Record Office. They illustrate the political history of England during the growth of its liberties, and throw considerable light upon the personal history of Simon de Montfort. The affairs of France form the subject of many of them, especially in regard to the province of Gascony. The entire collection consists of nearly 700 documents, the greater portion of which is printed for the first time.

28. **Chronica Monasterii S. Albani.**—1. Thomæ Walsingham Historia Anglicana; Vol. I., 1272–1381: Vol. II., 1381–1422. 2. Willelmi Rishanger Chronica et Annales, 1259–1307. 3. Johannis de Trokelowe et Henrici de Blaneforde Chronica et Annales, 1259–1296; 1307–1324; 1392–1406. 4. Gesta Abbatum Monasterii S. Albani, a Thoma Walsingham, regnante Ricardo Secundo, ejusdem Ecclesiæ Præcentore, compilata; Vol. I., 793–1290: Vol. II., 1290–1349: Vol. III., 1349–1411. 5. Johannis Amundesham, Monachi Monasterii S. Albani, ut videtur, Annales; Vols. I. and II. 6. Registra quorundam Abbatum Monasterii S. Albani, qui sæculo XV^{mo} floruere; Vol. I., Registrum Abbatiæ Johannis Whethamstede, Abbatis Monasterii Sancti Albani, iterum susceptæ; Roberto Blakeney, Capellano, quondam adscriptum: Vol II., Registra Johannis Whethamstede, Willelmi Albon, et Willelmi Walingforde, Abbatum Monasterii Sancti Albani, cum Appendice, continente quasdam Epistolas, a Johanne Whethamstede conscriptas. 7. Ypodigma Neustriæ a Thoma Walsingham, quondam Monacho Monasterii S. Albani, conscriptum. *Edited by* Henry Thomas Riley, Esq., M.A., Cambridge and Oxford; and of the Inner Temple, Barrister-at-Law. 1863–1876.

   In the first two volumes is a History of England, from the death of Henry III. to the death of Henry V., by Thomas Walsingham, Precentor of St. Albans.
   In the 3rd volume is a Chronicle of English History, attributed to William Rishanger, who lived in the reign of Edward I.: an account of transactions attending the award of the kingdom of Scotland to John Balliol, 1291–1292, also attributed to William Rishanger, but on no sufficient ground: a short Chronicle of English History, 1292 to 1300, by an unknown hand: a short Chronicle Willelmi Rishanger Gesta Edwardi Primi, Regis Angliæ, with Annales Regum Angliæ, probably by the same hand: and fragments of three Chronicles of English History, 1285 to 1307.
   In the 4th volume is a Chronicle of English History, 1259 to 1296: Annals of Edward II., 1307 to 1323, by John de Trokelowe, a monk of St. Albans, and a continuation of Trokelowe's Annals, 1323, 1324, by Henry de Blaneforde: a full Chronicle of English History, 1392 to 1406; and an account of the Benefactors of St. Albans, written in the early part of the 15th century.
   The 5th, 6th, and 7th volumes contain a history of the Abbots of St. Albans, 793 to 1411, mainly compiled by Thomas Walsingham: with a Continuation, from the closing pages of Parker MS. VII., in the Library of Corpus Christi College, Cambridge.
   The 8th and 9th volumes, in continuation of the Annals, contain a Chronicle, probably by John Amundesham, a monk of St. Albans.
   The 10th and 11th volumes relate especially to the acts and proceedings of Abbots Whethamstede, Albon, and Wallingford, and may be considered as a memorial of the chief historical and domestic events during those periods.
   The 12th volume contains a compendious History of England to the reign of Henry V., and of Normandy in early times, also by Thomas Walsingham, and dedicated to Henry V. The compiler has often substituted other authorities in place of those consulted in the preparation of his larger work.

29. CHRONICON ABBATIÆ EVESHAMENSIS, AUCTORIBUS DOMINICO PRIORE EVESHAMIÆ ET THOMA DE MARLEBERGE ABBATE, A FUNDATIONE AD ANNUM 1213, UNA CUM CONTINUATIONE AD ANNUM 1418. *Edited by* the Rev. W. D. MACRAY, Bodleian Library, Oxford. 1863.

The Chronicle of Evesham illustrates the history of that important monastery from its foundation by Egwin, about 690, to the year 1418. Its chief feature is an autobiography, which makes us acquainted with the inner daily life of a great abbey, such as but rarely has been recorded. Interspersed are many notices of general, personal, and local history which will be read with much interest. This work exists in a single MS., and is for the first time printed.

30. RICARDI DE CIRENCESTRIA SPECULUM HISTORIALE DE GESTIS REGUM ANGLIÆ. Vol. I., 447–871. Vol. II., 872–1066. *Edited by* JOHN E. B. MAYOR, M.A., Fellow of St. John's College, Cambridge. 1863–1869.

The compiler, Richard of Cirencester, was a monk of Westminster, 1355–1400. In 1391 he obtained a licence to make a pilgrimage to Rome. His history, in four books, extends from 447 to 1066. He announces his intention of continuing it, but there is no evidence that he completed any more. This chronicle gives many charters in favour of Westminster Abbey, and a very full account of the lives and miracles of the saints, especially of Edward the Confessor, whose reign occupies the fourth book. A treatise on the Coronation, by William of Sudbury, a monk of Westminster, fills book ii. c. 3. It was on this author that C. J. Bertram fathered his forgery, *De Situ Brittaniæ* in 1747.

31. YEAR BOOKS OF THE REIGN OF EDWARD THE FIRST. Years 20–21, 21–22, 30–31, 32–33, and 33–35 Edw. I.; and 11–12 Edw. III. *Edited and translated by* ALFRED JOHN HORWOOD, Esq., of the Middle Temple Barrister-at-Law. Years 12–13, 13–14, 14, and 14–15 Edward III. *Edited and translated by* LUKE OWEN PIKE, Esq., M.A., of Lincoln's Inn, Barrister-at-Law. 1863–1886.

The "Year Books" are the earliest of our Law Reports. They contain matter not only of practical utility to lawyers in the present day, but also illustrative of almost every branch of history, while for certain philological purposes they hold a position absolutely unique. The history of the constitution and of the law, of procedure, and of practice, the jurisdiction of the various Courts, and their relation to one another, as well as to the Sovereign and Council, cannot be known without the aid of the Year Books.

32. NARRATIVES OF THE EXPULSION OF THE ENGLISH FROM NORMANDY 1449–1450.—Robertus Blondelli de Reductione Normanniæ: Le Recouvrement de Normendie, par Berry, Hérault du Roy: Conferences between the Ambassadors of France and England. *Edited, from MSS. in the Imperial Library at Paris, by* the Rev. JOSEPH STEVENSON, M.A., of University College, Durham. 1863.

This volume contains the narrative of an eye-witness who details with considerable power and minuteness the circumstances which attended the final expulsion of the English from Normandy in 1450. Commencing with the infringement of the truce by the capture of Fougères, and ending with the battle of Formigny and the embarkation of the Duke of Somerset. The period embraced is less than two years.

33. HISTORIA ET CARTULARIUM MONASTERII S. PETRI GLOUCESTRIÆ. Vols. I., II., and III. *Edited by* W. H. HART, Esq., F.S.A., Membre correspondant de la Société des Antiquaires de Normandie. 1863–1867.

This work consists of two parts, the History and the Cartulary of the Monastery of St. Peter, Gloucester. The history furnishes an account of the monastery from its foundation, in the year 681, to the early part of the reign of Richard II., together with a calendar of donations and benefactions. It treats principally of the affairs of the monastery, but occasionally matters of general history are introduced. Its authorship has generally been assigned to Walter Froucester the twentieth abbot, but without any foundation.

34. ALEXANDRI NECKAM DE NATURIS RERUM LIBRI DUO; with NECKAM'S POEM, DE LAUDIBUS DIVINÆ SAPIENTIÆ. *Edited by* THOMAS WRIGHT, Esq., M.A., 1863.

Neckam was a man who devoted himself to science, such as it was in the twelfth century. In the "De Naturis Rerum" are to be found what may be called the rudiments of many sciences mixed up with much error and ignorance. Neckam was not thought infallible, even by his contemporaries, for Roger Bacon remarks of him, "This Alexander in many things wrote what was true and useful; but he neither can nor ought by just title to be reckoned among authorities." Neckam, however, had sufficient independence of thought to differ from some of the schoolmen who in his time considered themselves the only judges of literature. He had his own views in morals, and in giving us a glimpse of them, as well as of his other opinions, he throws much light upon the manners, customs, and general tone of thought prevalent in the twelfth century. The poem entitled "De Laudibus Divinæ Sapientiæ" appears to be a metrical paraphrase or abridgment of the "De Naturis Rerum." It is written in the elegiac metre, and it is, as a whole, above the ordinary standard of mediæval Latin.

35. LEECHDOMS, WORTCUNNING, AND STARCRAFT OF EARLY ENGLAND; being a Collection of Documents illustrating the History of Science in this Country before the Norman Conquest. Vols. I., II., and III. *Collected and edited*

by the Rev. T. OSWALD COCKAYNE, M.A., of St. John's College, Cambridge, 1864–1866.

<small>This work illustrates not only the history of science, but the history of superstition. In addition to the information bearing directly upon the medical skill and medical faith of the times, there are many passages which incidentally throw light upon the general mode of life and ordinary diet. The volumes are interesting not only in their scientific, but also in their social aspect.</small>

36. ANNALES MONASTICI. Vol. I.:—Annales de Margan, 1066–1232; Annales de Theokesberia, 1066–1263; Annales de Burton, 1004–1263. Vol. II.:— Annales Monasterii de Wintonia. 519–1277; Annales Monasterii de Waverleia, 1–1291. Vol. III.:—Annales Prioratus de Dunstaplia, 1–1297. Annales Monasterii de Bermundeseia, 1042–1432. Vol. IV.:—Annales Monasterii de Oseneia, 1016–1347; Chronicon vulgo dictum Chronicon Thomæ Wykes, 1066–1289; Annales Prioratus de Wigornia, 1–1377. Vol. V.:—Index and Glossary. *Edited by* HENRY RICHARDS LUARD, M.A., Fellow and Assistant Tutor of Trinity College, and Registrary of the University, Cambridge. 1864–1869.

<small>The present collection of Monastic Annals embraces all the more important chronicles compiled in religious houses in England during the thirteenth century. These distinct works are ten in number. The extreme period which they embrace ranges from the year 1 to 1432, although they refer more especially to the reigns of John, Henry III., and Edward I. Some of these narratives have already appeared in print, but others are printed for the first time.</small>

37. MAGNA VITA S. HUGONIS EPISCOPI LINCOLNIENSIS. From MSS. in the Bodleian Library, Oxford, and the Imperial Library, Paris. *Edited by* the Rev. JAMES F. DIMOCK, M.A., Rector of Barnburgh, Yorkshire. 1864.

<small>This work contains a number of very curious and interesting incidents, and being the work of a contemporary, is very valuable, not only as a truthful biography of a celebrated ecclesiastic but as the work of a man, who, from personal knowledge, gives notices of passing events, as well as of individuals who were then taking active part in public affairs. The author, in all probability, was Adam Abbot of Evesham. He was domestic chaplain and private confessor of Bishop Hugh, and in these capacities was admitted to the closest intimacy. Bishop Hugh was Prior of Witham for 11 years before he became Bishop of Lincoln. His consecration took place on the 21st September 1186; he died on the 16th of November 1200; and was canonized in 1220.</small>

38. CHRONICLES AND MEMORIALS OF THE REIGN OF RICHARD THE FIRST. Vol. I.:— ITINERARIUM PEREGRINORUM ET GESTA REGIS RICARDI. Vol. II.:—EPISTOLÆ CANTUARIENSES; the Letters of the Prior and Convent of Christ Church, Canterbury; 1187 to 1199. *Edited by* WILLIAM STUBBS, M.A., Vicar of Navestock, Essex, and Lambeth Librarian. 1864–1865.

<small>The authorship of the Chronicle in Vol. I., hitherto ascribed to Geoffrey Vinesauf, is now more correctly ascribed to Richard, Canon of the Holy Trinity of London. The narrative extends from 1187 to 1199; but its chief interest consists in the minute and authentic narrative which it furnishes of the exploits of Richard I., from his departure from England in December 1189 to his death in 1199. The author states in his prologue that he was an eye-witness of much that he records; and various incidental circumstances which occur in the course of the narrative confirm this assertion.
The letters in Vol. II., written between 1187 and 1199, are of value as furnishing authentic materials for the history of the ecclesiastical condition of England during the reign of Richard I. They had their origin in a dispute which arose from the attempts of Baldwin and Hubert, archbishops of Canterbury, to found a college of secular canons, a project which gave great umbrage to the monks of Canterbury, who saw in it a design to supplant them in their function of metropolitan chapter. These letters are printed, for the first time, from a MS. belonging to the archiepiscopal library at Lambeth.</small>

39. RECUEIL DES CRONIQUES ET ANCHIENNES ISTORIES DE LA GRANT BRETAIGNEA PRESENT NOMME ENGLETERRE, par JEHAN DE WAURIN. Vol. I. Albina to 688. Vol. II., 1399–1422. Vol. III., 1422–1431. *Edited by* Sir WILLIAM HARDY, F.S.A. 1864–1879. Vol. IV. 1431–1443. *Edited by* Sir WILLIAM HARDY, F.S.A., and EDWARD L. C. P. HARDY, Esq., F.S.A. 1884.

40. A COLLECTION OF THE CHRONICLES AND ANCIENT HISTORIES OF GREAT BRITAIN. NOW CALLED ENGLAND, by JOHN DE WAVRIN. Albina to 688. (Translation of the preceding Vols. I. and II.) *Edited and translated by* Sir WILLIAM HARDY, F.S.A., and EDWARD L. C. P. HARDY, Esq., F.S.A. 1864–1887.

<small>This curious chronicle extends from the fabulous period of history down to the return of Edward IV. to England in the year 1471 after the second deposition of Henry VI. The manuscript from which the text of the work is taken is preserved in the Imperial Library at Paris, and is believed to be the only complete and nearly contemporary copy in existence. It is illustrated with exquisite miniatures, vignettes, and initial letters. It was written towards the end of the fifteenth century, having been expressly executed for Louis de Bruges, Seigneur de la Gruthuyse and Earl of Winchester, from whose cabinet it passed into the library of Louis XII. at Blois.</small>

41. POLYCHRONICON RANULPHI HIGDEN, with Trevisa's Translation. Vols. I. and II. Edited by CHURCHILL BABINGTON, B.D., Senior Fellow of St. John's College, Cambridge. Vols. III., IV., V., VI., VII., VIII., and IX. Edited by the Rev. JOSEPH RAWSON LUMBY, D.D., Norrisian Professor of Divinity, Vicar of St. Edward's, Fellow of St. Catharine's College, and late Fellow of Magdalene College, Cambridge. 1865–1886.

This is one of the many mediæval chronicles which assume the character of a history of the world. It begins with the creation, and is brought down to the author's own time, the reign of Edward III. Prefixed to the historical portion, is a chapter devoted to geography, in which is given a description of every known land. To say that the Polychronicon was written in the fourteenth century is to say that it is not free from inaccuracies. It has, however, a value apart from its intrinsic merits. It enables us to form a very fair estimate of the knowledge of history and geography which well-informed readers of the fourteenth and fifteenth centuries possessed, for it was then the standard work on general history.

The two English translations, which are printed with the original Latin, afford interesting illustrations of the gradual change of our language, for one was made in the fourteenth century, the other in the fifteenth. The differences between Trevisa's version and that of the unknown writer are often considerable.

42. LE LIVERE DE REIS DE BRITTANIE E LE LIVERE DE REIS DE ENGLETERE. Edited by JOHN GLOVER, M.A., Vicar of Brading, Isle of Wight, formerly Librarian of Trinity College, Cambridge. 1865.

These two treatises, though they cannot rank as independent narratives, are nevertheless valuable as careful abstracts of previous historians, especially "Le Livere de Reis de Engletere." Some various readings are given which are interesting to the philologist as instances of semi-Saxonized French. It is supposed that Peter of Ickham was the supposed author.

43. CHRONICA MONASTERII DE MELSA AB ANNO 1150 USQUE AD ANNUM 1406. Vols. I., II., and III. Edited by EDWARD AUGUSTUS BOND, Esq., Assistant-Keeper of Manuscripts, and Egerton Librarian, British Museum. 1866–1868.

The Abbey of Meaux was a Cistercian house, and the work of its abbot is both curious and valuable. It is a faithful and often minute record of the establishment of a religious community, of its progress in forming an ample revenue, of its struggles to maintain its acquisitions, and of its relations to the governing institutions of the country. In addition to the private affairs of the monastery, some light is thrown upon the public events of the time, which are however kept distinct, and appear at the end of the history of each abbot's administration. The text has been printed from what is said to be the autograph of the original compiler, Thomas de Burton, the nineteenth abbot.

44. MATTHÆI PARISIENSIS HISTORIA ANGLORUM, SIVE, UT VULGO DICITUR, HISTORIA MINOR. Vols. I., II., and III. 1067–1253. Edited by Sir FREDERIC MADDEN, K.H., Keeper of the Manuscript Department of British Museum. 1866–1869.

The exact date at which this work was written is, according to the chronicler, 1250. The history is of considerable value as an illustration of the period during which the author lived, and contains a good summary of the events which followed the Conquest. This minor chronicle is, however, based on another work (also written by Matthew Paris) giving fuller details, which has been called the "Historia Major." The chronicle here published, nevertheless, gives some information not to be found in the greater history.

45. LIBER MONASTERII DE HYDA: A CHRONICLE AND CHARTULARY OF HYDE ABBEY, WINCHESTER, 455–1023. Edited, from a Manuscript in the Library of the Earl of Macclesfield, by EDWARD EDWARDS, Esq. 1866.

The "Book of Hyde" is a compilation from much earlier sources which are usually indicated with considerable care and precision. In many cases, however, the Hyde Chronicler appears to correct, to qualify, or to amplify—either from tradition or from sources of information not now discoverable—the statements, which, in substance, he adopts. He also mentions, and frequently quotes from writers whose works are either entirely lost or at present known only by fragments. There is to be found, in the "Book of Hyde," much information relating to the reign of King Alfred which is not known to exist elsewhere. The volume contains some curious specimens of Anglo-Saxon and Mediæval English.

46. CHRONICON SCOTORUM: A CHRONICLE OF IRISH AFFAIRS, from the EARLIEST TIMES to 1135; and SUPPLEMENT, containing the Events from 1141 to 1150. Edited, with Translation, by WILLIAM MAUNSELL HENNESSY, Esq., M.R.I.A. 1866.

There is, in this volume, a legendary account of the peopling of Ireland and of the adventures which befell the various heroes who are said to have been connected with Irish history. The details are, however, very meagre both for this period and for the time when history becomes more authentic. The plan adopted in the chronicle gives the appearance of an accuracy to which the earlier portions of the work cannot have any claim. The succession of events is marked year by year, from A.M. 1599 to A.D. 1150. The principal events narrated in the later portion of the work are, the invasions of foreigners, and the wars of the Irish among themselves. The text has been printed from a MS. preserved in the library of Trinity College, Dublin, written partly in Latin, partly in Irish.

47. THE CHRONICLE OF PIERRE DE LANGTOFT, IN FRENCH VERSE, FROM THE EARLIEST PERIOD TO THE DEATH OF EDWARD I. Vols. I. and II. *Edited by* THOMAS WRIGHT, Esq., M.A. 1866–1868.

It is probable that Pierre de Langtoft was a canon of Bridlington, in Yorkshire, and lived in the reign of Edward I., and during a portion of the reign of Edward II. This chronicle is divided into three parts; in the first, is an abridgment of Geoffrey of Monmouth's "Historia Britonum;" in the second, a history of the Anglo-Saxon and Norman kings, to the death of Henry III.; in the third, a history of the reign of Edward I. The principal object of the work was apparently to show the justice of Edward's Scottish wars. The language is singularly corrupt, and a curious specimen of the French of Yorkshire.

48. THE WAR OF THE GAEDHIL WITH THE GAILL, or THE INVASIONS OF IRELAND BY THE DANES AND OTHER NORSEMEN. *Edited, with a Translation, by* JAMES HENTHORN TODD, D.D., Senior Fellow of Trinity College, and Regius Professor of Hebrew in the University, Dublin. 1867.

The work in its present form, in the editor's opinion, is a comparatively modern version of an undoubtedly ancient original. That it was compiled from contemporary materials has been proved by curious incidental evidence. It is stated in the account given of the battle of Clontarf that the full tide in Dublin Bay on the day of the battle (23 April 1014) coincided with sunrise; and that the returning tide in the evening aided considerably in the defeat of the Danes. The fact has been verified by astronomical calculations, and the inference is that the author of the chronicle, if not an eye-witness, must have derived his information from eye-witnesses. The contents of the work are sufficiently described in its title. The story is told after the manner of the Scandinavian Sagas, with poems and fragments of poems introduced into the prose narrative.

49. GESTA REGIS HENRICI SECUNDI BENEDICTI ABBATIS. CHRONICLE OF THE REIGNS OF HENRY II. AND RICHARD I., 1169–1192, known under the name of BENEDICT OF PETERBOROUGH. Vols. I. and II. *Edited by* WILLIAM STUBBS, M.A., Regius Professor of Modern History, Oxford, and Lambeth Librarian. 1867.

This chronicle of the reigns of Henry II. and Richard I., known commonly under the name of Benedict of Peterborough, is one of the best existing specimens of a class of historical compositions of the first importance to the student.

50. MUNIMENTA ACADEMICA, OR, DOCUMENTS ILLUSTRATIVE OF ACADEMICAL LIFE AND STUDIES AT OXFORD (in Two Parts). *Edited by* the Rev. HENRY ANSTEY, M.A., Vicar of St. Wendron, Cornwall, and lately Vice-Principal of St. Mary Hall, Oxford. 1868.

This work will supply materials for a History of Academical Life and Studies in the University of Oxford during the 13th, 14th, and 15th centuries.

51. CHRONICA MAGISTRI ROGERI DE HOUEDENE. Vols. I., II., III., and IV. *Edited by* WILLIAM STUBBS, M.A., Regius Professor of Modern History, and Fellow of Oriel College, Oxford. 1868–1871.

This work has long been justly celebrated, but not thoroughly understood until Mr. Stubbs' edition. The earlier portion, extending from 732 to 1148, appears to be a copy of a compilation made in Northumbria about 1161, to which Hoveden added little. From 1148 to 1169—a very valuable portion of this work—the matter is derived from another source, to which Hoveden appears to have supplied little, and not always judiciously. From 1170 to 1192 is the portion which corresponds with the Chronicle known under the name of Benedict of Peterborough (see No. 49); but it is not a copy, being sometimes an abridgment, at others a paraphrase; occasionally the two works entirely agree; showing that both writers had access to the same materials, but dealt with them differently. From 1192 to 1201 may be said to be wholly Hoveden's work; it is extremely valuable, and an authority of the first importance.

52. WILLELMI MALMESBIRIENSIS MONACHI DE GESTIS PONTIFICUM ANGLORUM LIBRI QUINQUE. *Edited by* N. E. S. A. HAMILTON, Esq., of the Department of Manuscripts, British Museum. 1870.

William of Malmesbury's "Gesta Pontificum" is the principal foundation of English Ecclesiastical Biography, down to the year 1122. The manuscript which has been followed in this Edition is supposed by Mr. Hamilton to be the author's autograph, containing his latest additions and amendments.

53. HISTORIC AND MUNICIPAL DOCUMENTS OF IRELAND, FROM THE ARCHIVES OF THE CITY OF DUBLIN, &c. 1172–1320. *Edited by* JOHN T. GILBERT, Esq., F.S.A., Secretary of the Public Record Office of Ireland. 1870.

A collection of original documents, elucidating mainly the history and condition of the municipal, middle, and trading classes under or in relation with the rule of England in Ireland,—a subject hitherto in almost total obscurity. Extending over the first hundred and fifty years of the Anglo-Norman settlement, the series includes charters, municipal laws and regulations, rolls of names of citizens and members of merchant-guilds, lists of commodities with their rates, correspondence, illustrations of relations between ecclesiastics and laity; together with many documents exhibiting the state of Ireland during the presence there of the Scots under Robert and Edward Bruce.

54. THE ANNALS OF LOCH CÉ. A CHRONICLE OF IRISH AFFAIRS, FROM 1041 to 1590. Vols. I. and II. *Edited, with a Translation, by* WILLIAM MAUNSELL HENNESSY, Esq., M.R.I.A. 1871.

The original of this chronicle has passed under various names. The title of "Annals of Loch Cé" was given to it by Professor O'Curry, on the ground that it was transcribed for Brian Mac Dermot, an Irish chieftain, who resided on the island in Loch Cé, in the county of Roscommon. It adds much to the materials for the civil and ecclesiastical history of Ireland: and contains many curious references to English and foreign affairs, not noticed in any other chronicle.

55. MONUMENTA JURIDICA. THE BLACK BOOK OF THE ADMIRALTY, WITH APPENDICES. Vols. I., II., III., and IV. *Edited by* SIR TRAVERS TWISS, Q.C., D.C.L. 1871-1876.

This book contains the ancient ordinances and laws relating to the navy, and was probably compiled for the use of the Lord High Admiral of England. Selden calls it the "jewel of the Admiralty Records." Prynne ascribes to the Black Book the same authority in the Admiralty as the Black and Red Books have in the Court of Exchequer, and most English writers on maritime law recognize its importance.

56. MEMORIALS OF THE REIGN OF HENRY VI.:—OFFICIAL CORRESPONDENCE OF THOMAS BEKYNTON, SECRETARY TO HENRY VI., AND BISHOP OF BATH AND WELLS. *Edited, from a MS. in the Archiepiscopal Library at Lambeth, with an Appendix of Illustrative Documents, by* the Rev. GEORGE WILLIAMS, B.D., Vicar of Ringwood, late Fellow of King's College, Cambridge. Vols. I. and II. 1872.

These curious volumes are of a miscellaneous character, and were probably compiled under the immediate direction of Beckynton before he had attained to the Episcopate. They contain many of the Bishop's own letters, and several written by him in the King's name; also letters to himself while Royal Secretary, and others addressed to the King.

57. MATTHÆI PARISIENSIS, MONACHI SANCTI ALBANI, CHRONICA MAJORA. Vol. I. The Creation to A.D. 1066. Vol. II. A.D. 1067 to A.D. 1216. Vol. III. A.D. 1216 to A.D. 1239. Vol. IV. A.D. 1240 to A.D. 1247. Vol. V. A.D. 1248 to A.D. 1259. Vol. VI. Additamenta. Vol. VII. Index. *Edited by* HENRY RICHARDS LUARD, D.D., Fellow of Trinity College, Registrary of the University, and Vicar of Great St. Mary's, Cambridge. 1872-1884.

This work contains the "Chronica Majora" of Matthew Paris, one of the most valuable and frequently consulted of the ancient English Chronicles. It is published from its commencement, for the first time. The editions by Archbishop Parker, and William Watts, severally begin at the Norman Conquest.

58. MEMORIALE FRATRIS WALTERI DE COVENTRIA.—THE HISTORICAL COLLECTIONS OF WALTER OF COVENTRY. Vols. I. and II. *Edited, from the MS. in the Library of Corpus Christi College, Cambridge, by* WILLIAM STUBBS, M.A., Regius Professor of Modern History, and Fellow of Oriel College, Oxford. 1872-1873.

This work, now printed in full for the first time, has long been a desideratum by Historical Scholars. The first portion, however, is not of much importance, being only a compilation from earlier writers. The part relating to the first quarter of the thirteenth century is the most valuable and interesting.

59. THE ANGLO-LATIN SATIRICAL POETS AND EPIGRAMMATISTS OF THE TWELFTH CENTURY. Vols. I. and II. *Collected and edited by* THOMAS WRIGHT, Esq., M.A., Corresponding Member of the National Institute of France (Académie des Inscriptions et Belles-Lettres). 1872.

The Poems contained in these volumes have long been known and appreciated as the best satires of the age in which their authors flourished, and were deservedly popular during the 13th and 14th centuries.

60. MATERIALS FOR A HISTORY OF THE REIGN OF HENRY VII., FROM ORIGINAL DOCUMENTS PRESERVED IN THE PUBLIC RECORD OFFICE. Vols. I. and II. *Edited by* the Rev. WILLIAM CAMPBELL, M.A., one of Her Majesty's Inspectors of Schools. 1873-1877.

These volumes are valuable as illustrating the acts and proceedings of Henry VII. on ascending the throne, and shadow out the policy he afterwards adopted.

61. HISTORICAL PAPERS AND LETTERS FROM THE NORTHERN REGISTERS. *Edited by* JAMES RAINE, M.A., Canon of York, and Secretary of the Surtees Society. 1873.

The documents in this volume illustrate, for the most part, the general history of the north of England, particularly in its relation to Scotland.

62. REGISTRUM PALATINUM DUNELMENSE. THE REGISTER OF RICHARD DE KELLAWE, LORD PALATINE AND BISHOP OF DURHAM; 1311-1316.—Vols. I., II., III., and IV. *Edited by* SIR THOMAS DUFFUS HARDY, D.C.L., Deputy Keeper of the Public Records. 1873-1878.

Bishop Kellawe's Register contains the proceedings of his prelacy, both lay and ecclesiastical and is the earliest Register of the Palatinate of Durham.

63. MEMORIALS OF SAINT DUNSTAN, ARCHBISHOP OF CANTERBURY. *Edited by* WILLIAM STUBBS, M.A., Regius Professor of Modern History, and Fellow of Oriel College, Oxford. 1874.

 This volume contains several lives of Archbishop Dunstan, opening various points of Historical and Literary interest.

64. CHRONICON ANGLIÆ, AB ANNO DOMINI 1328 USQUE AD ANNUM 1388, AUCTORE MONACHO QUODAM SANCTI ALBANI. *Edited by* EDWARD MAUNDE THOMPSON, Esq., Barrister-at-Law, and Assistant-Keeper of the Manuscripts in the British Museum. 1874.

 This chronicle gives a circumstantial history of the close of the reign of Edward III.

65. THÓMAS SAGA ERKIBYSKUPS. A LIFE OF ARCHBISHOP THOMAS BECKET, IN ICELANDIC. Vols. I. and II. *Edited, with English Translation, Notes, and Glossary by* M. EIRÍKR MAGNÚSSON, M.A., Sub-Librarian of the University Library, Cambridge. 1875–1884.

 This work is derived from the Life of Becket written by Benedict of Peterborough, and apparently supplies the missing portions in Benedict's biography.

66. RADULPHI DE COGGESHALL CHRONICON ANGLICANUM. *Edited by* the Rev. JOSEPH STEVENSON, M.A. 1875.

 This volume contains the "Chronicon Anglicanum," by Ralph of Coggleshall, the "Libellus de Expugnatione Terræ Sanctæ per Saladinum," usually ascribed to the same author, and other pieces of an interesting character.

67. MATERIALS FOR THE HISTORY OF THOMAS BECKET, ARCHBISHOP OF CANTERBURY. Vols. I., II., III., IV., V., and VI. *Edited by* the Rev. JAMES CRAIGIE ROBERTSON, M.A., Canon of Canterbury. 1875–1883. Vol. VII. *Edited by* JOSEPH BRIGSTOCKE SHEPPARD, Esq., LL.D. 1885.

 This publication comprises all contemporary materials for the history of Archbishop Thomas Becket. The first volume contains the life of that celebrated man, and the miracles after his death, by William, a monk of Canterbury. The second, the life by Benedict of Peterborough; John of Salisbury; Alan of Tewkesbury; and Edward Grim. The third, the life by William Fitzstephen; and Herbert of Bosham. The fourth, anonymous lives, Quadrilogus, &c. The fifth, sixth, and seventh, the Epistles, and known letters.

68. RADULFI DE DICETO DECANI LUNDONIENSIS OPERA HISTORICA. THE HISTORICAL WORKS OF MASTER RALPH DE DICETO, DEAN OF LONDON. Vols. I. and II. *Edited, from the Original Manuscripts, by* WILLIAM STUBBS, M.A., Regius Professor of Modern History, and Fellow of Oriel College, Oxford. 1876.

 The Historical Works of Ralph de Diceto are some of the most valuable materials for British History. The Abbreviationes Chronicorum extend from the Creation to 1147, and the Ymagines Historiarum to 1201.

69. ROLL OF THE PROCEEDINGS OF THE KING'S COUNCIL IN IRELAND, FOR A PORTION OF THE 16TH YEAR OF THE REIGN OF RICHARD II. 1392–93. *Edited by* the Rev. JAMES GRAVES, A.B. 1877.

 This Roll throws considerable light on the History of Ireland at a period little known. It seems the only document of the kind extant.

70. HENRICI DE BRACTON DE LEGIBUS ET CONSUETUDINIBUS ANGLIÆ LIBRI QUINQUE IN VARIOS TRACTATUS DISTINCTI. AD DIVERSORUM ET VETUSTISSIMORUM CODICUM COLLATIONEM TYPIS VULGATI. Vols. I., II., III., IV., V., and VI. *Edited by* SIR TRAVERS TWISS, Q.C., D.C.L. 1878–1883.

 This is a new edition of Bracton's celebrated work, collated with MSS. in the British Museum; the Libraries of Lincoln's Inn, Middle Temple, and Gray's Inn; Bodleian Library, Oxford; the Bibliothèque Nationale, Paris; &c.

71. THE HISTORIANS OF THE CHURCH OF YORK, AND ITS ARCHBISHOPS. Vols. I. and II. *Edited by* JAMES RAINE, M.A., Canon of York, and Secretary of the Surtees Society. 1879–1886.

 This will form a complete "Corpus Historicum Eboracense," a work very much needed.

72. REGISTRUM MALMESBURIENSE. THE REGISTER OF MALMESBURY ABBEY; PRESERVED IN THE PUBLIC RECORD OFFICE. Vols. I. and II. *Edited by* J S BREWER, M.A., Preacher at the Rolls, and Rector of Toppesfield; *and* CHARLES TRICE MARTIN, Esq., B.A. 1879, 1880.

 This work illustrates many curious points of history, the growth of society, the distribution of land, the relations of landlord and tenant, national customs, &c.

73. HISTORICAL WORKS OF GERVASE OF CANTERBURY. Vols. I. and II. THE CHRONICLE OF THE REIGNS OF STEPHEN, HENRY II., and RICHARD I., BY GERVASE, THE MONK OF CANTERBURY. *Edited by* WILLIAM STUBBS, D.D.; Canon Residentiary of St. Paul's, London; Regius Professor of Modern History and Fellow of Oriel College, Oxford; &c. 1879, 1880.

   The Historical Works of Gervase of Canterbury are of great importance as regards the questions of Church and State, during the period in which he wrote. This work was printed by Twysden, in the "Historiæ Anglicanæ Scriptores X.," more than two centuries ago.

74. HENRICI ARCHIDIACONI HUNTENDUNENSIS HISTORIA ANGLORUM. THE HISTORY OF THE ENGLISH, BY HENRY, ARCHDEACON OF HUNTINGDON, from A.D. 55 to A.D. 1154, in Eight Books. *Edited by* THOMAS ARNOLD, ESQ., M.A. 1879.

   Henry of Huntingdon's work was first printed by Sir Henry Savile, in 1596, in his "Scriptores post Bedam," and reprinted at Frankfort in 1601. Both editions are very rare and inaccurate. The first five books of the History were published in 1848 in the "Monumenta Historica Britannica," which is out of print. The present volume contains the whole of the manuscript of Huntingdon's History in eight books, collated with a manuscript lately discovered at Paris.

75. THE HISTORICAL WORKS OF SYMEON OF DURHAM. Vols. I. and II. *Edited by* THOMAS ARNOLD, ESQ., M.A. 1882-1885.

   The first volume of this edition of the Historical Works of Symeon of Durham, contains the "Historia Dunelmensis Ecclesiæ," and other Works. The second volume contains the "Historia Regum," &c.

76. CHRONICLES OF THE REIGNS OF EDWARD I. AND EDWARD II. Vols. I. and II. *Edited by* WILLIAM STUBBS, D.D., Canon Residentiary of St. Paul's, London; Regius Professor of Modern History, and Fellow of Oriel College, Oxford, &c. 1882, 1883.

   The first volume of these Chronicles contains the "Annales Londonienses" and the "Annales Paulini:" the second, I.—Commendatio Lamentabilis in Transitu magni Regis Edwardi. II.—Gesta Edwardi de Carnarvan Auctore Canonico Bridlingtomensi. III.—Monachi cujusdam Malmesberiensis Vita, Edwardi II. IV.—Vita et Mors Edwardi II. Conscripta a Thoma de la Moore.

77. REGISTRUM EPISTOLARUM FRATRIS JOHANNIS PECKHAM, ARCHIEPISCOPI CANTUARIENSIS. Vols. I., II., and III. *Edited by* CHARLES TRICE MARTIN, ESQ., B.A., F.S.A., 1882-1886.

   These Letters are of great value for illustrating English Ecclesiastical History.

78. REGISTER OF S. OSMUND. *Edited by* the Rev. W. H. RICH JONES, M.A., F.S.A., Canon of Salisbury, Vicar of Bradford-on-Avon. Vols. I. and II. 1883, 1884.

   This Register, of which a complete copy is here printed for the first time, is among the most ancient of the muniments of the Bishops of Salisbury. It derives its name from containing the statutes, rules, and orders made or compiled by S. Osmund, to be observed in the Cathedral and diocese of Salisbury. The first 19 folios contain the "Consuetudinary," the exposition, as regards ritual, of the "Use of Sarum."

79. CHARTULARY OF THE ABBEY OF RAMSEY. Vols. I. and II. *Edited by* WILLIAM HENRY HART, Esq., F.S.A., and the Rev. PONSONBY ANNESLEY LYONS. 1884, 1886.

   This Chartulary of the Ancient Benedictine Monastery of Ramsey, Huntingdonshire, came to the Crown on the Dissolution of Monasteries, was afterwards preserved in the Stone Tower Westminster Hall, and thence transferred to the Public Record Office.

80. CHARTULARIES OF ST. MARY'S ABBEY, DUBLIN, WITH THE REGISTER OF ITS HOUSE AT DUNBRODY, COUNTY OF WEXFORD, AND ANNALS OF IRELAND, 1162-1370. *Edited by* JOHN THOMAS GILBERT, Esq., F.S.A., M.R.I.A. Vols. I. & II. 1884, 1885.

   The Chartularies and register, here printed for the first time, are the only surviving manuscripts of their class in connexion with the Cistercians in Ireland. With them are included accounts of the other establishments of the Cistercian Order in Ireland, together with the earliest body of Anglo-Irish Annals extant.

81. EADMERI HISTORIA NOVORUM IN ANGLIA, ET OPUSCULA DUO DE VITA SANCTI ANSELMI ET QUIBUSDAM MIRACULIS EJUS. *Edited by* the Rev. MARTIN RULE, M.A. 1884.

   This volume contains the "Historiæ Novorum in Anglia," of Eadmer; his treatise "De Vita et conversatione Anselmi Archiepiscopi Cantuariensis," and a Tract entitled "Quaedam Parva Descriptio Miraculorum gloriosi Patris Anselmi Cantuariensis."

82. CHRONICLES OF THE REIGNS OF STEPHEN, HENRY II., AND RICHARD I. Vols. I. II., and III., *Edited by* RICHARD HOWLETT, Esq., of the Middle Temple, Barrister-at-law. 1884-1886.

Vol. I. contains Books I.-IV. of the "Historia Rerum Anglicarum" of William of Newburgh.
Vol. II. contains Book V. of that work, the continuation of the same to A.D. 1298, and the "Draco Normannicus" of Etienne de Rouen.
Vol. III. contains the "Gesta Stephani Regis," the Chronicle of Richard of Hexham, the "Relatio de Standardo" of St. Aelred of Rievaulx, the poem of Jordan Fantosme, and the Chronicle of Richard of Devizes.

83. CHRONICLE OF THE ABBEY OF RAMSEY. *Edited by* the Rev. WILLIAM DUNN MACRAY, M.A., F.S.A., Rector of Ducklington, Oxon. 1886.

   This Chronicle forms part of the Chartulary of the Abbey of Ramsey, preserved in the Public Record Office (*see* No. 79).

84. CHRONICA ROGERI DE WENDOVER, SIVE FLORES HISTORIARUM. Vols. I., II., and III. *Edited by* HENRY GAY HEWLETT, Esq., Keeper of the Records of the Land Revenue. 1886-1889.

   This edition gives that portion only of Roger of Wendover's Chronicle which can be accounted an original authority.

85. THE LETTER BOOKS OF THE MONASTERY OF CHRIST CHURCH, CANTERBURY. *Edited by* JOSEPH BRIGSTOCKE SHEPPARD, ESQ., LL.D. Vols. I., II., and III., 1887-1889.

   The Letters printed in these volumes were chiefly written between the years 1296 and 1333. Among the most notable writers were Prior Henry of Eastry, Prior Richard Oxenden, and the Archbishops Raynold and Meopham.

86. THE METRICAL CHRONICLE OF ROBERT OF GLOUCESTER. *Edited by* WILLIAM ALDIS WRIGHT, Esq., M.A. Parts I. and II., 1887.

   The date of the composition of this Chronicle is placed about the year 1300. The writer appears to have been an eye witness of many events which he describes. The language in which it is written was the dialect of Gloucestershire at that time.

87. CHRONICLE OF ROBERT OF BRUNNE. *Edited by* FREDERICK JAMES FURNIVALL, Esq., M.A., Barrister-at-Law. Parts I. and II. 1887.

   Robert of Brunne, or Bourne, co. Lincoln, was a member of the Gilbertine Order established at Sempringham. His Chronicle is described by its editor as a work of fiction, a contribution not to English history, but to the history of English.

88. ICELANDIC SAGAS AND OTHER HISTORICAL DOCUMENTS relating to the Settlements and Descents of the Northmen on the British Isles. Vol. I. Orkneyinga Saga, and Magnus Saga. Vol. II. Hakonar Saga, and Magnus Saga. *Edited by* M. GUDBRAND VIGFUSSON, M.A. 1887.

89. THE TRIPARTITE LIFE OF ST. PATRICK, with other documents relating to that Saint. *Edited by* WHITLEY STOKES, Esq., LL.D., D.C.L., Honorary Fellow of Jesus College, Oxford; and Corresponding Member of the Institute of France. Parts I. and II. 1887.

90. WILLELMI MONACHI MALMESBIRIENSIS DE REGUM GESTIS ANGLORUM, LIBRI V.; ET HISTORIÆ NOVELLÆ, LIBRI III. *Edited by* WILLIAM STUBBS, D.D., Bishop of Oxford. Vols. I. and II. 1887-1889.

91. LESTORIE DES ENGLES SOLUM GEFFREI GAIMAR. *Edited by* the late Sir THOMAS DUFFUS HARDY, D.C.L., Deputy Keeper of the Public Records; *continued and translated by* CHARLES TRICE MARTIN, Esq., B.A., F.S.A. Vols. I. and II. 1888, 1889.

92. CHRONICLE OF HENRY KNIGHTON, Canon of Leicester. *Edited by* the Rev. JOSEPH RAWSON LUMBY, D.D., Norrisian Professor of Divinity. Vol. I. 1889.

93. CHRONICLE OF ADAM MURIMUTH, with the CHRONICLE OF ROBERT OF AVESBURY. *Edited by* EDWARD MAUNDE THOMPSON, Esq., LL.D., F.S.A., Principal Librarian and Secretary of the British Museum.

94. CHARTULARY OF THE ABBEY OF ST. THOMAS THE MARTYR, DUBLIN. *Edited by* JOHN THOMAS GILBERT, Esq., F.S.A., M.I.R.A.

In the Press.

ICELANDIC SAGAS, AND OTHER HISTORICAL DOCUMENTS relating to the Settlements and Descents of the Northmen on the British Isles. Vols. III.—IV. *Translated by* Sir GEORGE WEBBE DASENT, D.C.L.

CHARTULARY OF THE ANCIENT BENEDICTINE ABBEY OF RAMSEY, from the MS. in the Public Record Office. Vol. III. *Edited by* the late WILLIAM HENRY HART, Esq., F.S.A., and the Rev. PONSONBY ANNESLEY LYONS.

CHARTERS AND DOCUMENTS, ILLUSTRATING THE HISTORY OF THE CATHEDRAL AND CITY OF SARUM, 1100–1300; forming an Appendix to the Register of S. Osmund. Vol. III. *Edited by* the late Rev. W. H. RICH JONES, M.A., F.S.A., *and* the Rev. W. D. MACRAY, M.A., F.S.A., Rector of Ducklington.

FLORES HISTORIARUM, PER MATTHÆUM WESTMONASTERIENSEM COLLECTI. *Edited by* HENRY RICHARDS LUARD, D.D., Fellow of Trinity College, Registrary of the University, and Vicar of Great St. Mary's, Cambridge. Vol. I., II., and III.

RANULF DE GLANVILL; TRACTATUS DE LEGIBUS ET CONSUETUDINIBUS ANGLIÆ, &c. *Edited and translated by* Sir TRAVERS TWISS, Q.C., D.C.L.

YEAR BOOKS OF THE REIGN OF EDWARD III. *Edited and translated by* LUKE OWEN PIKE, Esq., M.A., of Lincoln's Inn, Barrister-at-Law.

CHRONICLE OF HENRY KNIGHTON, Canon of Leicester, to the death of RICHARD II. *Edited by* the Rev. JOSEPH RAWSON LUMBY, D.D. Vol. II.

ANNALS AND MEMORIALS OF ST. EDMUNDS ABBEY. *Edited by* THOMAS ARNOLD, Esq., M.A.

RECUEIL DES CRONIQUES ET ANCHIENNES ISTORIES DE LA GRANT BRETAIGNE A PRESENT NOMME ENGLETERRE, par JEHAN DE WAURIN. Vol. V. 1443–1461. *Edited by* the late Sir WILLIAM HARDY, F.S.A., and EDWARD L. C. P. HARDY, Esq., F.S.A., of Lincoln's Inn, Barrister-at-Law.

CHRONICLES OF THE REIGNS OF STEPHEN, HENRY II., AND RICHARD I. Vol. IV. *Edited by* RICHARD HOWLETT, Esq., of the Middle Temple, Barrister-at-Law.

In Progress.

DESCRIPTIVE CATALOGUE OF MANUSCRIPTS RELATING TO THE HISTORY OF GREAT BRITAIN AND IRELAND. Vol. IV.; 1327, &c. *Edited by* the late Sir THOMAS DUFFUS HARDY, D.C.L., Deputy Keeper of the Records, and C. TRICE MARTIN, Esq., B.A., F.S.A.

THE TREATISE "DE PRINCIPUM INSTRUCTIONE," of GIRALDUS CAMBRENSIS; with an Index to the first four volumes of the "Works of Giraldus Cambrensis," edited by the Rev. J. S. Brewer. *Edited by* GEORGE F. WARNER, Esq., of the Department of MSS., British Museum.

THE HISTORIANS OF THE CHURCH OF YORK AND ITS ARCHBISHOPS, Vol. III. *Edited by* JAMES RAINE, M.A., Canon of York, and Secretary of the Surtees Society.

PUBLICATIONS OF THE RECORD COMMISSIONERS, &c.

[In boards or cloth.]

ROTULORUM ORIGINALIUM IN CURIÂ SCACCARII ABBREVIATIO. Hen. III.—Edw. III. Edited by HENRY PLAYFORD, Esq. 2 Vols. folio (1805—1810). 12s. 6d. each.

CALENDARIUM INQUISITIONUM POST MORTEM SIVE ESCAETARUM. Hen. III.—Ric. III. Edited by JOHN CALEY and JOHN BAYLEY, Esqrs. Folio (1821—1828): Vol. 3, 21s.; Vol. 4, 24s.

LIBRORUM MANUSCRIPTORUM BIBLIOTHECÆ HARLEIANÆ CATALOGUS. Vol. 4. Edited by the Rev. T. HARTWELL HORNE. Folio (1812), 18s.

ABBREVIATIO PLACITORUM. Richard I.—Edward II. Edited by the Right Hon. GEORGE ROSE and W. ILLINGWORTH, Esq. 1 Vol. folio (1811), 18s.

LIBRI CENSUALIS vocati DOMESDAY-BOOK, INDICES. Edited by Sir HENRY ELLIS. Folio (1816), (Domesday-Book, Vol. 3). 21s.

LIBRI CENSUALIS vocati DOMESDAY-BOOK, ADDITAMENTA EX CODIC. ANTIQUISS. Edited by Sir HENRY ELLIS. Folio (1816), (Domesday-Book, Vol. 4). 21s.

STATUTES OF THE REALM. Edited by Sir T. E. TOMLINS, JOHN RAITHBY, JOHN CALEY, and WM. ELLIOTT, Esqrs. Vols. 7, 8, 9, 10, and 11, folio (1819—1828). 31s. 6d. each; Indices, 30s. each.

VALOR ECCLESIASTICUS, temp. Hen. VIII., Auctoritate Regia institutus. Edited by JOHN CALEY, Esq., and the Rev. JOSEPH HUNTER. Vols. 3 to 6, folio (1817–1834). 25s. each. The Introduction, separately, 8vo. 2s. 6d.

ROTULI SCOTIÆ IN TURRI LONDINENSI ET IN DOMO CAPITULARI WESTMONASTERIENS ASSERVATI. 19 Edw. I.—Hen. VIII. Edited by D. MACPHERSON, J. CALEY, W. ILLINGWORTH, Esqrs., and Rev. T. H. HORNE. Vol. 2. folio (1818). 21s.

FŒDERA, CONVENTIONES, LITTERÆ, &c.; or, RYMER'S FŒDERA, New Edition, folio Vol. 3, Part 2. 1361—1377 (1830): Vol. 4, 1377—1383 (1869). Edited by JOHN CALEY and FRED. HOLBROOKE, Esqrs. Vol. 3, Part 2, 21s.; Vol. 4. 6s.

DUCATUS LANCASTRIÆ CALENDARIUM INQUISITIONUM POST MORTEM, &c. Part 3, Calendar to Pleadings, &c., Hen. VII.—13 Eliz. Part 4, Calendar to Pleadings, to end of Eliz. (1827—1834). Edited by R. J. HARPER, JOHN CALEY, and WM. MINCHIN, Esqrs. Folio. Part 3 (or Vol. 2), 31s. 6d.; Part 4 (or Vol. 3), 21s.

CALENDARS OF THE PROCEEDINGS IN CHANCERY, ELIZ.; with Examples of Proceedings from Ric. II. Edited by JOHN BAYLEY, Esq. Vol. 3 (1832), folio, 21s.

PARLIAMENTARY WRITS AND WRITS OF MILITARY SUMMONS, with Records and Muniments relating to Suit and Service to Parliament, &c. Edited by SIR FRANCIS PALGRAVE. (1830—1834.) Folio. Vol. 2, Div. 1, Edw. II., 21s.; Vol. 2, Div. 2, 21s.; Vol. 2, Div. 3, 42s.

ROTULI LITTERARUM CLAUSARUM IN TURRI LONDINENSI ASSERVATI. 2 Vols. folio (1833, 1844). Vol. 1, 1204–1224. Vol. 2, 1224—1227. Edited by THOMAS DUFFUS HARDY, Esq. Vol. 1, 63s.; Vol. 2, 18s.

PROCEEDINGS AND ORDINANCES OF THE PRIVY COUNCIL OF ENGLAND. 10 Ric. II.—33 Hen. VIII. Edited by Sir NICHOLAS HARRIS NICOLAS. 7 Vols. royal 8vo. (1834—1837). 14s. each.

ROTULI LITTERARUM PATENTIUM IN TURRI LOND. ASSERVATI. 1201—1216. Edited by T. DUFFUS HARDY, Esq. 1 Vol. folio (1835), 31s. 6d. The Introduction, separately, 8vo. 9s.

ROTULI CURIÆ REGIS. Rolls and Records of the Court held before the King's Justiciars or Justices. 6 Richard I.—1 John. Edited by Sir FRANCIS PALGRAVE. 2 Vols. royal 8vo. (1835). 28s.

ROTULI NORMANNIÆ IN TURRI LOND. ASSERVATI. 1200—1205; 1417—1418. Edited by THOMAS DUFFUS HARDY, Esq. 1 Vol. royal 8vo. (1835). 12s. 6d.

ROTULI DE OBLATIS ET FINIBUS IN TURRI LOND. ASSERVATI, temp. Regis Johannis. Edited by THOMAS DUFFUS HARDY, Esq. 1 Vol. royal 8vo. (1835). 18s.

EXCERPTA E ROTULIS FINIUM IN TURRI LONDINENSI ASSERVATIS. Henry III., 1216—1272. Edited by CHARLES ROBERTS, Esq. 2 Vols. royal 8vo. (1835, 1836); Vol. 1, 14s.; Vol. 2, 18s.

FINES, SIVE PEDES FINIUM; SIVE FINALES CONCORDIÆ IN CURIÂ DOMINI REGIS. 7 Richard I.—16 John, 1195—1214. Edited by the Rev. JOSEPH HUNTER. In Counties. 2 vols. royal 8vo. (1835—1844); Vol. 1, 8s. 6d.; Vol. 2, 2s. 6d.

ANCIENT KALENDARS AND INVENTORIES OF THE TREASURY OF HIS MAJESTY'S EXCHEQUER; with Documents illustrating its History. Edited by Sir FRANCIS PALGRAVE. 3 Vols. royal 8vo. (1836). 42s.

DOCUMENTS AND RECORDS illustrating the History of Scotland, and Transactions between Scotland and England; preserved in the Treasury of Her Majesty's Exchequer. *Edited by* Sir FRANCIS PALGRAVE. 1 Vol. royal 8vo. (1837). 18s.

ROTULI CHARTARUM IN TURRI LONDINENSI ASSERVATI. 1199—1216. *Edited by* THOMAS DUFFUS HARDY, Esq. 1 Vol. folio (1837). 30s.

REPORT OF THE PROCEEDINGS OF THE RECORD COMMISSIONERS, 1831—1837. 1 Vol. fol. (1837). 8s.

REGISTRUM vulgariter nuncupatum "The Record of Caernarvon," e codice MS. Harleiano, 696, descriptum. *Edited by* Sir HENRY ELLIS. 1 Vol. folio (1838), 31s. 6d.

ANCIENT LAWS AND INSTITUTES OF ENGLAND; comprising Laws enacted under the Anglo-Saxon Kings, with Translation of the Saxon; the Laws called Edward the Confessor's; the Laws of William the Conqueror, and those ascribed to Henry I.; Monumenta Ecclesiastica Anglicana, from 7th to 10th century; and Ancient Latin Version of the Anglo-Saxon Laws. *Edited by* BENJAMIN THORPE, Esq. 1 Vol. folio (1840), 40s. 2 Vols. royal 8vo., 30s.

ANCIENT LAWS AND INSTITUTES OF WALES; comprising Laws supposed to be enacted by Howel the Good, modified by Regulations prior to the Conquest by Edward I.; and anomalous Laws, principally of Institutions which continued in force. With translation. Also, Latin Transcripts, containing Digests of Laws, principally of the Dimetian Code. *Edited by* ANEURIN OWEN, Esq. 1 Vol. folio (1841), 44s. 2 vols. royal 8vo., 36s.

ROTULI DE LIBERATE AC DE MISIS ET PRÆSTITIS, Regnante Johanne. *Edited by* THOMAS DUFFUS HARDY, Esq. 1 Vol. royal 8vo. (1844). 6s.

THE GREAT ROLLS OF THE PIPE, 2, 3, 4 HEN. II., 1155—1158. *Edited by* the Rev. JOSEPH HUNTER. 1 Vol. royal 8vo. (1844). 4s. 6d.

THE GREAT ROLL OF THE PIPE, 1 RIC. I., 1189—1190. *Edited by* the Rev. JOSEPH HUNTER. 1 Vol. royal 8vo. (1844). 6s.

DOCUMENTS ILLUSTRATIVE OF ENGLISH HISTORY in the 13th and 14th centuries, from the Records of the Queen's Remembrancer in the Exchequer. *Edited by* HENRY COLE, Esq. 1 Vol. fcp. folio (1844). 45s. 6d.

MODUS TENENDI PARLIAMENTUM. An Ancient Treatise on the Mode of holding the Parliament in England. *Edited by* THOMAS DUFFUS HARDY, Esq. 1 Vol. 8vo. (1846). 2s. 6d.

REGISTRUM MAGNI SIGILLI REG. SCOT. in Archivis Publicis asservatum. Vol. 1. 1306—1424. (*For continuation see* p. 86.) *Edited by* THOMAS THOMSON, Esq. Folio (1814). 10s. 6d.

ACTS OF THE PARLIAMENTS OF SCOTLAND. Folio (1814—1875). *Edited by* THOMAS THOMSON and COSMO INNES, Esqrs. Vol. 1, 42s. Vols. 5 and 6 (in three Parts) 21s. each Part; Vols. 4, 7, 8, 9, 10, and 11, 10s. 6d. each; Vol. 12 (Index), 63s. Or, 12 Volumes in 13, 12l. 12s.

ACTS OF THE LORDS AUDITORS OF CAUSES AND COMPLAINTS (ACTA DOMINORUM AUDITORUM). 1466—1494. *Edited by* THOMAS THOMSON, Esq. Fol. (1839). 10s. 6d.

ACTS OF THE LORDS OF COUNCIL IN CIVIL CAUSES (ACTA DOMINORUM CONCILII), 1478—1495. *Edited by* THOMAS THOMSON, Esq. Folio (1839). 10s. 6d.

ISSUE ROLL OF THOMAS DE BRANTINGHAM, Bishop of Exeter, Lord High Treasurer, containing Payments out of the Revenue, 44 Edw. III., 1370. *Edited by* FREDERICK DEVON, Esq. 1 Vol. 4to. (1835), 35s. Or, royal 8vo., 25s.

ISSUES OF THE EXCHEQUER, James I.; from the Pell Records. *Edited by* FREDERICK DEVON, Esq. 1 Vol. 4to. (1836), 30s. Or, royal 8vo., 21s.

ISSUES OF THE EXCHEQUER, Henry III.—Henry VI.; from the Pell Records. *Edited by* FREDERICK DEVON, Esq. 1 Vol. 4to. (1837), 40s. Or, royal 8vo., 30s.

HANDBOOK TO THE PUBLIC RECORDS. *By* F. S. THOMAS, Esq., Secretary of the Public Record Office. 1 Vol. royal 8vo. (1853). 12s.

HISTORICAL NOTES RELATIVE TO THE HISTORY OF ENGLAND. Henry VIII.—Anne (1509-1714). A Book of Reference for ascertaining the Dates of Events. *By* F. S. THOMAS, Esq. 3 Vols. 8vo. (1856). 40s.

STATE PAPERS, DURING THE REIGN OF HENRY THE EIGHTH: with Indices of Persons and Places. 11 Vols. 4to. (1830—1852), 10s. 6d. each.
Vol. I.—Domestic Correspondence.
Vols. II. & III.—Correspondence relating to Ireland.
Vols. IV. & V.—Correspondence relating to Scotland.
Vols. VI. to XI. Correspondence between England and Foreign Courts.

WORKS PUBLISHED IN PHOTOZINCOGRAPHY.

DOMESDAY BOOK, or the GREAT SURVEY OF ENGLAND OF WILLIAM THE CONQUEROR, 1086; fac-simile of the Part relating to each county, separately (with a few exceptions of double counties). Photozincographed, by Her Majesty's Command, at the Ordnance Survey Office, Southampton, Colonel Sir HENRY JAMES, R.E., F.R.S., &c., DIRECTOR-GENERAL of the ORDNANCE SURVEY, under the Superintendence of W. BASEVI SANDERS, Esq., Assistant Keeper of Her Majesty's Records. 35 Parts, imperial quarto and demy quarto (1861–1863), boards. *Price* 8s. to 1l. 3s. each Part, according to size; or, bound in 2 Vols., 20l. (*The edition in two volumes is out of print.*)

This important and unique survey of the greater portion of England* is the oldest and most valuable record in the national archives. It was commenced about the year 1084 and finished in 1086. Its compilation was determined upon at Gloucester by William the Conqueror, in council, in order that he might know what was due to him, in the way of tax, from his subjects, and that each at the same time might know what he had to pay. It was compiled as much for their protection as for the benefit of the sovereign. The nobility and people had been grievously distressed at the time by the king bringing over large numbers of French and Bretons, and quartering them on his subjects, "each "according to the measure of his land," for the purpose of resisting the invasion of Cnut, King of Denmark, which was apprehended. The Commissioners appointed to make the survey were to inquire the name of each place; who held it in the time of King Edward the Confessor; the present possessor; how many hides were in the manor; how many ploughs were in the demesne; how many homagers; how many villeins; how many cottars; how many serving men; how many free tenants; how many tenants in soccage; how much wood, meadow, and pasture; the number of mills and fish ponds; what had been added or taken away from the place; what was the gross value in the time of Edward the Confessor; the present value; and how much each free man or soc-man had, and whether any advance could be made in the value. Thus could be ascertained who held the estate in the time of King Edward; who then held it; its value in the time of the late King; and its value as it stood at the formation of the survey. So minute was the survey, that the writer of the contemporary portion of the Saxon Chronicle records, with some asperity—"So very narrowly he caused it to be "traced out, that there was not a single hide, nor one virgate of land, nor even, "it is shame to tell, though it seemed to him no shame to do, an ox, nor a cow, "nor a swine was left, that was not set down."

Domesday Survey is in two parts or volumes. The first, in folio, contains the counties of Bedford, Berks, Bucks, Cambridge, Chester, and Lancaster, Cornwall, Derby, Devon, Dorset, Gloucester, Hants, Hereford, Herts, Huntingdon, Kent, Leicester and Rutland, Lincoln, Middlesex, Northampton, Nottingham, Oxford, Salop, Somerset, Stafford, Surrey, Sussex, Warwick, Wilts, Worcester, and York. The second volume, in quarto, contains the counties of Essex, Norfolk and Suffolk.

Domesday Book was printed *verbatim et literatim* during the last century, in consequence of an address of the House of Lords to King George III. in 1767. It was not, however, commenced until 1773, and was completed early in 1783. In 1860, Her Majesty's Government, with the concurrence of the Master of the Rolls, determined to apply the art of photozincography to the production of a fac-simile of Domesday Book, under the superintendence of Colonel Sir Henry James, R.E., Director-General of the Ordnance Survey, Southampton.

FAC-SIMILES OF NATIONAL MANUSCRIPTS, from WILLIAM THE CONQUEROR to QUEEN ANNE, selected under the direction of the Master of the Rolls, and Photozincographed, by Command of Her Majesty, by Colonel Sir HENRY JAMES, R.E., F.R.S., DIRECTOR-GENERAL of the ORDNANCE SURVEY, and edited by

---

* For some reason left unexplained, many parts were left unsurveyed; Northumberland, Cumberland, Westmoreland, and Durham, are not described in the survey; nor does Lancashire appear under its proper name; but Furness, and the northern part of Lancashire, as well as the south of Westmoreland, with a part of Cumberland, are included within the West Riding of Yorkshire. That part of Lancashire which lies between the Ribble and Mersey, and which at the time of the survey comprehended 688 manors, is joined to Cheshire. Part of Rutland is described in the counties of Northampton and Lincoln.

W. BASEVI SANDERS, Assistant Keeper of Her Majesty's Records. *Price*, each Part, with translations and notes, double foolscap folio, 16s.
Part I. (William the Conqueror to Henry VII.). 1865. (*Out of print*.)
Part II. (Henry VIII. and Edward VI.) 1866.
Part III. (Mary and Elizabeth). 1867.
Part IV. (James I. to Anne). 1868.

The first Part extends from William the Conqueror to Henry VII., and contains autographs of the kings of England, as well as of many other illustrious personages famous in history, and some interesting charters, letters patent, and state papers. The second Part, for the reigns of Henry VIII. and Edward VI., consists principally of holograph letters, and autographs of kings, princes, statesmen, and other persons of great historical interest, who lived during those reigns. The third Part contains similar documents for the reigns of Mary and Elizabeth, including a signed bill of Lady Jane Grey. The fourth Part concludes the series, and comprises a number of documents taken from the originals belonging to the Constable of the Tower of London; also several records illustrative of the Gunpowder Plot, and a woodcut containing portraits of Mary Queen of Scots and James VI., circulated by their adherents in England, 1580-3.

FAC-SIMILES OF ANGLO-SAXON MANUSCRIPTS. Photozincographed, by Command of Her Majesty, upon the recommendation of the Master of the Rolls, by the DIRECTOR-GENERAL of the ORDNANCE SURVEY, Lieut.-General J. CAMERON, R.E., C.B., F.R.S., and edited by W. BASEVI SANDERS, Assistant Keeper of Her Majesty's Records. Part I. Price 2l. 10s.

The Anglo-Saxon MSS. represented in this volume form the earlier portions of the collection of archives belonging to the Dean and Chapter of Canterbury, and consist of a series of 25 charters, deeds, and wills, commencing with a record of proceedings at the first Synodal Council of Clovestho in 742, and terminating with the first part of a tripartite cheirograph, whereby Thurston conveyed to the Church of Canterbury land at Wimbish in Essex, in 1049, the sixth year of the reign of Edward the Confessor.

FAC-SIMILES OF ANGLO-SAXON MANUSCRIPTS. Photozincographed, by Command of Her Majesty, upon the recommendation of the Master of the Rolls, by the DIRECTOR-GENERAL of the ORDNANCE SURVEY, Major-General A. COOKE, R.E., C.B., and collected and edited by W. BASEVI SANDERS, Assistant Keeper of Her Majesty's Records. Part II. Price 3l. 10s.
(Also, separately. Edward the Confessor's Charter. Price 2s.)

The originals of the Fac-similes contained in this volume belong to the Deans and Chapters of Westminster, Exeter, Wells, Winchester, and Worcester; the Marquis of Bath, the Earl of Ilchester, Winchester College, Her Majesty's Public Record Office, Bodleian Library, Somersetshire Archæological and National History Society's Museum in Taunton Castle, and William Salt Library at Stafford. They consist of charters and other documents granted by, or during the reigns of, Baldred, Æthelred, Offa, and Burgred, Kings of Mercia; Uhtred of the Huiccas, Ceadwalla and Ini of Wessex; Æthelwulf, Eadward the Elder, Æthelstan, Eadmund the First, Eadred, Eadwig, Eadgar, Eadward the Second, Æthelred the Second, Cnut, Eadward the Confessor, and William the Conqueror, embracing altogether a period of nearly four hundred years.

FAC-SIMILES OF ANGLO-SAXON MANUSCRIPTS. Photozincographed, by Command of Her Majesty, upon the recommendation of the Master of the Rolls, by the DIRECTOR-GENERAL of the ORDNANCE SURVEY, Colonel R. H. STOTHERD, R.E., C.B., and collected and edited by W. BASEVI SANDERS, Assistant Keeper of Her Majesty's Records. Part III. Price 6l. 6s.

This volume contains fac-similes of the Ashburnham collection of Anglo-Saxon Charters, &c., including King Alfred's Will. The MSS. represented in it, range from A.D. 697 to A.D. 1161, being charters, wills, deeds, and reports of Synodal transactions during the reigns of Kings Wihtred of Kent, Offa, Eardwulf, Coenwulf, Cuthred, Beornwulf, Æthelwulf, Ælfred, Eadward the Elder, Eadmund, Eadred, Queen Eadgifu, and Kings Eadgar, Æthelred the Second, Cnut, Henry the First, and Henry the Second. In addition to these are two belonging to the Marquis of Anglesey, one of them being the Foundation Charter of Burton Abbey by Æthelred the Second with the testament of its great benefactor Wulfric.

Public Record Office,
 November 1889.

HISTORICAL MANUSCRIPTS COMMISSION.

REPORTS OF THE ROYAL COMMISSIONERS APPOINTED TO INQUIRE WHAT PAPERS AND MANUSCRIPTS BELONGING TO PRIVATE FAMILIES AND INSTITUTIONS ARE EXTANT WHICH WOULD BE OF UTILITY IN THE ILLUSTRATION OF HISTORY, CONSTITUTIONAL LAW, SCIENCE, AND GENERAL LITERATURE.

Date.		Size.	Sessional Paper.	Price.
1870 (Reprinted 1874.)	FIRST REPORT, WITH APPENDIX — Contents :— ENGLAND. House of Lords; Cambridge Colleges; Abingdon, and other Corporations, &c. SCOTLAND. Advocates' Library, Glasgow Corporation, &c. IRELAND. Dublin, Cork, and other Corporations, &c.	f'cap	[C. 55]	s. d. 1 6
1871	SECOND REPORT, WITH APPENDIX, AND INDEX TO THE FIRST AND SECOND REPORTS — Contents :— ENGLAND. House of Lords; Cambridge Colleges; Oxford Colleges; Monastery of Dominican Friars at Woodchester, Duke of Bedford, Earl Spencer, &c. SCOTLAND. Aberdeen and St. Andrew's Universities, &c. IRELAND. Marquis of Ormonde; Dr. Lyons, &c.	,,	[C. 441]	3 10
1872	THIRD REPORT, WITH APPENDIX AND INDEX — Contents :— ENGLAND. House of Lords; Cambridge Colleges; Stonyhurst College; Bridgewater and other Corporations; Duke of Northumberland, Marquis of Lansdowne, Marquis of Bath, &c. SCOTLAND. University of Glasgow; Duke of Montrose, &c. IRELAND. Marquis of Ormonde; Black Book of Limerick, &c.	,,	[C. 673]	6 0

Date.		Size.	Sessional Paper.	Price.
1873	FOURTH REPORT, WITH APPENDIX. PART I. Contents:— ENGLAND. House of Lords; Westminster Abbey; Cambridge and Oxford Colleges; Cinque Ports, Hythe, and other Corporations, Marquis of Bath, Earl of Denbigh, &c. SCOTLAND. Duke of Argyll, &c. IRELAND. Trinity College, Dublin; Marquis of Ormonde.	f'cap	[C.857]	s. d. 6 8
,,	DITTO. PART II. INDEX -	,,	[C.857i.]	2 6
1876	FIFTH REPORT, WITH APPENDIX. PART I. - Contents:— ENGLAND. House of Lords; Oxford and Cambridge Colleges; Dean and Chapter of Canterbury; Rye, Lydd, and other Corporations, Duke of Sutherland, Marquis of Lansdowne, Reginald Cholmondeley, Esq., &c. SCOTLAND. Earl of Aberdeen, &c.	,,	[C.1432]	7 0
,,	DITTO. PART II. INDEX -	,,	[C.1432 i.]	3 6
1877	SIXTH REPORT, WITH APPENDIX. PART I. - Contents:— ENGLAND. House of Lords; Oxford and Cambridge Colleges; Lambeth Palace; Black Book of the Archdeacon of Canterbury; Bridport, Wallingford, and other Corporations; Lord Leconfield, Sir Reginald Graham, Sir Henry Ingilby, &c. SCOTLAND. Duke of Argyll, Earl of Moray, &c. IRELAND. Marquis of Ormonde.	,,	C. 1745	8 6
,,	DITTO. PART II. INDEX -	,,	[C.2102]	1 10
1879	SEVENTH REPORT, WITH APPENDIX. PART I. - Contents:— House of Lords; County of Somerset; Earl of Egmont, Sir Frederick Graham, Sir Harry Verney, &c.	,,	[C.2340]	7 6
	DITTO. PART II. APPENDIX AND INDEX - Contents:— Duke of Athole, Marquis of Ormonde, S. F. Livingstone, Esq., &c.	,,	[C. 2340 i.]	3 6
1881	EIGHTH REPORT, WITH APPENDIX AND INDEX. PART I. - Contents:— List of collections examined, 1869–1880. ENGLAND. House of Lords; Duke of Marlborough; Magdalen College, Oxford; Royal College of Physicians; Queen Anne's Bounty Office; Corporations of Chester, Leicester, &c. IRELAND. Marquis of Ormonde, Lord Emly, The O'Conor Don, Trinity College, Dublin, &c.	,,	[C.3040]	8 6

Date.	—	Size.	Sessional Paper.	Price.
				s. d.
1881	DITTO. PART II. APPENDIX AND INDEX - Contents :— Duke of Manchester.	f'cap	[C.3040 i.]	1 9
1881	DITTO. PART III. APPENDIX AND INDEX - Contents :— Earl of Ashburnham.	,,	[C.3040 ii.]	1 4
1883	NINTH REPORT, WITH APPENDIX AND INDEX. PART I. - Contents :— St. Paul's and Canterbury Cathedrals; Eton College; Carlisle, Yarmouth, Canterbury, and Barnstaple Corporations, &c.	,,	[C.3773]	5 2
1884	DITTO. PART II. APPENDIX AND INDEX - Contents :— ENGLAND. House of Lords; Earl of Leicester; C. Pole Gell, Alfred Morrison, Esquires, &c. SCOTLAND. Lord Elphinstone, H. C. Maxwell Stuart, Esq., &c. IRELAND. Duke of Leinster, Marquis of Drogheda, &c.	,,	[C.3773 i.]	6 3
1884	DITTO. PART III. APPENDIX AND INDEX - Contents :— Mrs. Stopford Sackville.	,,	[C.3773 ii.]	1 7
1883	CALENDAR OF THE MANUSCRIPTS OF THE MARQUIS OF SALISBURY, K.G. (or CECIL MSS.). PART I. -	8vo.	[C.3777]	3 5
1885	TENTH REPORT - This is introductory to the following :—	,,	[C.4548]	0 3½
1885	(1.) APPENDIX AND INDEX - Earl of Eglinton, Sir J. S. Maxwell, Bart., and C. S. H. D. Moray, C. F. Weston Underwood, G. W. Digby, Esquires.	,,	[C.4575]	3 7
1885	(2.) APPENDIX AND INDEX - The Family of Gawdy, formerly of Norfolk.	,,	[C.4576 iii.]	1 4
1885	(3.) APPENDIX AND INDEX - Wells Cathedral.	,,	[C.4576 ii.]	2 0
1885	(4.) APPENDIX AND INDEX - Earl of Westmorland; Captain Stewart; Lord Stafford; Sir N. W. Throckmorton, Bart., Stonyhurst College; Sir P. T. Mainwaring, Bart., Misses Boycott, Lord Muncaster, M.P., Captain J. F. Bagot, Earl of Kilmorey, Earl of Powis, Revs. T. S. Hill, C. R. Manning, and others, the Corporations of Kendal, Wenlock, Bridgnorth, Eye, Plymouth, and the County of Essex.	,,	[C.4576]	3 6
1885	(5.) APPENDIX AND INDEX - The Marquis of Ormonde, Earl of Fingall, Corporations of Galway, Waterford, the Sees of Dublin and of Ossory, the Jesuits in Ireland.	,,	[4576 i.]	2 10

Date.		Size.	Sessional Paper.	Price.
				s. d.
1887	(6.) APPENDIX AND INDEX - Marquis of Abergavenny, Lord Braye, G. F. Luttrell, P. P. Bouverie, W. B. Davenport, M.P., R. T. Balfour, Esquires.	8vo.	[C.5242]	1 7
1887	ELEVENTH REPORT - This is introductory to the following :—	,,	[C. 5960 vi.]	0 3
1887	(1.) APPENDIX AND INDEX - H. D. Skrine, Esq., Salvetti Correspondence.	,,	[C.5060]	1 1
1887	(2.) APPENDIX AND INDEX - House of Lords. 1678-1688.	,,	[C. 5060 i.]	2 0
1887	(3.) APPENDIX AND INDEX - Corporations of Southampton and Lynn.	,,	[C. 5060 ii.]	1 8
1887	(4.) APPENDIX AND INDEX - Marquess Townshend.	,,	[C. 5060 iii.]	2 6
1887	(5.) APPENDIX AND INDEX - Earl of Dartmouth.	,,	[C. 5060 iv.]	2 8
1887	(6.) APPENDIX AND INDEX - Duke of Hamilton.	,,	[C. 5060 v.]	1 6
1888	(7.) APPENDIX AND INDEX - Duke of Leeds, Marchioness of Waterford, Lord Hothfield, F. Darwon, Hamon le Strange, A. W. Savile, Esquires; Bridgwater Trust Office, Reading Corporation Inner Temple Library.	,,	[C.5612]	2 0
1888	CALENDAR OF THE MANUSCRIPTS OF THE MARQUIS OF SALISBURY, K.G. (or CECIL MSS.). Part II. -	,,	[C.5463]	3 5
1889	TWELFTH REPORT. This will be introductory to the following :—	In the Press.		
1888	(1.) APPENDIX. Earl Cowper, K.G. (Coke MSS., at Melbourne Hall, Derby) Vol. I.	,,	[C.5472]	2 7
1888	(2.) APPENDIX Ditto. Vol. II.	,,	[C.5613]	2 5
1888	(3.) APPENDIX AND INDEX - Ditto. Vol. III.	In the Press.		
1888	(4.) APPENDIX - Duke of Rutland, G.C.B. Vol. I.	,,	[C.5614]	3 2
	(5.) APPENDIX AND INDEX - Ditto. Vol. II.	In the Press.		
	(6.) APPENDIX. House of Lords, 1689, &c.	In the Press.		
	(7.) APPENDIX. S. H. le Fleming, Esq., of Rydal.	In the Press.		

Stationery Office,
 November 1889.

ANNUAL REPORTS OF THE DEPUTY KEEPER OF THE PUBLIC RECORDS.

REPORTS Nos. 1-22, IN FOLIO, PUBLISHED BETWEEN 1840 AND 1861, ARE NO LONGER ON SALE. SUBSEQUENT REPORTS ARE IN OCTAVO.

Date.	Number of Report.	Chief Contents of Appendices.	Sessional No.	Price.
				s. d.
1862	23	Subjects of Research by Literary Inquirers, 1852–1861.—Attendances at the various Record Offices, previously to the passing of the Public Record Act.	C. 2970	0 4
1863	24	List of Calendars, Indexes, &c., in the Public Record Office.	C. 3142	0 7½
1864	25	Calendar of Crown Leases, 33–38 Hen. VIII.—Calendar of Bills and Answers, &c., Hen. VIII.-Ph. & Mary, for Cheshire and Flintshire.—List of Lords High Treasurers and Chief Commissioners of the Treasury, from Hen. VII.	C. 3318	0 8
1865	26	List of Plans annexed to Inclosure Awards, 31 Geo. II.-7 Will. IV.—Calendar of Privy Seals, &c., Hen. VI.-Eliz., for Cheshire and Flintshire.—Calendar of Writs of General Livery, &c., for Cheshire, Eliz.-Charles I.—Calendar of Deeds, &c., on the Chester Plea Rolls, Hen. III. and Edw. I.—List of Documents photozincographed, Will. I.-Hen. VII.	C. 3492	0 7
1866	27	List of Awards of Inclosure Commissioners.—References to Charters in the Cartæ Antiquæ and the Confirmation Rolls of Chancery, Ethelbert of Kent-James I.—Calendar of Deeds, &c., on the Chester Plea Rolls, Edw. II.—List of Documents photozincographed, Hen. VIII. and Edw. VI.	C. 3717	1 6
1867	28	Fees in the Public Record Office.—Calendar of Fines, Cheshire and Flintshire, Edw. I.—Calendar of Deeds, &c., on the Chester Plea Rolls, Edw. III.—List of Documents photozincographed,	C. 3889	0 10½

Date.	Number of Report.	Chief Contents of Appendices.	Sessional No.	Price.
				s. d.
		Mary and Eliz., and Scottish, Part I.—Table of Law Terms, from the Norman Conquest to 1 Will IV.		
1868	29	Calendar of Royal Charters.—Calendar of Deeds, &c., on the Chester Plea Rolls, Richard II.-Hen. VII.—Durham Records, Letter and Report.	C. 4012	0 9
1869	30	Duchy of Lancaster Records, Inventory.—Durham Records, Inventory, Indexes to Kellawe's Register.—Calendar of Deeds, &c., on the Chester Plea Rolls, Hen. VIII.—Calendar of Decrees of Court of General Surveyors, 34–38 Hen. VIII.—Calendar of Royal Charters.—State Paper Office, Calendar of Documents relating to the History of, to 1800.—List of Documents photozincographed, Eliz.-Anne.—Tower of London. Index to Documents in custody of the Constable of.—Calendar of Dockets, &c., for Privy Seals, 1634–1711, in the British Museum. Report of the Commissioners on Carte Papers.—Venetian Ciphers.	C. 4165	3 0
1870	31	Duchy of Lancaster Records, Calendar of Royal Charters, Will. II.-Ric. II.—Durham Records, Calendar of Chancery Enrolments; Cursitor's Records.—List of Officers of Palatinate of Chester, in Cheshire and Flintshire, and North Wales.—List of Sheriffs of England, 31 Hen. I. to 4 Edw. III.—List of Documents photozincographed, Scottish, Part II.	[C. 187]	2 3
1871	32	Part I.—Report of the Commissioners on Carte Papers.—Calendarium Genealogicum, 1 & 2 Edw. II.—Durham Records, Calendar of Cursitor's Records, Chancery Enrolments.—Duchy of Lancaster Records, Calendar of Rolls of the Chancery of the County Palatine.	[C. 374]	2 2
1871	—	Part II.—Charities; Calendar of Trust Deeds enrolled on the Close Rolls of Chancery, subsequent to 9 Geo. II. c. xxxvi.	[C. 374] I.	5 6
1872	33	Duchy of Lancaster Records, Calendar of Rolls of the Chancery of the County Palatine.—Durham Records, Calendar of the Cursitor's Records, Chancery Enrolments.—Report on the Shaftesbury Papers.—Venetian Transcripts.—Greek copies of the Athanasian Creed.	[C. 620]	1 10
1873	34	Parliamentary Petitions; Index to the Petitions to the King in Council.—	[C. 728]	1 9

Date.	Number of Report.	Chief Contents of Appendices.	Sessional No.	Price.
				s. d.
		Durham Records, Calendar of the Cursitor's Records, Chancery Enrolments.—List of Documents photozincographed. Scottish, Part III.—Supplementary Report on the Shaftesbury Papers.		
1874	35	Duchy of Lancaster Records, Calendar of Ancient Charters or Grants.—Palatinate of Lancaster; Inventory and Lists of Documents transferred to the Public Record Office.— Durham Records, Calendar of Cursitor's Records, Chancery Enrolments.—List of Documents photozincographed, Irish, Part I.—Second Supplementary Report on the Shaftesbury Papers.	[C. 1043]	1 6
1875	36	Durham Records, Calendar of the Cursitor's Records, Chancery Enrolments.—Duchy of Lancaster Records; Calendar of Ancient Charters or Grants.—List of Documents photozincographed; Irish, Part II.—M. Armand Baschet's Report upon Documents in French Archives relating to British History.—Calendar of Recognizance Rolls of the Palatinate of Chester, to end of reign of Hen. IV.	[C. 1301]	4 4
1876	37	Part I.—Durham Records, Calendar of the Cursitor's Records, Chancery Enrolments.—Duchy of Lancaster Records, Calendar of Ancient Rolls of the Chancery of the County Palatine.—M. Baschet's list of French Ambassadors, &c., in England, 1509-1714.	[C. 1544]	1 2
1876	—	Part II.—Calendar of Recognizance Rolls of the Palatinate of Chester; Hen. V.-Hen. VII.	[C. 1544] I.	4 4
1877	38	Exchequer Records, Catalogue of Special Commissions, 1 Eliz. to 10 Vict., Calendar of Depositions taken by Commission, 1 Eliz. to end of James I.—List of Representative Peers for Scotland and Ireland.	[C. 1747]	4 3
1878	39	Calendar of Recognizance Rolls of the Palatinate of Chester, 1 Hen. VIII.-11 Geo. IV. — Exchequer Records, Calendar of Depositions taken by Commission, Charles I.—Duchy of Lancaster Records; Calendar of Lancashire Inquisitions post Mortem, &c.—Third Supplementary Report on the Shaftesbury Papers.—Anglo-Saxon Charters photozincographed.—M. Baschet's List of Despatches of French Ambassadors to England, 1509-1714.	[C. 2123]	4 6

U 50093.

Date.	Number of Report.	Chief Contents of Appendices.	Sessional No.	Price.
				s. d.
1879	40	Calendar of Depositions taken by Commission, Commonwealth–James II.—Miscellaneous Records of Queen's Remembrancer in the Exchequer.—Durham Records, Calendar of the Cursitor's Records, Chancery Enrolments.—Duchy of Lancaster Records, Calendar of Patent Rolls, 5 Ric. II.–21 Hen. VII.—Rules and Regulations respecting the public use of the Records.	[C. 2377]	3 0
1880	41	Calendar of Depositions taken by Commission, William and Mary to George I.—Calendar of Norman Rolls, Hen. V., Part I.—Anglo-Saxon Charters photozincographed.—Report from Rome.—List of Calendars, Indexes, &c. in the Public Record Office on 31st December 1879.	[C. 2658]	4 8
1881	42	Calendar of Depositions taken by Commission, George II.—Calendar of Norman Rolls, Hen. V., Part II. and Glossary.—Calendar of Patent Rolls, 1 Edw. I.—Anglo-Saxon Charters photozincographed.—Transcripts from Paris.	[C. 2972]	4 0
1882	43	Calendar of Privy Seals, &c., 1–7 Charles I.—Duchy of Lancaster Records, Inventory of Court Rolls, Hen. III.–Geo IV.. Calendar of Privy Seals, Ric. II.—Calendar of Patent Rolls, 2 Edw. I.—Anglo-Saxon Charters photozincographed.—Fourth Supplementary Report on the Shaftesbury Papers.—Transcripts from Paris.—Report on Libraries in Sweden.—Report on Papers relating to English History in the State Archives, Stockholm.—Report on Canadian Archives.	[C. 3425]	3 10
1883	44	Calendar of Patent Rolls, 3 Edw. I.—Durham Records, Cursitor's Records, Inquisitions post Mortem, &c.—Calendar of French Rolls, 1–10 Hen. V.—Anglo-Saxon Charters photozincographed.—Report from Venice.—Transcripts from Paris.—Report from Rome.	[C. 3771]	3 6
1884	45	Duchy of Lancaster Records, Inventory of Ministers' and Receivers' Accounts, Edw. I.–Geo. III.—Durham Records, Cursitor's Records, Inquisitions post Mortem, &c.—Treasury of the Receipt of the Exchequer, Calendar of Diplomatic Documents.—Anglo-Saxon Charters photozincographed.—Transcripts from Paris.—Reports from Rome and Stockholm.—Report on	[C. 4425]	4 3

Date.	Number of Report.	Chief Contents of Appendices.	Sessional No.	Price.
				s. d.
1885	46	Archives of Denmark, &c.—Transcripts from Venice. — Calendar of Patent Rolls, 4 Edw. I. Presentations to Offices on the Patent Rolls, Charles II. — Anglo-Saxon Charters, &c., photozincographed.—Transcripts from Paris.—Reports from Rome.—Second Report on Archives of Denmark, &c.—Calendar of Patent Rolls, 5 Edw. I.—Catalogue of Venetian Manuscripts bequeathed by Mr. Rawdon Brown to the Public Record Office.	[C. 4746]	2 10
1886	47	Transcripts from Paris.—Reports from Rome.—Third Report on Archives of Denmark, &c.—List of Creations of Peers and Baronets, 1483–1646.—Calendar of Patent Rolls, 6 Edw. I.	[C. 4888]	2 2
1887	48	Calendar of Patent Rolls, 7 Edw. I.—Calendar of French Rolls, Henry VI.—Calendar of Privy Seals, &c., 8–11 Charles I. — Calendar of Diplomatic Documents.—Schedules of Valueless Documents.	[C. 5234]	3 0
1888	49	Calendar of Patent Rolls, 8 Edw. I.—Calendar of Early Chancery Proceedings.—Index to Leases and Pensions (Augmentation Office).—Calendar of Star Chamber Proceedings.	[C. 5596]	3 0
1889	50	Calendar of Patent Rolls, 9 Edw. I.	[C. 5847]	1 2
		Indexes to Printed Reports, viz.: Reports 1–22 (1840–1861) „ 23–39 (1862–1878)	— —	4 0 2 0

Public Record Office,
  November 1889.

SCOTLAND.

CATALOGUE OF SCOTCH RECORD PUBLICATIONS

PUBLISHED UNDER THE DIRECTION OF

THE LORD CLERK REGISTER OF SCOTLAND.

[OTHER WORKS RELATING TO SCOTLAND WILL BE FOUND AMONG THE PUBLICATIONS OF THE RECORD COMMISSIONERS, see pp. 26–28.]

1. CHRONICLES OF THE PICTS AND SCOTS, AND OTHER EARLY MEMORIALS OF SCOTTISH HISTORY. Royal 8vo., half bound (1867). *Edited by* WILLIAM F. SKENE, LL.D. Price 10s. *Out of print.*

2. LEDGER OF ANDREW HALYBURTON, CONSERVATOR OF THE PRIVILEGES OF THE SCOTCH NATION IN THE NETHERLANDS (1492–1503); TOGETHER WITH THE BOOKS OF CUSTOMS AND VALUATION OF MERCHANDISES IN SCOTLAND. *Edited by* COSMO INNES. Royal 8vo., half bound (1867). *Price* 10s.

3. DOCUMENTS ILLUSTRATIVE OF THE HISTORY OF SCOTLAND FROM THE DEATH OF KING ALEXANDER THE THIRD TO THE ACCESSION OF ROBERT BRUCE, from original and authentic copies in London, Paris, Brussels, Lille, and Ghent. In 2 Vols. royal 8vo., half bound (1870). *Edited by* Rev. JOSEPH STEVENSON. Price 10s. each.

4. ACCOUNTS OF THE LORD HIGH TREASURER OF SCOTLAND. Vol. 1, A.D. 1473–1498. *Edited by* THOMAS DICKSON. 1877. *Price* 10s.

5. REGISTER OF THE PRIVY COUNCIL OF SCOTLAND. *Edited and arranged by* J. H. BURTON, LL.D. Vol. 1, 1545–1569. Vol. 2, 1569–1578. Vol. 3, A.D. 1578–1585. Vol. 4, A.D. 1585–1592. Vol. 5, 1592–1599. Vol. 6, 1599–1604. Vol. 7, 1604–1607. Vol. 8, 1607–1610. Vol. 9 in progress. *Edited by* DAVID MASSON, LL.D. 1877–1887. *Price* 15s. *each*.

6. ROTULI SCACCARII REGUM SCOTORUM. THE EXCHEQUER ROLLS OF SCOTLAND Vol. 1, A.D. 1264–1359. Vol. 2, A.D. 1359–1379. *Edited by* JOHN STUART, LL.D., and GEORGE BURNETT, Lyon King of Arms. 1878–1880. Vol. 3, A.D. 1379–1406. Vol. 4, A.D. 1406–1436 (1880). Vol. 5, A.D. 1437–1454 (1882). Vol. 6, 1455–1460 (1883). Vol. 7, 1460–1469 (1884). Vol. 8, A.D. 1470–1479 (1885). Vol. 9, 1480–1487. Addenda, 1437–1487 (1886) Vol. 10, 1488–1496 (1887). Vol. 11, 1497–1501 (1888). Vol. 12, 1502–1507. *Edited by* GEORGE BURNETT. *Price* 10s. *each*. Vol. 13 (in progress). Vol. 14 (in progress).

7. CALENDAR OF DOCUMENTS RELATING TO SCOTLAND. *Edited by* JOSEPH BAIN. Vol. 1 (1881). Vol. II. 1272–1307 (1884). Vol. III. 1307–1357 (1887). Vol. IV., 1357–1509 (1888). *Price* 15s. *each*.

8. REGISTER OF THE GREAT SEAL OF SCOTLAND. (Vol. 1, *A.D.* 1306–1424, *see* p. 24). Vol. 2, A.D. 1424–1513 (1882). Vol. 3, A.D. 1513–1546 (1883). Vol. 4, A.D. 1546–1580 (1886). Vol. 5, A.D. 1580–1593 (1888). Vol. 6, A.D. 1593–1609. (In the press.) *Edited by* JAMES BALFOUR PAUL and J. M. THOMSON. *Price* 15s. *each.*

9. THE HAMILTON PAPERS. Vol. 1. In the press.

FAC-SIMILES OF THE NATIONAL MSS. OF SCOTLAND. (*Out of print.*) Parts I., II., and III. *Price* 21s. *each*.

Stationery Office,
October 1889.

IRELAND.

CATALOGUE OF IRISH RECORD PUBLICATIONS.

1. CALENDAR OF THE PATENT AND CLOSE ROLLS OF CHANCERY IN IRELAND. HENRY VIII., EDWARD VI., MARY, AND ELIZABETH, AND FOR THE 1ST TO THE 7TH YEAR OF CHARLES I. *Edited by* JAMES MORRIN, Royal 8vo. (1861-3). Vols. 1, 2, and 3. *Price* 11s. each.
2. ANCIENT LAWS AND INSTITUTES OF IRELAND.
Senchus Mor. (1865-1880.) Vols. 1, 2, 3, and 4. *Price* 10s. each.
Vol. 5 in progress.
4. Abstracts of the Irish Patent Rolls of James I. Unbound. *Price* 25s.
Abstracts of the Irish Patent Rolls of James I. With Supplement. *Price* 35s.
5. ULSTER, ANNALS OF. Otherwise Annals of Senat; a Chronicle of Irish Affairs from A.D. 431 to A.D. 1540. With a translation and Notes. Vol. 1, A.D. 431-1056. 600 pp. Half morocco. *Price* 10s.
6. CHARTÆ, PRIVILEGIA EL IMMUNITATES, being transcripts of Charters and Privileges to Cities Towns Abbeys and other Bodies Corporate. 18 Henry II. to 18 Richard II. (1171 to 1395.) Printed by the Irish Record Commission, 1820-1830. Folio. 92 pp. Boards (1889). *Price* 5s.

FAC-SIMILES of NATIONAL MANUSCRIPTS of IRELAND, FROM THE EARLIEST EXTANT SPECIMENS TO A.D. 1719. *Edited by* JOHN T. GILBERT, F.S.A., M.R.I.A. Part 1 *is out of print.* Parts II. and III. *Price* 42s. each. *Part IV.* 1. *Price* 5l. 5s. *Part IV.* 2. *Price* 4l. 10s.

> This work forms a comprehensive Palæographic Series for Ireland. It furnishes characteristic specimens of the documents which have come down from each of the classes which, in past ages, formed principal elements in the population of Ireland, or exercised an influence in her affairs. With these reproductions are combined fac-similes of writings connected with eminent personages or transactions of importance in the annals of the country to the early part of the eighteenth century.
> The specimens have been reproduced as nearly as possible in accordance with the originals, in dimensions, colouring, and general appearance. Characteristic examples of styles of writing and caligraphic ornamentation are, so far as practicable, associated with subjects of historic and linguistic interest. Descriptions of the various manuscripts are given by the Editor in the Introduction. The contents of the specimens are fully elucidated and printed in the original languages, opposite to the Fac-similes—line for line—without contractions—thus facilitating reference and aiding effectively those interested in palæographic studies.
> In the work are also printed in full, for the first time, many original and important historical documents.
> Part I. commences with the earliest Irish MSS. extant.
> Part II.: From the Twelfth Century to A.D. 1299.
> Part III.: From A.D. 1300 to end of reign of Henry VIII.
> Part IV. 1.: From reign of Edward VI. to that of James I.
> In Part IV. 2.—the work is carried down to the early part of the eighteenth century, with Index to the entire publication.

ACCOUNT OF FAC-SIMILES OF NATIONAL MANUSCRIPTS OF IRELAND. IN ONE VOLUME; 8vo., WITH INDEX. *Price* 10s. Parts I. and II. together. *Price* 2s. 6d. Part II. *Price* 1s. 6d. Part III. *Price* 1s. Part IV. 1. *Price* 2s. Part IV. 2. *Price* 2s. 6d.

Stationery Office,
  October 1889.

ANNUAL REPORTS OF THE DEPUTY KEEPER OF THE PUBLIC RECORDS, IRELAND.

Date.	Number of Report.	Chief Contents of Appendices.	Sessional No.	Price.
				s. d.
1869	1	Contents of the principal Record Repositories of Ireland in 1864.—Notices of Records transferred from Chancery Offices.—Irish State Papers presented by Philadelphia Library Company.	[C. 4157]	2 3
1870	2	Notices of Records transferred from Chancery, Queen's Bench, and Exchequer Offices.—Index to Original Deeds received from Master Litton's Office.	[C. 137]	1 0
1871	3	Notices of Records transferred from Queen's Bench, Common Pleas, and Exchequer Offices.—Report on J. F. Ferguson's MSS.—Exchequer Indices, &c.	[C. 329]	2 0
1872	4	Records of Probate Registries	[C. 515]	0 2½
1873	5	Notices of Records from Queen's Bench Calendar of Fines and Recoveries of the Palatinate of Tipperary, 1664-1715.—Index to Reports to date.	[C. 760]	0 8
1874	6	Notices of Records transferred from Chancery, Queen's Bench, and Common Pleas Offices.—Report respecting "Facsimiles of National MSS. of Ireland."—List of Chancery Pleadings (1662-1690) and Calendar to Chancery Rolls (1662-1713) of Palatinate of Tipperary.	[C. 963]	0 7½
1875	7	Notices of Records from Exchequer and Admiralty Offices.—Calendar and Index to Fiants of Henry VIII.	[C. 1175]	0 7
1876	8	Calendar and Index to Fiants of Edward VI.	[C. 1469]	1 3
1877	9	Index to the Liber Munerum Publicorum Hiberniæ.—Calendar and Index to Fiants of Philip and Mary.	[C. 1702]	0 8
1878	10	Schedule of Parochial Registers deposited.—Index to Deputy Keeper's 6th, 7th, 8th, 9th, and 10th Reports.	[C. 2034]	0 3½
1879	11	Calendar to Fiants of Elizabeth (1558-1570)	[C. 2311]	1 4
1880	12	Calendar to Fiants of Elizabeth, continued (1570-1576).—Schedule of Parish Registers of Ireland.	[C. 2583]	1 3

Date.	Number of Report.	Chief Contents of Appendices.	Sessional No.	Price.
				s. d.
1881	13	Calendar to Fiants of Elizabeth, continued (1576–1583).	[C. 2929]	1 5
1882	14	Report of Keeper of State Papers containing Catalogue of Commonwealth Books transferred from Bermingham Tower.	[C. 3215]	0 6½
1883	15	Calendar to Fiants of Elizabeth, continued (1583–1586).—Index to Deputy Keeper's 11th, 12th, 13th, 14th, and 15th Reports.	[C. 3676]	1 0
1884	16	Calendar to Fiants of Elizabeth, continued (1586–1595).	[C. 4062]	1 6
1885	17	Report on Iron Chest of attainders following after 1641 and 1688.—Queen's Bench Calendar to Fiants of Elizabeth, continued (1596–1601).	[C. 4487]	1 6
1886	18	Calendar to Fiants of Elizabeth, continued (1601–1603).—Memorandum on Statements (1702) and Declarations (1713–14) of Huguenot Pensioners.—Schedule of present places of custody of Parish Registers.	[C. 4755]	1 1
1887	19	Notice of Records of Incumbered and Landed Estates Courts.—Report of Keeper of State Papers, containing Table of Abstracts of Decrees of Innocence (1663), with Index.	[C. 5185]	0 6
1888	20	Calendar to Christ Church Deeds in Novum Registrum. 1174–1684. Index to Deputy Keeper's 16th, 17th, 18th, 19th, and 20th Reports.	[C. 5535]	0 8½
1889	21	Index to Calendars of Fiants of the reign of Queen Elizabeth. Letters A—C.	[C. 5835]	1 0

Public Record Office of Ireland.
    October 1889.

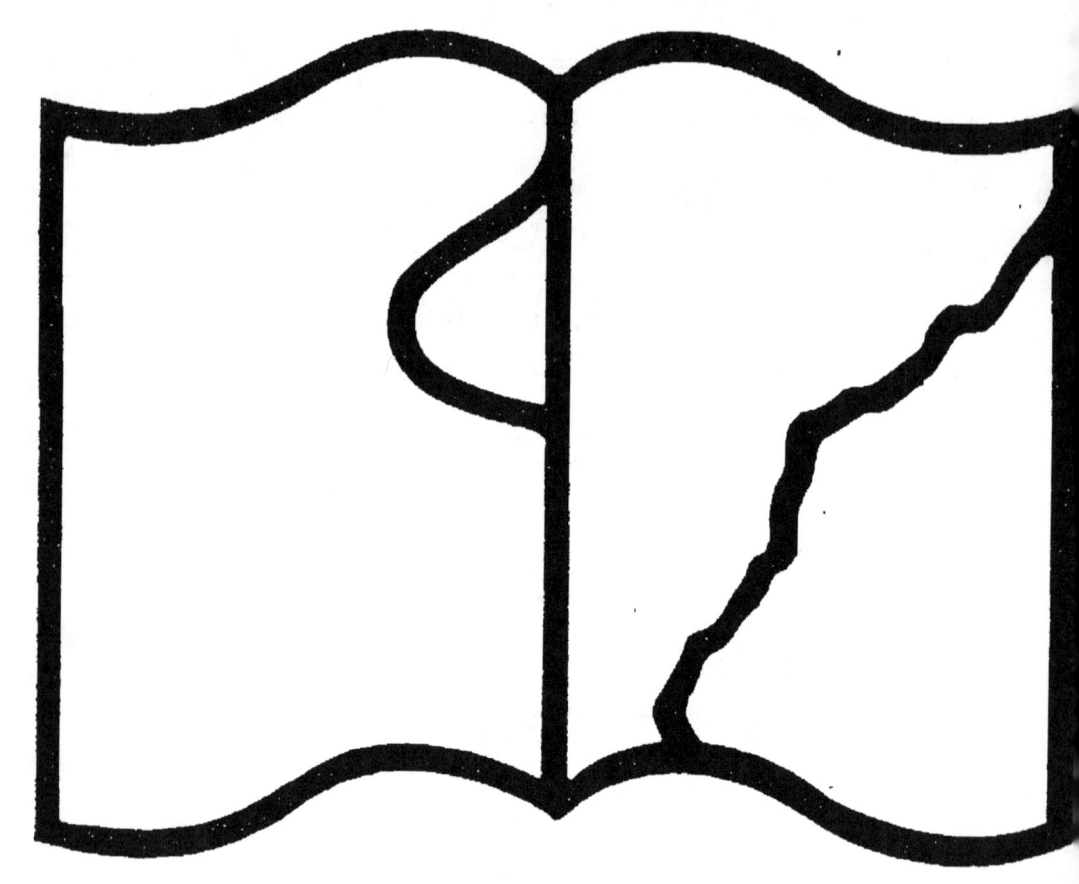

Texte détérioré — reliure défectueuse

NF Z 43-120-11

www.ingramcontent.com/pod-product-compliance
Lightning Source LLC
Chambersburg PA
CBHW060400230426
43663CB00008B/1341